기독교 인식론과 해석학

윤 철 호 지음

한국장로교출판사

Christian Epistemology and Hermeneutics

By
Chul Ho Youn

2001

Publishing House
The Presbyterian Church of Korea
Seoul, Korea

기독교 인식론과 해석학

기독교 인식론과 해석학

초판발행 2001년 3월 10일
2쇄발행 2013년 9월 10일

지 은 이 윤 철 호
펴 낸 이 채 형 욱
펴 낸 곳 한국장로교출판사
주 소 110-470 / 서울 종로구 연지동 135 한국교회100주년기념관 별관
전 화 (02) 741-4381 / 팩스 741-7886
영 업 국 (031) 944-4340 / 팩스 944-2623
등 록 No. 1-84(1951. 8. 3.)

ISBN 978-89-398-0136-3 / Printed in Korea
값 25,000원

편 집 장 정현선
업무차장 박호애 영업차장 박창원

차 례

제 I 부

10. 스킬레벡스의 인식론과 해석학

11. 페미니스트 성서해석학

12-1. 피오렌자의 성서해석학에 대한 고찰

15. 간(間)문화적 세계관을 향한 조망

머리말

기독교 인식론과 해석학

기독교 신앙과 신학의 문제는 인식의 문제와 밀접히 연관되어 있다. 왜냐하면 우리가 하나님과 자신과 세계를 어떻게 인식하는가에 우리의 신앙과 신학이 달려 있기 때문이다. 근본적으로 신앙은 하나님의 음성에 대한 들음과 계시적 실재에 대한 봄의 문제이며, 신학은 이러한 신앙 안에서의 이해와 지식, 그리고 실천의 문제이다.

근대 이전까지의 서구 기독교 세계의 철학의 중심 주제는 형이상학적인 존재론이었다. 다시 말하면 하나님과 자신과 세계의 존재와 그 관계에 대한 탐구가 철학의 주요 과제였다. 그러나 계몽주의 시대 이래 전통적인 연역법적 사고 대신 귀납법적 사고가 지배하게 되면서, 철학의 형이상학적 체계와 기독교의 전통적인 교리적 권위는 몰락하게 되었다. 특히 칸트에 의해서 철학의 코페르니쿠스적인 전환이 일어난 이후 철학의 주요 관심은 인식론에 집중되어 왔다. “하나님 또는 절대자는 어떤 존재이며, 인간은 어떤 존재이며, 세상은 어떤 실재이며, 이들의 관계는 어떠한 것인가?” 하는 전통적인 질문 대신에 “이러한 존재들에 대한 인식의 타당성과 근거와 그 인식의 현상학적 과정은 어떠한 것인가?” 하는 질문이 철학의 중심 주제가 되었다.

서구 철학사에 있어서 이러한 인식론적 전환은 두 가지 사실을 함축한다. 하나는 전통적인 권위(정치적, 또는 종교적)와 규범의 붕괴와 더불어, 그러한 권위와 규범을 뒷받침해 주는 사상적 지주 역할을 해왔거나 아니면 적어도 기존질서 안에서 그러한 권위적 위치를 함께 누리던 형이상학적 사상체계와 접근방식이 더 이상 설자리를 잃게 되었다는 사실이다. 다른 하나는 이러한 권위적 질서와 가치규범과 형이상학적 체계가 무너진 이후, 이를 대신하여 존재의 본질과 가치와 진리의 규범을 재구축하기 위하여 인식과 지식의 명증적 근거를 묻는 인식론의 과업이 자아의 주체성으로의 전환을 통하여 새롭게 시도되게 되었다는 사실이다.

인식론의 가장 기본적인 구조는 나와 하나님, 나와 세상의 구조이다. 이 구조 안에서 인식의 행위와 현상은 주관과 객관, 즉 주체와 대상이라는 양극적 요소 사이의 관계성 안에서 일어나는 것으로 파악된다. 계몽주의 시대의 주체성으로의 전환 이후, 인식의 주체인 인간의 자아(이성, 감정, 또는 의지, 그러나 무엇보다도 이성적 의식)가 집중적인 관심의 대상이 되었으며, 철학의 과제, 즉 인식론의 과제는 인간의 주체적 자아의 의식 안에서 일어나는 인식과 그 인식의 과정에 대한 현상학적 분석을 통하여 파악되는 존재의 현상과 본질에 대한 이해에 집중되었다. 데카르트 이후, 칸트, 그리고 후설(적어도 전기의)에 이르기까지 인간의 자아는 존재의 본질을 파악하기 위한 인식의 명증성의 최종적 준거점이 되었다. 이 자아는 선험적 자아(transcendental ego), 순수 또는 절대 자아, 순수 의식이라고 불려졌다. 특히, 선험철학이라고 불리는 전기 후설의 선험적 현상학은 이 자아의 주체성에 본질직관 그리고 명증적이고 필증적인 지식에 대한 능력을 부여하였다.

그러나 현상학의 이 절대적이고 선험적인 자아와 이 개념에 근거한 인식론은 19세기 말에 이르러 정신과학으로서의 인문학의 학문적 방법론을 구축하기 위한 딜타이의 노력 가운데 인간 실존의 역사성이 밝혀짐으로써 도전받게 되었으며, 20세기에 들어서서 하이데거에 의해서 세계 내적 존재(in-der-Welt-Sein)로서의 인간 현존재(Da-Sein)의 실존이 분석되고 규명됨으로써 그 근거를 잃게 되었다. 하이데거에 따르면, 세계 내적 존재인 인간 현존재는 세계 안에 내어 던져진 존재로서, 세계 안에서 현존재의 자아가 형성되며 현존재는 세계 안에서 자아와 세계를 형성해 간다. 따라서 자아와 세계는 이분법적으로, 즉 주체와 객체의 관계 속에서 정립될 수 없으며, 주어진 세계 안에서의 역사적 상황성을 떠난 절대적 순수자아의 개념은 불가능하다. 따라서 주체와 객체의 이분법적인 구조 안에서, 그리고 절대적 주체의 순수 자아의 개념에 근거하여 현상의 본질에 대한 직관적 지식을 추구하여 온 인식론적 현상학은 더 이상 가능하지 않다. 세계 내적 존재로서의 현존재의 자아는 오직 구체적이고 역사적인 실존으로서만 존재한다는 사실에 대한 하이데거의 통찰은 현상학에서 해석학으로의 철학의 과제의 전환을 의미한다.

하이데거에게 있어서 이해는 인간 실존의 가장 근본적인 존재론적 구조이다. 인간 현존재는 자기이해를 통하여 자신의 존재방식과 가능성을 기투(企投)하고 결단하고 실현하는 존재이다. 그러므로 인간 현존재에 대한 파악은 이해의 과정에 대한 존재론적인 현상학적 분석을 통하여 이루어진다. 따라서 후설에게서의 인식론적 범주의 현상학은 이제 하이데거에게 있어서 이해의 존재로서의 인간 현존재에 대한 그리고 궁극적으로는 존재 자체에 대한 존재론적 범주 안에서 수행되는 해석학적 현상학, 또는 현상학적 해석학의 문제로 전환되었다.

이상과 같은 서구 문화의 철학사상에 있어서의 인식론적 전환과 해석학으로의 발전은 기독교 신학에 커다란 영향을 주었으며, 그에 상응하는 신학적 인식론과 해석학의 변화와 발전이 이루어져 왔다. 그러나 철학과는 달리 기독교 신학은 인간의 자아가 절대적 주체성을 가지고 있다는 생각을 단호히 거부하며, 반대로 단지 외적인 조건(그것이 세계든지 하나님이든지)에 의하여 결정되는 수동적인 실재라는 생각도 받아들이지 않는다.

기독교 신학에 있어서 인식론의 문제는 계시론의 범주 안에서 다루어져 왔다. 참다운 인식은 오직 하나님의 계시에 의해서만 가능하기 때문이다. 계시가 기독교 인식론에 있어서 절대적인 규범과 권위인 것은 계시의 주체인 하나님이 절대적인 주권자이기 때문이다. 전통적인 신학에 따르면, 하나님은 초월적이고 절대적인 주체로서 인간과 세상과의 관계 속에서 언제나 주도권을 가지며 선행적인 은총을 통하여 인간의 역사와 세상 안으로 들어오신다. 예수 그리스도의 성육신 사건은 이에 대한 결정적인 증거이며 궁극적인 범례로서 하나님의 유일무이한 계시이다. 이 계시는 본질적으로 하나님의 자기계시로서, 인간의 구원을 가져온다. 성서는 예수 그리스도와 그분 안의 구원의 계시를 증거하는 하나님의 말씀으로서, 인간의 하나님 인식과 신앙과 삶을 위한 길과 규범을 제공한다.

반면 기독교 신학에서 인간은 죄인으로 규정된다. 인간의 죄인 됨은 무엇보다도 하나님의 계시의 빛 안에서 인식되며, 동시에 이 계시의 빛 안에 죄사함과 구원의 은총이 주어진다. 하나님의 절대성과 인간의 상대성, 하나님의 무한성과 인간의 유한성, 하나님의 창조성과 인간의 피조성, 그리고 하나님의 초월성과 인간의 죄성은 서로 상관적인 개념이다. 하나님이 절대적인 주체로서 주도권을 가지고 이 세상과 관계하시는 만큼 인간은 객체적이고 수동적인 존재로 이해되어진다. 하나님은 인간의 존재와 운명을 영원 전부터 예정하며 결정한다. 더욱이 인간은 죄로 인하여 하나님의 형상을 상실했기 때문에 하나님(진리)을 알 수 있는 가능성이 없다. 인간은 이성이나 그 밖의 어떠한 자연적 능력으로써가 아니라 오직 하나님의 선행적인 계시의 빛 안에서, 은총과 믿음을 통해서만(through grace by faith) 하나님을 알 수 있다. "주의 광명 중에 우리가 광명을 보리이다"(시 36 : 9). "만일 너희가 믿지 아니하면 정녕히 굳게 서지 못하리라"(사 7 : 9, nisi credideritis, non intelligetis, 어거스틴). 이해가 신앙을 추구하는 것이 아니라, "신앙이 이해를 추구한다"(fides quaerens intellectum, 안셀름).

그러면 하나님의 계시는 어떻게 우리에게 주어지는가? 하나님의 계시의 은총과 이에 대한 인간의 순종적 응답인 믿음 안에서 주어지는 하나님과 인간의 구원에 대한 지식은 하나님의 결정적이고 궁극적인 계시사건인 예수 그리스도로부터, 그리고 구체적으로 말하면 예수 그리스도 사건을 증언하는 교회의 전통과 특별히 성서로부터 가능하다. 따라서 전통적인 기독교 인식론에 따르면, 인간의 구원과 하나님에 대한 지식은 교회의 전통과 특별히 성서 안에 증언된 예수 그리스도 안에 나타난 하나님의 계시와, 이 계시에 대한 순종적 응답으로서의 신앙 안에서만 가능하다.

이와 같은 전통적인 기독교의 교의학은 위로부터 주어지는 계시의 절대적인 권위에서 출발하는 형이상학적, 연역법적 신학이라고 규정될 수 있다. 가톨릭교회의 전통과 신조, 그리고 특별히 개신교의 성서는 절대적인 계시에 대한 매개로서의 성례전적 또는 경전적 권위를 갖는다. 하지만 적어도 계몽주의 이후 기독교 신학은 하나님과 세계와의 관계 안에서의 인간 자아와 주체의 자리에 대한 인식론적인 이해를 새롭게 올바로 정립할 필요성에 직면해 왔다. 그것은 서구 철학의 전통적인 형이상학의 경우와 마찬가지로 전통적인 기독교의 형이상학과 기독교 교의학적 권위가(그것이 전통이든지 성서이든지) 의혹과 비판의 대상이 되었기 때문이며, 아울러 인간의 주체성과 책임성에 대한 자각이 증대되면서 전통적인 교회가 인식 주체로서의 인간의 능력을 지나치게 과소평가하고 심지어 죄악시하여 왔다고 하는 비판적 인식이 증대하였기 때문이다. 당대의 철학사상에 있어서의 코페르니쿠스적인 인식론적 전환과 더불어, 이에 상응하는 신학적 접근방식에서의 인식론적 전환에 대한 필요성이 신학자들 사이에 널리 공감되었다.

따라서 계시의 권위에 대한 도전이 일어났다. 전통적인 교회의 계시

개념은 철학에 있어서의 형이상학적인 독단론과 다름이 없는 권위주의적인 도그마라는 비판이 제기되었다. 왕정체제와 더불어 그러한 체제를 재가해 주던 중세교회의 교권적 권위가 자유와 평등이라는 가치와 민주주의적인 이념에 의한 사회질서의 혁명적 변화로 인하여 무너지고, 문헌학의 발달로 인하여 성서에 대한 역사적 접근이 시도됨으로써 무시간적이고 절대적인 계시적 권위를 유지하던 성서의 권위가 위기를 경험하게 되었다. 그러면서 기독교 신앙과 신학은 자신의 인식론적인 기초를 새로이 정초함에 있어서 새로운 시대의 세계관과 가치관에 대하여 보다 더 설득력 있고 호소력 있는 변증학의 길을 추구하지 않으면 안 되었다.

이러한 변증학의 관점에서 당대의 인식론적 전환에 상응하는 새로운 신학방법론에 기초한 인식론적 전환을 보여 준 신학자가 슐라이어마허였다. 그는 전통적인 교리나 도그마에서 출발하지 아니하고, 인간의 주체적 자아의 경험으로부터 출발하는 새로운 신학방법론과 인식론의 패러다임을 제시하였다. 슐라이어마허는 인간의 일반적인 종교적 자의식(religious self-consciousness) 안에서 경험되는 하나님과 세상과 자아에 대한 이해로부터 출발하였다. 그는 인간의 자의식 안에서의 신앙체험의 내용을 분석하고 진술하는 것을 신학의 과제로 삼았다. 그리고 이러한 일반적 종교경험과의 연속성과 불연속성 안에서의 기독교의 독특한 신앙경험의 내용을 설명하고자 하였다. 그에게 있어서 기독교의 독특한 신앙경험은 구속주 예수 그리스도에 집중되는데, 그것은 죄와 은혜에 대한 경험이다.

슐라이어마허의 인식론의 새로움은 하나님과 세계가 인간의 의식 안에서의 경험에 대한 현상학적인 분석을 통하여 접근된다는 점이다. 그의 인식론이 하나님이 인간의 의식 안에 내재한다는 내재주의적인 신관을 의미한다고 이해하는 것은 현상학적 접근방식에 대한 이해의 부족을 드러내는 것이다. 형이상학적 도그마나 타율적인 권위로서의 계시개념을 극복하기 위한 슐라이에르마허의 시도는 오늘날에도 유효하다.

이미 언급한 바와 같이 딜타이와 하이데거 이후 인간의 실존의 역사성과 인간의 이해의 선구조성(pre-structure)에 대한 철학적 인식은 이제 지극히 당연한 신학적 담론의 전제가 되었다. 따라서 계시는 언제나 경험된 계시일 뿐만 아니라, 특수하고 구체적인 인간의 삶의 세계에서의 이해의 선구조 안에서 해석되고 이해되어진 계시라는 사실이 분명해졌다. 계시는 언제나 그 계시적 사건을 경험하는 인간이 속해 있는 삶의 세계에서의 선주체적인 구조 안에서 해석되고 이해되고 표현된다.

그러므로 계시인식에 있어서 논의의 초점은 전이해의 유무나 필요성과 불필요성의 문제가 아니라, 어떤 전이해를 가져야 할 것인가 그리고 그 전이해가 계시적 사건과의 상관관계 속에서 스스로 교정되고 변혁되어지고자 하는 개방성을 지니고 있느냐 없느냐 하는 것이다. 적절치 못한 전이해는 언제나 계시를 왜곡하며, 변혁에 개방되어 있지 않은 전이해는 계시를 이데올로기화한다. 그러므로 올바른 해석학적 대화와 이해를 위해서는 인간의 합리적 이성이 성령으로 거듭나야 하며, 기존의 전이해는 세례를 받고 변화되어야 한다. 그러나 이것은 전이해 자체가 불필요해진다는 말을 의미하는 것이 아니라, 올바른 전이해가 필요하다는 말이다. 적절하고 올바른 전이해가 계시를 완성하며, 적절하고 올바른 전이해는 계시와의 만남을 통하여 끊임없이 새롭게 형성되어진다. 계시는 전이해와의 이러한 해석학적 순환관계 안에서 우리에게 경험된다. 그러므로 오늘날 계시 인식론의 문제는 곧 해석학의 문제이며, 인식론과 해석학의 과제는 계시의 실재와 전이해의 상호 순화적인 구조 안에서 어떻게 계시에 대한 인식과 이해의 '상대적 적절성'을 담보할 수 있는가 하는 물음에 답변하는 데 있다.

기독교 신학의 해석학적 본성은 특히 신학의 첫 번째 과제가 기독교의 전통과 성서 텍스트에 대한 해석에 있다는 데에서 더욱 자명하게 드러난다. 세계와 인간의 삶에 대한 인식과 이해가 대부분 그 삶의 표현인 각종 텍스트에 대한 해석을 통하여 이루어지는 것처럼, 하나님과 하나님의 계시에 대한 신학적 인식과 이해도 그 계시의 경험의 산물인 신구약성서 텍스트에 대한 해석을 통하여 이루어진다. 따라서 텍스트 해석학은 기독교 신학의 가장 근본적인 과제이다. 기독교 해석학은 성서 해석을 통하여 하나님의 계시와 자아와 세상의 현실을 함께 상호 연관적으로 조명함으로써 하나님의 계시에 대한 새로운 이해를 추구하며, 이러한 계시의 빛과 능력을 통하여 자아와 세상의 현실을 새롭게 이해하고 변혁하고자 한다.

그러나 18세기 이후 성서의 계시성은 합리적 이성의 도전에 직면했으며, 성서원리라는 타율적 권위의 집은 자율적 주체성의 도전에 의해 붕괴되었다. 특히 성서문헌의 역사성에 대한 인식과 더불어 발전된 19세기의 역사비평적 접근은, 성서의 주체성 앞에 객체로 서서 성서의 말씀을 무시간적이고 비역사적인 방식으로 이해하고자 하는 문자적 직역주의를 거부하고, 오히려 해석자가 주체로 서서 성서의 본문을 객체화시키고 가치중립적인 제3자적 관점에서 성서를 분석·비평하는 역사실증주의적인 성서해석학을 발전시켰다.

하지만 20세기에 들어서서 딜타이와 하이데거에 의해 인간의 실존의 역사성에 대한 인식이 더욱 철저화된 이후, 이러한 실증주의적인 해석학은 더 이상 불가능하게 되었다. 텍스트만이 아니라 해석자도 역사적 한계성 안에 있으며, 따라서 언제나 자신의 역사적 지평 안에서 이해하고 사고한다는 사실이 분명히 인식되었다. 이러한 하이데거의 존재론적인 해석학적 현상학에 기초하여, 가다머는 해석이 단지 해석자의 주체성과 본문의 객체성의 관계 안의 주체적 행위가 아니라 주체와 주체로서의 해석자와 본문 사이의 변증법적인 대화를 통한 지평융합의 과정이라는 사실을 강조하였다. 그에 따르면 이러한 변증법적인 대화로서의 해석의 과정이란 일의적(一義的)인 의미 안에 일회적으로 닫혀져 있는 것이 아니라 미래를 향하여 열려져 있다. 왜냐하면 이 해석학적 대화를 이끌고 나아가는 것은 해석자 주체나 본문의 저자나 본문의 문자적 의미가 아니라 본문의 주제(subject matter, Sache) 그 자체이기 때문이다. 이러한 의미에서 본문의 의미는 본문의 '뒤'(저자)나 '안'(문자적 의미)에가 아니라 본문의 '앞'에 있다는 것이다.

이것은 텍스트의 의미가 다양한 인간 실존의 역사성과 관련하여 다원적인 의미로 해석되어진다는 사실을 함축한다. 왜냐하면 텍스트의 지평과 만나는 해석자의 지평이 다원적이며 항상 변하기 때문이다. 따라서 더 이상 하나의 유일한 해석이란 존재하지 않는다. 그러면 이러한 다원적 해석의 가능성과 현실이 의미와 이해의 혼돈이나 무질서를 초래하는 것을 막을 수 있는 길은 무엇인가? 리쾨르의 해석학은 이에 대한 답변이라고 할 수 있다. 그는 이해의 객관성과 '상대적 적절성'을 확보하기 위하여 '설명'과 '이해'의 이분법을 극복하고, 텍스트의 언어에 대한 기호학적 분석과 문장에 대한 의미론적 분석, 본문의 내적 구조에 대한 구조주의적인 분석 등의 설명방법을 경유하는 해석학적 우회로를 통하여 본문의 지시체로서의 세계와 새로운 존재 양태의 탈은폐를 지향하는 이해를 추구하는 해석의 길을 제시하였다. 이와 아울러 우리는 본문이 거기서부터 나오고 또한 본문이 지시하는 역사적 현실은 언제나 해석학적인 대화를 위한 일차적 지시체로서 해석의 객관성과 상대적 적절성을 위한 전거와 기준이 되며, 따라서 역사비평적 접근은 여전히 유효하며 필요하다는 사실도 다시 한번 인식할 필요가 있다.

또한 텍스트와 해석자 사이의 변증법적인 대화로서의 해석학적 과정에는 다원성의 문제만이 아니라 모호성의 문제, 즉 오류와 왜곡의 가능성과 현실성이 항상 존재한다. 다시 말하면, 해석의 상대적 적절성을 방해하는 걸림돌에는 다양한 역사적 상황과 경험으로부터 오는 전이해들 사이의 충돌과 해석자 개개인의 다양한 관심들 사이의 갈등 외에도 근본적인 죄악의 문제가 있다. 인간의 타락된 실존이 참다운 의사소통을 방해하고 대화를 왜곡시킨다. 이 왜곡과 타락의 가능성과 현실성은 텍스트와 해석자 양쪽 모두에게와 본문과 해석자 사이의 해석적 전통과 현실 안에도 존재한다. 계시적 경험과 그 경험에 대한 이해와 해석으로서의 텍스트, 그 텍스트에 대한 이해와 해석의 전통, 그리고 그 텍스트에 대한 당대의 해석자의 이해와 해석에는 언제나 피할 수 없는 인간 실존의 세계 내적인 특수성과 한계성, 이데올로기적인 왜곡의 가능성이 존재한다.

이러한 텍스트(전통)와 본문에 대한 이중적 모호성의 문제를 해결하기 위해서는 텍스트에 대한 설명방법과 더불어 이데올로기 비판 이론들의 적절한 전용(轉用)이 요구된다. 이 점을 정당하게 강조한 철학자가 하버마스이다. 기독교 해석학은 프로이트, 니체, 마르크스, 페미니스트 등의 비판이론을 성서를 포함하는 전통과 해석자의 이중적 모호성과 이데올로기 왜곡에 대한 비판적 해석을 위하여 유용하게 사용할 수 있다. 성령의 해석학은 역사비평과 언어학적 설명방법과 비판이론들을 거부하거나 우회해서가 아니라, 그것들을 통하여 그리고 그것들의 올바른 사용을 위한 성령의 인도함을 통하여 올바로 수행되어진다.

마지막으로, 기독교 인식론과 해석학의 과제의 올바른 수행을 위하여 우리는 다음과 같은 근본적으로 중요한 몇 가지 사실들을 꼭 기억하여야 한다. 기독교는 인간의 실존적인 인식과 해석의 능력과, 현실적인 인식과 해석의 행위가 역사적인 세계 내적 실존으로 인하여 상대적이고 한계적일 뿐만 아니라, 근본적으로 죄로 인하여 타락되고 왜곡되어 있다는 사실을 인식하고 강조한다. 인간은 죄로 인하여 하나님과 세상과 자신과 이 세 가지 실재 사이의 관계성을 올바로 인식하지 못한다. 죄악된 인간에게 본질 직관의 능력이란 없으며, 실존적인 타락과 죄로 인한 왜곡되고 불완전한 인식과 이해만이 가능하다. 만일 인간의 자아가 참으로 계시적 실재를 올바로 경험하고 인식하고 구원의 진리를 올바로 이해할 수 있었다면 나사렛 예수를 십자가에 못박아 죽이지는 않았을 것이다. "이 지혜는 이 세대의 관원이 하나도 알지 못하였나니 만일 알았더면 영광의 주를 십자가에 못박지 아니하였으리라"(고전 2 : 8). 만일 인간에게 참으로 본질 직관의 능력이 현실적으로 기능하고 있다면 이 세상의 현실은 이처럼 부패하고 혼란하고 악하고 거짓되지 않을 것이다. "이사야의 예언이 저희에게 이루었으니 일렀으되 너희가 듣기는 들어도 깨닫지 못할 것이요 보기는 보아도 알지 못하리라. 이 백성들의 마음이 완악하여져서 그 귀는 듣기에 둔하고 눈은 감았으니 이는 눈으로 보고 귀로 듣고 마음으로 깨달아 돌이켜 내게 고침을 받을까 두려워함이라 하였느니라 그러나 너희 눈은 봄으로 너희 귀는 들음으로 복이 있도다"(마 13 : 14 - 16).

기독교는 역설적으로 사물의 본질과 구원의 진리와 하나님에 대한 인식과 이해의 가능성과 현실성은 인간들이 십자가에 못박아 죽인 예수 그리스도로부터만 주어진다는 사실을 선포한다. "유대인은 표적을 구하고 헬라인은 지혜를 찾으나 우리는 십자가에 못박힌 그리스도를 전하니 유대인에게는 거리끼는 것이요 이방인에게는 미련한 것이로되 오직 부르심을 입은 자들에게는 유대인이나 헬라인이나 그리스도는 하나님의 능력이요 하나님의 지혜니라"(고전 1 : 22 - 24). 또한 기독교는 예수 그리스도 안에 나타난 하나님의 계시적 실재와 구원의 진리에 대한 이해의 능력이 오직 하나님의 계시와 성령의 은총 안에서 주어진다는 사실을 선포한다. "오직 하나님이 성령으로 이것을 우리에게 보이셨으니 성령은 모든 것 곧 하나님의 깊은 것이라도 통달하시느니라"(고전 2 : 10). 따라서 우리는 객관적 계시 현실인 예수 그리스도와 주관적 계시 현실인 성령 안에서만, 그리고 이에 대한 신앙적 응답을 통하여서만 인간은 하나님과 세상과 자신을 올바로 보고 이해하고 구원에 이른다는 사실을 믿고 고백한다.

나아가서 우리 기독교인은 예수 그리스도 안에 나타난 하나님의 계시는 우리 인간의 참다운 지식과 구원이 자신의 생명을 지키고자 하는 노력에 의해서가 아니라, 반대로 자기를 부인하고 하나님 나라와 의를 위하여 십자가를 지는 실천적 삶에 의해서만 실현된다는 사실을 고백한다. "자기 십자가를 지고 나를 좇지 않는 자는 내게 합당치 아니하니라. 자기 목숨을 얻는 자는 잃을 것이요 나를 위하여 자기 목숨을 잃는 자는 얻으리라"(마 10 : 38－39). 따라서 기독교 인식론과 해석학의 궁극적인 과제는 단지 주관과 객관, 인식주체와 인식객체, 성서 본문과 해석자 사이의 관계성에 대한 이론적 논의에 있는 것이 아니라, 인식과 해석의 주체인 자아의 근본적인 변화와 거듭남, 그리고 하나님 나라를 위하여 자기를 부인하고 그리스도의 뒤를 따르는 실천에 있다. 또한 이 실천은 단지 인간 자아의 의지적 노력에 의해서 성취되는 것이라기보다는 근본적으로 진리와 변혁의 능력인 성령 안에서의 하나님의 은혜와 힘의 부여(empowerment)를 통하여 성취되는 것이다.

따라서, 인간이 수행하는 신학적 과제로서의 기독교 인식론과 해석학의 의미와 역할은 과대 평가되어서는 안 된다. 우리는 인간의 주체적 자아와 세상을 창조하시는 하나님의 주권과, 죄악되고 왜곡된 자아와 세상을 변화시키고 구원하시는 예수 그리스도 안에 나타난 하나님의 은혜와, 우리의 실천적 삶을 위한 능력이 되시는 성령의 도우심을 전적으로 의지한다. 하나님께서는 오늘도 성서와 전통을 통하여 우리에게 말씀하시며, 우리를 변화시키시며 구원하시며 삶의 힘을 주신다. 우리는 신앙 안에서 겸손하게 하나님의 말씀을 들어야 하며 하나님의 은총을 간절히 기다려야 한다.

그러나 다른 한편 기독교 인식론과 해석학의 과제는 과소 평가되어서도 안 된다. 성서 텍스트를 포함하는 전통과 해석자의 이중적 다원성과 모호성이 요청하는 해석학적 과제는 결코 간과되어질 수 없다. 성서와 전통 안에 나타나는 저 다원성과 모호성, 그리고 성령으로 거듭나고 구원받고 변화된 그리스도인들의 이해와 해석의 저 다원성과 모호성을 보라! 우리는 겸손히 하나님의 말씀에 귀를 기울이는 것처럼, 겸손히 우리의 역사적 다원성과 모호성을 인정하여야 한다. 신학적 해석학이 역사비평적 방법론이나 철학적 해석학의 통찰들과 이론들의 대화의 필요성을 인정한다는 것은, 이러한 역사적 다원성과 모호성의 현실을 겸손히 인정하고 그것을 해결하기 위한 인간의 해석학적 책임성과 과제를 자각한다는 것을 의미한다. 이러한 인정과 자각을 가지게 될 때, 우리는 동의와 신뢰의 해석학과 의혹의 해석학을 변증법적으로 통합하는 탈근대적인 비평적 회복의 해석학적 전망을 향하여 나아갈 수 있을 것이다.

부족한 졸저의 출판을 허락해 주신 한국장로교출판사의 박노원 사장님과 세심하게 교정을 보아 주신 김진아 선생님에게 감사를 드리며, 목차를 만드는데 도움을 준 최유진 전도사와 수정보완을 도와준 권미주 전도사에게도 고마움을 표한다. 무엇보다도 하나님의 긍휼과 인도하심이 없었다면 이 책은 시작되지도 끝맺음되지도 못했을 것이다. 모든 감사와 영광을 하나님께 돌려드리며, 이 책을 읽으며 함께 공부하며 이 책을 딛고 넘어설 모든 후학들에게 이 책을 바친다.

1999년 11월

광나루 선지동산에서

윤 철 호

제 I 부

1. 성서해석의 역사에 대한 개관
   －고대에서 근대에 이르기까지－

2. 철학적 현상학
   －후설을 중심으로－

3. 종교현상학

1 성서해석의 역사에 대한 개관

-고대에서 근대에 이르기까지-

I. 들어가는 말

일반적으로 '해석학'(hermeneutics)은 그 옛날, 그 옛 문화권 내에서 그 옛날 사람들이 쓰던 말과 사건이 어떻게 오늘날, 오늘의 문화권 내에서 살고 있는 우리들에게 이해될 수 있으며, 또 우리의 삶의 정황에 맞는 실존적인 의미를 줄 수 있겠는가를 연구, 검토하는 학문이다.[1] 이 해석학적 연구는 바로 우리와 옛 사람 사이에 가로 놓여 있는 '지평적 괴리' 문제를 가지고 씨름한다.

그런데 해석학이란 용어는 예전부터 본문에 대한 정확한 해석을 위한 규칙을 세우는 고전적인 학문의 분야를 지칭하는 데 사용되어져 왔다.[2] 전통적으로 해석학은 해석자에게 어떻게 과학적인 방식으로 언어

---

1. 칼 브라텐, 채위 역, 「역사와 해석학」(서울 : 대한기독교서회, 1969), p. 170.
2. Randy L. Maddox, "Contemporary Hermeneutic Philosophy and Theological Studies" *Religious Studies* 21, No 4 (December, 1985) : 517.

적, 문학적, 역사적인 상황을 검증할지를 말해 줌으로써 본문의 이해를 위한 규칙을 정식화하는 것으로 이해되어져 왔다. 다음의 구절은 한 세기 전에 해석학이 어떻게 이해되고 있었는지를 잘 보여 준다.

> 해석학은 원리와 규칙을 함축하고 나타내 주는 해석의 이론 또는 학문인데, 저자가 의미하는 바는 이 원리와 규칙에 따라 분별력 있고 정확하게 파악되어져야 한다. 그것은 두 부분으로 구성되어진다. 하나는 단어의 의미와 종류에 관한 일반적인 원리를 포함하고 있는 이론적인 것이다. 다른 하나는 지각적인 것으로서 이 원리 위에 세워진 규칙을 포함하는데, 이 규칙에 의해서 저자의 의미를 연구하기 위한 우리의 철학적인 탐구와 다른 모든 우리의 시도들이 안내를 받는다.[3)]

현대 신학자들 중에도 세군도(Juan Luis Segundo)와 같은 신학자의 해석학에 대한 정의를 살펴보면, 여전히 해석학은 본질적으로 해석의 방법론을 주제로 하고 있음을 알 수 있다.[4)]

일반 해석학과 마찬가지로 성서해석학은 전진하는 교회의 생활과 사상과 또한 교회의 최초의 전승을 포함한 문서와의 사이를 연결하는 과제를 갖는다. 성서의 말씀이 교회의 교훈을 위하여 완전하고도 충분하다고 인정하나, 동시에 독자가 놓인 시대적 상황의 요구가 아주 옛 과거의 요구와 상당히 차이가 있을 때, 이 옛 책과 현대의 사상 및 생활과를 관련짓는 어떤 방법이 발견되어야 하는 것이다. 이것이 성서해석이 다룰 과업이다.[5)]

---

3. B. B. Edwards, *Encyclopedia of Religious Knowledge*(Philadelphia : J. B. Lippincott, 1859), p. 615.
4. Juan Luis Segundo, *Libertacao da Taeloqia*(Sao Paulo : Loyola, 1978), p. 10.
5. Robert M. Grant, *A Short History of the Interpretation of the Bible*, 이상훈 역,

적어도 그리스도인들에게 있어서 성서는 하나님이 교회에게 주신 계시의 책이다. 그러므로 교회라는 신앙공동체의 밖에서는 성서를 충분히 올바르게 해석할 수 없다. 그리스도인들은 바울을 따라(롬 7 : 6, 고후 3 : 6, 14 이하, 4 : 3 이하) 성서의 올바른 해석은 성령의 은사와 신앙 안에서만 가능하다고 믿는다. 이것은 곧 성서해석학이 무엇보다도 신학적 해석학이어야 한다는 것을 의미한다. 이것은 대체로 기독교 교회가 서구의 정신과 문화 세계를 지배하던 18세기 이전까지의 지배적인 고전적 성서해석의 길이었다.

그러나 교회라고 하는 삶의 자리가 외부적인 세계의 삶의 자리와 분리되어 있는 것은 아니다. 성서의 해석자는 교회공동체 안에서의 자신의 위치 뿐만 아니라 보다 더 넓은 사회공동체 안에서의 자신의 위치도 깨달아야 한다. 그러므로 성서해석은 또한 변증적이며 합리적일 필요가 있다. 이러한 과제는 특히 서구 세계가 교회의 지배로부터 벗어나서 본격적으로 탈기독교화, 세속화되기 시작한 18세기 계몽주의 이후에 더욱 절실한 것이 되었다. 19세기에 독일에서 절정에 이르렀던 역사비평적 탐구는 사회의 탈교회화와 더불어 고전 언어학 등의 발전으로 문서에 대한 역사적인 이해가 발달됨에 따라 성서를 역사적으로 이해하고 합리적으로 변증 또는 비판하기 위해서 불가피하게 대두된 접근 방식이다.

오늘날 인간 존재와 이해, 그리고 언어와 문헌의 역사적 성격에 대한 정당한 이해에 기초하지 않은 신학적, 영적 해석은 독단론이나 주관주의에 빠질 수밖에 없다는 사실이 분명하게 인식되고 있다. 그러나 또한 우리는 역사적 방법만이 성서해석을 위한 유일한 방법이라고 주장해서

「성서해석의 역사」(서울 : 대한기독교서회, 1991), p. 7.

는 안 된다. 만일 우리가 '역사주의'에 빠진 나머지 성서로부터 전적으로 현상학적이고 과학적인 역사를 창작해 내려고 한다면 우리는 궁극적으로 성서를 통하여 들려지는 하나님의 말씀을 듣는데 실패하고 말 것이다. 이성과 역사는 계시를 배격하지 않고 요청한다. 마찬가지로 계시도 이성과 역사를 폐하지 않으며 그것들을 통하여 체화되며 경험된다. 그러므로 성서를 이해하고 해석함에 있어서 신학적 해석과 역사적 해석은 통전적으로 잘 조화있게 통합되어야 하며, 주관적 열광주의와 객관적 실증주의는 모두 비판적으로 극복되어야 한다.

성서에 대한 올바른 해석은 무엇보다도 성령의 내적 증거와 그에 대한 순종적 응답으로서의 신앙 안에서 이해를 추구하는 것이다(fides quaerens intellectum). 올바른 성서해석을 위한 성령의 조명은 궁극적으로 객관화되어지거나 원리적으로 규범화되어지기 어려운 신비이다. 그럼에도 불구하고 실제적인 성서해석에 있어서 방법적 원리는 여전히 유효하며 필요하다. 이 방법적 원리(비판적인 것을 포함하는)는 적절히 설정되어지고 사용되어질 때, 성서해석이 잘못된 주관주의에 빠지는 것을 막을 수 있을 뿐만 아니라 바로 성령의 영감의 통로가 되며 따라서 충분히 올바른 성서해석에 도달하는 길이 될 수 있는 것이다.

본래 그 시초에는 해석학은 성서 주석을 하는데 준수해야 할 방법과 법칙들을 다루는 것이었다. 그런데 근대에 들어서서 그 의미가 확대되어져서 역사 혹은 역사적 문서를 이해하는 데 있어서 지켜야만 할 조건들을 근본적으로 따지고 묻는 일이 되었다. 그리하여 해석학은 주석하는데 적용시킬 방법론적 원칙들(슐라이어마허)과 역사적 이해에 대한 인식론적 전제들(딜타이)을 연구하는 일이 되었다. 그러나 근대에 들어 인간 존재와 이해의 역사성에 대한 인식이 더욱 철저화되면서, 해석학은 해석을 위한 원리나 방법론이라기보다는 현존재로서의, 인간 실존의 현상학(하이데거) 또는 이해의 현상학(가다머)으로서 새로운 차원을 맞게 되었으며, 나아가 사회 현실에 대한 비판적 해석학(하버마스) 등으로 발전하게 되었다.

오늘날의 성서해석학은 이러한 일반 해석학들과의 상호 비판적인 대화 속에서 이해되어지고 수행되어짐으로써, 신학적 해석학과 역사적 해석학, 영적 해석학과 방법론적 해석학, 신앙의 해석학과 이성의 해석학, 주관적 해석학과 객관적 해석학을 통전적으로 조화있게 통합할 수 있는 전망을 가질 수 있다. 이것은 통전적인 해석학에의 전망을 위해서는 단순히 해석자들이 사용하는 해석의 입장과 방법만이 아니라, 근본적으로 인간의 존재와 이해와 해석의 과정 자체에 대한 이해와 연구가 전제되어야 한다는 사실을 의미한다. 인간 존재와 이해의 역사성에 대한 철저한 인식에 근거한 오늘날의 해석학적 논의들은 기독교의 신학과 해석학을 위한 사고의 지평을 제공해 주고 있다. 오늘날의 대표적인 기독교 신학자들 중에 특히 스킬레벡스, 트레이시 같은 사람들은 이러한 해석학적 논의들을 신학함에 전용(轉用)하여 해석학적 신학 또는 신학적 해석학을 위한 이론적 체계를 구성하고 있는 신학자들이다. 이들의 통찰과 논의들은 오늘날 기독교의 통전적인 성서해석학을 위한 단초와 기본적인 방향을 제시해 주고 있다.

현대의 해석학적 논의들을 고찰하기 전에, 우리는 먼저 기독교의 성서해석의 역사를 살펴볼 필요가 있다. 왜냐하면 과거의 역사를 아는 것은 오늘의 현실과 미래의 가능성을 알기 위한 전제이기 때문이다. 모든 인식론적, 해석학적 논의의 핵심적 범주가 주관주의와 객관주의, 관념론과 경험론, 형이상학과 역사주의라는 대립적인 관점 안에서 형성되어져 온 것처럼 기독교의 성서해석의 입장들도 이와 같은 관점과 범주들 안에서 대별(大別)될 수 있다.

성서해석의 역사는 대략 18세기 계몽주의 시대 이전까지 역사적 사고가 출현하지 않아 교의학적 사고에 의해 이루어졌던 전근대주의 시기 또는 비판 이전 시기와, 18세기의 계몽주의와 더불어 시작되어 19~20세기의 역사비평적 접근으로 꽃을 피운 근대주의 시기 또는 비판적 시기, 그리고 20세기 중반 이후에 들어서면서 현대의 철학적 해석학의 대두와 더불어 역사비평적 접근의 철저하지 못한 역사적 사고를 해석학적인 관점에서 극복하려고 시도하는 탈근대주의 시기 또는 비판 이후의 시기로 나누어 생각해 볼 수 있다. 이 탈근대적 시기는 인간 존재와 이해의 역사성에 대한 철저화된 인식 안에서 본문에 대한 해석을 추구한다는 점에서 진정한 의미의 현대적 해석학이 전개되고 있는 시기라고 볼 수 있다.

본 장에서는 먼저 교부시대 이후 계몽주의 시대에 이르기까지의 전근대적 시기에서의 전통적인 교회의 교의학적 성서해석 패러다임을 개관한 후에, 서구의 역사에 있어서 근대시기를 연 계몽주의 시대 이후 19세기에 과학적 이성주의와 실증주의 패러다임에 근거하여 꽃피운 역사비평적 성서해석의 접근방법을 살펴보고자 한다. 19세기 이후 본격적으로 등장한 오늘날의 성서해석학의 동향과 전망에 대하여서는 그 다음 부문에서 다루어지게 될 것이다.

Ⅱ. 전근대적 시기의 교의학적 성서해석학

18세기 계몽주의 시대 이전까지의 시기는 전근대적인 비판 이전의 시기라고 할 수 있다. 성서가 정경으로 채택되어진 이래, 17세기까지의 전통적인 성서관을 형성해 왔던 근대 이전의 전통적인 신학의 사고는 역사적인 사고가 아니라 교의학적(dogmatic)인 사고의 범주에 머물러 있었다. 전통적인 교의학적 신학 사고에서는 인간의 이성의 주체성이나 합리성이 아니라, 교회와 경전화된 전통이 지배적인 사고의 규범으로서 절대적인 권위를 갖는다. 이러한 사고에서는 교회의 경전화된 전통 자체가 특정한 시대에 구체적인 역사적 현실과 상황의 한계 안에서 특수한 인물과 공동체로부터 나왔다는 사실에 대한 인식이 결여되어 있다. 개인적이고 공동체적인 계시적 경험과 그에 대한 해석이 일단 규범화된 전통이 되고 나면, 교의학적 사고는 그것을 초역사적이고 무시간적인 절대적 계시 또는 진리로 신봉하며, 이러한 신념을 공고히 하기 위한 교회적이며 권위주의적인 교의학적 규범체계를 구축한다.

우리는 초기 기독교와 교부시대의 해석학에 대한 고찰로부터 성서해석의 역사에 대한 개관적인 탐구를 시작하려고 한다.

1. 초기 기독교 형성기의 유대주의 해석학

기독교가 출현할 무렵, 유대교의 해석학은 네 가지의 방식으로 이루어져 있었는데, 문자적(Literalist) 방법, 미드라쉬적(Midrashic) 방법, 페셔적(Pesher) 방법, 그리고 알레고리적(Allegorical) 방법이 그것들이다.[6)]

문자적 해석은 성경의 본문에 대한 가장 기본적인 접근방식으로서, 본문이 말하는 바를 문자 그대로 받아들인다. 이 방식은 특히 신명기의 법을 해석하는 데 적용되었다. 토라의 규범적인 성격은 이러한 접근방식을 제시하였다. 미드라쉬적 해석의 특징은 보다 더 일반적인 신학적 관점을 보여 준다는 데 있다. 이 해석 방식은 주로 랍비 학파에 의해 사용되었는데, 의미가 즉각적으로 분명하게 드러나지 않는 구절의 의미를 밝히기 위해서 개개의 본문을 논구하였다. 기원전 1세기의 랍비 힐렐은 이 해석 방법 안에서 7개의 규칙들을 세웠는데, 이 규칙들은 구절

6. Werner G. Jeanrond, ***Theological Hermeneutics : Development and Significance***(New York : Crossroad, 1991), pp. 16-17.

의 맥락의 중요성과, 보다 적합한 성서해석을 위하여 본문의 유사성들을 고려해야 할 필요성을 강조하였다. 페셔적 해석은 쿰란공동체의 특유한 해석 방법으로서, 신적인 신비에 대한 특수한 지식을 주장했으며, 성서의 예언들을 해석자의 시대의 사건들에 적용시키고자 했다. 알레고리적 성서해석은 성서 본문으로부터 오지 않는 관점들의 도움을 받아 본문의 영적인 의미를 이해하려고 시도한다. 본문은 상징적으로 이해된다. 즉, 본문은 자신을 넘어서 더욱 깊은 실재를 지시한다. 알렉산드리아의 필로(BC 25 - AD 50)가 대표적인 사람으로서, 그는 문자적으로 이해될 경우 영감된 하나님의 말씀의 권위를 저해할 수 있는 구절이라면 무엇이든지 알레고리적으로 해석하려고 했다.

기독교 이전 시기의 유대교 주석 방법은 대체로 두 가지 해석학적 전략을 보여 준다. 하나는 본문의 문자적 의미를 넘어서 성서해석을 보다 넓은 신학적 틀 안으로 통합시키고자 하는 것이며, 다른 하나는 공동체 안에서의 해석의 범위를 가르치고 동시에 포함함으로써 공동체의 종교적 정체성과 일관성을 보호하기 위한 일련의 규칙을 세우고자 한 것이었다.

초기 기독교에 있어서 해석학적 문제는 이중적인 과제를 포함하고 있었다. 첫째로, 유대적인 배경 속에서 초기 기독교인들은 예수에 대한 그들의 경험의 빛 안에서 자신들의 히브리 성서를 재해석해야 했다. 그들은 하나님이 이스라엘에게 주었던 약속을 예수 안에서 성취했다는 관점을 가지고 구약성서를 재해석하였다. 유대주의의 관점에서 볼 때 이러한 기독교인들의 해석은 텍스트 외적인(extra-trxtual) 관점을 본문 안에 적용시키는 행위였다. 기독교인들은 그들의 예수 경험의 빛 안에서 히브리 성서를 재해석했을 뿐만 아니라 히브리 성서의 개념과 지평 안에서 예수에 대한 기독론적 해석을 위한 열쇠를 발견하였다. 이것은 하나의 순환적인 관계 안에서 이루어졌다.

초기 기독교인들은 예수에 대한 기독론적인 해석을 위하여 유형론(typology)이라고 불리는 알레고리적 구약성서 해석을 수행하였다. 히브리 성서에 대한 유형론적인 읽기는 구약성서 전체가 자신을 넘어서 해석되어져야 한다는 전제 위에 기초해 있다. 기독교인들은 구약성서 안에서 그리스도의 오심에 대한 유형과 예언을 찾아내려고 하였다.[7] '구약'과 '신약'이라는 말부터가 유형론적 해석의 접근방식을 보여 준다. 구약은 옛 약속이며, 신약은 그 약속에 대한 성취로서의 새로운 약속이다. 초기의 기독교인들과 교부들은 구약성서를 육체적, 지상적인 관점에서, 그리고 자신들, 즉 기독교와 신약성서를 영적, 천상적 관점에서 해석하였다. 이와 같은 히브리 성서에 대한 유형론적, 알레고리적 해석으로부터 기독교가 탄생하였다. 말하자면 기독교의 시원적(始原的)인 정체성과 신약성서의 형성이 바로 해석학적 과업의 산물로서 이루어졌다고 할 수 있다.

이러한 해석 방식의 문제점은 구약성서 본문 자체의 많은 현실과 요구들을 무시하고 배타적이고 자의적(恣意的)인 해석에 빠지게 될 위험에 있다. 히브리 성서의 실제적인 본문에 주의를 기울이고 그 자체의 의사전달의 의도의 배경 안에서 그것을 이해하는 대신에, 유형론적인 해석자는 본문의 의미를 자신의 신학적 전제의 틀 안에 강제로 맞추려고 하는 경향을 보여 주었다.

초기 기독교의 두 번째의 해석학적 문제는 신약성서의 경전화가 이루어지면서 나타났다. 이미 언급한 바와 같이 신약성서의 형성 자체가 히브리 성서에 대한 기독론 중심적인 유형론적 해석의 산물이었다. 그

---

7. Robert M. Grant and David Tracy, *A Short History of the Interpretation of the Bible*(Philadelphia : Fortress, 1984), p. 36.

런데 이제는 이 신약성서 자체가 기독교의 신앙과 삶을 위한 규범으로서 해석되어야 할 텍스트로서 기능하게 되었다.

2. 고대교회의 해석학

초기 기독교의 교부인 이레네우스(AD 202년 죽음)는 영지주의가 기독교와 마찬가지로 알레고리적인 해석방식을 사용하기 때문에 기독교의 진리를 확보하기 위해서 순수한 해석학적인 기초 외에 교회적 기준의 필요성을 인식했다. 즉, 선한 의지를 가진 해석자가 사도적 전통 안에 있는 지역교회와의 연대를 이룰 때 그는 틀림없이 기독교적인 규범에 따라 성서 본문을 해석할 수 있을 것이라는 것이다. 그는 교회 안에서의 사도적 전통에 의해서만 재현되는 이 규범을 '진리의 규율'(regula veritatis)이라고 불렀다. 이레네우스에 따르면, 기독교인 해석자들의 합법적 공동체만이 진정으로 올바른 기독교적 해석을 위해 필요한 틀을 제공해 줄 수 있다.

터툴리안은 성서해석에 있어서의 교회적 권위를 더욱 강조하였다. 그는 비기독교적인 성서 주석의 정당성을 인정하지 않았다. 교회 밖에는 그 어떤 참된 해석도 없다. 여기서는 교회적 기준이 더 이상 보완적인 기능을 하는 것이 아니라, 올바른 성서 주석과 잘못된 성서 주석을 구별하는 근거가 되었다.

고대교회에서 이루어진 가장 조직적인 성서해석학의 발전은 두 학파에 의해 대표되는데, 하나는 알레고리적인 경향을 지녔던 알렉산드리아 학파이며, 다른 하나는 문법적, 역사적 전략을 취했던 안디옥 학파이다. 이 두 학파들은 각기 자신들의 지역에서 계승된 유대교 전통의 해석학적 전통들을 발전시켰다.[8] 고대 교부시대에 있어서 본격적인 대립적 두 입장 사이의 논쟁으로서의 기독교의 성서해석의 역사는 이 두 학파로부터 시작된다고 할 수 있다. 처음부터 주관적, 상징적, 영적, 비유적 성서해석 방법을 강조하여 발전시킨 학파가 알렉산드리아 학파이며, 이에 맞서서 객관적, 문자적, 역사적 성서해석을 중요시하여 발전시킨 학파가 안디옥 학파라고 할 수 있다. 물론, 이 두 학파는 공통적으로 바울처럼 성령의 은사와 신앙의 중요성을 전제하였으며 또한 이레네우스처럼 교회의 권위와 신앙의 규율(the rule of faith)의 범주 안에서 성서해석을 수행하였다. 다시 말하면, 그들의 성서해석은 정도의 차이는 있지만 어디까지나 교회전통 안에서의 교의학적인 해석이다.

알렉산드리아에서는 필로의 해석학적 유산이 지속적으로 기독교 사상가들에게 영향을 주었다. 알렉산드리아의 클레멘트(Clement, AD 214년 죽음)는 성서의 모든 말씀을 신비한 상징 언어로 보았다.[9] 그에 따르면 성서는 수수께끼나 상징이나 비유나 은유나 유비적 표현으로 진리를 전하고 있다.[10] 그는 성서가 역사적 의미, 교의학적 의미, 예언적 의미, 철학적 의미, 그리고 비의적(秘義的) 의미의 다섯 가지 의미로 이루어져 있다고 주장하였다.[11] 물론 그리스도, 그분의 인격과 사역에 대한 신앙이 그의 성서해석의 열쇠이다. 그는 모든 성서가 신비적인 상징의 언어로 말하기 때문에 알레고리적인 해석이 요구된다고 보았다. 그러나 그는 체계적인 방법론을 발전시키지는 못했다.

이 체계적인 과업은 오리겐(Origen, AD 185-204)에 의해 수행되었

---

8. 알렉산드리아 학파와 안디옥 학파의 성서해석학에 대하여는 W. G. Jeanrond, *Theological Hermeneutics*, pp. 20-21 참고.
9. Clement, ***Stromata***, ed. O. Stählin, in Griech. Christl. Schriftst., Clemens Alexandrinus Ⅱ (Leipzig, 1906) vi. 124. 6, Ⅱ, 494 St.
10. Ibid., v. 21. 4, Ⅱ, 340 St.
11. C. Mondésert, *Clément d' Alexandria*(Paris, 1944), pp. 153ff.

다. 오리겐의 텍스트 연구의 중요한 결실은 그가 본문의 영적인 의미를 드러내 보인데 있다. 그는 비유적 해석의 원리를 가장 철저하고 체계적으로 설명한 알렉산드리아 학파의 대표적 신학자였다. 성서는 상징 외에는 다른 방법으로 표현될 수 없는 궁극적인 신비를 담고 있으며, 상징은 문자적으로 취하여질 때 올바로 이해될 수 없다. 따라서 텍스트 안에 감추어져 있는 신비를 풀기 위해서는 오직 알레고리적인 접근방식만이 필요하다. 오리겐은 성서의 목적이 역사 안에서의 하나님의 역사(役事)에 관한 계시보다는 '지적 진리'를 계시하는 것이라고 보았다. 성서의 많은 계명은 자의(字意)대로 해석할 수 없으며, 더욱이 복음서 사이에 보이는 부조화의 구절들은 사실적인 해석을 불가능하게 한다. 물론 역사적으로 진실된 문장은 순수하게 영적 의미로만 구성된 문장을 숫자적으로 크게 능가하고 있다.[12] 하지만 모든 성서의 말씀이 영적 의미를 소유하나 전부가 자의적 의미를 지니고 있는 것은 아니다. 그는 우리가 아무리 성서 연구에 진전을 이루고 하나님의 은혜의 도우심과 조명을 받더라도 결코 최후적인 목표에 이를 수 없다고 함으로써 성서 안에 있는 종국적인 비의성을 매우 강조하였다.[13]

오리겐은 바울의 삼중적인 인간론(살전 5 : 23)을 따라 성서의 말씀에는 '몸'과 같은 자의적 의미, '혼'과 같은 도덕적 의미, 그리고 '영'과 같은 비유 또는 비의적 의미가 있다고 주장하였다. 그의 이러한 해석법은 그 당시 한 글자 한 글자를 문자대로 진리라고 믿는 대다수의 단순한 신도들의 오류를 극복하기 위한 귀중한 방법이었다. 그는 해석자는 하나님의 인도하심을 위하여 기도해야 하며, 자기 능력의 최선을 다하

---

12. Origen, ***De Principiis***, ed. P. Koetschau, in : Griech. Christl. Schriftst., Origenes(Leipzig, 1913) iv. 3. 4.
13. Ibid., iv, 3. 14.

여 성실하게 해석해야 한다고 강조하였다. 또 단순한 신앙에의 고착이 아닌 이성과 지혜의 기초 위에 서 있는 교의(敎義)의 중요성을 강조하였으며, 비유적 방법으로써 기독교 역사의 위기적 시기에 신앙의 합리성을 확보하고자 하였다. 하지만 오리겐도 역시 이레네우스처럼 해석자가 교회의 신앙의 규율에 의해서 인도되어져야 할 필요성을 인정했다. 또한 그의 영적인 해석은 교의학적일 뿐만 아니라 다분히 주관적인 범주 안에서 수행되어졌다.

반면, 안디옥에 있는 교회들은 유대인의 전통적인 성서해석법의 영향으로 인하여 성서를 문자주의적으로 해석하였으며, 따라서 본문과 문법연구에 힘을 기울이고 성서의 역사적 사실성을 강조하였다. 그들은 그 역사적 사실성이 상징과 비유적인 의미로 용해되는 것을 용납하지 않았다. 그들은 플라톤주의자라기보다는 아리스토텔레스주의자였다. 안디옥 학파의 대표적인 성서해석자인 몹수에스티아의 데오도르(Theodore, 350－428)는 성서의 이야기의 실제적인 현실을 부인하는 알렉산드리아의 오리겐의 해석학은 위험하다고 보았다. 그를 중심으로 한 안디옥 학파의 신학자들은 성서적 계시의 역사적 현실성을 주장하였다.

데오도르는 성서의 내용을 메시야적인 예언과 역사적인 예언으로 구별하였다. 이러한 요소를 가지고 있지 않은 문서들, 예를 들면 욥기 같은 지혜문학은 다만 인간의 지혜만을 반영하기 때문에 성령의 감동으로 된 경전 안에 포함될 수 없다고 그는 주장하였다. 그러나 그는 또한 역대상·하나 에스라, 느헤미야 같은 문서들은 단순히 역사적 기록일 뿐이므로 거부되어야 한다고 보았다.[14)]

---

14. L. Dennefeld, *Der alttestamentliche Kanon der antiochenischen Schule* (Freiburg, 1909), pp. 44ff.

고대교회의 성서해석에 있어서 가장 위대한 석학이라고 불리는 제롬(Jerome)은 데오도르처럼 극단적인 문자주의자는 아니었다. 그러나 그는 비유적 해석으로 출발하였다가 점차 자의적, 역사적 방법으로 전환하였다. 그는 구약성서 내용과 예언들의 자의적인 역사적 사실을 강조하였다. 성서 안에 기록된 모든 것은 전부 실제로 발생하였으며, 동시에 역사적인 의미 이상의 의미를 소유한다. 그에 따르면 우리는 자신의 지각(carneus sensus)을 넘어서는 성서의 영적인 이해(spiritualis intelligentia)를 얻어야 하는데, 이것은 '육신의 지각'과 모순되는 것이 아니다.

알렉산드리아인들이 이론(theory)이란 단어를 알레고리적 해석과 동일한 의미로 사용하는 반면, 안디옥의 주석가들은 그것을 문자적 또는 역사적 의미보다 더 높거나 깊은 의미로 사용하되 문자에 확고하게 기초해서 사용하였다. 그들은 본문의 의미가 숨겨져 있는 것이 아니라 누구나 주의 깊게 읽는 사람들에게 분명하게 이해될 수 있는 실제적인 현실을 가리킨다고 생각했다. 따라서 이스라엘의 예언들은 상징적으로가 아니라 실제적으로 그리스도를 가리키는 내용을 담고 있으며, 예언자들은 예수 그리스도의 오심에 관하여 실제적이고 의식적으로 말하였다는 것이다. 안디옥 학파의 자의적-역사적 해석 방법은 유대교적 성서해석에 대한 중세의 관심에 반영되고 있으며, 토마스 아퀴나스의 성서해석 속에 살아 있고, 무엇보다 종교개혁의 성서해석법의 뿌리가 되었다.

안디옥 학파의 문자적 해석학과 알렉산드리아 학파의 알레고리적 해석학의 두 패러다임은 그 이후 오늘날에 이르기까지의 성서해석학의 논의를 위한 기본적이고 주요한 토대와 범주를 제공해 주고 있다. 고대교회는 알렉산드리아 학파와 안디옥 학파 사이의 대립을 지양(止揚)하는 길을 외적인 가톨릭교회의 권위, 즉 사도 전승을 통하여 계승된 신앙의 규율에서 찾았다. 교회의 문서인 성서는 교회 정신의 교의학적 전통에 따라 해석되어야 한다는 것이다. 특히 이레네우스의 숭배자인 터툴리안은 사도 이후 교회가 진리를 소유하며 성서는 교회에게 속한다는 원리들을 주장하였다.[15] 교회의 권위는 문자적 해석과 비유적 해석을 양자택일할 필요가 없이 경우에 따라 그리고 교회의 교의학적 가르침에 일치하도록 적절하게 사용할 수 있는 것이다. 터툴리안은 교회 권위주의적인 정통주의를 성서해석의 규준으로 세운 신학자이다.

그러나 메토디우스(Methodius)같은 신학자는 이러한 권위주의에 동의하지 않았다. 그는 교회의 성서해석이 성서 자체의 법정에서 정당함을 인정받아야 하며, 반드시 '성서의 정신에 따라서' 이루어져야 한다고 강조하였다.[16] 하지만 그는 문자적 해석과 비유적 또는 알레고리적 해석 사이의 긴장을 극복하지는 못하였다. 이러한 두 해석 방식 사이의 긴장을 고대교회의 역사적 맥락 안에서 비교적 성공적으로 극복하고 양자를 훌륭하게 통합했던 신학자가 어거스틴이다.

3. 어거스틴의 해석학

히포의 어거스틴(354-430)은 이러한 두 가지 해석학적 전통을 종합하고자 시도하였다. 문자주의적인 해석에 기초하여 히브리 성서의 정당성을 공격하였던 영지주의에 의하여 어려움을 경험하였던 어거스틴

---

15. Tertullian, *Liber De Praescriptione Haereticorum*(이단에 대한 원칙에 관하여), ed. G. Rauschen, in : Florilegium Patristicum Fasc. IV(Bonnae, 1906), pp. 20-40.
16. Methodius, ***Symposium***, ed. N. Bonwetsch, in : Griech, Christl. Schriftst. (Leipzig, 1917), vii. 7(89 : 3 Bonwetsch).

은 알레고리적인 해석방법에서 자유를 경험했다. 그러나 고전적인 수사학으로 훈련을 받았던 그의 기호학적(semiotic)인 감각은 또한 얼마나 종종 알레고리적 해석이 성서의 본문을 왜곡시킬 수 있는지를 인식했다. 따라서 그는 성서에 대한 영적인 해석을 통제하기 위한 철저한 언어분석의 필요성을 강조하였다. 어떤 의미에서 어거스틴은 '기호학'(semiotics, the theory of sign)의 아버지라고 불릴 만하다.

어거스틴은 문자적으로 읽을 때 내용이 충돌되는 것처럼 여겨지던 것들을 영적으로 읽는 법을 발견함으로써 기독교인이 되었다. 그러나 그는 비유주의와 알레고리에 만족할 수는 없었다. 신학이 발전함에 따라 그는 더 자의적(字意的)으로 성서를 해석하게 되었다. 그는 터툴리안처럼 전통적 권위주의자는 아니었지만 신앙의 규율의 권위를 존중했다. 그는 「기독교 교리에 관하여」(*De Doctrina Christiana*)[17] 에서 사랑의 법의 우위성(마 22 : 40)에 관한 예수의 교훈에 따라 성서 전체가 사랑의 법으로 해석되어야 한다고 강조하였다. 어거스틴에게 있어서 성서 해석의 권위는 이중적이다. 하나는 사랑의 법을 선언하는 성서 자체이며, 다른 하나는 교회의 전통이다.

어거스틴은 「기독교 교리에 관하여」에서 기호의 의사전달 기능을 탐구하였다. 우리는 특수한 실재를 지시하기 위하여 기호를 사용한다. 기호는 그 자체가 그것이 지시하는 바가 아니다. 기호는 능기(能記, signifier)로써 기능한다. 이러한 기호학적 통찰로 인하여 어거스틴은 성서와 성서가 말하고 가리키는 것을 동일시하려는 모든 노력을 배격하

---

17. Saint Augustine, ***On Christian Doctrine***, trans. D. W. Robertson, Jr. The Library of Liberal Arts(New York : Macmillan, 1958), I. pp. 36, 40. 이 책에 나타나는 어거스틴의 해석학에 관한 내용은 W. G. Jeanrond, ***Theological Hermeneutics***, pp. 22－25 참고.

였다. 성서는 하나님을 지시하는 인간의 텍스트이다. 그것은 그 자체가 신적인 것이 아니라 독자를 하나님과 자신과 이웃을 향한 올바른 태도에로 인도하는 안내자이다. 이처럼 어거스틴은 다른 인간의 텍스트에서와 마찬가지로 성서 텍스트에서 기능하는 기호학적 틀을 제공함으로써, 성서의 독자들로 하여금 조잡한 문자주의나 자의적(恣意的)인 알레고리의 위험으로부터 벗어나게 해주었다.

또한 어거스틴은 우리에게 사랑이라는 해석의 관점을 마련해 주었는데, 이 관점은 성서 본문 안에서 유래하는 것이다. 하나님과 동료 인간을 사랑하는 것이 기독교인의 적절한 해석의 관점이다. 이처럼 어거스틴은 성서본문 자체에 의하여 알려지는 신학적인 해석의 관점을 우리에게 제공해 주었다. 더욱이 어거스틴의 해석학은 실천지향적 해석학이라고 할 수 있다. 신학적이고 의사소통적인 특징을 지닌 그의 해석이론은 궁극적인 의미에 대한 기독교적 탐구의 실천에 대한 성찰로부터 나온 것이다.

어거스틴의 성서해석 이론은 이른바 '성서주의'(biblicism), 즉 성서의 절대적 무오성에 대한 믿음에 기초하여 성서 텍스트를 무비판적으로 숭배하는 태도를 배제한다. 어거스틴에 따르면, 성서는 우리를 위해서 그리고 우리를 교훈하기 위해서 존재한다. 그러나 텍스트 자체와의 개인적인 만남을 통하여 성서가 주는 교훈을 기독교인이 받아들이는 것은 본질적인 것이 아니다. 중요한 것은 오직 기독교인이 성서 본문이 지시하고 있는 동일한 구원의 질서에 도달하는 것이다.

어거스틴에 따르면 해석에 있어서의 어려움과 오해는 텍스트 안에 있는 두 가지의 문제성 있는 특징 때문이다. 하나는 기호가 직접적인 지시체(reference)를 가지거나 또는 비유적(figuratively)으로 기능할 수도 있다는 사실이다. 다른 하나는 기호가 해석자에게 알려지지 않거나 모호하게 나타날 수 있다는 사실이다.

첫 번째 특징에 대하여 어거스틴은 이렇게 말한다. 비유적인 표현에 관해서는 다음의 법칙이 준수되어야 한다. 독자가 읽고 있는 본문은 사랑의 왕국에 도달하는 해석이 수립될 때까지 주의 깊게 숙고되어야 한다. 그러나 만일 본문이 그 본래의 문자적인 의미로 사용된 것으로 들려 온다면, 그 표현은 비유적으로 받아들여져서는 안 된다.

두 번째 문제를 다루면서 어거스틴은 독자들에게 기호를 언제나 문맥 안에서 이해할 것과, 난해한 성서 구절을 이해함에 있어서 도움이 될 수 있는 모든 사용 가능한 지식을 이용할 것을 권한다. 기호의 모호성의 문제는 교회의 지도를 구함으로써, 즉 신앙의 규율(the rule of faith)에 의해서 해결될 수 있다. 그러나 이것이 불가능할 때는 독자가 스스로 결정할 수밖에 없는데, 만일 하나님과 이웃을 향한 사랑의 동기에 따라 성서를 해석한다면 본문의 영적인 의미를 전적으로 벗어날 수는 없을 것이다.

한편, 어거스틴은 히브리 성서에 대한 전통적인 유형론적인 해석을 받아들였으며, 따라서 구약성서의 모든 또는 거의 모든 내용은 문자적으로만 아니라 비유적(figurative)으로 이해되어야 한다고 보았다.

요약하여 말하자면, 어거스틴의 성서해석학은 잘 정의된 일반적인 기호학 이론에 기초해 있으며, 신약성서 자체에 대한 그 자신의 해석으로부터 도출되는 일관성 있는 신학적 해석의 관점을 제공해 준다. 그의 기호학이 안디옥 학파의 전통을 따른 것이라면, 해석의 맥락으로서의 영적인 실천의 우선성을 주장한 것은 알렉산드리아 학파의 전통을 따른 것이라고 할 수 있다. 신앙의 규율, 즉 기독교공동체의 살아 있는 전통은 책임성 있는 성서해석의 맥락이 된다. 따라서 이 전통은 해석 자체의 과정과 변증법적인 관계성 안에 있다. 다시 말하면, 성서해석은 공동체에 교훈을 주며, 사랑의 영(Spirit)에 따라 사는 공동체는 책임적인 해석을 위하여 필요한 관점을 제공해 준다.

따라서 성서는 탁월하게 유용하지만 하나님의 영에 의해 사는 기독교인들에게 절대적으로 필수적인 것은 아니다. "우리는 심지어 성스러운 텍스트 없이도 이 기초(믿음, 소망, 사랑) 위에 살아가는 많은 사람들을 발견할 수 있다." 그렇지만 "누가 다른 곳(즉 성서 밖)에서 그 무엇이 해로운 것이라는 사실을 배울 수 있다면, 그것은 여기(즉 성서)에서 정죄되어질 것이다. 그러나 만일 그것이 유익한 것이라면, 그것은 또한 여기(즉 성서)에서도 발견되어질 것이다."[18] 따라서 성서는 절대로 필수적인 것은 아니지만 그럼에도 불구하고 참된 기독교 신앙을 규정하는 궁극적인 기준을 제공한다.

어거스틴 이후 중세의 해석학의 문제점은, 적절한 해석의 관점을 제공해 주었던 교회의 신행(信行, faith praxis)이 그 자체로서 더욱 형식화된 제도적 구조를 지닌 해석적 구성물이 되었다는 사실에 있다. 성직자와 평신도의 엄격한 구분, 서방교회에 있어서의 로마의 수위권의 주장, 국가가 교회를 지지해 줌으로써 종종 보장되었던 교리의 법적 제정(legalization)의 증대는 교회 안에서의 해석에 실제적인 영향을 주었다.

4. 중세교회의 해석학

어거스틴 이후 점차 성서의 기능과 전통의 기능 사이의 조화가 깨어지고 교회적인 규범이 '보편적 신앙'(catholic faith)을 위한 지배적인 역할을 하게 되었다. 다시 말하면, 텍스트 자체의 자료에 근거한 어거스틴적인 해석의 관점으로부터 점점 제도적이고 형식주의적인 기독교

---

18. Augustine, ***On Christian Doctrine***, I. p. 43, II. p. 63 ; W. G. Jeanrond, ***Theological Hermeneutics***, pp. 24 – 25.

의 정통주의적 정체성에 대한 관심에로의 전환이 진행되었다. 대체로 터툴리안 이후 중세에 이르기까지 성서를 해석하는 권리는 가톨릭 교회에 있는 것으로 인정되어 왔다. '가톨릭적' 이라는 것은 누구나가 어디에서나 언제나 믿어 온 것(Quod ubique, quod semper, quod ab omnibus creditum est), 즉 보편적 신앙을 의미한다. 가톨릭적 해석자는 보편적 교회의 전통과 가톨릭 교리의 규준에 따라 거룩한 정전(正典)을 해석해야 한다. 빈센트(Vincent)는 이러한 정통적 권위주의의 입장을 잘 대변하고 있다. "전통을 이탈하여서는 아무런 쇄신도 없다."[19] 보편적 교회의 전통과 신앙의 규율의 권위에 의존하는 정통적 권위주의의 성서해석은 트렌트 공의회에서 확증되었으며, 훗날 1870년의 바티칸 공의회에서 '교황 절대 무오 선언' 을 통하여 더욱 강화되었다. 결과적으로 점차 성서해석과 신학적 사변 사이의 분리가 증대되었다. 본문의 문자적 의미에 대한 주석의 기초 위에서, 신학은 점점 더 어떤 특정한 본문의 구절이 갖고 있는 신학적 함의들에 대한 조직적인 고찰을 수행하게 되었다. 이러한 텍스트와 해석 사이의 분리 현상은 중세 스콜라주의 신학자들의 작품 속에서 절정을 이루었다. 그러나 성서의 전통적 해석을 강조하는 가톨릭교회와 성서를 새롭게 보는 방법을 발견하고자 하는 개인적 성서 해석자의 노력 사이에는 언제나 일종의 긴장이 있어 왔다.

아퀴나스에 이르기 전까지 중세의 해석학은 대체로 본문의 문자적 의미보다 영적인 의미를 중시하는 경향을 보여 주었다. 물론 이 해석은 교회의 규범과 권위와 교사들(doctores)의 인도를 받아야 했다. 성서의

---

19. "Nihil novandum, nisi quod traditum est," Vincent of Lérins, ***The Commonitory, Early Medieval Theology***, The Library of Christian Classics (London : SCM Press LTD), vi (9), 8 : 19.

영적인 의미는 다시 세 범주로 세분화되었다. 알레고리적(allegorical), 도덕적 또는 비유적(tropological), 그리고 신비적 또는 영적(anagogical) 의미가 그것이다.[20] 따라서 성서해석은 모두 사중적인 의미를 따라 해석되었다. 리라의 니콜라스(Nicholas of Lyra, 1349년 죽음)에 따르면, "문자는 하나님과 우리의 조상들이 무엇을 했는가를 보여 주며, 알레고리는 우리의 신앙이 어디에 숨어 있는지를 보여 주며, 도덕적 의미는 우리에게 일상생활의 규칙을 주며, 신비적 해석은 우리에게 우리의 투쟁의 끝이 어디인지를 보여 준다."[21] 문자적 의미는 그 위에 알레고리적인 해석이 신앙의 내용을 세우는 토대이다. 도덕적 해석은 세상에서의 기독교인의 행위를 위한 규칙을 이끌어낸다. 영적 해석은 기독교적 삶의 목표에 대한 이해를 위한 텍스트의 중요성을 예증한다. 하지만 실제적인 해석관행은 통상적으로 단지 문자적 의미와 알레고리적 의미만을 구별했다. 그럼에도 불구하고 사중적인 성서의 의미에 대한 이론은 다양한 신학 분야들 사이에, 그리고 신학적 이론과 기독교적 실천 사이에 균열을 초래하였다.

12세기에 들어서서 아리스토텔레스 철학의 재발견, 특히 그의 자연에 대한 이해는 성서해석학에도 영향을 주었는데, 그것은 곧 본문의 문자적 의미에 대한 새로운 강조로 나타났다. 토마스 아퀴나스는 「신학대전」(*Summa Theologica*)에서 해석학적 접근방법을 다루었다. 비록 그는 사중적 성서해석의 원리를 고수했지만, 문자적 의미의 중요성과 범위를 재규정했다. 아퀴나스는 아리스토텔레스의 인식론의 입장을 반영

---

20. H. Caplan, "The Four Senses of Scriptural Interpretation," *Speculum* 4 (1929), pp. 282ff.

21. Robert M. Grant and David Tracy, *A Short History of the Interpretation of the Bible*, p. 85 ; W. G. Jeanrond, *Theological Hermeneutics*, p. 27.

하여, 문자적 해석이 다른 세 가지 의미의 기초라고 보았다. 그에 의하면, "우리의 모든 지식은 감각을 통하여 생기기 때문에 인간이 감지적(感知的)인 것을 통하여 지적인 진리에 도달함은 자연스러운 일이다. 그러므로 성서에서 물질적인 사물의 형상으로 영적인 진리가 가르쳐지고 있음은 적절한 일이다."[22] 토마스와 토마스주의자는 이성과 계시 사이에 긴장이 있다고 생각하지 않는다. 이 둘은 상호 보완적인 관계에 있다. 즉, 이성은 계시의 기초를 구성하고 계시는 이성을 완성한다. 따라서 아리스토텔레스적인 순수 객관적 인식론과 자연해석이 결합한 순수 객관적인 자의적 성서해석이 가톨릭 신학의 길을 마련한다.

아퀴나스에 따르면 성서의 저자는 하나님이며, 하나님의 능력 안에서 성서는 문자에 의해서 뿐만 아니라 문자가 가리키는 사물에 의해서도 하나님의 뜻을 나타낸다. 따라서 모든 다른 학문에서는 사물이 문자에 의해서 표기되지만, 신학에서는 문자에 의해서 표기되는 사물 자체가 표기작용(signification)을 하는 특성을 갖는다. 문자가 사물을 표기하는 첫 번째 표기작용은 역사적 또는 문자적 의미에 속한다. 문자에 의해서 표기되는 사물 자체의 표기작용은 영적인 의미로서, 이것은 문자적인 의미에 기초하고 그것을 전제한다. 성서에서 모든 의미는 (알레고리적 의미가 아니라) 하나의 문자적 의미에 기초하여 수립된다. 성서의 문자적 의미로부터 추진되지 않는 영적 의미는 신앙에 필요한 아무 것도 포함하지 못한다.[23]

---

22. Thomas Aquinas, ***Summa Theologica***(London, New York : Westminster Christian Classics, 1948), pars i. i. 9. ; E. Gilson, ***Reason and Revelation in the Middle Ages***(New York, 1938).
23. Thomas Aquinas, ***Summa Theologica***, Ia. 1, 10 ; Robert M. Grant and David Tracy, ***A Short History of the Interpretation of the Bible***, pp. 88f ; W. G.

아퀴나스의 입장은 비유적인 해석을 배제하지는 않지만 알렉산드리아보다 안디옥 학파에 가까운 것이었다. 하나님은 인간의 언어와 그 언어가 표시하는 사물 자체들을 통하여 의사를 전달하신다. 언어가 사물을 표시하는 제1의 표시 또는 의미는 역사적이며 자의적(字義的)인 의미이다. 언어로 표시된 사물 자체가 또한 무엇을 표시한다고 보는 방법, 이것을 영적 의미라고 하는데, 이 영적 의미는 자의적 의미 위에 서 있고 자의적 의미의 전제가 된다. 아퀴나스는 자의적인 의미가 비유적, 도덕적, 신비적인 의미의 기초가 되며 이 다른 여러 가지의 의미는 자의적인 의미 위에서 성립된다고 믿었다.

성서의 자의적 해석에 대한 아퀴나스의 강조는 히브리어 연구와 구약성서의 자의적, 역사적 주해서를 저작하도록 고무하는 한편, 성서해석의 객관성에 대한 인식을 새롭게 하였다. 즉, 해석자가 자기 성서해석이 하나님께 직접 영감을 입은 것이라고 주장할 수 없게 되었다. 모든 지식은 감각을 통하여 오며 성서해석은 어떤 내적 은혜를 전제하지 않고 자율적인 이성으로부터 출발할 수 있다. 이러한 중세의 객관주의적, 합리주의적 접근은 현대적인 학문 연구의 시초라고 할 수 있다.

아퀴나스가 알레고리적인 의미를 배격하고 문자적 의미를 중요시한 것은 신학에 과학적이고 학문적인 기초를 세우기 위한 것이었으며, 또한 성서 본문에 대한 연구와 신학을 보다 밀접하게 연결시키기 위한 것이었다. 하지만 그는 학문성 있는 신학을 추구한 나머지 지나치게 철학에 의존함으로써 신학적 사고를 다시금 성서해석으로부터 분리시키는 결과를 가져왔다고 할 수 있다.

중세 후기의 스콜라주의 신학자들의 신학은 성서에 기초해서 추구되었다. 그러나 성서 주석의 유일한 목적은 신학적 사변을 위하여 성서적

Jeanrond, *Theological Hermeneutics*, pp. 28–29.

인 예비단계를 제공하는 것이 되었다. 신학은 성스러운 책(sacra scriptura), 즉 성서의 내용을 적합하게 재현하는 성스러운 교리(sacra doctrina), 거룩한 가르침이라고 주장되었다.[24] 그러나 이러한 주장과는 반대로 텍스트는 점차 사변적인 신학적 사고를 위한 본문증명을 제공해 주는 것으로 환원되었다. 가톨릭의 해석은 거의 전적으로 교회의 교의학적 전통과 교부들의 권위에 의존하였다. 결과적으로 성서와 살아있는 신앙의 전통 사이의 본래적인 변증법적 관계는 상실되었다. 신학자들은 자신의 신학적 전제들을 입증하기 위해서 성서 본문을 사용했으며, 반면에 일반 대중들 가운데는 여전히 본문의 문자적 의미와 괴리된 영적인 해석이 유행하였다.

5. 종교개혁 시대의 해석학

16세기의 유럽의 종교개혁은 하나의 해석학적 사건이었다고 할 수 있다. 하지만 종교개혁은 새로운 언어학적, 해석학적 이론의 출발점을 보여 준다기보다는 새로운 해석적 실천의 결과를 보여 준다. 루터, 칼빈, 츠빙글리 등의 개혁자들은 교권적이고 권위주의적인 교회의 전통과 규범 아래서 성서를 해석하기를 거부하고, 오히려 성서의 빛 아래서 기독교 전통과 교회의 삶의 적합성을 검증하고자 하였다. 성서는 하나님의 말씀을 전달한다. 그러므로 하나님의 말씀에 대한 올바른 이해가 기독교 신앙의 올바른 지도를 위하여 무엇보다 필수적이다. 성서 안의 하나님의 말씀을 주의 깊게 듣고 성서의 본문을 읽고 연구하기 위하여 자신의 모든 능력을 사용하는 사람은 자신이 찾는 모든 것을 발견하게 될 것이다. 이런 의미에서 개혁가들은 성서가 자기 해석적(self-inter-

---

24. W. G. Jeanrond, *Theological Hermeneutics*, p. 30.

preting)이라고 말하였다. 다른 규범은 필요하지 않다.

따라서 16세기의 종교개혁자들은 중세의 권위적이고 객관주의적인 해석에 대하여 저항하였다. 이들은 성서의 문자적, 문법적 해석을 중요시한 점에서 아퀴나스와 유사하였다. 그러나 이들에게 있어서 성서는 문자적으로 해석될 때 아무런 외적 간섭 없이 홀로 자족적인 것이었다. 성서가 성서해석의 유일한 원리이다. 교회가 성서의 의미를 임의로 결정하는 것이 아니라, 하나님의 말씀인 성서가 교회를 심판한다. 성서만이 신적 권리로 수여된 것이며, 성서 말고 그 이상의 어떤 권위를 인정하도록 강요받을 수 없는 것이다.[25] 루터에 의하면 이 땅 위에 성서처럼 명료하게 쓰여진 책은 또 없다. 성서 자체로 성서가 이해된다. 성서가 성서의 해석자이다(scriptura scripturae interpres).[26]

종교개혁자들의 '오직 성서로만'(sola scriptura)의 원리가 인간 이성의 불필요성을 의미하거나 축자영감설을 의미한 것이라고 볼 이유는 전혀 없다. 그들은 모두 성령이 성경의 저자이며 하나님은 분명하고, 일관성 있고, 인간 구원을 위하여 충분한 방식으로 성서의 본문을 통해 말씀하신다고 보았다. 나아가서 그들은 성서 본문에 나타나는 비일관성과 모호성은 성서의 명료성에 대한 이러한 믿음을 무효화시키지 못하며, 오히려 그것들은 유한하고 매우 제한된 해석자에게 지속적인 도전을 제기하는 것이라고 보았다.

루터나 츠빙글리나 칼빈은 성서 텍스트를 하나의 통일체로서 전체적인 의미를 파악하기 위해 신학적인 독해의 관점이 필요하다고 보았다.

---

25. J. Mackinnon, ***Luther and the Reformation*** IV(London, New York, 1930), p. 296.
26. Ibid., p. 294f. ; K. Fullerton, "Luther's Doctrine and Criticism of Scripture," ***Bibliotheca Sacra*** 63(1906), p. 18.

그리고 그들은 인문주의의 영향으로 인하여 텍스트의 요구에 대해 개인적으로 책임성 있게 응답하여야 하는 개인주의적인 기독교인의 실존에 대한 의식을 가졌으며, 그 당시로서는 비교적 개방적인 비평적 해석의 필요성에 동의했다.

루터의 주된 학문적 관심은 성서 주석에 있었다. 그의 최초의 시편 강좌(1513 – 15)에 나타나는 바와 같이 그도 처음에는 성서의 사중적 의미에 관한 이론을 받아들였다. 그러나 그의 두 번째 시편 강좌(1519)에서부터 문자적 의미로의 전환과 알레고리적 해석에 대한 반감이 분명히 나타나고 있다. 이후 루터는 성서의 역사적, 자의적, 문법적 이해를 강조하였다. 루터는 성서 안에 비유적 해석이 있음을 부인하지는 않았지만 역사적 이해를 본문의 제1의적인 의미로 파악하였다. "그리스도가 무엇을 의미하느냐가 아니라 그리스도가 무엇이었느냐 하는 것"이 그에게는 중요하였다.[27)]

루터의 칭의론과 시기적으로 일치하는 이러한 변화는 '문자'와 '영'의 관계에 대한 그의 재규정에 분명히 드러난다. 루터는 지금까지 성서의 이중적 의미를 가리켜왔던 기술적 용어인 '문자'와 '영'을 신학적인 용어로 사용하였다. '영'은 하나님 앞에서(coram deo), 즉 예수 그리스도의 십자가 안에서의 하나님의 자기 계시와 은폐의 빛 안에서 이해되는 모든 것을 의미한다. 루터에게 있어서 텍스트의 영적 의미는 기독론적 집중을 의미한다. 그러나 이 영적인 의미는 오직 성서 본문의 문자적, 역사적 의미에 의해서 촉발되어질 때에만 실재가 된다. 루터에게 있어서 역사적, 문법적 해석은 궁극적으로 그리스도를 이해하기 위한 방법이다. 루터의 그리스도 중심적인 해석은 객관적, 철학적인 해석

27. K. Holl, "Luthers Bedeuting für den Fortschritt der Auslegungskunst," *Gesammelte Aufsätze zur Kirchengeschichte* I (Tübingen, 1921), p. 420.

을 넘어서서 주관적인 영역의 체험의 중요성을 강조한다. 그는 외적인 교회의 권위가 아니라 내적인 성령의 인도하심을 중요시하였다. 성령의 조명으로 성서의 진리는 해석자에게 직접적으로 전달된다. "너희 마음속에서 하나님께서 이것은 하나님의 말씀이다. 이렇게 네게 말씀하셔야 한다."[28] 종교개혁의 영광은 문자적, 역사적 성서해석 위에 서 있는 이 주관적, 영적 해석에 있다.

루터에게 있어서 성서본문의 영은 오직 사전에 영적인 실존의 양태를 선택한 해석자에 의해서만 이해될 수 있다. 하지만 이러한 존재의 양태는 성서 자체에 대한 독해에 의해 촉발된다. 따라서 루터의 해석학은 순환적이다. 성서는 먼저 '영'을 따를 것인지 거부할 것인지에 대한 중대한 실존적 결단을 촉구한다. 그리고 두 번째로 영적인 실존에로의 결단에 기초해서 해석자는 성서를 해석하는 세부적인 과업을 수행할 수 있다. 세부적인 성서해석으로서의 미시적인 해석학적 활동을 선행하는 영적 실존에로의 결단으로서의 거시적인 해석학적 관점은 기독론적이다. 예수 그리스도의 십자가 안에서 새로운 인간실존의 유형이 하나님에 의해서 계시되었다. 이 계시가 성서에 대한 신학적 해석을 인도하여야 한다. 그리고 이 거시적인 해석학적 관점이 성서 텍스트 전체에 통일성과 일관성을 부여한다.

루터는 문자적 의미를 두 가지로, 즉 일상적인 '문자적 의미'와 '예언자적인 문자적 의미'로 구별하면서, 두 번째 문자적 의미에 기초하여 알레고리적 해석도 가능하다고 보았다. 그러나 그 이전의 알레고리적 해석과는 달리 이것은 더 이상 신학적 결론의 기초가 아니라 새로운 신학적(기독론적) 기초로부터 도출되는 결론이다.

성서의 기독론적 일관성에 대한 루터의 신학적 신념이야말로 16세기

28. Fullerton, op. cit., p. 16.

의 해석학의 가장 큰 새로운 특징이다. 루터는 성서를 결코 '모순 없는 체계'로 보지 않았다. 그는 성서의 각 본문들 사이의 신학적 차이를 잘 인식하고 있었으며, 특별한 신학적 관점, 즉 기독론적 관점을 모든 성서 텍스트들 전체의 통일을 가능하게 하는 초점으로 이해했다. 그리고 이러한 기독론적 초점에 부합하지 못하는 야고보서 같은 책들은 비평의 대상이 되었다.[29)]

루터보다 인문주의 사상의 영향을 더 많이 받았던 칼빈에게 있어서는 성서에 대한 어떤 특수한 신학적 해석의 관점이라기보다는 성서 자체가 기독교 신앙의 궁극적인 규범이었다. 다시 말하면, 칼빈에게 있어서는 성서의 그리스도 중심적인 해석보다는 성서 자체가 기독교 신앙을 통제하는 권위였다. 그는 교회가 사도와 예언자들의 바탕 위에 세워졌다(엡 2 : 20)고 믿었기 때문에 성서의 권위가 교회의 권위보다 우선적이라고 주장하였다. 그는 성서 해석의 근거를 "하나님의 말씀으로서의 성서"에서 찾았다. 즉 "성서를 해석할 수 있는 최상의 근거는 일반적으로 하나님께서 친히 그 안에서 말씀하신다는 사실로부터 온다."[30)] 이것은 일종의 순환논리이다. 하지만 칼빈은 가장 지혜롭고 거룩한 하나님의 말씀을 저속하고 우둔한 잣대를 가지고 판단하려는 것 자체가 오히려 논리적 모순을 가지고 있다고 주장한다. 성서가 하나님으로부터 왔다는 사실은 무엇보다도 성령의 내적 증거(Testimonium Spiritus

---

29. Josef Blank, "Was Christum Treibet-Martin Luther und die Bibel," in *Martin Luther*, 1483 - 1983 : ***Ringvorlesung der Philosophischen Fakultät, Sommersemester 1983***(Saarbrücken : Universität des Saarlandes, 1983), pp. 63 - 64 ; W. G. Jeanrond, ***Theological Hermeneutics***, p. 34.
30. John Calvin, ***Institutes of the Christian Religion*** I (Philadelphia : westminster Press, 1960), vii 20.

Sancti Internum)와 성경의 자증력(自證力)에 의해서 확증된다.[31)]

한편으로 칼빈은 다양한 주석적 판단에 대하여 더욱 개방적이었다. "각자는 다른 모든 사람들을 자신의 규칙에 복종하도록 강요하지 않는 한도 내에서 자신의 판단을 사용할 수 있다."[32)] 하지만 다른 한편으로 그는 기독교 신앙을 위한 성서의 형식적인 권위를 전적으로 신뢰했다. 그러므로써 그는 적어도 암시적으로는 (성서가 말하고 있는 것보다는) 성서 자체에 대한 점증하는 믿음을 고취시켰다. 이 성서 자체에 대한 점증하는 믿음은 후에 '성서주의'(biblicism)로 나타났다.

칼빈은 대체로 오리겐의 비유적 해석을 거부하고 문자적 해석을 주장하는 데오도르의 입장을 따르고 있다고 할 수 있다. 그러나 그는 비유적, 우화적, 영적인 해석 방법이 본문에 따라 필요하다고 하는 중도적인 입장을 견지한다. 그는 또한 구약과 신약의 관계에 대한 예언적이고 모형론적인 해석을 사용하였다. 칼빈은 객관적인 해석을 견지하려고 하였으나 신앙의 우위성과 성령의 내적 증거에 호소함으로써, 그리고 비유적, 영적인 해석의 가능성을 인정함으로써 주관주의의 길을 열어 놓았다. 칼빈 자신은 풍부한 해석학적 전통의 기술들을 숙달하고 있었으며 자신의 탐구의 빛에 비추어 성서의 개별적 구절들을 비평하는데 자유로웠지만,[33)] 이후 세대의 칼빈주의자들은 때때로 이러한 기술을 상실하고 모든 성서 텍스트의 절대적이고 문자적인 권위를 무비판

---

31. Ibid., I. vii, 4, 7.
32. William J. Bouwsma, ***John Calvin : A Sixteenth-Century Portrait*** (Oxford and New York : Oxford University Press, 1988), p. 120, 각주 71.
33. Thomas F. Torrance, ***The Hermeneutics of John Calvin***(Edinburgh : Scottish Academic Press, 1988), p. 62 ; Paul L. Lehmann, "The Reformers' Use of the Bible," in ***Theology Today*** 3 (1946), pp. 328－344 참고.

적으로 변호하였다.

우리는 성서해석의 주관성을 강조하는 종교개혁자들에게서 인간 사고의 절대 객관적인 분석은 불가능하다고 강조하는 현대의 해석학과의 유사성을 발견한다. 그러나 이들의 주관성 강조는 인간 존재와 이해의 역사성에 대한 인식에서 생겨난 것이라기보다는 성령의 은총과 신앙의 절대적인 중요성에 대한 인식에서 생겨난 것이다. 그러나 종교개혁 이후의 개신교 정통주의에서는 성서에 대한 축자영감설, 절대무오설 등의 원리들과 함께 성서를 교리 체계의 재건을 위해서 사용함으로써 중세의 스콜라주의만큼 경직화되었다.

6. 가톨릭 정통주의와 개신교 정통주의의 해석학

성서에 집중하는 종교개혁운동에 대한 응답으로 가톨릭 교회는 트렌트 공의회(1545－1563)에서 두 원천 이론을 확증했다. 이 이론에 따르면 성서와 기독교 전통 모두 올바른 기독교 신앙과 신학을 위한 원천이다. 트렌트 신학에 따르면, 교회의 전통 역시 올바른 기독교 신앙을 위한 본질적 원천을 형성하며, 교회적 권위가 성서 본문에 대한 어떤 특정한 해석이 '정통적'(orthodox)인가, 다시 말하면 공적으로 공인된 교회의 주석적, 교의학적 전통에 부합하는가 하는 것을 판단하는 궁극적인 주체가 된다.

한편, 개신교 정통주의 시대의 신학자들은 성서 전체의 축자영감(verbal inspiration) 교리를 변호했으며 성서무오(infallibility) 원리를 발전시켰다. 실제적인 성서 전체는 성령에 의해서 축자적으로 받아적은 것이기 때문에 무오하다. 성서는 하나님의 말씀과 동일시되었으며, 성서 본문의 어느 부분도 그 진리성을 의심할 수 없다고 여겨졌다. 이들에게 기독교 신앙이란 이 무오한 텍스트로부터 도출된 일련의 교리적 진술에 대한 지적인 수용을 의미했다. 아이러니하게도 루터파와 개혁파의 신학자들은 이러한 성서관을 공유하고 있으면서도 서로 자신들의 신앙이 정통이라고 다투었다.

종교개혁가들과는 달리 이들은 성서 본문을 비평적으로 연구할 수 있는 자유를 전혀 인정하지 않았다. 이들에게 있어서 성서는 인간 이성의 요구를 포함하는 모든 종류의 비평에 대항하여 방어되어야 하는 원리가 되었다. 따라서 성서는 형식적 권위의 원리로서 기능하였으며, 성서해석은 교의학적 이론으로 환원되었다. 성서는 기독교 신앙의 유일한 원리로서 결코 잘못이 있을 수 없다. 성서는 언제나 옳아야 하며, 그렇지 않으면 기독교 신앙은 진정성을 상실하게 된다. 이러한 교리주의는 모두 옳거나 그렇지 않으면 모두 틀렸다고 보는 일종의 전체주의(integralism)의 유형이다.

경직된 성서주의자들은 특히 자연과학의 진보를 공격하였다. 왜냐하면 자연과학이 성서에 대한 맹목적인 문자적 해석의 가능성(예를 들면 창조기사)을 의심하게 만들었기 때문이다. 이들은 과학적이고 합리적인 새로운 세계관을 철저히 거부했으며, 새로운 철학과 자연과학이 제기한 문제들과 비평적으로 씨름하는 대신에 인간이성의 어떠한 요구에 대해서도 자신들을 차단시켰으며, 모든 종류의 과학적 진보에 대한 적대적인 태도를 발전시켰다. "정통주의는 합리적인 논증을 통하여 기독교 신앙의 관심사들을 방어할 수 있다고 생각하고 그것을 자랑스럽게 여겼지만, 인간 이성이 비평적이 되는 것은 허용하지 않았다."[34)]

---

34. Gottfried Hornig, ***Die Anfänge der historisch-kritischen Theologie : Johann Salomo Semlers Schriftverständnis und seine Stellung zu Luther***(Göttingen : Vandenhoeck & Ruprecht, 1961), p. 52 ; W. G. Jeanrond, ***Theological Hermeneutics***, p. 37.

한편 발타잘 베커(Balthasar Bekker, 1634-1698)와 크리스토프 위티치(Christoph Wittich, 1625-1687) 같은 네덜란드 신학자들은 근대 이성의 요구와 신학의 전통적인 주장 사이를 중재하려고 시도하였다. 이들에게 있어서 성서는 더 이상 인간의 지식을 위한 유일한 원천으로 받아들여질 수 없었다. 성서가 전혀 확실한 지식을 제공하지 않는 영역들이 있다. 이들은 자연과 역사에 대한 성서와 과학의 진술 사이에 존재하는 분명한 모순을 적응(accommodation)이론으로 설명하였다. 이 이론에 따르면 성령은 성서의 저자들을 통해 그 당시의 사람들의 '선입견' 에 접근 가능한 방식으로 자연에 관해서 말씀할 수밖에 없었다는 것이다. 이 신학자들은 비교적 잘 정의된 성서에 대한 신학적 비평을 보여 주며, 기독교인들은 어떻게 성서의 정당성과 권위에 대한 새로운 근본적인 비판의 관점을 고려하면서 성서를 이해할 수 있는가 하는 신학에 있어서의 새로운 해석학적 상황을 올바로 이해하였다고 할 수 있다.

다른 한편, 형식주의적이고 교리주의적인 성서관에 대항하는 다른 한 형태는 경건주의 운동에서 나타났다. 여기서는 인간의 개인적인 경험이 기독교 신앙에 있어서 본질적인 것으로 여겨졌다. 경건주의자들에게는 개인적 체험이 신학적 통찰과 성서 연구를 위한 기초가 되었다. 따라서 성서는 신앙의 절대적인 원리가 아니라 기독교 신앙을 위한 하나의 자료가 되었다. 공동체적인 역사 속에 나타나신 하나님에 대한 성서적 진술보다 사적인 신앙의 체험을 우선하는 이들의 극단적인 주관주의적 성서관은 지나치게 객관주의적인 정통주의 성서관 못지 않게 많은 문제점을 안고 있는 것으로 드러났다.

근대 이후 또는 비판 이후의 시기인 오늘날에도 성서의 문자적 영감설과 절대무오설의 교의학적 권위에 의존하여 문자주의적인 해석을 하는 일부의 근본주의자들이나 보수적 복음주의자들이 교회의 한 전통을 형성하고 있다. 이들은 문자적 영감에 대한 교의학적 확신을 가지고 성서에 기록된 글자 하나 하나가 모두 절대적으로 무오한 하나님의 말씀이라고 주장한다.[35] 이들은 성서가 하나님의 계시에 의한 거룩한 책이라는 교의학적 확신을 유지하고 강화하기 위하여 전통적인 교리적, 문자주의적 패러다임을 고수한다. 근대 이전의 교리적 해석의 패러다임이 성서의 사중적 의미를 말한다면, 근대의 교리적 패러다임은 성서의 기록을 일점 일획도 틀림이 없는 사실적 진리로 믿는 문자주의적 이해를 고수한다. 이들에게 있어서 성서는 경전(canon)이라는 형식적인 권위 하나만으로 절대무오한 하나님의 말씀이다. 이들은 성서에 기록되어져 있는 모든 내용은 그것이 영감에 의해 성서로 기록되어져 있기 때문에 역사적 사실이나 과학적 사실에 이르기까지 일점 일획도 틀림이 없다는 영감 교리를 교회의 권위주의적인 규범체계 안에 포함시켰다. 따라서 이들은 성서 저자의 주관적인 신학의 입장의 정당성이나 특수한 역사적 상황 속에서의 상대적 적합성 및 한계성, 기록된 역사적 사실의 신빙성과 진정성의 문제, 고대의 성서의 세계관의 신화적 성격, 그리고 해석자 자신이 가지고 있는 성서에 대한 이해와 해석의 역사적 한계성과 주관성 등에 대한 어떤 비평적인 접근도 허락하지 않는다.

이러한 전통주의(antiquarianism)에 근거한 현대의 근본주의적인 성서관은 '성서주의'(biblicism) 또는 '성서우상주의'(bibliolatry)라고 명명할 수 있다. 성서우상주의란, 하나님의 말씀으로서의 성서의 권위가 예수 그리스도에 대한 신앙고백적 증언이라는 사실로부터 나온다는 복음주의와는 구별되는 것으로서, 성서의 권위가 성서 자체로부터 나온

---

35. 오늘날 이른바 '창조과학회'라는 평신도 집단에서 볼 수 있듯이 이들은 (예를 들어) 창세기의 창조 기사에 기록된 연대를 문자적으로 거슬러 올라가 온 우주와 인류의 기원을 BC 4000년경으로 추산해 내기도 한다. 이들에게 창세기의 창조 이야기는 문자 그대로 우주의 기원과 시작을 정확하게 알려 주는 과학적 설명이다.

다고 주장하는 견해를 말한다. 하나님의 계시로서의 성서의 권위가 계시 그 자체로서의 예수 그리스도에 대한 증언과 '지시'라는 사실에 있지 않고 성서 그 자체에 있으며, 따라서 성서는 성서로서 기록되고 전승되었다는 그 사실 자체로 인하여 독자적으로 절대무오한 하나님의 계시의 책이라고 주장하는 사람은 바로 성서를 우상으로 숭배하는 자이다. 이러한 성서주의자들에게 성서는 신적인 존재가 항상 내재해 있고 신적인 힘이 경험되는 주물(fetish)이나 금기(禁忌, tabu)와도 같은 성물(聖物)이다.

기독론적 표현을 빌면 이러한 성서관은 '성서가현주의'(biblical docetism)라고 표현할 수도 있다. 예수 그리스도의 신인 양성에 관한 교리에 있어서 참인성을 부인하고 참신성만을 강조한 나머지 예수 그리스도를 가현적으로 지상에 나타난 하나님처럼 이해한 가현론이 이단으로 정죄되었듯이, 성서가 제한되어 있고 오류 가능성이 있는 인간에 의하여 그 당시의 특수한 역사적 상황과의 상관관계 속에서 쓰여졌다는 사실을 부인하고 절대무오한 하나님의 초자연적 영감만을 강조하는 성서이해는 가현주의적 또는 영지주의적인 것이라고 할 수 있다. 성서가 하나님의 말씀(verbum Dei, vere Deus)이며, 동시에 인간의 말(vere homo)이며, 하나님의 말씀이 성육신의 비밀 안에서 인간의 말을 통하여 들려진다는 사실을 인정하지 않는 사람은 성서 가현론자라고 할 수 있다.

오늘날 전 지구적으로 증대하는 탈근대적 불안과 불의와 혼란에 대응하여 신보수주의적, 또는 근본주의적인 교리적, 문자적 해석의 패러다임은 기독교인들에게 변화의 바다 속에서 확실성을 약속하고, 기독교공동체의 배타적인 경계선과 확실한 정체성을 그려 주며, 갈수록 복잡하게 변화하는 세계 속에서 영화된(spiritualized) 비전을 투사함으로써 정서적 안정을 조작해 준다. 이 패러다임에 속한 집단은 자신의 '정통' (orthodoxy) 전통에서 벗어난 '타자들' 을 '적' 또는 악의 상징으로 규정하고 그들을 속죄양으로 만듦으로써 자기 안에 있는 의인들에게 구원을 보장한다. 이렇게 함으로써 현대의 근본주의운동은 종교적 안정과 신앙의 확실성과 확고한 정체성을 약속한다.[36)]

기독교 근본주의자들에게 있어서 성서의 메시지는 완전히 다른 세계에 속하는 것으로서, 사회구조나 정치구조에 의해 영향을 받지도 않으며 그것들에 전혀 영향을 미치지도 않는다. 성서는 축자적으로 영감되어진(verbal inspiration) 하나님의 직접적이고 절대무오한 말씀이다. 따라서 성서와 그 해석은 사회적 정치적 이데올로기와 역사적 특수성을 초월한다고 믿는다. 그러나 이러한 생각은 성서 본문과 해석 안에 작용하는 관심과 이해관계를 간과하고, 하나님에 대한 신앙을 성서에 대한 신앙으로 동일화시키는 계시실증주의를 대변한다. 뿐만 아니라 전통적인 서구의 성서주의적 근본주의자들의 성서관은 개인 중심적이고 사적인 부르주아 종교의 신학적 관점이라는 사실이 오늘날 명백해졌다. 오늘날의 근본주의는 그 자체가 하나의 근대적 현상으로서 바깥 세상에서는 더 이상 생존 불가능한 모든 것을 종교적 세계 안에 통합된 의미체계와 계시된 진리의 확실성으로서 재창조하고자 하는 종파주의적(sectarian)이고 회귀적인 노력에 불과하다.

Ⅲ. 근대시기의 성서해석학

16세기에 들어오면서 고대문학과 근대적 지성주의와 주지주의의 영

36. Elisabeth Schüssler Fiorenza, "The Ethos of Interpretation : Biblical Studies in a Postermodern and Postcolonial Context," 제25차 한국 기독교학회 정기 학술대회 강연, 1996, p. 7.

향으로 기독교 휴머니즘이 강력하게 등장하기 시작하였다. 에라스무스 등의 기독교 인문주의자들은 성서의 기사에 대한 자유로운 비판을 시도하였다. 이러한 비판의 근원은 희랍 신화에 대하여 체계적인 합리주의의 비판을 행했던 헬레니즘 시대까지 소급될 수 있다. 고전문학을 발견하여 그것에 높은 가치를 두었던 문예부흥은 성서에 대한 비평적 태도를 고취하였다.[37] 철학이 신학과 분리하여 자율적인 학문으로 서게 되면서 교회 밖에 있는 이성만으로의 성서에 대한 비판적 해석이 가능해졌다. 성서의 기자들이 "하나님의 필기생, 그리스도의 손, 성령의 서기관, 살아 움직이는 펜"[38] 으로서 성서를 기록했다고 하는 축자적 영감설을 주장하는 종교개혁 이후 개신교의 성서주의는 가톨릭의 교회권위주의 못지 않게 합리적인 사상가들에게 회의를 불러일으켰다.

17세기의 스피노자(Spinoza)는 성서나 전통적 해석의 권위를 넘어서는 이성의 제1의성을 변호했던 가장 대표적인 사상가였다. 그는 신학과 철학을 분리하여 이성은 진리와 지혜로 인간의 지성을 인도하며, 신학은 경건과 순종을 가져오게 한다고 믿었다. 성서해석의 근본적인 오류는 성서 안에서 철학을 발견하려는 욕구 때문이었다. 그는 유대인들이 제2의적인 원인에 대하여는 말하지 않고 종교적 신앙심으로 인하여 모든 것을 직접 제2의적인 하나님의 행위로 말하는 히브리적인 관용어법을 사용하여 성서를 기록했다고 보았다. 예를 들면, 저들이 무엇을 소원하면 하나님께서 그렇게 마음을 그 방향으로 정하셨으며, 저들이 무엇을 사고할 때에는 하나님이 저들에게 말씀하셨다고 한다는 것이다.[39] 그는 성서의 계시를 합리화하였다.

---

37. J. Mackinnon, *The Origins of the Reformation*(London, 1939), pp. 359f.
38. F. W. Farrar, *History of Interpretation*(London, 1886), pp. 373ff.
39. Benedictus de Spinoza, ***Tractatus Theologico-Politicus, Theologisch-***

성서는 어리석은 대중의 규율이 없는 의지를 움직이고 통제할 때에만 그 목적을 성취한다. 성서는 다만 불합리한 사람에게만 권위적이다. 그러나 이성에 따르는 철학자는 자유로이 자연을 이해할 수 있다. "신학은 이성을 섬길 의무가 없고 또 이성은 신학을 섬길 의무가 없으며 각자에게는 각자의 분야가 있다."[40] 이와 같은 신학과 철학의 분리는 지성있는 사람으로 하여금 신학을 포기하도록 하는 결과를 낳는다. 만일 해석자가 진정 합리적이면 이성만이 그의 전 생애를 인도할 것이다. 따라서 그의 성서해석의 방법론은 철저하게 역사적, 언어적인 것이며, 어떤 신학적 문제와도 관계하지 않는 것이다. 성서는 지성적인 해석자의 정신을 지배할 아무런 권위도 갖고 있지 못하다. 스피노자는 합리주의의 봄철에 살았었다. 이러한 합리주의는 18세기 초반에 가장 보편화되었으나, 중반 이후 버클레이(Berkeley) 같은 사상가는 '자연적 이성'의 무력함과 계시의 필요성을 말하였으며, 흄(Hume)은 회의주의가 이성 자체를 배반할 수 있음을 보여 주었다.

1. 계몽주의 시대의 해석학

서구 역사에 있어서 18세기 계몽주의는 왕, 교회, 성서 등의 기존의 모든 타율적 권위가 붕괴되고 자율적 권위, 즉 인간 이성의 주체성과 합리성의 권위가 그 자리를 차지하게 되는 시기이다. 이 시기 이후 전통적인 연역법적인 관념론과 신학적 형이상학이 급격히 몰락하고 귀납법적이고 경험론적인 형이하학, 즉 뉴턴의 물리학 같은 과학이 지배적

Politischer Traktat(신학-정치론), in Samtliche Werke(Hamburg Felix Meiner 1965), 제1장.

40. Ibid., 제15장.

인 인간의 사고방식이 되었다. 유럽과 미국의 계몽주의의 이상은 순수하고 추상적인 이성의 인도하에 인간의 자유, 평등, 정의를 위하여 비판적으로 성취된 지식을 추구하는 것이었다. 계몽주의의 무제약적인 질문과 평가 원칙은 어떠한 기존 현실이나 권위, 전통 혹은 제도에 대해서도 예외를 두지 않았다. 이와 같은 계몽주의의 과학적 원칙은 근대 대학에서 경험주의적 지식의 패러다임으로 제도화되었는데, 이 패러다임은 '사실의 논리'로 귀결되는 증거, 자료, 경험적 탐구를 무엇보다도 중요시한다. 이러한 과학적, 실증주의적 패러다임은 역사학의 발전으로 성서학의 새로운 지평을 열게 되었다. 즉, 다윈의 진화론 등에 힘입어 인간 실존의 역사적 상대성에 대한 인식이 점증하였으며, 르네상스 시대 이래 발전된 문헌학과 고문학(古文學)의 일반적인 문헌 해석학의 원리가 성서를 이해하기 위한 방법론으로 성서해석학에 적용되게 되었는데, 이것이 곧 역사비평적인 접근의 시작이었다.

18세기 계몽주의 시대의 신학에 있어서 근본적으로 새로운 해석학적 지평을 열었던 대표적인 신학자는 제믈러(Johann Salomo Semler, 1725-1791)라고 할 수 있다. 그는 성서와 교리사에 대한 역사적, 비평적 탐구를 본격적으로 시작함으로써 개신교 신학에 새로운 해석학적 기원을 열었다. 말하자면, 그는 종교사가와 비평적인 역사 탐구자의 눈으로 성서에 접근했던 최초의 독일 개신교 신학자이다. 그는 성서해석이 더 이상 일련의 특정한 교리들을 입증하기 위한 것이 되어서는 안 된다고 주장했다. 텍스트에 대한 교의학적 독해는 종식되어야 하며, 참으로 비평적인 텍스트 해석이 시작되어야 한다. 이러한 비평적인 해석은 문법, 수사학, 논리, 본문의 전승사, 번역, 본문에 대한 편집비평과 주석비평을 포함하였다. 해석학의 주된 과제는 텍스트를 성서 저자들이 이해했던 대로 이해하는 것이었다. 이를 위해서는 성서 본문에 대한 문자적, 역사적 의미를 밝히는 통시적(diachronic) 해석이 요청되었다.

제믈러는 비평적 해석 이론을 위한 두 가지 규칙을 세웠는데, 첫 번째는 성서해석자는 성서 본문과 자신 사이의 역사적 거리를 인식해야 한다는 것이며, 두 번째는 성서해석자는 텍스트 해석의 보편적인 법칙을 존중해야 하지만 또한 그 본문들의 특수한 본성과 내용에 관심을 기울여야 한다는 것이다. 그는 성서 텍스트와 하나님의 말씀을 날카롭게 구별했다. 하지만 그는 성서 자체가 하나님 그리고 하나님과 우리의 관계에 관해 어떤 것들을 알려주기 때문에, 이러한 것들을 역사적, 비평적 방법을 통하여 회복시켜야 할 필요가 있다고 보았다.[41]

제믈러는 다른 모든 학문에서와 마찬가지로 신학에서도 논리의 법칙이 적용되어야 한다고 주장했다. 따라서 그는 영감 받은 분야로서의 신학의 특수한 지위를 인정하지 않았다. 그는 루터의 전통에 서 있었지만 루터가 인간 이성의 가치를 격하시켰다고 비판했으며, 인격적인 계시가 인간 이성의 능력에 부가될 수 있다는 경건주의의 주장도 거부했다. 궁극적으로, 제믈러는 '오직 성서만으로'(sola scriptura)라는 종교개혁의 성서원리를 포기한 것은 아니며, 오히려 성서의 형식적인 권위로부터 성서 해석자들을 해방시켜서 성서의 내용적인 실질적 권위를 새롭게 평가할 수 있도록 하려고 시도했다. 신학적 해석학에 대한 제믈러의 공헌은 그가 정통주의적 교리주의와 성서주의를 적나라하게 드러내 보였으며, 참된 과학적 신학은 적절한 학문적인, 즉 합리적이고 비평적인 성서해석 방법론을 발달시켜야 함을 보여 준데 있다고 할 수 있다.

이제 신약성서는 AD 1세기의 특정한 시대적 상황 속에서 예수 그리스도를 추종하던 무리들에 의하여 원시 교회공동체의 신앙고백적이고

---

41. Emanuel Hirsh, ***Geschichte der neuern evangelischen Theologie***, vol. 4 (Gütersloh : Bertelsmann, 1954), pp. 82f ; W. G. Jeanrond, ***Theological Hermeneutics***, p. 40.

예배적인 삶의 자리에서 기록된 인간의 저작물로서 이해되기 시작하였다. 성서는 하늘에서 떨어진 하나님의 계시의 말씀이 아니라 예수 그리스도에 대한 제자들의 신앙고백적 해석과 증언으로 인식되었다. 역사비평적인 연구의 결과, 예수 그리스도에 대한 제자들의 이해와 해석에는 두 가지 역사적 맥락과 사상적 지평이 있음이 드러났다. 유대적, 묵시문학적 사고의 지평과 헬레니즘적 사고의 지평이 그것이다. 성서의 종말론적 사상은 전자로부터 그리고 이원론적 사상은 후자로부터 온 것으로 이해되었다. 또한 공관복음서는 유대적이며 요한과 바울의 사상은 헬레니즘적이라는 구별도 이루어졌다.

이러한 역사적 성서연구의 결과 많은 신학자들은 성서의 기록이 나사렛 예수라는 인간에 대한 AD 1세기의 신화적 사고의 필연적 현상으로서의 신화화의 산물이라고 결론을 내렸다. 그들은 성서의 여러 곳에서 사건 보도의 부정확성 및 오류를 발견해 내었으며, 기적 설화와 같은 이야기들의 사실성은 역사적 불가능성으로 여겼다. 그들에게 성서는 쉽사리 믿을 수 없는 신화론적 이야기의 모음집이거나 아니면 그 안의 내용의 정확성과 부정확성, 사실과 허위, 참과 거짓을 잘 분간해 내어 읽어야만 하는 책이 되었다. 18세기 말에 오면서 성서에 대한 합리주의적이고 역사적인 연구가 더욱 발전하였다. 레싱(Lessing), 헤르더(Herder), 아이호른(Eichhorn) 등의 역사적 분석은 독일의 역사적 비평이 꽃피우는 기틀을 마련해 주었다. 그리하여 19세기 전반부터 신학적 사고 전반과 성경 해석에 있어서 대변혁이 일어났다.

2. 슐라이어마허의 성서해석학

프리드리히 슐라이어마허(Friedrich Schleiermacher, 1768-1834)는 일반적으로 현대 해석학의 아버지로 알려져 있는데, 그것은 그가 해석학적 문제가 지니고 있는 보편적 전망을 인식했으며, 이해에 대한 철학적인 이론을 요구했던 첫 번째 사람이었기 때문이다. 그는 성서를 다른 서적을 해석하는 것과 같은 방법으로 해석하는 일반 해석학을 발전시켰으며, 이해의 기술(技術)로서의 보편적 해석학을 세우고자 하였다. 그리하여 슐라이어마허는 해석학의 본성과 영역을 보편적 전망 안에서 재규정하면서 신학적 해석학을 교회적 이데올로기의 감옥으로부터 해방시켰다.

슐라이어마허는 단순히 주석의 방식에 관심을 집중해왔던 전통적인 해석학을 넘어서서 보다 근본적이고 보편적인 해석학적 물음을 던졌다. "인간의 이해란 무엇이며 그것은 어떻게 발생하는가?" 이러한 철학적 물음에 대답하면서 그는 해석학을 '이해의 기술(art)'이라는 일반적인 용어로 재정의하였다. 그는 이와 같이 해석학을 철학적으로 다룰 때에만 비로소 성서주석학과 같이 좀더 특수화된 해석학적 관심을 위한 필수적이고 비평적인 기초를 마련할 수 있다고 확신했다.

슐라이어마허는 이해의 과정에 있어서 인격적 또는 주관적 차원과 더불어 이해되어져야 하는 대상의 언어적 본성, 즉 객관적 차원에 대한 적절한 고려가 함께 이루어져야 한다고 보았다. 그는 인간의 의사소통에 있어서의 언어적 성격에 대하여 자세히 고찰했다. 모든 이해는 언어를 전제한다. 우리는 언어 안에서 사고하고 언어를 통하여 의사 소통한다. 언어는 언제나 관습적이고 일반적인 유형(언어의 문법적 또는 객관적 측면)과 개인적 실행(언어의 기술적 또는 주관적 측면)의 결합으로서 발생한다. 슐라이어마허는 이 후자의 측면을 '심리학적' 해석이라고 불렀다. 따라서 그는 해석에 있어서 기술적, 심리학적 측면과 문법적 측면을 구별하였다. 그에 따르면, 해석의 문법적 차원의 과제는 "언어 안에서 그리고 언어의 도움을 통하여 어떤 담화의 특수한 의미를 발견해내는 기술"이며, 심리학적, 기술적 해석은 작품의 전체성 또는 통일성과 그 구성의 주요한 특징을 파악하려고 하는 것이다.[42] 슐라이어마허는 텍스트 해석에 있어서 이 두 해석의 차원이 동일하게 중요하다고 보았다. 모든 텍스트 창작이 관습적인 언어의 규칙을 특수하게 개인적으로 적용한 결과인 것과 마찬가지로, 모든 텍스트 수용의 행위는 관습적인 텍스트 이해의 양태를 개인적으로 적용시킴에 기초한다.

슐라이어마허는 또한 텍스트의 본성에 관심을 기울였다. 그는 텍스트를 하나의 개별적인 우주로, 즉 개별적으로 적용된 관습과 규칙의 네트웍이 함께 작용하여 창조하는 하나의 새롭고 의미 있는 전체로 보았다. 구성의 특수성이 텍스트의 '스타일'(style)을 형성한다. 순수하게 문법적인 숙고만으로는 특수한 스타일의 개념을 산출해낼 수 없다. 왜냐하면 텍스트의 개별성에 대한 개념화 그 자체가 이 개별성을 와해시켜 버릴 것이기 때문이다. 이렇게 되면 텍스트는 결코 완전히(totally) 이해될 수 없다. 따라서 슐라이어마허는 본문의 의미를 완전하게 파악하려고 하기보다는 최대한의 근사치에 도달하는 것을 해석의 목표로 삼는다. 그럼에도 불구하고, 해석적 과정의 비판적이며 책임적인 성격을 방호(防護)하기 위하여, 본문의 의미를 향한 해석적 근사치는 모종의 규칙에 의해 인도되어져야 한다.[43]

슐라이어마허에 따르면 이해의 기술을 위한 규칙은 주어진 진술을 역사적이고 예감적으로, 그리고 객관적이고 주관적으로 재구성하는 것을 의미한다. 객관적으로 이 규칙은 본문과 그 본문이 생겨나도록 만든

---

42. F. D. E. Schleiermacher, ***Hermeneutik***, ed. Heinz Kimmerle, 2nd edn (Heidelberg : Carl Winter, 1974), p. 57. Kurt Mueller-Vollmer, ***The Hermeneutics Reader : Texts of the German Tradition from the Enlightenment to the Present***(London : Blackwell, 1986), p. 94.

43. Ibid., p. 95.

언어체계와 이 언어체계에 대한 본문 자체의 특수한 영향 사이의 관계성을 해석자가 인식하도록 돕는다. 주관적으로 이 규칙은 해석자로 하여금 어떻게 그 진술이(저자의 마음속에 있는 사실로서) 생겨났는지를 알도록 가르치며, 또한 어떻게 그 진술 속에 담겨 있는 사상이 저자에게 그리고 저자 안에서 지속적으로 영향을 미치게 될 것인지를 인식하도록 가르친다. 이러한 이해의 과정의 목적은 "저자가 이해했던 것만큼 본문을 잘 이해하는 것이며 그리고 나서 저자보다 더 잘 이해하는 것이다."[44] 이러한 해석의 목적이 함축하는 의미는 해석자가 저자의 언어를 완벽하게 숙달하여야 한다는 것이며 더욱이 저자의 내적, 외적 삶에 대한 지식을 획득하여야 한다는 것이다. 그러나 슐라이어마허는 또한 저자의 삶과 언어에 대한 이러한 지식은 오직 저자의 작품을 해석함에 의해서만 발견할 수 있다고 부언한다.

슐라이어마허가 말하는 '예감'(divination)이란 텍스트와 저자의 세계 안으로 들어가기 위한 신비하거나 비밀스런 느낌을 의미하는 것이 아니라, 텍스트의 해석자가 비록 그 어떤 접근방식도 텍스트의 개별성을 완전히 파악할 수 없을 것이라는 사실을 알고 있음에도 불구하고 감행하는 용기있는 모험을 의미하는 것이다. 심리학적인 차원과 문법적인 차원으로 이루어지는 양극적인 텍스트 이해의 본성을 주장함으로써, 슐라이어마허는 한편으로는 예감이 주어진 의미론적 사실로부터의 개인주의적인 도피로 이해되어서는 안 된다는 사실과, 다른 한편으로는 텍스트의 언어적 구성에 대한 그 어떤 (객관적인) 지식도 텍스트의 전체적인 의미를 파악해야하는(비록 이 파악이 기껏해야 단지 근사치적인 재구성으로 인도한다고 할지라도) 해석자의 의무를 대체할 수 없다는 사

44. Ibid., p. 83.

실을 강조한다. 한 텍스트 안에서 일반적인 것과 개별적인 것이 상호 침투적이기 때문에, 이것들의 연합은 궁극적으로 오직 예감을 통해서만 이해될 수 있다.[45]

또한 슐라이어마허는 해석학적 순환의 다양한 측면들을 새롭게 성찰할 수 있는 토대를 마련했다. 그는 물론 부분이 오직 전체로부터만 이해될 수 있는 것처럼 전체는 오직 부분으로부터만 이해될 수 있다는 고래(古來)의 통찰력에 동의했다. 하지만 그는 이를 넘어서서 우리의 이해의 순환적 본성에 응답하기 위해서는 예감(divination)과 비교(comparison)의 두 상관된 행위가 본질적으로 중요하다는 사실을 지적했다. 이 행위들은 다음의 두 가지 관점에서 수행되어야 한다. 첫째는 특정한 텍스트의 내적 구조의 관점으로서, 우리가 어떻게 부분으로부터 전체적 의미를 식별해 낼 수 있으며, 그리고 어떻게 텍스트 안에 있는 언어적 장치들을 비교함으로써 부분에 관하여 알 수 있게 되는가 하는 것이다. 두 번째는 텍스트와 유사한 언어적 작품들 전체와의 관계성의 관점으로서, 우리가 어떻게 유사한 텍스트들의 빛 안에서 한 텍스트의 의미를 파악할 수 있는가 하는 것이다.

그러나 슐라이어마허는 비교의 행위를 과대평가해서는 안 된다고 경고를 하였다. 그에 따르면, 단어와 내용에 대한 설명 그 자체는 해석이 아니라 단지 해석의 측면들을 제공할 뿐이다. 해석학은 비록 이러한 측면들의 도움을 받아 이루어짐에도 불구하고 오직 의미가 무엇인가를 결정함으로써 시작된다. 따라서 슐라이어마허에게 있어서 해석학의 목표는 텍스트의 의미를 이해하는 것이지 그 목표를 산출하는 맥락을 이해하는 것이 아니다. 물론 텍스트를 산출한 상황에 대한 지식이 해석자

45. Ibid., p. 96.

의 예감적 기능을 집중시키는 데 도움이 되는 것은 부인할 수 없다. 모든 예감은 철저하게 문법적 해석을 수반하여야 하며, 따라서 해석학적 순환에서 문법적 차원은 결코 배제될 수 없다.

슐라이어마허의 해석학적 사고는 해석학의 발전에 있어서 하나의 혁명을 가져왔다. 이전까지는 신학과 문학 분야 안에 속한 아(亞)분야였던 해석학이 이제는 자율적인 철학의 한 분야가 되었으며, 다른 사람의 언어적 표현을 이해하고자 하는 모든 사람들에게 본질적으로 중요한 학문이 되었다.

슐라이어마허는 자신의 일반적 해석학의 원리의 틀 안에서 성서해석학을 수행하였다. 성서해석자로서의 신학자들은 특별한 특권을 지니고 있지 않으며, 다른 텍스트 해석자들과 마찬가지로 해석학의 원리들을 따라야 한다. 따라서 슐라이어마허는 성서가 성령에 의해 영감되어졌기 때문에 전혀 다른 종류의 해석학적 규칙을 요구한다는 주장을 거절한다. 그는 영감에 관한 '교의적' 결정은 그 자체가 해석에 의존하고 있기 때문에 기대될 수 없다고 주장하였다. 다시 말하면, 성서가 성스러운 책이라는 사실은 오직 성서를 해석함을 통하여서만 알려질 수 있다.[46] 물론 그는 성서가 특별한 해석학을 요구한다는 사실에 동의한다. 그러나 특수한 것은 오직 보편적인 것을 통해서만 이해될 수 있다. 다시 말하면, 특수한 해석학은 일반적 해석학의 토대 위에 서 있다는 것이다. 하지만 그는 성서만이 요구하는 특수한 해석학을 충분히 체계적으로 발전시키지는 않았다. 그의 주된 관심은 성서를 해석하는 기독교인들이 특별한 해석적 권위를 버리고, 어떤 구절이나 문장을 본문으로부터 분리시키지 말고 본문을 본문으로써 진지하게 다루어야 한다는

---

46. Ibid., p. 80.

사실을 강조하고자 함에 있었다.

자신의 「신학연구개요」(*Brief Outline on the Study of Theology*, 1810)에서 슐라이어마허는 일반 해석학과 특수 해석학 사이의 관계성에 관하여 언급하였다.[47] 그는 개신교 신학이 일반 해석학의 원리의 정당성을 받아들이지 않는 정경 해석방식을 받아들일 수 없다고 주장하였다.[48] 오직 일반적인 원리들의 기초 위에서만 정경의 특수한 성격과의 관계성 안에서 특수한 신약성서해석학이 발전될 수 있다. 성서해석의 숙련성을 높이기 위해서 해석자는 도움이 되는 가능한 모든 자료와 방법들을 사용하여야 한다. 정당성을 지닌 교의적 결론을 이끌어내기 위해서는 성서해석에 있어서의 학문적인 과제가 본질적으로 요청된다. 이 학문적 과제는 언어학적 측면, 즉 문법적 해석과 아울러 예술적 측면, 즉 심리적 또는 기술적 해석의 예감을 모두 포함한다.[49]

슐라이어마허는 후기로 가면서 언어와 문자 중심적인 해석학으로부터 심리 지향적인 해석학으로 이행하여 감으로써 그의 해석학이 주관주의적인 심리학으로 변질되었다고 비판을 받기도 한다. 또한 그가 '객관적으로 타당한 인식' 을 요구하면서 이해의 원리와 법칙을 해석학의 과제로 설정한 것은, 오늘날의 해석학에 의하여 역사를 넘어서서 역사 외부에서 무시간적인 법칙이 도출될 수 있는 입각점을 확립하는 것이 가능하다고 전제하고 있기 때문에 역사적 이해가 결여되어 있다고 비판될 수 있다. 그럼에도 불구하고, 그는 이해의 과정에 대한 현상학적인 인식을 가지고 해석학적 방법론을 체계화하려고 했으며, 언어로

---

47. Friedrich Schleiermacher, ***Brief Outline on the Study of Theology***, trans, Terrence N. Tice(Atlanta : John Knox Press, 1966).
48. Ibid., §134.
49. Ibid., §148.

표현된 모든 것들을 이해하는 기술로서의 해석학의 새로운 지평을 엶으로써 오늘날의 해석학적 논의에 대한 초석을 놓은 인물로 높이 평가된다.

신학적 성서해석학과 철학적 일반 해석학을 막론하고 현대 해석학에 끼친 슐라이어마허의 영향력은 매우 강력하고 광범위하다. 그로부터 철학적 해석학이라는 새로운 독립된 학문분야가 출현하였다. 이 새로운 학문분야는 성서 주석에 일반적인 철학적 해석학을 적용시키려는 슐라이어마허의 입장에 동의하지 않는 성서 주석가들에게는 경계의 대상이 되었다. 그러나 그의 생각에 동의하는 성서 해석자들은 이 새로운 철학적 해석학의 학문분야로부터 매우 긍정적인 영향을 받아들이게 되었다.

3. 빌헤름 딜타이의 해석학

슐라이어마허의 해석학은 그 당시로서는 큰 공감적인 반향을 불러일으키지 못했으나, 19세기 말에 이르러서 그의 공헌이 새롭게 인식되기 시작하였다. 슐라이어마허의 해석학적 기획의 부활은 철학자 빌헤름 딜타이(Wilhelm Dilthey, 1833-1911)에 의하여 이루어졌다. 딜타이는 슐라이어마허와 20세기의 해석학의 발전 사이를 이어주는 가교 역할을 하였던 중요한 인물이다.

하지만 슐라이어마허의 경우와는 달리, 그는 자연과학만이 자체의 우월한 방법론과 자연에 대한 객관적인 통찰을 산출해 낼 수 있다고 주장하는 자연과학의 공격적인 자기이해의 출현으로 인하여 인문과학이 위험에 처하여 있는 상황을 경험하였다. 딜타이는 인문과학의 학문성의 위기가 비판적인 기초이론의 부재로 인한 결과라고 해석했다. 이제 진정한 '학문적'(academic) 진보는 일련의 '객관적'인 방법론적 기준에 달려 있기 때문에, 그는 인문과학의 학문적인 신뢰성과 과학적인 정체성을 보장해 줄 수 있는 이론적 틀을 수립하고자 하였다.

딜타이는 자연과학은 자연현상을 설명(explain)하는 것을 목표하는 반면, 인문과학은 인간의 삶과 그 복합적인 표현형태를 이해(under-stand)하는 것을 목표로 한다고 구별하여 정의하였다. 설명은 순수하게 지적인 과정을 통하여 이루어지지만, 이해는 모든 정신적인 능력들이 연합된 활동을 통하여 이루어진다. 이해에 있어서 우리는 자체를 하나의 살아 있는 실재로서 우리에게 제시하는 전체의 연관성을 전체로 하며, 이러한 맥락 안에서 우리는 개별적인 것을 파악한다. 우리가 바로 이러한 연관성에 대한 의식 안에 살고 있다는 그 사실이 우리로 하여금 특정한 문장, 특정한 몸짓, 특정한 행동을 이해할 수 있게 해준다.[50)]

딜타이에 따르면, 삶의 표현을 이해하는 것이 모든 인문과학의 과제이기 때문에 쓰여진 기록에 대한 이해의 이론인 해석학은 모든 인문과학의 토대를 위한 이론이 된다. 자연과학은 가설들 사이의 관계성의 도움으로 도달한 일련의 결론들을 통하여 자연현상들 사이의 연관성을 먼저 수립하여야 하는 반면, 인문과학은 언제나 정신적인 인간의 삶의 연관성을 본래부터 주어진 것으로 발견한다. 삶은 인문과학의 자료이며, 이해를 요구한다. 그러나 먼저 이해의 과정이 분명히 이해되어야 한다. 그리고 이것이 해석학의 과제이다.

이와 같은 해석학의 과제는 삶 자체에 대한 이해라는 궁극적인 주제를 지시한다. 그런데 전체로서의 삶은 오직 다양한 삶의 표현들에 대한 이해를 통해서만 이해될 수 있다. “주어진 것은 언제나 삶의 표현들로

---

50. Richard E. Palmer, ***Hermeneutics : Interpretation Theory in Schleiermacher, Dilthey, Heidegger, and Gadamer***(Evanston : Northwestern University Press, 1969), p. 115.

이루어져 있다." 특히 인간의 삶에 대한 기록된 표현들, 즉 '작품'이 이해의 대상이 된다. 작품을 통하여 작품의 저자인 인간을 이해하는 것이 해석학의 목표이다. 슐라이어마허처럼 딜타이에게 있어서도 해석학적 과정의 최종적 목표는 저자가 자신을 이해하는 것보다 더 잘 저자를 이해하는 것이다.[51)]

그러나 슐라이어마허와 딜타이의 두드러진 차이점은 슐라이어마허와는 달리 딜타이가 그 시대에 강하게 대두된 인간 존재의 역사성에 대한 인식의 관점에서 시간성(temporality)의 문제를 가지고 치열하게 씨름했다는 데 있다. 다시 말하면, 그는 그 어떤 현상이나 그 현상에 대한 그 어떤 접근도 인간의 삶과 의식의 역사성(Geschlichtlichkeit)에 대한 인식 없이는 진지하게 연구될 수 없다는 사실을 깊이 인식하고 있었다.[52)] 따라서 칸트가 인식 자체의 조건을 분석하기 위하여 '순수이성비판'을 수립했다면, 그는 역사성 안에 있는 이해의 조건을 분석하기 위하여 '역사이성비판'을 수립하고자 했다. 딜타이는 칸트의 이론을 자연과학의 영역 안에 한정시키면서, 인문과학은 다른 종류의 인식론과 해석학 이론을 필요로 한다고 주장했다.

1900년에 발표된 "해석학의 발전"이란 논문에서 딜타이는 인문과학에서의 인식론적 질문을 표명하였는데, 여기서 그는 만일 개별적인 인간과 인간 실존의 특정한 형태를 과학적으로 연구하는 것이 가능하다면, 어떻게 이것이 이루어질 수 있는지를 물어야 한다고 했다. 체계적인 인문과학 연구(예를 들면, 문헌학과 역사학)는 특정한(unique) 실재에 대한 객관적인 이해로부터 일반적인 법칙과 포괄적인 유형을 이끌어

51. K. Mueller-Vollmer, *The Hermeneutics Reader*, p. 153.
52. R. E. Palmer, *Hermeneutics*, pp. 100ff.

내지만, 이 연구는 여전히 이해와 해석에 의존하고 있다. 인문과학 분야는 특정한 실재에 대한 이해에 일반적인 정당성을 부여할 수 있다는 가능성을 전제하고 있다. 따라서 우리는 처음부터 인문과학을 물리학과 구별하는 문제에 부딪히게 된다.[53)]

딜타이의 해석학적 사고는 그의 생철학(Lebensphilosophie)의 맥락 안에서 이해되어야 한다. 삶이란 우리가 생각할 수 있는 실재의 전체로서, 철학적 담론의 출발점이며 목표이다. 어떤 과학적 분석도 복합적인 삶의 전체성을 다 파악할 수 없다. 이것은 해석학도 마찬가지이다. 하지만 적어도 해석학은 삶의 총체성을 인식하며, 삶의 표현들을 해석할 때 삶의 통전성(wholeness)을 존중한다.

딜타이에 따르면 여러 가지 삶의 표현들이 있는데, 그 중에 '생생한 경험(lived experience)의 표현(Erlebnisausdruck)' 안에 그러한 경험의 표현의 원천이 되는 삶과 그러한 경험의 표현이 야기하는 이해 사이에 특별한 관계가 존재한다. 이 삶의 표현에는 고전적인 예술작품들이 포함된다. 이 고전적 예술작품들은 그 자체로 참되다. 즉, 그것들은 확고하며, 가시적이며, 영원하다. 따라서 방법론적이며 확실한 이해가 가능하게 된다. 그것들은 천재에 의해 창출되는 최상의 삶의 표현으로써, 일상적인 삶의 표현들에는 거짓이 있지만 그것들은 매우 적절하며 전혀 왜곡된 데가 없다. 더욱이 위대한 작품에서는 정신적 내용이 그것의 창작자, 즉 시인, 예술가, 문필가와 분리되기 때문에, 우리는 더 이상 거짓이 없는 영역으로 들어가게 된다.[54)]

---

53. Wilhelm Dilthey, "The Development of Hermeneutics"(1900) in David E. Klemm, ***Hermeneutical Inquiry : The Interpretation of Texts***, vol. 1 (Atlanta : Scholars Press, 1986), p. 93.
54. K. Mueller-Vollmer, ***The Hermeneutics Reader***, pp. 153-154.

삶의 표현으로서의 고전적 예술작품에 대한 이러한 이해는 딜타이의 관념론적 성향을 보여 주는데, 이러한 관념론적 성향은 헤겔의 '객관적 정신'의 개념을 그가 변용(變容)하여 사용하고 있다는 사실에 잘 나타난다. '객관적 정신'이란 개인들이 공통적으로 가지고 있는 것을 감각의 세계 안에 객관화시킴으로써 나타나는 다양한 형식들(forms)을 의미한다.[55] 이 객관적 정신은 우리의 인격적 발전의 원천이며, 우리로 하여금 타자를 이해하도록 해주는 매개체이다. 요약하여 정의하자면, 그것은 우리 문화의 삶에 있어서 의미 있는 모든 것들을 연결시켜 주는 영 또는 정신이다. 이 영 또는 정신의 개념은 헤겔의 사상과 유사한데, 헤겔에게 있어서는 그것이 통합하는 정신(unifying Spirit)인데 비하여 딜타이에게 있어서는 그것이 특수한 인간의 삶의 표현들의 토대가 되는(grounding) 정신이다. 그러나 이러한 개념들은 공통적으로 그들 자신들의 귀납법적인 방법론을 넘어서는 관념론의 특성을 드러낸다.

딜타이는 개별적인 삶의 표현으로부터 전체적인 삶의 맥락으로의 귀납적 추론을 말한다. 이 귀납적 추론의 전제는 정신적 삶에 대한 지식이 가능하다는 것과 또 정신적 삶이 환경과 상황과 연관되어있다는 것이다. 접근 가능한 삶의 표현들이 제한되어 있으며, 근저에 있는 상황적 맥락은 불확실하기 때문에, 오직 개연적인 결론만이 가능하다. 따라서 이해 자체가 귀납적인 것으로 간주되어야 한다.[56]

딜타이의 말대로 우리는 귀납적으로 유비적인 사고에 의해서 현상에 접근한다. 다시 말하면, 우리는 우리 자신의 과거의 모든 경험들과의 유비를 통하여 다른 사람의 삶의 표현을 이해한다. 인간의 이해의 이러

55. Ibid., p. 155.
56. Ibid., p. 163.

한 유비적 성격으로 인하여 결과적으로 모든 해석은 다소 상이하게 주어진 대상을 이해할 수밖에 없게 된다. 이러한 이해의 상이성은 해석의 다원성(pluralism)의 현상으로 나타나게 된다. 그러나 우리가 모든 사고에 있어서의 이러한 연관성을 '객관적 정신' 이라는 실체적인(substantive) 방식으로 규정한다면, 우리는 귀납법적인 가능성의 영역과, 이해에 있어서의 생산적이고 비판적인 다원성의 영역을 떠나는 것이다.[57] 슐라이어마허가 모든 의사소통의 노력을 연결하는 이해의 채널을 언어에서 찾았다면, 딜타이는 의사소통의 근본적인 원리를 관념철학적인 영역에서의 실체적인 내용에서 찾으려고 했다. 이것은 모든 사고를 '삶' 의 개념 안에 정초시키려는 그의 일반적인 노력과 배치되는 것이다.

딜타이의 경우는 우리에게 해석학조차도 철학적 전제로부터 독립되어있지 않다는 것을 예증해 준다. '이해' 라는 개념 자체가 다양한 관심으로부터 자유롭지 못하다. 따라서 딜타이처럼 하나의 근본적인 인문과학 이론을 구축하고자 하는 시도는 문제성을 안고 있다. 딜타이는 인문과학이 자기 이해에 도달하기 위해서는 해석학을 필요로 한다는 것을 잘 보여 주었다. 그러나 그는 중립적이고 자연과학적인 기초 이론으로서의 해석학을 수립하려는 잘못된(비해석학적이고 불가능한) 목표를 추구하였다. 아이러니하게도 딜타이가 극복하려고 했던 과학적 개념과 역사주의가 그의 인문과학의 개념 안에 스며들어 있다. 왜냐하면 "객관적으로 타당한 지식"을 향한 그의 탐구 자체가 깨끗하고 분명한 자료를 추구하는 과학적 이상의 표현이기 때문이다.[58] 자연과학은 설명이

57. W. G. Jeanrond, *Theological Hermeneutics*, p. 56.
58. R. E. Palmer, ***Hermeneutics***, p. 106.

론에 기초해 있는 반면, 인문과학은 이해이론에 기초해 있다는 그의 생각 자체가 관념론적이다. 하지만 이러한 이분법에 대한 비판의 관점이 수립된 것은, 다시 말하면, '설명'과 '이해'가 모두 인간이 우주의 그 어떤 측면과도 관계를 맺으려고 노력함에 있어서도 공히 필수적인 것이라는 사실을 인식하게 된 것은 극히 최근에 와서의 일이었다.

4. 19세기의 역사주의와 역사비평적 성서해석학

18세기 말과 19세기 동안에 신학과 문학을 지배했던 텍스트 해석의 접근방식은 통상 '역사주의'라는 이름으로 불려진다. 이 시기의 많은 신학자들은 성서에 대한 역사비평적 연구야말로 유대교와 기독교 전통의 고대 문헌들을 다루기 위한 가장 신뢰할 만한 학문적 방법이라고 생각했다. 성서에 대한 역사비평적 연구는 계몽주의 이후의 합리주의의 도전에 대한 기독교적 응답이라고 할 수 있다. 그 시대의 합리적이고 과학적인 정신의 도전에 부응하여, 신학자들은 한편으로는 자신들의 종교적 전통에 충실하면서도 다른 한편으로는 제도적인 교회 안에서의 권위주의적이고 교의학적인 성서해석으로부터 벗어나서 그 시대의 비판적 과학의 정신에 적합한 새로운 기독교 전통을 수립하고자 했다.

하지만 성서비평의 결과 전통적인 교회의 권위와 교의학을 대체하는 새로운 기독교의 신앙을 위한 역사적 토대가 수립된 것이 아니라, 그 역사적 기초 자체가 흔들리게 되었다. 초자연주의적인 계시로서의 '성서원리'라는 권위의 집 자체가 붕괴의 위기를 맞게 되었다. 성서는 더 이상 과학적으로 정확한 기록으로 받아들여질 수 없게 되었으며, 예수의 생애에 관하여 동일한 사건에 대한 서로 상충되는 기술을 하고 있는 복음서의 연대기적인 기록조차도 그 확실성이 의심받게 되었다. 기독교 신앙의 근거를 역사비평적 연구를 통한 성서의 역사적 현실에서 찾고자 했던 18, 19세기의 신학자들에게, 성서의 기록의 역사성을 더 이상 문자 그대로 신뢰할 수 없게 되었다는 것은 기독교 진리의 역사적 근거가 상실됨을 의미했다.

18세기에 일찍이 이러한 사실을 인식하고, 레싱(Gotthold Ephraim Lessing, 1729-1781)은 어떻게 역사적 진리와 이성(레싱은 계몽주의적인 철학자이기 때문에 신앙의 영역을 이성의 영역으로 대체했다.)의 진리 사이의 '흉한 도랑'(ugly ditch)을 메울 수 있는가 하는 물음을 던졌다. 그는 성서에 대한 역사비평적 연구를 지지했지만 이러한 역사적 접근이 갖는 신학적 의미에 대해서는 부정적이었다. 그리하여 그는 "우연적이고 역사적인 진리는 필연적이고 이성적인 진리에 대한 증거가 될 수 없다."[59] 고 주장함으로써 형이상학적 관념주의의 입장에서 '흉한 도랑'의 문제를 극복하려고 하였다. 그러나 결과적으로 이것은 오히려 '흉한 도랑'의 골을 더욱 깊고 넓게 만든 셈이었다.

레싱과 동시대인이었던 칸트(Immanuel Kant, 1724-1804)는 형이상학적인 관념론의 입장을 거부하였다. 그는 종교적 믿음과 진리가 형이상학적 이성(순수이성)에 기초해서 수립될 수 있다는 생각을 거절하고, 종교의 영역을 실천이성의 범주, 다시 말하면 도덕적으로 이상적인 인간공동체를 건설할 수 있는 윤리적인 힘의 차원에서 찾았다. 하지만 여기서도 순수이성과 실천이성, 즉 형이상학과 종교(윤리) 사이에 '흉한 도랑'이 생겨났다.

슐라이어마허는 레싱과 칸트가 제기한 문제에 대하여 자신의 독특한 방식으로 해법을 제시하였다. 그는 형이상학이 종교의 범주가 될 수 없

---

59. Lessing's *Theological Writings*, ed. Henry Chadwick (Stanford, 1957), p. 53.

다는 칸트의 견해에는 동의했지만, 칸트와는 달리 도덕을 종교의 범주로 보지 않고 신적인 것에 대한 인간의 직접적인 경험, 즉 절대의존의 감정에서 종교의 본질을 찾았다. 그는 성서를 신적 계시에 대한 인간의 직접적인 경험의 표현으로 이해했다. 하지만 성서해석학으로서의 신학적 과업을 위해서 슐라이어마허는 이성(ratio)과 신앙(fides)의 두 차원이 결합되어야 한다고 생각했다. 그는 성서의 영감과 신적인 권위를 주장하는 선험적인 교리적 전제를 받아들이는 대신, 성서에 대한 일반 해석학적 접근을 시도하였다. 즉, 그는 문법적 접근과 심리적 접근을 통하여 성서에 대한 이성적 '설명'과 인격적 '이해'를 통합시키려고 하였다. 그러나 그 당시의 성서해석학은 슐라이어마허의 이러한 방법론적 제안을 수용할 준비가 되어 있지 못했다. 따라서 이성과 신앙, 즉 성서에 대한 학문적 연구와 성서에 대한 신앙 사이의 '흉한 도랑'의 골이 깊어지고 있었다.

레싱이 제기했던 문제를 헤겔(Friedrich Hegel, 1770-1831)은 경험적 역사, 특히 역사적으로 의심스러운 성서적 자료에 기초한 종교와 비판적이고 형이상학적인 이성 사이의 딜레마로 이해하고, 이를 자신의 절대관념론의 관점에서 해결하려고 하였다. 그는 성서적 자료들로부터 종교적 관념들을 추출해 낸 후에 종교의 범주를 초월하여 그것들을 모든 것을 포괄하는 역사적인 정신(Spirit)에 관한 거대한 형이상학적 체계 안으로 통합시키고자 하였다. 그에게 있어서 이 정신은 발전의 원리이자 궁극적 목적을 의미했다. 성서의 역사로부터 추출해 낸 종교적 관념과 인간의 이성을 절대정신 안에서 종합하고자 했던 헤겔의 시도는 실존주의의 대두와 함께 매력을 잃어버리게 되었지만, 그의 변증법적 역사철학은 후대에 지속적인 영향력을 미치고 있다.

그러나 헤겔 이후 역사에 대한 관심은 우주적인 역사의 드라마의 시작과 전개와 대단원에 대한 목적론적이고 관념론적인 것이라기보다는,

보다 구체적인 인간의 현실에서의 인과론적이고 경험론적인 것이었다. 또한 헤겔 이후 역사는 인간 존재와 인간의 경험의 표현인 텍스트의 역사적 특수성과 상대성을 의미하는 개념이 되었다. "헤겔에게 있어서 역사는 성서에 대한 철학적 해석의 특정한 결과를 지시하는 개념이지만, 헤겔 이후에 역사는 모든 성서 해석의 틀이 되었다."[60)]

성서에 대한 역사비평적 연구는 19세기 한 세기 동안 본격화되었으며, 오늘날의 성서해석학은 이 시기의 역사비평적 연구가 이루어 낸 많은 공헌에 의존하고 있다. 사실상 19세기의 역사비평적 접근이 없었다면 우리는 아직도 전근대적인 권위주의적이고 교의학적인 성서주석의 굴레 안에 갇혀 있을 것이다. 이것은 상상만 해도 끔찍한 일이다. 이 시대에는 일반적으로 본문비평을 성서해석과 동일한 것으로 생각하였다. 역사비평적 접근을 통한 이른바 '역사적 예수의 탐구'는 19세기 동안에 절정에 달했다. 신학자들은 고대교회 이후 근대에 이르기까지 전승되어 온 전통적인 교회의 기독론적 신앙교리가 바울과 요한의 글에 나타난 '신앙의 그리스도' 상에 전적으로 의존되어 있으며, 공관복음서에 나타나는 '역사적 예수'의 실제적 현실과는 동떨어진 것이라고 보았다. 그래서 그들은 원시교회의 신앙고백과 신화화의 산물인 케리그마의 그리스도가 아닌, 신화화되기 이전의 갈릴리의 나사렛 예수의 역사적 현실을 찾아보려고 하였다. 이러한 노력은 공관복음서에 대한 집중적인 연구를 통하여 이루어졌다. 왜냐하면 공관복음서가 지상의 예수의 현실에 대한 기록을 비교적 있는 그대로 가장 잘 전해 주고 있다고 믿었기 때문이다.

리츨의 제자인 슈트라우스(D. F. Strauss)의 「예수전」(*Leben Jesu*,

---

60. W. G. Jeanrond, *Theological Hermeneutics*, p. 124.

1835)[61]은 커다란 반향을 불러일으켰다. 그는 철두철미한 역사적 접근 방법을 통하여 예수가 우리와 같은 인간이었으며, 그에 대한 성서와 전통적인 교회의 그리스도상은 신화화된 것이라고 주장하였다. 영국의 주교 콜렌소(Colenso)는 처음에는 비평학에 반대하였으나 마침내 성서의 통계의 정확성을 의심하게 되었다. 그는 60만 명의 장정에다 부녀자와 어린이들을 합한 숫자의 사람들이 40년간 '시내'의 사막을 배회했다고 하는 것을 더 이상 믿을 수가 없었다. 그는 비판 연구가 허용되는 순간부터 성서적 이적의 왕좌는 붕괴될 운명이라고 믿었다.[62] 19세기 중반에 비평학은 미국으로 전달되었으며 동북부의 대학들에 큰 영향을 주었다.

19세기 말 독일의 비평학은 구약성서학자 벨하우젠(Julius Wellhausen)과 역사신학자 하르낙(Harnack)에 의하여 절정에 이르렀다. 벨하우젠과 그의 학파에 의하면 이른바 모세 오경은 전통적인 이해와는 달리 바벨론 포로 이후의 작품이며, 따라서 주요한 법전이 구성되기는 빨라야 대예언자운동 이후라고 보았다. 다만 계약의 문서나 '야웨', '엘로힘' 문서 중 최고(最古)의 것이 기원전 8세기 이전으로 소급하여 올라간다. 현재 구약성서의 순서가 보여 주는 것과 같이 예언자는 모세의 유일신 사상의 부흥자가 아니라, 실상은 오히려 예언자들이 이와 같은 유일신 사상을 최초로 구성하고 제창하였다는 것이다.[63]

---

61. David Friedrich Strauss, *The Life of Jesus Critically Examined*(London : SCM, 1972).
62. J. W. Colenso, *God and the Bible*(New York, 1903), pp. 39f.
63. J. Coppens, *The Ole Testament and Critics*(Eng, tr., Paterson, N. J., 1942), pp. 30f. ; J. Wellhausen, *Prolegomena to the History of Israel*(Eng. tr., Edinburgh, n.d.).

하르낙은 전통적인 서구교회의 도그마 속의 왜곡된 기독교를 거부하고, 기독교의 본질, 즉 본래적인 예수의 가르침에로 돌아갈 것을 호소하였다. 그는 역사적 접근을 통하여 다음 세 가지로 예수의 가르침을 요약하였다. 첫째는 하나님 나라와 그 도래, 둘째는 하나님의 아버지되심과 인간 영혼의 무한한 가치, 셋째는 보다 높은 차원의 의와 사랑의 명령이다.[64] 프랑스에서는 르낭(Ernest Renan)이 「예수전」(*Vie de Jésus*)을 통해 가톨릭과 성서 비평의 화해의 길이 가능하다는 것을 보여주었다. 그는 "성서는 내게 역사적이고 심미적인 보배를 열어 보여 주나 동시에 이 성서는 모순과 잘못과 오류가 있는 다른 고전 서적에서 예외가 될 수 없음을 증명하였으며, 인간의 작품인 우화, 전설이 있음을 본다."고 하였다.[65]

19세기 신약성서학자들의 역사비평적 성서연구의 일반적인 목적은 예수에 대한 하나님의 아들 또는 주님으로서의 신앙고백적 교리를 미리 전제하지 아니하고, 그렇게 고백되고 교리화되어지기 이전의 순수한 인간 나사렛 예수의 지상의 인격과 가르침과 삶의 현실에로 들어가서, 거기서부터 예수의 그리스도됨과 하나님의 아들로서의 의미를 재발견하고 올바로 이해하고 해석해 내고자 하는 데 있었다. 이러한 역사비평적인 접근 태도는 경험된 사실에 대한 형이상학적 독단론, 경험주의적 환원주의에 의한 가치평가나 의미부여, 판단을 중지하고(에포케) 아무 선입견 없이 현상 속의 사실을 있는 그대로 기술함으로써 그 사상자체(事象自體, die Sache selbst)로부터 본질이 직관되어질 수 있다고

---

64. Adolf von Harnack, *What is Christianity?*(London : Williams & Norgate, 1901), p. 51.
65. E. Renan, *Souvenirs d' enfance et de jeunesse*(Nelson, Paris, 1938), p. 133 ; W. M. Macgregor, *Persons and Ideals*(Edinburgh, 1939), pp. 92ff.

생각했다는 점에서 후설의 철학적 현상학적인 태도와 비슷하다. 그리고 이러한 철학적 현상학을 응용하여 적용한 종교현상학의 접근 방식과 유사한 점이 있다고 할 수 있다.

이러한 노력은 실제로 많은 성과가 있었다. 전통적으로 성육신과 인격에 집중되어졌던 도그마적 기독론에서 간과되어져 왔던 예수의 지상의 현실과 인간적인 측면에 대하여 보다 잘 이해하게 되었으며, 가현적 경향으로 흐르던 전통적인 기독론에 인간적 실체를 부여하였다. 특히 바울이나 요한에서 별로 다루어지지 않았으며, 따라서 전통적인 교회의 신학에서 잊혀져 왔던 하나님 나라를 위한 예수의 선포와 사역에 새로운 관심을 집중함으로써 예수가 전했던 복음의 본래적인 의미를 되살려 내려고 노력하였다.

19세기의 현대주의 신학자들은 자신들의 역사비평적 변증론만이 현대 과학과 이성의 도전을 헤치고 기독교 신학을 이끌어 갈 수 있는 유일한 변증신학이라고 확신하였다. 그리고 이것은 어느 정도 사실이었다. 그러나 오늘날 이들은 '사실의 논리' 위에서 사실사(Historie)와 정신사(Geschichte), 역사적 해석과 신학적 해석, 이성과 신앙, 객관적 사실과 주관적 의미를 분리하였다고 비판을 받고 있다. 그들은 역사적 탐구를 통하여 규명된 사실을 전통적인 또는 개혁된 형태의 신앙고백과 연결시키는 데 어려움을 겪었다. 그리하여 심지어는 더 이상 기독교 안에 머물러 있기 힘들게 되는 경우도 있었다. 기독론적 관점에서 보면 이른바 역사적 예수와 신앙의 그리스도가 분리되었다. 그들에게 역사적 예수는 단지 한 윤리적 교사로서의 인간일 뿐이며, 성서와 교회 전통 안에서 고백되어지는 그리스도와는 쉽게 조화되지 않는다. 역사적 해석과 신학적 해석을 분리하고, 후자를 거부하고 전자에 일방적으로 매달린 데 그들의 비극이 있었다.

여기서 우리가 기억해야 할 사실은 성서의 문학적 성격 자체에 대한 이해에 관한 것이다. 성서는 단순하게 사실을 기록할 목적으로 쓰여진 것은 아니라는 점이다. 신약성서는 메시야이며 하나님의 아들이신 예수를 선포하기 위한 구원론적, 신학적 관점에서 쓰여졌다. 성서는 사실을 전달하려는 목적 이전에 신앙을 불러일으키고 구원에 이르도록 하기 위한 책이다. 성서는 객관적인 역사가 아니며, 성서의 기자들이 '객관적' 이라는 평을 기대하고 있었는지는 의심스럽다. 19세기의 비평학자들의 사실적 관심은 성서의 기자들에게 있어서 2차적인 것이지 1차적인 것은 아니다. 성서의 기자들은 한결같이 신앙고백적 증언자들이며, 역사가들이라기보다는 암묵적인 의미에서 신학자들이다. 그러므로 다른 일반 고전을 해석하는 것과 같은 동일한 방법을 가지고 성서를 연구할 때 그것은 만족스러운 것은 아니다. 역사적 예수의 물음이 신앙의 그리스도의 답변으로 우리를 곧장 인도하지는 않는 것이다.

'역사적 예수' 에 관한 탐구에서처럼 19세기의 역사비평학은 순수하게 객관적이고 가치중립적인 과학적 관점에서 예수의 생애를 재구성하려고 시도하였다. 그러나 슈바이처(Albert Schweitzer)가 지적한 바와 같이 탐구자들의 숫자만큼이나 많은 예수의 생애들이 생겨났다.[66] 따라서 이들의 '사실' 에 대한 접근마저도 그리 성공적이지 못한 것으로 드러났다. 슈바이처는 예수를 윤리적 교사라고 보는 자유주의 예수관의 기본적 원리를 거부하였다. 그는 바이스(J. Weiss)를 따라 「라이마루스에서 브레데까지」(*Von Reimarus zu wrede*)[67] 에서 윤리적 관점에서가 아니라 묵시문학적 종말론의 관점에서 예수와 하나님 나라의 복음을

---

66. Albert Schweitzer, *Geschichte der Leben-Jesu-Forschung*, vol. 1 (Gütersloh : Gerd Mohn, 1977), p. 48.

67. Albert Schweitzer, *The Quest of the Historical Jesus : A Critical Study of its Progress from Reimarus to Wrede*(New York : Macmillan, 1968).

이해하여야 한다고 주장하였다. 19세기의 역사비평의 방법은 충분히 역사적이지 못함이 밝혀졌다. 19세기의 사람들은 1세기의 예수의 얼굴을 보기 위하여 깊은 우물을 들여다보았는데 결국은 물에 비친 자기들 얼굴을 본 셈이었기 때문이다. 그들은 예수 당시의 문화적, 역사적 상황 안에서의 한 묵시사상적 종말론적 예언자를 보는 데 실패하고, 자신들의 이해와 사고의 지평으로부터의 윤리적(칸트의 실천이성적) 교사라는 전이해를 가지고 예수를 보았다. 다시 말하면, 그들은 자신들이 서 있는 실존과 이해의 역사적 상대성과 한계성을 충분히 인식하지 못하였던 것이다.

결론적으로, 역사주의적 성서 연구는 두 가지 점에서 방법론적인 문제점을 안고 있었다. 첫째는 이미 언급한 바와 같이 그것이 역사와 신앙 사이의 괴리를 극복하지 못했다는 점이며, 둘째는 그것이 순수하고 객관적인 탐구라는 계몽주의적인 환상에 빠져 있었다는 점이다. 오늘날의 해석학적 전망에서는, 그 어떤 독해의 관점도 관심과 전이해로부터 자유로울 수 없으며, 따라서 모든 해석이 이데올로기적 성격을 가질 수 있다는 사실이 분명해졌다.[68] 인간 실존의 역사성은 단지 성서의 저자와 성서 텍스트의 역사적 특수성과 상대성을 일컫는 말이 아니라, 성서 해석자 자신이 절대적이고 가치 중립적인 입각점을 가질 수 없고, 다만 특수한 역사적 상황과 특정한 전통의 영향사 구조와 자신의 고유한 관심 안에서의 상대적이고 선입견적이며 주관적인 관점만을 가질 수 있다는 사실을 의미하는 것이다. 19세기 역사비평적 접근의 문제는 근본적으로 텍스트와 해석자를 포함하는 인간의 실존의 역사성에 대한 인식이 아직 불철저했다는 사실에 있다. 나아가서 오늘날의 해석학적

68. "순수하고 객관적인 탐구"라는 전제 자체가 계몽주의적인 이데올로기이다.

인 관점에서 볼 때, 성서에 대한 역사비평적 접근은 그 자체가 비평적인 텍스트 해석과 동일한 것이 아니다. 왜냐하면 성서 본문의 역사적 배경과 기원이 역사비평적으로 분석이 되어도 그것은 아직 본문에 대한 '이해'에 도달한 것이 아니기 때문이다. 이해는 역사비평적 방법론을 필요로 하되 역사실증주의라는 이데올로기를 보다 철저한 역사적 의식을 통하여 극복할 것을 요구한다.

Ⅳ. 맺는 말

기독교 해석학의 전통의 역사는 두 양극 사이를 움직여 왔다고 말할 수 있다. 즉, 성서해석학은 안디옥 학파의 문자적, 문법적 해석방법의 전통을 따르든지, 아니면 보다 교리적인 관심과 알레고리적인 성격을 지닌 알렉산드리아 학파의 전통의 특징을 반영한다고 할 수 있다. 어떤 의미에서 모든 형태의 성서해석학은 이 두 가지 유형의 변형이다. 교회적인 규범과 해석전통에 따라 성서의 영적 의미를 중요시했던 전근대적인 교리주의적 해석학은 대체로 알렉산드리아적인 해석학 전통의 특징을 보여 주고 있는 반면, 루터와 같은 종교개혁자들은 안디옥 학파의 특징을 더 많이 보여 준다고 할 수 있다.

물론 이 양쪽 전통의 해석학을 종합해 보려는 시도는 언제나 있어 왔다. 어거스틴은 기호학에 기초한 영적 해석을 시도함으로써 양자를 종합해 보려고 했으며, 중세의 사중적인 의미의 해석도 이 양쪽을 포괄하려는 기본 정신에서 비롯되었다고 할 수 있다. 루터에게 있어서의 문자와 영의 변증법도 이러한 종합을 위한 시도의 일환이라고 이해할 수 있다.

슐라이어마허 이후에 성서해석학은 새로운 전환점을 맞게 되었다. 해석학은 일반 해석학으로서 독립된 철학의 한 분야가 되었으며, 성서해석학은 이러한 일반 해석학의 범주 안에서 그리고 그것과의 관계성 안에서 자신의 특수한 해석학적 과업을 수행하지 않으면 안 되게 되었다. 슐라이어마허는 안디옥 학파의 전통과 알렉산드리아 학파의 전통을 객관적 문법적 해석과, 주관적 심리적 해석의 순환성이라는 일반 해석학의 개념 안에서 새롭게 통합·발전시켰다.

해석학을 위한 딜타이의 공헌은 무엇보다도 인간의 실존과 이해의 역사성에 대한 인식으로 말미암은 것이었다. 딜타이는 객관적이고 가치중립적인 자연과학의 영역과는 구별되는 역사적이고 실존적인 인문과학으로서의 해석학의 독자적인 학문영역을 구축하기 위하여 전자와 후자의 관계를 설명과 이해의 관계로 도식화하였다. 물론 이러한 이분법적 도식화와 해석학의 객관적 학문성에의 추구는 역사성에 대한 그의 이해가 아직도 불철저함을 드러낸 것이라고 오늘날 비판을 받지만, 그럼에도 불구하고 인간의 이해가 인간의 역사적인 실존 안에서 일어나는 현상이라는 사실을 인문과학의 범주 안에서 보여 주려고 했던 그의 노력은 오늘날의 해석학적 담론을 위한 토대를 제공해 주고 있다.

인간 실존의 역사성, 그리고 특히 텍스트의 역사성에 대한 인식은 기독교 신학에 있어서 성서에 대한 역사비평적 접근으로 발전되었다. 근대의 과학적 세계관의 출현이 전근대적인 기독교 세계관의 붕괴를 의미했으며, 따라서 성서해석을 위한 해석자의 지평에 엄청난 변화를 가져왔다면, 역사의식의 출현과 그에 따른 역사비평적 접근은 성서해석 자체에 혁명적인 변화를 가져왔다. 이 역사비평적 접근은 기독교 신앙과 신학의 기반으로서의 성서적 자료의 신뢰성 자체에 대한 물음을 초래하였다. 이러한 변화와 물음은 교회로부터 강력한 반발에 직면해야 했는데, 그것은 그것들이 교회의 권위와 교의적 전통에 대한 도전을 의미했기 때문이다.

역사비평이 전제하는 기본적 통찰은 성서가 무시간적이고 비역사적인 책이 아니라, 그것이 쓰여진 시대의 구체적인 문화적 상황과 맥락 속에서 역사의 상대성과 한계성 안에서 씌어진 책이라는 사실에 대한 인식이다. 19세기 한 세기 동안의 역사비평적 접근은 기본적으로 알렉산드리아 학파 식의 알레고리 해석을 거부하고 안디옥 학파와 루터처럼 성서에 대한 문자적, 역사적 해석을 추구했다. 그러나 안디옥 학파에서처럼 성서의 역사적 사실성을 문자적으로 옹호하고자 한 것이 아니라, 오히려 그 역사적 사실성을 과학적이고 합리적인 방식으로 비판적으로 검증하고자 하였다. 그러나 역사비평적 탐구를 어떻게 신학적 사고와 통합시킬 것인가 하는 물음에 대한 답변은 아직 주어지지 않았다. 역사주의는 레싱이 말한 우연적, 역사적 사실과 필연적, 이성적 진리 사이, 또는 객관적 역사(historie)와 실존적 역사(Geschichte), 사실과 가치, 역사와 신앙 사이에 '흉한 도랑'(ugly ditch)을 초래했으며, 성서적 주석과 조직신학은 분리된 채 '흉한 도랑'을 사이에 두고 서로 각자의 길을 가고 있었다.

물론 이러한 분리를 극복해 보려는 시도는 끊임없이 있어 왔다. 예를 들면, 헤겔은 이성의 관점에서 역사와 이성을 통합해 보려고 했으며, 칸트는 사실과 가치 또는 역사와 신앙의 영역을 이분법적인 방식으로 설명해 보려고 했다. 위에서 살펴본 바와 같이, 이 두 철학자의 경향은 딜타이 안에서 함께 발견되고 있다. 기독교 신학에 있어서는 칸트와 리츨학파적인 맥락에서 마틴 켈러[69]가 역사적 예수와 케리그마의 그리스도라는 양극적 요소를 후자의 관점에서 통합해 보려고 시도했다. 그러나 오늘날의 탈근대적인 해석학적 관점에서 볼 때 역사와 이성, 역사와 신앙, 이성과 신앙, 설명과 이해 사이의 흉한 도랑에 가교를 놓음으로

---

69. 켈러는 이 둘을 상관관계 안에 조화시키려고 하면서도 역사보다 케리그마를 더 중요시함으로써, 실천이성과 윤리적 가치판단의 영역에 종교의 범주를 자리매김했던 칸트와 리츨학파와 유사하게 주관적인 실존주의적 입장을 보여 주었다.

써 통합적 해석학의 전망을 수립하고자 하는 해석학적 시도들은 적어도 20세기 중반까지는 충분히 공감할 수 있는 만족스러운 결과를 이루어내지 못한 것처럼 보인다. 특히, 오늘날의 탈근대적인 시대적 맥락 안에서의 성서해석학은 신학적, 알레고리적, 상징적 해석과 역사비평적, 문학적, 문자적 해석을 새롭게 통합할 수 있는 보다 발전된 해석학적 전망을 요구하고 있다.[70)]

여기서 우리는 탈근대적인 오늘날의 해석학적 담론들에 관하여 고찰하기 전에, 20세기 초에 신학계 전반에 큰 영향력을 미친 신학계의 두 거장의 성서해석학을 먼저 살펴볼 필요가 있다. 역사와 신앙 또는 신학 사이의 딜레마에서 19세기의 아래로부터의 역사적, 귀납법적인 접근의 문제점과 한계에 대한 대안으로서, 정반대의 방향, 즉 위로부터의 계시와 신앙으로부터 출발하는 고전적이며 연역법적인 접근 방법을 새로운 신학 방법론으로, 그리고 종교개혁자들의 전통에서 하나님의 말씀으로서의 성서의 권위를 다시 한번 강조하면서 신학적 성서해석학을 전개한 20세기 초의 신학자가 바로 바르트이다. 바르트가 역사적이고 경험론적인 접근 방식에 대한 강한 회의를 품고, 다시금 계시적이고 교의적이며 전통적인 성서해석학으로 회귀한 것은 무엇보다도 성서로부터 하나님의 말씀을 듣고자 하는 신학적인 이유에 의한 것이었다.

다른 한편, 사실상 객관적인 예수의 인격과 생애에 대한 역사적 접근이 만족할 만큼 성공적일 수 없었던 까닭은 이 접근이 실제적으로 불가능에 가까울 만큼 어려운 과업이었다는 주석적인 이유 때문이었다. 불트만에 따르면 성서의 내용은 처음부터 철두철미하게 기독론적이었기

70. 앞으로 살펴보겠지만 필자는 오늘날의 리쾨르, 트레이시, 스킬레벡스 등의 신학자들에게서 이러한 탈근대적인 해석학적 전망을 위한 영감과 비전을 발견한다.

때문에, 신앙으로 해석되고 고백되지 아니한 순수한 예수의 현실을 찾아낸다는 것은 애초부터 불가능에 가까운 일이었다. 우리는 예수의 생애에 대하여 실제로 아는 바가 거의 없다. 우리는 그분의 생애의 여러 사건들이 발생한 순서나 예수의 심리적 발전을 설명할 수 있는 자료를 거의 갖고 있지 못하며, 어떤 문장이 진정한 것인지를 결정할 수 있는 충분한 근거를 가지고 있지도 못하다. 왜냐하면 오늘날 우리가 예수에 대하여 가지고 있는 상은 거의 대부분 초기 교회의 신화론적인 세계관 안에서의 신앙 고백적 해석에 의하여 채색된 것이기 때문이다. 불트만은 이러한 사실을 양식비판을 통하여 누구보다도 분명히 인식하고, 역사와 신앙, 객관적 역사와 실존적 역사 사이의 딜레마를 칸트와 유사하게 후자의 관점에서 극복함으로써 19세기의 역사비평의 한계를 넘어서려고 했던 또 한 사람의 20세기 신학의 대가이다.

그러나 바르트와 불트만의 성서해석학을 살펴보기 이전에 우리는 먼저 현대의 해석학적 논의의 출발점이 되는 후설의 현상학에 대한 기본적인 이해를 가져야 하며, 아울러 철학적 종교현상학에 대한 간략한 개관을 가질 필요가 있다. 왜냐하면 오늘날의 탈근대적인 신학적 해석학의 수립을 위한 논의는 철학적 현상학과 해석학, 그리고 종교현상학과 해석학과의 상호적인 대화 없이는 불가능하기 때문이다.

2 철학적 현상학

-후설을 중심으로-

I. 들어가는 말

'현상학'(phenomenology)이라는 단어의 배후에 작용하고 있는 의미를 이해하려면, 무엇보다도 먼저 이 단어의 기본 요소인 '현상'(phenomena)의 어원을 살펴보아야 한다. 영어의 'phenomena'는 그리스어 'φαινόμενα'에서 유래한다. 'φαινόμενον'(phenomenon)은 동사 'φαίνω'의 수동형(φαίνομαι)으로부터 만들어진 명사이다. 동사 'φαίνω'는 '빛을 비추다', '보이게 하다', '나타내다', '어떤 사람에게 표식을 보여 주다', '~을 보여 주다', '알게 하다' 등의 뜻을 가지고 있다.[1] 그러나 동사 'φαίνω'에서 유래한 다양한 변형어들은 의미의 모호성을 내포하고 있다. 이는 마치 영어의 'appear'라는 동사가 그런

1. Thomas Wayne Ryba, ***Essence and Accretion : A Historical Prolegomena to A Husserlian Phenomenology of Religion***. Ph.D dessertation(Evanston : Northwestern University, 1986), p. 19.

것과 비슷하다. 'φαἰνω' 는 한편으로는 계시 대상의 진정한 내적 본성을 나타내는 진실한 계시 또는 나타남을 의미한다. 그러나 다른 한편으로, 이 단어는 부분적으로 숨겨진 본성에 대한 기만적이거나, 개연적이거나, 단지 가견적(可見的)이거나, 한시적인 현시(顯示)를 의미하기도 한다. 후자의 의미가 의미 진화의 종착점이었다. 즉 'φαἰνω' 의 의미 진화는 사실상 이 동사가 가리키고 있는 사태(states-of-affairs)의 모호성이 점진적으로 드러남에 의하여 성격지워지게 되었다. 달리 말하면, 그리스인들은 눈에 나타나 보이는 것이 실재(reality)와 동일하지 않다는 것을 서서히 깨닫게 되었다. 그래서 결국, 인식론적으로 모호한 대상을 'φαινὀμενον' 이라는 명사와 연관시킴에 있어서 이 단어에 인간의 주관성에 대한 인식을 반영하는 의미를 부과하게 되었다.

'φαινὀμενα' 라는 단어가 진실한 계시를 의미하든 혹은 기만적인 계시를 의미하든 상관없이, 고대 그리스인들에게 이 단어는 경험이 가능한 모든 대상들, 특별히 드러나 있거나 '볼 수 있는' 대상들을 가리킨다. 'φαινὀμενα' 는 나타나거나 나타날 수 있는 모든 것들을 포괄하는 광범위한 영역을 가리킨다. 하이데거의 표현을 따르면 이 단어는 "밝혀질 수 있는 모든 것들의 전체"를 의미한다.[2)]

오늘날에는 '현상학' 이라고 하면 후설로 대표되는 철학적 현상학을 연상하게 된다. 현상학(철학적 현상학)은 1900년과 1901년에 후설이 자신의 제1주저인 「논리연구 I, II」(*Logische Untersuchungen* I, II)를 출간하면서 자신의 철학을 '현상학' 이라고 명명함으로써 시작되었다.[3)] 본 논

---

2. Martin Heidegger, *Being and Time*(New York : Harper & Row, 1962), p. 51.
3. 후설과 그의 제자들은 1913년에 「철학 및 현상학 연구 연보」(*Jahrbuch für Philosophie und Phänomenologischen Philosophie* I)를 내기 시작하였으며, 그 제

고에서는 후설의 사상을 중심으로 철학적 현상학의 기본적인 개념과 내용에 대하여 고찰해 보고, 이에 대한 평가와 더불어 후설 이후의 철학적 현상학의 전개를 간략히 살펴본 다음, 철학적 현상학이 신학적 인식론과 해석학을 위하여 갖는 의미를 찾아보고자 한다.

Ⅱ. 후설의 철학적 현상학

1. 철학적 현상학이란?

현상학은 독일 철학자 에드문트 후설(Edmund Husserl, 1859-1938)과 함께 시작된 철학학파 혹은 철학전통을 가리키며, 여기에는 마틴 하이데거(Martin Heidegger), 장 폴 사르트르(Jean Paul Sartre), 모리스 메를로 퐁티(Maurice Merleau-Ponty), 그리고 오늘날의 폴 리쾨르(Paul Ricoeur) 등의 철학자들도 포함되어 있다. 그러면 현상학은 과연 무엇인가? 후설에게 있어서 현상학은 여러 철학 중의 한 철학이 아니라 궁극적으로 참된 철학, 철학 그 자체이며, 1911년 *Logos*지 제1호에 발표된 그의 논문에 따르면 엄밀한 학으로서의 철학(Philosophie als strenge Wissenschaft)이다. 엄밀한 학으로서의 철학이란 최종적인 전

1호에서 후설은 그의 제2주저인 「순수현상학 및 현상학적 철학에 대한 제 이념 I」(*Ideen zu einer reinen Phänomenologie und Phänomenologischen Philosophie* I)을 발표하여 체계화된 현상학을 선보였다. 여기에 나타난 선험적 관념론으로서의 현상학의 성격은 1931년에 출판된 「데카르트적 성찰」(*Cartesianische Meditationen*)에서 더욱 분명한 형태를 띠게 되었는데, 1936년에 1, 2부가 후설의 사후인 1956년에 전집으로 제6권이 출판된 유고 「유럽학문의 위기와 선험적 현상학」을 거쳐, 1979년까지 제19권을 내고 있는 「후설 전집」에서 선험적 관념론을 넘어 생활세계의 현상학으로서의 후설의 사상이 새롭게 발견되고 있다.

제의 확실성, 즉 모든 존재와 인식이 그 위에 세워질 최후의 근원, 절대적 기반을 확보하기 위한 철학, 즉 '최후적 정초로부터의 또는 최후적 자기 책임으로부터의 철학' 을 의미한다.[4] 엄밀한 학으로서의 현상학은 '모든 철학 중의 제일의 철학' (erste aller Philosophien)이며, '제일 철학' (Erste Philosophie)이며, 모든 학의 기초학이다.[5] 이처럼 후설의 현상학은 다른 아무것에도 그 정당성을 되물어 갈 필요가 없는, 궁극적으로 정초된 근원으로부터의 철학을 추구한다. 이 절대적 출발점은 무전제의 명증(明證, Evidenz)이다.

모든 인식이 거기에서 출발하고 거기에서 객관적 타당성을 얻게 되는 절대적 근원으로서의 이 명증은 어디서 발견되는가? 후설에 따르면 그것은 지각의 원본성(Originarität)에서 발견된다. 그에 따르면 "모든 원본적으로 부여하는 지각적 직관은 인식의 권리원천이다." 이 원본적으로 부여하는 직관이란 우리의 지각에 원본적으로, 즉 그것의 생생한 현실 속에서 제공되어 있는 것이다. 다시 말하면, 우리의 모든 인식의 궁극적인 정당성의 원천은 '의식 안에 원본적, 직관적으로 주어진 소여' 이다.[6] 그러므로 현상학은 의식에 주어진 것, 즉 의식의 사실에 대한 직관적 파악을 추구한다. 가장 근본적인 것은 순수의식에 주어진 사상(事象, Sache)이다. 그렇기 때문에 후설은 "우리는 이 사상 자체를 심문해야 한다."라고 하였으며,[7] 하이데거는 현상학의 주지(主旨)를 "사상 자체에로"(Zu den Sachen Selbst!)라고 표현하였다.[8]

---

4. *Hua* V, p. 139.
5. *Hua* Ⅲ, p. 8, Ⅶ, Ⅷ의 제목, 그리고 V, p. 160.
6. *Hua* Ⅲ, pp. 52, 142.
7. *Logos* I, p. 305.
8. H. Reiner, "Sinn und Recht der ph nomenologischen Methode," in

후설의 현상학은 대략 세 단계로 나누어 생각되어질 수 있다. 초기는 1900년과 1901년에 「논리연구 I, II」가 출판되던 당시의 기술적 심리학의 단계이며, 중기는 「순수현상학 및 현상학적 철학에 대한 제 이념」(1913), 「데카르트적 성찰」(1931), 「유럽학문의 위기와 선험적 현상학」(1936, 1954) 등이 출간되던 시기의 선험적 관념론의 단계이며, 후기는 그의 죽음 이후 1979년까지 제19권을 내고 있는 유고집인 「후설 전집」에서 새롭게 드러나고 있는 생활세계(Lebenswelt)적 현상학의 단계이다. 그러나 이 생활세계적 현상학의 단계는 그의 생애의 후기에 비로소 새롭게 시작된 단계가 아니라 이미 1900년대부터 줄곧 있어왔던 것으로서, 그의 생전에 미발행되었던 논문들이 그의 사후에 발견되고 유고집 안에 모아짐으로써 비로소 드러나게 된 것이다.

2. 기술적(記述的) 심리학

현상학적 방법은 '설명'(explanation)의 방식이라기보다는 '기술'(description)의 방식이다. 여기서 요청되는 것은 이러저러한 관점에서 자료들에 대하여 설명함으로써, 사실상 자료에 관하여는 아무것도 말하지 않고 관점에 관해서만 말하게 되는 그러한 설명이 아니라 자료들 자체에 대한 기술이다. '나타나는 것'(what appears)을 현상학적으로 기술하기 위해선 어떠한 과학적 환원주의나, 이미 전제되어 있는 기준들이나, 연역적인 방법론적 논리나, 분석적인 반성도 거부된다.

후설은 「논리연구 II」에서 현상학을 '기술적 심리학'이라고 규정하였다.[9] 그는 진리 자체는 사유 가능성과 인식 가능성과 관계 없이 자체적

E. Husserl 1859－1959 Hague 1959, *Phenomenologica* 4, p. 139.

으로 존재한다는 볼자노(Bernhard Bolzano)의 객관적 태도를 받아들이는 한편, 이 객관적 진리의 세계가 어떻게 우리의 주관과 관련되고 인식되는가 하는 것을 설명하기 위해 브렌타노(Brentano)의 지향성(志向性, intentionality) 개념을 사용한다. 지향성이란 우리의 의식이 언제나 어떤 방식으로든지 어떤 그 무엇을 향해 있다는 것을 의미한다. 의식은 항상 그 무엇(대상)에 관한 지향적 의식(consciousness of something)이다. 의식은 그 대상을 지향적으로 소유한다. 후설은 자신의 「논리연구 I」에서 관념적 대상과 논리적인 것의 자체적 존재를 확립하고, 「논리연구 II」에서는 이들 대상이 심리 주관과 관계하고 있을 뿐만 아니라 주관 체험의 형성물로서 지향적으로 내재하고 있음을 주장한다.

후설의 기술적 심리학은 내부 지각, 즉 의식 자신이 직접적으로 의식하는 내적 의식을 통하여, 대상을 형성하는 의식의 지향작용을 분석하고 기술하고자 한다. 여기서는 반성(reflexion)이 요구된다. 즉, 의식의 대상이 아닌 의식작용 자체에로 시선을 돌려야 한다. 후설에 따르면 이 반성에서 "우리에게 의식되고 우리에게 가장 넓은 의미에서 현출하는(erscheinen) 주관적 체험은 모두 현상(Phänomenon)"이다.[10] 따라서 현상학은 "대상성으로부터 이것을 의식하는 주관적 체험 및 활동적 형성작용에로 되물어가려는(zur ckfragen) 시도 및 과제"가 된다. 현상학은 이러한 제1의 또는 넓은 의미의 현상의 영역을 나타나는 그대로 기술하는 학문이다.[11]

하지만 후설은 현상학을 심리학과 구별해야 할 필요성을 느끼게 되었다. 그는 현상학의 기술은 '경험적 인간의 체험', 즉 '실재하는 인간

---

9. *LU* II/1, 1902, p. 18.
10. ***Hua*** IX, p. 28.
11. Ibid., pp. 28, 279.

의 실재적 심적 사실'을 대상으로 하는 것이 아니라고 주장한다. 심리학은 경험과학이지만 현상학은 '순수기술'이다.[12] 즉, 현상학은 경험적 심리학이 아니라 오히려 '이것에 기반을 주는 순수 본질론'이다.[13] 현상학은 사실학이 아니라 선천적(a priori) 또는 형상적 학문으로서의 '본질학'이다 그러므로 우리는 사실의 세계로부터 그 본질, 형상을 파악할 수 있는 세계로 옮겨가야 한다. 후설에 따르면 이것은 형상적 환원(eidetic reduction)에 의해 가능하다.

3. 선험적 관념론

후설은 사실의 세계로부터 본질,[14] 형상(eidos)의 세계로 전환하는 과정을 형상적 환원이라고 부른다. 본질의 파악은 본질직관(Wesensanschauung, Ideation)에 의해 이루어지는데, 이 직관은 단번에 이루어지는 것이 아니라 '자유변경', '형상적 환원'이라는 절차를 통하여 이루어진다. 본질은 의식 내재적 본질이다. 즉, 그것은 의식 속에서 현출(顯出)되고 의식 속에서 직각적으로(intuitiv) 파악된다. 이 의식 내재적 본질의 세계로의 환원이 제2의 또는 협의의 현상학적 환원, 즉 선험적[15] 환원이다.

---

12. *LU* Ⅱ/1, p. 38.
13. *LU* Ⅰ, p. 212.
14. 본질이란 사실계의 사물과 대립되는 개념으로서 어떤 사물을 바로 그 사물이게 하는 것, 그것 없이는 그 사물과 같은 것을 도무지 생각할 수 없는 필연적 형식을 말한다. *EU*, p. 411.
15. 선험적(先驗的, transzendental)이란 말은 칸트에게서 빌어온 개념이다. 칸트에게서 선험적이란 선천적(a priori)이고 또한 경험인식을 가능케 하는 능동적, 구성적인 것을 의미한다. 그런데 후설에게서는 대상으로부터 모든 인식 형성의 궁

이 선험적 환원은 자연적 태도에 대한 판단중지(Epoche)를 통하여 수행된다.[16] 판단중지란 순수한 형상을 얻기 위하여 세계정립과의 존재결부(Seinsbindung)를 의식하고, 이것을 의식적으로 무력화시키고 그 속에 포함된 주장과 확신을 배제하고, 그 정립을 '괄호치는'(einklammern, bracketing out) 것을 말한다. 이 현상학적 환원은 과학적 환원주의가 갖고 있는 자연주의적 선입관을 극복하기 위한 방법이다. 이것은 의미 또는 본질의 문제에 집중하기 위해 존재의 문제를 괄호치는 작업이다. 이것은 또한 "그것이 과연 그러한가"와 같은 사실적 진리의 문제도 의미로서의 진리의 문제를 드러내기 위하여 괄호 안에 남겨둔다.[17] 후설은 말하기를, "우리는 자연적 태도의 본질에 속하는 일반적인 정립(general positing)의 행위를 중지한다. 즉, 우리는 존재에 관한 정립에 포함된 모든 것을 괄호로 묶는다."[18] 판단중지에 의해 의식

극적 원천에로, 즉 의식의 주관적 체험 및 활동적 형성작용으로 돌아가는 동기는 모두 선험적이다. *Hua* VI, p. 100. 따라서 선험적인 것이 반드시 선천적인 것이어야 하는 것은 아니다. 다만 우리의 시선을 대상으로부터 이것을 형성하는 주관의 의식작용으로 돌리기만 하면 그것은 곧 선험적이다. 하지만 후설은 선험적인 것이 인식을 가능하게 하는 생산적이고 적극적인 것이라는 칸트의 개념은 수용한다. 선험적 주관에서 대상이 어떻게 형성되는가를, 즉 인식이 어떻게 이루어지는가를 살펴볼 수 있게 해주는 판단중지를 통한 현상학적 환원이 선험적 환원이다.

16. 후설은 세계의 존재를 소박하게 받아들이는 것을 자연적 태도의 일반정립(Generalthesis der nat rliche Einstellung)이라고 부른다. 세계 존재의 일반정립은 인간의 일상적 또는 학문적인 모든 활동의 기반으로서 보편적 원사실이다. *Hua* Ⅲ, pp. 62f.
17. Joseph Dabney Bettis, ed. ***Phenomenology of Religion : Eight Modrn Descriptions of the Essence of Religion***(New York : Harper & Row, Publishers, 1969), p. 8.
18. Edmund Husserl, ***Ideas Pertaining to a Pure Phenomenology and to a***

은 자신이 연루되어 있는 어떤 대상의 실존적 위상(현존재, Dasein)에 대해 판단(정립)하거나 전제하는 것을 피한다.[19] 후설에 따르면 우리가 존재를 괄호로 묶어둔 후에만, 우리는 그 대상들을 현상(phenomena)으로서 기술할 수 있게 된다. 판단중지는 참여(engagement)라고 하는 경험의 한 형태로부터 우리를 해방하여 비참여라고 하는 다른 형태의 경험 앞에 우리를 개방해 놓는다.

판단중지는 의식이 필증적이고 완전한 증거를 추구하는 과정 속에서 따르는 방법이다. 판단중지를 통하여 우리의 시선을 초재(超在)에서 내재(內在)로 돌림으로써 우리는 '필증적 통찰'(apodictic vision)이라고 부르는 직관에 이를 수 있다. 후설은 내재의 세계를 절대 명증(明證)의 세계라고 생각한다. 명증은 충전적(充全的, ad quat)이며 필증적(必證的, apodiktisch)이라는 두 가지 조건을 갖는다. 충전적이라 함은 의식 안에서의 '원본적 직관에 의해 있는 그대로 파악 가능함'을 말한다. 필증적이라 함은 어떤 것이 '존재하지 않는다거나 의심스럽게 된다는 것이 불가능함'을 말하며, 수정되거나 부정될 수 없는 것을 말한다.[20] 내재적 의식 속에서 이루어지는 본질직관은 음영(陰影)이 없이 전체적으로 남김없이 이루어지는 충전적이며 동시에 필증적이고 따라서 명증적인 파악이다. 후설은 이러한 명증의 영역으로서의 내적 체험의 영역을 '절대적 주관'[21], 선험적 주관 또는 순수의식이라고 부른다.

Phenomenological Philosophy, first book trans. by F. Kersten(The Hague, Boston : Martinus Nijhoff Publishers, 1983), section 32.

19. David Michael Levin, ***Reason and Evidence in Husserl's Phenomenology*** (Everstone : Northwestern University Press, 1970), p. 24.
20. ***Hua*** Ⅷ, p. 35.
21. ***Hua*** Ⅲ, p. 108.

순수의식은 질료(Hyle)와 의식작용(noesis)으로 구성된다. 질료란 우리의 감각에 주어지는 색, 소리 등의 감각여건들을 말한다. 의식작용은 이 질료에 의미를 부여하여 지향적 대상(noema)을 형성하는 작용이다.[22] 질료를 소재로 의식작용이 지향적 대상을 형성하는 것을 후설은 구성(Konstitution)이라고 부른다. 판단중지에 의해 일단 배제된 의식초월적 존재는 모두 순수의식(내실적 내재)의 상관자로서의 지향적 대상(노에마, 지향적 내재, 비내실적 내재)으로서, 다시 말하면 현상으로서 인식된다. 여기서 구체적인 의식체험인 순수의식과 구성된 의미로서의 현상 또는 지향적 대상은 모두 현상학적 내재(의식)의 영역, 즉 선험적 현상학의 영역 안에 있다.[23]

22. Ibid., pp. 210, 219.
23. Boehm은 이 복잡한 구별을 이해하기 쉽도록 다음과 같은 도식으로 설명한다. R. Boehm, Von Gesichtspunkt der Phänomenologie(Phaenomenologica 26, Haag, 1968), p. 149 참조 ; 신귀현, "현상학적 환원과 그 철학적 의의," 한국현상학회 편, 「현상학이란 무엇인가」(심설당, 1983), p. 73.

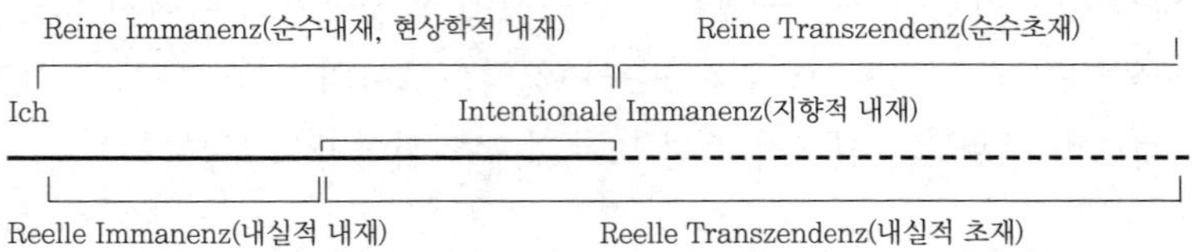

· 순수내재 : 명증적으로 직관되지 않은 체험내용과 그 체험작용+지향적 내재+내실적 내재, 광의의 현상학적 내재, 선험적 현상학의 영역
· 지향적 내재 : 순수자아와 명증적으로 직관된 본질, 즉 노에마(noema)
· 내실적 내재 : 가장 좁은 의미의 내재, 순수한 사유작용, 즉 질료(Hyle)+의식작용(noesis)
· 순수초재 : 자연대상이나 수학, 논리학의 대상이 되는 본질, 신과 같은 절대적 존재를 포함한 우리의 의식 영역 밖에 있는 모든 대상, 생각되거나 정립되어지기는 하나 그 자체 직관되지는 않는 대상성

모든 실재와 세계의 통일적 의미를 부여하는 것은 절대적 순수의식이며, 실로 존재하는 모든 것은 오직 선험적 주관과 그 안에서 구성된 것뿐이라고 주장한다는 의미에서 후설의 현상학은 적어도 중기의 칸트적인 선험적 관념론의 입장을 보여 주고 있다고 할 수 있다.

4. 생활세계적 현상학

종전에는 후설의 현상학은 독일의 관념론의 합리주의 전통을 따르는 선험적 관념론의 관점에서만 이해되어 왔다. 그러나 오늘날에는 그의 유고들을 통하여 질료, 생활세계, 신체, 운동감각, 지각 등에 대한 후설의 연구가 1900년대부터 줄곧 진행되어 왔다는 사실을 알게 되었다. 따라서 후설의 사상 안에는 선험적 관념론과 더불어 선험적 감성론, 즉 생활세계적 현상학이 함께 자리잡고 있다는 사실이 재조명되고 있다.

생활세계(Lebenswelt)란 일상적, 상식적 세계, 즉 자연적 태도에서 체험되는 세계이다. 자연과학적인 객관적, 합리적 견지에서 볼 때 한갖 주관적인 억견(臆見, Doxa)에 불과한 세계이다. 그러나 후설은 이 억견을 복권시키고자 한다. 생활세계란 자연과학주의에 물들지 않은 원초적 지각에 나타나는 세계이다. 생활세계의 복권은 이론적 학문의 세계, 술어적 세계에서 그에 앞서는 선논리적, 선술어적 세계로의 귀환을 말한다. 따라서 생활세계적 현상학에서는 술어적 명증의 근원을 선술어적 명증에서 찾기 위하여 생활세계로의 환원 또는 소원(溯源)을 추구한다. 여기서는 최후의 명증으로 추구되었던 순수의식이 생활세계로 바뀌고 모든

· 내실적 초재 : 아직 명증적으로 직관되지 않은 체험내용과 그 의식작용. 인식행위에서 내실적으로 포함되어지지 않는 것.

의미와 존재의 근원인 선험적 주관이 신체적 자아로 대체된다.

고전적인 선험적 관념론에서는 질료는 소여(所與)로서만 다루어진다. 그러나 생활세계적 질료학에서는 이 질료가 어떻게 주어지는가를 묻는다. 질료는 신체의 운동을 통한 동기부여에 의해 주어진다. 즉, 그것은 단순히 주어지는 것이 아니라 동기지어진(motiviert) 결과이다. 물론 감각적 질료는 주관이 만들어내는 것이 아니라 주어지는 것이다. 그러나 이 주어짐은 '자기 운동'(Ich bewege mich)이라는 신체의 자발성을 기초로 해서만 가능하다. 또한 사물을 지각할 때 우리는 사물과 더불어 그 배경으로서의 '세계' 또는 '지평'도 지각한다. 그리고 사물에 대한 지각은 이러한 세계와 지평 안에서 이루어진다. 그러므로 신체는 세계와 지평, 그리고 사물에 대한 지각을 가능케 한다.

이처럼 신체에 의해 직접적으로 체험되는 생활세계는 선험적 주관의 능동적인 구성작용(noesis)에 앞서서 수동적으로 주어져 있는 선술어적, 선논리적 세계이다. 후설에게 있어서 질료는 칸트에게서의 질료와 구별된다. 칸트에게서 질료는 잡다한 것으로서 주관의 선험적 기능(시공간, 범주들)에 의해서 마음대로 구성되는 것인데 반해서, 후설에게서 질료는 주관의 능동적인 구성으로 마음대로 할 수 없는 자체적인 질서를 미리 가지고 있다. 즉, 질료는 수동적 종합이라고 불리는 통일성 또는 잠재적 질서를 자체 안에 지니고 있다. 술어적인 질서는 선술어적인 잠재적 질서에 주관의 주의가 돌려지고 파악됨으로써 실현되는 것이다. 질료가 수동적 종합이라는 것은 그것이 주관의 선천적 기능에 의해 능동적으로 구성된 것이 아니라는 의미를 담고 있다. 그러므로 후설의 구성(Konstitution)은 칸트의 그것보다 덜 관념적이며 덜 능동적이다. 그것은 미리 주어진 질료 자체의 질서를 드러내 보인다는 뜻을 담고 있다.

이상의 논의를 통하여 우리는 후설의 현상학 안에 관념론적 고전적 현상학과 실재론적 생활세계적 현상학이 함께 있다는 것을 알게 되었다.

전통적으로 능동과 수동(아리스토텔레스), 개념과 직관(칸트)의 상호 관계 안에서 인식되어온 이 두 가지는 후설에게서 기저(基底) 주어짐(fundiert)과 기저(基底) 줌(fundierend)의 관계 안에서 연결되어 있다고 말할 수 있다. 이러한 의미에서 우리는 술어적 명증의 근원을 선술어적 명증에서 찾는다는 말의 의미를 이해할 수 있다.

Ⅲ. 후설의 철학적 현상학에 대한 평가와 그 이후

1. 후설의 현상학에 대한 평가

후설의 현상학에 대한 오늘날의 비판은 주로 그의 선험적 관념론에 대한 것이다. 현실적인 사물의 세계로부터 의식내재적인 순수본질의 영역으로의 현상학적 환원이란 개념은, 마치 하늘에서 내려온 해결사와 같은 개념처럼 전제되고 있다. 현상학적 환원에 의한 선험적 자아가 그의 선험철학의 토대이다. 그러나 세계는 이미 선존재적으로 자아의 존재의 구성요소이기 때문에 세계를 자아와 분리한다는 것 자체가 존재론적으로 불가능하다. 그러므로 선험적 자아의 구성 자체도 불가능하다. 하이데거는 선험적 환원과 구성이란 관념은, 후설이 인간을 세계내 존재자로 이해하지 못하고 일상적으로 사물적 존재자나 세계 내부적 존재자로 인식했기 때문이라고 비판한다. 한편, 아도르노는 환원이란 변증법적 차원에서 불가능하다고 본다. 그에 따르면 후설은 정태적 철학자이다. 즉, 환원을 통하여 절대적 명증성을 확보하려는 착상은 데카르트적인 착각이라는 것이다. 진리의 명증성은 주체를 대상으로 또는 대상을 주체로 환원시킬 때 남는 잔여물이 아니라, 주체와 대상 사이의 변증법적인 관계의 힘의 장(場)에 놓여 있다고 아도르노는 주장한다.

후설이 제안하는 인식론에 있어서 경험은 의식의 내용이기 때문에,

의식의 바깥에 있는 대상이나 속성(quality)의 가능성은 의문의 여지없이 부정된다. 후설의 이해에 따르면, 의식은 모든 가능한 경험이 자리매김되는 지평(horizon)이다. "의식 너머에 무엇이 있는가?" 라고 묻는 것은 실제적으로 아무 의미 없는 질문이다. 왜냐하면 의식 그 자체가 모든 의미의 기반이기 때문이다. 의식의 대상이 될 수 없는 것은 의미가 없으며, 생각될 수도 없으며, 존재할 수도 없다. 따라서 의식과 경험은 동일하다고 말함으로써 후설은 의식을 초월의 한계와 궁극적인 형식으로 만든다. 어떠한 의식의 대상도 의식보다 더 초월(선험)적일 수 없다. 어떠한 다양한 경험도 의식을 떠나서는 생각될 수 없다. 의식 안에서 이 세계의 사물들과 이 사물들에 대한 경험이 구성된다. 왜냐하면, 후설에 의하면, 지각의 주체는 선험적인 자아에 속해 있는 지향적인 의식이기 때문이다. 현상은 변함없는 본질로서의 세계의 본질적인 구조들을 구성하는 선험적인 주체 안에 근거해 있다. 존재들은 궁극적으로 선험적인 구성에 의해 그 자신 됨(what they are)에 이르게 된다. 이런 의미에서 후설은 칸트주의자로 남는다.

잉가르덴은 환원을 통해 획득되어야 할 것, 즉 본질이 후설에게는 미리 전제되어 있으며, 따라서 무전제의 원칙은 이미 포기되어졌다고 비판한다. 이러한 독단주의적인 요소는 다른 곳에서도 발견된다. 즉, 후설은 본질의 충전적 명증성이 사실의 비충전적 명증성과 구별되게 어떻게 구성되는가를 발생학적으로 다루지 않고, 단지 선천적(a priori)인 규칙 또는 이념으로서 전제하고 있다. 왜 내재적 대상에 관한 지각은 그늘지지 않는 소여방식으로 충전적인가? 충전성, 필증성, 순수자아와 같은 개념들이 칸트의 물 자체와 같은 한계개념으로 희미하게 남아 있는 한 후설 역시 독단적이거나 형식적인 가설에 의존하고 있는 것은 아닌가 하는 비판을 받을 만하다.[24)]

하지만 후기로 가면서 생활세계와 더불어 상호 주체성(intersubjectivity)이라는 주제를 다루면서, 후설은 다른 의식들은 유아론(惟我論)적으로 여겨진 내 자신의 의식 안에 있는 그런 의미들과 동일시되면 안 된다는 사실을 인식했다. 그는 주장하기를, 이러한 다른 의식들은 일인칭의 의식을 초월하여 있으며, 이 일인칭의 의식은 그들을 자신 안에 통합할 수 없으며 심지어 그들에게 직접 접근할 수조차도 없다. 그래서 그는 다른 자아들의 초월성이 나의 의식 안에 있는 그들의 내재적 초월성(their transcendence-in-immanence)과 동일시 될 수 없다는 사실을 인정하였다.[25] 따라서 후설이 다른 자아들에게서 보는 초월은 자연적 대상들의 '부드러운 초월'과 대조되는 '딱딱한' 초월이라고 부를 수 있을 것이다. 결과적으로, 결국 순수한 의식은 불가피하게 다수가 되고 개별화된다. 이러한 다수성이 후설의 공동체로서의 상호 주체성의 이론이 근거하고 있는 전제이다. 물론, 이러한 상호 주체성의 개념은 후설이 구상했던 선험적 관념론으로서의 현상학에 상당한 변화를 초래한 것이 사실이다.

우리는 이른바 후설의 후기의 상호 주체성 개념과, 신체의 운동감각 등의 개념을 중심으로 한 질료학이 그의 선험적 관념론의 문제점들에 대한 비판과 질문에 대한 대안적인 답변을 마련해 주고 있다고 생각할 수도 있다. 그러나 우리는 또한 애초부터 후설의 현상학이 관념적인 본질들을 고립시킴에 있어서도, 존재를 괄호로 묶어 두는 것이 존재를 제

---

24. 후설에게 제기되는 또 다른 질문은 과연 그가 심리학주의적인 요소를 극복할 수 있는가 하는 것이다. 후설이 환원을 통해 확보하려는 순수자아도 물론 내재적 초월이긴 하지만, 이것이 초월인 한에서는 역시 구성되고 대상화될 수 있는 것이기 때문에, 경험심리학적 자아의 그림자를 완전히 벗어날 수 없는 것이 아닌가 하는 질문이 가능하다.

25. E. Husserl, *Ideas*, p. 138.

거하는 것이 아님을 기억할 필요가 있다. 후설은 자신이 존재에 대한 신념을 보류해 두는 것과 데카르트가 존재에 대하여 의심하는 것은 구별해야 한다고 주장한다.[26] 사실, 모든 환원들(판단중지)에도 불구하고 삶의 경험은 손상되지 않고 끝까지 현존한다. 그러므로 후설의 현상학은 구체적인 것과 존재에 충실하게 남아 있다고 할 수 있다. 따라서 우리는 후설에게 있어서 환원이 의식의 지향성이 나타나도록 허락하는 한, 그리고 지향성 자체가 의식을 사물들과 세계에 밀착시키는 한, 실존주의자들이 말하는 '세계내 존재'(being-in-the-world)는 이미 그의 현상학적 방법 안에 함축적으로 포함되어 있다[27]고 말할 수도 있을 것이다. 그러나 이와 같은 긍정적인 관점에서의 변호와 합리화가 비록 가능할지라도, 이것이 후설이 자신 안에서 언제나 긴장과 갈등관계로 병존했던 선험적 관념론의 현상학과 생활세계적 현상학의 딜레마를 해소, 극복하고 통합적인 인식론적 전망을 제시하는 데 성공했다는 평가를 의미하는 것은 결코 아니다.

2. 후설 이후

후설의 후계자들은 대체로 그의 생활세계 현상학에서 그의 사상의 진수를 보고 그것을 이어받았다. 하이데거의 세계내 존재, 지평, 세계 등의 개념들은 이미 후설 안에서 다루어지던 개념들이다. 그러나 후설 안에서는 선험적 관념론과의 관계 속에서 갈등하고 있었던(따라서 완결된 체계로 출판되지 못했던) 이 개념들이 실존철학자들에 의해서 부각되

26. Ibid., section 32.
27. Pierre Thevenaz, ***What is Phenomenology?*** trans. by James M Edie (Chicago : Qadrangle Books, Inc., 1962), p. 71.

고 꽃을 피우게 되었다고 말할 수 있다.[28] 특히 하이데거는 그의 저서 「존재와 시간」의 제목이 암시하듯이 이 우주 속에서의 인간 실존(Dasein : "being there")의 의미에 대한 근본적인 존재론적인 접근을 시도하였다. 그는 "현존재의 본질은 그것의 실존 안에 놓여 있다."고 보았다.[29] 그는 그의 스승 후설의 선험적 관념론과는 달리, 인간 실존의 가장 기본적인 현상들(죽음, 세상, 존재, 시간성 등)에 대한 자신의 분석의 과제를 현상의 상황으로부터 현상의 본질을 해방시키는 것으로서가 아니라, 이 본질들을 현상의 상황 속에 드러내는 것으로, 즉 해석학적 행위로서 이해하였다. 따라서 하이데거는 현상과 현상의 분석자 모두의 역사적 상황을 인식하고 있는 현상학적 분석은 오직 '해석'으로만 간주될 수 있다고 천명하였다. 그래서 그는 자신의 「존재와 시간」의 제1부의 제목을 "시간성(temporality)의 관점에서 본 현존재에 대한 해석, 그리고 존재의 물음을 위한 초월적 지평으로서의 시간에 대한 해명"이라고 붙였다.[30]

---

28. 하이데거는 후설의 프라이부르그(Freiburg) 대학의 교수직을 물려받았으며, 그는 자신의 주저 「존재와 시간」(1927)이 후설의 현상학에 의해 심대한 영향을 받은 것임을 밝히면서 이 책을 후설에게 헌정하였다. 사르트르는 1933 - 1934년 겨울학기를 후설이 은퇴한 프라이부르그에서 지내면서 후설의 바탕 위에서 현상학을 발전시키려고 하였으며, 그의 책 「존재와 무」는 "현상학적 존재론의 시도"라는 부제를 달고 있다. 메를로 퐁티는 후설의 후기사상, 특히 신체와 공간 등의 개념을 중심으로 실존적 현상학을 전개하였다. 그리고 오늘날의 폴 리쾨르는 후설의 현상학을 비판적으로 수용하여 기독교적 관점에서 의지(타락한)의 현상학을 발전시켰으며, 이를 텍스트 해석학으로서의 현상학적 해석학을 전개하고 있다.
29. Martin Heidegger, *Sein und Zeit*, 13판(Tübingen : Niemeyer, 1976), p. 43 ; ***Being and Time***, trans. by John Macquarrie & Edward Robinson (Oxford : Blackwell, 1973), p. 67.
30. Ibid., p. 65.

주지하는 바와 같이, '지향성'(intentionality)이라는 단어는 현상학적 과업을 위하여 결정적으로 매우 중요한 방법을 지시한다. 현상학자는 지향하는 어떤 대상이 없는 정신활동은 있을 수 없다는 사실에 주의를 기울이도록 하기 위하여 이 단어를 사용한다. 사고함은 필연적으로 사고의 주체뿐 아니라 사고의 대상을 포함하고 있다. 주체와 객체, 사고하는 자와 사고의 대상의 이러한 원본적인 연합은 현상학의 특징이다. "현상학이란 무엇인가?" 라는 자신의 글에서[31] 메를로 퐁티는 '확장된 지향성 개념'에 대해 언급했다. 그에게 있어서 지향성이란 인간이 자신의 주변세계를 의식하게 된 후에 갖는 반성적 사고의 상태(reflective state)를 기술하는 것이 아니다. 오히려 이 단어는 우리가 알고 있는 유일한 존재의 종류는 세계 안에 있는 인간 존재라는 사실을 가리킨다. 존재는 고립되어 있지 않다. 존재한다는 것은 세계 안에서 존재하는 것을 의미한다. 즉, 세계의 한 부분이 되는 것이다. 이것이 살아 있는 존재의 차원으로서, 이것은 존재에 대한 의식적 인식이 있기 전에 그리고 이 의식적 인식의 배후에 있는 것이다. 여기서 현상학적 기술은 반성적 사고의 상태를 개방하여 살아 있는 존재의 원본적인 현실성이 스스로 드러나도록 하려는 노력인 것이다.

이미 언급한 바와 같이 현상학은 구체적 사물들에 대한 기술이 아니라 본질에 대한 기술이다. 예를 들어, 본질이라고 하는 것은 특정한 사람이나 특정한 의지가 아니라 '인간'(mankind) 또는 '인간됨'(humanness) 그리고 '의지됨'(chairness)에 대하여 생각할 때 우리가 관심을 갖는 것이다. 그러나 현상학은 본질의 현실(reality)과 이상

---

31. Maurice Merleau-Ponty, "What is Phenomenology?" *Cross Current*, Vol .VI, No.1 (winter, 1956).

(ideality)이라는 본질의 위상에 관해서는 논쟁에 열려 있도록 내버려둔다. 현상학은 다만 본질의 내용에 대한 기술을 요구한다. 현상학자의 목표는 어떤 현실의 본질을 기술하는 것이지 그것의 위치를 자리매김해 주는 것이 아니다.[32] '판단중지' 는 이러한 현상학의 목표를 위하여 수행된다. 실존주의 현상학자인 사르트르는 후설의 '판단중지' 개념을 받아들여서 이것을 철저화시켰다. 사르트르에 있어서 판단중지는 우리의 근원들을 용해시키는 것이고, 모든 편안한 확신들을 제거해 버리는 것이 된다. 판단중지는 더 이상 이론적 발견의 필증적 확실성을 얻기 위한 첫 단계로서 존재하지 않는다. 오히려 이것은 우리가 진실한 것으로, 또는 필연적인 것으로, 또는 불가피한 것으로 평가하는 모든 것 안에 내주하게 되는 항존적인 불안정성의 위협이다. 그래서 사르트르는 '판단중지' 를 '우리에게 부과된 피할 수 없는 불안' 이라고 부른다.[33] 사르트르에게 있어서 판단중지는 우리 삶에 언제나 현존하는 재난의 가능성이다.

왜 우리는 우리에게 부과된 불안인 판단중지를 피할 수 없는가? 사르트르에 의하면, 이것은 더 이상 의식이 어떤 '실체적인(substantial) 자아' 로부터 나올 수 없는 하나의 순수한 자발성이기 때문이고, 또 의식은 그 자신을 실체적인 세계 안에 정박시키지 않기 때문이다. 의식은 의식이 활동하는 거기에 존재하고, 의식이 끊임없이 초월하려는 운동 속에서, 자신이 접촉하는 모든 것을 넘어서는 거기에 존재한다. 사르트르에게 있어서, '실체적인 자아' 는 순수한 자발성에 의해 만들어진 하

---

32. J. D. Bettis, op. cit., p. 10.
33. Jean-Paul Sartre, *The Transcendence of the Ego*, trans. by Forrest Williams and Robert Kirpatrick(New York : Farrar, Straus and Giroux, 1957), p. 103.

나의 속임수이며, 자신의 확정성의 결핍으로 말미암아 불안 속에 있다. 달리 말하면, 사르트르에게 있어서 판단중지는 무화(無化, nihilation)를 의미한다. 의식은 이 무화를 통하여 자신을 이 세계(나라는 자아까지도 포함하는)로부터 분리해 낸다. 의식은 자신을 존재로부터 분리시킴으로써 무(nothing)가 되거나 대자적 존재(being-for-itself)가 된다. 결과적으로, 의식은 그 자신의 자발성에 의하여 놀란다. 왜냐하면 의식은 이 자발성을 자유를 넘어서는 것으로 감지하기 때문이다.[34)]

의문의 여지없이, 후설은 판단중지에 대한 사르트르의 이러한 견해에 동의하지 않을 것이다. 분명히, 사실적인 현실과 존재를 괄호 안에 넣음으로써, 후설은 현상으로서의 이 세계를 의식 안에 내재하는 현실로 만들었다. 그러나 사르트르와는 대조적으로, 후설에게 있어서 판단중지의 궁극적 목적은 모든 인식 행위는 궁극적으로 주체, 즉 필증적 의미의 기반과 근거가 되는 '선험적 자아'와 관계된다는 사실을 지각하는 데 있었다.

후설에게 있어 판단중지는 환원을 통하여 선험적 자아(나)의 필증적 증거에로 인도함과 동시에 선험적 의식에 의해 지향된 세계 현상에로 인도하며, 이 둘의 절대적으로 근본적이고 분해될 수 없는 연결성으로 인도한다. 요약하면, 후설에게 있어 판단중지는 의식의 불안정성이라는 영속적인 위협이 아니라, 선험적 주체성으로부터 유래하는 필증적 증거를 향한 이론적 탐험 여행의 첫 발자국이다. 이 선험적 절대자아 개념이 후기의 후설에게 와서 생활세계(Lebenswelt)의 상호 주체성 안에서 상대화되어지고, 그의 제자 하이데거에 의해서 세계내 존재(In-der-Welt-Sein)로서의 현존재로 대체되었다면, 사르트르에 이르러서

34. Ibid., p. 100.

는 비실체적 순수한 자발성으로서의 의식으로 무화(無化)되기에 이르렀다고 할 수 있다.

Ⅳ. 맺는 말 : 철학적 현상학이 기독교 신학에 미친 영향

후설의 철학적 현상학의 문제점들은 이미 여러 가지 관점에서 지적되었다. 그러나 특히 신학적인 관점에서 볼 때 그의 사상이 안고 있는 근본적인 문제는 인간의 의식자아가 실존적으로 죄로 인하여 왜곡되고 타락해 있으며, 따라서 순수자아라든지 본질 직관이라든지 하는 관념들은 사실상 비현실적인 개념들이라는 사실이다. 기독교의 전통적인 신앙과 신학은 인간의 주체성이 절대적인 진리판단의 보루라고 믿는 인본주의 사상을 받아들이지 않는다. 반대로 인간의 주체적 자아는 성령으로 거듭나야 한다. "사람이 거듭나지 아니하면 하나님 나라를 볼 수 없느니라. …… 육으로 난 것은 육이요 성령으로 난 것은 영이니 내가 네게 거듭나야 하겠다 하는 말을 기이히 여기지 말라"(요 3 : 3, 6-7). 더욱이 인식론의 차원은 단지 자아의 의식적 차원에서의 지각과 직관의 문제가 아니라, 이성과 감정과 의지의 모든 차원이 통합되어 있는 전인격적인 존재론의 문제이다. 전인격적인 자아 차원의 죄와 타락, 그리고 존재의 거듭남과 구원의 필요성을 강조하는 기독교 신학자들에게 있어서, 이러한 전인격적 차원의 죄와 부패를 알지 못하는 후설의 철학적 현상학은 비현실적인 이상주의로 비판되어질 수밖에 없다.

그러나 서구의 사상사 속에서 후설의 철학적 현상학이 실제적으로 종교와 신학을 위하여 갖는 의미는 과소 평가되어질 수 없다. 무엇보다도 먼저 철학적 현상학의 주요 개념들은 종교현상학이라는 새로운 학문 분야의 탄생을 가능하게 했다. 종교현상학은 종교를 현상으로서 다루고 이해하는 방법론을 수립함에 있어서 철학적 현상학으로부터 많은 도움을 받았다. 종교의 현상 안에서 종교의 본질을 발견하고자 했던 반 델 레우는 기술, 현상, 판단중지, 지향성 등의 철학적 현상학의 주요 개념을 수용하여 사용했던 대표적인 종교현상학자들 중의 한 사람이다.

철학적 현상학은 종교현상학을 경유하여 신학에 간접적으로 그러나 결코 적지 않은 영향을 주고 있다. 19세기 트뢸치를 중심으로 한 종교사학파는 종교현상학과 밀접한 관계 안에서 수행되었으며, 20세기의 틸리히는 종교현상학자 루돌프 오토의 거룩자로서의 현상학적 하나님 이해를 전용(轉用)하여 하나님에 대한 현상학적 접근을 자신의 신학적 체계 안에서 전개하였던 대표적인 신학자이다. 종교현상학과 신학의 관계에 대하여는 다음 장에서 더욱 집중적으로 자세히 다룰 것이다.

후설의 철학적 현상학은 간접적으로 뿐만 아니라 직접적으로도 기독교 신학에 큰 영향을 미쳤다. 형이상학적 독단으로부터 주체적 자아로의 인식론적 전환은 그 시대의 정신적 사조이기도 했지만, 특히 현상학적인 주체성으로의 전환은 후설보다 조금 앞선 동시대인 19세기의 슐라이어마허의 신학 방법론 안에서도 분명히 전개되고 있다. 슐라이어마허는 형이상학적 또는 교회전통의 교의적 계시개념으로부터 출발하는 기존의 신학의 패러다임 대신에, 종교경험의 주체로서의 종교적 자아의식으로부터 출발하는 새로운 신학의 패러다임을 제시하였다. 그는 인간의 종교적 의식 안에서 경험되는 하나님과 세상과 자아에 대하여 현상학적 분석을 시도하였다. 물론, 그에게 있어서 자아의식 안의 종교경험의 핵심은 단지 개인적인 차원의 일반적인 종교경험이 아니라 교회 신앙공동체 안에서 경험되는 구속주 예수 그리스도를 통한 변증법적인 죄와 은혜의 체험에 있었다. 이러한 슐라이어마허의 새로운 신학의 패러다임은 오늘날 경험을 신학함의 출발점으로 여기는 모든 현대 신학을 위한 길을 열어 주고 있다.

그러나 오늘날에는 경험의 절대적 주체로서의 후설의 선험적 관념론의 선험적 순수자아 개념은 더 이상 불가능하다. 후기 후설의 생활세계 현상학과 하이데거의 현존재 개념 이후, 주체의 경험은 세계내 존재로서의 인간의 구체적인 생활세계의 지평 안에서 이루어진다는 사실이 널리 인식되고 있다. 나아가서 오늘날에는 개인의 의식 안에서의 경험 못지 않게 사회 역사현실 속에서의 공동체적 자아의 경험, 예를 들면 여성의 경험, 가난한 자의 경험, 억눌린 자의 경험, 제3세계의 경험 등이 탈근대적 신학을 위한 인식론적, 해석학적 출발점이 되고 있다. 이런 의미에서 후설의 후기의 생활세계 현상학은 오늘날의 해석학적 신학을 위한 모태로서의 중요한 함의를 지니고 있다고 할 수 있다.

특히, 후설의 제자인 하이데거는 후설의 생활세계 현상학을 계승·발전시켜서, 세계내 존재로서의 인간 현존재의 시간적 실존과 그 현존에 드러나는 존재에 대한 현상학적, 해석학적인 분석을 통하여 오늘날의 신학적 해석학에 큰 영향을 주었다. 하이데거의 철학과 그의 철학이 신학계에 미친 영향은 불트만의 해석학을 다룰 때에 좀더 자세히 언급되겠지만, 여기서는 후설의 현상학을 계승·발전시킨 철학자로서 그가 신학에 미친 영향을 결론삼아 간략히 소개하겠다. 하이데거는 「존재와 시간」에서 이 세상 안에서의 현존재의 실존적 조건을 분석한다. 현존재는 세계내 존재(being-in-the-world)로서 그리고 타자와 더불어 있는 존재(being-with-others)로서의 가장 기본적인 실존적 상황을 갖는다. 이러한 상황과 조건 속에서 '이해'(understanding)의 차원은 현존재의 가장 근본적인 실존적 구조이다. 현존재의 실존적 구조로서의 '이해'는 자신의 가능성을 향한 현존재의 개방성을 강조하는 개념이다. 현존재는 본래적인 것과 비본래적인 것의 두 가지 유형의 존재의 가능성에 열려 있다. 따라서 이해는 '기획' 또는 '투사'(project)로서 성격이 규정될 수 있으며, 그것은 본래적인 것이 될 수도 있고 비본래적인 것이 될 수도 있다.[35)]

하이데거는 자신의 가능성을 실현해 나아가는 구체적인 형식을 해석(Auslegung)이라고 불렀는데, 이 해석은 전제없이 수행되는 것이 아니라 언제나 '미리 가짐'(Vorhabe)과 '미리 봄'(Vorsicht)과 '미리 붙잡음'(Vorgriff)에 기초해서 수행된다.[36] 따라서 이해 가능성은 언제나 이미 이해하는 사람의 선판단(pre-judgment)에 의해 구조화되어진다. 따라서 의미(Sinn)는 인간의 상황적 맥락 밖에서 발견될 수 없다. 의미는 실존적 구조로서 오직 현존재에 속하여 있으며, 현존재만이 의미가 있든지(sinnvoll) 의미가 없든지(sinnlos) 할 수 있다.[37] 이러한 현존재로서의 인간 실존구조에 대한 분석은, 특히 신학자 불트만에게 큰 영향을 주었다. 하이데거의 이른바 전기에 있어서 이해의 선구조를 갖는 현존재를 중심으로 한 실존주의 해석학은, 불트만이 전이해의 개념을 중심으로 실존론적 성서해석학을 수행함에 있어서 결정적인 영향을 주었다.

후기의 후설이 선험적 현상학에서 생활세계적 현상학으로 옮아갔다면, 역으로 후기의 하이데거는 현존재에 대한 실존적 분석으로부터 존재 자체의 탈은폐에 관한 존재론으로 옮겨갔다. 시적 언어를 통한 존재의 탈은폐를 말하는 하이데거의 후기의 존재론은, 불트만 이후에 언어사건 안에서의 하나님의 말씀사건을 말하는 에벨링과 푹스의 신해석학의 전거가 되었을뿐 아니라, 오늘날 은유적 언어의 세계 지시기능, 또는 계시적 기능을 강조하는 기독교 철학자 리쾨르의 증언(testimony) 해석학 안에서도 그 반향(反響)이 발견되고 있다.

---

35. Kurt Mueller-Vollmer, ***The Hermeneutics Reader : Texts of the German Tradition from the Enlightenment to the Present***(London : Blackwell, 1986), p. 218.
36. Ibid., p. 223, ***Sein und Zeit***, p. 200.
37. Ibid., p. 201.

하이데거의 현상학적 실존주의 또는 현상학적 존재론은 이 이외에도 틸리히, 매쿼리를 위시한 많은 현대 신학자들의 신학의 골격을 형성하고 있다. 이해를 인간 존재의 가장 근본적인 구조로 파악하는 그의 해석학적 존재론은 가다머의 철학적 해석학에서 텍스트 해석학으로 더욱 발전되었으며, 트레이시, 스킬레벡스 등을 중심으로 한 오늘날의 기독교 신학자들의 신학적 해석학과 성서해석학의 담론을 위한 기초를 제공해 주고 있다.

3 종교현상학

I. 들어가는 말

서구의 사상사에서 철학의 위기의 시대에 현상학이 등장한 것과 마찬가지로 종교학의 위기의 시대에 종교현상학이 등장하였다. 다시 말하면, 종교가 심리학, 역사학, 사회학 등의 관점들에 의하여 환원주의적으로 축소되는 위기의 상황에서 종교 고유의 본질과 영역을 확보하고자 하는 의도로서 종교현상학이 출현하였다고 할 수 있다. 그러나 다른 관점에서 보면 기존의 형이상학적 독단론을 극복하기 위하여 인식론적인 전환으로서 현상학이 등장한 것과 마찬가지로, 전통적인 교회의 도그마적 계시주의를 거부하고 종교와 기독교 신앙에 대한 새로운 인식론적 기초를 세우는 데 도움을 주기 위하여 종교현상학이 등장했다고 볼 수도 있다. 따라서 종교현상학은 한편으로는 종교에 대한 경험주의적 환원론을 경계하고, 다른 한편으로는 교회의 권위주의적인 교의학에 대한 비판적 교정의 기능을 수행한다고 할 수 있다.

종교현상학의 목적은 종교에 대한 현상적 또는 현상학적 접근을 통하여 종교의 본성 내지는 본질을 포괄적으로 그리고 가능한 한 객관적으로 이해하고 규명하고자 하는 데 있다. 다시 말하면, 종교의 현현된 양상(manifestation)을 가능한 한 가치 중립적인 접근 방식을 통하여 이해하고 그 본질(essence)을 파악하려는 것이 종교현상학의 과제이다. 종교현상학은 종교에 대한 다양한 기술들 가운데서 현상학적인 요소를 규명해 냄으로써, 상호 관련성이 없는 것처럼 보이는 요소들 사이에 있는 어떤 공통된 유사성에 관심을 기울이게 한다. 현상학적인 요소는 현상학적인 분석들과 기술들을 통하여 규명되어진다. 현상학적인 기술은 이 기술이 기존에 세워진 방법론적 규범들의 상대적인 안정성 안에서 평가되는 것이 아니라, 자료들이 우리에게 자신들을 나타내는 방식에 비추어서 평가될 것을 요구한다. 하이데거의 표현을 빌면, "사상(事象) 자체로 돌아가자."(zu dem Sachen Selbst)는 것이다.[1] 현상학적인 분석을 통하여 공통된 유사성을 규명함으로써 종교현상학은 종교의 본질을 기술하려고 노력한다.

그런데 종교적 지식은 본질적으로 참여하는 지식이다. 이것은 직접적이고 실존적이며 상징을 통해 전달된다. 종교적 지식의 목표는 개인적 또는 집단적 존재를 인도하는 근본적인 상들(images)에 직접적으로 참여하는 것이고 이것들에 헌신하는 것이다. 반면에 객관적이고 역사적인 혹은 철학적인 지식은 참여적이기보다는 추론적이거나 기술적이다. 이러한 반성적 지식(reflective knowledge)은 직접적 참여를 대체하거나 또는 촉진할 수도 없다. 비록 이 두 지식 사이에 절대적인 차이는 없지만, 이 둘은 혼동되거나 동일시 될 수 없다. 그래서 종교라는 주제를 다룰 때는 반성적 지식의 한계는 이미 전제된다. 그러나 반성적 지

---

1. H. Reiner, "Sinn und Recht der phenomenologischen Methode," in E. Husserl 1859-1959 Hague 1959, ***Phenomenologica*** 4, p. 139.

식과 참여적 지식은 반드시 배타적인 관계에 있는 것은 아니다. 실상 이 둘은 분리할 수 없는 불가분의 상호적인 연관성을 가지고 있으며, 통전적인 지식은 이 두 가지의 통합을 필요로 한다.

이 글에서는 종교현상학에 대한 역사적 개관을 통하여 대략적인 흐름과 동향에 대한 기초적인 고찰을 한 후에, 타학문들과의 관계성들에 대한 고찰을 통하여 그리고 종교현상학의 새로운 해석학적 측면에 대한 고찰을 통하여, 종교현상학의 주요 흐름에 있어서의 주제와 방법론과 중심적 내용들을 몇 사람의 종교현상학자들을 중심으로 고찰해 보려고 한다. 이러한 고찰들을 통하여 올바르고 바람직한 종교현상학의 과업을 수행하기 위한 방법론적인 관점에서의 기본적인 구상이 어떤 것인지, 종교현상학이 신학적 인식론과 해석학을 위하여 갖는 의미가 무엇이며 어떠한 공헌을 할 수 있는지, 그리고 그것을 어떻게 신학적 과업을 위하여 비판적으로 적절히 수용하여야 할지가 드러나게 될 것이다.

Ⅱ. 종교현상학에 대한 역사적 개관

종교적 관념, 행위 등의 종교현상 전체에 일반적인 현상학 방법을 적용하여 연구함으로써 종교현상학이라는 개념을 처음 도입한 사람들 중에 샹트비 드 라 소세이(Chantepie de La Saussaye)가 있다. 그는 1887년에 출판된 「종교사 강좌」(*Lehrbuch des Religionsgeschichte*)에서 철학적인 방법과 개념을 사용하지는 않고, 단지 종교학은 종교의 본질과 종교가 경험적, 가시적으로 현현되는 모습을 모두 탐구하여야 한다는 일반론을 제시하였다. 그는 단지 '종교현상의 부류들', 즉 예배의 대상, 우상, 성물(聖物), 주술과 신탁, 공희(拱犧)와 기도, 성소와 성인, 공동체, 경전, 교설(敎說), 신화 등을 한데 모았다. 따라서 처음에 종교현상학은 그저 종교사에 대한 체계상의 대응분야로서 출발하였을 뿐이었다. 즉, 종교현상학은 종교적인 신념과 실천의 구성요소들을 해당 문화별로 교차문화적으로 비교하려고 할 때 취해야 할 하나의 필수적인 방법 이상의 것으로 인식되지 않았다. 이러한 초기의 현상학은 '기술적(記述的) 현상학' 이라고 불릴 수 있다. 이러한 초기의 기술적 현상학의 입장을 대표하는 학자들은 소세이 외에 스웨덴의 신학자 나탄 죄더블롬(Nathan Söderblom), 덴마크의 에드바르트 레만(Eduard Lehmann), 그리고 20세기에 들어와서 네덜란드의 라이덴 대학의 학문 전통을 이어받은 노르웨이 출신인 틸레의 브레데 크리스텐센(W. Brede Kristensen)이 있다.[2)]

1925년에서 1950년 사이에 종교현상학의 획기적인 발전은 네덜란드의 게라르두스 반 델 레에우(G. van der Leeuw)에 의해 이루어졌다. 레에우는 이집트에서 크리스텐센의 문하생이었다. 그는 1933년에 출판된 「종교현상학」(*Phanomenologie der Religion*, 영역본 *Religion in Essence and Menifestation*)에서 종교의 현현(Erscheinungen, Manifestation)된 양상을 가능한 한 가치중립적으로 연구하는 방법을 사용하여 종교를 이해(verstehen)하고 그 본질(Wesen, essence)을 파악하려고 시도하였다. 이 저서 이후 '종교현상학' 이란 용어가 어느 정도 일반화되었다. 레에우는 종교현상학의 목적이 단지 종교적 신념과 실천에 관한 자료들을 수집하고 기술하는 데 있는 것이 아니라 그러한 종교적 현상들을 통하여 종교의 본질을 파악하는 데 있다고 믿었기 때문에, 종교현상학의 과제는 역사상에 나타나는 현상들을 그대로 목록으로 만들고 분류하는 일뿐만 아

---

2. 이들의 생애와 사상에 관한 자세한 소개는 Eric J. Sharpe, 윤이흠, 윤원철 공역, 「종교학 : 그 연구의 역사」 (서울 : 한울, 1986), pp. 197 - 204, 271 - 282에 나와 있다.

니라 일종의 심리학적인 기술(記述)도 수행해야 한다고 주장하였다. 이것은 이제 종교현상학이 초기의 단순한 기술적 단계를 넘어서서 감정이입을 통한 공감까지도 수행하여야 한다는 것을 의미한다.

네덜란드에서 현상학이 발전하던 시기에 독일에서는 현상학을 전용하는 해석학에 관심이 기울여졌는데, 독일에서 미국으로 건너가 이러한 해석학적 전통을 발전시켜 이른바 시카고 학파를 형성한 인물이 요아킴 바흐(Joachim Wach)이다. 그는 종교학이 심미적인 관심사나 또는 순전히 학문적인 영역에만 머무는 것을 반대한다. 그에 따르면 종교학은 누미노스의 감정을 폭 넓고 깊이 있게 해주며, 학자 자신의 신앙을 심화시키고, '종교의 현상과 의미를 새롭고 포괄적으로 체험' 하도록 해주는 것이며, 또한 가치를 해체하는 것이 아니라 가치를 추구하는 것이다.[3)]

종교학의 주된 관심은 다른 종교들을 이해하는 데 있다. 여기서 바흐는 종교학이 근본적으로 현상학적인 관심보다는 해석학적인 관심을 갖는다고 주장한다. 현상학자는 자신의 주관성을 배제하려는 경향을 보이는데 반해서, 해석학자는 자신의 주관성을 인정하고 이용한다. 현상학자는 가치판단을 배제하려고 하나, 해석학자는 가치를 지향한다. 바흐는 종교를 이해함에 있어서 해석학적 원칙을 견지하였다. 그는 "연구자는 자신의 연구 주제와 친화하고 공감적인 이해를 통하여 자료를 해석해야 한다."고 강조하였다.[4)] 바흐의 제자인 기타가와에 의하면 바

---

3. Joachim Wach, "Introduction : The Meaning and Task of the History of Religions(Religionswissenschaft)," in ***History of Religions***(Chicago and London : Chicago University Press, 1967), p. 3.
4. J. Wach, ***The Sociology of Religion***(Chicago : Chicago University Press, 1944), p. 10.

흐의 종교 연구에 있어서의 주된 관심은 다음 세 가지이다. 첫째는 가장 기초적인 해석학적 과제로서 어떻게 우리가 다른 사람의 종교를 이해할 수 있는가 하는 문제이다. 둘째는 종교의 특성을 파악하려는 것으로서, 종교체험의 본질과 그 표현들을 연구하여 그 체험의 특성을 밝히려는 것이다. 셋째는 종교의 기능에 대한 관심으로서, 특히 종교사회학적 고찰을 통하여 종교공동체와 사회와의 관계 및 상호간의 영향을 밝히려는 것이다.[5)]

바흐의 시카고 대학교의 종교학 교수직은 엘리아데에게 승계되었다. 엘리아데는 융의 '집단 무의식'과 '원형'의 개념에 기초하여 고대 인류의 신화와 상징을 통한 고대인과 현대인의 대화 가능성을 확신하였다. 또한 그는 루돌프 오토의 「거룩」(*Das Heilige*, 1917)을 통하여 신과 종교의 관념들을 연구하는 대신에, 종교적 경험의 비합리적인 측면을 연구하는 법을 배웠다.[6)] 하지만 그는 거룩이란 현상을 단지 비합리적인 측면에서만 파악하지 않고 종교의 합리적 요소와 비합리적 요소 사이의 관계를 초월한 거룩한 것의 총체를 드러내는 것을 종교현상학의 과제로 삼았다. 엘리아데는 또한 레비 스트로스의 구조주의 인류학의 영향을 받아, 신화를 분석하여 인간의 의식 아래에 놓여 있는 무의식의 어두운 심연에 있는 보편적인 구조를 심층심리학적으로 파악함으로써 타자들, 즉 고대인과 현대인, 미개인과 문명인, 다른 제도와 문화의 인간들과의 만남을 시도하였다. 그는 현대 서구문화를 비판하면서, 보다 덜 왜곡된 다른 문화의 사람들과의 공감적인 관계를 맺기 위하여 '고대

---

5. J. Wach, ***The Comparative Study of Religions***(New York and London : Columbia University Press, 1958), Joseph Kitagawa의 서문.
6. Mircea Eliade, ***The Sacred and the Profane : The Nature of Religion*** (New York : A Harvest Book, 1959), pp. 8－10.

적' (archaic) 존재론을 지향하는 종교현상학을 수행하였다.[7)]

이와 같은 종교현상학의 과제를 수행함에 있어서 엘리아데는 거룩의 현현에 대한 접근과 이해를 가능케 해주는 상징과 신화와 제의 등에 대한 해석학적 절차를 중요시함으로써, 바흐가 강조했던 해석학적 과제를 오늘날의 종교현상학의 수행에 있어서 더욱 본질적인 것으로 발전시켰으며, 리쾨르의 현상학적 해석학에 큰 영향을 주었다.

Ⅲ. 철학적 현상학과 종교현상학

철학적 현상학과 종교현상학은 밀접한 관계를 맺고 있는 인접학문이다. 철학적 현상학은 종교현상학 방법론의 모체라고 부를 수 있다. 종교현상학은 철학적 현상학에서 종교를 이해하고 분석하기 위한 기본적인 개념과 방법론을 발견하고, 그것들을 부분적으로 전용하고 발전시켜 자신의 고유한 학문영역을 구축하였다.

메를로 퐁티가 기술한 것처럼, 철학적 현상학은 사고의 방식(manner) 혹은 사고의 유형(style)으로서 규명되며 수행될 수 있다. 달리 말하면, 현상학은 어떤 철학적 신조가 아니라 하나의 철학적 방법론이다. 그러므로 현상학은 주변 세계를 이해하고 기술하려고 시도하는 과업을 수행하는 '방식' 으로서의 현상학적 방법인 '기술' (description), '환원' (reduction), '판단중지' (epoche), '지향성' (intentionality) 등과 같은 몇 개의 중심적 개념들에 대해 토의해 봄으로써 이해될 수 있다. 종교현상학자들은 바로 이러한 몇 개의 주요한 개념들을 종교현상학적 과

7. M. Eliade, ***The Quest, History and Meaning in Religion***(Chicago and London : Chicago Univ. Press, 1969), p. 57.

업을 위하여 수용하고 그 의미들을 나름대로 발전시켜서 사용하고 있다. 특히 반 델 레에우와 바흐는 철학적 현상학으로부터 많은 영향을 받았다.

철학적 현상학의 창시자 후설은 후대의 종교현상학자들에게 크게 두 가지의 중요한 개념을 제공해 주었는데, '판단중지'(epoke)와 '본질직관'(eidetic vision)이라는 개념이 그것이다. '판단중지'는 의식 안에서 모든 선입견을 배제함을 뜻한다. 그것은 '괄호치기'라고도 불리는데, 보편적인 본질에 해당하지 않는 것을 괄호 안에 넣음으로써 또는 그것에 대한 더 이상의 관심을 차단함으로써, 의식에 부딪쳐 오는 대상을 순수한 현상으로 환원시키는 것이다. 이 개념은 종교현상에 접근함에 있어서 가치판단을 배제하고 진위의 문제에 대한 관심을 차단함으로써, 전적으로 공정한 관찰자의 태도를 가질 것을 강조한다는 점에서 종교현상학에 중요한 의미를 갖는다.

'본질직관'은 그리스어의 '보여지는 것', '형상', '모습', '본질'의 의미를 갖는 'To eidos'라는 단어에서 비롯된 것이다. 현상학에서 본질이란 어떤 상황과 실제의 실제로 보이는 모습, 가능한 모습, 또는 당위의 모습 등에 대조되는 실질적인 본질을 말하며, 본질직관이란 그 상황과 실재의 본질적인 면을 볼 수 있는 관찰자의 능력을 말한다. 그러므로 본질직관은 객관적이고 왜곡되지 않은 자료가 주어졌을 때, 그 자료의 본질적인 면들을 전체적으로 그리고 직관적으로 파악할 수 있는 주관적인 능력을 의미한다. 이러한 까닭에 반 델 레에우는 종교현상학은 역사상에 나타나는 현상들을 그대로 목록으로 만들고 분류하는 일뿐만 아니라, 일종의 심리학적인 기술(記述)도 해야 한다고 주장한다. 심리학적인 기술을 하려면 종교현상을 주의 깊게 관찰할 뿐만 아니라 또한 체계적으로 내성(內省)해야 한다는 것이다.

종교현상학은 철학적 현상학이 제공해 주는 이론적인 방법과 개념의 일부를 수용하여 사용해 왔다. 종교현상학은 가능한 한 판단중지(에포케)의 원칙을 따르려고 하며 또 엄격한 역사학의 원칙에 의해 자료를 모으고 검증하려고 시도해 온 것이 사실이다. 그러나 종교현상학자들은 철학적 현상학이 추구하는 철저한 학문적 엄밀성과 명증성을 그대로 따르지는 않으며, 철학적 현상학의 전체적인 이론 체계에 대한 깊고 정심한 연구를 시도하지도 않는다. 따라서 종교현상학자들이 철학적 현상학으로부터 빌어 사용하는 방법과 개념들은 매우 단편적이며 피상적이며, 종교현상학의 접근은 상당히 소박한 것이라고 할 수도 있다.

종교현상학은 모든 종교를 있는 그대로, 즉 종교인들이 신에 관해서 자기들이 갖고 있는 지식을 진지하게 검증하는 내용 그대로 이해할 것을 요구한다. 그러나 과학적으로 획득된 사례들과 그것들에 대한 해석 사이의 갈등 때문에 어려움을 겪고 있는 것도 사실이다. 그럼에도 불구하고 종교현상학자들은 다른 사람들의 종교적 신념 및 실천 등의 현상에 대한 현상학적 접근을 통해 그 본질에 대한 이해에 도달하기 위하여, 학문적 객관성과 엄격성 안에서의 중립적 기술을 주관성과 실존성 안에서의 공감적 감정이입과 조화시키고자 노력해 오고 있다. 특히, 오늘날 종교현상학은 엄밀한 의미의 철학적 현상학과는 상당한 거리를 유지하며 선택과 체계화, 해석을 주요 과제로 수행함으로써, 현상학과 해석학의 흐름을 연결해 주는 중요한 역할을 하고 있다.

엘리아데 이후 종교현상학은 해석학적 관점과 결합되어 한층 더 독특하고 독자적인 영역으로서 발전되고 있다. 오늘날에는 종교적 관념과 예배, 행위 등 종교현상과 전통 전체는 이론적인 타당성보다는 실존적인 참여의 동기에서, 인식론적인 명증성의 동기에서보다는 해석학적인 이해의 동기에서 접근되어져야 한다는 인식이 증대되고 있다.

종교현상학은 철학적 현상학 외에 비교종교학과 종교사와도 깊은 연관을 맺으면서 철학적 현상학에서 결여되어 있는 인식 대상의 역사적,

경험적, 제의적 측면을 중요하게 다루고 있다. 크리스텐센(W. Brede Kristensen)은 그의 책 「종교의 의미」에서 종교에 관하여 객관적이고 반성적인 지식을 추구하는 세 가지 종류의 연구를 구별하였다. 즉 역사적, 철학적, 현상학적 연구이다. 일반적으로 연구는 역사적 자료들을 모으는 것으로 시작하여, 이것들을 현상학적으로 조직하고, 그 다음에 이것의 의미를 철학적으로 해석하는 것으로 진행된다고 생각된다. 크리스텐센은 모아진 자료들을 조직하는 것으로 현상학의 한계를 정하고, 그에 대한 해석은 철학에 맡겨 버린다. 그러나 그는 이 세 종류의 연구 영역이 상호 관련성을 가지고 수행되고 있다는 사실을 지적한다.

크리스텐센은 아직 기술적 현상학의 단계에 속해 있었던 종교현상학자이지만, 역사학과 종교철학과 종교현상학 사이의 상호 관계에 대한 그의 설명은 종교현상학에 대한 개론적 이해를 위해서 뿐만 아니라 미래적 전망을 위해서도 유용하다.

Ⅳ. 종교사와 종교현상학

크리스텐센에 따르면 종교현상학은 종교사를 체계적으로 다루는 것이다. 즉, 종교현상학의 과제는 종교사적 자료들이 담고 있는 종교적 내용들의 가치들을 전체적으로 조망할 수 있도록 수많은 그리고 광범위하게 퍼져 있는 자료들을 분류하여 이것들을 그룹으로 나누어 놓는 것이다.[8] 또한 페타조니에 따르면 "현상학과 역사학은 서로 보완적인 학문이다. 종교현상학은 역사상의 종교에 대한 이해의 학문이라고 생

---

8. Joseph Dabney Bettis, ed. ***Phenomenology of Religion : Eight Modern Descriptions of the Essence of Religion***(New York : Harper & Row, Publishers, 1969), p. 36.

각할 수 있다. 종교현상학은 종교적인 차원에서의 역사학"이다.[9]

종교현상학은 그 자신이 다양한 종교현상들의 비교에 참여한다는 의미에서 '비교종교학'과 동일시 될 수도 있다. 그러나 종교현상학은 전통적인 의미에서의 비교종교학의 개념과 구별되어야 한다. 왜냐하면 종교현상학은 다양한 종교들의 가치를 규정하고 어느 종교가 더 열등하고 어느 종교가 더 고등한지를 규정하려는 목적을 갖지 않기 때문이다. 종교현상학은 종교들을 큰 단위체계들로서 서로 비교하는 것이 아니라, 상이한 종교들 안에서 만나게 되는 유사한 사실들과 현상들을 그들의 역사적 배경으로부터 떼어서 끌고 나와 함께 모으고 그룹 지어서 연구하는 것이다. 서로 상응하는 자료들, 이것들은 때때로 거의 동일하기도 한데, 우리를 거의 자동으로 비교 연구에 임하게 한다. 이러한 비교 연구의 목적은 상응하는 자료 그룹의 밑에 깔려 있는 종교적 사상, 관념, 욕구들을 잘 이해하는 것이지 그것들의 종교적 가치의 크고 작음을 규정하려는 것이 아니다.[10] 종교현상학은 종교들 가운데 상응하는 혹은 공통된 자료들에 관심을 기울이고, 그것들을 비교하고 체계화하고, 그것들의 공통된 의미를 탐구하고, 그리고 궁극적으로는 종교의 핵심 혹은 본질에 이르려는 것이다.

그러나 역사적이고 비교적인 연구들이 낯선 종교적 관념들에 대한 이해를 돕는 것은 필연적인 사실이라고 할지라도, 이 연구들이 이상적인 방법들은 아니다. 각각의 종교들은 참여를 통하여 그 자체의 관점에서 이해되어야 하기 때문에 - 각 종교의 추종자들은 자신의 종교를 이런 식으로 이해한다. - 이러한 연구들은 다만 근사치적인 지식일 뿐이

---

9. R. Pettazzoni, 이은봉 역, "至上者-현상학적 구조와 역사적 발전," 「종교학입문」 (성균관대학교출판부, 1982), p. 113.

10. J. D. Bettis, op. cit., p. 37.

다. 역사가는 이해하려고 애쓰지만, 다만 근사치적인 의미에서만 그렇게 할 수 있다. '감정이입' 의 수단을 통하여 역사가는 '낯선 것' 을 자신의 경험 안에 재생하려고 한다. 그러나 그는 가깝게 접근할 수 있을 뿐이다. 이렇게 상상을 통하여 우리에게 낯선 상황을 다시 경험해 보는 것은 재현(a representation)의 한 형태일 뿐, 현실(reality) 자체는 아니다. 종교적 자료의 실존적 본성은 탐구를 통하여 절대로 나타나지 않는다. 우리가 역사적 연구의 가치를 평가절하하거나 부인하는 것은 아니지만 여기서 우리는 그것의 유효성의 한계를 볼 수 있다.

V. 종교현상학과 종교철학

종교현상학이 종교사를 체계적으로 다룬다는 것은 이미 언급되었다. 그러면, 어떤 자료가 인간의 종교적 성향을 전형적으로 보여 주는지, 그리고 무엇이 종교의 본질적인 요소들인지 하는 것들을 우리가 어떻게 확정할 수 있는가? 크리스텐센의 대답은 이렇다. 참으로 본질적인 것은 철학적 탐구를 통해서만 나타난다. 우리는 철학적 전제 없이 시작할 수 없다. 이것은 자료에 대한 연구를 규정하는 질문들을 구성하는데 도움을 준다. 크리스텐센은 더 나아가, 본질은 철학적 개념이고 그 본질을 규명하는 것은 종교철학의 주된 과제라고 말한다.[11] 현상학에서 사용하는 원리적인 관념들은 종교철학에서 빌려온 것이다. 철학은 현상학적 연구에 필요한 길잡이가 되는 원리들을 제공해 주어야 한다. 이 둘 사이에는 상관 관계가 있다. 철학은 개인적인 종교적 경험을 전제로 하며, 종교의 이론은 종교적 실천을 전제로 한다. 누구든지 종교

11. Ibid., p. 44.

의 본질을 찾고자 하는 사람은 다른 유형의 종교적 사고나 행위, 그리고 신에 대한 관념이나 제의적 행위들에 관하여 어떤 일반적인 상을 가지고 있어야 한다. 이것이 그의 연구를 위한 자료가 된다. 이러한 자료들은 바로 현상학이 제공하는 것이다.

그러므로 크리스텐센에 의하면, 상호 관계는 역사학, 철학, 현상학 등 종교에 관한 모든 학문들 사이에서 보여진다. 이 셋 중에 어느 것도 독립적이지 않다. 이들 중의 어느 한 학문의 연구 결과의 가치와 정확성은 다른 두 학문의 연구 결과의 가치와 정확성에 의존한다. 타학문과의 이러한 상호 관계성 속에서, 현상학은 체계적인 종교사인 동시에 적용된 종교철학으로서 역사와 철학 사이에 존재한다.[12)]

비록 크리스텐센은 종교의 본질에 대한 진술을 철학적 규정으로 돌리지만, 또한 종교의 자료들은 철학적 영역 밖에, 즉 우리의 지식 밖에 있음을 인정한다. 위에서 언급한 바와 같이, 종교적 지식은 참여적이며 실존적인 지식이다. 우리는 다른 사람의 종교적 경험을 이해하기 위해서는 우리 자신의 종교적 경험을 이용해야 한다. 만일 우리가 우리 자신의 경험으로부터 종교란 무엇인가를 알지 못한다면, 우리는 절대로 종교의 본질을 기술할 수 없을 것이다. 종교에 관한 학문에서 순수하게 합리적이고 체계적인 구조는 불가능하다. 그러므로 어느 정도의 직관은 불가피하다. 현상학은 순수한 논리나 합리성과는 관계가 없다. 오히려 현상학을 수행함에 있어서, 우리는 끊임없이 가정들과 기대들을 가지고 작업을 한다. 종교적 자료들을 이해하기 위하여는 그것들에 대하여 우리가 끊임없이 감정이입과 공감을 하도록 요청되어진다.

비록 종교현상학이 철학적 연구와 많은 점에서 상호 관계가 있다고

---

12. Ibid., p. 45.

하더라도, 종교현상학은 19세기 초에 하나의 학문적인 분야로 나타난 종교철학과는 구별되어야 한다. 베티스(J. D. Bettis)에 따르면, 종교현상학은 적어도 세 가지 중요한 면에서 종교철학과는 구별된다.[13] 첫째로, 종교철학과는 달리 종교현상학의 관심은 전적으로 종교적 관념이나 교리에 있는 것도 아니며, 심지어 이것들이 주된 관심사도 아니다. 오히려 종교현상학은 모든 형태의 종교적 표현 - 의식(儀式)적인, 상징적인, 신화적인 그리고 교리적인 표현들 - 을 현상학적 기술에 포함시킨다.

둘째로, 종교현상학은 종교의 본질을 기술하려 함에 있어서, 종교적 표현의 문화적 형태들 밑에 있는 어떤 공통적 기반에 이르려 하지 않는다. 종교철학이 가정하는 바와 같이 다양하게 문화적으로 조건지어진 형태들의 실증종교 밑에 있는 '자연종교'란 없다. 종교현상학은 문화적으로 조건지어진 형태들이 종교의 유일한 형태들임을 인식한다.

셋째로, 종교현상학은 종교적 행위를 '설명'하는 것이 아니라 '기술'함으로써, 종교적 활동 안에서 실제로 일어나는 것에 대한 의식적이고 반성적인 앎의 수준을 높이려고 노력한다. 이 세 번째 사항은 어느 정도 자세하게 다룰 필요가 있다.

위에서 본 것과 같이 전통적 의미에서 종교철학이나 비교종교학은 종교적 자료들의 상대적 가치를 확정한다. 이것들은 우리에게 인간의 종교적 삶에 있어서 고등한 형태와 열등한 형태를 구분할 수 있는 기준을 제공해 주어야 한다. 그리하여 어떤 종교적 형태들, 신념들, 희생 제의들은 역사적이고 실증적인 종교들 뒤에 있는 본질적 요소를 다른 종교들보다 더 잘 표현하는 것으로 증명된다. 철학적인 근거들 위에서,

---

13. Ibid., p. 3.

역사적인 그리고 관념론적인 진화론은 19세기의 종교철학의 경우와 같이 방어될 수 있다. 크리스텐센 또한 종교적 자료들의 본질에 대한 우리의 개념을 명확히 표현하는 것은 철학자에게 맡긴다. 이와 대조적으로 종교사와 종교현상학은 신자들이 어떠한 종교적 가치들을 그들의 신앙에 부여하는지, 종교가 그들에게 무엇을 의미하는지 탐구한다. 우리가 이해하려고 하는 것은 우리 자신의 종교가 아니라 그들의 종교이다. 그러므로 우리는 여기서 종교의 본질에 관심을 갖지 않는다. 왜냐하면 그 본질은 필연적으로 우리 자신의 종교 안에서 표현되기 때문이다. 만일 어느 역사가가 종교적 자료들을 그 종교의 신자들의 관점과는 다른 관점에서 이해하려고 한다면, 그는 그 종교의 현실성을 부정하는 것이다. 왜냐하면 신자들의 신앙 외에 다른 종교의 현실성은 없기 때문이다. 그래서 역사가나 현상학자들에게는 오직 하나의 평가만이 가능하다. "신자들이 전적으로 옳았다."[14)]

VI. 종교현상학과 신학

지금까지 살펴본 바와 같이 현상학의 기술적인 태도는 철학적 현상학의 방법론, 특히 판단중지나 자신의 신학적, 철학적, 혹은 어떤 종류의 전제이든지 간에 괄호로 묶어두는 방법에 근거하고 있음이 명백하다. 반 델 레에우(Van der Leeuw)는 종교현상학과 기독교 신학 사이에 방법론적인 선을 그음에 있어서, 크리스텐센과 비슷한 견해를 가진 것처럼 보인다. 종교현상학의 개념은 신학교나 대학교 신학부의 '헌신적인' 접근과 반대되는 것으로서 종교를 연구하는 학생들의 '중립적인'

---

14. Ibid., p. 49.

접근을 규정하기 위하여 사용된다.[15] 그러나 레에우에게 있어서 전제들을 '괄호로 묶는' 가장 중요한 이유는 우리가 만일 다른 사람들의 신앙을 진심으로 이해하고자 한다면, 그들의 행위를 마치 그것이 우리 자신의 세계관과 같은 세계관을 함축하고 있는 것처럼 해석하지 않기 위하여 필수적이기 때문이다. 그래서 다른 사람의 세계관을 탐구하는 과정에는 감정이입과 상상력이 포함된다. 다른 사람의 세계로 들어가는 길을 더듬어 찾기 위해 감정이입을 필요로 하고, 우리가 자신의 헌신과 전제로부터 날아올라 벗어나기 위해 상상력을 필요로 한다. 이와 같이 레에우는 '판단중지'가 다른 종교를 이해하기 위해 필요한 방법이라는 의미에서 판단중지에 대해 크리스텐센보다 더 적극적인 개념을 보여준다.

사실상 레에우는 판단중지의 방법을 관념적인 형태들을 구성하는 방법과 융합시킴으로써 크리스텐센의 사상의 흐름을 넘어선다. 이것은 그가 본질과 관계하는 후설의 사조에 속해 있음을 의미한다. 레에우에 있어서, 판단중지는 그가 주로 유형론과 이론을 추구하는 맥락 속에서 일어난다. 의식은 그 본성상 지향적이다. 즉, 그것은 대상을 갖는다. 의식은 어떤 것에 '대한'(of) 의식이다. 후설에게 있어서 의식 자체의 이러한 특징들이 종교생활의 순수한 본질들이다. 분명히 현상에 이름을 붙이는 과정은 그 자신의 의식 상태를 숙고해 보는 것 이상이다. 그래서 레에우는 현상학의 단계들을 설명하는 가운데, 자신의 경험 안에 자료들을 '외삽'(interpolation)시키는 과정을 둔다. 그러나 그에게는 인간의 사건에 대한 소격화된 경험주의적 태도는 부자연스럽다. 인간에

---

15. G. Van der Leeuw, ***Religion in Essence and Manifestation***, trans. by J. E. Turner(princeton : Princeton University Press, 1986), xii.

게는 참여하는 사고가 원시시대의 상황에서와 마찬가지로 현대의 상황에서도 자연스럽다. 그러나 레에우는 지나치게 경험주의적인 입장에 대해 염려함에도 불구하고, 그 자신의 학문성의 객관성에 관심을 갖는다. 니니안 스마트(Ninian Smart)의 해석에 따르면, 레에우는 판단중지의 방법을 일종의 다리로 사용했다. 즉, 그는 그것을 경험주의적이면서도 동시에 참여적이고, 객관적이면서도 동시에 주관적이 되기 위한 방법으로 사용한 것이다.[16] 왜냐하면 어떤 사람의 삶에 나타난 현상들에 '무엇을 더 집어넣어 새로운 의미를 부여하는 과정'(외삽)은 그 현상들을 실존적으로 살아 있게 만드는 수단이기 때문이다. 레에우에 따르면 종교를 연구하는 학생들은 자신들과는 다른 형식들과 범주들을 가지고 활동하는 사람들의 느낌들에 대해 공감할 준비가 되어 있어야 한다. 이러한 공감과 참여적 지식은 위에서 언급한 감정이입적인 상상력을 통해 얻을 수 있다.

그러나 레에우는 참여적 '이해'를 위한 감정이입적 상상력조차도 넘어서서 그 자신이 형이상학과 신학의 과업이라고 생각했던 '의미'의 탐구로 향한다. 본질에 대한 기술을 현상학의 분야가 아니라 철학의 분야에 두었던 크리스텐센과는 매우 다르게, 레에우는 종교현상학을 '이해하는 것', 즉 인문과학과 궁극적 의미를 추구하는 것의 경계선에 두었다. 괄호로 묶는다는 것은 진리와 가치에 대한 궁극적인 판단들이 차단되는 것을 의미한다. 우리가 추구하는 것은 인간의 경험 안에(넘어서가 아니라) 나타난 인간의 종교성을 분명하게 기술하는 것이다. 신학은 인간의 경험을 넘어서 실재의 저편 해안으로 나아가는 반면, 현상학은 이편 해안에 머물러 있다. 그러나 현상학은 기독교 신학이 작업할 자료

---

16. Ibid., xiv

들을 제공한다. 레에우에 있어서, 현상학은 인문과학과 기독교 신학의 경계선에 존재하기 때문에, 그는 판단중지와 신앙 사이에서 우리가 예상하는 것만큼 큰 갈등을 느끼지 않는다. 그래서 종교현상학과 기독교 신학 사이에 경계선을 그어야 할 필요는 있지만, 레에우에 의하면, 종교현상학은 신학교와 대학 신학부 안에서 연구되어져야 한다. 비록 이러한 표현이 너무 강하고 좀 과장된 것 같지만, 레에우의 입장은 일반적으로 이해할 만하다. 종교현상학이 역사적 연구나 철학적 연구와 상호 관련성을 가진 것처럼, 마찬가지로 신학과도 뗄 수 없는 관계를 맺고 있다. 왜냐하면 그 궁극적인 관심이 의미와 본질이기 때문이다.

현상학적 과정의 단계들에 대한 레에우의 조직화는 종교현상학 방법론의 대표적인 모델을 보여 준다. 자료들에 대한 현상학적 접근 단계는 다음과 같다.[17)]

1. 종교현상학은 그 자신을 드러내는 현상들의 유형들에 이름을 붙여야 한다. 예를 들어 희생, 기도, 제사장 등.

2. 현상학자는 이러한 현상들을 자신의 삶에 외삽시키고 그것들을 체계적으로 경험해야 한다.

3. 현상학은 형이상학도 아니고 경험주의적 실재에 대한 이해도 아니다. 이것은 옆으로 물러서서 눈에 들어오는 것을 이해하면서 판단중지의 상태, 지적인 미결정의 상태를 유지한다.

4. 이것은 본 것을 명료화하고, 시야에 나타난 것을 이해하려고 노력한다. 지금까지 기술되어진 바와 같은 현상학적 방법은 본문 연구와 고고학적 연구를 통해서 지속적으로 수정되어야 한다.

5. 현상학은 자신이 이해한 것을 증명한다. 그 목표는 객관성이며,

---

17. Ibid., xi, p. 688.

경험된 것을－나타난 본질 혹은 본질들을－증명하는 것이다. 레에우는 이 마지막 점이 신학을 위하여 중요하다고 생각하는데, 신학은 형이상학처럼 경험을 넘어서는 것을 증언할 수 있다.

요약하면, 레에우의 도식에는 명명하기, 체계적 경험, 판단중지, 명료화, 그리고 증언이 포함된다.

Ⅶ. 해석학적 종교현상학

현상학적 동기를 해석학적 동기와 결합시켜서 종교현상학을 수행하고 있는 대표적인 학자가 엘리아데이다. 엘리아데는 자신의 종교현상학의 첫 번째 단계로서 종교(현상)의 자율성을 확보하고자 한다. 즉, 그는 한편으로는 전통적인 서구의 사회와 교회의 모든 종류의 독단론(dogmatism), 다시말해, 형이상학적, 관념론적, 교의학적 독단론을 거부한다. 그리고 다른 한편으로는 모든 종류의 환원론(reductionism), 즉 종교를 사회경험의 투사로 보는 뒤르켐식 '사회적 환원론', 원초적인 부친살해에서 종교가 시작된다고 보는 프로이트 식의 '심리학적 환원론', 그리고 제반 역사적 환경에 의하여 종교가 생겨난다고 보는 '역사적 환원론' 도 거부한다.[18] 엘리아데는 오토와 같이 종교의 본질을 성(聖)의 경험으로 파악한다.

엘리아데는 초월성과 거룩성의 차원을 상실하고 세속적이고 일차원적인 역사적 차원에 갇혀 있는 현대인들에게 '전통적 인간' 또는 '고대적 인간' (Archaic man)의 삶의 자리를 종교현상학적 작업을 통하여 드러내 보임으로써 보다 심오하고 풍성한 인간성을 보여 주려는 '새로운

18. M. Eliade, *The Quest, History and Meaning in Religion*, 2장, pp. 12－36.

휴머니즘'(New Humanism)의 동기를 구현하려고 한다.[19] 이러한 과업을 수행함에 있어서 그는 종교현상의 독특성을 확보해내기 위한 현상학적 동기와, 독특한 종교현상을 의미해석을 통해 이해하기 위한 구조적인 해석학적 동기를 훌륭하게 결합시키고 있다. 종교현상의 독특성과 다양성을 확보하기 위하여 엘리아데는 성(聖)과 속(俗)의 변증법을 전개하고, 성과 속의 변증법을 통해 나타나는 성현(聖顯, hierophany), 즉 거룩의 현현의 의미를 이해하기 위하여 그는 상징과 상징체계에 대한 해석을 발전시킨다.

엘리아데는 종교현상학을 수행함에 있어서 철학적 현상학의 개념과 방법론을 수용하여 사용한다. 그러나 그의 종교현상학은 종교사와 비교종교학에 의한 형태론(morphology)의 방법에 기초하고 있다는 점에서 철학적 현상학과 분명히 구별된다. 그는 역사적 사례의 수집과 사실적 비교 없이 순수한 현상의 구조와 의미를 파악하고자 하는 철학적 현상학, 특히 초기 후설의 선험적 현상학을 거부한다. 엘리아데는 종교의 현상적 측면과 더불어 자료의 역사적 측면을 함께 고려해야 한다고 주장한다.

엘리아데의 종교현상학의 출발점은 이미 언급된 대로 성(聖)의 환원불가성(還元不可性)이다. 특히 그는 진화론적, 사회학적, 심리학적 환원주의에 대항하여 종교현상의 고유한 지향성을 확보하고자 한다. 그러기 위해서는 종교현상에 어떤 규범적인 기준을 부과하는 것은 옳지 않으며, 자료가 직접 말하도록 하여야 한다. 여기에 현상학적 판단중지, 즉 에포케의 방법론이 요구된다. 에포케에 의하여 종교현상학자는 환원불가적인 '종교적 인간'(homo religiosus)[20]의 경험 안에 공감적으로

19. Ibid., p. 3.

자신을 위치시키고 그 의미를 이해하려고 한다. 아울러 그는 환원불가적인 성현, 즉 거룩의 현현을 인지할 수 있는 해석학적 틀을 제시하기 위하여 자료의 지향성에 초점을 맞추어 현상학적 방법의 절차를 수행한다. 성(聖)을 불가환원적인 실재로서 이해하기 위해서는 성(聖)의 지향적 양태(intentional mode)를 파악하기 위한 기술적(記述的)인 과업이 수반되어야 한다. 여기서 성과 속의 변증법은 성(聖)의 양태(the sacred modality)의 지향적 특성을 기술하기 위하여 도입된다.

성과 속은 세계 안의 두 가지 존재 양태이며, 역사 과정에서의 두 가지 실존적 상황이다. 성은 힘(레에우)으로 경험되거나 전적 타자(오토)로 경험되거나 궁극적 실재(바흐)로 경험된다. 엘리아데에게 있어서 성의 경험은 형이상학적 실재와는 구별되는 철학적 현상학의 본질 개념과 유사한 초월적 실재를 지향한다. 성과 속의 변증법은 종교적인 성현(聖顯)[21]의 양태가 지닌 지향적 특성을 포착하기 위한 원리이다. 성현의

---

20. 엘리아데에게 있어서 종교적 인간(homo religiosus)은 종교현상을 있는 그대로(sui generis) 상징을 매개로 하여 파악하는 종교적 인식주체 개념이다. 종교적 인간은 항상 이 세계를 초월하면서도 이 세계 안에 스스로를 현현시키며, 그럼으로써 이 세계를 성화하고 또 실재적으로 만드는 절대적 실재, 거룩한 존재가 있다는 사실을 믿는다. 즉, 그는 생명이 거룩한 근원을 가지고 있음을 믿는다. 인간존재는 실재에 참여하는 정도, 즉 종교적인 정도에 따라 그 가능성을 실현하게 된다. 인간은 거룩한 역사를 재연하고 신들의 행위를 모방함으로써 자신을 신들 가까이, 즉 실재적이고 뜻있는 영역 가운데 놓게 된다. 엘리아데에 따르면 탈신성화의 과정이 순수하게 종교적 인간으로 살았던 고대인 또는 전통적 인간을 비종교적 인간으로 만들었다. 그러나 성(聖)에 대한 현상학적 환원절차를 통하여, 그리고 상징과 신화에 대한 구조적 해석학적 이해를 통하여 종교적 인간의 고대적 존재상태를 회복할 수 있다는 것이다. 이것이 엘리아데의 '새로운 휴머니즘'이다. M. Eliade, *The Sacred and the Profane*, pp. 201-204.
21. 성현(聖顯)은 인식 지평에서의 단순한 객체가 아니라 주체에 의하여 지향(指向)된

변증법은 세 과정을 통하여 이해된다.[22] 첫째, 종교는 성과 속의 이분법이 만들어지는 곳에 존재한다. 성(聖)은 언제나 자연적, 역사적, 일상적인 속(俗)의 세계를 통해서 드러난다. 삶의 세계는 성현(聖顯)이 일어날 수 있는 잠재적 가능성의 세계이다. 종교적 인간(homo religiosus)은 속의 세계 안에서의 성현에 관심을 갖는다. 하지만 성화(聖化, sacralization)의 과정은 성(聖)을 드러내는 사물을 모든 것으로부터 존재론적으로 분리시킨다. 둘째, 성(聖)과 속(俗)의 이분법은 변증법적 긴장에 의해 경험된다. 이 둘은 역설적인 관계성 속에 공존한다(반대의 일치, coincidentia oppositorum). 성화의 과정은 곧 성현(聖顯)의 지향성, 즉 성현의 기저에 놓여 있으면서 성현의 구조를 구성하는 지향성이다. 셋째, 성(聖)과 속(俗)의 변증법에는 평가와 선택이 포함되어 있다. 성현을 경험할 때, 종교적 인간은 자신의 실존을 타락으로 여기고 속(俗)에 대한 부정적인 평가를 내림과 동시에 성(聖)을 향한 선택을 한다. 이를 통하여 종교적 인간은 의식 안의 지향성으로서의 성현을 경험한다.[23]

이미 언급한 바와 같이 엘리아데는 현상학적 동기와 해석학적 동기를 결합하여 종교현상학을 발전시켰다. 그는 성현을 지각하는 현상학적 과정에서 그것의 의미와 이해를 위한 해석학적 과정으로의 전이를 가능케 해주는 성현 현상의 두 가지 특징을 말한다. 하나는 성현의 현

상관물(intentional correlate)이다. 성현이 일어나는 영역은 후설의 철학적 현상학에 있어서 주관에 의해 구성된 지향적 대상인 노에마가 출현하는 지향적 내재의 영역과 같다고 할 수 있다.

22. D. Allen, ***Structure and Creativity in Religion***(Hague : Mouton Publishers, 1978), pp. 126-129.

23. 성현을 의식의 지향적 구조 안에서 경험하는 엘리아데의 종교적 인간(초의식, 超意識, transconsciousness)의 모습은 본질을 지향적 내재의 영역 안에서 직관하는 후설의 선험적 자아(transcendental ego)의 개념과 유사하다.

상이 원형을 지향한다는 사실이며, 다른 하나는 주어진 현상이 체계를 지향하는 경향을 갖는다는 것이다. 일차적인 원형의 구조는 더욱 커다란 구조적 연합의 맥락을 지향하게 된다. 엘리아데는 이 구조적 연합의 맥락을 이해하기 위하여 구조주의적인 형태론(morphology)을 도입한다. 그는 원시적, 고대적 사유와 근대적 사유 사이에 질적 차이가 있다고 전제하는 역사적 방법론이나 역사진화론적 가설을 거부하고 구조주의적 형태론을 사용한다. 성현에 대한 이해의 길은 근본적으로 구조적이지 역사적이지 않다. 엘리아데에게 있어서 이해는 근본적으로 상상적 재구성이며, 이 재구성은 구조주의가 제공하는 원리에 기초를 두고 있다. 여기서 성현이 나타나는 양태로서의 상징과 신화가 해석학적인 탐구의 대상이 된다. 엘리아데는 상징과 신화를 인간 의식의 진화의 어느 한 단계를 표현하는 것으로서 이해하지 않고, 전체적인 공시적(共時的) 체계 내에서의 종교현상의 위상에 관한 구조적인 물음의 대상으로 설정했다.

엘리아데에게 있어서 상징이나 신화 또는 제의(祭儀)는 그것을 통해서 세계와 초월이 드러난다는 점에서 대단히 중요하다. 상징은 종교적 인식양식으로서 성(聖)이 인간에게 현현되는 길이며, 인간이 성(聖)과 초월의 지식에 이를 수 있는 방식이다. 그것은 인간의 언어가 전달할 수 없는 그 이상의 것을 표현해 준다. 상징은 초월적 실재의 표징이고 성(聖)의 양태를 분명히 보여 준다. 종교적 상징은 항상 인간 실존의 문제와 관련되어 있는 실재의 상황을 지향하고 있다. 상징은 삶의 깊은 원천과 접촉하고 있다. 상징은 말하자면 '살아 있는 영적인 것' 을 표현한다.[24)]

---

24. M. Eliade, "종교적 상징의 연구에 관한 방법론의 문제," 이은봉 역, 「종교학입

상징과 신화는 성현이 나타나는 양태로서 해석학적 탐구의 대상이 된다. 따라서 성(聖)의 해석을 위한 언어 연구는 상징과 신화라는 특수한 언어에 대한 연구가 된다. 상징과 신화에 대한 연구를 위해서는 종교현상학자의 관심이 현상에서 의미로, 지각에서 이해로, 감성적 직관에서 범주적 직관으로 이행되어야 한다. 엘리아데는 논리적 심성과 전논리적 심성 사이의 구별에 의해 야기되는 문제를 극복하기 위하여, 본질직관적 재통합의 과정에 따라 상상적 재통합을 이루어야 한다고 주장한다. 그는 상징과 신화에 대한 해석학적 과정을 구조주의적 형태론의 원리에 입각하여 수행한다. 구조주의는 이해가 일어나는 의식 내부의 상상적 재구성을 통해 성(聖)의 양태의 지향성이 드러나도록 도와준다. 구조주의에 따르면 이해는 어떤 특정한 현상의 재구성에 의해서가 아니라 연합체계 내에 그 현상을 재통합시킴으로써 일어난다는 것이다. 이러한 현상학적 방법을 우리는 본질직관적 재통합(eidetic reintegration)이라고 부를 수 있다. 즉, 일단 지향적 구조가 드러나면 그것은 구조주의와 형태론의 활용을 통해 본래의 연합체계로 재통합된다. 이 재통합의 결과가 바로 이해이다.[25)]

이와 같이 종교의 상징과 신화를 통한 성(聖)의 현현에 관심을 집중하는 엘리아데의 해석학적 종교현상학은 오늘날 리쾨르의 현상학적 해석학 안에서 계승, 발전되고 있다.[26)]

문」(성균관대학교출판부, 1982), pp. 166-176 ; J. A. Saliba, *'Homo religiosus' in Mircea Eliade*(E. J. Brill : Leiden, 1976), pp. 54-57.

25. D. M. Rasmussen, 장석만 역, 「상징과 해석」(서울 : 서광사, 1991), p. 74.
26. 특히 Paul Ricoeur, *The Symbolism of Evil*, trans. by Emerson Buchanan (Boston : Beacon Press, 1969)에 현상학에서 해석학으로의 전환을 보여 주는 리쾨르의 종교의 신화와 상징에 대한 해석이 잘 나타나 있다.

Ⅷ. 맺는 말

지금까지 살펴본 바와 같이, 종교현상학은 홀로만의 독립적인 학문 분야가 아니다. 비록 종교현상학이 타학문들과의 구별을 유지한다고 하더라도 그것은 종교사나 종교철학, 그리고 신학과 해석학(그 외에 심리학, 사회학, 인류학 등)과 같은 타학문 분야들과 상호 관계를 맺고 있다. 종교현상학자들은 역사적인 혹은 철학적인 방법들이 현상학의 방법들을 잠식할 위험이 있다고 느낄지도 모르지만, 이들 사이에는 많은 놀랄만한 연속성들이 있다. 종교현상학은 역사적 자료들에 근거하고, 이것들을 체계화하고 유형화한다. 종교현상학은 또한 종교의 본질적 요소가 무엇인가에 대한 인식에 있어 철학적 가설들을 전제로 가진다. 이것은 말하자면 응용된 철학이다. 그러나 이들 사이에는 또한 큰 차이가 있다. 많은 차이점들 가운데 종교현상학과 종교철학 사이에서 보여지는 대표적인 것들은 다음과 같다. 종교현상학은 종교들의 비교를 통해서 다른 종교들의 가치를 판단하지도 않고, 또한 종교의 본질을 정위하려고 하지도 않으며, 오직 중립적인 입장에서 신자들에 의해서 진리로 받아들여진 본질의 내용을 이해하려고 노력할 뿐이다. 물론 크리스텐센 등에서 주로 나타나는 이러한 초기의 기술적 현상학의 이념은 레에우, 바흐, 엘리아데를 거치면서 상당한 변화를 겪게 된다.

종교현상학은 또한 신학과의 관계에 있어서도 연속성과 불연속성을 가지고 있다. 종교현상학은 종교철학과의 관계에서 보여진 것과 비슷한 이유로 신학과 불연속성의 관계에 있다. 종교현상학은 인간 경험의 영역을 넘어서는 형이상학적 진리를 탐구하지 않는다. 그러나 한편 레에우가 지적한 것처럼, 종교현상학은 대학교 신학부나 신학교 안에서 연구되어야 한다고 말할 수 있다. 종교현상학이 제공하는 증거들은 본질적으로 '계시를 위한 준비'라는 점에서 종교현상학은 신학과 밀접한 관계를 맺고 있다.[27] 레에우, 엘리아데, 리쾨르에 이르면서 오늘날의 종교현상학, 특히 종교현상학적 해석학은 신학과 동일화되지는 않더라도 신학적(특히 신학적 해석학의) 과업과 상당히 밀접한 관련성 안에서 상호 교류하면서 수행되고 있다. 신학의 편에서 말하자면, 마르크스, 니체, 프로이트 이후 신학의 본질적인 변증적 과제에 대한 인식이 새롭게 강조되는 오늘날의 신학적 상황은 (신학 자체의 본유적인 종말론적 보편적 본성과 더불어), 신학이 게토화된 영역이 아니라 종교현상학을 포함한 일반 학문들과의 열려진 대화적 관계 안에서 수행되어져야 할 것을 요구하고 있다.

종교현상학이 다른 학문 분야와 맺고 있는 모든 관계들 중에서 철학적 현상학과 맺고 있는 관계가 가장 밀접하고 근본적이다. 종교현상학의 기원은 철학적 현상학이라고 할 수 있다. 이 둘 사이의 본질적인 밀접성은 변증법적 관계 안에서의 주체와 객체의 해체될 수 없는 근본적인 일치라는 이들의 주제 안에서 발견된다. 하나의 현상으로 볼 때, 어떠한 종교적 자료도 레에우가 완전히 객관적이지도 않고 완전히 주관적이지도 않고, 완전히 외적인 현실의 산물도 아니고 완전히 주체의 구성물도 아니라고 묘사한 객관성과 주관성 사이의 복합적인 관계에 의해서 특징지어질 수 있다. 그러나 이것은 주어진 현상의 완전히 주관적인 면들과 완전히 객관적인 면들이 원칙적으로 존재할 수 없다는 뜻이 아니다. 이러한 측면들은 바로 철학적 현상학의 방법이 해석되지 않은 현상들을 산출해 내기 위해 환원하려고 하는 것이다. 그리고 이것 또한 레에우가 "현상이란 …… 주체와 관련된 객체이고, 객체와 관련된 주

---

27. Ibid., p. 109.

체이다. …… 이것의 전체적인 본질은 누군가에게 나타난 그 현상 안에 주어진다."[28] 라고 말한 것의 의미이다.

또한 종교현상학과 철학적 현상학 사이에는 그들의 방법적 기술(technique of Method)과 관련하여 주목할 만한 연속성들이 있다. 특히 레에우의 현상학적 기술들, 즉 기술(description), 판단중지, 그리고 지향성 같은 것들은 후설의 영향을 보여 준다. 즉, 현상학자들이 공감적이어야 하며, 판단을 보류해야 하며, 본질형상 직관(eidetic vision) 또는 직관을 사용해야 한다고 주장할 때, 그들은 형상적(eidetic) 또는 현상학적 환원(판단중지) 같은 후설의 기술로부터 도움을 얻는 것이다.

그러나 또한 종교현상학이 판단중지를 단지 지적인 판단을 괄호치는 것을 의미할 뿐만 아니라, 종교적 현상에 접근함에 있어 필수적인 선행조건인 참여적 이해를 위한 길을 의미하는 것으로서, 그 개념을 연장시키고 발전시킬 때 종교현상학은 철학적 현상학과 불연속성을 보여 준다. 특히, 레에우에게 있어 판단중지는 경험론적이고 객관적인 지식을 얻기 위한 하나의 기술이 아니다. 오히려 이것은 경험론적이며 동시에 참여적인, 주관적이며 동시에 객관적인 이해에 도달하기 위한 방법이다. 그에게 있어 판단중지는 '상상을 통한 감정이입' (imaginative empathy)과 관련이 있다. 다른 사람의 삶에 참여함에 있어 '상상을 통한 감정이입' 의 역할은 레에우의 현상학적 방법에 있어 매우 중요하다. 왜냐하면 이것이 참여적인 이해를 얻는 길이기 때문이다.

신학적 인식론은 종교현상학으로부터 주관적 요소들과 객관적 요소들의 변증법적 관계들로 구성되는 종교적 현상들을 이해하기 위한 개

---

28. T. W. Ryba, op. cit., p. 465 ; Leeuw, ***Religion in Essence and Manifestation***, p. 672.

념들과 사고의 틀을 배울 수 있다. 종교는 인간이 종교 행위 안에서 관여하는 대상의 관점에서도, 종교적으로 행동하기 위한 인간적 능력이나 재능의 관점에서도 정의될 수 없고, 오히려 인간이 주의를 기울이는 대상과 맺고 있는 방식의 관점에서 가장 잘 정의된다. 종교현상을 만드는 것은 주관적 요소도 객관적 요소도 아니고, 이 두 요소들이 접촉하는 방식이다. 종교현상학은 이 두 요소가 연합하여 종교적 현상을 구성하는 과정을 분석하고 설명해 줌으로써 신학에 공헌한다.

주관적 요소와 객관적 요소의 이러한 접촉에서 둘 중 어느 면도 무시되거나 간과될 수 없다. 종교를 단순히 인간의 주관성의 산물로 환원시켜 버리는 순전히 인간학적인 종교 이해는 옳은 것도 아니고 현상학적인 것도 아니다. 프로이트, 루드비히 포이어바흐, 에밀 뒤르켐의 입장은 이러한 주관적인 환원주의적 종교 이해의 대표적인 실례이다. 포이어바흐에 따르면, 신학의 비밀은 인간학이며, 종교의 대상은 단지 인간의 주관성이 투사된 형태일 뿐이다. 이러한 견해는 잘못이다. 왜냐하면 이것은 종교적 경험을 인간의 주관성의 투사된 기술(description)로 해소시켜 버림으로써 종교적 현실의 객관적인 측면을 무시해 버리기 때문이다.[29] 뒤르켐 또한 종교를 사회적 현실의 재현으로 해석함으로써 비슷한 오류에 빠진다. 그에 의하면, 종교적 힘의 가장 본질적인 실재는 사회이다. 종교는 사회 구성원 개개인들이 자신들의 사회를 자신들에게 재현하는 관념의 체계이다.[30] 종교적 신앙과 신자들의 정서는 실재에 대한 특별한 경험에 의존하는데, 이 실재는 곧 사회이다.[31] 하나

---

29. Ludwig Feuerbach, ***Das Wesen des Christentum***(Köln : Hegner, 1967).
30. Emile Durkheim, ***The Elementary Forms of Religious Life***, trans. by Joseph Ward Swain(New York : The Free Press, 1965), p. 259.
31. Ibid., p. 465.

님은 단지 사회에 대한 비유적 표현일 뿐이다.[32] 종교는 한 사회의 모든 측면을 반영한다는 측면에서 실제적이다.[33] 그는 오직 사회만이 신격화(apotheosis)의 주체라고 주장함으로써 종교적 경험의 객관적 실재를 사실상 부인한다.[34] 원초적인 부친살해에서 종교가 시작된다고 보는 프로이트처럼 포이어바흐가 심리학적 주관주의에 빠졌다면, 뒤르켐은 사회학적 주관주의에 의한 환원론에 빠졌다.

다른 한편, 전통적인 형이상학적 독단론과 궤를 같이하는 전통적인 교회의 도그마적인 권위주의에 의한 객관적이고 절대적인 계시개념도 더 이상 가능하지 않다. 또한 인간의 주관성을 전적으로 수동적인 위치로 격하시키는 바르트식의 계시실증주의적인 초월적 객관주의도 불가능하다. 칸트와 후설 이후 신학적 인식론은 더 이상 전제된 가설이나 형이상학적 체계나 권위주의적 도그마로부터 시작할 수 없다. 신학적 인식론의 정당한 출발점은 인간 주체 안에서 경험되는 종교경험이어야 한다. 신학적 인식론의 출발점을 계시적 경험이 일어나는 인간의 의식으로 삼고, 종교적 자아의식 안에서의 신앙경험에 대한 현상학적 기술을 자신의 신학의 과제로 삼았던 신학자는 바로 슐라이어마허였다. 슐라이어마허 이후 현대신학은 인간의 주관성과 경험으로부터의 인식론적 출발점을 오늘날의 사회문화적, 역사적, 우주적인 보다 보편적 차원들에서의 경험의 지평 안에서, 그리고 이러한 차원들에서의 다원적이고 불확정적인 탈근대적인 경험의 지평 안에서 새롭게 갱신하고 변혁할 필요가 있다. 그러나 이것이 현상학적, 경험적 패러다임의 폐기를 의미하는 것은 결코 아니다.

---

32. Ibid., p. 258.
33. Ibid., p. 460.
34. Ibid., pp. 236-261.

인간의 주관성은 초월적이고 독립적인 선험적 자아라기보다는 세계내적 존재로서의 현존재이다. 따라서 종교적 신앙경험의 관점과 이해의 선구조와 내용과 범주는 신학함을 수행하는 사람의 전통의 영향사(影響史) 구조 안에서 형성되며 삶의 세계(Lebenswelt)의 지평에 따라 달라진다. 이러한 까닭에, 계시를 순수하게 객관적인 사실로서의 보편적 역사로서, 그리고 계시에 대한 인식을 전적으로 객관적이고 보편적인 이성에 의존시키는 판넨버그의 객관주의적이고 역사실증주의적인 인식론도 환원론적이라고 비판되어질 수 있다.

인간 의식의 주관적인 지향성에 주의를 기울임으로써, 어떤 현상들에서든지 주체와 객체의 근본적이고도 불가분리적인 일치를 재확증하려는 시도는 현상학의 공로이다. 이러한 관점은 심리학적, 사회학적 주관주의에 의한 환원론과도, 또는 형이상학적 독단론이나 초월적 계시실증주의적 객관주의에 의한 환원론과도 절대로 혼동될 수 없다.

주체와 객체 사이의 변증법적 관계성 안에서 구성되는 현상학적 범주 안에서 경험되는 진정한 종교적 경험은 실제적 대상이 없는 환영의 일종도 아니며, 주관적 의식이 배제된 계시실증주의적인 순수사실(brute factum)도 아니다. 종교현상학의 목적은 바로 주체와 객체의 변증법적 관계를 올바로 기술하는 것이다. 종교현상학의 목표는 두 요소의 존재를 증명하는 것도 아니고 이 두 실재의 양상에 대한 형이상학적 해석을 제공하려는 것도 아니다. 그러나 종교현상학을 구성하기 위한 필연적인 기초로서 최소한의 철학적(또는 신학적) 전제들은 다음과 같다. 즉, 주관적 의식의 주관성이 실재적인 것처럼, '~에 대한 의식'(consciousness of)으로서의 지향성이 지시하는 객관성도 실재적이라는 것이다. 이러한 전제는 종교현상학이 그 궁극적 목표, 즉 공감적으로 해석된 종교현상들을 분류, 정리하여 그것들의 발전의 공통적 형태와 그것들의 본질을 드러내고자 하는 목적을 위한 최소한의 기반이다.

이러한 철학적 또는 신학적인 최소한의 기초를 가지고 종교현상의 환원불가성을 강조한 종교현상학자가 엘리아데이다. 그는 종교현상을 종교적 인간의 주체적 인식 안에서의 성현(聖顯)의 변증법, 즉 성(聖)과 속(俗), 초월과 내재의 변증법을 통하여 설명하였으며, 종교현상학의 과제를 종교현상에 대한 인식론으로부터 성현의 양태인 종교의 상징체계에 대한 구조주의적, 형태론적 해석학으로 확대, 발전시켰다. 이러한 종교현상학의 발전방향은 오늘날 리쾨르와 같은 대표적인 기독교 종교현상학자 또는 종교철학자에게 있어서 뿐만 아니라, 트레이시와 스킬레벡스 등의 기독교 신학자들에게 있어서의 신학적 인식론과 해석학의 논구(論究)와 전개를 위한 필수 불가결한 기초와 토대를 제공해 주고 있다.

제 2 부

4. 불트만의 성서해석학
5. 바르트의 신학적 해석학
6. 바르트, 불트만 이후의 성서해석학
7. 계시와 역사

4 불트만의 성서해석학

I. 들어가는 말

딜타이(Wilhelm Dilthey)에 의하면 해석학은 "저술 안에 고정화되어진 삶의 표현에 대한 이해의 기술"이다. 그에 따르면 해석학이 관심을 갖는 문제는 "독특한 인간 실존의 위대한 형태들에 대한 지식이 가능한가? 그리고 그 지식을 얻기 위하여 우리는 어떤 수단을 가지고 있는가?" 하는 것이다. 좀더 구체적으로 말하면 이 질문은, "그 독특한 것에 대한 이해가 일반적인 정당성의 수준까지 이끌어 올려질 수 있는가?" 하는 질문이다. "어떻게 한 개별자가 감각을 통하여 주어진 다른 개별자의 삶의 표현에 대한 객관적이고 일반적으로 정당한 이해에 이를 수 있는가?" 따라서 해석학의 문제는 독특한 과거의 역사적인 실존을 이해함에 있어서 객관성 획득의 가능성의 문제이다.

원칙적으로 해석학은 독특한 인간의 실존을 증언하는 역사적 현상 일반에 대한 이해의 가능성의 문제로서, 역사 일반을 이해하는 과학이다. 딜타이는 해석학을 "영속적으로 고정되어진 삶의 표현들", 즉 문화의 유물들, 따라서 주로 문헌들에 대한 해석에 국한시켰다.[1] 계몽주의 시대 동안에 역사적 과업들이 발전함에 따라 본문이 쓰여진 특정한 시기의 언어의 사용에 대한 물음과 더불어, 모든 문헌들이 시간과 공간의 환경에 의하여 역사적으로 조건되어져 있다는 사실에 대한 인식이 대두되었다.

딜타이보다 앞서서 슐라이어마허는 이미 진정한 이해는 단지 해석학적인 법칙을 따름으로써 얻어질 수 없다는 사실을 간파하였다. '문법적인' 해석학적 법칙 이외에 '심리학적인' 해석이 또한 있어야 된다. 슐라이어마허는 어떤 작품의 구성과 통일성이 단지 형식적인 논리적, 문체적(文體的) 분석만으로는 파악되지 않는다는 사실을 인식하였다. 오히려 작품은 한 인간의 삶의 계기로서 이해되어져야 한다. '외적인 형태' 에 덧붙여서, '내적인 형태' 를 붙들어야 한다. 이것은 객관적이 아닌 주관적이고 예지적인(divinatory) 해석을 의미한다. 따라서 해석은 문학적 창작 자체의 과정과의 살아 있는 관계성 안에서 발생하는 '재창작' 또는 '재구성' 의 문제이다. 이해는 '사고의 살아 있는 연계(連繫, nexus)를 우리 자신이 재창조' 하는 작업이다. 이러한 '재창조' 가 가능한 것은 해석자와 저자가 '모두 보편적인 인간 본성의 기초 위에 형성되어 있기' 때문이며, '이에 의해서 말과 이해 안에서 인간 상호간의 공동체가 가능해진다.'[2)]

---

1. W. Dilthey, "Die Entstehung der Hermeneutik"(1900), Gesammelte Schriften, 5(1924), p. 319 ; Roger A. Johnson, ed. ***Rudolf Bultmann : Interpreting Faith for the Modern Era***(Minneapolis : Fortress Press, 1991), p. 138.
2. 슐라이어마허는 예지적 이해의 과정의 근거를 개별적 인간이 독특하지만 또한 타자를 향한 '수용성'(receptiveness)을 가지고 있다는 사실에 두었다. Joachim Wach, ***Das Verstehen***, 3 vols(1926), p. 141 ; Johnson, op. cit., pp. 139-140.

딜타이는 이러한 슐라이어마허의 사상을 받아들여 발전시켰다. 그는 해석자가 실험적으로 자신의 삶을 다른 역사적 환경 속으로 전치(轉置)시켜서 정신적 과정을 통하여 해석자 안에 다른 사람의 생소한 삶을 재생시킬 수 있다고 보았다. 이해의 조건은 "해석자의 삶 안에 또한 포함되지 아니하는 그 어떤 것도 다른 개인의 표현 안에 나타날 수 없다는 사실에 놓여 있다." 해석은 "지속적인 연구를 통한 저자와의 밀접한 삶에 의해 강화되어지는 동질성(congeniality)에 의거한다."[3)]

루돌프 불트만(Rudolf Bultmann, 1884-1976)은 슐라이어마허와 딜타이처럼 동시대의 신학적, 사상적 조류와 대면하면서 성서의 사신(使信)을 현대인의 세계관과 사고에 맞게 재해석하려고 노력하였던 신학자였다. 다시 말하면, 그의 목적은 신약성서와 현대인 사이에 해석학적 다리를 놓아 현대인들이 이해할 수 있도록 신약성서의 메시지를 선포하려는 데 있었다. 이러한 목적을 위해서 불트만은 성서 이해의 객관성을 보장해 줄 수 있는 해석학적 원리를 찾고자 하였다. 1933년에 I권이 출판된 이후 IV권까지 출판된 논문집인 「신앙과 이해」(*Glauben und Verstehen*)라는 그의 논총(論叢) 제목에서 알 수 있듯이 불트만은 평생동안 신앙과 이해의 문제를 연구하는 데 심혈을 기울였다. 불트만의 신학과 해석학은 하이데거와의 만남을 통해서 그 기본적인 철학적 틀과 방법론이 결정지어지게 된다. 그러므로 불트만의 성서해석학을 이해하기 위해서는 하이데거의 철학에 대한 개관적인 이해가 선행되어질 필요가 있다.

---

3. Dilthey, op. cit., pp. 329-30, 332, 334 ; Johnson, op. cit., p. 140.

Ⅱ. 하이데거의 해석학적 철학

신학자 슐라이어마허는 신학적 해석학에 적절한 기초이론을 마련하기 위해서 철학적 해석학을 수립하고자 했으며, 철학자 딜타이는 해석학을 모든 인문과학의 토대를 위한 이론으로서 발전시키고자 했다면, 철학자 마틴 하이데거(Martin Heidegger, 1889-1976)는 철학적 해석학을 해석학적 철학으로 발전시켰다. 하이데거의 해석학적 철학의 형성에는 딜타이 외에 그의 스승이었던 후설(Edmund Husserl, 1859-1938)의 영향이 컸다. 하이데거는 후설의 현상학을 비판적으로 발전시켜서 해석학적 현상학을 구축하였다.

오늘날 적어도 전기 후설의 선험적 현상학은 세상적인 상황의 바깥에서 본질을 파악하려 했다고 비판을 받고있다. 그러나 이 세상성은 모든 본질의 기반이기 때문에, 단지 괄호쳐지거나 본질로부터 분리될 수 없다. 후설은 현상을 인식함에 있어서 모든 선입견과 왜곡으로부터 우리를 구출하려고 했지만, 이해의 행위로부터 현상의 역사성, 즉 공간적, 시간적, 사회적 상황맥락을 배제함으로써 인간의 이해를 왜곡시켰다고 비판을 받는다.

하이데거는 이러한 상황적 맥락의 차원을 다시 현상학적 사고에 도입하였다. 그의 저작의 제목인 「존재와 시간」(*Sein und Zeit*, 1927)이 암시하듯이, 그는 이 세계 속에서의 인간실존, 즉 현존재(Dasein, being there)의 의미에 대한 근본적인 존재론적 접근을 시도하였다. "현존재의 본질은 그 실존 안에 놓여 있다."[4] 하이데거는 스승인 후설의 영향

---

4. Martin Heidegger, *Sein und Zeit*(Tübingen : Niemeyer, 1976), p. 43. 영역본 *Being and Time*, trans. John Macquarrie and Edward Robinson(Oxford :

으로 죽음, 세상, 존재, 시간성 같은 인간 존재의 가장 기본적인 현상들을 분석하는데 관심을 기울였다. 그러나 후설(적어도 선험적 현상학 시기의)과는 달리 그는 이러한 현상들에 대한 자신의 분석의 목표가 현상의 본질적인 성격을 그 상황으로부터 해방시키는 데 있는 것이 아니라 그 본질을 현상의 상황 속에서 이해하는 데 있는 것으로, 즉 해석학적 행위로서 이해했다. 다시 말하면, 하이데거는 현상과 이 현상의 분석자 모두의 역사적인 상황을 인식하고 있는 현상학적 분석은 오직 '해석'으로서만 가능하다고 보았다. 따라서 그는「존재와 시간」의 제1부의 제목을 '시간성'(temporality)의 관점에서의 현존재에 대한 해석, 그리고 존재의 물음을 위한 선험적 지평으로서의 시간에 대한 해명"이라고 붙였다.[5)]

「존재와 시간」의 첫 부분에서 하이데거는 이 세상 안에 있는 현존재에 대한 실존적인 조건들을 분석한다. '세상 안의 존재'(being-in-the-world)로서의 현존재의 기본적인 구성과 '타자와 더불어의 존재'(being-with-others)로서의 현존재의 실존적인 상황을 다룬 후에, 그는 이해의 차원을 현존재의 실존적인 구조들 중의 하나로서 논의한다. 그에게 있어서 이해란 현존재의 근본적인 실존적 구조이다. 이러한 이해의 차원은 자신의 가능성을 향한 현존재의 개방성을 강조한다. 존재를 향한 잠재성으로서 현존재가 지니고 있는 존재의 양태는 실존적으로 이해 안에 자리잡고 있다. 현존재는 부가적인 방식으로 그 무엇이 될 수 있는 능력을 소유한 즉자적(卽自的, present-at-hand)인 그 어떤 것이 아니다. 그것은 무엇보다도 가능성의 존재(Being-possible)이다.[6)]

Blackwell, 1973), p. 67.

5. Martin Heidegger, *Sein und Zeit*, p. 41 ; *Being and Time*, p. 65.

6. Kurt Mueller-Vollmer, *The Hermeneutics Reader : Texts of the German*

하이데거는 현존재의 두 가지 주된 가능성을 구별하였는데, 그것은 곧 현존재가 자신의 가능성을 붙잡으려고 하느냐 그렇지 않느냐 하는 것이다. 따라서 이해는 '기투'(企投, project)로서 규정되며, 본래적인 것과 비본래적인 것의 두 가지 가능성 앞에 놓여 있다.[7)]

하이데거는 이해가 자체의 가능성을 실현시켜 내는 구체적인 형식을 해석(Auslegung)이라고 부른다. 그런데 어떤 것을 어떤 것으로서 해석해 내는 이 행위는 언제나 관심(Vorhabe)과 예견(Vorsicht)과 선파악(Vorgriff)에 근거한다. 따라서 해석은 결코 전제로부터 자유롭지 못하다.[8)] 텍스트 해석에 있어서, 만일 누가 '거기 있는 것'(stand there)에 호소하려고 할 때, 그는 일차적으로 '거기 있는 것'이 다름이 아니라 바로 해석하는 사람이 지니고 있는 논의되지 않은 전제임을 발견하게 된다. 그러므로 이해 가능성이란 언제나 이미 이해하는 사람의 선판단에 의해 구조화된다. 이런 까닭에 실존적 구조로서의 '의미'(Sinn)란 오직 현존재에만 속하는 것이다.

모든 이해에는 선구조가 필연적이라는 사실은 이해가 언제나 순환적이라는 것을 의미한다. 이해에 도달하기 위한 해석은 언제나 이미 해석되어질 대상을 이해하고 있다. 하이데거에 따르면 이러한 순환은 이해를 저해하는 요인이 아니라, 이해의 가능성을 여는 것이다. 이 순환 안에 지식을 위한 가장 원초적인 형태의 긍정적 가능성이 숨어 있다. 해석자의 과제는 관심, 예견, 선파악으로 구성되는 이해의 선구조가 환상과 대중적 개념에 의해서가 아니라 사상(事象) 자체의 관점에서 형성되

Tradition from the Enlightenment to the Present(London : Blackwell, 1986), p. 216.

7. M. Heidegger, *Sein und Zeit*, p. 191 ; *Being and Time*, p. 235.
8. M. Heidegger, *Sein und Zeit*, p. 150 ; *Being and Time*, p. 191.

어지도록 하는데 있으며, 그럴 때에 참된 지식의 가능성이 열리게 된다.[9] '사상 자체의 관점'이란 구절은 하이데거의 현상학적 사고를 반영한다. 그에 따르면, 모든 이해가 적절한 것이 아니다. 모든 이해는 사상 자체를 얼마나 제대로 파악하느냐에 따라 평가되어야 한다. 물론 아무도 선판단의 법칙의 바깥, 즉 해석학적 순환의 바깥에서 사물을 파악할 수는 없지만 말이다.

1950년대 이후 하이데거는 언어를 내면적인 움직임이나 느낌, 그리고 그것들을 인도하는 세계관을 표현하기 위한 인간의 도구로서 이해하는 전통적인 언어이해 방식을 수정하려고 했다. 이러한 과학적인 언어관은 결코 언어의 본질에 도달할 수 없다. "언어는 본질적으로 표현도 아니며 인간의 활동도 아니다. 언어는 말을 한다(Die Sprache spricht)."[10] 하이데거는 언어가 말을 하는 가장 순수한 형태를 시적 언어에서 발견하였다. 여기서는 작가의 전기나 시가 쓰여진 본래적인 상황을 이해하는 것은 중요하지 않다. 중요한 것은 시적 언어에 있어서 언어 자체가 말을 하고 자체의 참된 본질을 열어 보인다는 것이다. 이 참된 본질은 사물과 세계 사이의 고통스러운 상이성(Unter-Schied)을 현시하는 방식으로 언어가 사물의 본성을 불러일으키는 능력에 놓여 있다.[11] '언어는 존재의 집'이라는 그의 유명한 경구에서 잘 나타나는 바와 같이, 언어에 대한 성찰은 존재의 본질을 향한 하이데거의 시종일관한 관심을 잘 보여 준다.

언어의 본질은 존재의 부름을 전달하기 위하여 인간의 말을 필요로 한다. 시적 언어는 인간의 언어의 참된 본래적인 현현이며, 일상적인

---

9. M. Heidegger, ***Sein und Zeit***, p. 203 ; ***Being and Time***, p. 247.
10. Martin Heidegger, ***Unterwegs zur Spracht***(Pfullingen : Neske, 1971), p. 19.
11. Ibid., pp. 26ff.

언어는 이것으로부터 파생된 천박한 것이다. 언어가 말을 한다. 인간은 언어에 응답하는 한에 있어서 말을 한다. 응답은 듣는 것이다. 언어를 사려깊게 경청하는 것이 참되고 본래적인 존재와의 접촉을 회복하기 위한 열쇠이다.[12)]

"중요한 것은 순환으로부터 벗어나는 것이 아니라 올바로 그 안으로 들어가는 것이다."라고 말함으로써 이해에 있어서의 해석학적 순환의 본성과 선판단의 생산적 역할에 대한 새로운 통찰을 전개한 하이데거의 해석학적 현상학은 해석학의 역사에 신기원적인 진보를 가져왔다고 할 수 있다. 그의 사상이 널리 받아들여지고 난 후에, 그 다음 단계로서 해석학적 절차와 현상학적 분석은 텍스트 해석학을 위하여 실제적으로 실효있는 방법론적인 기획들과 결합할 수 있게 되었다. 이러한 생산적인 상부상조는 많은 유럽과 미국의 철학자들 뿐만 아니라 신학자들(예를 들면, 불트만, 틸리히, 그리고 에벨링, 푹스 등의 신해석학자들)에게 큰 영향을 주었다.

하지만 하이데거의 사상은 다음과 같은 오늘날의 해석학적 물음과 비판에 대하여 취약성을 드러내고 있다. 우리의 듣기가 왜곡되거나 이데올로기적인 듣기가 아니고 참된 듣기라는 것을 확증할 수 있는 어떤 방법론과 전략이 있는가? 인간 존재의 본질과 존재의 존재됨을 드러내는 적절한 길이 오직 시적 언어를 듣는 것뿐인가? 그리고 하이데거의 실존적, 해석학적, 언어적 성찰은 얼마나 텍스트 해석에 대한 비평적 이론을 발전시키는 데 도움을 주었는가?[13)]

---

12. Ibid., pp. 31-33.
13. W. G. Jeanrond, *Theological Hermeneutics*, p. 63.

Ⅲ. 불트만의 실존적 해석학[14)]

불트만은 하나님의 자기계시가 인간의 이해의 조건을 배제하지 않고 그것을 통하여 온다는 사실을 인식하였다. 그리하여 그는 인간의 이해의 조건에 대한 철학적 분석을 수용하는 신학적 해석학을 수립하고자 하였다. 특히, 그는 현존재의 이해의 조건에 대한 하이데거(전기)의 실존주의적인 철학적 해석학을 전용하여 자신의 실존주의적인 신학적 해석학을 위한 출발점으로 삼았다. 그는 1933년 「신앙과 이해」(*Glauben und Versthen*) I권을 출판했을 때 이 책을 하이데거에게 헌정했다. 그러나 기독교 신학자로서 불트만의 궁극적인 관심은 단순히 철학적 해석학의 이론을 말하고자 하는데 있는 것이 아니라, 성서에 대한 실존론적인 재해석을 통하여 하나님의 말씀을 듣고자 함에 있었다.

불트만의 성서해석학은 19세기의 여러 해석학 입장들, 그 중에서도 특히 역사주의 또는 역사 실증주의적 성서해석학의 문제점과 한계에 대한 대안으로 나타났다고 할 수 있다. 그는 19세기의 성서해석의 다양한 입장들(합리주의적, 역사학적, 관념론적, 생물학적, 심리학적, 종교사학파적)에 있어서 해석학의 본래적인 입장, 즉 본문은 검증되어지기 위해서가 아니라 독자에게 자체의 요구와 주장을 내세우고 독자의 실존을 규정하기 위해서 있다는 견해가 포기되어졌다고 비판한다. 이 모든 19세

14. 불트만의 실존적 해석학은 그의 1925년의 논문 "The Problem of a Theological Exegesis of the New Testament"에 나타나 있는데, 이 글은 ***The Beginnings of Dialectic Theology***, James M. Robinson, ed., (Richmond, VA : John Knox press, 1968), pp. 236-256, 그리고 Roger A. Johnson, ed. ***Rudolf Bultmann : Interpreting Faith for the Modern Era***(Minneapolis : Fortress Press, 1991)에 실려 있다.

기의 입장들은 인식되어질 수 있는 것은 '오직' 독자 자신의 입장이 관련되어지지 않고서만 인식되어진다는 전제를 가지고, 그리고 주제를 동시적으로 해석하지 아니하고 본문을 해석하는 것이 가능하다는 전제를 가지고, '무엇이 거기에(본문에) 있는가' 하는 것을 보려는 욕구를 가지고 본문과의 거리를 두고 본문을 검증한다. 다시 말하면, 이 입장들은 주석이 독자의 관심(tua res agitur)에 의하여 결정되지 아니하고 주석가의 중립적이고 공평한 태도에 의해 진행되어야 하며, 그 목표는 잃어버린 역사를 재구성하는 데 있다고 주장한다.

바르트와 마찬가지로 불트만은 역사주의적인 접근방식에 만족할 수 없었다. 그에게 있어서 결정적으로 중요한 문제는 "역사를 마주 대함에 있어서 우리는 우리를 향한 역사의 주장(claim), 우리에게 무엇인가 새로운 것을 말하려 하는 역사의 주장을 인정할 것인가"[15] 하는 것이다. 바르트와 불트만은 역사주의적인 주석가들이 가지고 있었던 객관주의적 환상을 거부하는 데는 입장을 같이하였으나 곧 결별하였으며, 근본적으로 상이한 성서해석 접근방식을 발전시켰다. 바르트는 해석자가 닫혀진 신학적 범주(계시와 신앙의 범주) 안에서 성서를 읽어야 할 것을 강조한 반면, 불트만은 현대의 성서 해석자의 복합적인 상황을 인식하였다. 특히, 그는 자신의 글 "해석학의 문제"(The Problem of Hermeneutics, 1950)에서 성서 본문과 대면함에 있어서 현대인들이 처하여 있는 이해의 조건을 체계적으로 진술하였다.

불트만에 따르면, 텍스트를 향한 특정한 물음이 없이는 우리는 텍스트가 무엇을 우리에게 전달하려고 하는지를 이해할 수 있는 초점을 갖지 못한다. 해석은 언제나 텍스트 안에 표현되는 상이한 주제들에 대한

---

15. Johnson, *Rudolf Bultmann*, p. 132.

'삶 관련성'(life relation)을 전제한다.[16] 따라서 본문을 향한 중립적인 태도를 우리가 포기할 때에, 진리의 물음은 주석을 지배할 수 있게 된다. 따라서 주석가는 "말하여진 바가 그 동시대적인 상황과 맥락 속에서 어떤 의미였는가?" 하는 것에 관심을 기울이기보다는, "말하여진 바의 내용이 무엇이며, 그것은 우리를 어떤 종류의 현실로 인도하는가?" 하는 것을 묻는다. 이 질문은 자연을 설명(explain)하는 것이 아니라 우리 자신이 속하여 있는 역사를 이해(understand)하는 것에 관심을 갖는다.

불트만은 중립적이고 관조적인 주석과 본문의 요구를 붙드는 입장을 취하는 주석 사이의 구분은 부적절하고 거짓된 것이라고 본다. 왜냐하면 사실상 중립적인 해석이란 없기 때문이다. 단순히 '거기에 무엇이 있는가'(what is there)에 관한 해석이란 없으며, 본문에 대한 해석은 언제나 주석가 자신에 대한 이해와 함께 간다. 우리는 자연으로부터 거리를 둘 수 있다. 그러나 우리는 역사 안에 있으며 역사의 한 부분이다. 따라서 역사에 관한 우리의 모든 말은 필연적으로 우리 자신들에 관한 말인 것이다. 다시 말하면, 그것은 우리가 우리 자신의 실존을 어떻게 해석하는가 하는 것을 드러내 준다. 그것은 우리가 인간으로서 어떠한 종류의 실존 가능성들에 대한 개방성을 갖고 있는지를 보여 준다.

불트만에게 있어서 본문의 의미와 그 의미에 대한 주석가의 접근 가능성에 대하여 묻는 것은 곧 역사와의 만남으로부터 출현하는 우리 실존의 가능성들에 대하여 묻는 것이다. 그런데 우리는 이 물음에 대한 답변을 미리 예상할 수 없다. 만일 우리가 그 답변을 미리 예상할 수 있다면 우리는 본문이 우리에게 알려 주어야 할 우리의 실존의 가능성들

---

16. Ibid., p. 143.

에 대하여 선행적(先行的)인 통제를 하는 것이다. 불트만은 인간 실존의 가능성들을 닫혀진 것으로서 또는 미리 예기할 수 있는 것으로서 간주하는 모든 주석을 거부한다. 그는 유일하게 가능한 태도는 우리의 실존의 문제성 있는 성격을 의식하는 것임을 주장한다. 본문 해석의 기본적인 태도는 어떤 것이어야 하는가? 우리는 본문이 보여 주는 저자 자신의 진정한 실존함의 가능성으로서의 실존 개념에 대한 해석 방식을 이해하도록 노력하여야 한다. 이러한 접근을 통하여 우리는 우리 자신의 실존적 가능성을 석명(釋明)하려고 시도하며, 그러므로써 우리는 우리 자신과 살아 있는 관계성 안에 서 있는 다른 사람들을 만나는 것처럼, 즉 참으로 우리 자신의 실존을 시초적으로 성취시키는 '나(I)와 너(Thou)'의 관계성 안에서 본문을 만나는 것이다. 우리 자신의 실존은 바로 이러한 관계들 안에서 발생한다. 그들 안에 우리가 '있다'(are). 그리고 이러한 관계들이 우리에게 있어서 시간적인 사건들이며 결단의 성격을 지니고 있는 사건들인 것처럼, 역사와의 실존적인 만남은 우리의 결단을 요구하는 시간적인 순간들 안에서 일어난다.

우리의 행위 안에서 우리 자신의 삶의 가능성으로서의 실존이 열리는 것처럼, 우리는 본문에 대한 이해에 기초하여 행동하는 것이 아니고 이해 자체가 행동이다. 자유로운 행동으로서 이해는 나의 통제를 넘어서 있으며 오직 결단을 통하여서만 발생한다. 따라서 이해는 방법론적인 원리가 될 수 없고, 본문 안에서 제기되는 물음에 의해 촉발되어지는 결단으로서 생겨난다. 따라서 모든 주석의 전제는 두 가지이다. 하나는 우리 실존의 불확실성, 즉 우리의 실존은 자유로운 결단의 행위 안에서 현실화됨을 인식하여야 하는 것이다. 다른 하나는 역사에 대한 태도로서, 역사를 권위적인(authoritative) 것으로, 따라서 방관자의 소격(疏隔) 상태에서가 아니라 현재적 결단의 빛 안에서 보는 것이다.

불트만은 어떠한 새로운 방법론적 접근도 본문에 대한 이해를 위하여 부적절하다고 본다. 우리는 실제로 방법에 의하여 역사를 파악하는 것이 아니다. 왜냐하면 방법이란 우리가 우리의 수중에 있는 것만을 이해하여 붙들 수 있기 때문이다. 해석의 결정적인(definitive) 결과들은 원리적인 주석에 의해서 얻어지지 않는다. 그러한 결과들은 사실상 역사를 죽이는 데 쓰일 따름이다. 왜냐하면 그것들은 시간성의 성격을 잃어버리고 제삼자를 위한 역사와의 실존적인 만남의 길을 차단하기 때문이다. 따라서 실존적으로 영감되어진 주석의 결과는 방법론적인 주석의 결과와 동일한 방식으로 정당화되거나 수립되어질 수 없다. 본문이해의 가능성들은 주석 이전에 제한되어질 수 없는 것과 마찬가지로 주석 이후에도 제한되어질 수 없으며, 나와 너의 만남으로부터 성장하는 가능성들로서 소진(消盡)되어질 수 없는 것이다.[17]

그러면 신약성서 주석의 독특한 성격은 무엇인가? 불트만에 의하면 그것은 곧 인간은 자신을 위한 실존의 질문을 제기하고, 자유로운 행위의 가능성을 소유하고 있는 방식으로 자신의 실존을 자기의 수중에 장악하고 있지 못한다고 하는 신약성서의 선언이다. 이 모든 것은 오직 신앙의 경험 안에서만 발견된다. 신약성서는 심지어 인간은 스스로는 신앙이 무엇인지도 알 수 없다고 단언한다. 왜냐하면 이 앎은 오직 신앙의 주석으로부터만 오기 때문이다. 만일 그가 올바르게 질문을 제기하기를 원한다면, 이 질문조차도 신앙하는 질문(believing questioning)이어야 한다![18]

신앙하는 질문을 위한 이 준비성은 성서 주석의 자리가 비실제적이고 추상적인 일반적 상황이 아니라, 구체적으로 말씀의 교회의 전통 안

17. Ibid., pp. 134-135.
18. Ibid., p. 135.

이라는 사실을 말해 준다. 나 자신을 시간에 의하여 조건되어지는 개별자로서 외부적으로 볼 때가 아니라, 오직 내 자신이 실존적으로 말씀의 전통 아래에 설 때에만 이와 같은 신앙하는 질문을 위한 준비성이 있을 수 있다.

신앙을 전제하는 주석은 신학적 주석이라고 할 수 있다. 그러나 이러한 신학적 주석은 오직 의식적인 모험으로서만 수행되어질 수 있다. 그것은 정립되어지고 정당화되어질 수 없다. 왜냐하면 이 전제는 우리의 수중에 있는 것이 아니기 때문이다. 신앙의 눈으로 성서 본문을 보는 해석은 추상적이며 전통에 속하지 않은 상황 속에서 단지 이론적으로는 해명되어질 수 없다.

불트만은 주석적 신학의 개념적 사고를 위해서는 신약성서가 직접적으로가 아니라 오직 간접적으로만 하나님의 말씀인 한도 내에서, 우리가 '신약성서 신학' 으로서 신학적 전통의 주제를 형성하기 위하여 신학적 전통을 원천(源泉)으로 사용하는 것이 전적으로 정당하다고 주장한다. 하나님의 말씀은 숨겨진 말씀의 형태로 인간에게 말하여진다. 성서 안에 현존하는 계시는 숨겨진 계시이다. 성서의 언술은 하나님에 '관한' (about) 말이며 그리고 인간에 '관한' 말이다. 왜냐하면 그것은 인간의 영역에서 말하여지기 때문이다. 나와 너 사이에 직접적인 만남은 없으며 오직 말 안에 감추어진 만남만이 있는 것처럼, 직접적인 계시란 없고 오직 인간의 말 안에 감추어진 계시만 있다. 본문의 인간의 진술은 그리스도의 영의 직접적인 진술로 간주되어질 수 없다. 오히려 신학적 주석가는 "어느 특정한 자리에서 우리는 그리스도의 영이 표현되어지고 있다고 단정할 수 있는가?" 하고 물어야 한다. 계시가 인간의 말 안에 숨겨져 있다는 사실은 주석적 신학으로 하여금 본문의 진술을 현재적 개념들로 변화시키도록 요구하며, 따라서 모든 주석에는 객관적인 비평이 필요하다. 본문의 진술을 오늘날의 개념으로 변화시킴에 있어서 본문의 관심이 어느 정도까지 동등하게(equivalent) 표현되어졌는가 하는 것이 밝혀져야 한다.

주석가는 실존적인 질문에 의해 움직여지기 때문에 역사의 현실을 정확하게 파악할 수 있는 기준을 수중에 갖고 있지 못하다. 그러나 그렇다고 해서 결정적인 진술을 하기를 거부할 수는 없으며 또한 하나님의 말씀으로서의 본문의 본성을 통제 가능한 주석적 전제로 만들 수도 없다. 여기서 실존적 의미에서의 자기 비평으로서의 객관적인 비평의 책임성이 요구된다.[19]

볼트만에 따르면, 하나님과의 직접적인 만남이란 없으며 계시는 문자 안에 숨겨져 있기 때문에, 주석을 위한 내적인 빛에의 호소는 불가능하며, 주석가에게 미리 수여된 소유물로서 간주되는 영(pneuma)으로서의 '영적' 주석이란 없다. 우리는 문자와 결합되어 있지 않은 어떠한 영도 수중에 소유하고 있지 않다. 주석은 오직 문자에 대한 해석을 통하여서만 진행될 수 있다. 본문의 문자는 결코 주제 그 자체가 아니고 그것에 대한 표현이기 때문에, 주제는 주석가가 그 문자를 이해할 때에만 우리에게 다가온다. 이 문자는 구체적인 지금 여기에 대한 특유한 표현이면서 동시에 역사를 가지고 있는 것으로서 불명료성을 지니고 있다. 그러므로 주석가에게는 문자의 전(全) 역사에 대한 이해가 요청된다.

하지만 불트만에 따르면 실제적인 주석의 과정 속에서 역사적 주석과 신학적 주석의 관계성은 분석되어질 수 없다. 왜냐하면 진정한 역사적 주석은 역사와의 실존적인 만남에 근거하며, 신학적 주석의 정당성도 역시 바로 동일한 기초에 근거하고 있으므로 역사적 주석과 신학적

19. Ibid., p. 136.

주석은 일치하기 때문이다. 이 실존적인 만남은 방법론적, 철학적, 그리고 역사적 해석 안에 또는 그 뒤에서 그 자리를 찾을 수 있는 그러한 것이 아니다.[20)]

Ⅳ. 불트만의 실존론적(또는 실존주의적) 해석학[21)]

불트만의 해석학은 슐라이어마허와 딜타이의 해석학적 과제와의 연속선상에서, 그리고 하이데거의 실존적 인간 이해(특히 전기의 하이데거의 존재론적 해석학)의 틀 안에서 이해되어질 수 있다. 이미 언급한 대로 슐라이어마허는 해석을 유도하는 전제와 가능성이 저자와 해석자가 인간으로서의 공통된 인간성을 가졌고, 또 심리학적인 재창조나 반복에 의해서 공통된 경험의 감수성(susceptibility)을 가질 수 있다는 사실에 있다고 보았다. 한편 딜타이는 해석의 전제와 가능성이 '역사적 존재'로서의 '친화성'으로 보았다. 딜타이에 따르면 모든 역사적 사건들과 역사적 삶의 표현들이 인간 정신의 결과이며, 그러한 인간 정신의 구조와 가능성에 역사가와 해석자 자신이 참여하기 때문에 과거의 역사적 사건들과 역사적 삶의 표현들을 해석할 수 있다는 것이다. 다시 말하면, 슐라이어마허와 딜타이는 저자와 본문의 해석자 사이에 존재하는 기본적인 경험적 혈족관계 또는 공통적이고 보편적인 인간 경험의 가

---

20. Ibid., p. 137.
21. 불트만의 실존론적 해석학은 그의 1950년의 논문 "The Problem of Hermeneutics"에서 전개되고 있는데, 이 글은 Schubert Ogden이 번역한 ***New Testament and Mythology and Other Basic Writings***(Philadelphia : Fortress Press, 1984), pp. 69-93, 그리고 Roger A. Johnson, ed. ***Rudolf Bultmann : Interpreting Faith for the Modern Era***(Minneapolis : Fortress Press, 1991)에

능성이 역사적 해석의 전제와 가능성이 된다고 보았다.

불트만의 해석학은 이들과의 연속선상에 서 있다. 불트만도 성서의 본문을 인간의 실존적 구조와 그 가능성이라는 관점에서 이해한다. 이 인간의 실존 구조의 요소 가운데 하나가 사람이 물음을 제기하는 질문자로서 또는 물음을 받는 대담자로서 역사에 참여한다는 것이다. 역사적 해석에 있어서 작용하는 전제는 "해석자 자신의 삶 연관이 직접적으로나 간접적으로 본문에 표현된 주제에 관계된다는 것이다." 우리가 어떤 삶과의 관계에서 본문을 보려고 하느냐에 따라 본문은 제각기 달리 읽혀질 수 있다. 불트만은 아무런 전제 없이 역사적 연구가 가능하다고 과신하는 순진한 역사주의(naive historicism)를 정면으로 반박하였다.

불트만은 하이데거의 이해의 선구조(先構造) 개념을 수용하여, 해석을 인도하는 전제 또는 질문이 되는 것은 바로 '전이해'(前理解, pre-understanding)라고 하였다. 그에 따르면 모든 이해를 위한 해석은 반드시 어떤 전제를 필요로 하며, 그것에 의해 유도된다. "어떤 주석도 아무런 전제 없이, 말하자면 백지상태(tabula rasa)에서 이루어지는 것이 아니다. 반대로 주석가는 특정한 질문 또는 특정한 질문제기의 방식을 가지고 텍스트에 접근하며, 따라서 텍스트가 관심을 갖고 있는 주제에 대한 모종의 관념을 가지고 있다."[22] '목적', '관점', '전제', '전이해' 등의 개념들은 공통적으로 모든 해석자가 언제나 이미 전이해와 텍스트의 주제에 대한 이해 사이의 해석학적 순환 안에서 움직이고 있다는 사실을 지시한다. 불트만은 역사를 해석하는 목적이 삶의 영역으로서의 역사에 대한 해석을 통하여 우리 자신의 인간 실존의 가능성을 획

실려 있다.

22. R. Bultmann, "Is Exegesis Without Presuppositions Possible?"(1957), K. M. Vollmer, *The Hermeneutics Reader*, (제3장 각주 1), p. 242.

득하고 이해하고 발전시키기 위한 것이라고 주장한다. 이것은 모든 텍스트에 대한 해석의 목적에 있어서도 마찬가지이다.[23] 텍스트의 이해 또는 해석은 언제나 특정한 질문 방식 또는 특정한 목적에로 정향되어 있다. 그것은 결코 전제가 없는 것이 아니다. 이해와 해석은 언제나 해석자가 본문에 대하여 묻는 주제에 대한 전이해에 의해 인도되어진다. 오직 그러한 전이해의 기초 위에서만 질문의 방식과 해석의 길이 가능하다.

불트만에 의하면 질문의 방식은 질문자의 삶에 근거한 관심으로부터 자라난다. 그리고 모든 이해하는 해석의 전제는 이 관심이 해석되어져야 할 본문 안에 또한 모종의 방식으로 살아 있으며, 본문과 해석자 사이의 의사소통을 구축한다는 사실이다. 딜타이가 말한 바와 같이, 이해를 가능케 하는 전제는 본문에 표현된 주제와 해석자의 삶 연관(life relation) 또는 유사성(kinship)이다. 해석자와 저자는 동일한 삶의 맥락 안에서 주제에 대한 동일한 삶 연관을 갖고 있다. 이것이 이해의 전제이다. 이와 동일한 이유로 모든 해석은 주제가 속하여 있는 삶의 맥락으로부터 자라나는 전이해를 포함한다. 나의 삶의 맥락과 환경, 또는 삶의 방식 안에서 의미가 없는 대상이나 행위의 방식은 이해할 수 없으며 번역할 수도 없다. 이해의 과정은 어린아이가 말을 배우는 과정과 유사하다. 어린아이가 언어를 이해하고 말하는 법을 배우는 과정은 환경과 친밀해짐과 더불어, 그리고 삶의 맥락과의 인간적 친화성(association)과 더불어 발생한다.

자연적으로 주제에 대한 나의 삶 관련은 순진하고 비숙고적이다. 이

23. R. Bultmann, "The Problem of Hermeneutics," Johnson, *Rudolf Bultmann*, p. 151.

해와 해석의 과정 속에서 그것은 의식의 차원으로 끌어 올려지고 명료화되어질 수 있다. 그것은 또한 피상적이고 일상적일 수 있으며, 본문에 대한 이해를 통하여 심화되고, 풍부하게 되고, 조절되고, 교정되어질 수 있다. '생소한 영혼'에 대한 이해의 가능성은 특정한 주제에 대한 저자와 해석자의 공통된 연관성 안에서 주어진다. 해석의 조건은 해석자와 저자가 동일한 역사적 세계(이 세계 안에서 인간 실존은 환경 안에서의 실존으로서 다른 사람과 대상과의 이해적인 친화성〈understanding association〉 안에서 발생한다.) 안에서 살아가는 인간들이라는 사실이다.[24]

불트만은 주제에 대한 관심이 해석의 동기가 되며 질문의 방식, 목적을 제공한다는 사실을 누차 강조한다. 해석의 방향은 본문 자체가 전달하려고 의도하는 주제에 관한 질문에 의해 인도되어질 때 아무 문제가 없게 된다. 본문으로부터 역사적인 가르침이나 즐거움이나 예증으로서의 의미나 설화나 지식 전달 등을 '직접적'으로 얻으려는 것과 같이 순진한(naive) 방식으로 본문에 질문을 제기하는 역사주의적 접근은 유아기적인 단계를 넘어서서 지속될 수 없다. 특히, 문학 작품의 경우에는 참여적 이해(participatory understanding)가 요구된다. 이러한 작품에 대한 참여적 이해에 의해 드러나는 것은 인간 실존과 인간 실존의 가능성인데, 이 가능성은 또한 해석자의 가능성이기도 하다. '진리'(the true)는 문학과 예술에서 가시화되며, 참여적 이해에 의해 전유(轉有)되어진다.

종교와 철학과 예술과 문학의 기념물과 본문을 해석함에 있어서 올바로 질문을 제기하는 길은 이른바 역사주의의 시기 동안 성행했던 질

---

24. Ibid., p. 143.

문 제기 방식에 의해 억눌려 왔는데, 불트만은 이 올바른 질문이 이제 새롭게 획득되어져야 한다고 주장한다. 역사주의의 지배하에서 본문과 기념물은 과거 시기의 모습을 재구성하기 위한 '자료들'(sources)로 이해되었었다. 물론 그것들은 '자료들'로서 이해되어질 수도 있다. 그것들은 그 당시의 시간과 장소를 이해할 수 있게 해준다.

그러나 이미 딜타이를 통해 본 바와 같이 철학과 종교와 예술과 문학에 대한 진정한 이해는 독특한 역사적 실존에 대한 이해의 물음을 향하여 정향되어 있다. 그리고 모든 종류의 역사적인 문헌이 이러한 물음제기의 방식에 종속될 수 있다. 즉, 모든 종류의 역사적 문헌은 인간 실존의 가능성들에 대한 예시를 포함하고 있는 것이다.

딜타이에 의하면 해석자는 과거의 힘을 그 자신 안으로 받아들여야 한다. 이해를 통하여 우리는 "모든 역사 속에 있는 영혼의 역사를 발견"하기 때문에, 이에 의하여 우리 자신의 개별성을 완성하며 이해적으로(understandingly) 우리들 자신에게로 이르는 것을 배운다.[25] 그러므로 진정한 이해는 다른 개별성을 보는 것으로 행복해 하는 것과는 상관이 없으며, 기본적으로 그 안에 현시되는 인간 실존의 가능성들에로 향한다. 이 가능성들은 또한 이해하는 자를 위한 가능성들이며 바로 이해를 통하여 의식화된다. 따라서 진정한 이해는 작품 안에 제기되어진 물음이나 그 안에서 만나는 주장에 대한 들음의 문제이다. 그리고 우리 자신의 개별성의 '완성'은 그 작품에 의해 우리 자신을 넘어서도록 부름을 받음으로써 우리 자신의 가능성들이 더 풍요하고 더 깊이 현시(disclosure)됨에 있다. 역사의 현실은 인격적으로 참여하지 않는 방관자에게는 보이지조차 않는다. 역사적 이해는 역사의 주장을 듣는 것이

25. Dilthey, op. cit., pp. 317, 328.

며 자신에 대하여 비판적으로 숙고하는 것이다. 하이데거는 인간 실존의 역사성에 대한 해석을 통하여 이해는 '실존적' 이라는 사실을 분명히 입증하였다.

딜타이와 같이 불트만에게 있어서도 이해하는 해석의 전제는 본문에 표현되어진 주제에 대한 선행하는 삶 연관이다. 그 안에서 본문과 해석자가 함께 묶여지는 삶 연관이 없으면 본문에 대한 질문과 이해가 불가능하며, 질문의 동기화도 없을 것이다. 이것은 필연적으로, 해석이 표현되고 질문되는 주제에 대한 전이해에 의해 유지됨을 뜻한다. 질문을 제기하는 방식, 본문에 물음을 던지는 목적, 특정한 해석학적 원리는 바로 주제에 대한 관심으로부터 생겨난다. 질문의 목적은 본문의 의도와 동일시될 수 있는데, 이 경우에 본문은 주제를 직접적으로 매개한다. 그러나 그 목적은 또한 어느 가능한 인간의 삶의 현상들, 그리고 어느 가능한 본문 안에 나타나는 사물들에 대한 관심으로부터 생겨날 수도 있다. 이 경우에 질문의 목적은 본문의 의도와 일치하지 않으며, 본문은 질문되어진 주제를 간접적으로 매개한다.[26)]

불트만에 따르면, 다양한 해석의 목적들 중에서 궁극적으로 그 목적은 인간 실존이 발생하는 삶의 영역으로서의 역사에 대한 관심에 의해 주어질 수 있는데, 이때 우리는 우리의 가능성들을 획득하고 발전시키며, 이러한 가능성들에 대하여 숙고함으로써 우리 자신과 우리 자신의 가능성들에 대한 이해에 이르게 된다. 다시 말하면, 해석의 목적은 자기 자신의 실존으로서의 인간 실존에 대한 질문에 의해 주어질 수 있다. 이러한 질문이 제기되어질 수 있는 대표적인 본문들은 철학과 종교와 문학의 본문들이다. 그러나 원칙적으로 모든 본문들이(역사 일반처

---

26. Johnson, ***Rudolf Bult***, p. 150.

럼) 이 질문에 종속될 수 있다. 이러한 질문은 언제나 모종의 선행적 이해, 인간 실존에 대한 모종의 특수한 이해에 의해 인도되어진다. 이러한 이해는 매우 순진할 수 있다. 그러나 오직 이 전이해로부터만 질문을 가능하게 하는 범주가 처음 출현하게 된다. 이러한 전이해와 이에 의해 인도되는 질문 없이는 본문은 침묵한다. 따라서 중요한 점은 전이해를 제거하는 것이 아니라 전이해를 무릅써야 하는 것이며, 그것을 의식의 차원으로 끌어올리는 것이며, 그리고 그것을 본문을 이해함에 있어서 비판적으로 검증하는 것이다. 즉, 본문에 물음을 제기함에 있어서 우리는 본문에 의해 우리 자신이 질문을 받도록 허용하여야 하며 본문의 주장에 귀를 기울여야 한다.[27)]

역사적 현상에 대한 지식과 해석에 있어서 객관성은 가능한가? 불트만에 따르면, 객관적 지식이라는 개념이 자연과학에서 온 것이라면, 그것은 자연현상과는 다른 종류인 역사적 현상에 대한 이해를 위해서는 타당하지 않다. 역사적 현상은 이 현상을 이해하는 역사적 주체 없이는 전혀 존재하지 않는다. 과거의 사실들은 오직 그것들이 역사 안에 존재하고 참여하는 주체들을 위하여 의미 있을 때에만 역사적 현상이 된다. 과거의 사실들은 오직 그것들이 말을 할 때에만 역사적 현상이 되는데, 그것들은 오직 그것들을 이해하는 주체들을 향해서만 말을 한다. 그것들은 그것들과 역사적 삶 속에서 함께 묶여 있는 사람들을 위하여만 의미를 획득한다.

그러나 불트만은 이러한 말을 모든 역사적 현상이 애매모호하다고 말하는 것으로 이해하는 것은 잘못된 것이라고 본다. 왜냐하면 역사적 현상이 해석자의 선호에 따른 자의적(恣意的)인 해석에 의해 왜곡되기

27. Ibid., p. 151.

쉬운 것이 사실이지만, 그럼에도 불구하고 과학적인 이해에 대하여는 원칙적으로 명료하기 때문이다. 모든 역사적 현상들은 복합적이고 다면적이다. 하지만 방법론적인 해석을 수행함으로써 객관적이고 명료한 이해에 이를 수 있다. 오직 토론과 의견의 충돌에 의해서만 참다운 이해가 발전되는 것이다.

불트만에 따르면 방법론적인 방식으로 획득되어진 지식은 '객관적인' 것, 다시 말하면 '모종의 질문 방식 안에서 드러나는 대상에 대하여 적절한' 것이다. 이러한 질문의 방식은 개인적인 선호로부터 나오는 것이 아니라 역사 자체로부터 나오는 것인데, 이 역사 안에서 모든 현상은 역사의 복합적인 본성과 발맞추어 다양한 측면들을 제공한다. 즉, 상이한 방향의 의미를 획득하고 주장한다. 그리고 모든 해석자는 바로 동일한 역사 속에서 다양한 역사적 삶 안에 현존하는 동기들에 발맞추어 질문의 방식을 획득하는데, 이 질문 안에서 현상은 말하기 시작한다.

따라서 해석자는 객관적 지식을 달성하기 위해서 자신의 주관성을 침묵시키고 개별성을 억눌러야 한다는 요구는 더할 나위 없이 잘못된 것이다. 물론 이 요구는 해석의 결과에 관한 해석자의 개인적인 욕구(실천을 위한 유용한 지침 제공 또는 모종의 교의적 의견의 확증 등)에 대하여는 정당하다. 그러나 이런 경우를 제외하고는 진정한 이해란 이해의 주체의 최상의 생동력과 그 개별성의 최고의 발휘를 전제하는 것이다. 역사적 현상에 대한 궁극적인 의미의 이해는 자기 자신의 실존으로서의 인간 실존의 가능성들에 관하여 본문에 물음을 제기하는 이해이다. 여기에서 '가장 주관적인' 해석이 '가장 객관적인' 해석이 된다. 왜냐하면 본문의 요구를 들을 수 있는 사람만이 자신의 실존의 물음에 의해 움직여지는 사람이기 때문이다.[28] 역사의 기념물들은 "오직 우리 자신들이……우리의 세계내 존재(being-in-the-world)의 근거와 심연을 구성하는 궁극적으로 극복되어지지 않는 욕구와 두려움의 문제를 인식할 때에만 그것들(기념물들)을 산출해 낸 실재의 깊이로부터 우리에게 말한다."[29]

불트만은 성서 문헌에 대한 해석은 다른 문학들에 적용되는 이해의 조건들과 다른 조건들에 종속되는 것이 아니라고 주장한다. 성서해석은 문법적 해석, 형태적 분석, 오늘날의 조건들의 관점에서의 설명 등의 오랜 해석학적 법칙들에 종속된다.

그러나 여기서도 역시 이해의 전제는 본문과 해석자 사이의 연결인데, 이 연결은 본문에 의하여 매개되는 주제에 대한 해석자의 선행적 관계에 의해서 수립된다. 여기서도 역시 이해의 전제는 주제에 대한 전이해이다.

불트만에 의하면 성서는 하나님을 경험하는 인간 실존에 대한 물음들이 종교적 진술 속에 표현되어 있는 것이다. 이러한 물음들은 인간의 기본적 물음으로서 삶의 의미나 행복 등에 관한 물음이다. 이러한 인간 존재에 대한 물음에 의해 하나님은 인간에게 말을 걸어오신다. 그러므로 성서 해석자에게는 인간 존재에 대한 올바른 이해가 중요하다. 그리고 이러한 인간 실존에 대한 이해는 어떤 방식으로든지 이미 주어져 있다.

따라서 성서해석은 이러한 성서의 내용에 대하여 해석자가 가지는 '선행적인 삶의 관계', 즉 전이해에서 출발하는 것이다. 이것이 '실존론적 해석'이다. 이 실존론적 해석에서는 인간이 현존에서 가지는 행복과 구원에 대한 물음, 세계와 역사의 의미에 대한 물음, 수시로 특수

28. Ibid., p. 153.
29. Kaufmann, *Philosophische Forschungsberichte* 10(1931), p. 41.

하게 움직이는 현존과 본래성에 대한 물음으로서 문제를 설정한다. 다시 말하면, 실존론적 성서해석은 하나님에 대한 직접적인 물음에 의해 얻어지는 것이 아니라 인간의 자기 자신에 대한 물음인 '현존재의 본래성'(Eigentlichkeit des Daseins)에 관한 물음에 의해 얻어지는 것이다. 왜냐하면 "하나님에 대한 질문과 나에 대한 질문은 동일한 것"이기 때문이다.[30)]

성서의 주제는 하나님의 행동인데 이 하나님의 행동에 대한 전이해가 가능한가? 이 질문을 스스로 던진 후에 불트만은 다음과 같이 대답한다. 우리는 다른 사건들에 대하여 사건들로서 전이해를 가질 수 없는 것만큼 실제적인 사건으로서의 하나님의 행동에 대한 전이해를 가질 수 없다. 예를 들면, 나는 전승을 통하여 소크라테스의 죽음을 배우기 전에는 그것에 관하여 아무것도 모르는 것이다. 그러나 역사적 사건들을 단지 임의적인 사건들(arbitrary happenings)이 아니라 역사적 사건들(historical events)로서 이해하기 위해서는 나는 역사적 가능성들에 대한 전이해를 가지고 있어야 한다. 이 전이해 안에서 그 사건들은 의미와 성격을 획득한다.

마찬가지로, 불트만에 의하면 사건의 보도를 하나님의 행위로서 이해하는 것은 일반적으로 인간의 행위나 자연적 사건과는 구별되는 하나님의 행위라고 불릴 수 있는 것에 대한 전이해를 전제한다. 우리 인간은 하나님의 계시 이전에는 하나님의 행동이 의미하는 바가 무엇인지 알 수 없으며 또한 하나님이 누구인지 알 수 없다는 주장에 대하여, 우리는 하나님이 어떤 분인지를 하나님에 관한 질문 가운데 매우 잘 알

---

30. R. Bultmann, ***Jesus Christ and Mythology***(New York : Charles Scribner's Sons, 1958), p. 53.

고 있다는 것이 적절한 답변이다. 우리의 실존이 의식적 또는 무의식적으로 하나님에 관한 물음에 의해 움직여지지 않는다면, 우리는 어떤 계시 안에서도 하나님을 하나님으로서 인식할 수 없을 것이다. 어거스틴은 말했다. "당신은 우리를 당신 자신을 위하여 만드셨습니다. 그리고 우리의 가슴은 당신 안에서 쉼을 얻을 때까지 안식할 수 없습니다." '행복', '구원', 또는 세계와 역사의 의미에 관한 질문 속의 인간 실존 안에 현존하고 살아 있는 하나님에 관한 실존적인 지식이 있다. 만일 이러한 질문을 하나님에 관한 질문으로서 서술할 수 있는 권리가 하나님의 계시 안에서의 신앙에 의해 우선적으로 획득되어진다고 하더라도, 여전히 그 현상 자체는 계시의 주제에 대한 연관이다.

불트만에 따르면 이 실존적인 하나님 지식은 그것이 의식적으로 현존하는 곳에서는 어디서나 모종의 방식으로 해석되어진다. 예를 들면, 실존적인 하나님 지식이 "구원을 받기 위해서 나는 무엇을 해야 하는가?"(행 16 : 30) 하는 질문 안에서 의식되어진다면, '구원'에 관한 모종의 관념이 필연적으로 전제된다. 신약성서에 향해지는 어떠한 물음도 그 질문이 지니고 있는 관념이 신약성서 자체의 말씀을 들음에 의해서 수정되어질 준비가 되어 있어야 한다. 그러나 또한 그 물음은 '구원'의 개념에 의해서 해석되어진 그 질문의 기본적인 의도가 신약성서 안에서 주어지는 답변의 의도와 일치할 때에만 그러한 수정을 받아들일 수 있다.

불트만은, 적어도 신학에 있어서의 과학적 주석에 관한 한, 모든 것은 질문에 대한 적절한 해석에 달려 있다고 믿는다. 이 해석은 동시에 인간이 되는 것이 무엇을 의미하는가에 대한 적절한 해석이다. 이 일을 수행하는 것은 인간의 숙고의 문제이며, 구체적으로 철학적, 실존주의적 인간 실존의 분석의 과제이다. 물론 신약성서의 문자로부터 단순히 듣고자 하는 사람, 즉 실존론적 또는 실존주의적(existentialist) 지식이 아니라 성서로부터 직접적으로 들려 오는 실존적(existential) 자기 이해를 목표하는 사람에게는 이러한 종류의 과업이 전제가 되지 않는다.[31] 그러나 과학적인 성서해석은 성서가 표현하는 인간 실존의 이해에 관하여 질문하는 것을 목표한다. 따라서 이 해석은 인간 실존에 관하여 말하기 위한 적절한 개념들에 관심을 기울여야 한다.

이 적절한 개념들은 성서 안에 표현되어진 주제에 대한 주석가의 삶 연관 안에 근거하며, 그 주제에 대한 전이해를 포함한다. 우리가 그러한 전이해와 그로부터 나오는 개념들이 없이(물론 이것들은 본문과의 대화 속에서 비판적으로 숙고되어져야 하지만) 하나님의 말씀으로서의 성서를 한마디라도 이해할 수 있다고 생각하는 것은 환상이다. 해석의 목적이 하나님 또는 하나님의 계시에 관한 질문에 있다면, 이것은 그 목적이 곧 인간 실존의 진리에 관한 질문에 있음을 의미한다. 그렇다면 해석은 실존에 관한 실존주의적 이해의 개념성에 관심을 기울여야 한다.[32]

---

31. 불트만에게 있어서 '실존적'(existential, 독일어로 existentiell)이란 말은 자신의 미래에 대한 책임을 지닌 일인칭으로 표현되는 개별적 인간을 가리킨다. 이와 달리 '실존론적,' 또는 '실존주의적'(existentialist, 독일어로 existential)이란 용어는 인간 실존에 대한 이해의 방법과 철학적 개념의 체계적 구성물을 의미한다. 이 말은 개인적 인간을 직접적으로 가리키지 아니하고 사고의 구성물을 지시한다. 실존적 해석은 이 본문이 쓰여졌던 그 당시에 무엇을 의미했는가 하는 역사적 해석과는 달리, 그것이 지금 나에게 무엇을 의미하는가 하는 것을 묻는다. 여기서는 문제성을 가지고 있는 해석자 자신의 실존과 본문의 주제가 '나와 너'의 인격적 관계 안에 있다. 해석자는 본문의 요구와 주장 앞에서 실존적인 결단을 통하여 응답하여야 한다. 반면, 실존론적 또는 실존주의적 해석은 실존적 사건으로서의 신앙에 호소하는 실존적 해석과는 달리, 실존주의의 개념에 의존하여 신앙에 대한 과학적, 학문적인 해석을 시도하는 신학이다. R. Bultmann, "The Problem of Hermeneutics," Johnson, ***Rudolf Bultmann***, pp. 22-24 참조.
32. Ibid., p. 155.

불트만의 실존론적 해석이 반역사적인 것이라는 비판은 정확한 것이 아니다. 왜냐하면 그의 실존론적 개념이 바로 인간의 역사성의 본성에 대한 통찰로부터 나온 것이기 때문이다. "만일 우리가 우리 자신의 문제를 가지고 역사에 접근할 때, 그때 역사는 우리에게 말하기 시작할 것이다. 역사적 지식은 동시에 우리 자신에 대한 지식이다."[33] 불트만은 신학자의 역사적 과제를 거부한 것이 아니라 역사가들의 객관주의적인 주장을 거부한 것이다. 오히려 그는 신학자들에게 역사적 사고의 함의를 충분히 인식시키려고 하였다.

바르트가 불트만의 실존론적 해석학이 성서 본문과 주제에 전이해를 강요하는 것으로 본데 반하여, 불트만은 성서해석이 다른 문헌들에 대한 해석과는 다른 이해의 조건 안에서 이루어지는 것이 아니며, 따라서 언어학적이고 형식적인 엄밀한 분석과 본문의 주제에 대한 비판적으로 검증된 전이해와 더불어 접근되어져야 한다고 주장하였다. 바르트에 반대하여, 불트만은 인간의 역사 안에서의 하나님의 자기계시에 대한 인식조차도 모종의 전이해에 의존한다고 강조하였다. 이러한 전이해는 하나님에 대한 우리의 실존적인 지식에 의해 불러일으켜진다. 하나님에 대한 모든 인간의 지식은 해석된 지식이기 때문에, 이 해석의 과정을 성찰하는 신학자는 자신의 해석의 개념적 틀을 논의해야 한다. 불트만은 바르트에게 그의 개념성의 원천과 의미가 무엇인지를 밝히라고 요구하였다.[34]

불트만은 "전제 없는 주석은 가능한가?"라는 논문(1957)에서 자신의 실존론적 해석학의 다섯 가지 결론을 말했다. 첫째, 성서 본문 주석은

---

33. "Is Exegesis Without Presuppositions Possible?" K. M. Vollmer, *The Hermeneutics Reader*, pp. 245f.

34. Johnson, op. cit., p. 156.

텍스트에 교의학적인 전제를 강요하는 편견(prejudice)으로부터 자유로워야 한다. 둘째, 그러나 주석은 전제(presuppositions)로부터 자유로울 수 없다. 왜냐하면 역사적 해석으로서 그것은 역사비평적 탐구 방법을 전제하기 때문이다. 셋째, 주석자와 성서 본문 사이의 삶 관련성, 그리고 그에 따르는 전이해는 전제되어진다. 넷째, 이 전이해는 닫혀져 있는 것이 아니라 변화에 개방되어 있다. 다섯째, 본문에 대한 이해는 결코 결정론적인 것이 될 수 없다. 성서의 의미는 모든 미래에 항상 새롭게 탈은폐되어진다.[35)]

바르트와는 반대로 불트만은 슐라이어마허처럼 신학을 철학적 해석학의 과업과 연결시켰다. 하지만 슐라이어마허와 딜타이가 텍스트의 본래적인 의미를 상상력을 통하여 재구성하는 것을 목표로 삼았던 반면에, 불트만은 하이데거의 실존론적 접근을 발전시켜서 성서 본문의 주제를 회복하는 것을 해석학의 목표로 삼았다.

V. 신약성서에 대한 비신화화 프로그램

불트만의 실존론적 성서해석학은 성서에 대한 비신화화 프로그램을 통해서 수행된다. 불트만에 따르면 성서의 세계상은 신화론적이다. 성서의 세계관은 고대 그리스에서 형성된 것이며 오늘날의 현대인들이

---

35. "Is Exegesis Without Presuppositions Possible?" K. M. Vollmer, op. cit, pp. 246f.
36. Rudolf Bultmann, ***Jesus Christ and Mythology***(New York : Charles Scribner's Sons, 1958), pp. 14-15 ; Rudolf Bultmann, "New Testament and Mythology," ***Kerygma and Myth***(New York and Evanston : Harper & Row, Publishers, 1961), p. 1.

가지고 있는 과학적 세계관에 의해 받아들여질 수 없다.[36] 자연과학이며 기계 기술적인 세계에 살고 있는 현대인들은 세계가 신화론적으로 구성되어 있다는 사실을 더 이상 받아들이지 않는다. 뿐만 아니라 현대인들은 자신의 감정과 사유와 의지를 스스로 책임지고 있는 통일적인 존재로 이해하고 있기 때문에, 신화론적인 진술로 표현된 초자연적인 세력의 간섭에 열려 있는 '비자주적'인 인간으로서의 자신을 받아들일 수 없다.

그러므로 성서가 시대를 초월하는 진리를 선포하고 있다면, 현대인들에게도 받아들여질 수 있는 표현으로 정리되고 선포되어져야 한다. 그러기 위해서는 성서의 신화론적 표현들은 새롭게 이해되어져야 한다. 그러면 성서의 신화론적 표현들을 어떻게 새롭게 이해하고 해석해야 하는가? 불트만에 따르면 현대인들에게 문제가 되는 것은 신약성서의 신화론적 표현이지 선포(kerygma) 자체가 아니기 때문에, 신약성서의 선포의 진리를 현대인들에게 받아들여지게 하기 위해서는 신화론적 표현들 뒤에 숨은 깊은 의미를 물어야 한다는 것이다. 이것이 '비신화화'(非神話化, Entmythologisieren)이다.

위에서 살펴본 바와 같이 불트만은 해석학적 조건들, 즉 개념성, 전이해, 배후의 세계관 등을 충분히 인식하지 못하는 해석학을 강력히 비판하였는데, 그의 비신화화 프로그램은 신약성서를 해석함에 있어서 특별히 현대의 지평과 세계관과의 관련성 안에서의 자신의 특수한 해석학적 조건을 분명히 하려는 그의 노력을 잘 보여 준다. 그에 따르면 세상 안에서의 하나님의 행동에 관한 고대의 신화적인 방식의 언어는 쉽사리 우리 자신의 과학적인 방식의 언어로 전치될 수 없으며, 비판적인 번역과 해석의 과정을 필요로 한다. 그 목표는 신화적 진술을 제거하는 데 있지 않고 그것을 해석하는 데 있다. 불트만에 따르면, 우리의 일상적인 종교적 상상력은 성서의 신화적 구절들과 쉽게 관계를 가질 수도 있는 반면, 조직신학적인 성찰은 이러한 본문들을 읽는 데 있어서 무엇보다도 먼저 근본적으로 다른 두 세계관이 서로 충돌하고 있다는 사실을 인정하여야 한다. 이러한 충돌은 신화가 고대의 세계관 속에서 어떻게 기능했으며, 그것이 본문의 맥락에서 어떤 의미를 가지고 있으며, 우리는 우리 자신의 오늘날의 세계와 종교적 질문의 상황에서 이 의미를 어떻게 연관시킬 수 있는지를 이해할 것을 요청한다.

이 비신화화 작업을 위해서는 먼저 계시의 핵심적 메시지와 그 메시지를 처음 수용했던 고대인들의 사고 패턴을 분리하여야 한다. 그리고 그 다음에 고대인들의 사고 구조에서 자유롭게 된 그 계시의 메시지에다 현대인들의 사고 패턴을 옷 입힌 다음 오늘날의 인간들이 알아들을 수 있는 언어로 재해석해야 한다. "우리는 먼저 종말론적 설교와 신화적 확언들 중에 전체로서 신화에 가려서 숨겨져 있는 더 깊은 의의가 있는가를 물어야 할 것이다. 상황이 이러하기 때문에 우리는 더 깊은 의의를 보존하기 위해 신화론적 표상들을 제거해야 할 것이다. 신화론적 표상들 뒤에 들어 있는 더 깊은 의의를 다시 발굴하기 위한 신약성서 해석 방법을 나는 – 확실히 만족할 수 없는 표현이지만 – 비신화화라고 부른다. 이것의 목표는 신화적 진술을 제거하는 데 있지 않고 그것을 해석하는 데 있다. 이것은 해석학의 한 방법이다."[37] 성서는 기록될 당시의 신화적 세계관에 의하여 신화론적으로 착색되었지만 신화적인 껍질, 즉 역사적 부가물 또는 우유성(偶有性, historical accidents)은 벗기고 그 속에 담겨 있는 케리그마로서의 하나님의 말씀을 오늘의 과학적인 세계관에 적합하도록 새롭게 표현하고 이해해야 하는데, 이 과제가 곧 비신화화이다. 이 비신화화는 실존론적 성서해석을 위한 필수 불

37. R. Bultmann, *Jesus Christ and Mythology*, p. 18.

가결의 과정이다.

여기서 우리는 불트만으로 하여금 비신화화를 통한 실존론적 성서해석을 추구할 수밖에 없게 만든 그의 신학적 배경과 입장을 이해하여야 한다. 말하자면, 그는 19세기의 역사비판적 성서해석의 한계와 문제점을 극복하기 위한 대안을 하이데거의 사상에 의거한 실존론적 해석에서 발견했던 것이다. 불트만은 '역사적 예수'와 '신앙의 그리스도'를 구분하고, 후자가 아니라 전자를 추구하려는 19세기 신학자들의 노력이 역사적으로 불가능하고 신학적으로 불필요하고 부적절하다고 선언하였다. 그는 양식사적인 성서 연구의 결과, 원시교회의 삶의 자리에서 신앙고백되어지고 신화화되어진 그리스도를 넘어서거나 우회해서 신앙으로 착색되지 아니한 순수한 역사적 예수의 현실을 성서로부터 규명해 내는 것은 역사비평적으로 불가능한 기획이라고 보았다. 말하자면, 예수에 대한 성서의 기록은 처음부터 철두철미하게 기독론적, 신화적이었다는 것이다.

뿐만 아니라 불트만은 역사적 예수에 관한 현상학적인 지식이 오늘날의 신앙을 위하여 필수적인 요건이 아니라고 주장했다. 신앙은 역사적 사실에 대한 정보에 의존하지 않는다. 따라서 그는 구체적이고 상세한 예수의 현실에 대한 역사적인 정보를 얻기 위한 노력은 무의미하고 불필요하다고 하였다. 그에 따르면, 하나님의 계시 사건은 옛날 '그때 거기에서' 일어난 어떤 객관적이고 역사적 사건이 아니라 '지금 여기에서' 일어나는 실존적인 신앙 사건이다. 초대교회에서 사도들이 선포한 케리그마를 통하여 들려지던 하나님의 말씀이 오늘의 교회의 설교 말씀을 통하여 들려질 때, 그 말씀 앞에서 신앙의 결단을 함으로써 비본래적인 실존으로부터 본래적인 실존으로의 전환이 일어날 때 하나님의 계시 사건이 일어난다는 것이다. 이와 같은 불트만의 양식사 비판에 의한 역사회의주의와 하이데거에 의한 영향으로부터 말미암은 실존주의는 그가 왜 비신화화를 통한 실존론적 성서해석을 추구할 수밖에 없게 되었는지를 이해할 수 있게 해준다. 불트만은 지나치게 순진하고 낙관적이었던 역사비평적 성서 접근이 직면한 딜레마를 극복하기 위한 대안을 하이데거의 실존철학의 인간론과 실존론적 해석학에서 찾았던 것이다.

불트만은 비신화화의 가능성을 두 가지 관점에서 찾는다.[38] 그 하나는 신화의 본질에서 찾아진다. 불트만에 의하면 신화란 객관적 세계상을 제공하는 것이 아니라 세계에서 인간이 자신을 어떻게 이해하는지를 말하는 것이다. 신화는 인간이 세계와 그 자신의 행위, 패배의 근거와 한계로서 경험한다고 생각하는 저 세력들을 현 세계와 그 안의 사물, 인간 생활, 감정 등 여러 가능성의 영역에 포함시켜 표상적으로 묘사하는 것이다. 다시 말하면, 신화란 비세계적인 것을 세계적으로, 신들을 인간적으로 말하는 것이다. 따라서 신화의 본질이란 세계에서 인간이 세계와 자신을 통해 경험하는 패배와 한계를 초월적인 세력들에 의존해 표상하는 인간의 '실존 이해' 라는 것이다.

이러한 신화의 본 의도는 세계와 인간을 지배하는 피안의 세력들을 말하는 데 있지만 그 신화론적 표현의 성격에 의해 은폐되기 때문에 신화 자체 안에 비신화화의 동기가 내포되어 있으며, 신약성서에도 이러한 인간 실존 이해가 신화론적으로 표현되어 있다는 것이다. 따라서 우리가 성서해석에 있어서 문제 삼아야 할 것은 이러한 신화론적 표현 뒤에 들어 있는 인간의 '실존 이해' 가 참된 것이냐 아니냐 하는 것이다.

비신화화의 두 번째 가능성은 신약성서 자체에서 찾아볼 수 있는데,

---

38. R. Bultmann, "New Testament and Mythology," ***Kerygma and Myth***, pp. 10-11.

그것은 신약성서의 진술들 자체가 모순된 성격을 지니고 있다는 점이다. 즉, 신약성서의 진술들 속에는 인간을 객관적인 힘들에 의해 좌우되는 '숙명적 존재'로 이해하면서, 동시에 결단에 의해 자기를 얻을 수도 상실할 수도 있는 '독립적 자아'로 이해하고 있는 모순에 의해서 자체 비판을 요구하고 있다는 것이다. 불트만은 자유주의 신학이 신화론적 표상을 시대적 한계를 지닌 사상으로 취급하여 단순히 비본질적이라는 이유로 제거하고, 종교적이고 윤리적인 기본 사상만이 중요하다고 봄으로써 성서의 선포를 종교에 근거를 둔 이상주의적 윤리로 변형시켜 버렸다고 비판한다. 반면에 종교사학파는 성서적 표현들 중에서 중요한 것은 종교적 경건성이며 종교적이고 윤리적인 사상은 부차적인 것이라 하여 삭제한 결과, 교회가 종교의식을 위한 공동체로 축소되어 이해됨으로써 구원사적이고 종말론적 성격은 도외시되었다고 비판한다.

비신화화를 통한 실존론적 성서해석법은 계시 사건이 지금 여기의 인간의 내면적인 실존 속에서 현실화되도록 하기 위하여 불트만이 발견해 낸 해석 방법론이다. 불트만에 의하면 '비신화화' 작업은 성서의 신화론적 세계상을 비판적으로 제거하려는 시도가 아니라, '비판적으로 해석하는 일'이며 '실존론적으로 해석하는 일'이다.[39] 즉, 비신화화는 성서의 신화론적 세계 표상을 비판함으로써 그 표상에 포함된 인간의 '실존 이해'를 밝혀 내는 것을 목표로 한다. 그러므로 비신화화는 불트만의 실존론적 성서해석을 수행하기 위한 이해의 기술이요, 해석학적 방법론이다.

불트만의 공헌은 이성과 과학의 시대에 살고 있는 현대의 신학자들이 성서를 해석함에 있어서 가질 수밖에 없는 해석학적 조건을 분명히

39. Ibid., p. 16.

밝혀준 데 있다. 그는 과학적 세계관이 다른 것보다 더 옳거나 더 바람직하다고 주장한 것이 아니라, 기독교 신앙을 우리의 현대적인 세계관에로 번역해야 할 신학자의 의무를 변호한 것이며 또한 그러한 번역의 실제적인 가능성을 제시한 것이다. "비신화화하는 것은 성서와 교회의 메시지가 시대에 뒤떨어진 고대의 세계관 안에 묶여 있다는 것을 부인하는 것이다."[40] 불트만에 따르면 성서의 '하나님 나라', '성령에 의한 잉태', '동정녀 탄생' 등의 이미지는 신화적인 것이다. 이 말은 이러한 표현들이 아무런 의미가 없다는 말이 아니라, 성서 본문에 대한 현대의 독자들을 위한 설명과 번역의 과정을 통하여서만 의미를 산출한다는 말이다.

비신화화를 통한 불트만의 실존론적 성서해석의 구체적인 몇 가지 예를 들어보자. 먼저 불트만은 예수의 성육신의 의미를 실존론적으로 이해한다. 그는 형이상학적인 성육신의 이해, 즉 하나님의 제2격인 성자인 로고스가 육신을 입고 세상에 오셨다는 성육신 사상을 고대의 삼층적인 신화적 세계관에 근거한 신화적 이해라고 본다. 그는 묻는다. 예수가 하나님의 아들이었기 때문에 우리를 구원하는가? 아니면 우리를 구원하기 때문에 하나님의 아들인가? 그는 물론 후자를 택한다. 그에게 있어서 성육신의 표상은 실존론적 진술이지 형이상학적인 진술이 아니다. 선재성과 동정녀 탄생에 관한 진술에서 명백한 것은 그것들의 의미가 신앙을 위한 예수의 의미성을 표현하려는 데 있다.[41] 예수를 그리스도요 하나님의 아들이라고 고백한 제자들에게 있어서 이러한 고백적 진술은(형이상학적, 존재론적 진술이 아니라), 그들이 예수로부터 경험

40. R. Bultmann, *Jesus Christ and Mythology*, p. 36.
41. R. Bultmann, "New Testament and Mythology," *Kerygma and Myth*, p. 35.

한 변화와 거듭남의 체험의 의미를 표현한 구원론적이고 실존론적인 진술이라는 것이다.

불트만에 의하면 예수의 십자가를 대속의 속죄의 죽음으로 이해하는 성서의 구원론적 해석이나 육체적인 부활과 하늘로의 승천에 관한 성서의 믿음은 신화론적이다. 비신화화를 통하여 예수의 십자가는 더 이상 전통적인 대속 교리를 위한 피흘림의 희생 제사가 아니며, 부활은 문자 그대로의 역사적인 사건으로서 우리의 종말론적 부활의 예표가 아니다. 우리는 더 이상 신화적인 세계관 속에 살고 있지 않다. 십자가와 부활은 옛날이나 오늘이나 공통적인 인간의 본질적인 실존의 문제와의 관련성 속에서 재해석되어야 한다. 그것은 곧 세상의 대다수의 군중들이 살아가는 방식대로 좇음으로써 자신의 본래적인 실존의 가능성을 상실하고 살아가던 비본래적인 삶을 청산하고, 즉 옛사람은 예수 그리스도의 십자가와 더불어 죽어지고, 하나님의 뜻을 따라 자신의 본래적인 실존의 가능성을 실현하면 살아가는 새로운 사람으로 예수의 부활과 연합하여 거듭날 때, 예수의 십자가와 부활의 실존론적인 현실화가 일어나게 된다는 것이다.[42]

그러므로 불트만에 따르면 그리스도의 부활에 관한 말은 십자가의 의미성의 표현 외에 어떤 다른 것일 수 없다. 즉, 부활은 예수가 십자가에서 죽은 것이 인간의 자연적인 죽음같이 파악되어서는 안 되고, 세계에 대한 하나님의 심판, 즉 사망의 세력을 꺾는 심판으로 파악되어야 한다는 것 외에 다른 것을 의미하지 않는다. 그러므로 예수의 부활에 대한 신앙이란 구원사건으로서의 그리스도의 십자가에 대한 신앙과 다를 것이 없다. 부활 그 자체는 과거의 역사적 사건이 아니다. 오직 제자

42. Ibid., pp. 35-38.

들의 부활신앙만이 역사적 사건으로 이해될 수 있다. 최초의 제자들의 부활절 신앙은 우리가 어떤 사실을 근거로 해서 믿을 수 있는 사실이 아니다. 그러하다면 부활절 신앙의 모험은 우리에게서 사라질 것이다. 오히려 그들의 부활절 신앙은 그 자체가 신앙의 대상인 종말론적 사건에 속한다. 다시 말하면, 부활절 사건에서 기인한 말은 그대로 종말론적 구원사건에 속한다. 하나님은 세계를 심판하고 해방하는 그리스도의 죽음과 함께 '화목의 직책', 즉 '화목의 말' 도 제정했다. 즉, 이 말은 인간에게 믿을 것을 요구하고, 인간이 자기를 그리스도와 함께 못박힌 자이며 함께 부활한 자로 이해하겠느냐고 물으면서, 십자가에 '끼어들어' 십자가를 구원사건으로 이해할 수 있게 하는 말이다. 이 말이 울려나오는 데서 십자가와 부활은 현재가 되고 종말론적 지금이 생긴다.[43)]

불트만에게 있어서 종말론적인 하나님 나라의 도래는 시간 속에 임하거나, 시간의 경과 속에 있는 사건이 아니라 실존적 사건이다. "인간이 결단의 위기 가운데 서 있고, 이것이 인간으로서의 그의 존재의 본질적 특징이라고 한다면 실로 매 시간은 곧 최후의 시간이다."[44)]

VI. 불트만의 성서해석학의 공헌점과 문제점

누구에게서나 마찬가지로 불트만의 해석학적 사고에도 변천과 발전이 나타난다. 그는 1925년의 논문 "Das Problem einer theologischen Exegese des Neuen Testament"에서는 실존적인 해석의 입장을 천명하였다. 그리하여 그는 방법론적 접근(그는 주로 역사주의적 방법

---

43. Ibid., pp. 38-43.
44. R. BuHmann, ***Jesus and the Word*** (New York : Charles Scribner's Sons, 1959).

론을 염두에 둔 듯하다.)의 부적절성을 강조하면서, 특히 신약성서의 주석의 독특성은 말씀과 교회의 전통 안에서의 신앙하는 질문에 있다고 주장하였다. 다른 한편, 그는 루터의 전통을 따라 하나님의 말씀의 인간의 말 안에의 은폐성과 간접성을 동시에 강조하면서 객관적인 비평의 필요성을 말하였다. 물론 이 객관성은 자연과학적인 객관성이 아니라 실존적 의미에서의 자기 비평으로서의 객관성이다. 그는 문자와 분리된, 그리고 해석자가 소유 가능한 영적 해석을 거부하고 철저히 문자를 통한 해석으로 나아가야 할 것을 주장하였다.

그러나 방법론에 대한 거절과 객관적 책임성에 대한 강조 사이의 긴장을 해결하는 길을 그는 제시하지 못하고 있다. 그는 이미 살펴본 대로 "진정한 역사적 주석은 역사와의 실존적인 만남에 근거하며, 신학적 주석의 정당성도 역시 바로 동일한 기초에 근거하고 있으므로 역사적 주석과 신학적 주석은 일치한다."고 함으로써 실존적 범주 안에서 주관주의와 객관주의, 신학적 주석과 역사적 주석을 화해시키려고 하고 있다. 그러나 여전히 그에 의하면 "이 실존적인 만남은 방법론적, 철학적, 그리고 역사적 해석 안에 또는 그 뒤에서 그 자리를 찾을 수 있는 그러한 것이 아니다."

이러한 불트만의 실존적 해석의 입장은 1950년의 그의 논문 "Das Problem der Hermeneutik"에서 상당히 변화되어 나타난다. 여기서 그는 1925년의 논문에서 제안하였던 개별적 해석자를 향한 실존적 해석으로부터, 하이데거의 철학적 개념에 의존하는 과학적 해석학으로서의 실존론적 해석학으로 전환하고 있다. 다시 말하면, 여기서 그는 하나의 해석학적 방법론으로서의 실존론적 해석을 말하고 있는 것이다. 이 실존론적 방법론은 그의 표현에 따르면 '가장 주관적'이면서 동시에 '가장 객관적'인 해석을 가져오는 것이다. 하지만 여기서 그의 의도는, 오늘날 해석학자들(특히 하이데거와 가다머의 전통에 있는)이 비판하는 대로, 딜타이와 슐라이어마허처럼 객관적이고 보편적인 해석의 법칙과 방법을 세우는 데 있는 것이 분명하다. 인간과 이해의 철저한 역사성과 실존성에 대한 인식이 어떻게 역사와 본문에 대한 방법론적 접근을 용납하고 그것에 의해 객관적으로 타당성 있게 파악될 수 있는가 하는 것은 여전히 미해결의 난제로 남아 있는 영속적인 해석학의 주제이다. 하지만 보편적 해석학적 방법론으로서의 불트만의 실존론적 해석의 성패는 그의 실존주의적 비신화화의 작업에 대한 다른 신학자들의 평가들을 통하여 그리고 이 평가들과의 대화를 통하여 드러나고 있다.

바르트는 불트만의 실존론적 성서해석을 거부했던 대표적인 신학자이다. 그는 말한다. "그것들(기독교 고백의 주요 진술들)은 모두 참으로 인간 실존에 연관되어 있다. 그것들은 인간 실존에 대한 기독교적인 이해를 가능하게 하고 기초하며 규정한다. 그러나 이것은 그것들이 우선적으로 하는 일이 아니다. 우선적으로, 그것들은 인간과는 다르며 우리를 대면하는 하나님, 즉 성부와 성자와 성령의 존재와 행동을 규정한다. 이러한 까닭에, 그것들은 인간의 내적 삶에 관한 진술들로 환원되어서는 안 된다." 바르트는 불트만이 특정한 철학을 성서에 강요한다고 거듭 비판하였다. 이에 응답하여, 불트만은 다시 한번 각자의 해석학적 틀을 명료화해야 한다고 강조하였다. 모든 해석학적 틀은 모종의 철학에 기초한다. 따라서 문제는 어떤 것이 올바른 철학인가, 즉 어떤 철학이 오늘날 인간 실존을 이해하기 위한 가장 적절한 관점과 개념을 제공하는가 하는 것이다.[45] 불트만은 하이데거의 실존주의 철학이 종교적 의미를 위한 실존주의적 탐구와 실천의 분명한 초점을 제공해 준

45. R. Bultmann, *Jesus Christ and Mythology*, p. 55.

다고 보았기 때문에 그것을 채택하였다.

불트만은 바르트가 실존주의적 해석과 인간 실존의 의미에 대한 전적인 오해를 드러내고 있다고 비판한다. 인간 실존은 결코 인간 실존과 다르며 인간 실존과 대면하는 모든 것(환경이든지, 동료 인간이든지, 하나님이든지)과 분리되어 이해되어질 수 있는 '인간의 내적 삶' 이 아니다. 이것은 종교심리학에서 말하는 인간 실존일 수는 있어도 실존주의 분석의 방식은 아니다. 실존주의 분석에서는 오직 '타자' 와의 삶의 맥락 안에서만 따라서 만남 안에서만 존재하는 실제적, 역사적 인간의 실존을 이해하고 파악하려고 시도한다. 불트만은 바르트가 보는 실존주의의 인간 실존 이해가 실제로는 포이어바흐 인간론의 개념에 가까운 것이라고 본다.

불트만에 따르면, 바르트는 예수의 부활에 대한 불트만의 이해, 즉 그것은 역사 과학의 방법을 통하여 수립되어질 수 있는 역사적 사실이 아님을 인정한다. 그러나 그렇다고 해서 바르트가 부활이 발생하지 않았다고 생각하는 것은 아니다. 바르트는 말한다. "……어떤 이야기가 역사가의 수단과 방법과 암묵적 전제에 의해 파악될 수 없기 때문에 우리가 '역사적 사실' 이라고 말하지 않으며, 또한 '역사가' 가 '사화' (saga) 또는 '전설' 이라고 말하기를 선호하는 이야기의 경우에 있어서 조차도 그 이야기가 실제로 발생했으며(happened) 그 이야기를 인정하는 것이 정당하다고 할 수 있지 않겠는가?"[46]

불트만은 묻는다. 바르트는 '이야기' 와 '발생했다' (happened)는 말로 무엇을 이해하는가? "그것은 역사가가 수립할 수 있는 모든 것들보

46. Karl Barth, *Church Dogmatics*, Ⅲ/2 (Edinburgh : T. & T. Clark, 1960), pp. 445－446.

다 더욱 분명하게 시간 속에서 실제적으로 발생했다고 말할 수 있는 사건은 어떤 종류의 것인가?" 바르트는 그가 가지고 들어간 개념의 수단에 의해 성서의 진술들을 해석하고 있음이 전적으로 분명하다. 그러나 이 개념의 의미와 근원은 무엇인가?

더욱이 만일 시간과 역사 안에서 발생했다고 여겨지면서도 역사과학의 수단과 방법에 의해 수립될 수 없는 사건에 대한 주장에 신뢰가 주어진다면 그것은 어떤 방식의 '믿음'(believing)인가? 어떻게 그러한 사건이 신자의 시야 안으로 들어올 수 있는가? 그리고 어떻게 그러한 신앙이 지성의 희생(sacrificicum intellectus)에 의한 맹목적인 수용과 구별되어질 수 있는가? 신화적 세계상에 대하여 우리가 전체적으로 우리 자신을 위탁할 수는 없지만, 그것으로부터 우리가 취사 선택하여 어떤 것들을 전유할 수 있는 요소들이 신화적 세계상 안에 있는가? 신화적 세계상의 정당한 의미를 묻는 것이 바로 불트만이 방법론적으로 전개하는 실존주의적 신화 해석의 의도이다. 그런데 바르트의 취사 선택의 원리는 자의적(恣意的)인 것 외에 무엇인가? 주석가는 성서의 말을 책임적으로 '들은' 후에 성서를 '해석'하는 것이다. 그러나 우리는 이해함이 없이 어떻게 들을 수 있는가? 불트만에게 있어서 해석의 문제는 바로 이해의 문제이다.[47)]

성서 본문에 대한 비신화화의 방법은 개인적인 신자들을 향한 하나님의 부르심을 실존적으로 강화한다. 그러나 불트만에 따르면 이 부르심은 교회, 즉 하나님의 말씀이 선포되고 받아들여지는 공동체를 통하여 매개되어진다. 따라서 바르트와 마찬가지로 불트만은 교회 안에서의 하나님의 말씀의 선포의 중요성을 강조하였다. 하지만 바르트와 달

---

47. Johnson, ***Rudolf Bultmann***, pp. 155-157.

리 그는 이러한 선포가 발생되는 조건들에 대한 적절한 분석의 필요성을 주장하였다.

슐라이어마허의 해석학적 입장을 따라, 불트만은 오늘날의 과학적인 정신세계에 성서 본문의 의미를 비판적으로 연관시킬 수 있는 해석 이론을 발전시켜야 할 필요성을 인식하였다. 따라서 그는 신학적 해석학의 철학적 성격을 설득력 있게 논증하였으며, 그 자신이 특정한 철학적 틀을 선택하여 사용하였다. 그는 신학이 성서의 의미를 독자들의 각각의 세계관에 적합하게 번역해내야 하는 주요 과제를 올바로 수행하기 위해서는, 신학이 철학과 지속적으로 대화해야 한다는 사실을 잘 보여주었다.

오늘날 불트만의 성서해석학의 문제점으로 지적되는 내용은 대략 세 가지로 요약할 수 있다. 첫째는 그의 역사적 회의주의에 의한 사실과 의미의 괴리의 문제이다. 전통적으로 기독교는 역사적 종교로서 예수 그리스도의 생애의 역사적 사건들에 기초한 믿음의 중요성을 강조해 왔다. 그러나 불트만은 예수의 생애에 관한 역사적 현실에 역사비평적으로 접근하는 시도에 대하여 비관적이다. 물론 그도 역사와 케리그마, 예수의 삶과 삶의 의미에 대한 교회의 선포 사이에 어떤 연속성이 있다는 사실을 부정하지는 않는다. 그러나 그에게 있어서 그 이상의 역사적 탐구는 역사적으로 불가능하고, 신학적으로 불필요하고 무익하다. 역사는 언제나 신화 속에 숨겨져 있어서 회복될 수 없으며, 또한 신앙은 역사적 사실에 대한 지식에 의존하는 것이 아니기 때문이다. 따라서 불트만의 관심은 거의 전적으로 그리스도 사건이 지금 여기에서 개인의 실존에 대하여 의미하는 바가 무엇이냐에만 집중되어 있다.

이러한 역사적 회의주의와 사실과 의미 사이의 괴리는 그동안 많은 신학자들로부터 칸트 식의 물 자체와 현상의 이원론과 같은 것이라고 규정되어 끊임없는 비판의 대상이 되어 왔다. 신앙이 역사적 사실에 확고하게 기초하지 못하고 신화론적 표상으로 표현된 초대교회의 선포에만 의존할 경우, 기독교의 복음이 우리 인간의 전 존재를 헌신하여 그리스도를 위한 삶을 결단하도록 할 수 있는가 하는 의문이 제기된다.

역사적 예수에 관한 역사비평적 접근의 과제는 결코 해소되지 않았으며 실존론적인 해석에 의해 대치될 수도 없다. 오늘날 이른바 포스트 불트만 학파라고 불리는 일군의 신학자들(예를 들면, 케제만, 보른캄, 로빈슨 등)에 의하여 역사적 예수에 관한 탐구의 의의와 중요성을 재평가하고, 비록 19세기의 방식과는 중요한 차이가 있지만 그럼에도 불구하고, 역사적 예수에 관한 '새로운 탐구'를 시도하고 있다. 이 시도는 근본적으로 역사적 사실과 의미 해석, 객관적 현실과 주관적 신앙고백, 즉 역사적 예수와 신앙의 그리스도 사이의 본질적 일치성과 연속성, 그리고 상호 순환적 관계성을 추구함으로써 기독교의 신앙과 역사적 사실 사이의 분열을 극복하려는 동기를 가지고 있다.

불트만의 해석학의 문제점의 두 번째 측면은 리쾨르의 지적에 잘 나타나는데, 리쾨르는 불트만이 슐라이어마허와 딜타이의 낭만적 해석학, 즉 저자의 의도를 밝히기 위한 해석학을 넘어서서 의미의 해석학으로 나아간 점을 높이 평가하면서도, 또한 불트만이 해석학적 우회로를 경유하지 않고 본문으로부터 실존주의적인 의미로의 지름길을 취하였다고 비판하였다.[48)]

무엇보다도 먼저 리쾨르는 불트만이 신화를 어떤 사태를 객관화하는 표현으로 해석하지만, 기독교 선포의 비신화적인 부분(케리그마)을 해석하기 위한 아무런 이론도 제시하지 않았다고 지적한다. "불트만은

48. Paul Ricoeur, "Preface to Bultmann," in ***Essays on Biblical Interpretation***, ed. Lewis S. Mudge(Philadelphia : Fortress, 1980), pp. 49-72.

더 이상 '객관화' (objectifying)하지 않는 언어가 순수한 것이라고 믿는 것처럼 보인다. 그러나 그것은 아직도 어떤 의미에서 언어인가? 그것은 무엇을 기표(記表, signify)하는가"[49) 객관화하는 신화적 언어와 신앙(또는 케리그마)을 대립시키는 것은 순진한 발상이다. 불트만은 신화를 해석해야 한다고 촉구했지만 다른 신앙의 진술들을 해석하는 일은 외면하였다. 리쾨르는 불트만이 독자들로 하여금 성서를 실존론적으로 해석함에 있어서 성서의 비신화적인 부분들을 해석할 수 없게 만듦으로써, 그 자신이 성서 본문의 신화적인 본성을 인식하지 못하는 자들에게 경고하였던 '지성의 희생' (sacrificium intellectus)을 독자들에게 요구하고 있다고 비판한다. 달리 말하자면, 불트만의 해석학은 충분히 해석학적이지 못하다는 것이다.

이와 아울러, 리쾨르는 신화와 케리그마 사이의 대립적 이해는 객관적 의미와 주관적 이해 사이의 적절한 구분을 모호하게 만든다고 비판한다. 구조주의자들이 '언어적' (language), 객관적 측면만을 강조함으로써 사건으로서의 언어에 대한 인식을 결여했다면, 불트만은 '발화적' (發話的, speaking), 실존적 측면을 강조함으로써 기호체계로서의 언어에 대한 사고를 결여하였다는 것이다. "만일 객관적 의미가 없다면 텍스트는 더 이상 전혀 아무것도 말하지 않을 것이다. 반면, 만일 실존적 전유가 없다면 텍스트는 더 이상 살아 있는 말이 아닐 것이다. 해석이론의 과제는 이러한 이해의 두 운동을 하나의 과정 안에 결합하는 것이다."[50) 불트만의 해석학의 문제는 성서 본문의 모든 함의를 충분히 고려하기 전에 너무 성급하게 신앙의 결단으로 간다는 데 있다.

49. Ibid., p. 66.
50. Ibid., p. 69.

리쾨르는 해석의 과정이 텍스트로 하여금 자체의 도전을 충분히 탈은폐하도록 허용할 때에만 실존적 결단이 비평적으로 기초지어질 수 있다는 사실을 강조한다. 이러한 텍스트의 의미의 탈은폐는 신앙과 신학적 성찰을 촉발한다. 그러나 이 탈은폐의 과정은 많은 설명의 노력을 필요로 하는 수고로운 과정이다. 텍스트가 하나의 객관적 실재(objectum)로서 나를 부딪쳐 오지 않고 그것이 의미하는 바에 대한 나의 견해 속으로 단순히 쉽게 용해되어 버려서는 안 된다. 따라서 비평적 해석학은 언어 이론, 특히 텍스트의 의미작용(signification)에 대한 이론을 포함하여야 한다. 이와 관련하여, 불트만이 후기 하이데거의 언어철학을 언급하지 않았으며, 따라서 하이데거의 철학과의 비판적인 대화를 수행하면서 그 자신의 비판적인 언어 이론을 제시하지 않았다는 사실이 지적되어져야 한다.[51)]

셋째로, 불트만의 실존론적 성서해석의 비역사주의와 그로 인한 본문 의미의 협소화의 문제점도 심각한 논의의 주제가 된다. 불트만은 본문의 내용을 다만 본문에 반영된 실존적 이해에만 관심하는 실존적 해석으로 환원시켰다는 비판을 받는다. 그의 실존론적 해석에 있어서는 인간 실존의 가능성으로서 사전에 이해할 수 있는 본문만이 인간에게 관련성이 있는 것으로 여겨지게 되고, 따라서 성서 본문의 메시지의 중요한 의미가 일종의 선험적 결정(a priori decision)에 의한 제약을 받는다.

많은 성서 독자와 신학자들은 "신약성서의 내용이 인간 실존의 가능성에 대한 물음과 그에 대한 답변으로만 이해될 수 있는가?" 하고 묻는다. 신약성서는 인간 실존의 가능성 외에 다른 여러 가지 것들, 예를 들면 역사 안에 활동하시는 하나님의 뜻과 행동이라든가, 하나님과 세상,

51. Ibid., p. 72.

역사와 사회 그리고 교회 등에 관한 진술들을 담고 있는데, 이러한 진술들은 단순히 인간 실존이나 그 가능성에 대한 신앙적 이해의 관점에서만 해석되어질 수는 없지 않은가 하는 것이다. 또한 신약성서는 미래에 있을 우주적 종말에 대하여 다양하게 언급을 하고 있다. 사도 바울은 세계의 종말과 그 종말에 수반될 여러 징조들에 대해서 말하고 있으며, 복음서에도 최후의 심판의 표상이 나타난다. 따라서 성서적 종말은 단지 협소한 개인적이고 실존적인 사건이라기보다는 오히려 포괄적인 역사적이고 우주적인 사건이다. 종말을 단지 한 개인의 비본래적 실존으로부터 본래적인 실존으로의 전향, 즉 세계 의존적인 삶의 종국으로서의 역사성(Geschichtlichkeit)의 차원으로 환원시키는 불트만의 실존론적인 성서해석은 객관적이고 보편적인 역사(historie)의 지평을 상실하고 있다고 비판되어진다. 오늘날 이러한 불트만의 실존주의를 탈역사적 또는 역사 도피적 해석학이라고 강하게 비판하면서, 보편적 역사와 우주적 종말론을 신학의 중심 주제로 부활시킨 대표적인 신학자가 판넨버그이다.

불트만의 성서해석학의 근본적인 문제점은 그가 성서해석에 적용한 실존론적 전이해라는 개념과 그 사용에 있다. 불트만은 전이해는 신앙의 이해에 의해 주어지는 어떤 특수한 것이 아니라 인간 실존과 더불어 주어지는 보편적인 것이라고 생각한다. 그렇지만 그 자신이 실존주의 철학에 근거한 전이해의 일반적 타당성을 주장하고 있음에도 불구하고, 실제로 그는 신학적 가정에 의해 생겨난 어떤 전이해를 가지고 성서 본문을 해석하고 있다고 가다머는 지적한다.[52] 다시 말하면, 불트만

---

52. Hans Georg Gadamer, ***Truth and Method***(New York : Continuum, 1994), pp. 330-331 ; 칼 브라텐, 채위 역, 「역사와 해석학」(서울 : 대한기독교서회, 1969), p. 176.

의 전이해는 성서와 교회의 전승의 영향사의 구조를 완전히 벗어나지 못하고 있다는 것이다. 이것은 철학적 해석학자에게는 유감스러운 일일지 모르지만 신학적 해석자에게는 다행스러운 일일 수도 있다. 하지만 여전히 문제는 그가 원리적으로(de jure) 주장하는 전이해의 개념과 그의 실제적인(de facto) 전이해의 사용 사이의 괴리에 대한 충분한 인식을 불트만 자신이 갖고 있지 못했다는 사실이다. 이것은 그가 자신이 얼마나 성서와 교회의 전통의 영향사 안에서 이미 이해하고 사고하고 있는지를 충분히 인식하지 못하고, 자신의 실존론적 전이해의 특수한 형태를 보편적 인간 실존의 것으로 손쉽게 동일화시키고 협소화시켰다는 비판을 초래한다.

불트만이 자신의 물음이 이미 기독교 전통의 영향사 안에서 (무의식적으로 또는 의식적으로) 신학적, 신앙적 동기에 의해서 형성되었으며, 따라서 그것은 쉽사리 전체 인간 실존의 물음으로 보편화시킬 수는 없다는 사실에 대한 충분한 인식을 갖고 있지 못했다는 사실과 아울러, 이와 연관하여 또 하나 지적되어져야 할 문제는, 그가 성서 본문의 주장을 듣는다고 했지만 사실상 자기의 실존주의적 전이해를 지나치게 주장함으로써 다양한 본문의 의미[53]를 협소화시킨 것은 아닌가 하는 점이다.

해석학적 이해에 있어서 우리가 기억해야 할 사실은 인간 실존과 그 가능성을 이해하는 일(실존론적 이해)과, 하나님을 인식하고 또 역사를 통한 그의 계시를 이해하고 교회와 세상을 위한 하나님의 계획을 인식하는 일(신학적 이해)은 순환적이고 상호 비판적, 변혁적인 상관관계에

---

53. 오늘날에는 성서 본문의 개인적, 실존적 의미 뿐만 아니라 사회적, 역사적, 정치적, 경제적, 여성적, 생태적, 그리고 우주적 차원 등의 의미들이 지배적으로 중요한 해석학적 주제로 다루어지고 있다.

있다고 하는 사실이다. 이 둘은 불가분리의 관계에 있다. 물론 불트만도 이 사실을 입증하기 위해 노력하였다(그것이 성공적인가 하는 것은 다른 문제이지만 말이다). 한편으로 신학적 전통이란 계시적 현실로부터 생겨난 인간의 실존적 자기 이해가 신앙 집단 안에서 규범화되어지고 전승되어진 이해의 지평을 의미하며, 다른 한편으로 인간의 실존적 자기 이해와 질문을 구성하는 전이해는 성서와 교회 전통의 영향사(影響史)적 구조 안에서 그것(성서와 교회 전통)의 지평과 해석자의 현재의 삶의 세계의 지평과의 상호 비판적, 변혁적인 대화 속에서 생겨나고 또 수정, 확장되는 것이다.

불트만은 이러한 실존론적 자기 이해와 신학적 사고 사이의 상호 비판적 순환 관계를 충분히 인식하지 못하였다. 그리하여 그는 성서 본문의 주제로부터 그리고 교회의 전통 가운데 살아 있는 말씀의 능력으로서 들려오는 본문과 전통에 대한 영향사 의식과의 상호적인 대화를 수행하기보다는, 다만 해석자의 전이해가 가진 선험적 틀(the prior frame-work)에 본문을 맞추어 넣으려는 시도를 하지 않았나 의심되어진다. 따라서 우리는 불트만이 비록 암묵적으로는 신학적 전제를 가지고 있었지만, 그럼에도 불구하고 오늘날의 해석자의 실존론적인 자기 이해의 지평에 지나치게 편향적으로 중요성을 부여하였으며, 따라서 이것과 성서와 교회의 전통으로부터 전승되어 오는 포괄적이고 다면적인 신학적 지평과의 상호 비판적, 변증법적 상관관계를 통한 통전적인 지평융합(地平融合)의 과제를 충분히 성공적으로 수행했다고 보기에는 적지 않은 문제점들을 안고 있다고 할 수 있다.

5 바르트의 신학적 해석학

I. 들어가는 말

우리는 위에서 계몽주의 시기 이후 본격적으로 대두된 인간 실존의 역사성에 대한 인식과, 그러한 역사성 안에서의 인간의 경험과 사고와 해석의 언어적 산물인 성서를 포함하는 문헌들에 대한 역사적 접근방식에 대하여 비평적으로 고찰하였으며, 그리고 이러한 역사비평적 성서 접근의 문제점과 한계성을 극복하기 위한 대안으로서 등장한 20세기 초반의 대표적인 성서해석학의 거장인 불트만의 실존론적 성서해석학을 그 문제점과 아울러 살펴보았다.

하지만 우리는 20세기의 신학계에 커다란 영향을 끼친 또 하나의 신학계의 큰 별인 바르트의 성서해석의 입장에 대하여 또한 살펴볼 필요가 있다. 바르트도 불트만처럼 19세기의 역사비평적 성서해석의 문제점과 한계성을 극복하기 위한 대안적 패러다임으로서 이른바 신정통주의적인 신학적 성서해석의 방식을 역설하였다. 오늘날의 탈근대적 성서해석학의 다양한 패러다임들에 대한 이해와 전망을 위하여, 바르트의 성서해석학은, 비록 그것이 충분한 해석학적 숙고를 통한 미래지향적인 길을 제시하는 것은 아니라고 할지라도, 성서 안에서 들려지는 하나님의 말씀을 새롭게 들을 수 있게 해주었다는 점에서 매우 중요한 의미를 가지고 있다.

Ⅱ. 역사비평적 해석에서 신학적 해석으로

바르트의 신학의 성격과 방향은 스위스의 자펜빌에서의 목회경험을 통하여 형성되고 결정되었다. 즉, 신학은 교회를 위한 신학이어야 한다는 것이며, 무엇보다도 회중에게 하나님의 말씀을 선포하는 데 봉사하는 신학이어야 한다는 것이다. "신학은 하나님의 말씀의 봉사(ministrium verbi diviniti)이다."[1] 바르트에게 있어서 신학은 하나님의 말씀인 성서의 해석 위에 근거한 성서의 신학이다. 다시 말하면, 신학의 과제는 바로 성서 안에서 하나님의 말씀을 듣고 그 말씀을 올바로 선포하는 것을 돕는 데 있다. 따라서 바르트의 성서해석학은 성서해석의 방법론을 이론적으로 정립하기 위한 것이 아니라고 할 수 있다. 그의 주된 관심은 하나님의 말씀은 무엇이며, 하나님의 말씀 앞에서 나는 누구이며, 하나님의 말씀을 어떻게 선포할 것인가 하는 실존적이고 실천적인 문제에 집중되어 있다.[2] 이 점에 있어서 바르트는 불트만과 같은 말씀의 신학자로서 동일한 입장을 보여 주고 있다. 그러나 그는 19세기의 역사주의와 역사비평적인 접근 방법의 한계성을 넘어서서 하나님의 말씀을 듣기 위한 길을 불트만과는 정반대의 방향에서 찾았다. 그는 성서

---

1. Karl Barth, ***The Epistle to the Romans***(New York : Oxford University Press, 1972), x.
2. Karl Barth, ***Church Dogmatics***, I/1(Edinburgh : T. &. T. Clark, 1963-1967), pp. 187ff(이후 CD로 표기).

가 하나님의 말씀으로 새롭게 들려지기 위해서는 인간이 주체가 되어서 성서를 비평적으로 연구하는 역사적 해석을 넘어서서, 성서가 주체가 되어서 우리를 향하여 말씀하시는 음성을 순종적인 자세로 듣기 위한 신학적 해석에로 다시 돌아가야 한다고 주장하였다. 그는 정통적인 문자주의적 주석과 새로운 역사비평적 주석을 다같이 비판하였다. 그의 성서해석은 한마디로 영적 주석 또는 신학적 주석이라고 할 수 있는데, 이것은 단지 성서를 영적으로 해석한다는 의미나 본문으로부터 자유로운 신학화의 의미에서가 아니었다. 그는 만일 성령의 내증이 외적 증거가 아닌 것같이 생각한다면 이것은 성령의 내재를 잘못 이해한 것이라고 보았다. 따라서 그는 이런 의미의 영적 해석을 비판하면서 신학적 주석이란 표현을 더 선호하였다. 바르트의 신학적 해석학은 성서가 오늘날 개인적인 인간 실존이 성서를 만나는 맥락인 인간의 상황에 대한 적절한 진술을 추구했던 불트만의 실존론적인 해석학적 접근의 거부를 의미하였다. 불트만은 성서해석 과정의 언어적, 철학적, 문화적, 역사적인 형식적 조건들과 전이해의 구조가 없는 텍스트 이해란 없다고 주장하면서 이러한 형식적 조건들과 전이해의 구조를 규명하려고 했는데 반해서, 바르트는 성서를 해석하는 모든 인간적인 방식이 하나님의 말씀을 파악하는 데 부적합하다고 보면서 하나님은 결코 인간의 방법, 해석학, 그리고 해석의 대상이 될 수 없다고 주장하였다. 그에 따르면, 하나님은 오직 우리를 해석하시는 주체로서 존재한다.[3] 불트만은 바르트와 마찬가지로 성서의 해석자가 예수 그리스도 안에서 하나님의 말씀에 대한 최종적인 이해에 도달하는 것은 하나님 자신의 성취

3. Karl Barth, "Rudolf Bultmann-An Attempt to Understand Him," in Hans-Werner Bartsch, ed., ***Kerygma and Myth : A Theological Debate***, vol. 2 (London : SPCK, 1962), pp. 112ff. CD I/1, pp. 295ff.

라고 믿었다. 하지만 그는 하나님은 성서의 케리그마에 대한 인간의 해석과정 가운데 일하신다고 보았다.[4] 이에 반해서, 바르트는 하나님은 역사 속에서 말씀하시기 때문에 역사의 해석자는 인간이 아니라 하나님이라고 주장하였다. 여기서 요청되는 인간의 활동이란, 하나님의 말씀을 전유하는 것이 아니라 하나님의 말씀에 의해서 자신이 해석되도록 자신을 복종시키는 것이다. 바르트에 따르면, "계시가 역사의 술어가 아니라, 역사가 계시의 술어이다."[5]

1914년 제1차 세계대전이 돌발한 직후인 1916년 가을에 투르나이젠(Thurneysen)이 목회하는 렌트빌 교회에서 한 "성서 안에 있는 경이로운 새 세계"(The Strange New World in the Bible)란 제목의 강연에서 바르트는 인간론, 종교론, 윤리, 일반 학문들로부터 출발하는 19세기 자유주의 신학의 성서해석에 반대하여 성서 안에서 발견되는 초월적인 하나님의 말씀의 세계로부터 출발하였다. 그는 여기서 인간이 만들어 낸 방법론이나 성서 밖에서 가지고 온 해석학적 원리도 성서 이해에 부적합하며, 오직 성서 자체가 말하고 있는 내용에로 수동적으로 이끌려 들어갈 것을 주장하였다. 바르트는 역사, 도덕, 종교의 세계를 초월하는 성서 안에 있는 놀랍고도 새로운 세계를 제시하고자 함으로써 19세기의 내재주의와 인본주의를 극복하고자 하였다. 바르트는 신구약성서 안에는 하나님, 하나님의 주권, 하나님의 영광, 하나님의 사랑, 인간의 역사가 아닌 하나님의 역사, 인간의 덕망이 아닌 하나님의 덕망, 인간의 입장이 아닌 하나님의 입장이 있다고 선언하였다. 그는 성서의 주제

---

4. Karl Barth-Rudolf Bultmann, *Letters 1922－1966*, ed. Bernd Jaspert. trans. and ed. Geoffrey W. Bromiley(Edinburgh : T.&T. Clark, 1982), pp. 89f.
5. K. Barth, CD I/2, p. 58.

는 예수 그리스도 혹은 복음으로 말미암은 구원에 초점을 맞춘 삼위일체 하나님이며, 오직 은총과 신앙에 의해서 이 성서의 주제를 경험할 때 비로소 올바른 성서해석이 이루어진다고 주장하였다.

1920년에 바르트는 아라우에서 "성서의 문제들, 통찰들, 그리고 하나님의 말씀 안에 열려 있는 전망들"(Biblical Questions, Insights, and Vistas in the Word of God)이라는 제목의 강연을 하였다. 여기서 바르트는 성서를 인간적인 문서로 인정하면서도 성서의 내용에 대한 올바른 이해를 위해서는 성서의 인간적, 역사적, 심리학적 요소들은 뒤로 미루어져야 한다고 말하였다. 바르트는 성서의 저자들이 관심하고 있는 바 성서의 '특수 내용' 혹은 '두드러진 그 무엇'에 관심을 기울여야 한다고 하였다. 성서의 특수 내용은 '전적 타자'(Wholly Other)로서의 하나님이며, 이 하나님은 예수 그리스도의 십자가와 부활을 통하여 나타나신 하나님이다. 이것이 성서의 핵심으로서 이 핵심과의 만남 혹은 이 핵심에 의하여 불러일으켜진 경험 없이는 성서해석이 불가능하다. 십자가, 하나님의 부정(否定), 또는 하나님의 심판은 부활과 더불어 성서해석의 열쇠이다. 바르트는 십자가와 부활에 나타난 거룩과 심판의 하나님, 그러나 사랑과 자비의 하나님을 신구약성서의 중심 내용으로 보면서, 이 하나님이 바로 전적 타자로서의 하나님인데, 이 전적 타자에 대한 경험이 성서 전체를 꿰뚫어 볼 수 있는 열쇠라고 하였다. 따라서 그는 성서해석의 원리가 성서 안에 들어 있는 것이지 성서 밖으로부터 온 어떤 학문이나 방법론이나 원리에 있는 것이 아님을 강조하였다.[6)]

---

6. 바르트는 「교회 교의학」에서 성서는 해석(解釋, interpretation)이 아니라 해명(解明, exposition)되어야 한다고 말하였다. 그에게 있어서 해석이란, 로마 가톨

Ⅲ. 「로마서 주석」에 나타난 바르트의 성서해석학

바르트의 성서해석의 입장이 가장 분명한 형태로 전개된 곳은 그의 「로마서 주석」이다. 「로마서 주석」은 1918년에 제1판, 1921년에 제2판, 1922년에 제3판이 나왔다. 바르트는 이 판들 서문에서 자신의 성서해석학에 관하여 진술하였다. 그는 성서 안의 인간의 말이 지니고 있는 일반적인 상대성에 대한 비평적 인식을 배제하지는 않지만, 그의 주된 관심은 단어, 문장, 개념에 대한 상세한 역사적, 주석적 연구에 있는 것이 아니라 성서 본문의 주제(subject-matter)를 밝히는 데 있었다. 그러므로 그는 성서 본문의 주제가 무엇이며 그것이 우리에게 무엇을 요구하는지를 식별할 수 있기 위해서 역사비평적 주석은 보다 더욱 비평적이 되어야 한다고 주장하였다.[7] 바르트는 「로마서 주석」에서 성서의 주제를 이렇게 표현하였다. "하나님은 하늘에 계시고 너는 땅에 있다. '이' 인간에 대한 '이' 하나님의 관계성, '이' 하나님에 대한 '이' 인간의 관계성이 나에게 있어서는 성서의 주제이며 동시에 철학의 전부이다."[8]

바르트가 성서(로마서) 주석을 통해 목적하는 바는 "역사를 통해서 그리고 역사를 넘어서 성서의 정신, 즉 영원한 성령의 세계를 꿰뚫어 보고"[9] 바울의 사상과 말을 오늘에 재생시켜 보려는 데 있었다. 다시 말

릭의 "교도적 직무"(teaching office)와 자유주의적 개신교의 '낯선 해석학적 원리'(alien principles)에 의한 성서해석을 의미하며, 해명은 예언자와 사도적 선포와 증언인 성서의 중심 내용으로부터 성서를 풀어내는 것을 뜻한다. K. Barth, CD I/1, pp. 102ff.

7. K. Barth, *The Epistle to the Romans*, p. 8.
8. Ibid., p. 10.

하면, 그의 관심은 성서의 역사적 이해나 문장에 대한 문자적 이해에 있지 아니하고, "문자(word) 속에서 말씀(Word)이 드러나고", 저자와 해석자가 하나가 되어 "내가 그의 이름으로 말하고 그가 내 이름으로 말할 수 있게 되기까지" 되는 것이었다.[10] 이와 같은 의도하에서 바르트는 1세기의 교회공동체를 향하여 선포한 바울의 메시지를 해석하려고 하지 않고, 성서 본문이 직접 현대의 상황에 선포하는 것을 해석해 내고자 하였다. 따라서 그는 성서를 본문 자체로부터 해석하기를 원했다. 그는 이러한 자신의 성서해석의 방법이 칼빈으로부터 온 것임을 밝혔다. "칼빈은 텍스트 속에 있는 것을 규명한 다음, 그 전체를 다시 생각하고 원 기록자와 독자와의 대화가 오가고, 마침내 어제와 오늘의 구별이 불가능하게 되기까지 그것과 씨름한다."[11] 그는 칼빈처럼 본문비평 방법을 사용하여 본문에 충실한 주석을 지향하였다.

바르트에게 있어서 성서해석은 성서 본문 자신이 말하기 시작할 때에야 비로소 가능하다. 성서 본문 안에 있는 하나님의 말씀과 행위는 결코 인간의 소유가 될 수 없으며, 그 말씀의 주인은 하나님이시므로 언제나 하나님이 주체가 되신다. 따라서 성서에서 말씀하시는 하나님의 계시가 신학의 주제이며, 주체로서 자신을 계시하시는 하나님이 성서의 내용이며, 이러한 성서의 내용이 우리에게 하나님 자신을 알도록 한다. 우리가 하나님의 은혜로 말미암아 하나님을 만나고, 인도받고, 자라게 될 때에야 비로소 성서는 우리에게 열려진다. 이것을 바르트는 '성령적 석의'라고 했다.

그러므로 바르트에게 있어서 성서해석의 과제는 '성서 본문 자신이

---

9. Ibid., p. 1.
10. Ibid., p. 9.
11. Ibid., p. 7.

말하게 하는 것' 이었다. 이해를 위해서는 믿음으로 본문을 향하여 나아가 본문으로부터의 들음을 거듭해야 한다. 바르트의 궁극적 관심은 하나님의 말씀, 즉 예수 그리스도 안에 나타난 하나님의 자유로운 계시에 있었다. 이 하나님의 자기 계시는 인간의 자기 이해에 따라서 제한되거나 유한한 지평에로 고정될 수 없다. 종교개혁적 전통, 특히 성서는 모든 것을 지배하는 여왕이며 여기에 무릎을 꿇고 순종해야 한다고 말했던 루터를 따라 바르트는 누구도 성서를 재판하는 심판자가 될 수 없으며 오히려 성서의 증인과 제자가 되어야만 한다고 주장하였다. 이러한 바르트의 성서해석은 한마디로 '성서 본문 자체로부터의 신학적 또는 성령적 성서해석' 이라고 규정할 수 있다.

「로마서 주석」에 나타난 바르트의 신학적 성서해석에 대하여 세 가지 관점에서 비판이 가해졌다. 첫째는 바르트의 신학적 해석이 역사비평의 적이라는 비판이다. 이 비판에 대하여 바르트는 제1판에서 역사비평을 부정하거나 불필요하게 본 것이 아니고 그것의 정당한 자리를 인정하고 있으며, 제2판 서문에서 다시 역사비평의 필요성과 타당성을 언급한다.[12] 그는 정통주의적인 문자해석을 배격한다. 하나님의 말씀은 인간의 증언을 통해서만 들려지기 때문에 하나님의 인간성, 성서의 역사성, 역사적 계시의 본질은 시대적 요청으로서가 아니라 본질적 요청으로서 성서의 문학적, 역사적 연구를 필요로 한다.

그러나 바르트는 이러한 성서비평의 방법은 단지 성서 이해의 예비적 단계에 지나지 않는 것으로 본다. 그리하여 그는 역사비평을 넘어서서 성서의 영감론의 타당성, 그리고 이에 따르는 성서에 대한 영적 이해의 중요성을 강조한다. 그러므로 바르트에게 있어서 역사비평은 성

12. Ibid., pp. 1, 6.

서 주석의 목적이 될 수 없고 성서 이해를 위한 서론적 방법에 불과하다. 그는 이렇게 말한다. "만일 내가 역사적 비평과 영감론 사이에서 선택을 하지 않으면 안 된다고 하면 나는 주저하지 않고 영감론을 택하겠다. 왜냐하면 영감론은 그것 없이는 아무리 기술적인 준비가 완전하다고 하더라도 아무런 소용이 없는 그러한 이해의 노력에 관계하고 있기 때문이다."[13] 물론 그는 다행히도 이러한 양자택일을 강요당하고 있지 않음을 부연한다. 다시 말하면, 그 자신이 이 둘을 양자택일의 문제로 인식한 것은 아니다. 바르트는 성령의 감동을 통하여 성서로부터 들려오는 하나님의 말씀을 듣는 것이 본질적인 성서해석의 과제이며, 역사비평은 다만 예비적인 도움을 줄 수 있을 뿐이라는 사실을 말하고자 한 것이었다.

그러나 바르트는 실제로 역사비평적인 성서 연구와 그에 근거한 해석에는 별 관심을 기울이지 않았다. 그는 역사적 예수의 지상의 현실에 대한 연구에도 별 흥미를 갖지 못하였다. 바르트는 분명히 비평 이전 시기의 문자적 영감설을 거부하였으며, 역사비평적 연구의 필요성을 부인하지도 않았다. 그러나 실질적으로 그의 성서해석은 처음부터 철저하게 신학적 사고에 의해 수행되었다. 그는 성령의 감동을 통한 신학적 해석학이 바로 성서 안에서 들려지는 하나님의 말씀을 듣기 위한 유일한 길이라고 확신했는데, 이 점에서 그는 루터와 칼빈의 '오직 성서로만'(sola scriptura)의 종교개혁 사상에 충실하려고 하였다. 그러나 오늘의 비평가들은 바르트의 신학적 해석학이 사실상 근대 이전의 교회적 권위에 의한 교의학적 해석과 결과적으로 무엇이 다른가 하고 묻는다.

---

13. Ibid., p. 1.

바르트에게 가해지는 두 번째 비판은 「로마서 주석」이 바르트 자신의 체계 위에 구축되어 있다는 것이다. 바르트는 본문의 내용을 변증법적인 방법을 적용하여 해석해냈다. 이 변증법이 그의 체계이며, 이 변증법적 해석을 통하여 바르트는 본문으로부터 의미를 끄집어내는 것이 아니라 본문에 의미를 집어넣었다는 비판이다. 이에 대하여 바르트는 제2판 서문에서 자신이 어떤 체계를 만들려고 한 일은 없지만 자신의 성서해석에 체계가 있다면 그것은 '시간과 영원의 질적 차이', '하나님은 하늘에 너는 땅에' 라는 키에르케고르의 변증법적 원리라고 인정하였다. 이것이 로마서 배후에 있는 원리이다. 바르트의 변증법적 성서해석이란 하나님에 관해서 해석자가 부득이하게 말해야만 할 경우에, 동시에 해석자가 하나님 진술에 대한 자신의 불가능성을 절감했을 때 하나님 자신으로부터 주어지는 가능성을 통해서 해석하는 방법이다. 바르트는 성서해석의 원리로서 본문에 나타난 실제적인 말들이 내포하고 있는 바 '주제의 내적인 변증법' (inner dialectic of the matter)이 필연적이고도 제일차적으로 요구된다고 한다. 이 원리는 '하나님은 하늘에, 인간은 땅에' 라는 신인 관계의 무한한 질적 차이를 전제하고, 예수 그리스도께서 하나님과의 관계에서 일어나는 인간의 위기(십자가)인 동시에 이 하나님이 인간과 맺는 관계의 회복(부활)이라고 하는 변증법이다. 인간은 예수 그리스도 안에서 하나님의 전적인 부정과 전적인 긍정을 만난다.

그러나 바르트는 이 변증법적 해석 방법은 궁극적이며 절대적인 것은 아니며, 오히려 이 해석 방법이 끝나는 지점에서 하나님의 말씀이 들려온다고 했다. 이것은 바르트가 성서해석의 궁극적이고 절대적인 방법을 모색한 것이 아니라 성서의 주제 내용을 파악하는 데 주력했다는 사실을 보여 준다. 다시 말하면, 바르트가 성서에서 발견한 '내적 변증법' 은 그가 로마서에서 이해한 주제 내용인 '예수 그리스도' 를 이

해하고 증언하기 위한 것이었다.[14)]

그러나 후에 바르트는 자신의 「로마서 주석」의 상황성과 시대적 성격을 인정하고 있다. "이제 돌이켜 보면, 그 때의 로마서는 과거의 시대에 속하는 상황에 대답하기 위하여 다른 사람이 쓴 것과 같다." "내용적으로는 그 때나 지금이나 다르게 생각하지 않으나, 내가 이제 로마서의 주석을 쓴다면 아주 다르게 표현하지 않으면 안 될 것이라고 생각한다. 그 시대의 많은 재료는 그 시대의 나 자신의 특수한 상황과 또한 일반적 상황에 기인한다."[15)] 또한 1957년에 그의 "하나님의 인간성"이란 제목의 강연에서 바르트는 「로마서 주석」이 처음 나오던 때의 신학의 변화와 같이 자신의 신학에서의 두 번째 변화를 이야기하면서, 그 때의 로마서에는 약간 마니교적 이단의 색채가 있음을 고백하고, '하나님은 하나님이다.'를 강조했던 로마서의 하나님으로부터 '인간의 하나님, 근본적으로 인간과 같이 계신 하나님'에로의 전환의 필요성을 말하였다.[16)]

세 번째, 바르트는 제3판 서문에서 자신이 성서주의자라는 불트만의 비판에 응답한다. 불트만은 로마서에는 그리스도의 정신이 아닌 다른 정신들(유대적, 헬라적, 대중적 기독교 등)이 있으므로 역사비평을 사용하여 이 둘을 엄격히 구분해 내야 한다고 하였다. 이에 대하여 바르트는

---

14. 이 점에서 바르트의 관점은 루터가 성서의 주제를 예수 그리스도로 파악한 것과 같다. 그렇지만 루터는 경전 안에 있는 경전으로서의 예수 그리스도를 해석학적 원리로 파악한 반면, 바르트는 예수 그리스도의 십자가와 부활의 변증법적 관계를 성서해석의 원리로 파악하였다.

15. Karl Barth, *The Epistle to the Romans*, vi, p. 25. 전자는 1933년 영어 번역판 서문, 후자는 6판 서문임.

16. Karl Barth, *The Humanity of God*(Atlanta, Georgia : John Knox Press, 1974), pp. 34ff.

불트만의 다른 정신들을 어느 정도 인정하지만, 로마서 전체가 그리스도의 정신이라고 하는 참된 주제를 가지고 있기 때문에 이 주제와 관련하여 로마서 전체가 이해되고 해석되어야 한다고 주장하였다. 바르트의 성서해석의 밑바닥에는 현대판 영감설이 깔려 있다는 불트만의 비판에 대하여, 바르트는 자신이 문자주의라는 의미에서의 성서주의는 결코 아니며, 이 말이 본문에 충실하여 그리스도의 피로 인한 속량, 아담과 그리스도, 바울의 구약 사용, 이중 예정론 같이 현대적 사고에 거침돌이 되는 구절들까지도 그대로 넘겨 버리지 않고 씨름하며 본문에 매어 달리는 주석을 하는 것을 의미한다면 성서주의라는 말을 기꺼이 받아들이겠다고 말한다.[17)]

그러나 바르트는 자신의 입장이 단순한 성서주의나 축자영감설이 아니라, 주제 중심의 영감, 나아가서 이 주제에 의하여 조건지워진 다른 부분들의 영감을 주장하였다. 우리는 다른 곳에서 또한 바르트가 자신은 '영감론자' 가 아니라고 스스로 변호하였던 사실을 기억해야 한다. "나는 영감론자가 아니다. 나는 신학적 성서 해석자로서 만족한다."[18)] 바르트의 성서해석의 의도는 성서 주제와 내용의 내적 변증법을 파악하기 위해서 역사비평학을 넘어서 성서에 증거된 하나님의 말씀의 통일성을 찾는 것이었다. 따라서 그는 성서 내용의 통일성과 주제 내용의 내적 변증법을 파악하려면 신학적 전제를 가지고 성서해석을 해야 한다고 주장했다. 자신의 '신학적 성서해석' 에 관해서 바르트는 이렇게 말한다. "성서해석은 교의학에 선행되므로 교회의 울타리 안에서 성서를 이해해야 한다. 이것이 신학적 성서해석이다. 신학적 성서해석은 분

---

17. Karl Barth, *The Epistle to the Romans*, p. 12.
18. Karl Barth, *Credo*(New York : Charles Scribner' s Sons, 1962), p. 178.

명한 신학적 전제하에서 하나님의 말씀을 들어왔음을 '기억할 것'과, 앞으로도 계속 하나님의 말씀을 들을 것이라는 '기대'를 가져야 한다는 것이다. 신학적 성서해석의 위치는 이러한 '기억'과 '기대' 사이에 있다."[19]

Ⅳ. 「교회교의학」에 나타난 바르트의 성서해석학

바르트의 성서해석학은 「교회교의학」에서 기독론 중심적으로 더욱 발전하였다. 그러나 「로마서 주석」에서 보여지는 바와 같은 말씀의 신학자로서의 기본적인 신학적, 신앙적 해석학의 입장은 크게 변하지 않았다. 바르트는 성서를 하나님의 은혜로운 계시에 대한 증언이라고 보았다. 어거스틴과 마르틴 루터처럼 바르트는 성서의 전체적인 신학적 의미에 대한 전이해를 가지고 텍스트에 접근하였다. 이 전이해가 어거스틴에게 있어서 '사랑', 루터에게 있어서 '믿음에 의한 칭의'라면 바르트에게 있어서는 '하나님의 타자성'(「로마서 주석」) 또는 '예수 그리스도 안에서의 하나님의 사랑의 계시'(「교회교의학」)였다. 그러나 어거스틴과는 달리 바르트는 하나님의 말씀이 성서를 통하여 의사소통되기 위한 언어적 조건을 철저하게 성찰하지 않았으며, 불트만과는 달리 그는 성서해석을 위한 그의 동시대의 특수한 인간학적, 철학적 맥락을 고려하지 않았다. 불트만이 이해의 과정을 시작하기 위한 모든 노력에 특정한 신학적 교의학이 강요되어서는 안 된다고 보면서 바르트식의 내용적 강요를 거절했다면, 바르트는 하나님의 계시를 인간이 이해함에 있어서의 불트만식의 모든 형식적인 해석학적 원칙의 강요를 거부했다.[20]

19. Ibid., p. 177.

바르트에 의하면, 성서의 본문을 올바로 이해하기 위해서는 인간이 말하려고 하지 말고, 성서를 통하여 들려오는 하나님의 말씀을 들으려고 해야 한다. "성서의 인간의 말을 통하여 하나님의 계시는 스스로 말씀하며 또한 우리에게 들려지도록 하기를 원할 뿐 아니라 실제로 그렇게 할 수 있다."[21] 그러나 바르트는 어떻게 하나님의 계시가 이 텍스트의 증언의 매개를 통하여 말하여지고 들려질 수 있다는 사실을 아는가? 바르트에게 있어서 그것은 신앙에 의해서이다. "우리는 성서가 신적 계시의 본래적이고 합법적인 증언으로서 그 자체가 하나님의 말씀이라는 사실을 교회 안에서 그리고 교회와 더불어 믿는다."[22] 이 신앙이 주석과 신학적 성찰을 선행해야 한다. 이 신앙과 이 신앙을 불러일으킨 말씀밖에는 다른 기초가 없다.

바르트는 자신이 성서주의자가 아니라는 사실은 「로마서 주석」 제3판 서문에서 뿐만 아니라, 「교회교의학」에서의 그의 계시와 성서의 관계에 대한 진술에서도 밝히고 있다.[23] 그에게 있어서 계시는 예수 그리스도의 인격과 그 안에서 성취된 화해의 사건이다. 계시는 '말씀의 성육신' 이다. 이 계시는 이 계시를 증언하는 성서를 산출했다. 성서는 예수 그리스도의 유일한 부름에 대한 유일한 들음과, 유일한 명령에 대한 유일한 순종의 기록이기 때문에 경전이 될 수 있었으며 오늘도 우리를 향한 하나님의 말씀일 수 있다. 따라서 17~18세기의 개신교 정통주의

---

20. R. Bultmann, "New Testament and Mythology," *Kerygma and Myth*, pp. 3f. 그리고 *Letters* 1922-1966, pp. 87f의 바르트에 대한 불트만의 응답을 참조.
21. K. Barth, CD I/1, p. 471.
22. K: Barth, CD I/2, p. 502.
23. K. Barth, CD I/1, pp. 119ff.

와는 달리 바르트는 '계시된 말씀' 과 '성서' 사이에 간격을 두고 있다. 그에게 있어서 이 둘 사이의 동일화는 불가능하다. 오직 성령이 역사할 때 혹은 '계시된 하나님의 말씀' 이 사건화 할 때, 그리고 성서가 진정 계시에 대한 살아 있는 증언이 될 때 이 양자는 동일화될 수 있다. 바르트에 따르면, 성서와 교회의 선포가 계속해서 '하나님의 말씀' 이 되는 것은 계시의 사건화요, 성령의 사역이다. 따라서 성서와 선포는 간접적인 하나님의 말씀이요, 계시(예수 그리스도)는 직접적인 하나님의 말씀이다. 하나님의 말씀으로서의 성서의 권위는 자체적인 계시됨에 있는 것이 아니라 오직 계시 자체인 예수 그리스도를 가리키고 증언하는 데에 있다.

이렇게 볼 때 우리는 바르트가 비판 이전 시기의 문자적 영감설이나 절대무오설을 주장하지는 않았음을 분명히 알 수 있다. 그는 성서 안에서 들려지는 하나님의 말씀(the Word of God)이 유한하고 오류 가능성이 있는 인간의 말(word of man)을 통하여 우리에게 들려온다고 보았다. 바르트가 이처럼 계시된 말씀과 성서와의 간격을 유지하는 근본적인 동기는 하나님과 세상 사이의 어떠한 존재 유비(analogia entis)도 배격하는 그의 기본 입장에서 비롯된다. 그에게 있어서 계시와 성서 사이에 어떠한 존재론적인 일치나 유비도 없다. 성서는 그 자체로 계시, 즉 하나님의 말씀이 아니다. 오직 예수 그리스도 안에서의 계시 현실에로 이끄는 성령의 역사에 의하여 성서는 하나님의 말씀이 된다. 성서는 존재론적으로 하나님의 말씀인 것(is)이 아니라 사건적으로 하나님의 말씀이 된다(become). 성령은 인간의 말이 하나님의 말씀으로 변하는 사건을 일으키신다. 성서는 존재론적으로가 아니라 사건적으로 하나님의 말씀이다. 말씀이 육신을 입고 세상에 오신 것이 존재론적 유비에 따른 가능성에 의한 것이 아니라 하나님의 불가해한 신비의 은혜의 사건인 것처럼, 인간의 말을 통하여 하나님께서 말씀하시는 것은 인간의 가능성이 아니라 하나님의 가능성이며, 인간에게는 이해 불가능한 (incomprehensible) 신비의 사건이다. 따라서 바르트는 인간의 말로서의 성서를 이해하기 위한 역사적 접근의 필요성과 정당성을 (적어도 원리적으로는) 인정했다.

그러므로 바르트는 본문의 문자와 영을 동일시하는 성서주의를 배격했다.[24] 성서는 무오하지 않다. 그것은 인간의 책이다. 그러나 성서는 하나님의 초월적인 말씀을 증언하는 책이다. 하나님의 말씀의 임재가 이 책의 실재를 변화시킨다. 이 변화는 이 책 자체의 힘에 의한 것이 아니라 하나님의 자유로운 행위에 의한 것이다. 이 행위에 의해서 성서를 통하여 계시가 일어난다. "따라서 성서의 증언은 성령의 증언이다."[25]

바르트에 따르면 성서를 통한, 그리고 성령에 의한 계시에 대한 인간의 올바른 응답은 오직 순종뿐이다.[26] 모든 기독교인들은 성서에 대한 적절한 설명을 위한 다음과 같은 근본적인 규칙을 받아들여야 한다. 이 근본적인 규칙은 곧 "모든 인간의 개념과 관념과 확신을 성서 안에서 우리에게 제공된 계시의 증언에 자발적으로 종속시키는 행위"이다.[27] 순종과 종속은 모든 우리의 감정, 공리, 체계, 철학 등에 대한 성서의 절대적인 우선성을 강조하기 위하여 사용하는 핵심적인 용어들이다. 어떤 해석방법이나 해석학도 하나님의 계시를 결코 드러낼 수 없다. 따라서 성서에 대한 독자의 유일한 응답은 순종이며, 성서가 독자 자신을 해석하도록 허용하는 것이며, 성서를 통하여 성령이 자신에 대한 심판의 말씀을 하시도록 하는 것이다. 따라서 모든 우리 사고의 자율적 행

24. K. Barth, CD I/2, pp. 506–512.
25. Ibid., p. 538.
26. Ibid., p. 543.
27. Ibid., p. 715.

위는 배제된다. "우리 자신의 사고세계의 자율성이란 불가능한 해석학적 기획이다."[28)]

바르트는 성서해석에 있어서의 세 단계를 구별하였는데, 관찰과 성찰과 전유가 그것이다.[29)] 관찰은 텍스트의 구조와 의미를 문학적, 역사적으로 제시하는 것이며, 성찰은 텍스트를 따라 생각하며 텍스트를 평가하는 것이며, 전유는 신앙 안에서 하나님의 계시에 자신을 내맡김으로써 성서의 증언을 자신의 삶에 책임적으로 적용하는 것이다. 특히 성찰에 관하여 말하면서, 그는 독자가 해석학적 열쇠 없이는 텍스트를 따라 사고할 수 없다는 점을 인정한다. 그러나 그에게 있어서 결정적으로 중요한 점은 우리가 어떤 사고의 양태(Denkweisen)를 가지고 텍스트에 접근한다는 사실이 아니라, 이러한 철학이 단지 경험적인 본성을 가지고 있으며 그것이 우리의 독해를 결정해서는 안 된다는 사실이다.[30)]

V. 맺는 말 : 비평적 고찰 및 결론

"하나님은 하나님이다."라는 공리가 「로마서 주석」에서의 바르트의 해석학적 원리라면, 「교회교의학」에서는 하나님께서 인간에게 하나님의 영원한 사랑을 궁극적으로 보여 주기 위해서 예수 그리스도 안에서 자신을 계시하셨다는 통찰이 해석학적 원리가 되었다. 융엘(Eberhard Jüngel)이 지적한 대로 전자의 공리가 자연신학적이며 변증적인 성격의 것이라면,[31)] 후자의 통찰은 성서 본문은 스스로를 해석한다는 종교

---

28. Ibid., p. 721.
29. Ibid., pp. 722ff.
30. Ibid., p. 731.
31. Eberhard Jüngel, ***Barth-Studien***, Ökumenische Theologie 9(Zürich and

개혁자들의 해석학의 원리를 반영한다고 할 수 있다. 바르트는 이 후자의 원리를 자유주의 신학 뿐만 아니라 성서해석의 조건과 방법론에 대한 철학적 성찰(예를 들면 슐라이어마허, 불트만, 에벨링 등의)에 대항하기 위하여 사용하였다.

성서 본문의 주제 자체가 우리에게 알려지도록 해야 한다는 것은 누구나 동의하는 성서해석학의 원리이다. 그러나 바르트가 다른 해석자들과 다른 점은, 자신이 모든 참된 성서적 해석의 가능한 결과를 알고 있다고 주장했다는 점이다. 즉, 그것은 로고스(말씀) 안에서의 하나님의 자기계시에 대한 순종적 증언이라는 것이다. 성서해석자가 성서로부터 읽어내야 할 유일한 내용을 이처럼 단적으로 규정하는 것에 반대하여, 불트만은 성서의 텍스트가 우리에게 무엇을 말하는지를 알기 위해서는 성서해석에 참여해야 한다고 주장했다. 불트만에게 있어서 하나님과 인간 사이의 연결점은 해석학적 과정 그 자체였다면, 바르트는 성서 텍스트에 의해 증언된 하나님의 계시라는 실증적인 사실과 더불어 시작한다.

텍스트는 읽혀질 때에만 비로소 무엇인가를 증언하기 시작한다. 따라서 우리는 텍스트 해석의 과정 자체에 참여하지 않는다면, 우리가 어떻게 바르트의 해석적 경험을 통제할 수 있는지를 물어야 한다. 이 해석 과정에의 참여는 이데올로기적 왜곡이나 교의학적인 선규정을 비판적으로 극복할 것을 요구한다. 성서 본문의 의미를 파악하기 위한 지름길은 없다. 텍스트가 이해되어지기 위해서는 먼저 해석되어야 한다. 따라서 바르트 자신의 해석학적 경험의 보편화가 정당한 것인지를 알아

Köln : Benzinger, and Gütersloh : Gerd Mohn, 1982), p. 94 ; W. G. Jeanrond, *Theological Hermeneutics*, pp. 133-134.

보려면 우리는 텍스트 자체를 통한 먼 길을 가야만 한다. 이러한 지속적인 검증이 없다면 예수 그리스도 안에서의 하나님의 자기계시라는 바르트의 성서해석의 기준은 본회퍼가 말한 대로 단순히 실증주의적인 것이 될 것이다.[32]

이와 연관하여, 또한 바르트는 형식적인 언어학적 문제에 관심을 기울이지 않았다는 사실이 지적되어야 한다. 슐라이어마허와는 달리 그는 인간의 의사소통의 차원이나 본문에 대한 잘못된 이해의 문제를 다루지 않았다. 왜냐하면 그는 언어가 어떻게 기능하는지에 대한 성찰에 관심이 없었기 때문이다. 슐라이어마허에 관한 바르트의 강의는 슐라이어마허의 문법적 해석과 심리적 해석의 양극적인 텍스트 해석이론으로부터 시작하지 않았다. 융엘은 바르트의 해석학이 계시의 해석학이지 의미작용(signification)의 해석학이 아니라고 정확하게 지적하였다.[33] 그러나 만약 우리의 언어의 매개와 그 매개의 때때로 애매모호한 의미작용의 과정을 거치지 않는다면 우리는 어떻게 하나님의 로고스에 관하여 말할 수 있을까? 바르트는 텍스트의 해석을 위한 언어의 중요성과 성격과 함의를 간과하였다. 그는 자신이 그렇게 흠모하던 어거스틴처럼 기호학의 문제를 논구하지 않고, 자신의 특수한 해석학적 계시경험의 빛 안에서 전체적이고 보편적인 것을 해석하는 일을 목표로 삼았다. 그 자신의 관찰과 성찰과 전유에 의해서 바르트는 성서해석을 위한 신학적, 존재론적 공리를 수립하였다. 그러나 비판적 성찰이 없다

---

32. Dietrich Bonhoeffer, ***Widerstand und Ergebung : Briefe und Aufzeichnungen aus der Haft***, ed. Eberhard Bethge(Gütersloh : Gerd Mohn, 1980), p. 137.
33. Eberhard Jüngel, ***Gottes Sein ist im Werden : Verantwortliche Rede vom Sein Gottes bei Karl Barth***(Tübingen : J. C. B. Mohr [Paul Siebeck], 1976), p. 27 ; W. G. Jeanrond, Theological Hermeneutics, pp. 135-136.

면, 이러한 공리는 우리 자신의 독해를 선규정하는 교의학적인 도그마가 될 뿐이다.

바르트의 위대한 업적은 성서 텍스트의 신학적 메시지에 우리의 주의를 돌린 것이다. 그러나 그는 어떻게 오늘날 우리가 이 메시지를 드러낼 수 있는지, 어떻게 우리가 이 텍스트를 읽어야 하는지, 어떻게 우리가 성서해석에 있어서 정당한 다원성(plurality)이 있을 수 있다고 하는 주장에 대처해야 하는지에 대하여 도움을 주지 못한다.[34] 바르트는 자신이 가지고 있는 특수한 유럽 중심적인 신학의 본성에서 잘 드러나는 바처럼, 독해의 맥락이 문화적으로 조건지어진다는 일반적인 문제도 언급하지 않았다. 더욱이, 이 세상에서의 성령의 활동에 대한 그의 언급은 왜 성서 텍스트를 연구하기 위한 가장 적절한 방법에 대한 우리의 비판적 성찰을 배제해야 하는가?[35]

텍스트에의 접근의 전제와 전이해에 대한 열린 논의는 이 텍스트에 대한 우리의 이해를 결정(determine)하는 것이 아니라 조건짓는(condition) 것이다. 그리고 해석의 조건들에 대한 우리의 논의가 참으로 개방적인 논의가 될 때, 우리는 왜 하나님의 영이 바로 그러한 논의를 통하여 우리를 성서의 진리에 관한 더욱 깊은 인식에로 인도하실 수 없다고 말해야 하는지 이해할 수 없다. 하나님과 세상 사이의 근본적인 차이에 대한 자신의 전이해와 전제로 인하여, 바르트는 자신의 신학적 해

---

34. S. W. Sykes, "Barth on the Centre of Theology," in S. W. Sykes, ed., *Karl Barth : Studies of His Theological Method*(Oxford : Clarendon Press, 1979), pp. 393f.
35. R. D. Williams, "Barth on the Triune God," in Sykes, ed., *Karl Barth : Studies of His Theological Method*, pp. 147－193 ; W. G. Jeanrond, *Theological Hermeneutics*, p. 136.

석학을 위한 적절한 텍스트 해석 이론과 세계 해석 이론을 발전시키지 못하고, 오히려 해석에 있어서의 다원적인 전이해와 전제의 정당성을 말하는 오늘날의 해석학적 접근들을 향한 논의를 처음부터 차단시키려고 하였다.

이와 아울러 지적되어야 할 점은, 역사비평적 방법의 필요성과 정당성에 대한 바르트의 인정은 실제적(de facto) 또는 실질적인 것이라기보다는 원리적(de jure) 또는 명목적인 것이라는 점이다. 왜냐하면 그가 실제로 수행한 성서해석은 대부분의 경우 역사비평적 연구 과정과 절차를 외면하거나 우회한 채 연역법적이고 계시실증주의적인 신학적 사고로부터 이루어지고 있기 때문이다. 이러한 의미에서 바르트는 결과적으로 역사와 신학, 이성과 신앙, 문자와 영을 다시금 분리시키고, 사실상 계몽주의 시대 이전의 전 비판적인 교의적, 형이상학적 성서해석학으로 회귀했다는 비판을 받을 만하다.

오늘날의 탈근대적인 해석학적 전망은 역사적 사고와 신학적 사고, 비판적 이성과 신뢰의 신앙, 문자와 영, 의미작용과 신학적 상상력 사이를 정당하게 조화시키고 결합하는 통전적인 성서해석학을 요구한다. 바르트처럼 하나님의 말씀이 인간의 말을 통하여 기적적인 사건으로 들려진다고만 말하는 것은 충분치 못하다. 계시와 하나님의 말씀이 인간의 경험과 말을 통하여 들려지는 것은 비정상적이고 예외적인 사건이 아니라, 지극히 정상적이고 당연한 일이다. 역사비평적인 접근은 단지 예비적인 것이며, 하나님의 말씀은 본질적으로 성령의 감동을 통한 신학적, 신앙적 접근에 의해서만 들을 수 있다고 말하는 것은 진실의 전부가 아니다. 왜냐하면 하나님의 말씀은 역사비평을 배제하거나 우회 또는 초월함으로써 성령의 감동을 통하여 들려지는 것이 아니라, 역사비평과 해석학적인 접근을 포괄하는 모든 이해의 과정을 통하여 들려지기 때문이다. 신학적 해석학은 역사비평과 같은 것도 아니지만 역사비평과 동떨어져서 일어나는 기적도 아니다. 성령의 역사와 비평적 해석의 과정은 상호 배타적일 필요가 없다. 성령의 역사는 올바르게 수행되는 역사비평적이고 해석학적인 모든 과정을 포함하며, 또한 그러한 과정이 올바르게 진행되도록 인도한다.

오늘날 인간 존재와 이해의 역사성에 대한 충분한 인식에 근거한 탈근대적인 해석학적 이해와 해석의 접근은 기독교 성서해석학의 방향을 위하여 중요한 함축적 의미를 제공해 주고 있다. 이러한 탈근대적 해석학적 전망에서 볼 때, 성령의 역사(役事)는 인간의 역사성을 무시하지 않으며, 따라서 신학적 해석학은 인간의 전이해의 구조와 언어의 의미 작용에 대한 성찰을 간과하거나 우회하는 방식으로 수행되어져야 할 근거가 없다. 신학적 해석학은 인간의 전이해와 상황적 맥락의 다원성으로부터 오는 해석의 정당한 다원성을 거부하는 것이 아니라, 오히려 그것을 가능케 하는 성령의 해석학을 발전시켜야 한다. 또한 계시와 성령의 이름으로 주장되는 계시실증주의적이고, 절대적이고, 순수 객관적인 언어란 실제로는 역사 내에 존재하지 않는다. 따라서 성령의 해석학은 언어의 모호성의 문제로부터 면제되어 있지 않으며 기호학, 의미론, 문학비평 등의 언어학적 연구 과제들과 지속적으로 씨름해야 한다.

6 바르트, 불트만 이후의 성서해석학

바르트와 불트만 이후 개신교의 성서해석의 입장에는 대체로 크게 세 가지 흐름이 있어 왔는데, 제일 왼쪽에는 프로테스탄트의 신앙원리와 극단적인 역사비평을 결합한 과격한 성서비판을 추구하는 진보적 진영이 있고, 제일 오른쪽에는 역사적 성서비판을 거부하고 성서를 축자적으로 믿는 전근대적인 근본주의나 보수주의의 진영이 있다. 그리고 이 두 진영 사이에 성서해석을 위한 역사적 비평 방법의 가능성과 정당성을 인정하고, 하이데거 이후 근대 해석학의 도움을 받아 현대의 신앙을 위해 결코 버릴 수 없는 성서의 본문들의 진술들을 이해하고 제시함으로써 오늘의 교회가 가야 할 길을 지시해 주고자 하는 입장들도 있다. 여기서는 한편으로는 성서의 진리성을 제시하려고 하되 근본주의적 문자영감설을 비판하며, 다른 한편으로는 극단적인 역사비평 또한 비판하고 전체적인 성서의 전통을 존중하고 그것을 교회의 교리적 전통과 연계시키려고 노력한다. 이러한 중도적 입장을 표방하면서 바르트, 불트만 이후 이들의 견해를 조화, 통합하고자 하는 이른바 '신해석학' 을 추구하는 대표적인 신학자들로서 푹스(Ernst Fuchs)와 에벨링

(Gerhard Ebeling)이 있으며, 그 외의 주목할 말한 신학적 해석학을 전개하고 있는 바르트, 불트만 이후의 독일 신학자로서 오트(Heinrich Ott) 등이 있다.

I. 신학적 언어론으로서의 에벨링과 푹스의 신해석학

오늘날 바르트, 불트만 이후에 푹스와 에벨링 등에 의해 대표되는 해석학적 운동을 지칭하는 용어로 통용되고 있는 '신해석학' 은 철학적으로는 후기 하이데거의 언어철학에 의해 영향을 받았으며, 신학적으로는 언어에 대한 이러한 철학적 이해를 하나님의 말씀에 대한 종교개혁적 이해와 결합시키고 있다. 이 신해석학의 논의에는 독일의 신학자들뿐만 아니라 제임스 로빈슨(James, M. Robinson), 존 딜렌버거(John Dillenberger), 로버트 풍크(Robert W. Funk), 존 캅(John B. Cobb, Jr.) 등과 같은 미국의 신학자들도 참여했는데, 로빈슨과 캅은 1962년 미국의 드류 대학교에서의 신해석학 대회의 논문들을 「신해석학」(*The New Hermeneutic*)[1]이란 제목으로 출판하였다.

푹스와 에벨링은 불트만을 따라 해석학의 과제가 하나님의 말씀의 신학을 위하여 봉사하는 데 있는 것으로 이해한다. 이들은 해석학을 성서 본문에서 오늘날의 선교적 선포에 이르는 하나님의 말씀의 흐름을 이해하는 이론으로 정의한다. 성서 주석과 해석의 목적은 오늘날에 하나님의 말씀을 선포하는 데 있다. 따라서 말씀을 구술(口述)로서 전하는 것이 중요하다. 말씀은 하나의 '음향 효과를 내는 사건' (acoustical

---

1. James M. Robinson and John B. Cobb, Jr., eds, *The New Hermeneutic. New Frontiers in Theology* II(New York : Harper & Row, 1964).

event)이다.

이들에 의하면 신학의 영역에서 해석학은 '신앙의 언어론'이다. 이들은 언어문제에 집중적인 관심을 기울이면서, 해석학을 모든 지식 및 존재 영역을 포괄하는 근본적인 이해론으로 규정한다. 여기서 이해란 그저 말들에 대한 성찰이 아니고, 오히려 말들을 통한 하나의 사건으로서 이룩되는 것이다.[2] 복음은 하나의 말 사건(word event)이다.

푹스와 에벨링은 여러 가지 측면에서 같은 생각을 가지고 서로 협조했지만, 그들의 길은 다소 달랐다. 푹스는 특히 후기 하이데거의 언어철학의 관점에서 불트만의 해석학 프로그램을 수정하려고 하였으며, 에벨링은 하이데거의 언어철학과 루터의 말씀의 신학을 종합하려고 하였으며 가다머의 해석학과의 대화도 시도하였다.

1. 에른스트 푹스

푹스의 해석학은 두 가지 관점에서 특징지워진다. 첫째로 그는 성서본문은 본문 분석을 위한 모든 학문적, 역사적 노력들에 앞서서 이미 그 자신의 말씀을 가지고 있으며, 또 (비판적으로) 말한다는 사실로부터 출발한다. "이 본문이 이전에 무엇을 말하려고 했는지를 역사적인 원거리에서 질문하기 이전에, 우리는……본문이 바로 말을 해준다는 것, 즉 본문이……오늘날에도 여전히 말하고 있는 그 현상을 알아야만 한다. 왜 그런가? 그것은 이 본문이 삶을 '변화시켜' 주기 때문이다."[3]

---

2. Gerhard Ebeling, "Word of God and Hermeneutics," in *Word and Faith*, trans. James W. Leitch(London : SCM, 1963), p. 319.
3. Ernst Fuchs, *Marburger Hermeneutik*, 1968, p. 34 ; Peter Stuhlmacher, *Vom Verstehen des Neuen Testaments : Eine Hermeneutik*(Göttingen :

둘째로, 푹스는 역사적, 분석적 탐구를 통하여 본문 자체가 생겨났던 이전의 장소로, 그 본문이 논증하며 위로하며 무엇을 실행하고자 했던 어떤 증언의 말씀으로서 생겨났던 그 곳으로 들어가야 한다고 주장한다. 그는 이것을 '해석학적 상황'(hermeneutische Sutustion)에 대한 상환 요청이라고 부른다. "본문을 해석하는 사람은 그 본문 자체를 통해서 그 본문이 자기의 편에서 경과나 대립들을 보고 있는 그 곳으로, 그 본문이……투쟁하며 어떤 사건 속으로 침투해 들어가는 그 곳으로 인도되어야만 한다……."[4)]

푹스에 따르면 성서의 본문은 하나님의 음성이 들렸던 그 곳에서 생겨났다. 그 이유는 하나님의 말씀이 우리를 통하여 계속 말해지기를 원했기 때문이다. 이 본문은 예수의 명예 가운데 있는 하나님의 능력을 우리에게 지시해 주고자 한다. 역사로부터 열려지는 참된 인간 존재의 가능성에 대하여 불트만이 제기했던 옛 질문은, 이제 푹스에게서 심화되고 전도(顚倒)되어서 본문 자체로부터 인간에게 향해지는 하나님의 질문이 되었다.

하이데거의 전기의 실존주의 철학을 자신의 실존론적 해석학에 적용했던 불트만과는 달리, 푹스는 후기 하이데거의 언어철학을 자신의 신학적 해석학에 적용하였다. 불트만의 주요 관심이 인간이 어떻게 자신의 실존의 본래성(authenticity)을 성취할 수 있는가 하는 것이었다면, 푹스의 주된 관심은 인간이 어떻게 다시금 존재의 언어를 들을 수 있는가 하는 것이었다.

하이데거에 따르면 언어는 존재에 관하여 말하며, 따라서 우리는 존

Vandenhoeck & Ruprecht, 1979), p. 193.

4. Fuchs, op. cit., pp. 36－37 ; Stuhlmacher, op. cit., p. 193.

재의 부름을 들어야 하며 그것에 응답하여야 한다. 언어는 무엇에 대한 기표(記表, signification)로서의 기호학적인 성격으로만 충분히 정의될 수 없다. 언어는 존재 자체의 사건(Ereignis)으로서 기술되어야 한다. 본래적인 실존은 언어를 통한 이러한 존재의 부름을 듣고 응답하는 곳에서 생겨난다. 하이데거는 시어(詩語)가 우리들로 하여금 존재 자체의 목소리를 가장 잘 들을 수 있도록 해주는 최상의 표현이라고 보았다.

푹스는 불트만처럼 언어를 인간의 자기 이해의 객관화로서 보지 않고 하이데거를 따라 인간의 자기 이해의 구성적 요소로서 보았다.[5] 인간이 언어를 태어나게 한 것이 아니라, 인간이 언어로부터 태어났다. 인간은 본래 언어적 존재로 태어났고 부르면 대답하도록 되어 있다. 인간은 존재의 부름에 응답하는 언어적 존재이다. 이 존재의 부름은 역사를 통하여 인간에게 온다. 왜냐하면 역사는 근본적으로 언어의 역사이고, 언어를 통해서 표현되도록 되어 있는 존재의 역사이기 때문이다.

하지만 인간이 언어를 박탈된 실존의 수단으로 만들었다는 사실은, 단지 인간이 표적을 벗어난 일상적인 삶 속에 존재하는데 익숙해졌다는 것을 증명할 뿐이다. 푹스는 예수의 사랑의 언어에서 본래적인 언어를 발견했다. 다시 말하면, 그는 본래적인 언어를 향한 하이데거의 탐구의 목표를 신약성서에서 증언된 기독론적인 경험에서 찾았다. 하나님의 말씀이 우리에게 임한다는 것은 참된 사랑의 언어, 즉 예수의 언어의 임재를 의미한다. 예수는 '언어 사건'(language event)이다. 따라서 그에게 있어서 해석학적 문제는 우리가 어떻게 신약성서의 본문 안에서 하나님의 언어를 올바로 '들을' 수 있는가 하는 것이었다. "따라

5. James Robinson, "Hermeneutic Since Barth," in *The New Hermeneutic*, p. 49.

서 우리는 어느 정도까지 우리의 정신적 활동과 우리의 시각이 들음에 의존하는지를 밝혀내야 한다. 이것이 해석학적 문제이다."[6)]

그러나 오늘날 언어는 너무 과학적인 관심에 의해 제한되어 있기 때문에 하나님의 말씀을 듣는 일이 매우 어렵다. 이러한 상황 속에서 신약성서는 우리의 언어를 회복시켜 준다. 신약성서는 그 자체가 해석학의 교과서이다. 그것은 신앙의 해석학, 즉 신앙의 언어를 가르치며, 우리로 하여금 이 언어를 사용하도록 격려함으로써 하나님과 친숙하게 되도록 한다.[7)] 푹스가 에벨링과 더불어 역사적 예수에 대한 새로운 탐구를 다시 시작해야 한다고 주장했을 때, 그것은 그들이 예수의 본래적인 언어, 즉 신앙의 언어에로 되돌아가야 한다고 생각했기 때문이었다.

푹스에 따르면, 우리의 해석의 규범은 설교이다. 텍스트는 하나님이 선포될 때 해석된다. 따라서 우리는 우리 자신에게 텍스트가 말하도록 허용하여야 하며 텍스트가 우리를 이끌고 가는 곳으로 텍스트와 함께 가도록 시도해야 한다. 그러나 이것은 일상적인 삶이다. 텍스트와 일상적인 삶과의 상호 작용 안에서 우리는 신약성서의 진리를 경험한다. 그런데 신약성서가 밝게 빛나면 빛날수록 일상의 삶은 더욱 어려워진다. 하나님은 하나님으로 남아 계시기를 원하신다.[8)]

바르트, 불트만, 푹스는 모두 성서 안의 하나님의 말씀을 현대인에게 선포하고자 하는 공통된 목적을 가지고 있었다. 하지만 그들의 해석학적 접근방식은 서로 달랐다. 바르트는 성서해석에 대한 어떠한 철학적

6. Ernst Fuchs, "The New Testament and the Hermeneutical Problem," in The New ***Hermeneutic***, p. 144 ; Fuchs, ***Hermeneutik***. 2nd edn(Bad Cannstadt : Müllerschön, 1958), p. 57.

7. Ibid., p. 141.

8. Ibid.

강요도 거부했다. 푹스는 적어도 이론적으로 슐라이어마허처럼 일반 해석학의 필요성을 인정했다. 그는 하이데거의 언어개념을 전유했으며 참된 언어를 존재론적으로 하나님의 말씀과 동일시했다. 그리고 그는 불트만처럼 신약성서가 실존적인 조건에서 나온 진술로서 오늘날 우리의 인간 실존을 위하여 해석되어야 한다고 주장했다. 성서는 단순한 문서가 아니라 실존적인 의미를 가진 텍스트이다. 이 텍스트에 대한 해석은 오늘 우리의 실존의 진리를 드러낸다.

그러나 이러한 차이점들을 제외하고는 푹스의 해석학은 바르트의 해석학과 일치한다. 하나님은 하나님으로서 선포되어지기를 원하신다. 그리고 텍스트 해석의 기반은 이 세계 안에서의 하나님의 자기계시에 대한 선포이다. 따라서 그는 올바른 해석학은 '신앙의 언어론' (Sprachlehre des Glaubens)이라고 말했다.[9] 푹스가 바르트의 해석학을 여러 면에서 비판한 것은 사실이지만, 그의 해석학은 대체로 바르트적이다. 즉, 그는 비록 일반 해석학의 필요성을 언급했지만, 그럼에도 불구하고 그의 주된 관심사는 해석의 신학적 본성에 기초한 실존적인 신앙의 해석학을 전개하는 데 있었다.

하지만 비평적 해석학은 텍스트 자체에 대한 철저한 신학적인 비평과 아울러 언어와 언어의 조건과 사용에 대한 비판적인 철학적 성찰을 요구한다. 푹스는 언어에 대한 하이데거의 존재론적 개념을 수용함에 있어서 그것에 내재해 있는 문제점에 대하여 무비판적이었다. 우리는 텍스트가 우리를 인도하는 곳으로 텍스트와 함께 가야 한다는 단순한 주장은 비평적 해석을 위한 만족할 만한 제안이 되지 못한다는 것을 안

---

9. Ernst Fuchs, *Glaube und Erfahrung : Zum christologischen Problem im Neuen Testament*(Tübingen : J. C. B. Mohr [Paul Siebeck], 1965), p. 135.

다. 푹스는 신약성서에 대한 오늘날의 독해는 우리의 일상의 경험 안에 견고하게 뿌리내려야 한다고 올바로 보았다. 그러나 그는 우리가 일상의 경험을 어떻게 가장 적절하게 이해하고 또 텍스트 자체를 어떻게 진정으로 비평적으로 해석할 수 있는지에 대해서는 충분히 성찰하지 못했다.

2. 게르하르트 에벨링

에벨링도 푹스처럼 후기 하이데거의 존재론적 언어이해의 영향을 받았다. 그러나 그는 푹스보다 더 분명하게 이 새로운 언어이해를 종교개혁 신학과 결합시키려고 하였다. 그는 성서해석에 있어서의 전통의 중요성에 깊은 관심을 기울였다. 그에 따르면 성서해석은 단순히 이 쪽의 해석자와 저 쪽의 성서 본문과의 사이에서 이루어지는 것이 아니라, 우리의 현재에 심대한 영향을 미치는 기독교 역사 및 교회사 전체와의 연관성 속에서 이루어지는 것이다. 교회사는 곧 성서해석의 역사이며, 해석은 새로운 역사적 상황에서 성서적 신앙 근거에 대한 책임성 속에서 수행되어져야 한다. 하지만 그는 종교개혁의 성서해석학의 역사적 한계성을 또한 인식하고 있었다. 그는 루터가 신학방법 자체에 대한 성찰을 하지 않았으며, 종교개혁가들이 전체적으로 초기 기독교와의 시간적 거리를 충분히 인식하지 못했다는 사실을 지적하였다. 따라서 그는 오늘날의 개신교 신학의 해석학적 문제는 어떻게 계시가 오늘날의 우리들과 동시대적인 것이 될 수 있도록 하느냐 하는 것이라고 보았다.[10)]

---

10. Gerhard Ebeling, "Word of God and Hermeneutics," in *Word and Faith*, pp. 331f.

에벨링은 믿음으로만(sola fide) 의롭게 된다는 종교개혁 교리가 이미 계시를 동시대적인 것으로 만들려는 지속적인 노력을 배제하는 원리를 그 안에 담고 있지만, 그러나 또한 그것은 이미 역사의 상황적 맥락 안에서 계시와의 개인적 차원의 만남에 대한 이해를 담고 있다는 것을 보여 주었다.[11] 하지만 에벨링은 그것이 자체의 언어적 본성에 대한 분명한 성찰을 결여하고 있다는 사실을 지적했다.

하이데거처럼 에벨링은 언어를 순전히 도구적인 것으로 보는 견해를 거부했다. 이러한 견해에 있어서는 언어의 사건적 성격이 상실된다. 그러므로 언어의 근본적인 본성이 회복되어야 한다. "이해의 영역에 있어서 가장 우선적인 현상은 언어에 대하여(of) 이해하는 것이 아니라 언어를 통하여(through) 이해하는 것이다."[12] 하이데거는 언어의 부름에 대하여 말하였으며, 에벨링은 모든 언어 사건의 깊이의 차원에 대하여 말했다. 그는 모든 언어 사건 안에 하나님이란 단어에 의해 지칭되는 깊이의 차원, 즉 모든 실존하는 단어의 근원으로서의 감추어져 있고 암묵적인 말씀사건(word event)이 있다고 보았다. 불행하게도 오늘날 이 기본적인 인간 실존의 상황은 더 이상 대중적인 인식의 부분이 되지 못하고 있다. 그 결과 하나님에 대한 말이 사적인 담론의 게토화된 영역에서만 일어나며, 그러한 언어에 참여하지 않는 사람들에게는 언어적으로 문제가 있는 것으로 나타난다. 그러나 에벨링에 따르면 언어에 대한 올바른 이해의 기준은 역사 속에서 구원의 효력을 가져오며, 언어의 선물을 지속적으로 제공해 주며, 우리로 하여금 말을 잃게 만드는 힘보다 더욱 우월한 권위를 가진 하나님의 말씀에 있다.[13]

---

11. Ebeling, "The Significance of the Critical Historical Method for Church and Theology in Protestantism," in Ebeling, *Word and Faith*, p. 56.
12. Ebeling, "Word of God and Hermeneutics," in *Word and Faith*, p. 318.

성서는 이 보편적인 언어 사건을 증언한다. 그러나 성서가 이 사건과 동일시되어서는 안 된다. 성서적 전통에 따라, 하나님의 말씀은 시대에 뒤떨어진 것이 아니라 끊임없이 스스로를 새롭게 하는 말씀사건으로서, 특별한 관심에 의해 닫혀진 영역을 창조하는 것이 아니라 세상을 개방하는 말씀사건으로서, 그리고 획일성을 강화하는 것이 아니라 언어적으로 창조적인 말씀사건으로서 이해되어야 한다.[14)]

에벨링은 하나의 '신학적 언어론'(Theologischen Sprachlehre)을 내세웠는데, 그에 의하면 참된 기독교적 언어와 선포는 예수 안에서 우리가 삶의 근원 앞에 서 있게 되는 그런 장소로 우리를 소집한다. 그러므로 성서해석학에서 중요한 것은 눈앞의 본문과 전승에 대한 이해만이 아니라, 성서 본문과 해석자 그리고 해석 전통 사이에 본문의 주제(die Sache)에 대하여 의사소통(Einverst ndnis)이 이루어지는가 하는 것이다.

에벨링에 따르면 말하기와 듣기는 어떤 사태의 보충적인 측면들이다. 말하기는 원칙상 듣도록 정리되어 있고 듣기는 말하기를 위해 정리되어 있다. 언어과정의 상호 보충적인 이 두 측면은 언어와의 구체적인 교섭에서 서로 관통하게 된다. 말하는 자와 듣는 자는 단순히 그 사이에서 언어가 탄도를 그리며 정보를 수송하는 발사대와 표적 범위처럼 자리매김하지 않는다. 언어가 말하는 자와 듣는 자를 같은 장소에 회집시킨다. 언어의 이해에서는 말하는 자와 듣는 자가 서로 이해하기를 배우며, 결국에는 의사소통과 일치(Einvernehmen)에 도달하게 된다.[15)]

---

13. Ebeling, "God and Word," in David E. Klemm, ***Hermeneutical Inquiry***, vol. Ⅰ : ***The Interpretation of Texts***(Atlanta : Scholars Press, 1986), p. 217.
14. Ibid., p. 218.
15. Ebeling. ***Einführung in Theologische Sprachlehre***, 1971, pp. 197–198 ; Stuhlmacher, op. cit., p. 195.

이제 이해의 문제는 본질적으로 근원적인 청취의 문제와 관련된다. 에벨링에게 있어서 하나님의 말씀을 우리에게는 낡아버린 옛날의 성서시대의 표상과 속박으로부터 풀어내는 일 대신에 중요해지는 것은 지속적으로 의미심장한 성서적, 기독교적 언어 전통을 오늘의 이해 가능성을 위해서 개봉하는 것이며, 또한 역으로 오늘 여기서 듣는 자(그리고 신학을 하는 자)가 기독교적 사고 및 언어 전통에 관여하는 일이다. "신학은 (신학에 앞서 있으며 신학과 독립해서 진행 중에 있는) 기독교 신앙의 전승사건과 관련되어 있으며, 그 신앙이 언제나 새로운 상황과 언어 공간 안에 들어감으로써 신앙 자체의 의도대로 동일하게 머물러 있도록 하는 책임을 지고 있다. 따라서 신학의 과제는 전체적으로 해석학적인 성격을 갖는다."[16] 에벨링에게 있어서 기독교의 신앙 내용은 실제로 현대의 생활 경험 및 현실성 경험의 맥락 안에서 제시될 때 비로소 교의적으로 이해될 수 있게 해석되는 것이다.

하지만 실제에 있어서 에벨링의 해석학은 현대 상황과의 변증법적인 관계에 열려 있다기보다는 하나님의 언어사건으로서 텍스트가 말하는 바를 신앙 안에서 듣고 수용하기 위한 일방적인 동의의 해석학에 가깝다. 그에 따르면, 해석학으로서의 신학의 목적은 언제나 텍스트 해석의 행위에 있어서 하나님의 말씀이 자유롭게 역사하도록 새롭게 길을 열어 주는 데 있다. 해석은 말씀의 정상적인 기능이 방해를 받을 때마다 요청되는 것이다. 따라서 해석의 목적은 바로 말씀 스스로가 이해를 매개하는 것을 방해하는 장애물을 제거하는 것 외에 다른 것이 아니다.[17] 해석학적 신학의 과제는 인간을 하나님의 말씀에 대하여 더욱 응답적

---

16. Ebeling, ***Studium der Theologie***. Eine enzyklop dische Orientierung, UTB 446, 1975, pp. 172–173 ; Stuhlemacher, op. cit., p. 196.
17. Ebeling, "God and Word," David E. Klemm, op. cit., p. 219.

이고 더욱 책임적으로 만드는 것이다. 이 과제는 하나님께서 이미 말씀(Word) 안에서 우리에게 말씀(address)하셨다는 사실을 우리가 인식하고 있는가 그렇지 못한가에 대한 비판적인 평가를 요청한다.

에벨링은 바르트와는 달리 해석학의 문제에 관하여 신학과 철학이 밀접하게 대화해야 할 필요성을 인식하고 변호했다. 그리고 동시에 그는 종교개혁으로부터 물려받은 개신교 신학의 해석학적, 방법론적 문제들을 중요하게 생각했다. 하지만 그는 철학적 해석학과 신학적 해석학 사이의 창조적인 긴장관계를 발전시키지는 못했다. 그는 이 두 가지 해석학의 근거를 모두 종교개혁적인 하나님의 말씀의 신학전통 안에 자리매김했다. 그는 인간의 의사소통과 텍스트 해석의 해석학적 함의에 대한 비평적인 성찰과 신학적 사고의 해석학적 본성에 대한 비평적 성찰을 생산적인 변증법적 관계성 안에 자리매김하지 못했다. 그는 이 변증법을 개신교의 말씀의 신학전통의 관점에서 그 자신의 신학적 종합을 통하여 지양(止揚)하였다. 만일 이 전통이 아무런 비평적 물음 없이 받아들여진다면, 에벨링의 종합은 신학을 위한 최선의 해석학적 해법이 될 것이다. 그러나 만일 말씀의 신학전통과 그 특수한 해석학적 전제들까지도 비평적으로 검증되어야 한다면, 에벨링의 해석학적 원리는 좀더 비평적으로 진술되어져야 할 것이다.[18)]

에벨링은 말씀의 계시를 받아들일 신앙의 준비만 되어 있다면 말씀의 계시가 역사할 것으로 믿었기 때문에, 신앙의 맥락 밖에서의 성서해석의 가능성은 고려하지 않았다. 그에게 있어서 유일한 참된 해석학적 상응은 말씀과 신앙 사이에서만 일어난다.[19)] 그 결과 해석학은 신학의

---

18. Werner G. Jeanrond, *Theological Hermeneutics*(New York : Crossroad, 1991), p. 156.
19. 그의 3권의 해석학 저술의 제목은 「말씀과 신앙」(*Wort und Glaube*)이다. *Wort*

한 기능이 되며, 텍스트와 해석 사이의 변증법적인 관계성과 그 함의에 대한 성찰을 목표로 하는 자율적인(적어도 시초적으로는) 학문 분야로서의 자리를 가질 수 없게 된다. 에벨링은 철학적 해석학의 논의를 자신의 특수한 신학적 전통(말씀의 신학) 안에 종속시켰다. 다시 말하면, 그는 해석학적 문제들에 대한 간학문적 성찰을 위한 노력을 포기하고 자신의 특수한 신학적 전통에 의해 결정되어진 해석학적 요구에만 집중하였다. 그에게 있어서 자신의 신학적 해석학의 지평, 즉 말씀의 신학 전통은 전혀 해석학적 의혹의 대상이 되지 않았다. 그래서 그는 "이해에 관한 신학적 이론으로서의 해석학은 하나님의 말씀론이다."[20] 라고 말했다. 그는 해석학의 비평적 기능을 인정했으나 자신의 말씀의 신학 전통 자체는 비평적 대상에서 제외하였다.

3. 신해석학에 대한 평가

에벨링과 푹스에게 있어서 해석학은 중립적 혹은 세속적인 성찰 방법이 아니라 이미 신학적인 것이다. 로빈슨이 지적한 바와 같이 그들의 해석학은 "우리 시대를 위한 성서의 의미 진술로서의 기독교 신학과 공동 경계선에 접하고 있다."[21] 이들의 신해석학은 새 신학이라고 할 수 있다. 여기서 신학적 해석학은 인간의 언어 세계에서 다시 사건화되고 있는 하나님의 말씀에 대한 교설이며, 또한 성서의 본문이 설교가 되는 과정, 즉 하나님의 말씀의 새로운 언어적 사건 과정에 대한 성찰인 것

---

und Glaube, 3 vols(Tübingen : J. C. B. Mohr [Paul Siebeck], 1960 – 75).

20. Ebeling, "Word of God and Hermeneutics," in ***Word and Faith***, p. 323.

21. James M. Robinson and John B. Cobb., Jr., ed. ***The New Hermeneutic. New Frontiers in Theology***, vol. II. p. 6.

이다.

이들은 성서의 본문 안에 인간의 실존 이해가 들어 있다고 보고, 자신의 실존을 이해하기 위한 전이해와 질문을 가지고 성서 본문 안으로 들어가야 한다는 불트만의 실존론적 해석학을 넘어서서 언어 사건적 이해에로 나아간다. 이것은 마치 하이데거의 철학이 실존주의에서 존재론으로 전향한 것과 유사하다. 다시 말하면, 언어를 실존과 더불어 주어진 이해의 부차적인 객관화라고 보는 실존주의자의 현존재(Dasein, being-there) 분석으로부터, 인간의 언어가 존재의 원초적, 비객관적 음성이라고 보는 인간 이해로 전향한 것과 병행된다는 것이다.[22)]

에벨링과 푹스의 신해석학은 신학적 언어론의 해석학이라고 불리어질 수 있다. 신학적 언어론으로서의 신해석학의 한계와 문제점에 대한 평가는 두 가지 관점에서 제시될 수 있다. 첫째는 신학적 '언어론' 의 문제이다. 이들은 후기 하이데거의 존재론적 언어 이해에 근거해서, 하나님의 말씀의 해석학적인 매개로서 선포의 말씀을 강조하고자 하였다. 그러나 역사로서의 하나님의 말씀의 유효한 매개체로서 오직 '언어 문제' 만을 내세울 수 있는지 의문의 여지가 있다. 다시 말하면, 역사와 역사적 사건이 언어사건으로 환원되고 해소될 수 있는가 하는 의구심이 있다. 브라텐이 지적한 것처럼 우리는 예수를 한낱 '언어사건' 으로 보고, 그리고 예수의 인격의 의미도 다른 사람에게 영향을 주는 그의 '언어의 힘' 과 동일시 할 수 있는지를 의심하지 않을 수 없다. 예수의 역사의 결정적인 사건들은 단지 '언어사건' 이기보다는 언어를 창조한 사건들이 아닌가? 여전히 불트만과 바르트의 실존주의적 한계를 벗어나지 못하고 있는 이들의 해석학은 하나님의 계시로서의 역사를

22. 칼 브라텐, 채위 역, 「역사와 해석학」(서울 : 대한기독교서회, 1969), p. 180.

언어사건으로 환원함으로써, 보편적이고 객관적인 현실로서의 역사적 지평을 상실하고 있다.

둘째는 '신학적' 언어론의 문제이다. 푹스와 에벨링은 철학적 해석학과 신학적 해석학 사이의 변증법적 관계를 유지하기보다는, 신학 내적인 해석학, 즉 신앙의 해석학을 제안하였다. 그들은 하이데거의 철학적 해석학으로부터 도움을 받았지만 개신교의 특수한 말씀의 신학전통에 그것이 도움이 되는 한에서만 그러했다. 그들의 신학적 해석학의 목적은 신학적 사고를 위한 보다 적절한 인식론적 기초를 수립하기 위한 것이 아니라, 올바른 설교를 촉진시키기 위한 것이었다고 할 수 있다. 따라서 하이데거의 철학, 특히 그의 존재론적인 언어 이해와 유사점이 있었지만, 신해석학은 해석학 자체의 발전에는 별다른 공헌을 하지 못했다. 신해석학은 하이데거의 언어철학에 대하여 매우 비판적이었던 1960년대의 언어학 논의나 해석학 전통에 대한 새로운 비평적 논의(리쾨르, 하버마스, 바르테스, 푸코, 데리다)에 참여하지도 않았다. 따라서 많은 가치있는 신학적 통찰력을 지녔음에도 불구하고, 신해석학은 불트만보다는 바르트와 더 많은 공통점을 가졌으며, 대체로 신정통주의 신학의 한계 안에 머물러 있었다.[23)]

Ⅱ. 오트의 해석학적 교의학

푹스와 에벨링이 바르트(또는 후기 하이데거)의 입장에서 불트만(또는 전기 하이데거)을 극복하려고 했다면, 바르트의 제자이며 그의 교수직을 물려받은 오트는 불트만의 실존론적 인간 이해의 요청을 수용하면서

23. Jeanrond, op. cit., p. 158.

하나님의 말씀의 교의학을 세우려고 시도한다. 만일 교의학의 관심사가 하나님의 말씀의 진리 자체에만 있는 것이 아니라 인간 영역 안에서의 하나님의 말씀의 이해 가능성과 설교 가능성에 있다면 교의학은 (불트만이 이해한 바와 같은) 해석학적 과제를 포함하고 있다. 오트는 존재론적 질문과 연관된 해석학적 질문에 관심을 기울였던 불트만과, 교회의 설교를 검증하기 위한 교의학의 준거가 되는 하나님의 말씀을 듣기 위해 전념했던 바르트의 입장을 조화시킬 수 있다고 믿고 있다.

오트에 있어서 교의학은 본질적으로 해석학적 기능을 수행한다. 다시 말하면 교의학의 주요 과제는 과거의 성서에서 오늘의 설교에 이르는 운동을 원활하게 하는 데 있다. 오트의 관심은 성서 본문을 어떻게 오늘의 교회의 설교로 연결시킬 수 있는가에 있다. 교의학은 설교를 성찰하는 기능을 가지고 있으며, 설교자를 위한 설교이다.[24] 순수한 설교는 성서의 메시지와 현대의 인간 실존 사이에 가로놓인 괴리를 연결시키면서 이해의 행동을 가능케 할 수 있는 선포이다. 오트는 성서 본문의 이해 지평과 현대 상황에서의 설교를 위한 이해 지평 사이의 연속성을 표현하기 위해서 '해석학적 아치'(hermeneutic arch)라는 용어를 사용한다. 하나의 해석학적 아치가 성서의 본문에서 오늘의 설교에까지 뻗어 있다. 그것은 케리그마와 케리그마에 대한 이해 사이의 아치이다. 본문과 설교 사이에는 단 하나의 이해 행위, 즉 단 하나의 해석학적 과정의 연속성이 있다.[25] 따라서 성서 주석학과 조직신학, 그리고 실천

24. Heinrich Ott, ***Theology and Preaching***, trans. Harold Knight(The Westminster Press, 1965), p. 21.
25. Heinrich Ott, "What is Systematic Theology?" ***Later Heidegger and Theology***, New Frontiers in Theology, edited by James M. Robinson and John B. Cobb, Jr., (Harper & Row, 1963), Vol I, pp. 79ff.

응용신학, 다시 말하면 본문의 이해, 주제 내용의 이해, 그리고 현대인의 설교 이해 사이에는 괴리가 없고, 그들 상호간에 연속성을 지니고 있다. 해석학적 아치는 본문에서 설교자의 언어로, 즉 본문에서 설교자의 실존과 신앙으로 이르는 일관된 이해 과정의 한 흐름을 표현한다.

여기서 교의학은 주석과 설교학, 곧 성서 본문과 현대의 설교 사이에 이르는 아치의 중간 지점에 서 있다. 다시 말하면, 교의학의 위치는 본문 자체의 주석에 관심하는 성서신학과 교회의 설교에 관심을 쏟는 실천신학 사이에, 곧 아치의 연속선의 중간 지점에 있다. 그런데 오트는 실존철학도 현대인의 구체적인 인간 실존의 상황을 이해하도록 도와줌으로써 이러한 아치의 연속성을 위하여 공헌한다고 본다. 순수한 설교는 인간의 순수하고도 실존적인 질문에 대한 해답을 주어야 한다는 것이다. 그는 기본적으로 (바르트를 따라) 해석학으로서의 교의학은 신학적 해석이어야 하며, 신학적 해석을 함에 있어서 특수한 철학적 전제들을 용납하는 일이 위험한 일이라는 사실을 인식하면서도, 또한 동시에 교의학(해석학)은 인간의 실존 이해를 위한 질문에 대한 답변도 제공해 주어야 한다고 주장하였다. 이 사실은 그가 불트만의 실존적 전이해의 개념을 받아들이는 방향으로 나아가고 있음을 보여 준다. 그리하여 오트의 동료 바르트주의자들은 그가 율법과 복음의 변증법을 전복시킨 바르트의 방법에 일관성 있게 충실하지 못하고 바르트를 배반하고 있다고 비난하면서, 그가 하이데거의 (전기) 사상 방향에서 움직이며, 또 불트만이 설정한 전이해에 근거한 해석학적 질문들을 받아들이면서 케리그마의 실존론적 해석에 호소하고 있다는 점에 바로 바르트의 사고방법을 깨뜨리고 배반하는 모든 징조가 있다고 비판한다.[26] 바르트는

26. 칼 브라텐, op. cit., p. 187.

율법과 복음의 변증법적 패턴을 부정했는데, 오트는 스승을 따르지 않고 설교는 인간의 참된 실존적 관심사에 해답을 주는 것이 되어야 한다고 주장함으로써 루터, 브루너, 틸리히, 불트만처럼 오히려 질문과 대답으로서의 상관관계 안으로 율법과 복음의 변증법적 원리를 수용했다는 것이다. 오트는 철학, 특히 실존철학은 복음 설교를 필요로 하는 인간들의 근본 문제를 파악케 하는 데 도움을 줌으로써 신학적 해석학을 위하여 유익한 공헌을 할 수 있다고 믿는다.

7 계시와 역사

I. 계몽주의에서 바르트와 불트만에 이르기까지

근대에 이르러 역사의식과 인간 실존의 역사성에 대한 인식이 강하게 대두되고, 역사가 인간의 주된 이해와 사고와 삶의 지평이 된 오늘의 시대 상황의 맥락 속에서, 역사라는 용어가 가장 중요하고 중심적인 기독교 신앙과 신학의 범주가 되고, 따라서 역사의 범주 안에서 역사적 의식을 가지고 기독교의 진리와 계시를 이해하고 변증하려고 시도하는 것은 결코 이상한 일이 아니다.

기독교 신앙의 본질을 역사적 범주와 관점에서 이해하고 변증해야 할 필요성에 대한 최초의 가장 강하고 명백한 인식은 19세기에 생겨났다. 18세기 계몽주의 시대의 합리주의의 지배를 극복하기 위한 시도의 하나로 나타난 역사주의는 헤르더에게서 시작되어, 헤겔과 쉘링의 독일 고전주의 관념적 역사철학, 폰 호프만 등에 의해 주도된 에어랑엔학파의 구속사 신학, 빌헬름 딜타이의 역사적 상대주의 철학, 그리고 에른스트 트뢸취에 의해 형성된 종교사학파 등을 통하여 수정, 변화, 발전되어왔으며, 오늘날에는 판넨버그에 의하여 보편사적 역사신학으로 전개되고 있다.

현대신학은 역사적 관심과 의식으로부터 시작되었다고도 말할 수 있다. 현대신학은 계몽주의 이전까지의 비역사적, 형이상학적, 그리고 도그마적 사고방식에 대한 저항과 그로부터의 탈출과 더불어 시작되었다. 칸트의 반형이상학적 인식론과 실천이성에 근거한 도덕철학과 윤리적 종교 사상은, 특히 리츨과 리츨학파에 큰 영향을 주었는데, 이들은 형이상학적 범주가 아니라 역사적 범주를 주요 신학의 주제로 삼고 '역사적 예수의 탐구'에 몰두하였다. 더욱이 성서 연구에 있어서의 역사비평적 탐구 방법의 발전은 성서 주석에 있어서의 획기적인 진보를 가져왔으며, 기독교의 신앙을 전통적인 도그마가 아니라 성서 안의 역사적 현실에 새롭게 정초시켜야 한다는 시대적 요청을 수행하기 위한 필수불가결의 도구가 되었다.

현대신학에 있어서 '역사'라는 개념은 신학의 중심적 범주로 기능하고 있지만, 특히 19세기에 있어서 '역사주의'라는 개념은 일반적으로 '실증주의적 역사주의'(positivistic historicism)의 의미로 이해되어져 왔다. 실증주의적 역사철학은 탐구의 영역을 관찰 가능하고 실험 가능한 사실의 문제들에 의해 구성되는 것으로서 여겨지는 실증적인 영역에 제한시켰다. 그리고 형이상학적이고 사변적인 물음을 배제하였다. 실증주의적 역사가들에게 있어서 역사적 해석이란 내재주의자의 진화론적 세계관과 자유주의적, 낙관주의적 진보 사상, 또는 자연과학의 실험적 방법론을 따른 객관적인 역사적 연구 방법에 의한 것이라고 생각되어져 왔다. 이러한 실증주의적 역사관에 따르면, 내적 통일성이라든가 목적론적인 방향성 같은 것들은 역사 안에서 규명될 수 없다. 역사는 단지 내재적 인과법칙이나 물리적, 과학적인 원리, 또는 설명 가능한 정치 · 경제사적인 역동성에 의해 진행되어 나아갈 뿐이다.

그러나 역사의 의미를 이처럼 실증주의적으로 환원시켜서 이해하여야 할 아무런 필연적 이유가 없다. 역사는 미래와 종말에 대하여 개방되어 있는 것처럼 초월적 차원에 대하여 열려 있어야 하며, 하나님의 계시 행위의 주된 무대와 장(場)으로서 정당하게 인식되어져야 한다. 또한 역사는 순수 객관적인 자연과학의 영역(사실상 순수 객관적인 자연과학의 영역이란 없다.)이 아니라, 객관적 현실과 주관적 해석이 결합되어 있는 해석학적 실재의 영역이다. 해석되지 아니한 순수한 가치 중립적인 역사란 존재하지 않으며, 객관적 사실성이 없는 해석이란 무의미하다. 따라서 역사적 사고와 신학적 사고는 서로 분리적이거나 배타적일 필요가 없으며, 오히려 불가분의 연관관계에 있다. 역사적 현실은 초월적 계시가 체현되는 장으로서 신학적 해석학과 상상력을 위한 사실적이고 경험적인 소여와 근거를 제공하며, 신학적 해석과 상상력은 역사적 현실 안에서만 초월적 계시에 관한 이해의 근거를 발견하게 된다. 왜냐하면 우리는 하늘에 있지 않고 땅 위에 있기 때문이다.

이미 19세기의 신학자들은 기독교 인식론 문제를 다룸에 있어서 계몽주의적인 역사 실증주의와 슐라이어마허적인 심리주의의 양쪽 극단을 중재시키려는 노력을 시도하였다. 에어랑엔 학파는 계시를 이해함에 있어서 역사적 방법과 심리적 방법을 비교적 잘 종합해 냈다. 이 학파에 따르면 '계시'는 역사에 나타난 객관적 사실과 종교적 경험의 영적 해석을 결합시키는 것이며, 따라서 이 두 가지 요소는 원의 한 초점이 아니라 타원의 두 초점과 같은 관계에 있다고 볼 수 있다는 것이다. 특히, 마틴 켈러와 아돌프 쉴라터는 성서의 구속사의 지평을 의인(義認)의 신앙 경험과 결합시키려고 하였다. "감각력(sensibility)이 없이는 그 어떤 대상도 우리에게 주어지지 않으며, 이해력(understanding)이 없이는 그 어떤 대상도 사고되지 않는다. 내용이 없는 사고는 공허하고, 개념이 없는 직관은 맹목적이다."[1] 라고 칸트가 말했듯이, 이들은 계시의 현실에 있어서 역사적 사실과 신학적 해석이 불가분리하게 결합되어 있음을 강조하였다. 마틴 켈러는 계시가 발생하는 역사적 사건들과의 관계를 떠나서 이해되어질 수 있다고는 결코 생각하지 않았지만, 또한 계시가 역사적으로 검증(verify)될 수 있다는 역사실증주의적인 사상을 거부하였다.[2)]

하지만 19세기의 전반적인 신학적 조류는 역사신학의 거장인 하르낙이나 트뢸치 같은 역사비평가들에 의해 지배되었다. 특히, 트뢸치가 이끄는 종교사학파의 비교종교학 연구는 교의학의 위치를 더욱 협소화시켰다. 역사 연구와 성서에 대한 역사비평적 접근으로 인하여 더 이상 성서와 계시를 동일시할 수 없게 되었을 뿐만 아니라, 성서의 메시지는 시대에 뒤떨어진 신화론적인 잔여(殘餘)로 여겨졌다. 따라서 기독교의 계시의 실재성에 대한 의문은 더욱 증폭되었다.

이러한 상황에서 20세기 초의 변증법적 신학은 역사실증주의적 역사주의의 입장에 대한 항거로서, 다시 말하면 역사로부터 계시를 구출하기 위해서 일어났다. 물론 이러한 항거가 촉발되게 된 배경에는 역사비평적 접근의 한계에 대한 인식이라든가, 세계대전 같은 역사적 사건들이 있었다. 바르트는 1916년 그의 친구 투르나이젠에게 보낸 편지에서 자신이 "순전히 역사적인 문제에 관하여 놀라울 만큼 무관심"해졌음을 토로하고 있다.[3)] 바르트의 역사 문제에 대한 무관심은 그의 초월적인 계시관에 잘 나타나 있다. 그는 "유한자는 무한자를 수용할 수 없

---

1. *Immanuel Kant's Critique of Pure Reason*, trans. by Norman Kemp Smith(London : Macmillan, 1956), p. 93.
2. Martin Kähler, *The So-called Historical Jesus and the Historic Biblical Christ*(Philadelphia : Fortress Press, 1964) 참조.
3. Karl Barth, *Revolutionary Theology in the Making : Barth-Thurneysen Correspondence*, 1914 – 1925, trans. by James D. Smart(John Knox Press, 1964), p. 36.

다"(finitum non capax infiniti)는 칼빈주의의 공리와, "영원과 시간 사이의 무한한 질적 차이"(infinite qualitative distinction between eternity and time)라는 키에르케고르의 명제를 역사 안에서의 계시를 부정하는 변증법적 원리로 전용(轉用)하였다. 그에 따르면, 계시는 탄젠트가 원에 접선하듯이 역사를 스치고 지나간다(실제로는 역사에 접촉하지 않는다). 역사 안에는 그 위에 신앙을 세울 만한 기초가 없다. 신앙은 진공(vacuum)인데 아래의 역사로부터 채워질 것은 없고 오직 위로부터 오는 계시에 의해서 그 내용이 채워진다는 것이다. 이처럼 바르트는 (특히 그의 초기에) 계시를 이른바 '원역사'(Urgeschichte)의 영역 안에 위치시켰다.

물론, 바르트가 「교회 교의학」을 저술해 가는 동안에 처음의 원역사 개념을 버리고 점점 더 전통적인 구속사 신학에 가까운 역사적 계시관을 향하여 나아간 것은 사실이다. 그러나 바르트의 신학 기획은 시종일관 신앙을 슐라이어마허의 종교심리학에서 구출함과 동시에, 계시를 역사주의자들의 역사철학의 굴레로부터 구원하고자 함에 있었다.

고가르텐, 브루너, 불트만 등의 이른바 변증법 신학자들도 역사와의 연관성을 부인함으로써 계시와 신앙의 자리를 확보하고자 한 점에 있어서 바르트와 같은 입장을 취하였다. 바르트가 '하나님의 말씀'으로서의 계시를 말했다면, 브루너는 '인격적 만남'으로서의 계시를, 고가르텐은 '나와 당신의 관계'로서의 계시를, 그리고 불트만은 '케리그마'로서의 계시를 말하였다. 초기의 바르트가 계시를 '원역사'라는 초월적이고 게토화된 영역 안에 자리매김 했다면, 불트만은 계시를 개별적 인간의 '역사성'(Geschichtlichkeit) 속에 있는 실존적 의미에 대한 자기 이해의 영역 안에서 파악하였다. 불트만은 신약성서에 대한 양식사 비판을 통하여 케리그마 신학을 강화하였는데, 그에 따르면 성서는 초대교회 신앙공동체의 삶의 자리에서 기록된 신앙고백의 문서로서 하나님의 구원행위를 증거한다는 것이다. 성서는 초대교회에서 선포되었던 복음 케리그마를 증거하며, 계시는 이 케리그마가 오늘의 교회의 설교 말씀을 통하여 선포되어질 때, 그 말씀 앞에서 인간이 자기 실존을 올바로 이해하고 비본래적인 실존에서 본래적인 실존으로의 결단을 감행함으로써 발생한다고 한다.

그러나 오늘날 바르트나 불트만의 신학은 역사의 영역에서 계시를 분리시킴으로써 계시를 구출해 내려고 했던 자들이라는 비판을 받고 있다. 이들에게 있어서 하나님의 말씀이나 케리그마로서의 계시는 철저히 역사와 이성과 분리되거나 대립되는 것으로서 이해되었다. 그러나 기독교 신앙과 신학은 과연 계시와 이성, 역사와 케리그마, 사실과 해석, 존재와 사유, 신앙과 종교를 이분법적으로 갈라놓고 대립시켜야 하는 것일까? 역사적 사실과 종교적 경험, 역사적 이성과 신학적 상상력을 통전적으로 통합시키는 기독교 인식론과 계시론의 전망은 불가능한 것일까?

Ⅱ. 판넨버그 : 역사로서의 계시

판넨버그는 바르트의 하나님 말씀의 신학과 불트만의 케리그마 신학 사이의 딜레마를 극복하기 위한 제3의 길로서, 다시금 역사와 종말론의 범주를 신학의 중심적인 주제로 새롭게 부각시키는데 성공한 신학자이다. 그는 역사와 괴리된 이원론적이고 배타적인 변증법적 신학자들의 계시관을 배격하였다. '하나님의 말씀' 의 선포가 역사적 사실에 근거하고 있지 않거나 역사적 현실에서 유리된 것이라면 그것은 공허하다. 마찬가지로 역사적 근거와 내용을 갖지 못한 케리그마는 허구에 불과하다. 판넨버그에게 있어서 기독교의 케리그마는 세계의 역사 현실 속에서 하나님께서 행하신 업적을 선포하는 것 이외에 다른 것일 수가 없는 것이다.

물론 판넨버그 이전에 오스카 쿨만, 알트하우스와 같은 구속사 학파 신학자들이 역사 안에서의 하나님의 계시를 강력하게 주장하면서, 기독교의 신앙이 탈역사화 되어지는 것에 대하여 경고해 왔다. 그러나 판넨버그는 구속사 신학이 계시와 역사가 어떻게 연관되는지 그 방법론을 제시하는데 실패했다고 본다. 그는 구속사 신학이 하나님의 구속사와 일반 역사를 이원론적으로 구분하고, 본질적으로 계시는 신앙의 영역에, 역사는 역사적 연구 방법에 속한다고 봄으로써, 계시와 역사, 신앙과 역사적 이성, 구속사와 일반사를 조화있게 상관시키는데 실패하였다고 비판한다.

판넨버그는 1961년에 그의 동료들과 함께「역사로서의 계시」라고 이름 붙인 심포지엄 책자를 출판하였다.[4)] 이 제목 가운데서 계시와 역사라는 두 단어를 연결시키는 '로서'(als)라는 연결사가 중요한 의미를 가지고 있다. 계시는 단지 역사 '안에서' 혹은 역사를 '통해서' 오는 것이 아니고 역사'로서' 온다는 것이다. 또한 계시는 역사 '위에' 있는 것도 아니다. 계시는 초월적 영역으로부터 역사 안으로 들어오는 어떤 초역사적 실재가 아니라는 말이다.

바르트나 불트만은 역사에 대한 과학적, 비판적 연구가 구속 사건에 대한 신학적 이해를 위한 여지를 남겨 두지 않는다고 생각하였다. 그들

---

4. 판넨버그와 함께 모임을 구성했던 젊은 신학자들은 Ulrich Wilckens, Dietrich Roessler, Klaus Koch, Rolf Rendtorff, Trutz Rendtorff, M. Elze 등이다. 이들의 글들을 모아 낸 책은 *Offenbarung als Geschichte*, ed. by Wolfhart Pannenberg et al., 2nd ed.(Göttingen : Vandenhoek & Ruprecht, 1963)이며, 한국 번역판으로는「歷史로서 나타난 啓示」, 복음주의신학총서 제23권(대한기독교서회, 1979)이 있다.

은 계시에 대한 신앙적, 신학적 이해를 위해서는 역사적 현실과 그에 대한 비판적 접근으로부터 도피해야 한다고 믿었다. 판넨버그는, 바르트는 초역사적인 신앙의 영역인 원역사(原歷史)의 항구로, 불트만은 개인적 실존의 순수 역사성으로서의 신앙 경험의 세계로 각각 도피하였다고 비판하였다.

판넨버그는「역사로서의 계시」에서 계시론에 관한 일곱 가지의 명제를 제시하였다. 이 일곱 가지의 명제는 다음과 같다.[5)]

① 성서적 증언에서의 하나님의 자기계시는 신의 현현이라는 의미의 직접적 형태가 아니라 간접적 형태로서, 하나님의 역사 행위에 의하여 발생한다.

② 계시는 역사의 시초부터 완전히 이해되지 않고 계시 역사의 종말에 이르러 완전히 이해된다.

③ 하나님의 특별한 나타나심과는 달리, 역사적 계시는 볼 수 있는 눈을 가진 자에게는 누구에게나 다 개방되어 있다. 역사적 계시는 보편적 성격을 가진다.

④ 하나님의 신성의 보편적 계시는 이스라엘의 역사 안에서는 아직 실현되지 않았고, 나사렛 예수의 생애에서 비로소 실현되었으며, 모든 역사의 종말은 그의 생애 안에서 예기적으로 미리 나타났다.

⑤ 그리스도 사건은 이스라엘의 하나님의 계시와 다른 독립된 사건은 아니다. 오히려 그것은 이스라엘과의 관계에서 이루시는 하나님의 역사의 일부분이다.

⑥ 예수의 운명에서 나타난 하나님의 종말론적 자기계시의 보편성은

---

5. Pannenberg, *Offenbarung als Geschichte*, pp. 91-114「역사로서 나타난 계시」, pp. 115-144.

이방 기독교회의 비유대교적 계시 사상의 형식을 통하여 표현되었다.

⑦ 말씀은 약속, 예언 및 보도로서 계시와 관련된다.

판넨버그는 보편사적 범주 안에서의 역사로서의 계시 개념을 새로운 대안으로 제시함으로써 현대신학의 새로운 지평을 열었다고 평가될 수 있다. 그는 구속사 학파와 변증법적 신학의 공통적 특징이었던 구원의 역사와 일반 세계 역사, 신앙과 이성, 주관적 해석과 객관적 사실 사이의 균열을 극복하고자 하였다. 다시 말하면, 그는 초월적인 영역에서 세속의 역사 안으로 수직적으로 뚫고 들어오는 초역사적 계시 개념이나, 역시 초월적인 외부로부터 인간의 개인적 실존의 내면세계로 부딪쳐오는 실존론적 계시 개념을 이원론적인 것으로 배격하였다. 판넨버그에 의하면, 하나님의 창조물과 세계 전체로서의 역사의 전체적 실재는 모든 실재의 주이신 하나님의 계시 그 자체이다.

이와 같은 판넨버그의 보편사 기획은 헤겔의 역사철학의 영향을 받은 것이라는 데 의심의 여지가 없다. 그러나 신학자로서의 판넨버그는 헤겔의 사상을 성서의 종말론과 기독론의 빛 안에서 비판적으로 수용하고 있다. 그는 헤겔과는 달리 인간 실존의 유한성을 심각히 받아들이고 인간 인식의 한계를 충분히 인식한다. 또한 판넨버그는 미리 예측할 수 없는 미래의 개방성과, 미래의 종말론적 계시의 완성을 향한 인간의 개방성을 강조한다. 미래는 열려 있으며, 역사는 여전히 진행해 나아간다는 것, 그리고 약속은 아직도 실현되어가야 할 과제로 남아 있다는 것이다. 그리고 역사의 보편성 안에 함몰될 수 없는 개인의 개별성과 독특성을 중요하게 다루고 있다. 바로 이 역사의 보편적 의미와 개별적 역사의 의미 사이의 연관에 대한 이해를 위하여 판넨버그의 역사해석학의 자리가 있다.

판넨버그의 보편사 해석학은 그의 성서해석학의 기본 전제일 뿐만 아니라, 그에게 있어서 성서해석학은 곧 역사해석학이다. 즉, 그는 성서해석학의 문제를 세계사적 신학의 관점에서 해명하려고 한다. 계시로서의 역사 개념은 그의 해석학 이론에도 열쇠가 되고 있다. 성서해석학의 문제는 성서의 삶의 세계(Leben-Welt)와 우리 시대의 삶의 세계 사이에 넓은 괴리가 있다는 사실 때문에 생겨난 것이다. 해석학은 신학과 설교로 하여금 성서 본문의 내용을 현대인의 삶의 세계에 적합하게 표현함으로써, 본문의 과거와 해석자의 현재 사이의 먼 거리에 다리를 놓아 주어야 한다.

판넨버그는 이러한 성서해석학적 과제가 가다머의 '지평융합' 개념에 의하여 원칙적으로 올바로 수행될 수 있다고 보았다. 오늘날의 해석자의 지평은 해석되어져야 할 본문의 지평을 충분히 포용할 수 있을 만큼 확대되어야 한다. 자유주의는 특수한 과거를 현대의 지배적인 사상과 통념(通念, ethos) 속으로 해소시키는 과오를 범하고 있으며, 반대로 근본주의는 현대의 특수한 문제들을 원시 시대의 세계관 속으로 몰입시키려는 과오를 범하고 있다. 그러므로 올바른 해석학의 방향은 과거와 현재의 지평이 가진 특색을 말살시키지 않고 그들을 함께 연결시킬 수 있는 교량적 전망을 찾아내는 데 있다.

그러면 어떻게 초대 기독교와 우리 시대 사이에 있는 해석학적 괴리가 자유주의의 세속화나 근본주의의 회귀주의에 의해 잘못 해소되지 않고 올바로 연결되고 극복될 수 있을까? 판넨버그는 세계사적 '역사 과정' 의 지평 안에서만 초대의 기독교 상황과 현재의 우리의 상황이 연관될 수 있다고 본다. 따라서 '지평융합' 은 단지 텍스트 해석학의 차원에서가 아니라 역사해석학의 차원에서 비로소 온전한 의미를 실현한다. 이 점에서 그는 가다머의 텍스트 해석학의 한계를 비판하고 넘어선다. "이 역사 과정의 지평만이 양자를 연결시킨다. 전승된 본문과 우리가 사는 현대 사이에 개재되어 있는 해석학적 차이는 이 양자를 연결시키는 '역사' 개념에 있어서 곧장 관련될 수 있고 또 극복될 수 있다. 그러나 이것은 다만 이 역사 개념이 성서의 하나님의 과업이라고 다시 생각될 수 있는 한에서 그렇다."[6]

판넨버그 학파가 구약과 신약의 전승들을 통합시키는 교량으로서 발전시킨 전승사(Überlieferungsgeschichte)라는 역사 개념은 이제 교회사와 세계 역사의 범주로 그 의미가 확대, 발전되게 되었다. 구약과 신약의 역사, 그리고 교회사와 세계사의 모든 역사의 전체성이 이제는 하나의 기독교 역사신학으로 통합되었다. 이와 같은 하나의 통일성 있는 보편적 역사적 실재성에 대한 개념은 보편적인 '한 하나님'이라고 하는 성서적 개념에 뿌리박고 있고 또 근거해 있는 것이다. 이것은 보편적 학문으로서의 신학의 보편성이 세계의 창조주이며 구원자이신 성서의 하나님의 통일성에 근거해 있는 것과 마찬가지이다. 성서의 하나님은 오직 실재의 궁극적 지평으로서의 세계사와의 관계 가운데 있을 때에만 참되고 유일하신 하나님이시다. 그러므로 판넨버그에게 있어서 해석학적 괴리는 세계를 위한 하나님의 부단한 계획의 연속적 역사 과정에 의해서 다리 놓아질 수가 있다.

여기서 예수 그리스도 사건은 종말론적으로 완성되어질 세계사를 이해할 수 있게 해주는 해석학적 열쇠이며, 따라서 교회와 그 전통은 세계사의 해석을 위한 하나의 구조적 의미를 가진다. 다시 말하면, 판넨버그의 종말론적 보편사 역사해석을 위한 해석학적 열쇠는 나사렛 예수의 역사에 있다. 즉 역사의 종말, 역사의 최종적 완성으로서의 종말은 이미 나사렛 예수에게서 선취적(proleptic)으로 미리 발생했다는 것이다. 예수 그리스도의 부활사건은 역사의 한가운데에서 역사를 완성

---

6. Wolfhart Pannenberg, "The Crisis of the Scripture-Principle in Protestant Theology," ***Dialog***, Vol. 2, 1963, p. 321.

시키는 종말이 선취적으로 발생한 사건이다. 이 순수한 역사적 사실로서의 부활사건이 종말론적 계시의 완성에 대한 예표가 되며, 따라서 보편사 역사해석을 위한 해석학적 열쇠가 된다. 즉, 모든 죽은 자의 보편적 부활과 심판, 그리고 보편사적 역사의 종말론적인 완성이 예수 그리스도의 부활 안에 계시되었다.

판넨버그는 예수의 부활 사건을 종말론적으로 해석하기 위한 전승사적인 이해의 지평을 구약의 묵시문학적 종말에의 비전에서 찾는다. 그는 이 묵시문학적 역사관과 종말론이 세계 보편주의 사상에 의한 것이라고 믿는다.

이와 같은 판넨버그의 보편사 역사해석학의 관점에서의 성서해석에 대하여 제임스 바는 자신의 프린스턴 신학교의 교수 취임연설에서 몇 가지의 문제점을 지적하였다. 그에 따르면, 성서의 모든 증언을 '역사를 통한 계시'라는 주제 밑에 모두 포함시킬 수는 없다는 것이다.[7] 첫째로, 그는 구약 전체의 지혜문학(예를 들면 잠언, 시편, 전도서 등)에서는 특정한 역사적 사건들을 통해서 하나님이 인간과 교통하고 있는 것처럼 보이지 않는다고 한다. 둘째로, 하나님이 자신의 뜻을 그의 백성에게 나타내실 때에 반드시 어떤 사건 자체만을 통하여 나타내시는 것이 아니라, 예를 들면 출애굽 사건에서 볼 수 있듯이, 때로는 예언자 모세와 직접(구두로?) 대화를 하시기도 한다는 사실이다. 그러므로 하나님의 계시 방식을 어떤 하나의 고정된 틀 속에 넣어 생각할 수는 없다는 것이다. 그러나 제임스 바는 그럼에도 불구하고 역사가 유일한 성서적 범주는 아니지만, 역사 그 자체가 성서 안에 현존한다는 사실을 또한

---

7. James Barr, "Revelation Through History in the Old Testament and in Modern Theology," ***Interpretation***, 17 (1963), pp. 193－205.

인정하였다. 이 외에도, 예수의 부활을 종말론적인 역사의 완성의 예표로서 이해하기 위한 전승사적인 해석학적 지평을 묵시문학에서 발견하고 있는 것은 판넨버그의 이성주의와 조화되기 어려운 느낌이 있다. 오늘날 현대인이 고대의 묵시문학에서 보편사의 종국적 미래에 대한 합리적 설명을 위한 근거를 발견할 것을 기대할 수 있는 것인가?

이러한 여러 가지 문제점들은 판넨버그가 성서의 다양한 장르와 담화형식에 상응하는 다양한 해석의 방식이 필요하다는 사실을 충분히 인식하지 못하고 있음을 보여 준다. 성서에는 예언자적 담화, 설화적 담화, 규범적 담화, 지혜담화, 시편담화, 찬송담화 등의 다양한 표현의 장르가 있으며, 각 장르에 상응하는 다양한 해석의 방법이 요청된다는 사실을 잘 지적한 사람은 리쾨르이다.[8)] 그러므로 역사가 성서의 중심적인 계시적 경험과 표현의 지평인 것은 분명하지만, 역사가 성서 안의 계시의 전부를 의미한다고는 말하기 어렵다. 오히려 성서 안의 계시성은 현실화되어진 1차적이고 직접적인 역사를 지시함에 의해서라기보다는, 그러한 1차적이고 직접적인 역사를 변혁시키기 위하여 현실화되어져야 할 2차적이고 간접적인 역사, 즉 가다머가 말하는 주제(Sache, subject matter) 또는 리쾨르가 말하는 지시체(reference)로서의 이상적 세계에 의하여 드러난다고 하는 것이 오늘날 새롭게 인식되며 강조되고 있다.

따라서 원역사의 범주 안에서의 하나님의 말씀으로서의 바르트의 계시관이 역사초월주의에 빠지고, 인간의 내면적 실존을 향한 불트만의 케리그마 계시관이 실존주의적 주관주의에 빠졌다면, 판넨버그의 보편사로서의 계시관은 19세기의 역사실증주의와는 다른 의미에서의 역사

8. Paul Ricoeur, ***Essays on Biblical Interpretation***, edit. by Lewis S. Mud(Philadelphia : Fortress Press, 1979), pp. 73-95 참조.

실증주의적 객관주의에 빠졌다고 말할 수 있다. 그는 이성과 신앙, 사실과 의미, 역사와 해석, 일반사와 구속사의 이원론의 딜레마를 이성과 일반적 역사의 사실로서의 일원론의 관점에서 해결하려는 경향을 보여준다. 그는 다음과 같이 역사실증주의를 비판하면서 대안을 제시한다.

> 역사의식을 사실에 대한 탐구와 그것에 대한 평가로(또는 알려진 역사와 경험된 역사로) 분리시키는 것은 기독교 신앙에 있어서 용납될 수 없다. 그 까닭은 예수의 부활과 그분 안에서의 하나님의 계시에 대한 메시지가 필연적으로 단지 주관적인 해석이 되어 버리기 때문만이 아니라, 그러한 분리가 이제는 낡아 버리고 의문스러운 역사적 방법을 반영하기 때문이다. 그것은 역사 안에서 의미를 지니지 않은 순수한 사실을 확증하려는 실증주의적 역사가들의 부질없는 목적에 기초하고 있다. 이에 반대하여 우리는 오늘날 사실과 사실의 의미의 본래적인 통일성을 재확증하여야 한다.[9)]

하지만 판넨버그에게 있어서 의미는 사실 안에 내재해 있으며, 세계의 보편적 역사 현실을 이해하기 위해서는 신앙이 아니라 이성으로 충분하다. 계시는 객관적이고 보편적인 사실의 언어(language of fact)로 말하기 때문에 이성으로 이해하고 인식하는 것이 필요할 따름이지, 주관적인 신앙의 해석이나 특별한 성령의 조명은 필요가 없다는 것이다(물론 그가 신앙과 성령 자체의 불필요성을 주장하는 것은 아니다). 이러한 판넨버그의 역사관과 계시 이해는 그가 거부하고 있는 역사실증주의와는 다른 의미에서, 즉 초월적 차원에 대하여 열려 있는 역사실증주의적 객관주의를 보여 주고 있다고 할 수 있다.

---

9. Wolfhart Pannenberg, "The Revelation of God in Jesus of Nazareth," in J. M. Robinson and John Cobb(eds), *Theology as History*(New York, Evanston : Harper & Row, 1967), pp. 126 - 127.

Ⅲ. 리차드 니버 : 내적 역사로서의 계시

이러한 판넨버그의 초월적, 종말론적 차원에 개방적인 역사실증주의적 객관주의의 인식론과는 달리, 계시론을 객관적인 역사적 사실에 기초하면서도 주관적인 해석과 조화시켜 보려고 시도한 신학자가 리차드 니버이다. 판넨버그처럼 니버는 계시의 장으로서의 역사의 중요성을 조금도 약화시키지 않으면서, 다시 말하면 역사와 분리된 다른 어떤 영역에서 계시의 현실을 찾으려는 바르트의 초역사주의와 불트만의 실존주의를 다함께 배격하면서, 또한 일반사와 구속사를 이원론적으로 분열시켰던 쿨만의 구속사 신학의 입장도 거부한다. 그러나 그는 판넨버그의 보편사 일원론적인 객관주의 인식론과는 달리, 외적 역사와 내적 역사를 통합하는 새로운 통전적 계시론의 길을 찾아보려고 시도하였다. 이러한 그의 노력은 그의 저서「계시의 의미」[10]에 잘 나타나 있다.

니버는 기본적으로 트뢸치의 역사적 상대주의의 입장을 수용한다. 즉, 그는 관찰자의 시공간적 관점이 실재에 대한 지식 가운데 개입됨으로써 사물 자체에 대한 보편적 지식은 불가능하며 또한 모든 지식은 그것을 알고 있는 사람의 입장에 의하여 제약을 받게 된다는 사실을 인정한다. 우리가 역사적인 세계를 이해하기 위해 사용하고 있는 모범과 모형들은 우리 자신들과 마찬가지로 역사와 시간의 산물이다. 비록 우리가 영원하고 초월적인 존재들에 대한 보편 개념을 생각하고 있기는 하지만 우리의 생각은 영원하고 초월적인 것도 아니며, 우리 마음속에 있는 보편 개념에 대한 이미지는 보편적인 이미지가 아니다.

---

10. H. Richard Niebuhr, *The Meaning of Revelation*(London : The Macmillan Company, 1941).

따라서 니버에 따르면 형이상학, 논리학, 윤리학, 인식론도 역사적이다. 모든 분야의 철학적 탐구에는 역사적인 접근 방법이 자리잡고 있다. 역사적 연구 방법을 사용한다는 것은 최초의 관찰자가 택하여 고찰하고 사용하고 있는 것과 똑같은 입장을 취하며, 그와 똑같은 방향으로 고찰하며, 그가 측정하고 분석할 때와 똑같은 수단을 사용하고, 또한 그와 똑같은 조건에 처하지 않는다면 그가 말이나 기호들로써 전달하려고 하는 것을 결코 이해할 수가 없다는 사실을 인식한다는 것을 의미한다. 이러한 니버의 역사주의적 접근에는 슐라이어마허적인 낭만주의 해석학의 입장이 함축되어 있다.

역사적 상대주의는 인간이 시간 가운데 있을 뿐만 아니라 시간이 인간 가운데 있으며, 인간 가운데 있는 시간이 추상적인 것이 아니라 특수하고 구체적인 것이라는 점을 지적한다. 그것은 시간의 일반적 범주가 아니라 오히려 독특한 언어와 경제적, 정치적 관계들, 그리고 종교적 신앙과 사회적 조직을 갖고 있는 특정한 사회의 시간이다. 성서적 입장이나, 종교적 경험을 분석하기 위한 특정한 도식의 범주들이나 가치 척도들이나, 교회의 신조들에 있어서도 사정은 마찬가지이다. 이 모든 것들은 역사를 가지고 있으며 제한된 문화 속에서의 독특한 신앙공동체의 역사적 삶의 산물인 것이다.[11]

그러나 니버는 이러한 역사 상대주의적 인식을 인식론적 회의주의로 연결시키지 아니하고, 오히려 기독교 계시신학을 위한 가능성으로 본다. 그에 따르면 계시신학은 역사적 상대성에 대한 이해 뿐만 아니라 신학의 종교적 상대성에 대한 이해, 즉 사람이 하나님에 관해서 의미있게 말하고 생각할 수 있게 되는 것은 오직 신앙의 관점에서라는 사실

---

11. Ibid., pp. 5-16.

에 대한 이해로부터 생겨난 결과라는 것이다. 만일 하나님에 대한 모든 사상의 역사적 제한성이 신학으로 하여금 의식적으로 역사적 공동체와 함께, 그리고 그 안에서 시작할 것을 요구한다면, 구체적 신앙밖에는 다른 출발점이 없으며, 마땅히 기독교 신학자는 예수 그리스도의 하나님께로 향한 기독교공동체의 신앙에서 시작하고 그 안에 머물러 있어야 한다. 하나님과 인간들의 신들의 문제에 관한 한, 중립성과 무관성은 망상이다. 그러므로 오늘날 마땅히 계시의 문제는 제기되어야 한다. 왜냐하면 신학적인 이성이 역사적으로 뿐만 아니라 종교적으로도 속박당하고 있으며, 그럼에도 불구하고 그와 같은 속박 가운데 현존하고 있는 탐구의 자유가 대단히 현실적이기 때문이다.[12]

니버는 문제의 핵심을 다음과 같이 요약한다.

> 오늘날 기독교 신학은 계시로부터 시작해야 하는데 그 이유는 인간이 역사적, 공동체적 존재가 아니고는, 그리고 신자가 아니고는 하나님에 대하여 생각할 수 없다는 것을 신학이 알고 있기 때문이다. 기독교 신학은, 계시가 모든 곳과 모든 시대에 처해 있는 모든 사람들에게 무엇을 의미해야 하느냐 하는 질문보다는, 오히려 계시가 기독교인들에게 무엇을 의미해야 하느냐 하는 질문을 해야만 한다.[13]

니버에 따르면 기독교 신학은 기독교인들의 삶의 이야기를 상기함으로써, 그리고 기독교인들이 역사와 신앙 가운데에서 자신들의 제한된 관점으로부터 보고 있는 것을 분석함으로써만 자신의 탐구를 계속 추구해 나아갈 수 있다. 기독교 신앙은 기독교공동체가 자신의 역사 가운데 일어났던 사건들을 역사적 방법과 관점을 통하여 고백적으로 표현

12. Ibid., p. 27.
13. Ibid., pp. 30-31.

해 왔다. 다시 말하면, 기독교인들은 예수 그리스도와 또한 그를 통해 그들이 하나님과 맺었던 관계에 관한 삶의 이야기를 말함으로써 자신들의 신앙을 고백하여 왔던 것이다.

니버에 의하면 물고기가 물 가운데 있듯이 우리는 역사 가운데 있으며, 우리는 하나님의 계시란 말의 의미를 오직 우리가 살고 있는 역사의 매개를 통해서만 가리킬 수 있다.[14] 따라서 교회가 계시를 말할 때 교회는 단순히 성서를 의미한 것이 결코 아니라, 단지 교회 역사의 관점으로부터 그리고 그 문맥 안에서 읽혀진 성서만을 의미한다. 성서는 우리들의 역사를 보존하고 있는 외적인 형식이다. 성서해석학이 본질적으로 역사해석학이 되어야 한다는 생각에 있어서 니버는 판넨버그와 다름이 없다. 그러나 판넨버그의 객관주의적 역사해석학과는 달리 니버에 의하면 우리는 성서 기록에 내포된 공동적 생활에 참여할 때에야, 그리고 성서가 생겨난 것과 같은 영적 공동체에 참여하면서 성서를 해석할 때에야 성서를 올바로 해석할 수 있고 성서가 가리키는 하나님을 만날 수 있다. 바로 이러한 맥락에서 니버는 "교회 안에 있는 우리 자신들은 계시가 또한 하나님을 의미한다면 그것은 역사를 의미할 수 없다고 말해야 한다."[15] 라고 주장한다. 즉, 우리가 역사적 관점으로부터 무엇을 보는가 하는 것과, 우리가 그러한 관점을 취하였을 때 무엇을 믿는가 하는 것은 구별되어야 한다는 것이다. 계시를 위한 범주로서 역사와 신앙은 서로 분리될 수 없이 연결되어 있으면서 동시에 적절히 구별되어야 한다. 그러면 계시가 어떻게 동시에 역사이며 하나님(신앙)을 의미할 수 있을까?

---

14. Ibid., p. 36.
15. Ibid., p. 40.

니버는 이 문제에 답변하기 위하여 역사를 두 가지의 범주로 나누어 설명한다. 그는 역사를 '생활되어진 역사와 보여진 역사'(History as Lived and as Seen), 다시 말하면 내적 역사와 외적 역사로 구분한다. 외적인 역사는 사물에 관한 비인격적인 역사로서 우리는 여기서 객체를 다루며, 여기서 가치는 영향이나 힘을 의미한다. 그러나 내적 역사에서 우리는 인격적 주체에 관심을 가지며, 여기서 가치는 자아의 운명과 관계가 있는 가치를 의미한다.

니버에게 있어서 계시의 자리는 명백하다. 그것은 외적인 역사라기보다는 (그것과 분리되거나 무관한 것은 아니지만) 내적인 역사이다. 신약성서의 기자들과 그들의 후계자들이 그들의 신앙과 세계관의 출발점으로서의 역사를 지시할 때 그들이 의미했던 것은 내적인 역사였다. 그들은 비인격적으로 파악된 사건들에 관해 이야기하지 아니하고 그들의 공동체 안에서 그들에게 일어난 것에 대하여 이야기하였던 것이다.[16] 기독교의 영감이 역사로부터 나온 것은 사실이지만, 그러나 방관자가 바라본 것과 같은 역사로부터 나온 것은 아니다. 주체적인 사건들, 즉 주체자들의 삶 안에서의 사건들이 끊임없이 언급되고 있다. 여기서 역사적 회상은 공동체 안에서 기억된 공동적인 사건을 지시한다. 계시를 위한 내적인 생활의 역사는 다른 사람들과의 공동체적인 삶을 사는 자아들에 의해서만 고백되어질 수 있으며, 공동의 기억 가운데 이 역사는 전승되고 비판적인 미래를 지향할 수가 있다.

만일 역사가 비인격적인 눈이나 정신에 의해 파악될 수 있는 사건들의 연속이라면 그것은 하나님을 지시하는 계시가 될 수 없다. 왜냐하면 인간 자아들로부터 추상화되고 있는 그런 역사는 또한 사건들을 신적

---

16. Ibid., p. 53.

인 자아로부터 추상화해야만 되기 때문이며, 그런 역사는 살아 계신 하나님께 대한 신뢰를 가져다 줄 수 없기 때문이다. 그러나 니버는 계시는 초자연적, 초역사적 영역에서 그리고 이성은 자연적인 사건들의 영역에서 파악하고 신성한 역사를 세속의 역사로 분리시킴으로써 신앙과 역사간의 갈등을 초래하는 모든 입장들을 반대한다.

니버에게 있어서 외적 역사는 순수 이성으로 인식되어지는 영역이요 내적 역사는 신앙(또는 실천이성)으로 이해되어지는 영역이다. 니버에 따르면 계시는 외적 사건과 불가분리의 관계에 있는 내적 사건의 영역에서 발생한다는 것이다. 내적인 역사와 내적인 신앙은, 마치 자아의 존재가 그 자아가 목표로 삼고 살고 있는 헌신의 대상과 분리될 수 없듯이 서로 함께 결합되어 있다. 여기서 우리는 니버에게 있어서 계시의 자리가 내적인 역사와 그에 대한 내적 신앙에 놓여 있음을 분명히 알 수 있다. 그는 말한다.

> 만약 우리가 사건들에 관한 방관자적인 지식과 더불어 시작한다면 우리는 참여자의 이해로 나아갈 수가 없다. 예수의 생애에 관한 객관적 탐구로부터 그를 우리의 주님이신 그리스도로 아는 지식으로 옮아가는 연속적인 운동은 없다. 오직 자아의 결단, 신앙의 도약, 회개, 또는 마음의 변혁만이 관찰로부터 참여로, 그리고 관찰해 본 역사로부터 생활해 본 역사로 이끌어 줄 수 있다.[17)]

이처럼 니버에게 있어서 계시는 외적인 관찰자들이 알 수 있는 역사를 의미하는 것이 아니라 참여적인 자아들이 기억하고 있는 역사를 의미한다. 그러나 계시는 단순히 내적 역사의 전체를 의미하는 것이 아니며 또한 역사로부터 임의로 선택한 어떤 부분을 의미하는 것도 아니다.

---

17. Ibid., p. 61.

니버에게 있어서 계시는 우리의 내적인 역사들 중에서 나머지 전부를 밝혀 줄 뿐만 아니라 그 자체로서도 알려질 수 있는 바로 그 부분을 의미한다. 우리가 기독교 교회 안에서 호소하고 있는 특수한 경우는 예수 그리스도라고 일컬어지는데, 그분 안에서 우리는 하나님의 의, 그의 능력과 지혜를 보게 된다. 그러나 우리는 바로 그 특수한 경우로부터 우리 역사 가운데 나타나는 모든 사건들을 설명할 수 있는 개념들을 이끌어 내기도 한다. 계시는 다른 모든 사건들을 이해할 수 있게 해주는 바로 그 이해 가능한(intelligible) 사건을 의미한다.[18] 계시는 과거, 현재, 미래의 역사를 해석하기 위한 출발점을 실천이성에 제공해 준다. 과거는 계시로부터 출발하는 추리에 의해 이해되고 회복되며 통합되어진다는 사실이 분명해질수록, 현재의 경험은 마음의 상상에 의해 더욱 개발되며, 새로운 상황에 적절히 대응하도록 인도되며, 그리고 이 진리에 근거한 예언이 성취될수록 그 진리의 실재에 대한 우리의 확신은 더욱 더 확실해진다.

Ⅳ. 맺는 말

우리는 성서의 다양한 장르와 담화형식에 상응하는 다양한 해석의 패턴이 필요하다는 사실을 인식하여야 한다. 역사가 성서의 주요한 계시적 지평인 것은 분명하지만, 계시가 역사의 범주로 환원될 수는 없다. 또한 성서 안의 계시성은 1차적, 직접적인 역사를 지시함에 의해서뿐만 아니라, 그러한 1차적이고 직접적인 역사를 변혁시키기 위하여 현실화되어져야 할 2차적이고 간접적인 역사, 즉 리쾨르가 말하는 지

---

18. Ibid., p. 69.

시체(reference)로서의 세계에 의하여 드러난다고 하는 사실을 기억하여야 한다. 이런 의미에서 성서의 계시적 언어는 무엇보다도 시적, 상징적, 은유적 언어라고 말할 수 있다. 이러한 사실을 충분히 인식하고 나서야 우리는 역사와 계시의 관계에 대한 논의를 계속할 수 있다.

니버는 계시의 자리를 역사를 넘어선 초역사나 그 어떤 다른 영역에서 찾고자 하는 시도를 거부한다는 점에서 판넨버그와 같은 입장을 공유한다. 하지만 그는 역사를 외적인 역사(순수이성, 이성의 영역)와 내적 역사(실천이성, 신앙의 영역)로 나누어서 계시의 자리를 후자에서 찾는다는 점에서 판넨버그와는 다르다. 판넨버그에게 있어서 계시는 객관적, 이성적 역사(이 역사 안에 의미가 내재되어 있음)로서 일어난다면, 니버에게 있어서 계시는 외적, 객관적 역사와 불가불의 관계에 있는 내적, 실존적 역사 안에서 일어난다. 그리고 니버에게 있어서 계시의 계시됨은 그 역사적 사건 자체 안에 있는 것이 아니라 다른 모든 (외적) 역사적 사건들을 신앙 안에서 내적인 역사로서 이해할 수 있도록 조명해 주는 기능 안에 있다. 예수 그리스도 사건은 과거와 현재와 미래의 모든 역사를 전체적으로 이해할 수 있는 통전적인 관점을 열어 준다는 의미에서, 다시 말하면 전체 역사 이해를 위한 해석학적 열쇠가 된다는 의미에서 궁극적이고 결정적인 계시가 된다는 것이다.

이러한 니버의 역사 이해는 역사의 객관적, 외적 측면과 실존적, 내적 측면을 통합적으로 파악하면서, 외적인 역사와 불가분의 관계에 있는 내적인 역사 안에서 계시의 범주를 자리매김 하려고 했다는 점에서, 판넨버그의 계시 이해보다 더욱 통전적이며 바람직한 해석학적인 발전을 보여 주고 있다고 평가할 수 있다. 하지만 여전히 남아 있는 모호성은 그와 같은 역사의 구분에 대한 것이다. 동일한 역사를 외적 역사와 내적 역사로, 이성의 역사와 신앙의 역사로 나누어 이해한다는 것은 다시금 칸트의 경우에서처럼 순수이성과 실천이성의 이원론에 빠지거나,

아니면 딜타이의 경우처럼 설명을 요하는 자연과학과 이해를 요하는 정신과학의 이분법에 빠져드는 것은 아닌가?

우리는 니버처럼 하나의 동일한 역사가 외적인 역사와 내적인 역사로 나누어지며, 내적인 역사 안에서 계시가 발생한다고 주장하기보다는 객관적 사실과 주관적 해석, 존재와 사유, 역사적 이성과 신학적 이성 또는 신앙이 결합하여 하나의 계시로서의 역사를 구성한다고 이해하는 것이 더욱 옳을 것이다. 사실과 의미가 분리될 수 없다는 것을 누구보다도 강조한 철학자는 하이데거이다. 그에 따르면, 인간은 도구를 'um-zu'(~을 위하여)의 연관에서 파악한다. 그 자체로 독립된 존재(Vorhandenes, 사물존재)는 성립하지 않는다. 순수 사실(factum Brutum)은 없다.

역사로서의 또는 역사 안에서의 계시의 실재도 이와 같다. 계시의 실재는 타원의 두 초점 같은 상호 분리적이고 상호 연관적인 이 두 요소의 결합에 의해 역사적 현실로 구현되어진다. 신앙이 역사경험을 만드는 것이 사실이지만(몰트만), 역사경험이 신앙을 만드는 것도 사실이다(판넨버그). 왜냐하면 이 둘은 순환적인 관계성 안에 있기 때문이다. 어느 한 쪽의 결여나 올바르지 못한 결합은 계시의 실재를 구성하지 못한다. 오히려 그것은 반(反)계시적일 수도 있다. 객관적 사실과 주관적 해석, 역사적 예수와 신앙의 그리스도, 인성과 신성의 일치와 연합으로서의 예수 그리스도는 이러한 두 요소의 이상적인 결합의 최상의 범례이자 궁극적인 규범적 원리이며 힘이라는 의미에서 하나님의 유일무이한 계시이다. 나아가서 계시가 체현되는 역사의 영역은 인간의 역사 뿐만 아니라 자연과 모든 우주의 역사까지도 포괄하여야 한다. 그것은 예수 그리스도는 인간의 역사 뿐만 아니라 모든 우주의 역사까지도 포괄하는 모든 만물의 역사의 주로서 고백되어야 하기 때문이다. 만물의 역사 속에서의 하나님의 계시는 궁극적으로 종말론적 미래에 완성되어질 것이다.

하나님의 계시가 역사로서 또는 역사 안에서 일어난다고 하는 명제는 단순히 현상적이거나 가치 중립적인 진술일 수 없다. 그것은 실존적이고 신앙적인 인식과 고백적 해석을 통한 명제여야 한다. 그러나 한 걸음 더 나아가 이 명제는 단지 교회공동체 안에서의 개인적이고 실존적인 인식과 해석에 관한 진술로써 완성되어지는 명제가 아니다. 이 명제는 최종적으로 역사 안에서 하나님의 계시가 일어나도록 하기 위한 그리스도인의 역사 변혁적인 실천을 요청한다. 판넨버그가 보편사를 계시로 이해하고 종말은 기독교 보편사가 밝혀지는 곳이라고 생각한 반면, 몰트만은 역사를 계시인 하나님의 약속에 의하여 변혁되어야 할 대상이라고 보고 이 변혁은 종말에 완성된다고 보았다. "계시는 우리의 현재의 사회의 역사로서(as) 자신을 현시하고 입증하는 것이 아니라, 이 사회와 이 시대에 처음으로 역사의 종말론적 과정을 탈은폐하는 것이다. 신학자는 단지 인간의 본성과 역사와 세계에 대한 다른 해석(interpretation)을 제공하려는 것에 관심이 있는 것이 아니고, 하나님의 변혁에 대한 기대 속에서 그것들을 변화(transform)시키는 데 관심이 있다."[19] 이런 의미에서 계시로서의 역사 또는 역사로서의 계시는 신앙적, 내적 인식과 해석과 더불어 사회 역사적, 변혁적 실천을 통하여 구현된다. 계시는 역사로서 일어나지만 단지 소여성(所與性)으로서의 역사로서가 아니라 불의하고 왜곡된 역사를 변혁시키는 역사로서 일어난다. 성서의 계시성은 바로 이러한 2차적 역사를 지시체로서 갖는다는 사실에 있다. 이 지시체(reference)는 무엇보다도 성서의 상징

19. Jürgen Moltmann, ***Theology of Hope***(London : SCM Press, 1967), p. 84.

적, 은유적 표현의 의미(sense)를 통하여 드러난다.

계시로서의 역사의 외적인 측면은 단순히 우리에게 주어지는 객관적 소여일 뿐만 아니라, 바로 새로운 역사형성과 변혁을 위한 우리의 결단과 실천에 의해서 창조되어짐으로써, 다시 말하면 우리의 내적인 참여에 의해서 새롭게 창조되는 외적인 역사이다. 그러므로 이 역사 안에서는 내적인 역사와 외적인 역사 사이의 이원론적 분열이나 괴리가 불가능하다. 종말론적인 하나님 나라는 예수 그리스도의 삶과 죽음과 부활과 영을 통하여 그 나라를 지금 여기서 선취적으로 경험하며, 나아가 그분의 뒤를 따라 이 땅의 불의하고 고통이 넘치는 역사 속에서 하나님 나라를 확장시키기 위한 자기 희생적인 섬김과 투쟁에 실천적으로 동참하며 헌신하는 자들을 통하여, 따라서 내적인 역사이며 동시에 외적인 역사로서(또는 역사 속에서) 계시되고 실현되어진다.

제 3 부

8 탈근대적 철학적 해석학 : 가다머, 하버마스, 리쾨르

I. 들어가는 말

오늘날 해석학의 기본 전제는 해석의 대상인 텍스트와 텍스트에 대한 해석이 역사적 상황에 의하여 제한받는다는 사실에 대한 분명한 인식에 있다. 이 역사적 상황은 이중적이다. 즉, 텍스트가 생겨났던 특정한 역사적 상황과 전통, 그리고 현대의 해석자의 상황과 전통이 그것이다. 텍스트의 역사성에 대한 인식은 18세기 말과 19세기에 꽃을 피웠던 역사비평적인 과업에 전제되어 있다. 역사비평은 텍스트의 역사적 상대성과 구체성, 그리고 그로 인한 오늘날의 해석자와의 거리 또는 시간간격을 인식하고 이를 극복하기 위한 방법론으로 발전되었다. 그것은 이 거리와 시간간격을 무시하고, 초월적 계시라는 이름으로 텍스트의 문자적 의미나 영적 의미를 무시간적으로 해석자의 상황에 적용시켰던 전근대적인 교의학적 해석학을 비판적으로 극복하기 위한 대안이었다.

그러나 19세기까지의 역사비평가들은 아직도 해석자 자신의 역사성에 대한 인식이 부족하였다. 그들은 아직도 자신들의 과학적인 방법론을 통하여 계몽주의적 이상인 객관적이고 가치중립적인 의미와 이해를 추구하였다. 그러나 딜타이 이후 하이데거, 불트만, 가다머에 오면서 이러한 이상은 점차 실현 불가능한 것임이 분명히 드러나게 되었다. '이해의 조건', '이해의 선구조', '전이해', '선입견', '이해의 지평' 등의 개념들은 공통적으로 텍스트를 해석함에 있어서의 해석자의 역사적 상대성과 구체성을 반영한다. 이러한 개념들과 인식은 계몽주의 이후의 과학적, 실증주의적 패러다임과 그에 기초한 역사비평적 성서해석의 한계를 넘어서는 탈근대적 해석학을 위한 출발점을 제공하였다.

따라서 오늘날에는 본문에 대한 지속적인 재해석을 시도함에 있어서 중요한 변화가 전제되어 있다. 이전의 정의와는 달리 이제 해석은 계시실증주의적인 특정한 형태의 원리나 규칙에 의해서 '단번에 영원히'(once and for all) 결정되어지는 유형의 과정이 아니며, 또한 해석자의 역사적 상황과 그 안에서의 이해의 지평과 전이해를 무시한 순수 객관적인 것을 표방하는 역사비평적인 방법론적 유형의 과정도 아니다. 반대로 해석은 해석자의 상황과 전이해에 의하여 지속적으로 영향을 받으며 새롭게 해석되어지는 과정의 유형을 갖는다. 그러나 이것은 또한 해석자가 자신의 주관적인 규준(規準)을 사용하여 선규정적이고 일방적으로 본문을 읽어낸다는 것을 의미하는 것은 아니다. 올바른 해석은 텍스트의 객관적 의미(Sinn, sense)와 주관적 해석, 텍스트의 요구(claim)와 해석자의 관심 또는 전이해 사이의 변증법적이고 순환적인 관계 속에서 이루어진다. 해석학적 순환이란 본문과 해석자 또는 현재의 상황이 지속적인 대화의 관계 안에 있음을 의미한다. 성서 텍스트는 자체의 주제(subject matter)와 그 주제에 대한 계시적인 메시지 또는 진리 주장을 통하여 해석자의 관심과 해석을 요구하며, 해석자의 새로운 현실과 그 안에서 형성된 관심과 전이해는 성서 텍스트 안에 나타난 계시적인 메시지에 대한 새로운 해석을 요구한다. 해석자의 특정한 전이해 또는 이해의 지평과 역사적 상황 속에서 성서 본문의 메시지를 해석하는 일은 그 본문의 메시지에 대한 새로운 해석을 요구할 뿐만 아니라, 동시에 해석자의 전이해와 역사적 상황을 비판적으로 평가하고 변화시킬 것을 목표로 한다. 본문의 메시지에 대한 새로운 해석은 결국 해석자의 전이해와 현실의 변화와 새로운 가능성을 위한 것이다. 따라서 이 둘은 불가분적으로 상호 순환적인 관계성 안에 있다.

텍스트의 객관적 의미와 해석자의 주관적 해석 사이의 해석학적 순환을 통한 텍스트에 대한 이해와 해석의 과정은, 텍스트와 해석자의 이중적인 역사적 상황과 그에 따른 상이한 이해와 사고의 지평을 무시함으로써 이 두 지평 사이의 거리와 상이성에 대한 충분한 고려를 통한 해석학적인 지평융합의 과정을 통하여 이루어진다. 이 두 상이한 역사적 지평의 융합을 통한 이해의 과정을 잘 설명한 철학자가 가다머이다. 따라서 오늘날의 이른바 탈근대적인 철학적 해석학의 논의는 가다머로부터 출발한다. 오늘날의 신학적 해석학은 가다머와 가다머 이후의 하버마스, 그리고 리쾨르 등의 철학적 해석학자들로 대표되는 탈근대적인 철학적 해석학의 개념과 담론과의 열려진 대화를 통하여 수행된다. 그러므로 오늘날의 신학적 성서해석학의 패러다임들에 대한 이해와 미래지향적인 새로운 전망을 위하여 이들의 철학적 해석학에 대한 이해는 선결적으로 요청되는 과제이다.

II. 한스 게오르그 가다머

가다머(Hans-Georg Gadamer)는 해석학을 올바른 해석을 위한 방법론적인 도구로서 이해하지 않고, 인간의 이해작용이 일어나는 과정에 대한 현상학적인 철학적 성찰로서 이해한다. 그는 해석학적 통찰을 해석의 방법론으로 환원시킬 경우 그것은 해석학을 다른 기술과학의 수준으로 끌어내리는 것이라고 믿기 때문에, 방법론적인 해석학의 이해를 거부한다. 해석학은 방법론적이 아니라 철학적인 과업이다. 따라서 그는 해석학을 인문과학의 기초이론으로서 간주하는 딜타이의 견해를 거부하고 하이데거의 현존재에 대한 실존주의 해석을 따른다. 가다머에 따르면, 해석학은 인간의 이해현상과 이 이해현상이 인간의 적절한 자기 이해를 위하여 갖는 함의를 성찰하는 '실천적 철학' 이다.[1)]

가다머는 본문과 해석자의 이중적인 역사성(Geschichtlichkeit), 따라서 이해의 역사성에 대한 인식에 기초하여 자신의 철학적 해석학을 전개하였다. 철학적 해석학자로서 그는 해석학에 있어서 현재의 해석자는 본문의 지평의 특수성과 해석자의 지평의 특수성 그리고 이 양자 사이에 존재하는 긴장을 인식하여야 한다고 주장한다. 해석학의 과제는 순진하게 이 양자를 동화시킴으로써 이 긴장을 덮어두는 데 있는 것이 아니라 두 지평 사이의 융합(Horizont Verschmelzung)에 있다.[2)]

가다머에 따르면, 지평융합은 '영향사' (Wirkungsgeschichte) 구조 안에서 일어난다. 그의 '영향사 의식' (wirkungsgeschichtliches Bewu tsein)은 지평융합으로서의 이해가 발생하도록 해주는 토대가 되는 개념이다. 이 개념이 의미하는 바는, 우리가 실제로 텍스트를 이해하기 전에 우리는 이미 어느 정도 우리에게 의미를 드러내는 텍스트의 잠재적인 힘에 의해 영향을 받는다는 것이다. 이 영향력은 역사적 전통을 통하여 매개되어진다. 이런 의미에서, 우리는 텍스트가 어떻게 영향력을 발휘할 수 있는지를 이미 경험하게 해주는 그런 의사소통의 역사적 실재에 의해 언제나 조건지워진다. "이해의 과정에서 지평들의 실제적

---

1. Hans-Georg Gadamer, ***Reason in the Age of Science***, trans. Frederick G. Lawrence(Cambridge, Mass., and London : MIT Press, 1981), p. 112.
2. Anthony C. Thiselton, ***The Two Horizons***(Grand Rapids : William B. Eerdmans, 1980), p. 16.

인 융합이 발생하는데, 지평융합이란 역사적 지평이 투사됨과 아울러 동시에 그것이 제거된다는 것을 의미한다. 우리는 의식적인 이 융합의 행위가 영향사 의식의 과제라고 기술하였다."[3)]

가다머가 말하는 선입견, 전통, 영향사, 지평 같은 개념들은 이해하는 자에게 '역사의 힘'이 어떻게 작용하는지를 보여 주는 개념들이다. 그는 인간의 이해작용에 대한 분석을 텍스트 해석학을 통하여 수행한다. 그는 이해의 과정에 있어서의 하이데거의 선판단(pre-judgement)의 개념을 수용하여, 텍스트 이해의 과정은 언제나 독자의 전이해(pre-understanding), 텍스트의 의미(Sinn)에 참여하고자 하는 독자의 관심에 의해서 시작된다는 사실을 강조한다.

이와 같이 가다머는 이해가 갖는 역사적이고 언어적이고 실존적인 성격을 규명함으로써, 적절한 '방법'을 통해 이해의 '객관성'을 획득하는 것은 실제로 불가능하다는 것을 입증하려고 한다. 그는 정신과학의 '객관주의'와 '방법론적 거리 두기', 또는 '인식론적 방법주의'를 거부한다.[4)] 그는 정신과학의 '이해'에 있어서 이해자가 항상 전통에 귀속되어 있다는 점을 강조하면서, 이해 대상에 대해 객관적으로 거리를 두는 태도는 불가능하다고 본다. 정신과학에서의 이해는 오히려 우리가 전통 또는 역사의 작용 연관 안에 있음으로 해서 가능해진다는 것이다. 이처럼 가다머는 방법론주의와 객관주의를 비판하고 인간 실존의 철저한 역사성에 대한 인식에 근거한 존재론적 해석학을 전개한다.

따라서 가다머는 모든 선입견을 버려야 한다는 계몽주의적 요구는 그 자체가 하나의 선입견일 뿐이라고 비판한다. 왜냐하면 우리는 불가

---

3. H. G. Gadamer, ***Truth and Method***(New York : Continuum, 1994), pp. 273-274.
4. Ibid., p. 282.

피하게 전승 속에 서 있으며, 우리 삶의 밑바탕에 선입견이 있기 때문이다. 그러므로 절대 이성이란 존재하지 않으며, 이성은 우리에게 실제적이고 역사적인 것으로 존재할 뿐이다. "한 개인이 갖는 선입견은 그 개인의 판단이라기보다는 그의 존재의 역사적 현실이다."[5] 역사가 우리에게 속해 있는 것이 아니라 우리가 역사에 속해 있다. 가다머는 계몽주의에 반대하여 '전통'의 권위를 복권하려고 한다. 그는 계몽주의에서처럼 전통 또는 권위와 이성을 대립적인 것으로 보지 않고, 전통을 역사적 변화 속에서 항상 작용하는 보존(Bewahrung), 즉 눈에 띄지 않는 이성의 자유로운 활동으로 본다.[6] 낭만주의가 전통을 단지 '자연적 방식의 역사의 소여성'으로 보는 것은 잘못이다. 전통의 본질인 보존은 이성의 활동이며 그것은 자유에서 나온 것이다. 따라서 선입견의 원천인 권위는 그 궁극적인 근거를 인정과 인식에서 찾을 수 있다. 권위는 비이성적인 자의가 아니라 인식을 통한 인정에 바탕을 두고 있다는 것이다.

이와 같이 가다머는 전통과 권위에서 유래하는 선입견, 전이해를 정당화한다. 우리의 이해는 아무런 전제 없이 이루어지는 것이 아니라 우리가 처해 있는 역사적 현실로부터 오는 선입견에 의존한다. 해석학의 연구에 있어서 가다머의 중요성은 한 본문을 다룰 때에 해석자의 전이해에 대한 인식을 강조함에 있다. 전이해는 필터(filter)의 역할을 하는데 이 필터를 통하여 주제(subject-matter)가 파악되어지기 때문이다. 전통 안에서 우리에게 말하는 언어에 대하여 우리가 귀머거리가 되도록 만드는 것은 숨겨진 편견의 폭정(tyranny)이다. 가다머는 해석자가

---

5. Ibid., pp. 276-277.
6. Ibid., pp. 280-282.

자신의 전이해를 분명히 인지함으로써 해석의 행위 동안에 그 전이해가 충분한 주의(attention)를 받고 검증되도록 독려한다. 이러한 진술 뒤에는 의미와 이해에 대한 하이데거의 개념이 있다. 이 의미와 이해에 대한 개념은 인간의 인식을 통하여 이미 주어진 것을 명백히 드러내는 가능성들의 투사를 통하여 작동한다.

가다머의 '영향사 의식'에 따르면, 모든 이해와 해석은 역사적 연관성을 넘어서 이루어질 수 없으며 모든 이해와 해석에는 과거의 전통으로부터 작용하는 역사의 힘이 있다.[7] 우리는 그것에 맞서서 그것을 객관화시킬 수 없다. 우리는 항상 역사적 상황의 한가운데 있기 때문이다. 우리가 처해 있는 역사적 상황은 우리의 이해와 사고의 '지평'(Horizont)을 구성한다. 우리는 우리의 지평과 시각권 안에서 생겨나는 선행적 태도와 질문을 가지고 대상에 접근하는데, 이것들의 힘에 의해 우리는 대상을 그 어떤 것으로서 해석할 수 있고, 따라서 그 대상을 이해한다.[8]

가다머에게 있어서 영향사 의식의 구조는 언어이다. 언어는 사람들 사이에 대상에 대한 이해와 동의가 발생하는 중간지대이다. 언어가 두 사람 사이를 매개해 주는 대표적인 형태는 '대화'이다. 물론 텍스트는 대화의 상대자처럼 능동적이고 적극적으로 독자에게 말을 건네지는 않는다. 그러나 텍스트와 독자 사이의 상호적인 운동을 통하여 수행되는 해석의 과정은 인간 사이의 대화의 과정에 비유될 수 있다. 이 운동은 독자에 의해 시작되어진다. 텍스트는 대상을 언어로 표현하지만, 이러한 표현을 성취하는 것은 해석자의 일이다. 텍스트와 해석자는 언어로

7. Ibid., pp. 300-301.
8. Thiselton, op. cit., p. 165.

표현하고 성취하는 일에 있어서 각기 자기의 역할을 수행한다.[9] 이러한 견해에 함축되어 있는 바는 두 가지다. 한편으로는 해석은 해석자의 역사적 지평과 조건에 대한 자의식에 의해 성격지워진다는 것이며, 다른 한편으로는 본문의 주장에 대하여 열려 있어야 한다는 것, 즉 본문의 지평과의 대화 안으로 기꺼이 들어감으로써 해석자의 거짓된 전이해를 교정하거나 수정할 수 있어야 한다는 것이다.[10]

이미 언급한 바와 같이, 가다머에게 있어서 진정한 이해는 본문과 해석자의 지평의 융합 과정을 통하여 일어나며, 이 지평융합은 전통 속에서 영향사의 의식을 통하여 수행된다. 해석자가 어떤 전승과 본문을 이해하고 그 역사적 상황 속에 자신을 위치시키기 위해서는 그 전승과 본문의 역사적 지평을 획득해야 한다. 이 과정에서 해석자는 본문과의 상이성(Andersheit)과 긴장을 경험하게 되는데, 자신의 이해의 지평을 넘어서서 본문의 이해의 지평을 획득함으로써 긴장과 상이성을 극복하고 하나됨의 관계성 안으로 들어가게 될 때에 비로소 해석학적인 이해에 도달할 수 있게 된다. 텍스트 이해의 궁극적인 목적은 텍스트와의 실질적인 동의에 이르는 데 있다. 이러한 이해의 목표는 두 지평, 즉 텍스트

---

9. Gadamer, ***Truth and Method***, p. 350.

10. 하지만 가다머는 언어를 단지 의사소통의 매개로서의 도구적인 관점에서 보지 않고, 하이데거처럼 언어의 참된 본질이 의사소통의 과정을 통하여 드러난다고 본다. 언어는 본래적으로 존재의 전체성에 연관되어 있으며, 인간의 유한하고 역사적인 본성을 그 자신과 세계에 매개시키는 역할을 한다. 이런 의미에서 가다머는 "이해되어질 수 있는 존재는 언어이다."라고 말한다. Ibid., pp. 415, 432. 이것은 언어가 진리가 탈은폐되는 가장 중요한 자리라는 것을 의미한다. 진리는 언어적 형식을 이해하는 과정 안에 발생할 수 있다. 이러한 진리의 사건은 해석학적 경험의 궁극적인 축복이다. 가다머에 따르면 해석학적 경험은 단지 많은 다른 인간의 경험들 중의 하나가 아니라 인간이 진리에 접근하기 위한 유일한 길이다.

의 지평과 독자의 지평의 융합을 통하여 성취되는데, 지평융합을 통한 이해는 해석자의 주체의 행동에 의해 결정되는 것이 아니라, 해석자가 자신을 과거와 현재가 지속적으로 융합되는 전통의 과정에 위치시킴에 의해서 가능하게 된다는 것이다.[11)]

가다머에 따르면, 해석자와 본문의 두 지평 사이의 융합은 실제적으로 해석자와 본문 사이의 질문과 대답의 변증법적인 대화의 과정 속에 일어난다. 독자에 의하여 제기되어지는 물음들이 언제나 필연적으로 저자가 마음속에 가지고 있었던 질문들은 아니기 때문에 새로운 통찰과 의미가 생겨난다. 해석자와 본문 사이의 대화는 양자가 모두 역사적으로 자리매김 되어져 있기 때문에 진리와 편견 둘 다를 가지고 있음을 전제로 한다. 진리는 방법으로부터 도출되어지는 것이 아니라 역사적으로 유한한 두 전통 사이의 변증법적인 질문과 대답을 통한 상호 비판적, 응답적 대화의 과정을 통하여 이루어지는 지평융합을 통해서 드러난다. 가다머는 이러한 상호적인 대화의 과정을 통한 이해의 현상을 게임의 경험에 비유한다. 독자는 게임의 규칙에 자신을 종속시키고 게임에 의해 지시를 받거나 움직이는(played) 경기자와 같다. 그는 게임이 이루어지도록 허용한다. 따라서 가다머는 해석학적 성찰이란, 이해를 추구하는 사람이 자신을 (게임의 규칙에) 종속시켜야 하는 '게임'의 조건에 대한 성찰로 이해한다.[12)]

지평융합은 본문이나 해석자나 아무도 빈손으로는, 즉 이 각각의 두 지평으로 인하여 말미암는 선입견 없이는 경험할 수 없는 배움의 경험이다. 본문은 그 자체로서 진리를 갖고 있다. 그러나 이 진리는 오직 해석자의 현실과 연관될 때에만 인지 가능하고 의미 있는 것이 된다. 본

11. Ibid., pp. 258f.
12. Ibid., p. 105.

문의 메시지와의 개인의 실존적인 연관을 강조한 불트만과는 달리, 가다머는 해석의 가능성이 공동체와 전통의 삶 안에 자리매김 되어지는 더 넓은 삶의 세계(Lebenwelt)와 본문의 연관을 말한다. 따라서 해석자의 삶의 세계는 공동체적인 사회 정치적, 역사적 차원의 공시적 범주와 전통으로부터 오는 영향사 의식의 통시적 범주를 포함한다.

이와 같이 해석학적 이해란, 단지 문법적으로나 사전적으로 개개의 단어를 들여다보는 문제가 아니라 두 지평 사이의 의사소통의 문제이다. 본문의 의미는 주제에 대한 공통된 견해, 공유된 언어와 경험에 있다. 이런 의미에서 본문의 의미는 당시 본문 안에나 본문 뒤에(저자의 의도) 있는 것이 아니라 본문의 앞에 있다. 그것은 닫혀져 있지 않고 열려 있다. 이것은 해석자가 본문을 단순히 현재와 동일하거나 동질의 것(congenial)으로 환원시키는 것을 의미하지는 않는다. 본문은 해석자의 잘못된 전이해를 교정시킬 수 있다. 그러나 해석자는 언제나 자신을 둘러싸고 있는 것, 그 자신보다 이전에 온 것으로 인하여 조건지워지기 때문에, 가다머는 역사적, 사회적, 문화적인 자리매김이 본문에 대한 해석자의 질문의 기반이 되며, 본문의 지평과 해석자의 지평 사이에 다리를 놓는 역할을 한다고 주장한다.

지평융합 또는 두 지평 사이의 의사소통의 과제로서의 이해와 해석은 언제나 열려 있으며 생산적이고 창조적인 과업이다. 낭만주의 해석학은 '이해'를 해석자가 본문 저자의 생산(production)을 재생산(reproduction)하는 것으로 파악하였다. 그러나 가다머에 따르면, 모든 시대의 해석자는 전해 내려 온 본문을 자기 시대의 방식으로 이해해야 한다. 왜냐하면 본문의 실제적 의미는 저자와 저자의 동시대의 독자가 생각하는 것에 묶여 있지 않고 항상 해석자의 역사적 상황에 의해서 함께 결정되기 때문이다. 본문의 의미에 대한 최종적이고 전체적인 해석은 존재하지 않는다는 의미에서, 해석은 언제나 미완결의 과정이다. 본문의 의미는 단지 그것에 대한 해석자의 주관적인 판단에 의해서 규정되어질 수도 없으며 또한 그것의 저자의 의도에 의해서 독점적으로 규정되어질 수도 없다. 본문은 그 자체로서 의미를 가지고 있으며, 저자조차 그 본문을 쓸 때에는 의식하지 못했던 새로운 것을 그의 작품에서 볼 수 있는 정도만큼 자기 초월적이다. 문자적 전승은 단지 과거 세계의 부분이 아니라 그것을 넘어서서 현재에까지 동시성을 가지고 있으며, 그 속에 과거와 현재의 독특한 공존이 있다. 따라서 본문의 의미는 항상 본문의 원저자를 능가하며, 이해는 재생산이라기보다는 생산적인 활동이다.[13] 본문의 의미는 결코 그 자체로 고정되어 있는 것이 아니라 새롭게 확장된 '의미의 가능성' 속에서 작용한다. 본문을 이해하는 것은 과거의 삶을 추리하는 것만이 아니고 말해진 것에 대한 현재의 참여를 의미한다. 그러므로 이해는 현존재의 유한성과 역사성 안에서 일어나는 '역사적 사건'이다.

문헌 전승의 본문은 오직 읽혀지고 이해되고 참여되어짐으로써만 구체적인 실존을 갖는다. 의미의 가능성은 독자나 청자의 현존에, 그리고 이들이 진리의 주장으로서 경험하는 바에 의존한다. 가다머의 말을 따르면, 청자는 단지 의미의 가능성의 조건이 아니라 의미 자체가 청자에 따라 변할 수 있다. 어느 의미에서 해석은 재창조(re-creation)라고 할 수 있을 것이다. 그러나 이 재창조는 창조적 행위의 과정을 따르지 않고 해석자가 그(작품) 안에서 발견하는 의미에 맞추어 표현되어져야 하는 창조된 작품의 길을 따른다.[14]

방법론적인 것이 아닌 철학적, 현상학적인 것으로서의 해석학의 본성에 대한 가다머의 통찰은 철학적 해석학의 발전에 공헌하였다. 특히

---

13. Ibid., p. 296.
14. Ibid., pp. 108-110.

그는 하이데거의 해석학적 순환의 개념을 구체화시켜서, 이해에 있어서의 영향사 의식과 해석자의 선판단의 생산적인 역할에 대한 설명을 발전시켰다. 그리고 이러한 두 가지의 요소 사이의 해석학적 순환 안에서 발생하는 텍스트와 해석자 사이의 지평융합으로서의 그의 이해의 개념의 중요성은 아무리 강조해도 지나침이 없을 것이다. 하지만 가다머는 우리에게 몇 가지 중요한 문제점을 남겨 놓았다. 독자는 어떻게 텍스트에 대한 잘못된 이해 또는 이데올로기적인 왜곡의 가능성의 문제를 해결할 수 있는가? 왜 텍스트는 권위를 가지며 그것이 제시하는 전통에의 복종을 요구할 수 있는가? 텍스트와 전통의 오류나 이데올로기적 왜곡의 가능성의 문제는 어떻게 밝혀지고 해결될 수 있는가? 지평융합은 언제나 행복한 융합만인가? 종종 그것은 텍스트와 해석자 사이의 충돌을 불러일으키는 것은 아닌가? 그럴 경우 해석은 어떻게 가능하며, 진리가 해석의 과정 안에서 어떻게 드러날 수 있는가?

Ⅲ. 위르겐 하버마스

하버마스(Jürgen Habermas)는 가다머의 인간 실존의 역사성에 대한 인식에 기본적으로 동의한다. 하버마스는 전통들의 영향사를 인정하며, 통제된 이해 역시 해석자의 전통 연관성 또는 선입견을 벗어날 수 없다고 하는 가다머의 주장에 원칙적으로 공감한다. 그러나 그는 영향사적인 전통에 이해가 구조적으로 속해 있다는 사실이 학문적 반성을 통한 전승된 매체의 변혁을 불가능하게 하는 것은 결코 아니라고 주장한다. 하버마스는 가다머가 '반성적 숙고'(Reflexion)의 힘을 과소평가하고 있다고 본다. 그는 반성적 이성이 절대적인 것도 아니고 또한 역사적 한계성과 우연성으로부터 완전히 벗어나 있는 것은 아니지만, 그럼에도 불구하고 전승의 발생을 통찰하며 삶의 실천의 독단을 무너뜨릴 수 있다고 믿는다. 반성은 독단적 권력을 파괴할 수 있으며, 전통의 주장을 거부할 수 있음에 의해서 그 힘이 확증된다.[15)]

하버마스는 텍스트의 해석자는 텍스트의 주장에 자신을 종속시키고 텍스트가 대표하는 전통 안으로 들어갈 때에만 텍스트를 올바로 이해할 수 있다는 가다머의 철학적 해석학에 대하여 비판을 제기하였다. 그는 해석학적 이해의 한계를 인식하지 못하는 해석학적 의식은 불완전한 것이라고 지적하면서, 가다머적인 이해의 모델은 일상적인 의사소통이 체계적으로 왜곡될 때에는 통하지 않는다는 사실을 입증하는 데 관심을 기울였다. 병리적인 현상이 드러나지 않는 정상적인 말의 경우에서도 역시 체계적으로 왜곡된 의사소통의 유형이 발생한다는 사실이 분명해질 때, 해석학의 자기 개념은 흔들리게 된다. 이것은 의사소통의 단절이 당사자들에 의해 인식되지 못하는 사이비 의사소통의 경우에 그렇다. 그 대화에 새로 참여하는 사람만이 그들이 서로를 잘못 이해하고 있다는 것을 알아차린다.[16)]

하버마스는 이해의 선구조(Vorgriff, Vorhave, Vorsight)의 불가피성이 선입견의 정당성을 보증해 주지 못한다고 지적한다. 그는 가다머의 논증이 '정당화하는 인정'과 '권위를 정초하는 합의'가 '폭력 없이' 이루어진다는 것을 가정하고 있지만, '체계적으로 왜곡된 의사소통'의 경험은 이 전제를 반박하고 있다고 주장한다. 독단적인 인정과 참된 합

---

15. Jürgen Habermas, "Zu Gadamers Wahrheit und Methode," in *Hermeneutik und Ideologiekritik*, hrsg. K. O. Apel, C. v. Bormann, H. G. Gadamer, J. Habermas(Suhrkamp Frankfurt, 1971), pp. 47 – 49.
16. Jürgen Habermas, "On Hermeneutics' Claim to University"(1970), in K. M. Vollmer, *The Hermeneutics Reader : Texts of the German Tradition from the Enlightenment to the Present*(London : Blackwell, 1986), p. 302.

의를 구별하기 위해서는 '보편적이고 비지배적인 상호 이해'의 원칙적 조건이 필요하다. 따라서 전통의 영향사적 권위에 종속되어 있는 가다머의 철학적 해석학은 반성적 비판과 해방을 지향하는 비판적, 해방적 해석학으로 전향되어야 한다는 것이다.

가다머 역시 모든 선입견이 정당하다고 보지는 않는다. 그는 본문과 해석자 사이의 변증법적인 대화 안에 비판적 인식이 포함되어 있는 것으로 보며, 또한 잘못된 선입견을 비판하는 데 있어서 학문적 방법들이 도움이 된다는 사실도 인정하고 있다. 하지만 가다머는 궁극적으로 잘못된 선입견과 올바른 선입견을 구별시켜 주는 적절한 기준을 제시하지 못하고 있다. 그에게 있어서는 '시간 간격'(Zeitabstand)이 우리로 하여금 이해에 있어서 작용하는 잘못된 선입견을 여과시키게 하는 역할을 할 수 있을 것이라고 말한다. 이 개념은 우리가 이른바 '역사의 평가 또는 심판'이라고 부르는 것이라고 할 수 있는 것인데, 지나치게 소극적이고 추상적이고 막연하다. 시간이 지나고 역사가 흐른 뒤에는 모든 것이 다 저절로 올바로 평가되는가?

전통, 권위, 선입견에 대한 가다머의 옹호는 인간 실존의 역사성의 관점에서 볼 때 정당하다. 그러나 인간 실존의 죄악성과 타락의 관점에서 볼 때 이것은 언제나 정당한 것은 아니다. 모든 권위와 전통이 항상 비판의 여지가 없는 것이고 항상 이성의 계기와 합치되는 것일 수는 없는 것이다. 따라서 잘못된 선입견과 전통으로부터 벗어나야 한다는 계몽주의의 주장은 여전히 타당한 것이다. 잘못된 권위와 왜곡된 전통, 그리고 이에 근거한 선입견은 비판받아야 하며 그것들로부터의 자유와 해방이 쟁취되어야 한다.

하버마스 역시 이해에 있어서의 역사성을 부인하지 않는다. 그러나 그는 역사성에 대한 강조가 전통에 대한 무비판적인 수용을 의미하지는 않는다고 생각하며, 전통 역시 반성을 통해 비판되어질 수 있다고 믿는다. 하버마스는 정신과학의 객관주의적 경향에 대한 가다머의 올바른 비판에도 불구하고, 대상에 대한 방법적 거리 두기가 중지되어질 수는 없다고 주장한다. 가다머처럼 진리와 방법의 관계를 추상적으로 진리와 '방법적 인식 전체'와 대립시키거나 '방법' 자체를 거부하는 것은 잘못이다. 하버마스는 가다머가 해석학적 경험을 학문의 영역을 넘어선 '자연적 태도'로 보는데 반해서, 해석학의 요구는 학문들 속에서 유효하든지 아니면 전혀 유효하지 못하든지 둘 중의 하나라고 못박는다.[17]

하버마스는 현대의 과학주의에 대하여 가다머와 같이 비판적인 입장이지만, 자연과학적 방법을 수용해야 하는 사회과학과 정신과학의 영역이 있음을 인정하고, 해석학적 방식과 경험분석적 방식이 이 분야들에 있어서는 종합되어야 한다고 본다. 비판적 사회과학과 심층해석학의 경우 해석학적 방법론을 수용하되, 대상에 대하여 거리를 두고 객관화하는 '경험적, 분석적 처리 방식'도 포기할 수 없다.[18] 이러한 방법들을 통하여 체계적으로 왜곡된 의사소통을 극복하고 이상적인 의사소통과 언어적 대화, 그리고 상호 일치를 추구해야 한다는 것이다.

따라서 하버마스는 가다머의 존재론적인 해석학 이해의 한계점을 지적하면서, 체계적으로 왜곡된 의사소통의 형태를 진단할 수 있는 보다 심층적인 해석학과 더불어, 억압되지 않은 의사소통 행위의 조건들과 왜곡된 의사소통의 상황을 다룰 수 있는 보다 실효 있는 의사소통 이론을 수립하고자 하였다. 이러한 하버마스의 견해에 응답하여 가다머는 자신은 오직 해석학적 과정을 통하여 어떻게 지식이 획득되어질 수 있

---

17. Habermas, "Zu Gadamers Wahrheit und Methode," in ***Hermeneutik und Ideologiekritik***, p. 46.

18. Ibid.

는지를 입증하려고 의도하였다고 주장하였다. 그러나 그는 이러한 해석학적 과정 안에 억압의 힘이 작용하는 것을 인식하지 못했다. 그는 단지 텍스트와 텍스트의 전통의 권위에 대한 종속은 해석자의 자유에 기초한 행동이라고만 말하였다. 그러나 가다머는 인간의 의사소통에 있어서의 모든 종류의 이데올로기적 억압에 대한 비판과 아울러 해석에 있어서의 이데올로기적 행위의 역할에 대한 구체적인 분석을 요청하는 하버마스를 만족시킬 수 없었다.

가다머가 전통에 집착하면서 이해의 유한성과 역사성을 강조한다면 하버마스는 비판을 통한 진보와 개혁을 강조한다. 이것은 하이데거의 존재론에 기초한 가다머의 해석학과, 비판 이론을 계승하는 하버마스의 사회 이론 사이의 입장의 차이를 보여 준다. 가다머는 우리가 전통에 얽매여 있기 때문에 선입견을 가지게 되며 또한 이해의 대상을 거리를 두고 객관적으로 바라볼 수 없다고 주장한다. 그러나 하버마스는 반성을 통하여 전통과 거리를 유지할 수 있으므로 '방법론적 거리 두기' 자체를 거부해서는 안 된다고 주장한다. 그는 언어로써 우리에게 전해지는 전통 역시 지배와 폭력의 정당화에 기여하는 이데올로기일 수 있기 때문에 반성을 통하여 그것으로부터 해방되어야 하며, 따라서 해석학은 '이데올로기 비판'을 수행하는 해방의 해석학이 되어야 한다고 주장한다.

해석학적 경험에 대한 가다머의 생각은 지나치게 낙관적이다. 그는 이해가 언제나 성공적으로 이루어질 것으로 간주하였다. 따라서 왜곡된 의사소통의 문제나 독자가 올바르게 텍스트를 이해하고 있는지의 물음은 고려되지 않았다. 이런 문제와 물음이 해석학적 성찰 속에서 고려되지 않는 동안은 지평융합은 행복한 과정으로 나타날 것이다. 그러나 독자가 텍스트를 오해할 수도 있다는 의심이 일단 생겨날 때, 해석학적 경험에 대한 가다머의 현상학적 기술은 불완전한 것이라는 사실이 입증된다. 더욱이 해석학에 있어서의 모든 종류의 방법론적인 접근에 대한 불신으로 인하여 그는 적절한 이해를 위한 기준들을 발전시킬 수 없었다. 뿐만 아니라 현대의 '도구주의적' 인 언어 개념에 기초한 언어 분석의 한계를 넘어서 언어의 '존재론적인' 차원을 복구하려고 한 나머지, 그는 보다 비평적인 해석학적 전망을 위하여 언어학적 절차가 제공해 주는 가능성들을 보지 못하였다.[19]

지평융합의 과정 속에서 실제적으로 발생하는 바에 대한 비평적 논의가 없다면, 지평융합이라는 개념은 단지 관념론적인 것이 되며 나아가서 모든 종류의 이데올로기적인 왜곡에 무방비상태로 노출되게 된다. 어느 특정한 전통을 수호하고자 하는 근본주의적 열정을 가진 독자가 자신의 전통 안에서 텍스트의 지평이라고 자기가 믿는 바를 다른 독자에게 강요하기 위하여 텍스트와 전통의 권위를 강조할 수도 있다. 그러므로 텍스트의 지평이라고 주장된 것과 해석자의 지평 양자에 대한 철저한 비평의 과정만이 해석에 있어서의 오해나 이데올로기적인 왜곡을 방지할 수 있다. 대화로서의 해석의 실제 상황에서는 가다머가 생각한 것보다 훨씬 더 심각하고 다양한 충돌과 왜곡과 애매모호성의 현실과 직면하게 된다.

가다머는 자신의 현상학적인 해석학적 접근과 텍스트에 대한 적절한 이해를 위한 현대의 방법론적인 접근을 상호 배타적인 관계로 이해하였다.[20] 그러나 이 둘의 관계는 상호 배타적일 필요가 없다. 오히려 가다머의 철학적 해석학과 오늘날의 언어학 이론과 비판이론들을 포함하

---

19. Werner G. Jeanrond, ***Theological Hermeneutics*** (New York : Crossroad, 1991), p. 69.
20. 이런 의미에서 그의 저서 「진리와(and) 방법」은 제목과는 달리 "진리냐 또는(or) 방법이냐"의 문제를 다루고 있다고 할 수 있다.

는 방법론적 제안들은 통전적인 방식으로 통합되어져야 한다. 텍스트 해석에 있어서 방법론적 논의들은 개별적인 해석학적 과업에 대한 진정으로 비평적인 검증을 가능하게 하는데, 이것은 가다머가 제시한 현상학적이고 존재론인 해석학의 기본적인 틀 자체를 무효화시키는 것은 아니다. 즉, 가다머에 대한 하버마스의 비판이 가다머의 존재론적인 현상학적 해석학이나 보편주의적인 철학적 해석학 자체를 무효화한 것은 아니다. 왜냐하면 이데올로기 비판적 해석학도 여전히 해석학의 범주 안에 있기 때문이다. 따라서 하버마스의 비판적 해석학을 수용하여 보다 통전적인 해석학 이론의 모델을 수립하는 것이 바람직하다.

IV. 폴 리쾨르

리쾨르는 가다머처럼 해석학적 성찰이 근본적으로 철학적인 과업이라는 사실을 충분히 인식한다. 하지만 그는 가다머와는 달리 인간의 실존에 대한 포괄적인 철학적 파악을 위한 필수적인 우회로로서의 비평적인 해석학을 위하여 현대의 방법론적인 이론들이 유용한 기여를 할 수 있다고 보았다. 리쾨르의 철학의 출발점은 실존주의 철학의 전통 안에 있다. 다시 말하면, 그는 인간 실존의 현상에 대한 성찰을 자신의 철학적 출발점으로 삼는다. 그런데 이 인간 실존에 대한 성찰은 해석학적인 과업이다. 왜냐하면 그에게 있어서 인간 실존의 조건에 대한 성찰은 직관에 의해 이루어지는 것이 아니라, 존재하기 위한 우리의 노력과 욕망을 그러한 노력과 욕망을 표현하고 있는 작품들을 통하여 이해하고 전유(appropriation)함에 의하여 이루어지는 것이기 때문이다. 이 전유는 해석을 요구한다. 왜냐하면 "나는 이 세상에 흩어져 있는 기호들 밖에서는 존재함의 행위를 파악할 수 없기 때문이다. 이런 까닭에 반성철학은 인간의 기호를 해독하고 해석하고자 하는 모든 과학의 결과와 방법과 전제를 포함하여야 한다."[21] 다시 말하면, 리쾨르에 따르면 반성철학은 언어를 다루어야 한다. 왜냐하면 성찰은 언어를 통하여 이루어지며 또한 타자의 언어적 표현에 대한 이해를 통하여 이루어지기 때문이다. 그러나 언어는 언제나 다의적(多義的)이며 모호하다. 따라서 언어적 사건의 애매모호성을 비판적으로 다룰 수 있는 해석이론이 요청된다.

리쾨르는 무엇보다도 현대인에게 상실된 초월과 형이상학의 차원들과 의미 내용을 전승에 대한 연구로부터 되찾아 심화시켜 보고자 한다. 그는 문서화된 텍스트 자체의 현상에 집중적인 관심을 기울인다. 그에 따르면 문서화된 텍스트는 저자로부터 분리될 수 있고, 그 자체적으로 유의미적이며, 그 자체의 영향력을 발휘하는 자율적인 언어 구성물이 된다. 텍스트는 언어적으로 고정된 권위를 구축한다. 따라서 해석자는 자신에게 객관적으로 제시되어 있고, 일정한 언어 구조 안에 '파악되어진' 본문을 정확하게 분석하지 않고서는, 저자에게로 들어갈 수도 없고 독자와 청중에게로 나아올 수도 없다. 이것이 리쾨르의 텍스트 지향적 해석방법이다.

가다머는 오늘날의 독자와 텍스트 사이의 소격화(疏隔化)가 역사적 소외(alienation)의 결과라고 여기고, 지평융합을 통한 텍스트의 의미에의 새로운 방식의 참여를 통하여 이 거리를 극복할 것을 주장하였다. 가다머가 텍스트와 독자 사이의 소격화를 부정적인 계기로 본 반면, 리쾨르는 그것을 독자가 텍스트를 전유하는 해석학적 행위를 위한 기반으로 간주한다. 그에 따르면, 소격화의 해석학적 기능은 저자가 텍스트를 세상에 내어놓는 순간에 텍스트가 자율성을 획득한다는 사실에 있

---

21. Paul Ricoeur, ***Freud and Philosophy : An Essay on Interpretation***, trans. Denis Savage (New Haven : Yale University Press, 1970), p. 46.

다. 텍스트의 자율성은 독자가 텍스트를 해석하고 전유함에 있어서 이 전유가 저자의 의도나 본래적인 의사소통의 상황이나 본래적인 청자에 속박됨이 없이 일어날 수 있게 해준다. 리쾨르는 이 자율적인 텍스트를 '작품' 이라고 부르는데, 작품은 언제나 새로운 전유에 개방되어 있는 독립된 텍스트의 본성을 나타낸다.

가다머와는 달리 리쾨르는 텍스트 전유가 다양한 방식과 모델들을 통하여 일어날 수 있다고 믿으며, 형식주의, 구조주의, 프로이트적인 정신분석학적 해석이론 등의 설명의 방법론들의 도움을 얻어 자신의 해석학적 목표를 달성하고자 한다. 텍스트의 의미를 규명해내는 단 하나의 유일무이한 해석학적 접근이란 없으며, 텍스트를 전유해 내고자 하는 다양하고 서로 상충하는 목적과 관심과 방법과 지평이 있을 뿐이다. 이러한 해석의 다원성(pluralism)이 혼란과 무질서에 빠지지 않기 위해서는 해석에 있어서 적절한 설명의 방법론을 사용할 필요가 있다.

따라서 리쾨르는 인문과학을 위한 '이해'(understanding)와 자연과학을 위한 '설명'(explanation) 사이의 딜타이의 분리나 가다머의 반방법론적인 존재론적 해석학을 거부한다. 그는 이해와 설명이 변증법적인 관계 속에서 모두 해석을 위하여 필요한 것이라고 본다. 가다머는 텍스트를 실제적으로 기호학적(semiotic)으로 구조화되어 있는 전체로서 보지 못하고 단지 철학적인 관점에서 의미론적(semantic)인 잠재성으로서만 보았지만, 리쾨르는 언어적 사건으로서의 텍스트의 실제적인 언어적 성격을 인식했다. 이런 의미에서 해석학은 언어에 더욱 주의를 기울여야 한다는 가다머의 요구는 가다머보다 리쾨르에 의해 더 잘 성취되어졌다고 할 수 있다. 가다머도 역시 텍스트를 의미(Sinn, sense)를 담지하고 있는 것으로 취급하였다. 그러나 그는 어떻게 텍스트가 실제적으로 그러한 의미를 담지하고 있는지를 설명하지 못했다. 리쾨르는 금세기에 발전된 텍스트 언어학의 도움을 얻어 해석자의 관점에 의한 주관적인 요소와 텍스트의 언어적 특성 안에 있는 객관적 요소를 통합하는 해석이론을 발전시켰다. 이러한 양극적 해석이론은 사실상 슐라이어마허의 해석학의 기본적인 통찰과 일맥상통하는 것이며 그에 의해 예견되었던 것이다.

하지만 해석의 목적에 있어서 리쾨르는 슐라이어마허와 정면으로 대립한다. 리쾨르는 자신의 해석의 목적을 이렇게 밝힌다. "텍스트의 의미는 텍스트의 배후에 있지 않고 앞에 있다. 그것은 숨겨진 어떤 것이 아니라 탈은폐되는 어떤 것이다. 이해되어야 하는 것은 담화의 최초의 상황이 아니라 가능성의 세계를 가리키는 그 무엇이다. 이해는 저자와 저자의 상황과 별 관계가 없다. 이해는 텍스트의 지시체(reference)에 의해 열리는 세계 명제(world-propositions)를 붙잡으려고 하는 것이다. 텍스트를 이해하는 것은 의미(sense)에서 지시체(reference)로의 움직임, 즉 텍스트가 말하는 바(what it says)로부터 텍스트가 말하려는 주제(what it talks about)로의 움직임을 따라가는 것이다."[22)]

따라서 해석은 텍스트의 특유한 언어 및 사고 세계를 상세히 개진하여야 한다. 하나의 본문은 우리의 본질적 가능성들을 그 안에 설계하기 위해서 내가 거주할 수 있는 '세계에 대한 설계'로 해석되어야 한다. 이것을 리쾨르는 본문 세계, 즉 이 유일한 본문에 특유한 세계라고 부른다.[23)] (현대적 사고의 상황에서 출발해서) 본문이 말하는 것이 얼마큼이

---

22. Paul Ricoeur, ***Interpretation Theory : Discourse and the Surplus of Meaning***(Fort Worth : Texas Christian University Press, 1976), pp. 87f.
23. P. Ricoeur-E. Jüngel, "Philosophische und theologische Hermeneutik," ***Metapher***, Sonderheft der Evth, 1974, p. 32 ; Peter Stuhlmacher, ***Vom Verstehen des Neuen Testaments : Eine Hermeneutik***(Göttingen : Vandenhoeck & Ruprecht, 1979), p. 203.

나 오늘날에도 적용될 수 있는가를 즉각 묻는 대신에, 리쾨르는 본문이 해석자와 대면하여 유의미성이란 점에서 우월성을 가지고 있는 '가장 특유한 존재 가능성의 설계' 로서 나타나도록 해석되어야 한다고 주장한다. "내가 마침내 획득해 내는 것은 세계에 대한 설계이다. 이것은 숨겨진 의도로서 본문의 배후에 있는 것이 아니라, 그 작품을 펼쳐내고 드러내고 벗겨내는 것으로서 본문의 앞에 있는 것이다. 따라서 이해는 본문 앞에서의 자기 이해를 말한다. 그것은……본문에게 자신을 내어 맡기고 본문으로부터 어떤 확대된 자아를, 즉 실제로 획득된 세계 설계와 일치되는 하나의 실존 설계를 얻는다는 뜻이다. 그러니까 주체가 이해를 구성하는 것이 아니라……자아가 본문의 '중심 사실' 을 통해 구성되는 것이다."[24)]

슐라이어마허가 텍스트의 뒤에 있는 저자의 마음을 (저자 자신보다 더 잘) 이해하려고 했다면, 리쾨르는 언제나 새로운 의사소통의 맥락 안에서 텍스트의 의미와 지시체를 이해하려고 했다. 그는 하이데거처럼 텍스트 해석을 실존론적인 의미를 지닌 행위로 이해했다. 즉, 해석의 과정을 통하여 텍스트는 새로운 실존의 가능성, 새로운 세계 또는 새로운 세계 내 존재의 양태(modes-of-being-in-the-world)를 열어 줄 수 있다.[25)]

이러한 리쾨르의 철학적 해석학적 입장은 가다머와 마찬가지로 역사적으로 충분히 숙고된 비판 이후(post-critical)의 성서해석학을 위한 새로운 가능성을 보여 준다. 리쾨르는 성서해석이 전적으로 성서 텍스트에 특유한 본문 세계를 개진하는 과제에 전념해야 한다고 강조한다. 그에게 있어서 성서해석의 첫째 과제는 (불트만처럼) 독자의 결단을 불

---

24. Ricoeur-Jüngel, Ibid., p. 33 ; Stuhlmacher, Ibid., p. 203.

25. Ricoeur, *Interpretation Theory*, p. 94.

러일으키는 일이 아니라, 성서 텍스트의 '중심 사실'의 존재의 세계를 전개시키는 일이다. 그는 성서 전체의 텍스트가 의미와 존재의 우월성을 가지고 현대의 독자를 대면하며, 오늘의 해석자는 전체 성서의 본문 세계를 그리고 이해하기 위하여 신앙의 모험을 하여야 한다고 믿는다. 그에게 있어서 신앙은 본문의 유의미적 관계의 틀과 해석의 학문성과 소통 가능성을 결코 위협하지 않는다.

그러나 새로운 존재의 양태 또는 세계는 가다머의 경우처럼 텍스트의 지평 안으로 행복하게 융합되어짐으로써가 아니라, 다시 말하면 회복, 동의, 또는 신앙의 해석학만으로써가 아니라, 동시에 비평적인 해석학적 행위를 통하여 개방된다. 리쾨르는 모든 텍스트 이해가 설명을 통한 정당화와 교정에 의해 보완되어야 한다고 주장한다. 그런데 그에게 있어서 설명적인 방법들은 구조주의적 또는 언어학적 분석에만 국한되는 것이 아니라 프로이트, 마르크스, 니체 등의 의혹의 방법론들도 포함한다. 무비판적으로 전통 안으로 들어갈 것을 요구했던 가다머의 해석학과는 달리, 리쾨르는 비판적 차원을 해석학적 과정에 도입한다. 그는 하버마스와 같이 해석의 과정에서의 체계적인 왜곡의 가능성과 이데올로기에 대한 비판의 필요성을 인정한다. 하지만 그는 하버마스와는 달리 이 비판적 차원을 해석학적 차원의 고유한 한 부분으로 본다. 이해와 이데올로기 비판은 상호 작용의 관계 안에 있다.

이와 같은 리쾨르의 종교철학적 해석학의 관점들은 오늘날 신학적 성서해석학으로 하여금 세계와 존재 설계를 위하여 갖는 성서의 '본문 세계'의 중요성을 새롭게 깊이 인식하도록 하는데 많은 도움을 주고 있다. 또한 그는 해석학의 실존론적, 존재론적 차원을 간과하지 않으면서도 이해에 대한 가다머의 존재론적 접근의 관념론적 한계를 극복했다. 텍스트 해석의 순환적 성격은 이해의 한계를 잘 보여 준다. 선판단과 최초의 이해 없이는 이해의 과정을 시작할 수 없다. 하지만 이 주관적 차원의 전제들로 인하여 모든 해석의 행위들은 다를 수밖에 없으며 왜곡의 가능성도 배제할 수 없다. 따라서 리쾨르는 텍스트의 관점에서 이 전제들을 검증함으로써 이해의 행위를 통제할 수 있는 비평적 교정장치를 해석학의 과정에 도입하였다. 그는 이론에 최초의 이해를 정당화하거나 교정하기 위한 설명의 절차와 의혹의 이론들과의 변증법적인 상호 작용 안에서의 이해를 추구하는 포괄적인 해석 이론을 수립하려고 하였다. 리쾨르가 금세기에 발전된 심리학, 문화인류학, 사회과학, 인문과학의 설명과 비평의 관점과 방법론을 해석학에 이끌어들인 것은 슐라이어마허, 딜타이, 가다머, 하버마스로 이어지는 해석학적 전통에 있어서 분명히 하나의 진전임에 틀림없다. 해석학 이론에 설명과 비평의 관점과 방법론을 이끌어들임으로써, 그는 회복(retrieval)의 해석학과 의혹(suspicion)의 해석학을 조화, 통합시키는 탈근대적 해석학의 전망을 수립했다고 평가할 수 있다.

이러한 공헌에 대한 긍정적 평가와 더불어 리쾨르의 해석학이 남겨 놓은 문제점들도 다음의 두 가지 관점에서 지적될 수 있다. 첫째, 그는 텍스트의 자율성을 옹호함으로써 슐라이어마허의 낭만주의 해석학을 거부하고 텍스트의 의미(sense)에 대한 구조주의적인 기호학적 분석에 기초하여, 지시체(reference)에 대한 의미론적 해석이 열어 주는 새로운 실존의 가능성을 추구하는 실존주의적 해석으로 나아갔다. 이것은 불가피하게 그가 열어 놓고 있는 해석의 다원성(pluralism)의 문제에 직면한다. 물론 그는 설명적 방법들을 통한 정당화와 교정의 보완장치를 마련하였다. 그렇지만 이러한 보완장치들이 다원적인 해석들의 충돌과 갈등과 왜곡의 문제를 완전히 해소시켜 줄 수는 없을 것이며, 따라서 해석의 '상대적 적절성'(relative adequacy)을 추구해야 하는 해석자의 과제는 여전히 남아 있다고 할 것이다. 이러한 맥락에서, 리쾨르는 텍스트의 저자의 의도, 본래적 상황, 본래적 청자를 탐구하는 역사비평적인 접근과, 이러한 역사적 관점에서 저자의 마음을 읽어내려는 낭만주의 해석학이 혼란스러운 해석의 다원성의 문제를 해결해 줄 수 있는 중요한 기능을 할 수 있다는 사실을 재인식하고 그 긍정적 의미를 재평가할 필요가 있다. "역사비평의 사막을 지나서 우리는 다시금 부름을 받기를 원한다."는 그의 탈근대적인 해석학적 명제는, 역사비평의 사막을 건너뛰거나 우회하지 않고 그것을 관통하는, 보다 더 철저하고 포괄적인 해석학적 우회로를 요구하는 것이어야 한다.

두 번째 문제점은 그의 설명의 방법으로서의 비판 이론에 관한 것으로서, 그는 자신의 의혹의 해석학적 방법이 단지 가다머처럼 텍스트의 지평을 회복하려는 것이 아니라 그것을 비판하기 위한 것이라고 주장한다. 그러나 실제로 그에게 있어서 의혹의 해석학은 회복의 해석학의 일부라고 할 수 있다. 왜냐하면, 엄밀히 말해서, 그가 비판하는 것은 텍스트에 대한 이해 또는 이해의 전통에 대한 것이지 텍스트 그 자체에 대한 것은 아닌 것처럼 보이기 때문이다. 그의 비판이론은 결국 텍스트의 관점에서 해석자를 의심하고 비판하고 전이해를 교정함으로써, 텍스트의 의미를 올바로 회복하고 본문 앞에서 새로운 자기이해에 도달하기 위한 것이다. 이런 의미에서 그의 비판적 해석학의 불철저성은 하버마스나 트레이시의 해석학에서처럼 텍스트와 해석자 사이의 상호 비판적인 대화 안에서의 상관관계를 지향하는 것이라고 하기에는 미흡한 면을 보여 주고 있다고 할 수 있다.

리쾨르의 성서해석학에 대해서는 다음에 보다 좀더 상세히 고찰되어질 것이다.

9 폴 리쾨르의 성서해석학

I. 들어가는 말

리쾨르는 그의 스승 가브리엘 마르셀(Gabriel Marcel)의 기독교 사상에 영향을 받아, 신학과 철학 사이의 화해와 조화를 추구하면서 기독교 신앙을 철학적으로 변증하려고 시도하는 현대의 프랑스 철학자이다. 그는 후설의 현상학적 사고를 비판적으로 사용하여 기독교적인 의지의 현상학을 독창적으로 전개하였다. 그는 「의지적인 것과 비의지적인 것」(1966)[1] 에서 자유와 본성(몸)의 상호 관계 속에서 인간의 의지적인 자유란 절대적인 것이 아니라 비의지적인 것, 즉 몸 안에 체화(體化)되어 있으며 몸에 의해 제한받는 것이라는 사실을 주장하였다. 「오류의 인간」(1965)[2] 에서는 인간은 후설이 주장하듯이 명증적인 선험적 자아

---

1. Paul Ricoeur, ***Freedom and Nature : The Voluntary and Involuntary***, trans. by E. V. kohak(Evanston Ⅲ : Northwestern University Press, 1966).
2. Paul Ricoeur, ***Fallible Man***, trans. by Ch. Kelbley(Chicago : Henry Regnery Cor., 1965).

를 가지고 있는 존재가 아니라, 무한과 유한의 불일치와 불균형 속에 있는 역설적이고 오류 가능한 존재라는 사실을 논증하였다.

리쾨르는 「악의 상징론」(1967)[3]에서 인간에 대한 현상학적 분석으로부터 해석학적 탐구로 넘어갔다. 여기서 그는 인간에 대한 진정한 이해는 인간의 의식, 내재적인 영역에 대한 현상학적인 분석과 직관에 의한 관념적 이해를 통해서가 아니라, 인간의 본성과 사고의 외면적 표현인 신화나 상징에 대한 해석을 통해서 온다고 주장하였다. 상징은 구체적인 인간의 죄의 현실과 악의 체험을 표현한다. 리쾨르는 기독교의 성서의 상징들은 인간의 죄의 현실과 악의 체험을 표현할 뿐만 아니라, 인간으로 하여금 인간의 본성 안에 있는 제한성, 오류 가능성, 악의 속박을 극복하고 구원과 자유와 해방으로 나아가도록 해주는 희망의 범주를 열어 주고 있다고 믿는다.

해석학에 관한 리쾨르의 저술들로는 「프로이트와 철학」(1970), 「해석들의 갈등」(1974), 「해석이론」(1976), 「성서해석 논구」(1980), 「해석학과 인문과학」(1981), 「시간과 이야기 Ⅰ, Ⅱ, Ⅲ」(1984-1988) 등이 있다.[4]

---

3. Paul Ricoeur, *The Symbolism of Evil*, trans. by Emerson Buchanan (Boston : Beacon Press, 1969).
4. Paul Ricoeur, *Freud and Philosophy : An Essay on Interpretation*, trans. by Denis Savage(New Haven : Yale University Press, 1970). *The Conflict of Interpretations : Essays in Hermeneutics*, ed. Don Ihde(Evanston : Northwestern University Press, 1974). *Interpretation Theory : Discourse and the Surplus of Meaning*(Fort Worth : Texas Christian University Press, 1976). *Essays on Biblical Interpretation*, ed. Lewis S. Mudge(Philadelphia : Fortress, 1980). *Hermeneutics and the Human Sciences : Essays on Language, Action and Interpretation*, ed., trans. and intro. by John B. Thompson(Cambridge : Cambridge University Press, 1981). *Time and Narrative*, 3 vols, trans. by Kathleen McLaughlin and David

이 중에서 특히「성서해석 논구」는 기독교 철학자로서의 리쾨르의 신학적 해석학의 입장을 잘 보여 주고 있다. 이 책에서 그는 불트만의 실존론적 해석학과 구조주의 해석학 등과의 비판적 대화를 수행한다. 리쾨르의 성서해석학의 목적은 본래의 계시 말씀(케리그마)과 쓰여진 말씀(성서)의 긴장관계 속에서 성서를 통하여 들려지는 케리그마 또는 증언을 듣고자 함에 있으며, 이를 통하여 새로운 자기 이해로 나아가도록 하고자 하는데 있다. 본 논고에서는「성서해석 논구」에 수록된 논문들을 중심으로 그의 성서해석학을 고찰해 보고자 한다. 그런데 그의 성서해석학을 이해하기 위해서는 먼저 그의 철학적 입장에 대한 최소한도의 전이해가 선행되어야 한다.

Ⅱ. 리쾨르의 철학적 배경 : 자아의 절대 주체성을 비판함으로써 후설의 현상학에서 해석학적 현상학 또는 현상학적 해석학으로 전환

리쾨르는 주체가 자기 자신을 자신의 의미의 근거로서 설정한다고 하는 주장을 허황된 것으로 여긴다. 그가 추구하는 반성철학(reflective philosophy)은 자아 자체의 투명성에 기초하는 데카르트적인 유형의 철학, 그리고 자아의 자기 설정(self-positing)에 기초하는 피히테적인 유형의 철학과 대립되는 것이다. 그는 다음과 같이 말한다.

> 오늘날 이러한 불신은 다음과 같은 사실에 대한 확신에 의해 더욱 강화되었는데, 그것은 곧 자아에 대한 이해가 언제나 간접적이며, 나

Pellauer(Chicago and London : University of Chicago Press, 1984-1988).

> 의 외부에 있는 문화와 역사로부터 내게 주어지는 기호들(signs)에 대한 해석으로부터, 그리고 이 기호들의 의미를 전유함으로부터 생겨난다는 것이다. 이제 나는 감히 다음과 같이 말할 수 있다. 본문 안에 기록된 기호들을 이해하게 됨으로써, 의미가 나를 지배하고 나에게 자아를 가져다 준다. 간단히 말해서, 자아를 이해하는 자아는 이해 자체로부터 주어진 선물이며 본문에 기록된 의미로부터 초대되어진 선물이다.[5]

후설의 현상학적 방법은 비록 데카르트적인 출발점을 가지고 있지만 데카르트의 이분법, 즉 탐구자와 조종자로서의 자아와 탐구되어지고 조종되어지는 대상으로서의 세상 사이의 이분법을 극복하고자 한다. 현상학에 있어서 자아는 의식 안에 나타나는 세상에 형체를 부여하는 방식 안에서 자신의 형체를 취한다.

후설과는 달리 리쾨르에게 있어서 자아의 중심은 의식이라기보다는 의지이다. 이것은 의지의 현상학이다. 즉, '자아' 와 '세계' 는 결단, 행동, 그리고 동의의 행위를 통하여 구성되어진다. 리쾨르의 이러한 현상학적 접근은 어떤 의미에서 해석학적인가? 신체학, 심리학, 생물학, 사회학 등의 모든 상관적인 학문분야들은 객관적인 방식으로 의지의 현상학을 탐구한다. 내가 세계를 구성하는 나의 의식적, 의지적 지향성(intentionalities)에 대한 탐구를 통하여 이러한 경험과학들이 담고 있는 암묵적인 현상학을 드러내어 줄 수 있는 것과 마찬가지로(현상학적), 이러한 경험과학들의 관점들과 어휘들은 나의 의식과 의지 속에서 내가 구성하는 세계에 대한 나의 이해를 조명하여 줄 수 있다(해석학적).

---

5. Paul Ricoeur, Preface to Don Ihde, ***Hermeneutic Phenomenology : The Philosophy of Paul Ricoeur***(Evanston Northwestern University Press, 1971), p. xv.

이미 언급한 바와 같이, 리쾨르에 따르면 자아에 대한 이해는 언제나 간접적이며 나의 외부의 문화와 역사로부터 주어지는 기호를 해석함으로써, 그리고 이 기호들의 의미를 전유(轉有)함으로써 생겨난다. 리쾨르의 현상학이 해석학적인 이유가 여기 있다. 현상학은 모든 자연, 인문, 사회과학 등의 상관적인 학문들에 의해 산출되는 인간 실존의 의미에 대한 기호들에 대하여 열려 있으며 그것들을 해석하여야 한다.

리쾨르는 불균형한 욕망과 의지를 지니고 자기 무한화를 추구하는 자아에 대한 실존주의적, 현상학적 이해는 상징, 신화, 비유적 표현을 통해서만 표현되고 경험된다는 사실을 강조한다. 「악의 상징론」에서 그는 성서의 아담의 타락의 신화는 이러한 인간 실존의 악에 대한 상징적 표현이라고 말한다. 이 신화는 우리로 하여금 우리의 개념적 도구로 말할 수 없는 것을 말할 수 있게 해준다. 리쾨르는 상징을 해석함에 있어서 의혹의 해석학을 수용한다. 예를 들면, 그는 자아의 위장에 대한 프로이트의 심층심리학적 차원의 정신분석을 받아들인다. 상징은 심층 차원의 원초적인 경험과 불투명한 욕망이 표현되어지는 형식이다. 「프로이트와 철학」에서 그는 의식을 반성적 사고의 맹점(盲點, blind spot)으로 보는 잘못된 환상을 거부한다. 모든 반성적 사고는 매개된다. 직접적 자기 의식이란 없다. 만일 의식이 직접적 자기 의식을 의미한다면 반성철학은 의식철학이 아니다. 존재와 인간 실존의 자기 이해를 위하여 우리는 상징의 세계를 통과하는 해석학적 '우회로'(detour)를 거쳐야 한다.

의혹의 해석학과 더불어 리쾨르는 '믿음의 해석학'을 수행한다. 상징의 세계는 존재와 인간의 관계를 표현하며, 우리의 깨어진 실존을 향하여 말을 건네 온다. 이것은 나를 향하여 들려오는 부름, 케리그마, 말씀의 차원이다. 믿는 것은 이 부름에 귀를 기울이는 것이다. 하지만 이 부름을 듣기 위하여 우리는 메시지를 해석하여야 한다.[6)]

Ⅲ. 리쾨르의 성서해석학의 주요 성격

1. '근대 이후' 또는 '비판 이후'의 성서해석학 : 상징해석학

리쾨르는 「악의 상징론」에서 다음과 같이 말하였다. "비평주의의 사막을 넘어서 우리는 다시금 부름을 받기를 원한다."[7] 계몽주의 이후 오늘날의 기독교 신학의 성서해석학에 있어서 역사비평 방법은 필수 불가결하다. 그러나 또한 바야흐로 근대 이후(post-modern) 또는 비판 이후(post-critical)의 전환기적 시대에 있어서, 그 방법론은 독자로 하여금 성서를 통하여 들려지는 하나님의 부르심에 관한 증언을 온전히 들을 수 있도록 해주기에는 불충분하다. 리쾨르의 성서해석학은 근대의 역사비평의 한계를 넘어서는 성서해석의 방향을 제시한다는 의미에서 '비판 이후' 또는 '근대 이후'의 해석학이라고 불릴 수 있다.

한편으로 리쾨르는 성서를 인간 존재를 변혁시키는 힘(부활)에 관한 '증언'(testimony)으로 본다는 점에서, 그리고 성서의 모든 문학적 장르들을 '계시'의 매개로서 본다는 점에서 보수주의자들과 입장을 같이 한다고 할 수 있다. 그러나 다른 한편으로 그는 전통적인 '교의학적 신화론'(dogmatic mythology)과 교회적 권위주의를 거부한다는 점에서 자유주의자의 입장을 공유하고 있다.[8] 리쾨르는 성서해석이 동시대의

---

6. Paul Ricoeur, *Freud and Philosophy*, p. 525.
7. *The Symbolism of Evil*, p. 349.
8. Paul Ricoeur, "Toward a Hermeneutic of the Idea of Revelation," *Essays on Biblical Interpretation*(Philadelphia : Fortress Press, 1980), pp. 73ff, 99ff, 105ff, 그리고 Paul Ricoeur, "The Hermeneutics of Symbols : I," *The Conflict of Interpretation : Essays on Hermeneutics*, Don Ihde, ed.(Evanston,

문화와 현재적 경험과의 상관성 속에서, 그리고 심리학, 정신분석학, 사회학, 인류학, 언어학, 철학사 등의 상관적인 학문분야들(counter-disciplines)과의 만남과 대화를 통하여 수행되어야 한다고 생각한다. 기독교 철학자로서의 그에게 있어서 성서해석의 과제는 신앙공동체 안에서의 성서에 대한 해설에 있다기보다는 세상 안에서의 인간 실존에 대한 합리적인 설명에 있다.

왜 우리는 오늘날 성서로부터 하나님의 말씀을 듣지 못하는가? 리쾨르에 따르면 그것은 데카르트적인 이분법에 근거한 주체의 절대화에 의하여 상징적인 언어에 대한 감수성을 상실했기 때문이다. 특히 근대의 서구인은 자신의 자아를 군주 같은 지배력을 가진 의식으로서 설정하고, 그러한 자신의 주체적 의식이 대상적 객체를 지배하고 통제하고, 우리 자신을 위해 존재하는 그 대상적 세계 안에서 우리 자신의 의미와 존재를 창출해 낼 수 있다고 믿는다. 이러한 주체적 의식은 상징적 언어(은유, 비유, 신화 등)가 지시하는 실재와 그 언어의 힘을 인정하지 않는다. 왜냐하면 그 의식은 언어가 인간 주체에 의해 조작, 통제되어지는 것으로 생각하기 때문에 (상징적) 언어가 실재를 지시하고 탈은폐하고 변혁시키는 능력이 있다는 사실을 인정하지 않고, 단지 (문자적) 언어를 통하여 사물을 지시하려고 하기 때문이다. 다시 말하자면, 데카르트적 주체성의 환상에 사로잡혀 있는 근대인은 간접적인 세계 실재를 지시함으로써 주체를 이끌고 변혁시키는 상징적 언어의 능력을 부인하고, 단지 직접적 대상 세계를 지시하기 위해서 주체에 의해 조종되고 지배되는 문자적 언어의 기능만을 인정한다.

리쾨르는 마르크스, 니체, 프로이트 등에 의한 '의혹의 해석학'을 우

Ill : Northwestern University Press, 1974)를 참조하시오.

회하지 않고 그것을 관통해서 넘어가는 새로운 신앙의 해석학의 길을 추구하여야 한다고 주장한다. 어떻게 이것이 가능한가? 리쾨르는 바로 상징적, 은유적 언어에 대한 철학적 분석, 즉 해석학적 접근을 통하여 성서 본문에 대한 '두 번째의 순진성'(second na vet)을 회복할 수 있다고 주장한다.[9] 우리가 추구하고 기대하는 두 번째의 직접성과 순진성은 이제 더 이상 해석학 이외의 곳에서는 가능하지 않다. 우리는 오직 해석함에 의해서만 믿을 수 있다. 그것은 상징에 대한 '현대적인' 신앙 형태이다.[10]

철학자로서 리쾨르는 신자들의 상징적 세계 안에서의 삶의 가능성을 개념적으로 설명하려고 한다. 즉 그는 상징에 대한 '선험적 환원'(transcendental deduction)을 통하여 상징의 객관적 영역을 구축하고자 한다.[11] 그는 상징이 사실상 실재를 발견해 내는 기능을 하며, 우리로 하여금 인간의 가능성을 식별할 수 있도록 해준다는 사실을 보여 주려고 시도한다.

2. 반낭만주의 해석학

리쾨르는 텍스트를 이해하는 것은 저자의 의도를 이해하는 것이라는 전제나, 텍스트를 이해하는 것은 저자의 문화적 상황을 공유하였던 첫

---

9. The Symbolism of Evil, p. 351. 리쾨르에게 있어서 '첫 번째의 순진성'은 상징의 세계 안에 아무런 의문 없이 거주하는 것을 말한다. 이것은 하나의 가능성으로서의 문화 안에 살던 사람들에게는 자연스러운 것이었다. 그러나 계몽주의와 역사의식과 비평의 등장 이후 이것은 우리에게 더 이상 가능하지 않다.
10. Ibid., p. 352.
11. Ibid., p. 355.

번째 청자나 독자에 의하여 파악된 텍스트의 의미를 파악하는 것이라는 전제를 거부한다. 이러한 전제를 가진 해석학은 19세기의 슐라이어마허나 딜타이가 추구했던 낭만주의 해석학이다. 리쾨르는 이러한 낭만주의 해석학이 의식의 행위와 기록된 텍스트의 상이성을 설명하는데 실패하기 때문에 거부되어야 한다고 주장한다.[12)]

담화가 기록의 형태를 취하게 되면 새로운 성격을 획득하게 된다. 기록된 담화의 의미는 더 이상 저자의 의도나 첫 번째 독자가 이해한 바에 속박되지 않는다. 기록된 담화는 심리적이거나 실존적이 아닌 논리적인 의미를 갖는다. '의미'(sense)는 마음 안에서 일어나는 사건이 아니라, 마음의 사건들 안에서 무한히 계속 현실화되어질 수 있는 객관적인 관념적 실재(ideality)이다.

> (의미는) 텍스트 뒤에 숨어 있다고 여겨지는 저자의 의도도 아니다. 저자와 저자의 본래적 독자들에게 공통된 역사적 상황도 아니다. 이러한 본래적 독자들의 기대나 느낌도 아니다. 그들의 역사적, 문화적 현상으로서의 자기 이해도 아니다. 전유되어져야 할 것은 텍스트 자체의 의미인데, 이 의미는 텍스트에 의해 개방되는 사고의 방향으로서 역동적인 방식으로 이해되어져야 하는 것이다.[13)]

이와 같은 텍스트의 의미에 대한 '이해'는 객관적인 '설명'의 도움을 필요로 하며, 설명을 통하여 이해가 깊어지고 확장된다. 리쾨르는 절대 주권적 자아의 개념을 거부하고, 텍스트의 기호에 대한 객관적 설명을 통하여 드러나는 의미(sense)와 지시체(referene)를 통하여 성취

12. Paul Ricoeur, *Interpretation Theory : Discourse and the Surplus of Meaning*(Fort Worth : Texas Christian University Press, 1976)을 참조하시오.
13. Ibid., p. 92.

되는 텍스트 이해와 그에 상응하는 텍스트 앞에서의 인간 실존의 이해를 추구한다.

3. 리쾨르의 성서해석학의 동기와 목적 : 성서 언어의 시적 기능 안에서 들려 오는 계시에 대한 증언(testimony)을 듣는 것

리쾨르의 성서해석학은 증언의 해석학이라고 할 수 있다. 이 증언은 계시적인 담화의 형태 안에서 들려지는데, 이 계시적인 담화는 은유, 상징, 신화와 같은 문학적 형태로 이루어지는 시적(poetic) 담화이다.[14] 성서 담화가 '증언' 이라고 하는 것은 무슨 의미인가? 그것은 성서 담화 안에서 해석자가 자신의 '존재를 위한 노력과 욕구' 를 발견함에 있어서, 자아의 주장과 요구가 완전히 박탈당하고 포기되어지는 것을 의미한다. 자기 스스로 의미의 원천이 되고자 하는 자아의 모든 시도는 "하나님은 누구신가?"하는 물음 앞에서 포기되어진다. 궁극적인 증언은 예수와 초기 기독교공동체 안에서 보여지는 것처럼 목숨을 건 증언이다. 성서의 담화에서 우리가 해석해야 할 증언은 예수님 당시의 목격자들이나 추종자들의 증언이 아니라 사도적 공동체의 증언이다. 따라서 우리는 이 사도적 공동체의 신앙고백을 통하여 그 신앙의 대상에 관계를 맺게 된다.[15]

리쾨르의 관심은 성서 담화가 현대적인 의미에 있어서 '실제로 일어난 것' 을 증언하는가 하는 물음에 있지 않고, 텍스트가 자체의 증언하

14. 특히 Paul Ricoeur, "Toward a hermeneutic of the Idea of Revelation," *Essays on Biblical Interpretation*을 참조하시오.

15. Paul Ricoeur, "Structure and Hermeneutics," in *The Conflict of Interpretations : Essays on Hermeneutics*, p. 56.

는 바에 의하여 무엇을 의미하는가(mean) 하는 물음에 있으며, 따라서 어떻게(how) 성서가 다양한 문학적 장르를 통하여 증언하는가 하는 물음에 있다. 그의 관심은 단순히 우리의 문화 또는 다양한 형태의 교회적 권위로부터 유래하는 '계시'에 대한 의미와 틀을 배우는 데 있는 것이 아니라, 어떻게 성서의 주장과 요구에 의해 우리의 자아가 포기되어지는가 하는 데 있다. 그는 외적인 실재에 대한 주장의 문제(객관적인 사물의 정립의 문제)에 대하여서는 현상학적인 판단중지(epoche) 또는 괄호치기의 절차를 수행한다. 그러나 성서 안에서 우리는 이 외적인 실재 요구에 대응되는 실재 요구(counter-reality-claim)를 만나게 되는데, 이 대응적 실재 요구는 우리의 의지적 자아, 즉 '존재하고자 하는 노력과 욕구'를 다시 전유하여 우리로 하여금 '희망의 빛 안에 있는 자유'의 새로운 세계를 향하여 나아가도록 고무한다.

그런데 성서의 증언을 듣기 위한 해석학을 위해서는 '첫 번째 순진성'만으로는 부족하다. 왜냐하면 우리가 실제로 성서의 부르심을 듣고 있다고는 해도 성서의 본문 자체가 말하는 바를 올바로 듣지 못하기 때문이다. 우리는 진정한 메시지를 우리의 문화로부터 유래하는 실재 이해로부터, 그리고 도그마적이고 교회적인 틀거리 안에서의 들음으로부터 구별해 낼 수가 없다. 그러므로 리쾨르는 텍스트에 대한 비판적 설명(critical explanation)의 중요성을 강조한다.

리쾨르에 따르면, 우리가 속한 문화 속에서 우리가 지니게 된 첫 번째의 순진성이 심각하게 우상적인 것이 되어 있기 때문에, 우리는 비판적 작업을 통하여 제2의 순진성으로 나아가지 않을 수 없다. 그의 비판적 작업은 문화와 주체성에 대한 것이다. 19세기 역사비평주의가 성서를 도그마적인 교회의 해석으로부터 자유롭게 하고자 했다면, 리쾨르는 근본주의적이고 객관화하는 해석으로부터 뿐만 아니라, 문화에 예속되고 주관화하는 해석으로부터 또한 성서를 자유롭게 하고자 시도한다. 그는 성서적 담화가 증언하는 바를 주의 깊게 듣도록 요구한다.

그런데 오늘날 우리에게는 비평주의의 과업을 거쳐서 제2의 순진성으로 나아가는 길 외에 다른 대안이 없다. 왜냐하면 오늘 우리의 문화 속에서 우리가 사용할 수 있는 첫 번째 순진성은 매우 심하게 우상적인 것이 되어 있기 때문이다. 리쾨르는 교회적 권위와 신학적 도그마주의와 연관된 '불투명하고 권위주의적인' 계시 이해를 거부한다.[16] 이러한 이해는 '계시된 진리'라고 여겨지는 명제들이 있다는 그릇된 관념을 갖게 한다. 물론 조직신학은 중요하다. 그러나 진리에 대한 진정한 이해는 철학자와 '주석가로부터 배운 신자' 사이의 대화를 통해 온다.

리쾨르는 성서 담화의 종류의 다양성(예를 들면, 설화담화, 규범담화, 지혜담화, 시편담화 등)을 중요시한다. 성서를 해석함에 있어서 우리는 "신앙공동체의 언어 안에 있는 저 가장 원본적인 담화의 양식들"에 충실하여야 한다.[17] 우리는 신학적 내용을 추출해내기 위하여 쉽사리 그 양식들의 다양성을 중성화시켜서는 안 된다. 증언이 어떤 것인가(is) 하는 것은 그 증언을 표현하는 담화의 양식에 의해 조정되어진다. 증언은 성서를 계시적인 것으로 만드는 심리주의화 된 성령의 교리에 따르는 '영감'에 의해서라기보다는 '말하여지는 것의 힘'에 의해서 증언이 된다. 따라서 증언의 계시적인 힘을 재발견하기 위한 비판적 탐구는 어떻게 다양한 장르들이 작용하는지에 대하여, 그것들이 무엇을 말하는지에 대하여, 그리고 증언을 탄생케 한 인간 상황의 다양성에 대하여 주의 깊은 관심을 기울여야 한다.

하지만 다른 한편, 리쾨르는 성서의 다양한 형태의 담화의 장르들이

---

16. Paul Ricoeur, "Toward a Hermeneutic of the Idea of Revelation," ***Essays on Biblical Interpretation***, pp. 73 – 74.
17. Ibid., p. 90.

한 가지 공통적인 기능을 보여 주고 있다고 주장한다. 그것은 바로 '시적(poetic) 기능' 이다. 이 시적 기능을 가진 기록된 본문에 있어서는 본문의 의미가 단지 저자의 주관적 의도나 독자의 주관적 해석에 있지 않고 '본문의 세계' 또는 '본문의 앞에 있는 세계', 즉 '본문의 지시체로서 본문을 넘어서 의도되어진 세계' 에 있다.[18] 이 지시적 기능은 일상의 언어나 과학적 담화의 지시적 기능과 구별된다. 후자의 지시적 기능은 친숙한 지각 대상에 대한 기술이나 과학이 관찰과 측정방법에 의해 규정하는 대상에 대한 기술을 의미한다. 반면 시적인 언어의 지시는 그 자체의 '앞' (ahead)에 세계를 투사하고 독자가 그 곳에 거주하도록, 그리고 더욱 본래적인 존재의 상황을 발견하도록 초청한다.

> 나는 오직 시적 언어만이 주체에 대립되는 대상으로서 간주되어진 사물에 대하여, 우리 자신을 대립시키는 우리의 능력을 선행하는 사물의 질서 안으로의 참여와 귀속성을 우리에게 회복시켜 준다는 사실을 깊이 확신한다. 따라서 시적 담화의 기능은 기술적 담화가 몰락한 와중에서 심층적 귀속성(belonging-to)의 구조의 출현을 가져온다는 데 있다.[19]

리쾨르에 의하면 성서 언어의 시적 기능은 참과 거짓의 기준을 중지시키고 "하나의 제안된 세계, 내가 거주할 수 있고 그 곳에서 내 자신의 최상의 가능성들을 투사할 수 있는 세계"를 현시한다.[20] 우리는 다양한 모든 성서 문학들 안에서 '말하여지는 것' (what is said)에 우선성을 두고 관심을 기울임으로써 이러한 세계를 발견할 수 있다. 우리는

18. Ibid., p. 100.
19. Ibid., p. 101.
20. Ibid., p. 102.

계시에 대한 심리주의적 해석으로부터 벗어나서, 본문의 의미(sense)에 대한 민감성과 본문이 본문 앞에 열어 놓는 세계 지시체(world-reference)에 대한 민감성을 가져야 한다. 본문을 계시적인 시(poesis)로서 보는 것은 본문이 지시체를 나를 위한 가능성으로서 투사함으로써 의미를 갖게 된다는 사실을 이해하는 것이다. 예를 들면, 복음서의 비유는 설화 형태의 은유적 과정이다. 비유적인 은유는 기이한 구성(plot) 안에서 실재를 재진술함으로써 충격을 가져다 주며, 우리를 위한 새로운 인식과 존재의 길을 열어 준다. 이 은유적 과정의 형식은 일상적인 상황 속에서 해석의 영역을 열고 새로운 헌신의 가능성을 개방한다.

리쾨르에 따르면 은유는 삶 속에서의 경험을 재진술함으로써 우리로 하여금 사물들의 새로운 연관관계를 보도록 해주며, 또한 역사 안에서의 하나님의 현존의 자취를 '해독'(decode)하게 해준다. 성서 텍스트의 모든 장르들의 뿌리에는 이러한 계시적인 은유 과정으로서의 비유가 있다. 성서의 상징은 우리의 이성적 추론의 과정을 한계지으면서 또한 열어 놓는다. 해석학의 과제는 본문의 '세계'로부터 실존을 위해, 본문이 함축적으로 내포하고 있는 '기획'(project)과 새로운 존재양태를 위해 본문이 지니고 있는 '명제'를 풀어놓는 데 있다. 해석학은 독자의 눈과 귀를 열어서 우리의 진정한 본래적 실존의 모습을 우리의 상상력 앞에 전개시켜 주어야 하는 사명을 가지고 있다.

Ⅳ. 불트만과 리쾨르

1. 오늘날의 기독교의 해석학적 상황을 구성하는 세 가지의 계기들[21]

21. Paul Ricoeur, "Preface to Bultmann," *Essays on Biblical Interpretation*, pp.

리쾨르는 오늘날의 기독교의 해석학적 상황을 구성하는 세 가지의 계기 또는 뿌리를 다음과 같이 설명한다. 첫째는 신약의 케리그마가 구약에 대한 해석의 산물이라는 것이다. 그리스도 사건은 그것이 유대의 성서를 해석한다는 의미에서 모든 유대적 경전과 관련되어 있다. 그리스도 사건은 그 자체가 해석되어질 수 있기 이전에 이미 기존의 성서에 대한 해석이었다. 기독교의 질서체계 안에 해석학이 있다. 왜냐하면 케리그마는 고대의 성서에 대한 다시 읽기이기 때문이다. 왜 기독교의 설교가 구약성서를 다시 읽음으로써 스스로 해석학적이 되기를 선택해야 했는가? 그것은 비합리적인 돌발적 분출로서가 아니라, 미결된 상태로 남아있는 그 이전의 선행적인 의미의 성취로서 사건 자체가 드러나도록 만들기 위해서이다. 구약성서에 대한 영적인 이해와 의미가 기독교이다.

리쾨르는 해석학 문제의 두 번째 뿌리를 바울에게서 찾는다. 이것은 현대에 들어서서, 그리고 특히 불트만에 의해 강조된 바로서, 본문에 대한 해석과 삶에 대한 해석은 상응하며 서로 부합된다는 것이다. 바울은 말씀을 듣는 자들로 하여금 그리스도의 고난과 부활의 빛 안에서 자신들의 실존의 모습을 이해하도록 요구한다. 십자가와 부활의 승리의 표징 아래에서 옛 사람의 죽음과 새로운 피조물의 탄생이 이해되어진다. 그리스도의 의미와 실존의 의미는 서로를 해독(解讀)해 주는 '해석학적 순환'의 관계에 있다. 책 속에 담긴 신비는 우리의 경험 속에서 분명하게 되고, 그 현실성은 여기에서 확증되어지며, 우리는 말씀의 거울 안에서 우리 자신을 이해한다.

리쾨르에 의하면 기독교 해석학 문제의 세 번째 뿌리는 근대 이후의

50-59.

비평적 방법에 있다. 이것은 케리그마가 처음 형성될 때의 기독교의 해석학적 상황과 연관되어 있다. 케리그마는 무엇보다도 본문에 대한 해석이라기보다 한 인물(예수)에 대한 선포이다. 이 케리그마는 증언과 이야기, 그리고 얼마 후에 성서 텍스트(초기 공동체의 신앙고백을 담고 있는) 안에 표현되었다. 여기에는 첫 번째 차원의 해석이 숨어 있다. 이 본문 자체가 이미 해석이며, 우리는 이 본문을 듣고 해석함으로써만 믿을 수 있다. 구약에 대해서 뿐만 아니라 신약성서 자체에 대한 우리의 관계도 해석학적이다.

우리의 현대의 해석학적 물음의 근원은 이것이다. 즉, 케리그마가 역시 신앙의 표명, 증거(testament)라는 것이다. 따라서 이 새로운 증거(New Testament) 역시 해석되어져야 한다. 복음서의 첫 번째 해석학적 상황은 복음 자체가 텍스트 안에 문자가 되었다는 사실에 있다. 텍스트로서의 복음서는 자신이 선포하는 사건과 비록 미미하지만 상이성과 거리를 드러낸다. 이 거리는 첫 번째의 증언과 그 증언을 듣는 후대의 모든 사람들을 시대가 지남에 따라 점점 더 분리시킨다. 오늘날의 역사의식에 있어서 이 거리는 매우 중요한 문제가 되었다. 왜냐하면 첫 번째 증인의 본래적인 자리와 오늘날의 문화 속에서의 나 자신의 자리 사이에 시간적, 공간적으로 상당한 거리가 있다는 사실이 인식되게 되었기 때문이다. 그러나 이 거리는 처음부터 있었다. 그것은 곧 사건의 증인과 청자(聽者) 사이의 거리이다. 오늘날의 역사비평, 특히 양식사 학파는 매우 짧았기 때문에 숨겨져 있었던 이 본래적인 거리를 새롭게 밝혀냈다. 이 학파는 신약성서 안에 모아진 증언들은 단지 개인적인 증언들일 뿐 아니라 이미 예배, 설교, 신앙고백이 이루어지고 있었던 신앙공동체 안에 위치한 것이라는 사실을 우리에게 가르쳐 주었다. 성서를 해독하는 것은 사도적 공동체의 증언을 해독하는 것이다. 우리는 그 공동체의 신앙고백을 통해서 그 공동체의 신앙의 대상과 관계를 맺는다. 따라서 그 공동체의 증언을 이해함으로써 우리는 복음(좋은 소식)과 케리그마를 듣게 된다. 오늘날의 의미의 해석학은 복음의 시초부터 있었던, 그러나 숨겨져 있었던 해석학적 상황을 재발견하여 드러낸 것뿐이다.

2. 불트만의 비신화화 해석학에 대한 리쾨르의 분석과 해석학적 순환

리쾨르에 따르면 이 세 번째 형태의 해석학적 물음은 불트만의 비신화화의 원리를 내포하고 있다. 비신화화는 "예수 그리스도 안에서 하나님 나라가 결정적인 형태로 가까이 왔다."[22]는 선포를 둘러싸고 있는 신화적인 옷을 의식하게 됨에 있다. 성서의 본문에 나타난 신화적인 포장을 버리는 것은, 다름이 아니라 우리의 문화와 개념적 도구와 복음서가 쓰여진 문화 사이를 분리시키는 거리를 발견하는 것이다. 비신화화(demythologization)는 비신비화(demystification)와 구별되는데, 그것은 비신화화의 동기가 본문을 더 잘 이해하고자 하는 의지, 즉 본문이 자체에 관하여 말하는 것이 아니라 사건에 관하여 말하고 있다는 본문의 의도를 실현하고자 하는 의지에 있기 때문이다.

이런 의미에서 비신화화는 케리그마적 해석에 반대되는 것이 아니라 바로 케리그마적 해석의 첫 번째 적용이라고 리쾨르는 말한다. 비신화화는 케리그마를 붙드는 행위의 배면(背面, inverse side)이다. 비신화화는 세계에 대한 신화적인 표상의 불합리성에 의해 형성된 거짓된 스캔들이 현대인에 의해 부서지도록 하고자 하는 것이며, 참된 스캔들, 즉 예수 그리스도 안의 하나님의 어리석음이 드러나도록 하고자 하는 것이다.[23]

---

22. Ibid., p. 57.
23. Ibid., p. 58.

리쾨르는 불트만의 비신화화론 안에 '해석학적 순환'의 구조가 있다고 파악한다. 그것은 이해와 신앙의 순환구조이다. 하지만 리쾨르에게 있어서 해석학적 순환은 단순히 이해하기 위해서는 믿어야 하고, 믿기 위해서는 이해해야 한다는 것을 의미하지 않는다. 그는 이러한 순환이 너무 심리주의적인 것이라고 본다. 믿음 뒤에는 믿음보다 우선하는(primacy) 믿음의 대상이 있으며, 이해 뒤에는 본문을 순진하게 읽는 것보다 우선하는 주석과 주석 방법이 있다. 이것은 곧 진정한 해석학적 순환은 심리적인 것이 아니라 방법론적인 것임을 의미한다. 이 순환은 신앙을 규제하는 대상과 이해를 규제하는 방법에 의해 구성된다. 이것이 순환적인 까닭은 주석가가 자신의 주인이 아니기 때문이다. 그가 이해하기를 원하는 것은 본문이 말하는 바이다. 따라서 이해의 과제는 본문 자체 안에서 제기된 주제에 의해 지배된다. 기독교 해석학은 본문 안에서 제기된 언명에 의해 움직인다. 이해한다는 것은 이해의 대상이 의미하는 바에 자신을 종속시키는 것이다.

리쾨르는 이 점에 있어서, 불트만이 본문을 이해한다는 것은 본문 안의 삶의 표현을 붙드는 것을 의미한다는 딜타이의 견해를 거부한다고 본다. 딜타이에 따르면, 주석가는 저자가 자신이 이해했던 것보다 더 잘 본문의 저자를 이해할 수 있어야 한다는 것이다. 불트만은 이러한 사고를 거절한다. 이해를 지배하는 것은 저자의 삶이 아니라, 본문 안에 표현되어지는 의미의 본질이다. 이러한 관점에서 불트만은 이해는 신앙의 대상의 명령 아래 놓여 있다는 바르트의 입장에 전적으로 동의한다. 그러나 불트만과 바르트가 다른 점은, 리쾨르에 따르면, 불트만이 이 대상의 우선성(primacy), 즉 이해에 대한 의미의 우선성은 오직 이해를 통해서, 즉 주석적 작업 자체를 통해서 수행된다는 사실을 온전하게 이해했다는 데 있다. 따라서 해석학적 순환 안으로 들어가는 것은 필연적이다.

> 오직 본문에 대한 이해 안에서만 나는 실제로 대상을 안다. 본문이 관심을 기울이고 있는 바에 대한 신앙은 그 관심사에 관하여 말하고 있는 본문 안에서 해독되어져야 하며, 본문 안에 표현되어진 초기 교회의 신앙고백 안에서 해석되어져야 한다. 따라서 순환이 요청된다. 본문을 이해하기 위해서는 본문이 나에게 말하는 바에 대한 믿음이 필요하다. 그러나 본문이 나에게 말하는 바는 본문 밖의 그 어디서도 주어지지 않는다. 이것이 '왜 믿기 위해서는 본문을 이해해야 하는가' 하는 이유이다.[24)]

따라서 리쾨르는 불트만의 비신화화의 이해 방법론을 기본적으로 타당한 것으로 받아들인다. 그에 따르면 비신화화, 즉 신화적인 포장을 벗겨내는 방법론적 이해의 과정을 통해서, 우리는 신앙 안에서 본문의 주된 의미로서의 부르심, 즉 케리그마를 발견하는 것이다.

리쾨르는 불트만의 비신화화 해석학을 세 단계로 나누어 분석한다.[25)] 첫 번째의 단계에 있어서 신화는 우주적 종말론적 질서에 대한 전(前) 과학적인, 따라서 현대인이 믿을 수 없는 설명이다. 이것은 복음의 본래의 스캔들(십자가의 어리석음)이 아닌 부가적인 스캔들로서, 제거되어야 할 대상이다. 따라서 불트만의 비신화화 방법론은 초기 교회의 설교에 나타나는 신화적 우주관의 형태(예를 들면, 삼층 구조의 우주관)를 제거한다.

두 번째 단계에서 신화는 세계, 역사, 운명에 대한 설명 이상의 그 무엇으로 정의된다. 신화는 인간의 실존의 기반과 한계와 관련해서 인간이 자신에 대하여 갖고 있는 이해를 세계, 즉 다른 제2의 세계의 관점에서 표현하는 것이다. 따라서 비신화화 하는 것은 신화를 (단순히 제거

---

24. Ibid., p. 59.
25. Ibid., pp. 60-64.

하는 것이 아니라) 해석하는 것이다. 즉, 그것은 신화의 객관적 표상을 자기 이해에로 연결시키는 것이다. 여기서 우리는 비신화화를 수행하되, 신화의 의도, 즉 신화가 말하고 있는 바와 다른 그 무엇을 목적하고 있는 의도를 따라해야 한다. 그렇다면 신화는 이제 더 이상 과학에 대립되는 것으로 정의되어질 수 없다. 신화는 감각하고 인식할 수 있는 현실적 실재를 넘어서 있는 것에 세상적인 형태를 부여하는 것이다. 그것은 세계의 근원과 한계에 서 있는 그 무엇에 인간이 의존하고 있다는 의식을 객관적인 언어로 표현한다.

리쾨르에 따르면, 이러한 불트만의 신화의 정의는 포이어바흐와 완전히 대조적이다. 불트만에게 있어서 신화는 인간의 힘을 허구적인 초월적 영역에 투사하는 표현이 아니라, 인간이 자신의 근원과 궁극을 신화적인 객관화를 통하여 이 세상적인 형태로 표현함으로써 붙드는 것이다. 이러한 의미의 신화의 차원에 있어서 비신화화는 신화의 의도를 회복하기 위하여 실존론적 해석을 요청한다. 실존론적 해석은 실재의 의미를 과학과 기술에 의해 다 설명해 내려는 자만심에 도전한다.

그러나 리쾨르에 따르면, 이 두 번째 차원이 불트만의 비신화화의 종국이 아니다. 기독교 해석학에 있어서 이것은 가장 결정적으로 중요한 것도 아니다. 실존론적 해석은 모든 신화들에 적용될 수 있다. 비신화화의 세 번째 차원이 있다. 리쾨르에 의하면 불트만은 기독교 해석학자로서 케리그마 자체가 비신화화 되어져야 한다고 보았다. 비신화화의 과정을 요구하고 추동(推動)하는 것은 최초의 설교의 케리그마적 핵심이다.

리쾨르는 불트만의 비신화화 해석학에 있어서 이상의 세 가지의 차원들이 정당하게 구별되어져야 한다고 주장한다. 그는 불트만이 과학적인 현대인으로서, 실존주의 철학자로서, 그리고 말씀에 귀기울이는 신학자로서 차례로 말하고 있다고 본다. 이 세 번째 차원 또는 순환에서 불트만은 설교를 하고 있다는 것이다. 즉, 그는 복음이 들려지도록 만들고 있다는 것이다. 여기서 설교자는 신화를 만드는 자도 아니며, 과학적 인간도 아니며, 철학자도 아니다. 케리그마로부터 시작하는 설교자의 해석은 바울과 루터 전통의 '이신칭의'로부터 출발한다. 설교자는 자기 결정(self-determination)의 자만과 공로(work)를 버리고 하나님으로부터 칭의를 받으려고 한다. 따라서 리쾨르에 따르면, 불트만이 그리스도 사건 그리고 하나님의 행위에 대하여 비신화적인 용어로 말할 수 있다고 생각하는 까닭은, 그가 신앙의 사람으로서 자신을 규정하는 행위에 의존하고 있기 때문이다. 이러한 신앙의 결단이 불트만의 해석학적 단계 또는 순환에서 가장 중요하다. 그러므로 비신화화의 해석학적 순환은 과학적 과업과 철학적 과업과 신앙으로부터의 과업으로 이루어진다.

3. 해석학의 과제와 관련하여 리쾨르가 보는 불트만의 문제점

불트만에 따르면 신화적 진술의 '의미화'(signification)는 더 이상 신화적이지 않다. 그는 세계의 유한성, 하나님의 초월적 힘 앞에서의 인간, 그리고 종말론적 신화의 표상에 대하여 비신화적인 용어로 말하는 것이 가능하다고 믿는다. '하나님의 행동', '하나님의 말씀' 등은 비신화적인 관념이다.

그렇다면 우리는 이러한 '의미화'를 우리 스스로 '생각해' 내는 것인가? 초월자, 전적 타자란 '의미화'는 우리가 '생각해'(think)내는 것이며 또한 객관적이고 세상적인 용어로 우리 자신에게 '표상하는'(represent) 것이라고 생각하기 쉽다. 신화에 대한 두 번째 정의는 바로 이러한 이해를 반영한다. 즉, 신화란 초월적인 것을 이 세상의 용어로 표현하는 것으로서 한계와 기반으로 남아 있어야 하는 것을 객관화시키는 것이라는 이해이다. 그러나 리쾨르는 초월적인 '하나님의 말씀', '하나님의 행동', '하나님의 미래' 등의 관념(notion) 또는 의미화(signification)가 인간이 생각해낸 비신화적 개념이라는 생각을 거부한다. 그것들은 자기의 의지를 버리고 자기 결정을 포기할 때 주어지는 신앙의 진술이다. 여기서 선물과 명령, 직설법과 명령법으로서의 하나님의 행동이 경험되어진다. 리쾨르에 따르면 이것이 바로 불트만의 비신화화의 세 번째 차원에서 수행되는 해석학의 내용이다. 불트만에게 있어서 신앙의 대상과 신앙의 기반은 동일하다. 내가 믿는 바는 나로 하여금 믿게 해주는 바로 그것이다. 결국, 비신화화의 핵심은 복음 안의 복음인 '이신칭의'의 진술에 의해 구성된다. 이 점에 있어서 리쾨르는 불트만이 철저하게 루터, 키에르케고르, 그리고 바르트와 입장을 같이 한다고 본다.[26)]

그러면 불트만의 문제점은 무엇인가? 리쾨르에 따르면 그것은 그가 전적 타자, 초월자, 행위, 말씀, 사건 등에 관한 표현이 의미하는 바가 무엇인가를 묻지 않는다는 사실이다. 불트만은 신화적 언어에 관하여는 의혹의 눈길을 보내는 반면, 이 신앙의 언어에 관하여는 거의 아무런 설명도 하지 않는다는 것이다. 언어가 '객관화' 되기를 그치는 순간부터, 그리고 세상적인 '표상' 으로부터 도피하는 순간부터, 일반적 진술과 객관화시키는 표상, 즉 대상화된 언어(Was)에 뒤따르는 이 만남의 사건, 다시 말해 대상화된 언어에 속하지 않는 순수한 언어(Dass)의 의미에 관한 탐구는 불필요하게 된다.

리쾨르는 불트만이 신화적 언어를 다른 언어가 대체했을 때, 새로운 종류의 해석이 요구된다는 사실을 깊이 깨닫지 못했다고 비판한다. 불

---

26. Ibid., pp. 64-65.

트만은 신화적 언어에 대한 상징적인 이미지의 사용의 필요성을 인정하며, 또한 하나님과의 '인격적' 인 나와 너(I-Thou) 관계와 '만남'(encounter)이라는 유비에 호소한다. 그러나 인간적인 당신을 신적인 당신으로 전치(轉置)시키는 이러한 유비의 사용에 대한 비판적 성찰을 회피하는 것이 가능한 일인가? 유비와 신화의 상징적 사용과 전적 타자라는 한계개념 사이의 관계는 어떤 것인가? 불트만은 더 이상 '객관화' (objectifying)시키지 않는 언어가 순수하다고 믿는 것처럼 보인다. 그러나 어떤 의미에서 그것이 아직도 언어인가? 그리고 그것은 무엇을 의미화(signify)하는가?

리쾨르는 불트만이 객관화시키는 사고 안의 물음, 즉 '일반적 진술들' 안에서의 표상(Was)의 안전성을 추구하기 위한 물음, 따라서 신앙의 결단(Dass)의 불안전성에의 굴복에서 벗어나기 위한 물음을 제기하지 않는다고 비판한다.

> 만일 이럴 경우에는 신화론적 표상의 '의미화' 에 대한 물음 자체가 포기되어져야 한다. 그렇게 되면 신화의 비신화론적인 '의미화' 는 더 이상 전혀 질서있는 의미화가 되지 못한다. 따라서 신앙과 더불어 생각하거나 말할 그 어떤 것도 더 이상 존재하지 않게 된다. 신화를 위하여 우리가 채택하기를 거부했던 '지성의 희생' (sacrificium intellectus)이 이제는 신앙을 위하여 채택된다. 더욱이, 만일 케리그마가 사고를 진작(振作)시키지 않고, 신앙에 대한 이해를 발전시키지 않는다면 케리그마는 더 이상 비신화화의 근원이 될 수 없다.[27]

리쾨르에 따르면, 이러한 불트만의 해석학은 딜타이로부터 오는 설명과 이해 사이의 대립과, 하이데거에 대한 인간학적인 이해로부터 오

27. Ibid., pp. 66-67.

는 객관적인 것과 실존적인 것 사이의 대립을 보여 준다. 그러나 신앙의 이해 문제와 신앙에 적합한 언어의 문제를 올바로 파악하고자 할 때 이러한 대립은 무너진다. 오늘날에는 실존적 결단에 지나치게 배타적으로 집중된 이해(Verstehen)의 중요성을 강조하는 것보다는 언어와 언어의 해석의 문제를 폭넓게 숙고하는 것이 더욱 필요하다. 이것은 오늘날 포스트 불트만 학파의 해석학의 중심적 주제이기도 하다.

리쾨르는 불트만의 성서해석학의 문제점을 두 가지 측면에서 분석하는데, 곧 주석가로서의 불트만의 문제점과 신학자로서의 불트만의 문제점이다.

1) 주석가로서의 불트만의 문제점

리쾨르에 따르면, 해석자의 과제가 본문의 "저자가 자신을 이해했던 것보다 저자를 더 잘 이해하는 것"이 아니라고 본 점에서 불트만의 주석은 (그의 해석학에서보다 더) 슐라이어마허와 딜타이와 대립된다. 이와는 반대로 해석의 과제는 본문이 말하는 바, 의도하는 바, 의미하는 바에 자신을 종속시키는 데 있다. 그런데 불트만의 주석의 문제는 본문의 독립성, 자기 충분성, 객관성이 후설적인 의미의 의미(meaning)의 개념을 전제한다는 사실을 인식하지 못한다는 데 있다. 불트만의 문제점은 오늘날 구조주의 이론이 드러내는 문제점(문장 구조 안에서의 의미의 객관성)과 정반대의 것(독자의 전유 안에서의 의미의 실존성)이다. 리쾨르에 따르면 본문의 의미가 최종적으로 오직 개인적인 전유와 '역사적' 결단 안에서 성취되는 것이 사실임에도 불구하고, 이러한 전유는 단지 이해의 마지막 단계일 뿐이다. 주석의 계기는 실존적 결단의 계기가 아니라 의미의 계기로서, 이 의미의 계기는 프레게와 후설이 말한 바와 같이 객관적이며 '이데아적'(ideal)인 계기이다.

리쾨르는 이해의 두 가지 관문을 말하는데, 하나는 '의미'(meaning)

이며 다른 하나는 독자가 그 의미를 파악하고 그 의미를 실존 속에서 현실화시키는 계기로써의 '의미화'(signification)이다. 이해의 전체 과정은 의미의 이데아성(ideality of meaning)으로부터 실존적 의미화(existential signification)로 가는 과정이다. 처음부터 곧장 결단의 계기로 달려가는 해석이론은 너무 성급하다. 그것은 비세상적인(non-worldly) 의미에서 '객관적'인 단계인 의미(meaning)의 계기를 건너뛴다. (저자가 아니라) 본문에 속하여 있는 '의미의 내용'(teneur)이 없이는 주석이란 불가능하다.

그러므로 본문의 의미는 객관적이고 실존적인 두 계기를 함께 통합한다. 실존적인 전유의 작용이 시작될 수 있게 해주는 것은 의미의 내용으로서의 본문의 객관성이다. 이러한 의미와 객관성과 이데아성(ideality)의 개념이 없다면 본문비평은 불가능하다. 따라서 문장론적 계기, 객관적 의미의 계기가 실존적 계기, 개인적 결단의 계기를 선행하여야 한다. 객관적 의미가 없다면 본문은 더 이상 아무것도 말하지 않는다. 실존적 전유가 없다면 본문이 말하는 바는 더 이상 살아 있는 말(speech)이 되지 못한다. 리쾨르에게 있어서 해석 이론의 과제는 이해의 이러한 두 계기를 하나의 과정 안에 결합하는 데 있다.[28)]

2) 신학자로서의 불트만의 문제점

리쾨르에 따르면, 본문의 '이데아적 의미'(물리적이거나 심리적인 의미가 아닌)만이 우리를 향하여 오는 말씀의, 즉 예수 그리스도 안에서의 하나님의 결정적인 행위의 매개체가 될 수 있다. 물론 의미의 객관성이 하나님의 말씀과 행위를 위한 충분조건이라는 것은 아니다. 그러나 필

---

28. Ibid., pp. 68-69.

요조건인 것은 분명하다. 하나님의 행위는 하나님으로부터 우리에게 전달되어진 의미의 객관성 안에서 첫 번째 초월을 갖는다. 공표(announcement), 선포, 케리그마의 개념 자체가, 말하자면 의미 쪽에서의 주도성, 즉 의미가 우리에게 옴을 전제한다. 만일 본문의 의미가 이미 독자에게 부딪쳐 오지 않는다면, 어떻게 그것이 말하는 바가 단순히 내적 회심, 즉 옛 사람에서 새 사람으로의 변화를 위한 상징으로 환원되지 않는다고 말할 수 있는가? 루터에게서처럼 불트만에게서도 신앙에 대한 칭의는 자아가 아닌 곳으로부터, 즉 나에게 명령하면서 동시에 나에게 명령하는 바를 나에게 허락해 주는 다른 근원, 타자로부터 온다.

그러나 리쾨르는 불트만의 해석학이 나에게 부딪쳐옴으로써 이 타자, 다른 근원을 알려 주는 의미에 관해 생각할 수 있는 수단과 도구를 마련해 주지 못하고 신앙주의(fideism)에 빠지고 있는 것이 아닌가 하고 묻는다.

> 후설의 의미 이론은 불충분하다. 하나님이 우리의 실존을 향해 들려주는 말씀의 요구(Anspruch)는 단지 본문의 의미가 나의 실존의 이데아적인 상관물로서 구성되어지는 것만을 전제하지 않는다. 그것은 또한 그 말씀 자체가 나의 실존을 향해 자신을 전달하는 그 존재(하나님)에 속해 있다는 사실을 전제한다. 만일 '하나님의 말씀' 이란 표현이 의미가 있으려면, 또는 불트만이 말하는 바와 같이 이 진술이 비신화론적인 의미화를 가지려면, 말씀에 대한 숙고와 존재에 의한 말씀의 요구에 대한 온전한 숙고, 즉 온전한 언어의 존재론이 본질적으로 요청된다.[29]

29. Ibid., p. 70.

리쾨르는 불트만의 작품에 있어서 이러한 과제가 수행되지 않고 있다고 지적한다. 불트만은 성서의 인간론을 탐구하고, 성서의 우주론적이고 신화론적인 진술들을 인간 실존의 관점에서 해석하기 위해 필요한 '적절한 개념성'을 마련하기 위하여 하이데거의 철학적 인간학에 의지하였다. 그리하여 하이데거가 제공해 주는 '전이해'의 개념을 받아들였다. 전이해 없는 해석이란 불가능하다는 불트만의 주장은 리쾨르에게 설득력이 있는 것으로 받아들여진다. 그러나 리쾨르는 불트만이 하이데거의 '길'을 충분히 따라가지 못했다고 비판한다. 하이데거의 '실존'(existentials) 개념을 사용하기 위하여 그는 존재에 대한 물음이라는 긴 우회로를 가지 않고 지름길을 택했다. 다시 말하면, 불트만은 '정황성'(Befindlichkeit), '피투성'(Geworfenheit), '퇴락'(Verfallenheit), '염려'(Sorge), '죽음으로의 존재'(Sein zum Tode) 같은 실존 범주의 해명을 통해 존재 자체를 물으려는 하이데거의 사유의 길을 임의로 축소했다. 그러나 이 우회로 없이는 이 실존론(existentials)은 살아 있는 경험의 추상 또는 형식화된 실존(formalized existenziell)의 추상 외에 다름이 아니다. 리쾨르는 신앙의 사건과 언어에 대한 사유는 불트만의 실존론적 형식주의가 아닌 이러한 형이상학과 언어에 대한 탐구를 통해 풍요하게 될 수 있다고 보았다.

리쾨르에 의하면 하이데거에게 있어서 실존론적(existential) 기술은 인간에게 관심을 갖지 않고 존재의 물음의 장소(Da-sein)에 관심을 갖는다. 이 기술의 지배적인 목적은 인간론적, 인본주의적, 인격주의적인 것이 아니다. 이 존재에 관한 탐구가 불트만에게서는 생략되었으며, 따라서 이러한 탐구와 연결된 사고의 작업이 결여되어 있다는 것이다. 리쾨르에 따르면, 이러한 사고의 작업에는 두 가지의 중요한 사실이 결부되어 있다. 첫째는 형이상학의 죽음이 존재의 물음에 대한 망각을 초래했는데, 이 사실을 재검증하고 형이상학의 기초에로 돌아가야 한다는 사실이다. 둘째는 언어의 물음을 근본적으로 수정하여서, 우리가 말하는 언어를 존재의 말함으로서의 언어로, 즉 언어 안으로 존재의 들어옴으로써 이해해야 한다는 것이다.[30)]

리쾨르의 해석학에 있어서는 중립적인 실존론적 인간학(철학적)을 하나님 앞에서의 실존론적인 결단(성서적)과 연결시키기 위한 지름길은 없다. 다만 존재의 물음과 존재로의 말의 귀속이라는 긴 우회로가 있을 뿐이다.

V. 계시관념의 성서해석학[31)]

리쾨르는 교회의 교도권(magisterium)이 정통주의의 법규로서 부과한 교리체계가 신앙을 위한 권위가 되는 것을 거부한다. 고백적 공동체의 교리는 고정화된 교도권의 감독 아래 놓이게 될 때 그 공동체의 해석의 역사적 성격에 대한 감각을 상실한다. 또한 이때 신앙고백은 살아있는 설교의 유연성을 상실하고, 전통의 도그마적 주장과 동일시되며, 아울러 교도권에 의해 그 지배적인 범주가 부과되어지는 하나의 신학학파의 담론과 동일시된다. 리쾨르는 바로 이러한 오염된 혼합과 혼성에 의해 '계시된 진리' 라는 육중하고 완고한 개념이 출현한다고 본다.

1. 계시를 나타내는 원본적(原本的, originary)인 표현들

리쾨르는 도식화된 도그마의 파생적이고 종속적인 성격을 강조한다.

---

30. Ibid., p. 71.
31. Paul Ricoeur, "Toward a Hermeneutic of the Idea of Revelation," ***Essays on Biblical Interpretation***, pp. 74ff.

그는 계시개념을 가장 원초적인 차원으로 이끌고 가려고 한다. 이 차원은 신앙고백 또는 신앙의 담화의 차원이다. 신학적 담화의 이 원천적인 차원에서는 다양한 담화들의 양태 안에 다양한 신앙의 표현들이 나타난다. 따라서 여기서 우리는 하나의 획일적인 계시개념과 마주치는 것이 아니라, 복수적이며, 다의적이며, 기껏해야 유비적인 형태의 계시개념과 만나게 된다. 리쾨르는 성서 안에서 다섯 가지의 담화의 형식 또는 장르를 구별해 내어 분석한다.[32]

1) 예언자적 담화(Prophetic Discourse)

리쾨르에 따르면 성서의 예언자적 담화형식은 가장 원초적인 계시관념을 담고 있는데, 그것은 예언자가 자신의 이름으로가 아니라 야웨의 이름으로 말하는 것이다. 여기서 계시는 예언을 말하는 자 뒤에 있는 다른 분의 말이다. 예언은 신탁으로서의 문학장르와 결부되어 있다. 이 이중의 말씀의 형식은 계시관념을 한 사람의 목소리 뒤에 있는 다른 사람의 목소리로서의 영감(inspiration)과 연결시킨다.

그러나 성서의 담화를 예언자적 담화로 획일화시킬 때, 따라서 계시의 개념을 예언자적 신탁이나 영감으로 환원시킬 때 다음과 같은 세 가지의 문제점이 생겨난다. 첫째, 이 계시관념을 성서의 다른 담화형태들에 연장시킬 때, 그것은 성서가 어떤 사람의 귀에 속삭여지는 그 무엇으로서, 불러 주는 대로 받아 쓰여진 것이라는 생각을 갖게 한다. 계시관념은 이중저자의 개념과 혼동되며, 주관주의적인 이해방식이 된다.

둘째, 영감의 관념이 다른 형태의 담화로부터 얻을 수 있는 풍요한 이해를 상실하고 빈곤하게 된다. 셋째, 고대에서처럼 신탁이 예언(div-

---

32. Ibid., pp. 75 - 90.

ination)과 결합되면, 예언은 미래에 대한 예측이나 점갈이 된다.

2) 설화적 담화(Narrative Discourse)

리쾨르에 따르면 설화(예를 들면, 모세 오경과 공관복음서와 사도행전)에서는 저자는 종종 사라지고 사건들이 스스로 이야기하는 것처럼 나타난다. 과거의 사건에 관해서 말하는 역사적 설화 속에서는 그 이야기 속에 화자가 끼어드는 것이 배제된다. 그 어떠한 자서전적인 언어형태도 배격된다. 심지어 그 이야기를 해주는 사람도 없다. "사건들은 역사적 지평 위에 출현하는 한도 안에서만 산출되는 것처럼 설정된다. 여기서는 아무도 말하지 않는다. 사건들 스스로가 말한다."[33)]

우리는 이야기를 말하는 사람보다 이야기되는 것에 더욱 주의를 기울여야 한다. 야웨는 궁극적인 행위자로서 3인칭으로 지칭된다. 즉, 하나님은 설화 자체에 의해 표현되는 인물 중의 하나이며 다른 행위자들 가운데 끼어든다. 여기서 우리가 생각할 것은 이중적인 화자, 즉 말함에 있어서의 이중적인 주체가 아니며, 이중적인 행위자, 즉 이야기의 이중적인 대상이다. 예를 들자면, 여기서는 아브라함의 선택, 출애굽, 다윗의 기름 부음, 예수의 부활같이 이야기되는 사건의 성격에 대한 숙고만이 중요하다. 계시관념은 바로 이러한 사건들의 성격과 연결된다. 이러한 사건들은 '역사를 만드는 사건들' 로서, 공동체를 창조하고 그것을 큰 위험에서 구출한다. 이런 의미에서 이 계시적인 사건들은 일반적인 역사의 사건들을 초월하는 성격을 갖는다. 폰 라트(Gerhard von Rad)가 말하는 신명기 26 : 5~10의 히브리 신조(Hebraic Credo)는 이스라엘의 전체 역사의 구조에 의미를 부여해 주는 핵심적인 계시적 사

33. Ibid., p. 77.

건이다.

리쾨르에 의하면 설화적 담화의 경우에 있어서 본질적으로 중요한 것은 근원적 사건들을 하나님의 행위의 표식으로서 강조하는 것이다. 고백은 이야기를 통하여 발생하며, 영감의 문제는 결코 주된 관심이 아니다. 여기서는 누가 이야기하느냐가 아니라 무엇이 이야기되어지느냐가 주된 관심사이다. 설화는 역사적 사건 속에서의 하나님의 행적을 드러내고자 한다. 리쾨르는 오직 말씀사건에만 관심을 기울이는 말씀의 신학의 편협성을 비판한다. 그는 말씀사건의 관념주의(idealism)와의 만남에서, 우리는 판넨버그가 푹스와 에벨링의 일방성을 교정하고자 했던 것처럼 역사적 사건의 현실주의(realism)를 재확증하여야 한다고 강조한다.

리쾨르는 예언이 그 형태에 있어서 설화적이라는 점에서 설화가 예언을 포함하고 있는 것으로 본다. 그러나 근원적인 사건을 낭송함으로써 고백되는 안정과 예언자에 의해 선포되는 위기 사이에는 합리적으로 종합될 수 없는 긴장이 있다. 역사에 대한 이 이중의 관계는 섭리와 목적론의 개념을 요구한다. 즉, 이러한 양극성 앞에서 계시의 개념은 하나님의 경륜과 계획이 하나님의 종과 예언자들에게 알려지는 것을 의미한다.

3) 규정적 담화(Prescriptive Discourse)

리쾨르는 하나님의 율법으로서의 토라(Torah)가 결코 단순히 타율적인 명령이 아니라는 사실을 강조한다. 그는 토라의 세 가지 의미를 말한다. 첫째는 구약의 법률적 본문이 출애굽으로 상징되는 근원적 사건에 관한 설화 안에 들어있다는 사실이다. 십계명의 서문은 출애굽의 구원의 이야기와 율법의 선포를 연결시키고 있다(출 20 : 2). 율법 장르는 설화 장르 안에 포함되어 있다. 구원에 대한 기억이 교훈의 성격을 규정한다. 십계명은 구원받은 백성의 율법이다. 따라서 이것은 단순한 타율과는 거리가 멀다.

둘째, 이 토라에 의해 나타나는 하나님과 인간의 관계는 단순히 명령과 순종의 관계가 아니라, 구체적이고 포괄적인 관계로서 계약(covenant)이란 용어로 표현된다. 계약에는 위협과 저주와 더불어 선택과 약속의 관념이 들어 있다.

셋째, 토라는 십계명으로서의 필연적이고 명백한 성격을 가지고 있음에도 불구하고, 역사적인 역동성을 보여 준다. 이 역사적 역동성은 단지 율법의 내용의 역사적 발전과정을 의미하는 것이 아니라, 신실한 신자와 율법 사이의 관계성의 변화를 의미한다. 율법은 예언자들에 의해 새로운 계약으로 변화된다. 이 새 계약은 하나님과 인간 사이의 새로운 관계의 질을 보여 준다. "내가 그들에게 일치한 마음을 주고 그 속에 새 신을 주며 그 몸에서 굳은 마음을 제하고 부드러운 마음을 주어서……"(겔 11 : 19). 우리는 이러한 맥락 안에서 과다한 명령의 짐이 되어버린 '장로들의 유전'을 거부하고, 하나님 나라에서는 율법이 모두 다 이루어진다고 선언한 예수의 말씀을 이해할 수 있다. 여기서 타율로서의 율법의 관념은 부적절하다. 하나님 같은 온전함과 거룩함을 지향하는 의도 안에 계시의 윤리적 차원이 포함된다.

4) 지혜 담화(Wisdom Discourse)

지혜는 계약의 틀거리, 즉 이스라엘의 선택과 이스라엘에 주어지는 약속의 틀거리를 넘어선다. 또한 지혜의 권고는 어느 한 단일한 민족(선택된 민족이라고 하더라도)에 적용되어지는 법률처럼 제한적이지도 않다. 지혜의 현자는 유대인을 넘어서며, 지혜는 모든 사람을 대상으로 한다. 지혜의 주제는 고독, 과실, 고통, 죽음 등을 포함하는 한계상황, 즉 인간의 비참함과 위대함이 서로 충돌하는 상황이다.

히브리 지혜는 이런 상황을 인간의 전멸(全滅)과 하나님의 불가해성, 하나님의 침묵과 부재로써 해석한다. 지혜는 정의와 행복의 부조화로 인하여 제기되는 실존의 의미와 무의미의 심각한 문제를 다룬다. 다시 말하면, 지혜는 부당한 고통의 현실 속에서, 즉 에토스(ethos)와 코스모스(cosmos), 인간 행동의 영역과 세계의 영역 사이의 부조화의 현실 속에서 이 둘을 함께 결합, 조화시키려고 한다. 그것은 우리에게 어떻게 고통을 당하며 견디어야 할지를 가르쳐 준다. 그것은 고통의 적극적인 성격을 산출해 냄으로써 고통을 의미 있는 맥락 안에 위치시킨다. 지혜 전통 안에서 계시는 세계관념과 행동관념(세계를 변화시키는)이 새롭고 적극적인 성격의 고통 안으로 융합되는 의미의 지평을 드러내려고 의도한다. 불가분리적인, 기술적이고(descriptive) 규정적인(prescriptive) 상징질서는 코스모스와 에토스를 결합한다. 왜냐하면 그것은 적극적으로 받아들여진 고통의 파토스를 산출하기 때문이다.

욥에게서와 같이 계시 안에서 지혜는 고난에 대한 생각지도 않은 의미를 깨닫게 되는데, 그것은 인간이 사용하는 로고스(Logos)나 언어에 의해서 옮겨 쓰여질 수 없는 파토스로서, 참회가 고통에 부여하는 새로운 성격이다. 여기서 하나님의 경륜은 계획이나 프로그램의 관점, 즉 종국성과 목적론의 관점에서 이해될 수 없다. 여기서 계시되는 것은 '……임에도 불구하고' 솟아나는 희망의 가능성이다. 이 가능성은 여전히 하나님의 섭리(design)의 관점에서 표현되어질 수 있다. 그러나 그것은 측량할 수 없는(unassignable) 하나님의 비밀스런 섭리이다.

이제 계시의 개념이 담화의 유형에 따라 달라진다는 것이 분명해졌다. 특히, 예언자적 담화와 지혜 담화를 비교해 볼 때 이 사실은 더욱 분명하다. 예언자는 신적 영감이 자신이 말하는 바를 보증한다고 주장한다. 한편, 현자는 자신의 말이 다른 이의 말이라고 주장하지 않는다. 하지만 그는 지혜가 자신보다 선행한다는 사실을 알며, 우리가 지혜롭게 되는 것은 지혜에의 참여를 통해서 이루어진다는 사실을 안다. 현자에게 있어서 지혜는 자율적 사고나 인본주의적인 선한 삶, 자기 충족적인 사고에 기초한 스토아적 또는 에피쿠로스적인 지혜의 유형과는 거리가 멀다. 지혜는 유혹자(뱀)에 의해 약속된 '선과 악에 대한 지식'과는 구별되는 하나님의 선물이다. 지혜는 신적 실재이다.

5) 찬송 담화(Hymnic Discourse)

시편의 세 가지 주요 장르는 찬양, 탄원, 감사이다. 이 세 가지 장르의 시편은 하나님을 부르는 초사(招辭)이다. 이 초사는 설화적 담화에서처럼 하나님을 3인칭으로 지칭하거나, 예언적 담화에서처럼 하나님의 이름으로 일인칭으로 말하거나, 지혜 담화에서처럼 익명의 그리고 비인격적인 사건의 경과 속에 가려져 있는 숨어 계신 하나님을 인식하는 것이 아니라, 2인칭으로 하나님을 향하여 말을 건넨다.

어떤 의미에서 시편이 계시적인가? 그것은 찬양, 탄원, 감사가 각각 하나님으로부터 그 저자들의 입에 주어졌기 때문이 아니라, 그것들이 표현하는 취지가 그것들의 대상에 의해 형성되고 그 대상에 부합되도록 순응되었기 때문이다. 따라서 시편에서는 지혜서에서의 파토스, 즉 고통을 어떻게 감내할지를 아는 지혜로 변화시키는 파토스를 넘어선다. 말씀이 우리의 감정을 형성하여 그것을 표현하게 한다. 계시는 일상의 감정의 양태를 넘어서서 우리의 감정을 형성하는 바로 여기에 있다.

리쾨르는 성서의 담화에 대한 지금까지의 자신의 분석의 주요 논지를 다음과 같이 요약한다.[34] 첫째, 종교적 담화에 대한 분석은 '하나님은 존재한다', '하나님은 불변하고 전능하다' 등의 신학적 차원의 주장

34. Ibid., pp. 90-93.

으로부터 시작해서는 안 된다. 이러한 명제적 차원은 사변적 철학으로부터 빌어온 개념을 통합하여 인식되어지는 2차적 담화이다. 계시에 대한 해석학은 신앙공동체의 언어 안에 있는 근원적인 담화의 양태, 즉 공동체의 구성원들로 하여금 자신들과 다른 사람들을 위하여 자신들의 경험을 처음 해석할 수 있게 해주었던 표현들에 우선성을 두어야 한다.

둘째, 이 근원적 표현들은 설화, 예언, 율법적 본문, 지혜서, 찬송, 탄원, 감사 등의 다양한 담화의 형식 안에 나타난다. 이러한 담화의 형태들을, 우리가 그것들로부터 신학적인 내용을 추출해 낼 수 있는 단순히 중립적인 문학 장르로 생각하는 것은 잘못이다. 성서문헌 안에 표현된 신앙고백은 그것을 표현하는 담화의 형식에 의해 직접적으로 조절된다(modulated). 따라서 담화의 형태와 그 상이성 자체(per se)가 신학적으로 중요한 의미를 갖고 있다. 예를 들면, 오경의 신학은 그 이야기의 구조와 동질적인 신학이다. 즉, 그것은 해방의 역사의 형식으로서의 신학이다. 한편, 예언자적 담화는 근원적 사건의 반복적 암송에 근거한 확신을 무너뜨린다. '야웨의 날', 즉 기쁨이 아니라 비탄의 날의 주제는 바로 예언자적 신학의 구성요소이다. 이처럼 각각의 담화 안에서 표현되어지는 내용은 바로 그 담화의 형식에 의해 그 성격이 규정된다. 그리고 이러한 여러 가지의 장르의 상호 작용을 통하여 종교적인 언어가 구성된다.

셋째, 만일 종교적 담화의 형식이 의미로 가득 차 있다면, 계시관념은 더 이상 획일적이고 단조로운 양태로 도식화될 수 없으며, 다의적(多義的, polysemic)이며 다음적(多音的, polyphonic)일 수밖에 없다. 그러므로 어느 하나의 담화유형 안에 계시관념을 일반화시키면 문제가 생긴다. 가령 예언자적 담화에서 계시는 일인칭적인 하나님으로부터 일인칭적인 저자로의 영감을 의미한다. 그런데 우리가 이 예언자적 담화와 다른 종류의 담화의 형식이 유비적인 관계에 있다는 사실을 인식하지 못하고, 예언자적 장르로부터 파생된 영감의 개념을 모든 성서의 담화의 양식에 일반화시킨다면, 따라서 하나님이 예언자에게 말씀하신 것과 동일하게 모든 성문서의 편집자들에게 말씀하셨다고 생각한다면 그것은 오해이다. 그렇게 되면 성서는 성령에 의해 쓰여진 것으로 말하여지게 되고, 우리는 하나님과 인간의 이중적인 저자에 관한 획일적인 신학을 수립하게 된다. 이 이중저작에서는 하나님은 형상적 원인(formal cause)으로서, 그리고 인간 저자는 본문의 도구적 원인(instrumental cause)으로서 상정된다.

그러나 다른 담화형식 안에 나타난 계시관념들은 이 예언자적 영감 개념과 유비적으로 연결되어 있지만 그것으로 획일화될 수는 없다. 설화적 장르의 계시적인 빛은 그것이 상술하는 사건이 지니고 있는 '기반을 세우는' (founding) 가치와 '제정하는' (instituting) 기능으로부터 나온다. 설화자는 '생성력 있는' (generative) 의미 있는 사건들을 언어로 표현하는 한도 내에서만 예언자이다. 이와 마찬가지로, 토라에서는 '규정적' (prescriptive) 힘이, 지혜서에서는 '조명하는' (illuminating) 능력이, 그리고 찬송에서는 서정적 파토스가 각각의 담화의 형식 안에서 계시관념을 드러내고 있다. 그리고 이 다양한 계시관념들 사이에는 유비적인 영감의 개념들이 존재한다.

우리가 만일 성서가 문자적인 양태로 받아 쓰여진 것으로 생각한다면 그것은 계시를 지나치게 심리주의화 하는 것이다. 오히려 저자를 움직이는 것은 말씀되어진 내용의 힘이다. 우리는 성령을 심리주의화 해서는 안 된다. 계시의 객관적 차원을 발견하는 것은 비심리주의적인 올바른 성령신학을 세우는 데 간접적으로 공헌하는 것이다.

리쾨르는 유비적인 계시의 형태를 보여 주는 모든 양식의 장르에 대하여 우리가 공통적으로 말할 수 있는 사실은, 계시는 지식에 의해 포괄될 수도 없으며 지배될 수도 없다는 사실이라고 결론적으로 언급한다.[35] 계시의 개념은 두 가지이다. 즉, 자신을 계시하는 하나님은 숨어 계신 하나님이라는 것과, 숨어 있는 것들이 그분에게 속해 있다는 것이다. 하나님은 인간의 생각과 말을 무한히 넘어서며, 우리는 우리를 인도하는 하나님의 길을 헤아릴 수 없으며, 우리 인간은 자신에게 수수께끼라는 사실이, 인간을 향한 하나님의 의사전달을 불명료하게 만든다고 하는 이 모든 고백이 바로 계시관념에 속하여 있다. 자신을 계시하는 하나님은 또한 자신을 은폐하는 하나님이다. 이 말은 계시가 어느 제도적 기관이 스스로 소유하고 있다고 교만하거나 자랑할 수 있는 진리체계를 구성하는 것이 결코 될 수 없다는 사실을 고백하는 것이다. 따라서 리쾨르는 자신이 계시된 진리를 소유하고 있다고 주장하는 전체주의적인 형태의 권위를 배격한다.

2. 계시에 대한 해석학적 철학의 응답

리쾨르는 불투명하고 권위주의적인 계시관념을 비판할 뿐만 아니라, 계시가 철학에 반대되므로 수용 불가능하다고 주장하는 철학자들의 잘못된 철학 이해도 비판한다. 지성의 희생(sacrificium intellectus) 또는 교도권(magisterium)의 판결에 의한 전적인 타율로서의 잘못된 계시관념을 받아들일 수 없다면, 마찬가지로 진리의 완전한 투명성과 사고주체의 전적인 자율성을 주장하는 철학자의 잘못된 주장도 받아들일 수 없다는 것이다.

리쾨르는 두 가지의 입장을 받아들이지 않는다.[36] 먼저 그는 합리주

35. Ibid., pp. 93-95.
36. Ibid., pp. 96-97.

의 신학의 길을 따르지 않는다. 그에 따르면, 우리는 존재론적, 신학적 진술의 차원보다 더욱 근원적인 차원의 인간의 경험에 관한 담화 안에서 계시관념을 찾아보아야 한다. 진리의 특성은 증명(verification)이 아니라 현현(manifestation)의 관점에서 말해져야 하며, 의식의 자만으로부터 벗어난 주체의 자의식 안에서 발견되어야 한다. 철학은 하나님을 알지 못한다. 하나님이란 단어는 신학 이전의 신앙의 언어에 속한다. 하나님은 우리가 선포하고, 부르고, 부르짖고, 탄원하고, 감사하는 분이다. 하나님이란 개념의 의미는 이런 모든 담화의 유형들 가운데 순환하지만, 그것들 각각으로부터는 벗어나는 것이다. 그것은 그것들의 한계점이다.

리쾨르는 또한 인간 실존의 비참함에 기초한 실존주의의 길, 즉 철학은 질문하고 종교는 대답하는 길을 따르지 않는다. 이러한 변증적 성격의 실존주의는 불필요하다. 만일 하나님이 예언자들을 통해 말씀한다면 철학자는 하나님의 말씀을 정당화할 필요가 없으며, 그 말씀이 들려지는 의미의 지평을 드러나게 해야 할 뿐이다. 이것은 변증학과는 관계가 없다. 따라서 리쾨르는 인간의 경험에 대한 해석의 구조들에 눈을 돌려서 거기서 종교적인 의미에서의 계시관념으로 이해되어 왔던 것들의 모습을 식별하려고 한다. 이러한 이해를 통하여 철학자도 성서적인 계시와의 공감대를 발견할 수 있다는 것이다.

철학자로서 리쾨르는 투명한 객관성과 주관적 자율성에 대한 철학적 담화의 이중적인 주장에 상응하여, 계시관념에 관한 분석을 두 부분으로 수행한다. 계시관념을 철학자가 거부하는 첫 번째 이유는 계시관념이 경험주의적 입증(verification)과 반증(falsification)의 기준에 의해 측정되어지는 객관적 진리의 관념을 위반하기 때문이라는 것이며, 두 번째 이유는 계시관념이 사고주체의 자율성, 즉 전적으로 자신의 통제 아래에 있는 의식 안에 존재하는 자율성을 부인하기 때문이라는 것이다. 리쾨르는 입증과 반증으로서의 진리관념에 기초한 투명성 개념에 상응하여 사물의 현현의 공간에 관하여 언급하며, 주관적 의식이라는 개념 위에 기초한 자율관념에 상응하여 현현되어지고 말하여지는 내용에 의해 지배되어지도록 자신을 허락할 때 인간이 얻게 되는 자기 이해에 관하여 언급한다.

먼저 리쾨르는 현현으로서의 진리, 즉 계시관념으로부터 출발한다. 그에게 있어서 이 관념은 타율이 아니며, 지나친 영감개념에 기초한 심리주의와 주관주의도 아니다. 먼저 우리는 다가오는 미래의 부분으로서 역사를 만들어 가는 사건들 쪽을 바라보아야 한다. 완전을 지향하는 율법의 규정적인 힘, 찬송에 의해 드러나는 느낌의 객관적인 특성(파토스) 쪽을 바라보아야 한다. 사고하고 말하는 주체의 의식 쪽이 아니라, 사물의 현현이 일어나는 공간을 바라보아야 한다.

3. 본문의 세계와 새 존재

리쾨르는 성서의 본문에 의한 세계의 현현으로부터 시작한다. 그는 성서 안의 다양한 장르의 담화형태들을 계시적 기능을 지닌 '시적 장르'(Poetics)라는 명칭으로 일반화시킬 수 있다고 본다. 그리고 그는 이 시적 담화의 계시적 기능을 이해하기 위한 세 가지의 예비적인 개념을 설명한다.[37)]

첫째는 저술 자체의 개념에 관한 것이다. 저술은 단순히 생생한 말의 물리적인 고정화가 아니라 말하여진 바와 특수한 관계에 있다. 그것은 저자의 의도로부터 즉각적으로 자율적인 담화의 형식을 산출한다. 이

---

37. Ibid., pp. 99–100.

자율성 안에는 저자가 지향하는 유한한 지평으로부터 벗어난 본문의 주제(issue, 가다머)가 이미 포함되어 있다. 기록되어짐으로써 본문의 세계는 저자의 세계를 박차고 나온다. 저자로부터의 해방은 본문을 받아들이는 독자의 편에 이와 상응하는 해방을 가져다 준다. 즉, 본문의 자율성은 독자로 하여금 그 본래적인 청중의 유한한 지평으로부터 벗어나도록 해준다.

두 번째는 작품에 관한 것이다. 즉 설화, 허구, 수필 등의 문학 장르의 작품을 통한 담화의 구성이다. 이러한 다양한 장르의 구성을 통하여 담화 작품은 독특한 스타일의 형태를 갖게 된다. 이러한 작품의 구성은 본문을 외적으로 구체화시키고 객관화시킨 결과로서 나타난 '문자의 초상' (verbal icon)으로서, 저술의 현상과 일치한다.

세 번째는 본문의 세계에 관한 것이다. 본문 안에서 최종적으로 이해되어야 할 것은 저자나 저자의 의도도 아니며, 본문의 내재적 구조도 아니며, 본문의 지시체(reference)로서 본문을 넘어서서 지향된 세계이다. 본문의 지시체는 본문의 주제, 또는 세계이다. 본문의 세계란 담화 작품의 지시체를 의미한다. 그것은 말하여진 내용(what is said)이 아니라 말하여진 주제(about what it is said)를 가리킨다. 따라서 해석학의 대상은 본문의 주제이다. 본문의 주제는 본문이 본문 앞에 펼쳐 보이는 세계이다.

시적 담화의 계시적 기능에 대한 리쾨르의 논의는 이러한 세 가지 기초, 즉 저술을 통한 자율성, 작품에 의한 객관화(externalization), 그리고 세계에 대한 지시 위에서 수행된다. 그에 따르면, 성서 담화의 시적 기능은 과학적 담화의 일반적 언어나 기술적(descriptive) 지시기능이 아닌 바로 세계에 대한 지시적(referential) 기능에 있다. 시적 담화는 기술적 기능을 중지시킨다. 그것은 대상에 대한 우리의 지식을 직접적으로 증대시키지는 않는다. 시적 기능을 하는 언어는 기술적 담화의 1

차적 질서의 지시체 유형, 실증주의적이고 경험주의적인 입증의 관점에서의 진리에 대한 정의, 그리고 정당화로서의 진리에 대한 지배를 철폐한다.

리쾨르에 의하면 시적 언어만이 주체와 대립된 대상에 우리를 대립시키는 우리의 능력을 선행하는 '사물의 질서에의 참여 또는 귀속성'(participation or belonging-to)을 회복시켜 줄 수 있다. 시적 담화의 기능은 기술적 담화가 무너진 와중에서도 귀속의 심층구조의 출현을 가져오는 데 있다. 여기서 지시 기능은 1차적 질서의 기술적인 지시 기능이 아니라 2차적 질서로서의 은유적인 지시 기능이다. 시적 언어는 실재를 새로운 구성(plot)의 관점에서 재기술함으로써 진리를 말한다. 아리스토텔레스의 시학(Poetics)에서의 말을 빌면, 뮈토스(mythos)가 진정한 미메시스(mimesis)의 길이다. 즉 미메시스는 단순한 노예적 모방, 복사, 거울의 상이 아니라, 형태변경(metamorphosis), 전위(轉位, transposition), 재기술(redescription)이다. 이것들이 시적 언어의 지시적 기능을 구성한다.

> 시적 기능은 본문의 자율성, 작품의 객관성(externality), 본문의 세계 초월성을 재현한다. 이미 이 세 특성에 의해 저자와 본래적 청자에게 속하지 않는 사물의 질서가 드러난다. 그러나 이에 더하여 시적 기능은 우리의 선입견의 지배에 종속되는 대상의 그물망 안에 가라앉아 있던 아틀란티스(Atlantis)를 다시 떠오르게 한다. 시적 기능은 계시적 기능과 동연(同延)으로서, 바로 이러한 우리의 실존의 원초적 근거이며 우리의 사실적 존재(being there)의 본래적 지평이다.[38]

왜 시적 기능이 계시적인가? 리쾨르에 따르면, 그것은 시적 기능이

---

38. Ibid., p. 102.

정당화에 의한 정의(定義)와 입증과 반증의 기준으로부터 해방된 진리의 개념을 성육신 시키기 때문이다. 여기서 진리는 더 이상 입증이 아니라 현현, 즉 자신을 드러내도록 하는 것이다. 자신을 드러내는 것은 제안된 세계로서, 내가 그 안에 거주하고 그 안에서 내 자신의 최상의 가능성들을 투사할 수 있는 세계이다. 이러한 현현의 의미에서 시적 기능을 가진 언어는 계시의 매개이다.

영감의 유비가 아닌 현현의 유비에 근거하여, 리쾨르의 철학적 계시 관념은 설화자의 영감에 대한 말하여진 내용의 우월성으로 우리를 인도한다. 성서적 신앙은 본래 시적 기능의 언어로 표현되었으며, 이 시적 기능의 언어의 성격은 분리된 지시체를 현현시킴에 있다. 성서의 언어 안에서 제안된 세계는 새 창조, 새 계약, 새 존재, 하나님 나라 등으로 불리는 본문 앞에 펼쳐지는 성서 본문의 "주제"(issue)이다. 성서 본문에 의해 투사되는 새로운 존재는 일상적인 경험의 세계를 가로질러, 그리고 일상적인 경험의 폐쇄적 본성에도 불구하고 자신의 길을 연다. "만일 성서가 계시된 것이라고 말해질 수 있다면, 그것은 성서가 말하는 바, 성서가 우리 앞에 열어 보이는 새로운 존재를 지시하는 것이어야 한다. 계시는 본문에 의해 제안되어진 성서의 세계의 국면이다."[39]

리쾨르에게 있어서 넓은 일반적인 의미의 시적 담화 안에서의 계시와 특별히 성서적 의미에 있어서의 계시 사이에는 역설적인 상동(相同) 관계가 있다. 성서해석학은 일반 해석학 안의 하나의 지역적인 해석학이다. 그러나 독특한 해석학이다. 성서가 위대한 실존적 시들 가운데 하나인 한 성서해석학은 하나의 특정한 경우이다. 그러나 성서의 모든 담화의 형태들이 하나님에 관한 우리의 모든 담화의 한계점으로서의

---

39. Ibid., p. 104.

이름, 이름 붙일 수 없는 이름을 지시하기 때문에 성서해석학은 독특한 위치를 갖는다.

4. 반성과 증언의 중개(Mediating Reflection and Testimony)

리쾨르에게 있어서 계시관념에 상응하는 담화에 있어서의 주체의 자의식의 범주는 증언(testimony)이다. 증언은 시적 담화에 의해 형성되고 그것에 자신을 일치시켜 나가는 사고주체를 이해할 수 있게 해주는 가장 적절한 개념이다. 증언의 범주를 철학적으로 반성하기 위해서 리쾨르는 이해가 선행되어야 할 몇 개의 예비적인 개념들을 제시한다.[40)]

첫째는 기호의 세계에 의해 매개되는 것으로서의 사고 주체(cogito)에 관한 개념이다. 주체는 (데카르트의 주장과는 달리) 사고하는 존재로서의 자신의 실존과 본질에 대한 직접적인 직관을 갖고 있는 것이 아니다. 인간의 악한 의지의 비밀을 알아내기 위해서는, 우리는 악의 고백에 관한 천년 동안의 경험들이 침전되어 있는 상징들과, 신화들에 대한 문장론과, 주석이라는 우회로를 택하여야 한다(「악의 상징론」). 그리고 반성의 맹점(blind spot)으로서의 의식에 대한 환상으로부터 우리는 벗어나야 한다(「프로이트와 철학」). 모든 반성은 매개되어지는 것이다. 직접적인 자의식은 없다. "나는 생각한다. 그러므로 나는 존재한다"는 명제는 "무적(無敵)인 만큼이나 추상적이고 공허하다. 그것(자의식)은 그것을 객관화시키는 관념, 행동, 작품, 제도, 옛 문서 등에 의해 '매개되어야' 한다. 이러한 대상들 안에서 자아(Ego)는 자신을 상실하거나 발견해야 한다. 다소 역설적이지만, 만일 의식이 직접적 자기 의식을 의

40. Ibid., pp. 105-108.

미한다면 반성철학은 의식철학이 아니다."[41]

장 나베르(Jean Nabert)를 따라 리쾨르는 반성을 "존재하기 위한 우리의 노력과 욕구에 대한 증언을 담고 있는 작품들을 통하여, 존재하기 위한 우리의 노력과 욕구를 전유하는 것"으로 정의한다.[42] 이 정의는 반성의 구조 안에 증언이 포함되는 것을 보여 준다. 이러한 노력과 욕구의 출현 또는 자리매김은 직관에 의해 생겨나는 것이 아닐 뿐만 아니라, 그 의미가 의심스럽고 취소 가능한 작품들에 의해 증거된다. 따라서 반성은 해석을 포함하여야 한다. 즉, 인간의 기호(sign)를 해석하고 해독하기 위한 모든 학문들의 결과와 방법과 전제들을 포함한다.[43]

리쾨르가 제시하는 두 번째 예비적 개념은 그가 가다머의 「진리와 방법」(*Truth and Method*)에서 배운 참여 또는 귀속성(歸屬性, belonging-to)이다. 이 개념은 후설의 관념론과의 어려운 투쟁의 종국을 의미한다. 리쾨르는 후설의 과학적 이상, 특히 선험적 자아의 자기 근거설정과 최종적 정당화의 이상에 의문을 제기하고, 자기 이해의 유한한 존재론적 조건 속에서는 이러한 과학적 이상이 극복할 수 없는 한계에 직면하게 됨을 발견한다. 근거설정과 정당화의 과업의 궁극적인 조건은 언제나 이미 그러한 과업을 동반하고 있는 관계성, 즉 귀속성에 의해 선행된다.

> 해석학의 선언은 말하자면 다음과 같은 것이다. 즉, 객관성의 문제가 그 자체에 선행하는 포괄적인 관계성, 다시 말해 자율적이라고 주장되는 소위 주체라는 것과, 이에 대립된다고 일컬어지는 소위 대상이라는 것을 총괄하는 관계성을 전제한다고 하는 것이다. 내가 참여

---

41. Paul Ricoeur, ***Freud and Philosophy***, pp. 43-44.
42. Ibid., p. 46.
43. Ibid.

또는 귀속성이라고 부르는 것은 이러한 포괄적이고 총괄적인 관계성 이다.[44)]

리쾨르에 따르면 반성은 우선적인 것이 아니라 이차적인 것이다. 그것은 소격화(疎隔化, distanciation)에 상응하는 것으로서, 이것이 없다면 우리는 세계, 문화, 전통에의 귀속성을 의식할 수 없을 것이다. 반성은 본래적으로 귀속성의 의식에 결부되어 있는 비판적 계기로서, 그 의식의 역사적 성격을 그 의식에 부여해 준다. 반성은 결코 첫 번째가 아니며, 구성적인 것도 아니다. 그것은 '위기' 처럼 예기치 않게 우리에게 도착하여 경험의 주제로서 우리를 구성한다.

세 번째 개념은 이러한 참여와 소격과의 변증법을 연장한 것이다. 그것은 '객관적' 질서 안에 있는 본문의 세계의 개념에 상응하는 '주관적' 질서 안에 있는 개념이다. 해석학의 과제는 본문의 뒤에 숨어 있다고 주장되는 저자의 의도를 이해하는 데 있는 것이 아니고, 본문의 지시체로서 본문 앞에 펼쳐지는 세계 내 존재(being - in - the - world)를 붙드는 데 있다. 이 본문의 세계개념에 상응하는 주관적 개념은 친숙화 또는 전유(轉有, appropriation)이다. 전유는 곧 본문 앞에서 자신을 이해하는 행위이다. 이 행위는 저술의 자율성과 작품의 외적 구체화에 대한 대응 행위이다. 전유를 통하여 독자는 작품의 의미(sense)와 지시체(reference), 본문의 주제, 작품의 세계에 대응한다.

리쾨르에 따르면 이 전유 개념에 의해서, 의미의 기준으로서 자신을 스스로 설정하는 의식의 허세는 최종적으로 무너진다. 자신을 본문 앞에서 이해한다는 것은 자신의 유한한 이해능력을 본문에 부과하는 것

---

44. Paul Ricoeur, ***Essays on Biblical Interpretation***, p. 107. "Phenomenology and Hermeneutics," Nous 9, 1 (April 1975) : 88 - 89.

이 아니라, 본문으로부터 더 큰 자아를 부여받기 위하여 자신을 개방하는 것을 의미한다. 이 더 큰 자아는 본문에 의해 제안된(proposed) 세계에 가장 적절히 응답하는 제안된 존재의 방식이다. 그러므로 이해란 주체가 열쇠를 쥐고 있는 주체의 구성행위와는 완전히 반대되는 개념이다. 오히려 자아는 본문의 주제에 의해 구성된다.

리쾨르에 의하면 이러한 세 가지 개념, 즉 매개된 반성, 귀속성과 2차적 질서의 반성, 그리고 본문 앞에서의 자기 이해로서의 전유는, 자기 자신 안에서 그리고 자기 자신으로부터 모든 의미화(signification)를 구성한다고 주장하는 의식의 자만을 무너뜨림으로써 계시와 증언의 범주를 철학적으로 이해할 수 있기 위한 예비적 기능을 한다. 그는 의식 스스로 자신을 구성한다고 주장하는 후설의 선험적 관념론은 계시 관념에 대한 장애물이며, 포이어바흐의 의식관념론과 마찬가지로 무신론의 귀결에 이른다고 비판한다.

5. 증언의 해석학

리쾨르에게 있어서, 본문의 세계에 대한 응답으로서의 자기 이해를 추구하는 해석학의 범주는 증언(testimony)이다. 이 증언의 범주의 기능은 바로 의식의 아성을 부수는 데 있다. 또한 그것은 본문의 비역사적이고 초역사적인 세계개념에 결여되어 있는 역사적 우연성의 차원을 도입한다. 증언의 범주는 자의식의 절대적 주장을 무너뜨리고 해방시킨다. 그리고 그것은 객관적 측면의 시적 범주와 유사한 전략적 위치를 계시 해석학의 주관적 측면 안에 소유한다. "증언에의 호소는 철학자가 의식이 스스로를 구성한다는 자만을 포기할 때 생겨난다."[45] 장 나

45. *Essays on Biblical Interpretation*, p. 110.

베르는 증언의 자리를 다음과 같은 곳에서 인식하는데, 그곳은 그가 본래적 긍정(originary affirmation)이라고 부르는 것과 재결합하기 위해 반성이 노력하는 곳이다. 이 본래적 긍정은 내가 그것을 구성하는 것보다 더 나를 구성하는 것이다. 이 본래적 긍정은 개인의 운명에 영향을 주는 한계에 대한 부정을 이루어내는 행위이다. 그것은 자아의 해방(letting-go)이다.

리쾨르에 의하면, 증언은 역사의 계기가 절대적 성격을 수여받을 수 있다는 역설 앞에 반성을 위치시킨다. 이 역설은 의식의 기초를 세워야 한다는 요구를 포기함으로써 자아의 해방을 경험하는 전적인 내적 움직임이, 절대자 자신이 주는 외적 기호에 대한 해석에 의해 다스려지고 인도되고자 할 때 더 이상 스캔들이 되지 않는다. 증언의 해석학은 이러한 두 가지의 운동, 두 가지의 해석, 즉 자아 해석과 외적 기호의 해석이 한 곳에서 만남에 의해 이루어진다.

리쾨르는 증언의 삼중적인 변증법적 계기들, 즉 사건과 의미, 참 증언과 거짓 증언의 재판, 그리고 목격한 것에 대한 증언과 생명을 건 증언의 변증법적 계기들에 대한 반향(反響)을 자신의 주권성을 포기하는 의식의 운동 안에서 발견한다. 반성은 주권적 의식의 환상을 포기함으로써 해방(letting-go)되어지는데, 이것은 의식이 증언의 변증법을 내면화함으로써 이루어진다. 의식은 증언의 변증법으로부터 역사의 우연성 안에 있는 절대자의 자취를 기록한다.

그러나 반성은 스스로의 힘으로 주권적 의식을 포기할 수는 없다. 이 포기는 오직 의식이 신적인 존재의 역사적 현현에 대한 전적인 의존을 고백함으로써만 이루어진다. 리쾨르에게 있어서 한편으로 절대자의 역사적 현현과 긍정과, 다른 한편으로 본래적 긍정(originary affirmation)에 의한 의식의 고양과 변화 또는 해방 사이에 보완성(complementarity)의 관계가 있지만 그것은 상호적인(reciprocal) 것이 아니다.

그는 우선성과 주도성이 자의식에 있는 것이 아니라 역사적 증언에 속해 있다는 사실을 강조한다.

이와 같이 리쾨르는 철학에 있어서 계시의 관념이 외적인 증언에 대한 의식적 반성의 비타율적인 의존으로 인해 가능해진다고 논증한다. 계시관념의 객관적 측면에서의 시적 담화가 그러하듯이, 주관적 측면에서의 증언의 경험은 특수하게 종교적이고 성서적인 계시경험을 위한 지평을 마련한다는 것이다. 그러면 타율적이지 않은 의존이란 어떤 것인가? 리쾨르에 따르면 그것은 의지적인 것이라기보다는 상상력이다.[46] 우리가 반성을 통하여 내면화하려고 하는 역사적 증언(예를 들면, 출애굽, 부활 등)으로서의 시적 담화는 우리의 상상력을 향하여 말을 건네 온다. 우리 자신을 이해하는 것이 본문 앞에서 자신을 이해하는 것이라면, 독자의 이해는 마치 세계 자체가 시에 의해 형체변형되듯이, 유보(suspend)되고 비실재화(derealized)되고 잠재화(potential)되어야 한다. 그렇다면 상상력은 시로서의 본문에 응답하는 우리 자신의 일부이며, 상상력만이 계시를 수용 불가능한 주장이 아니라 정당한 호소로서 받아들일 수 있다는 것이다.

Ⅵ. 리쾨르의 성서해석학에 대한 분석과 비평

1. 성서의 신화적 언어에 대한 해석으로서의 (비신화화가 아닌) 상징(또는 은유)해석학

리쾨르는 불트만이 신화적인 성서 언어가 표현하는 힘을 제대로 인식

46. Ibid., p. 117.

하지 못했다고 본다. 불트만은 케리그마로부터 직접 신앙으로 건너뛴다. 이렇게 건너뜀으로써 그는 성서의 언어들이 어떻게 실제적으로 그 다양한 문학적 형태 안에서 내용과 의미들을 우리에게 전달해 주는가 하는 문제를 간과하고 있다. 불트만은 신화를 정의하기를 주체-객체 언어를 그것이 속하지 않는 영역에 적용시킨 것이라고 규정했다. 리쾨르는 불트만이 이렇게 함으로써 신화 그 자체의 본성이 무엇인가를 묻는 대신 데카르트적인 이원론적 관점에 굴복하고 말았다고 비판한다.

불트만은 "하나님이 행동하셨다는 것 자체는 신화적이 아니다."라고 했다. 즉, 이 '하나님이 행동하셨다'라는 진술은 다른 대부분의 성서의 언어들처럼 부적절하게 '객관화시키는' 언어가 아니라는 것이다. 그러나 리쾨르에 따르면, 불트만은 성서의 풍부한 담화들을 단순히 케리그마로 환원시켜 버리고 난 후에, 그러면 성서의 언어들이 어떻게 실제적으로 의미를 전달해 주는 매개체의 기능을 하는지를 묻지 않았다. 불트만에게 있어서 '하나님이 행동하셨다'라는 순수한 진술은 역사적, 해석학적 탐구에 종속되지 않는다. 왜냐하면 불트만에 따르면 이러한 언어는 그 언어가 말하는 내용(what it says)을 통하여, 그리고 그 안에서 신앙인에게 의미를 전달해 주는 것이 아니기 때문이다. 반대로 그러한 언어는 그 언어에 대한 나의 근본적인 신앙의 응답으로부터 의미를 산출한다는 것이다. 나는 나의 응답과 독립적으로 의미와 내용을 파악하는 것이 아니다. 리쾨르는 이러한 불트만의 사고에서는 어떻게(how) 복음서의 언어가 초월적 실재를 지시하는지에 관한 관심이 결여되어 있다고 비판한다. 불트만의 해명은 어떻게 성서의 언어가 의미(sense)를 전달해 주는지에 대한 물음을 도외시한다는 것이다.[47]

---

47. Paul Ricoeur, "Preface to Bultmann," ***Essays on Biblical Interpretation***, pp. 65-66.

리쾨르는 현대의 과학기술 때문에 우리가 신화를 받아들일 수 없다는 불트만의 견해를 받아들이지 않는다. 또한 그는 우리가 신화를 하이데거의 실존주의와 같은 비신화적인 개념으로 환원시켜야 한다는 생각에도 동의하지 않는다. 오히려 리쾨르는 성서의 언어가 말하고 있는 바를 붙들기 위해서, 그리고 우리 자신을 발견하기 위해서는 모든 형태의 성서의 언어적 표현이 필요하다고 주장한다. 신화의 문자적인 기능은 정지되어야 한다. 그러나 그 상징적인 기능은 긍정되어야 한다는 것이다.

리쾨르에게 있어서(바르트에게서처럼), 우리로 하여금 들을 수 없게 만드는 것은 복음서 메시지의 신화적인 매개체가 아니다. 오히려 우리가 메시지를 들을 수 없는 까닭은 우리의 언어가 빈곤하게 되어서 근본적인 악이라든지 은혜에 의해 주어진 소망과 같은 실재들을 명료하게 진술할 수 없게 되었기 때문이다. 상징적, 은유적, 신화적 언어는 어떤 종류의 경험을 의식의 차원으로 가져옴으로써 반성적인 이성적 추론을 위한 기초를 만들어 준다. 우리 너머로부터 우리에게 오는 말씀이 없이는 우리는 그 말씀이 전달해 주는 실재를 알 수 없다. 리쾨르는 메시지가 비신화화 되어질 경우 그것을 받아들일 준비가 되어 있는 개념성이 우리 안에 독립적으로 존재한다는 생각을 거부한다. 반대로 우리 안에서 질문을 활성화시키고 경험을 산출해내기 위해서는 성서의 본문이 필요하다. 성서의 본문은 상징적, 은유적, 신화적 언어 안에서의 시적 기능(poetic function)을 통하여 우리에게 계시의 말씀으로 다가온다. 성서 텍스트는 우리 앞에 본문의 세계, 즉 우리의 현실을 변혁시키고 구원하며 해방을 가져다 주는 하나님의 말씀의 세계를 열어 준다.

성서에 대한 리쾨르의 상징(은유)해석학은 이러한 성서 언어의 은유적 성격과 시적 기능에 초점을 맞추어 설명한다. 예를 들면, 그는 '긴장이론' 이라는 은유이론으로 성경의 비유를 해명한다. 가장 극적인 긴장을 야기하는 성서의 은유의 성격은 '한계표현' 으로서의 은유의 성격에 있다. 특히, 종말론적인 비유(산상수훈이나 천국의 비유)는 극단적인 역설과 강조에 의해 기존의 현실에 대한 우리의 태도를 전복시킨다. 한계적인 표현인 은유의 기능은 독자들이 이미 갖고 있는 세상에 대한 태도를 혼란에 빠뜨림으로써 전혀 새로운 세계(하나님 나라)를 향하게 하는 데 있다.[48)]

2. 설명을 포함하는 이해와 신앙의 해석학적 순환 : 소격화, 객관화(장르화), 시적 담화와 은유, 텍스트의 세계, 친숙화

리쾨르는 성서 안의 다양한 담화형태들을 계시적 기능을 지닌 '시학'(Poetics)이란 명칭으로 일반화시키면서, 이 시적 담화의 계시적 기능을 이해하기 위한 세 가지의 예비적인 개념을 설명했다. 첫째는 저술에 의하여 말로서의 담화로부터 자율성을 획득하는 글로서의 담화의 출현이며, 둘째는 장르의 구성을 통한 객관화이며, 셋째는 본문의 세계 또는 지시체이다.

리쾨르의 성서해석학의 출발점은 근대의 역사비평, 특히 불트만의 양식사 비평을 통하여 드러난 초기 기독교의 해석학적 상황인데, 그것은 곧 하나님 나라에 대한 예수 그리스도의 선포말씀이 문자화된 성서를 통하여 독자에게 전달되었다는 사실이다. 본래의 생생한 말씀사건

---

48. John Dominic Crossan ed. Paul Ricoeur on Biblical Hermeneutics, Semeia the Society of Biblical Literature(Missoula, University of Montana : Scholars press, 1975), pp. 108 - 122를 참고하시오 ; Paul Ricoeur(E. Jüngel과 공저), ***Metapher : Zur Hermeneutik religiüser Rede*** (München : Kaiser, 1974). pp. 63ff, 66ff ; 최태연, "뽈 리꾀르의 신학적 해석학," 정기철 엮음, 「신학 해석학」(호남신학대학교, 1997), pp. 210 - 211에서 재인용.

(케리그마, das Wort)이 쓰여진 말씀(성서, die Schrift)이 되었다. 쓰여진 말씀은 그 자체가 본래의 말씀사건에 대한 해석이다. 성서의 담화에서 우리가 해석해야 할 증언은 예수님 당시의 목격자들이나 추종자들의 증언이 아니라 사도적 공동체의 증언이다. 따라서 우리는 이 사도적 공동체의 신앙고백을 통하여 그 신앙의 대상에 관계를 맺게 된다. 그리고 우리는 다시 이 쓰여진 말씀을 우리의 상황 속에서 이해하고 해석해야 하는 해석학적 과제를 가지고 있다.

리쾨르의 철학적 해석학의 원리는 "객관화와 이해의 변증법"이다.[49] 객관화란 언어사건 또는 언어행위가 문서화되는 과정이다. 말이 일단 글이 되면 그 글은 문서의 양식이나 문학상의 장르에 따라 독특한 글의 구조와 본문의 의미를 갖게 된다. 본문의 의미는 단어나 문장 자체의 내재적 의미(Sinn, sense)와 그 의미가 지시하는 사실과의 관계에서 생겨나는 지시체(Verweisungsbezug, reference) 두 가지인데, 지시체란 경험적 현실세계를 창조적으로 모방(Mimesis, Mythos)함으로써 현실을 재구성, 재기술하는 문장 초월적인 의미로서의 '본문의 세계' 이다.

말이 글이 되는 상황, 선포된 생생한 말씀이 해석을 통하여 문서화된 성서가 되는 해석학적 상황에서 '소격화' (Verfremdung, distanciation)가 일어나는데, 이 소격화에 의해서 쓰여진 말씀은 자율성(저자의 의도, 본래의 상황, 본래의 청자로부터)을 획득한다. 이 소격화의 계기는 리쾨르에게 있어서(가다머에게 있어서보다) 긍정적이고 적극적인 의미를 갖는다. 가다머는 텍스트와 독자의 관계를 대화의 관계로 이해한다. 가다머는 텍스트를 독자의 의도에 따라 임의적으로 다룰 수 있는 '대상' 으로 간주하는 객관주의적 태도를 비판하면서, 나와 너의 도식에 따라 텍스

---

49. *Metapher*, p. 34. "뾜 리꾀르의 신학적 해석학," pp. 202-203에서 재인용.

트의 지평과 독자의 지평이 융합되는 과정이 바로 텍스트 해석이라고 규정한다. 그러나 리쾨르는 텍스트를 대화의 상대자로 규정하는 해석이론은 텍스트의 고유한 소격화의 계기를 부정적으로 이해하는 입장이라고 비판한다.[50] 가다머는 텍스트가 먼저 존재하는 것이 아니라 상호 이해가 이에 선행한다고 주장한다. 쓰여진 텍스트가 성립되는 것은 대화의 과정에서 상대방이 의미하는 바가 분명하지 않을 때 이를 되묻고, 다시 흡족한 결과가 나오지 않을 때 글로 써서 제시할 것을 요구하게 되는 상황과 본질적으로 결부되어 있다.[51] 가다머에게 있어서 텍스트는 리쾨르에게서처럼 설명과 해석의 대상으로 존재하지 않는다. 그가 말하는 '지평융합'은 모든 텍스트 해석은 텍스트의 지평과 선입견을 포함하는 독자의 지평 사이의 대화를 그 본질로 한다는 사실을 지시한다.

반면 리쾨르에게 있어서 텍스트는 소격화의 계기를 통하여 텍스트의 저자와 본래의 상황 및 독자의 계기가 상대화되면서 객관적 자율성을 획득한다. 주체(화자, 저자)들과 대상(본래적 청자)의 부재로 인하여 텍스트의 문장의 의미를 이해하는 사람은 화자처럼 스스로의 직접적인 경험에 호소할 수 없기 때문에, 화자라는 주체와는 상관없이 전적으로 그 문장에서 파악되는 의미에 의거해서만 그 문장을 이해해야 한다. 즉, 문서로 고정된 텍스트를 이해하기 위해서는 그 본문 안에 객관화된 고유한 구조와 형식을 파악하여야 한다. 객관화된 본문의 구조와 형식을

---

50. Paul Ricoeur, "The Hermeneutical Function of Distantiation," Paul Ricoeur, ***Hermeneutics and the Human Sciences : Essays on Language, Action and Interpretation***, ed., trans. and intro. by John B. Thompson (Cambridge : Cambridge University Press, 1981), p. 139.
51. H. G. Gadamer, "Text and Interpretation," in B. R. Wachterhauser, ***Hermeneutics and Modern Philosophy***(Albany, 1986), p. 158.

파악하기 위해서는 문장론과 기호론, 비평이론 등의 설명(explanation) 방법이 요청된다. 본문의 두 가지의 의미, 즉 문장 내재적 의미(sense)와 문장 초월적 지시체(reference)는 이러한 분석과 설명에 기초하여 형성된다. 리쾨르에게 있어서 본문의 설명은 곧 은유와 시적 담화에 대한 설명이다. 그는 은유 또는 시적 담화의 장르 안에서 성서 텍스트 전체의 구조적 통일성을 발견한다.

리쾨르의 해석학은 저자의 의도를 이해하고자 하는 낭만주의 해석학을 비판하고 그것을 본문의 세계개념으로 대체한다. 이해는 두 가지의 본문의 의미, 특히 본문의 세계를 매개로 하여 독자 자신의 '자기 이해'를 넓혀 가는 과정이다. 성서의 은유는 바로 이 본문의 세계를 지시해 주는 시적 기능을 수행함으로써 하나님의 말씀을 계시한다. 성서에 대한 이해란 성서 본문이 전개하는 텍스트의 세계를 이해하는 것이다. 그것은 우리가 경험하는 일상의 현실로부터 벗어나서, 성서 자체가 지시하는 새로운 의미세계(하나님, 하나님의 통치, 그리스도)로부터 우리 자신의 가능성에 대한 부름을 이해하는 것이다. 여기에는 우리 자신에 대한 가상과 왜곡의 파괴가 수반된다. 신학적 해석의 독특성과 독자성은, 성서가 지시하는 새로운 존재는 오직 성서의 고유한 텍스트 세계에서만 발견될 수 있고, 모든 성서의 의미 내용은 예수 그리스도의 부활과 불가분하게 연결된 하나님에 의해 통일성을 얻는다는 점에 있다.[52)]

텍스트 해석의 마지막 단계는 텍스트 앞에서의 자기 이해이다. 텍스트의 지시체 차원을 받아들이는 것은 실천적 성격을 갖는다. 왜냐하면 텍스트의 세계를 확보하는 것은 내가 거주할 하나의 실재를 확보하기 위한 것이며 이는 새로운 자기 이해로 이어진다. 리쾨르에게 있어서 자

---

52. *Metapher*, p. 42, "뽈 리꾀르의 신학적 해석학," pp. 204-205에서 재인용.

기 이해를 위한 텍스트 의미의 전유 또는 친숙화(appropriation)는 해석자의 전적으로 주관적인 관심에 의해 규정되지 않는다. 텍스트의 의미가 비록 지금 여기서 해석자에 의해 전유되어야 하지만, 해석자의 자의(自意)가 개입될 여지는 배제된다. 리쾨르가 말하는 텍스트의 지시체 또는 세계(후설의 삶의 세계 또는 하이데거의 세계내 존재)는 텍스트의 객관적인 의미를 경유해서만 인간에게 개시되며, 인간의 자기 이해는 텍스트의 세계의 배후에서가 아니라 그 전면에서 수행된다.[53]

리쾨르의 철학적 해석학은 신학적 해석학과의 상호 연관성을 갖는다. 이 상호 연관성은 곧 이해와 신앙, 이성과 계시 사이의 해석학적 순환의 개념에 의해 분명히 드러난다. 그런데 그에게 있어서 이해는 단순히 주관적, 실존론적, 심리주의적인 개념이 아니라 언어, 특히 은유, 신화, 상징 등의 시적 언어에 대한 객관적, 과학적, 비평적 설명의 방법을 경유하는 것이다. 그러므로 그에게 있어서 해석학적 순환은 소격화, 객관화(장르화), 시적 담화와 은유, 텍스트의 세계, 친숙화 등의 해석학적 과정에 대한 설명을 포함하는 이해와 신앙 사이의 순환을 의미한다.

3. 리쾨르의 해석학적 현상학 또는 현상학적 해석학의 주요 관념들 : 반성, 해석, 설명, 증언

리쾨르 해석학적 현상학에 따르면 자기 반성(self-reflection)이 목적이라면 해석은 수단이다. 다시 말하면, '상관적인 학문분야들'에 의해 먼저 탐구되어야 하는 기호, 예술작품, 그리고 문화를 전유하는 우회로

53. Paul Ricoeur, "What is a Text? Explanation and Understanding," in Thompson(ed.) *Hermeneutics and the Human Science*, p. 158.

를 경유하지 않고 나 자신으로부터 나 자신에 이르는 직접적인 길은 없다. 이러한 해석학적 현상학에는 두 가지의 확신이 전제된다. 첫째, 반성은 해석(interpretation)이 되어야 한다는 것이다. 둘째, 해석은 이해가 객관적인 설명(explanation)이 되어야 한다는 새로운 요구를 만들어 낸다는 것이다. 이러한 두 가지의 전제 위에서 수행되는 리쾨르의 성서해석학의 범주는 증언(testimony)의 범주이다. 증인이 법정에서 자신의 생명을 걸고 사실을 증언하는 것처럼, 담화의 자기 지시는 바로 그 담화의 발화자(發話者)를 지시하기 때문에 증언의 언어적 상당어구가 된다. 해석의 과정은 바로 초기의 신앙공동체에게 있어서 삶과 죽음의 문제였다.

증언은 세 가지의 변증법적 계기들을 통하여 이루어진다. 이 세 가지의 계기들은 순진한 이해, 객관적 설명, 그리고 전유이며, 달리 표현하면 증언의 형성, 비판적 계기, 그리고 비판 이후의 새로운 자기 이해의 계기이다. 이 마지막 계기에서 우리는 성서의 증언에 의해서 다시금 성서가 열어 보이는 새로운 세계를 향하여 부름을 받는다.

4. 리쾨르의 해석학이 남겨 놓은 문제점

리쾨르의 관심은 성서의 저자가 무엇을 말하려고 하였는가(심리주의 해석)에 있지도 않으며, 성서 담화가 현대적인 의미에 있어서 '실제로 일어난 것' 을 증언하는가(역사비평적 접근) 하는 물음에 있지도 않다. 그의 관심은 텍스트가 자체의 증언하는 바에 의하여 무엇을 의미하는가(mean) 하는 물음에 있으며, 어떻게(how) 성서가 다양한 문학적 장르를 통하여 증언하는가 하는 물음에 있다. 따라서 그는 외적인 실재에 대한 주장의 문제(객관적인 사물의 정립의 문제)에 대하여서는 현상학적인 판단중지(epoche) 또는 괄호 치기의 절차를 수행한다.

그러므로 리쾨르는 역사적 사실에 대한 비평적 탐구를 수행하는 역사비평의 과제를 유보하였으며, 그러한 역사적 비평에 의해 규명된 역사적 상황 속에서 본래의 청자에게 말하려고 했던 저자의 의도를 이해하는 일도 해석학의 과제로 인정하지 않는다. 그에게 있어서 해석학의 과제는 성서 본문의 지시체를 설명하고 이해하고 전유하는 것이다. 그에 따르면, "성서의 이야기에 의해 전개되며, '실제적'(real)인 세계에 관한 우리의 일상적인 믿음을 깨뜨리는 세계는 역사적 세계, 실제적인 사건들의 세계가 아니라 본문의 세계이다."[54)]

하지만 비판 이전 시기의 전근대적인 객관주의 해석, 도그마주의, 교회권위주의와 아울러 비판시기의 근대적인 주체-객체의 이원론적인 구도 속에서의 역사비평학을 극복하고, 다시금 성서로부터의 부름을 듣기 위한 비판 이후 또는 근대 이후의 상징의 해석학 또는 증언의 해석학을 제안함에 함에 있어서, 리쾨르는 텍스트 뒤가 아니라 앞에 있는 의미로서의 본문이 지시하는 세계 또는 하나님의 부름의 음성을 듣기 위해 너무 의도적으로 역사비평적인 과제를 평가절하하고 낭만주의적인 접근을 거부하고 있는 것은 아닌가 하는 의문을 불러일으킨다. 이것은 그가 성서의 다양한 장르의 담화 형태를 '시적 장르'로 일반화시키고, 따라서 역사적 장르의 본문까지도 그것의 1차적 지시체인 역사적 현실로부터 소격화시켰기 때문이다.

리쾨르 자신도 자기의 성서해석학에 있어서의 이러한 남은 문제를 어느 정도 인식하고 있는 것처럼 보인다. 그는 본문의 존재론적인 지시체와 윤리적인 관점과 이 역사와 같은 이야기들에 의해 묘사되고 있는 역사적 사건 사이의 관계의 문제를 언급한다.

---

54. "Reply to Lewis S. Mudge," *Essays on Biblical Interpretation*, p. 44.

> 우리가 성서 본문의 부활에 대하여 이야기할 때 우리는 실제로 발생한 그 무엇에 관하여 이야기하지만, 오직 이미 해석으로서의 증언 안에 사건의 발자취만을 가지고 있는 것인가? 만일 그러하다면 "무엇이 발생했다."는 관념은 하나의 한계 관념으로써(칸트의 의미에서) 기능하고 있지 않은가? 다시 말하면 이 관념은 해석들은 오직 해석들만을 사용하며, 그것들은 궁극적으로 "실제로 발생한" 것에 관한 것이라는 사실을 우리에게 상기시켜 준다. 이것은 칸트의 물 자체(物自體, Ding an sich)가 아닌가?[55]

그러나 이러한 언급은 일과성(一過性)적인 느낌을 주며, 그의 상징 해석학 또는 증언 해석학에 내재해 있는 문제성에 대한 충분한 인식을 드러내기에는 부족하다. 진정한 비판 이후(post-critical)의 성서해석학은 2차적으로 지시되는 새로운 존재의 양태로서 성서 텍스트와 독자 앞에 열리는 세계와 더불어, 본문이 가리키는 1차적 질서의 지시체로서의 역사적 현실과, 그러한 현실과 저자의 의도와 첫 번째 청자(聽者)의 상관성 안에서 표현되고 전달되어진 의미도 함께 고려하는 통전적인 해석학이 되어야 할 것이다. 이 첫 번째 질서의 지시체로서의 객관적 역사의 현실은 다원성과 모호성 안에서 '상대적 적절성'을 추구하는 탈근대적 해석학이 다시금 주관적 투사나 이데올로기적인 왜곡과 혼란에 빠지는 것을 방지할 수 있는 교정장치를 제공해 줄 것이다.

뿐만 아니라 근대 이후의 통전적인 해석학은 동의 또는 신앙의 해석학과, 비판 또는 의혹의 해석학 사이의 보다 올바른 관계를 요청한다.

리쾨르는 텍스트의 의미(Sense)에 대한 주관주의적 설명과 그 지시체에 대한 탈구조주의적인 설명을 수행하지만 텍스트와 전통 자체의 왜곡에 대한 비판에는 관심이 없어 보인다. 물론, 소격화의 계기로서의

---

55. Ibid.

비판적 반성은 귀속성 안에서의 신앙과 동의에 의해 선행되어야 한다는 그의 주장은, 특히 성서해석학에 있어서 정당하다. 하지만 성서해석에 있어서의 비판적 과제가 그가 말하는 것처럼 단순히 문화(역사비평)와 주체성(심리주의)에 대한 것뿐일 수는 없다. 진정한 비판적 과제는 성서와 전통 자체의 은폐된 또는 공공연한 체계적 왜곡과 실제적인 억압적 영향력에 대하여서도 수행되어야 한다. 이러한 비판적 과제의 정당한 수행이 없이는 진정한 텍스트의 의미(sense)와 지시체(reference) 또는 세계를 이끌어 내는 일 자체가 정당하게 이루어지기 힘들 것이다. 프로이트의 정신분석 이론, 마르크스의 이데올로기 비판, 그리고 오늘날의 하버마스의 사회적 의사소통 이론 등의 다양한 비판 이론들은, 단지 독자 자신에게 뿐만 아니라, 성서 텍스트와 전통 자체를 비판적으로 분석하고 규명하기 위해서 수용되어야 할 필요가 있다. 성서 텍스트의 증언에 대한 진정한 신뢰와 동의는 이러한 비판적 과제를 폐기하는 것이 아니라 오히려 그것을 요청한다. 우리는 성서의 증언을 다시금 회복하고, 듣고 믿기 위해 해석하고 비평한다. 이러한 이해와 신앙의 해석학적 순환은 보다 더 철저하고 비판적인 우회로를 요구한다.

10 스킬레벡스의 인식론과 해석학

-고대에서 근대에 이르기까지-

I. 들어가는 말

기독교인들은 하나님과 구원에 대한 지식을 설명하기 위해서 계시에 호소해 왔다. 기독교 신학은 계시라는 원천으로부터 비롯되며, 계시의 권위와 규범은 신학의 방법과 내용과 결론을 결정한다. 그러나 오늘날 계시라는 개념 자체가 더 이상 분명하지 않게 되었다. 계몽주의 이후 전통적인 형이상학적 권위와 규범의 체계가 무너지고 칸트에 의해서 인식론의 코페르니쿠스적인 전환이 일어난 후에, 기독교 신학은 전통적인 계시의 개념의 이해에 대한 새로운 접근방식을 요청받게 되었다. 오늘날 하나님의 계시로서의 성서나 교회의 전통에 대한 교의학적 명제에 단순히 호소하는 것만으로는 부족하다. 왜냐하면 그럴 경우 다시금 신학은 전근대적인 형이상학적 독단론이나 권위주의적인 도그마와 구별하기 힘들어지기 때문이다. 신학이 현대인들에게 하나님의 계시에 관해서 보다 정당하고 설득력 있게 말할 수 있기 위해서는, 그리고 계시라는 개념이 폐기되거나 무시되지 않고 기독교의 신앙과 신학과 삶을 위한 진정한 규범과 원천으로 올바로 기능하기 위해서는, 근대의 인식론의 패러다임의 전환에 상응하고 현대인들의 이해와 사고의 지평에 보다 적합한 신학적 인식론과 해석학의 전환이 있어야 한다.

계시를 포함하는 모든 신앙의 언어는 세계 속의 인간의 경험으로부터 유리되어서도 안 되며, 일상적인 인간의 언어로부터 게토(ghetto)화 되어서도 안 된다. 일상적인 인간의 경험과 언어로부터 유리된 계시개념이나 신앙의 언어는 계시와 신앙 자체에 위기를 초래한다. 뿐만 아니라 신앙의 언어가 역사 속에서 구체적인 형태로 나타나지 않을 때에 구원의 메시지는 이데올로기가 될 수 있다. 그러므로 신앙의 언어 문제는 해석학적 문제 뿐만 아니라 이데올로기 비판의 문제와도 결부되어 있다.

인간의 경험에 대한 현상학적 접근과 그 경험의 형성과 언어적 표현에 대한 언어분석적, 해석학적 접근을 통하여 계시의 개념을 새롭게 설명하고 있는 스킬레벡스의 사상은 이러한 맥락에서 매우 적절하고 바람직하다. 그는 20세기의 대표적인 가톨릭 신학자의 한 사람으로서 신앙의 가능성, 인간의 해방, 그리고 교회의 개혁의 문제에 집중적으로 신학적 관심을 기울여 왔다.

스킬레벡스는 1914년 벨기에에서 태어났으며, 1958년 네덜란드의 니메겐(Nijmegen) 대학의 교수가 되어 1983년 은퇴할 때까지 그 곳에서 봉직하였다. 그는 1930년대에 드페터(De Petter)에게서 칸트와 현상학을 배웠다. 1962년에는 콩가르, 라너, 큉 등과 함께 「콘칠리움」(*Concilium*)지를 창간하여 제2바티칸 공의회의 신학적 결과들을 지속적으로 더욱 발전시키는 일을 하였다. 제2바티칸 공의회 이후에 그의 관심은 더욱 세속화된 오늘날의 세상 안에서 기독교 신앙을 의미를 규명하고 밝혀 보려는 데 집중되었다. 60년대 후반과 70년대 초에 그는 해석학적 철학, 비판이론, 언어철학, 기호학 등, 유럽의 주요한 지적 조류들을 폭넓고 깊게 연구하기 시작했다. 1972년에 발표된 「신앙의 이해」

(*The Understanding of Faith*)는 이러한 연구의 결실로서, 이 책의 사상은 그의 향후 20년 동안의 신학적 과업을 위한 해석적 기초와 틀을 마련해 주고 있다. 또한 비판이론과 함께 1970년대 후반에서의 라틴 아메리카의 해방신학과의 만남으로 인하여 그의 신학적 관심은 단순한 텍스트 해석학으로부터 전환하여 정통실천과 이데올로기 사회비판을 수용하는 실천적 해석학으로 나아가게 되었다.

이러한 인식론적, 해석학적 과제에 대한 관심과 아울러, 그러한 자신의 인식론적, 해석학적 관점들을 실제적으로 기독교 신앙의 실질적인 내용에 적용시켜 저술한 여러 권의 저서들 중에 가장 대표적인 역작들은, 저널「크리스찬 센츄리」(*The Christian Century*)에 의해 20세기에 가장 영향력 있는 10개의 종교저술들 중 하나라고 불린「예수 : 기독론에 있어서의 하나의 실험」(1974, 영역 1978)과「그리스도 : 주로서의 예수에 대한 경험」(1977, 영역 1979), 그리고「교회 : 하나님의 인간적 이야기」(1989, 영역 1990) 등이 있다.

본고에서는 스킬레벡스의 인식론과 해석학을 계시와 경험, 계시경험과 언어적 표현, 계시와 역사와 전통, 계시와 성서, 계시경험과 해석 등의 주제에 초점을 맞추어 고찰하고, 그에 대한 필자의 평가와 결론을 제시하고자 한다.

Ⅱ. 계시와 경험

1. 계시에 대한 현상학적 접근

스킬레벡스의 계시론은 현상학적 접근방식에 기초해 있다. 그에 따르면 현상학적인 사고는 하나님의 은총의 계시와 신앙의 신비에 대한 이해를 더욱 풍성하게 한다. 인간의 구체적인 실존 안에서 경험된 객관적이고 역동적인 실재는 인간을 모든 실재의 인격적인 근거인 하나님에게로 이끈다. 이러한 하나님에 대한 자연적인 지시(reference)와 인식은 바로 인간 존재에 속해 있는 것이며 모든 계시의 가능성의 본유적인 조건이 되는 것이다.

스킬레벡스의 현상학적 접근에 따르면, 우리 인간에게 있어서 하나님은 우리의 경험을 통하여 접근되어진다. 하나님은 우리 인간을 위하여 우리 자신의 경험을 통한 계시를 가능하게 하신다. 따라서 그는 하나님의 계시의 기초를 인간의 경험 안에서 발견한다. “경험이 없이는 계시는 있을 수 없다.”[1] 계시는 “합금되지 않은 상태로, 말하자면 순수한 신적인 언명(言明)으로서 하나님으로부터 수직적으로 우리에게로 내려오는 말”[2]이 아니다. 왜냐하면 인간의 경험이 실재에의 접근을 위한 유일한 수단이기 때문이다. 인간의 경험은 하나님에의 접근을 위한 유일한 수단이다. 그의 현상학적인 사고는 주체와 객체 사이의 데카르트적인 이원론을 극복하는 것으로서, 그에 따르면 경험은 객관적 요소와 주관적 요소가 분리할 수 없이 뒤얽혀 있는, 실재의 소여성과 인간의 주체 사이의 만남으로서 발생한다. 그에게 있어서 경험은 합리성이나 언어보다 더 광범위하며, 인간의 지각과 활동과 사건의 전 영역을 포괄한다.

스킬레벡스는 일반적이고 피상적인 의미의 경험이나 또는 특수한 상태, 성향, 감정, 성질의 감정적 의미에 있어서의 경험에 관심을 가지지 않는다. 경험에 대한 분석에 있어서 그의 주된 강조는 특수한 인지적, 비판적, 그리고 생산적인 인간의 경험에 주어진다. 이러한 관점에서 무

---

1. Edward Schillebeeckx, ***Christ : The Experience of Jesus as Lord,*** trans. John Bowden(New York : The Crossroad Publishing Company, 1988), p. 45.
2. Edward Schillebeeckx, ***God the Future of Man,*** trans. N. D. Smith(New York : Sheed and Ward, 1968), p. 5.

엇보다도 "계시는 '경험'과 전적으로 관련되어진다."[3)]

경험은 두 가지를 전제한다. 첫째, 경험되어지는 그 무엇이 있다. 예를 들면, 자연과 역사 안에서 일어나는 것이나 인간 사이의 상호 작용 같은 것들이 그것이다. 둘째, 우리는 우리가 경험하는 것을 규정하는 해석의 틀 또는 "경험의 지평"[4)]을 갖고 있다. 스킬레벡스는 이 경험의 틀을 경험의 전통이라고 부른다.[5)]

2. 경험의 계시적 구조

스킬레벡스는 인간의 경험이 계시적 구조를 가지고 있다고 본다. 즉, 하나님은 자신을 인간의 경험을 통하여 계시하신다. 계시는 삼중적인 구조를 통하여 이루어진다. 기독론의 경우를 예를 들어 말하자면, 첫째는 경험의 객관적 차원으로서의 예수사건이다. 둘째는 예수에 대한 제자들의 해석적 동일화로서, 처음에는 암묵적인 것이었다가 차츰 의도적이고 반성적인 것이 된다. 셋째로 그들의 경험에 대한 주제화와 이론적인 발전이 이루어진다. 이를 위하여 제자들은 자신들의 예수 경험에 고유하지 않은 외부적인 요소들을 사용한다. 계시의 이 둘째, 셋째 차원은 주관적인 해석의 단계로서 이스라엘과 초기 유대교의 주요 개념

---

3. Schillebeeckx, *Christ*, p. 29.
4. "경험의 지평"이란 용어는 가다머가 고전적 텍스트와 독자 또는 해석자가 모두 지평을 지니고 있다는 사실을 말하면서 사용한 용어이다. 그에게 따르면, 이해는 언제나 텍스트의 지평과 해석자의 지평의 융합이다. Han-Georg Gadamer, ***Truth and Method***, ed. trans. by Joel Weinsheimer and Donald G. Marshall(New York : The Crossroad Publishing Company, 1989), p. 306.
5. Edward Schillebeeckx, ***Mensen als verhaal von God***-English version : ***Church***-(Baarn : H. Nelissen, 1989), p. 35.

들에 의존하는데, 이 개념들은 예수를 이해하기 위한 형식과 구조를 제공하였다.

하나님이 자신을 경험 안에 계시하신다는 말은 무엇보다 경험이 인간에 의해 통제되는 것이 아니라 인간 너머로부터, 즉 하나님으로부터 주어지는 것임을 의미한다.[6] 경험의 본성은 단순히 인식 주체에 의존되어 있는 실재를 의미하지 않는다. 경험은 해석자의 주관적 창조물로 환원될 수 없다. 경험의 본성은 주체 너머로부터 오는 '소여성'(givenness)의 차원을 포함한다. "하나님의 자기계시는 우리의 경험으로부터(from)가 아니라 그 안(in)에서 현시된다."[7] 그러므로 경험의 권위는 경험 자체로부터 오지 않고 경험과 실재와의 대응과 일치로부터 온다. "경험의 성질은 측정하는 것이 아니라 측정되어지는 것이다. (새로운) 경험 자체의 권위는 언제나 우리가 생각하는 바와는 다르게 드러나는 실재의 놀라운 본성에 의하여 정의되어진다."[8]

스킬레벡스는 "인간은 결코 계시의 근거가 아니다."라는 사실을 분명히 천명한다.[9] 이처럼 스킬레벡스는 계시를 경험과 동일화시키지 않고 구별하기 때문에, 그는 직접적 경험이라고 하는 것에 대한 순진한 확신을 신경험주의(neo-empiricism)의 한 형태라고 비판한다.[10] 경험은 (반성되어진다면) 계시로 이끌 수 있는 기초를 제공한다. 이것은 '내재 안의 초월'이라고 불릴 수 있다. 즉, 경험 안에는 '위로부터'(from

---

6. Schillebeeckx, *Christ*, p. 46.
7. Edward Schillebeeckx, *Interim Report on the Books Jesus & Christ*, trans. John Bowden(New York : The Crossroad Publishing Company, 1988), p. 12.
8. Schillebeeckx, *Christ*, p. 37.
9. Schillebeeckx, *Interim Report*, p. 13.
10. Ibid., p. 18.

above 또는 beyond)의 소여성의 차원이 있다. 이 소여성의 차원은 계시 경험의 초월적 차원이다. 계시는 "인간 실존의 차원 안에 있는 한계점을 돌파하는 것"이다.[11] 계시는 인간의 경험의 경로를 따라 일어나지만 인간의 주관적인 경험과 사고로부터 생겨나는 것이 아니고 인간의 경험을 초월한다.

그러나 다른 한편, 이러한 '해석의 일차적 요소'는 경험하는 주체의 주관적인 해석의 틀로부터 확연히 구별되어질 수 있는 것도 아니다. 계시는 경험에 의해 자생적으로 산출되는 것은 아니지만, 그럼에도 불구하고 경험 안에서 인식되어지고 확증되는 것이다. 계시는 인간의 경험을 초월하지만 "오직 인간의 경험을 통하여 그리고 그 안에서만 인식되어질 수 있다. 경험이 없이는 계시가 없다."[12] "하나님은 자신을 (이론 안에서가 아니라) 경험 안에서 계시하신다. 오직 역사적인 인간의 경험과 실천 안에서만 계시는 하나님의 행동으로서 빛을 비춘다."[13]

이와 같이 스킬레벡스에게 있어서, 계시는 객관적 실재와 주관적 경험의 결합에 의해서 구성된다. 예수가 하나님의 결정적인 계시라는 사도들의 주장은 객관적이면서 동시에 주관적으로 이루어졌다. 주관적으로, 사도들은 예수를 결정적인 구원으로 경험하였다. 객관적으로, 결정적인 구원은 예수 자신의 실재(Who He is)에 의하여 예수 안에서 발견된다. 비록 사도들이 그러한 신앙경험이 없었다면 계시에 관하여 아무것도 말할 수 없었을 것이지만, 예수를 하나님의 결정적인 계시로 만드는 것은 사도들의 신앙이 아니다. 경험은 계시 개념의 본질적인 부분이다. 그러나 만일 예수 자신에게 아무것도 남아 있지 않았다면, 그리고

---

11. Schillebeeckx, ***Christ,*** p. 62.
12. Schillebeeckx, ***Interim Report,*** p. 11.
13. Schillebeeckx, ***Christ,*** p. 48.

우리가 신약성서 안에서 발견한 것이 그분에 대한 주관적인 판단뿐이라면, 기독교인의 존재와 기독교인이 됨을 위한 전체적인 기초는 제거되는 것이다. 비록 신약성서가 여전히 우리에게 상당한 영감을 줄 수는 있겠지만 말이다.[14]

그러나 스킬레벡스는 근대의 신경험주의와 아울러 근대 이전의 초자연주의도 거부한다. 계시는 인간의 창조물도 아니며, 또한 초자연적인 '개입' (intervention)으로 일어나는 것도 아니다. 그것은 긴 해석의 과정 안에서 일어난다.

> 우리는 계시가 초자연적인 개입 안에, 말하자면 마술적으로가 아니라 사건, 경험, 그리고 해석의 긴 과정 안에 발생한다고 말해야 한다. 동시에 계시는 인간의 창조물이 아니다. 그것은 '위로부터' 온다. 하나님의 자기계시는 경험과 신앙의 해석적 언어가 삶 속에 불러오는 것을 가리키는 내적인 지시기(pointer)로서, 우리의 경험으로부터(from)가 아니라 경험 안에(in) 현시된다.[15]

한마디로, 스킬레벡스에게 있어서 경험의 계시적 구조는 두 양극적 요소가 상호 불가분리의 관계 안에서 결합되어 있는 구조이다. "은혜의 제공과 신앙의 응답은 하나의 동일한 풍요한 실재의 두 측면이다. 응답 안에서만 부르심이 들린다(L' appel s' y entend dans la reponse)."[16] 그는 경험되어지는 외적인 실재를 확증하면서 동시에 내적인 해석적 요소가 그 실재가 경험되어지는 방식을 결정한다는 사실을 인식한다. 그리고 그에 따르면 경험이 어느 정도로 실재와 일치하는가 하는 것은 해석적 틀로

14. Schillebeeckx, pp. 11-12.
15. Ibid., p. 12.
16. Schillebeeckx, *Christ,* p. 48.

서의 그 경험의 전통이 새로운, 그리고 특히 상이한 실제적 경험을 적절하게 다룰 수 있는 능력에 의해서 입증되어진다.[17]

3. 종교적 계시경험과 신앙의 지평

스킬레벡스에 따르면, 인간의 경험이 계시적 구조를 가지고 있지만, 모든 경험이 동일한 계시적 가치를 가지고 있지는 않다. 경험과 진리에는 가치의 계층질서가 있다. 그 계층질서의 상부에 종교적 계시경험이 있다.[18] 그는 오직 실재의 더 깊은 차원을 계시해 주고 실재 전체의 맥락 안에서의 통합을 요청하는 그러한 종류의 경험들만이 '계시경험'(disclosure experiences)이라고 규정될 수 있다고 본다. 이러한 '계시경험'은 인간 상황의 심층 또는 한계점에서 발견되어지며, 특수하게 종교적인 계시경험이 '경험들과 함께 있는 경험'(experience with experiences)으로서 새롭게 접근되어질 수 있도록 만든다.[19]

종교적 경험이란 신적 존재에 대한 직접적인 경험이나 특수한 감정이 아니라, 전체로서의 실재 안에 분명하게 드러나는 은혜의 경험이다. 심층적인 그 무엇이 드러나고 불러일으켜지는 것은 무엇보다 인간의 유한성에 대한 실존적 경험 안에서이다. 계시경험은 "우리 자신 안에 기초를 발견하려는 불가능한 시도로부터 우리를 자유롭게 하는 선물로

17. Ibid, pp. 38–39.

18. Schillebeeckx, *Mensen*, pp. 41f.

19. 스킬레벡스에 따르면 모든 사람들이 경험하는 어떤 중립적인 한계 경험이 있고, 그에 대한 비종교적, 종교적, 또는 기독교적인 상이한 방식의 해석들이 있는 것이 아니다. 모든 사람들의 해석의 틀이 상이하기 때문에 사람들은 실제로 상이한 경험을 한다. 그러므로 경험은 언제나 상이하고 다양한 "경험들과 함께 있는 경험"이다. Schillebeeckx, *Jesus*, pp. 570–571.

서의 실재에 대한 경험"이다.[20)]

스킬레벡스는 계시경험의 범주 안에 있는 경험들로서 생의 우연성과 유한성, 즉 철저한 한계경험, 그리고 일상적인 세속적 언어로 표현할 수 없는 의미의 잉여 또는 충만의 경험 등과 더불어, 인간의 고통과 불의와 죽음에 대한 부정적인 대조경험(contrast experiences)에 보다 깊은 관심을 기울인다. 이 부정적인 경험은 그 자체가 계시는 아니지만 계시가 발견되는 자리이다. 진리는 경험에 대한 비판적인 반성(critical reflection)으로부터 오는 것이지 경험 자체로부터 오는 것은 아니다. "만일 경험이 비판적으로 반성된다면, 인간의 경험은 사실상 계시로서의 권위와 정당성을 갖는다."[21)]

스킬레벡스에게 있어서 부정적인 대조경험, 즉 고통의 경험은 특별히 중요한 신학적 의미를 갖는 계시경험이다. 부정적인 대조경험은 종교인이나 비종교인을 막론하고 모든 인류의 가장 기본적인 경험이다. 이 대조경험은 인류를 위한 저항과 희망을 불러일으킨다. 인간이 악과 고통과 불의에 대하여 희망과 인내와 저항으로 응답할 때, 인간의 유한성을 넘어서는 그 무엇이 계시된다. 따라서 고통과 불의와 부조리에 대한 경험은 특별한 계시적인 의미를 갖는다. 그것은 우리의 마음과 사물을 인식하고, 사고하고, 행동하고, 존재하는 방식을 변화시킨다. 그것은 옛것의 해체를 통한 새로운 통합으로 우리를 인도한다.

스킬레벡스에 따르면 계시는 오직 신앙의 맥락 안에서만 발생한다. 계시는 하나님의 자기 제공(self-offer)에 의해 이루어지며, 신앙은 이

---

20. Schillebeeckx, ***Christ,*** p. 47.
21. Edward Schillebeeckx, "Erfahrung und Graube," trans. Robert Schreiter, cited in ***A Schillebeeckx Reader***(New York : The Crossroad Publishing Company, 1984), p. 44.

계시에 대한 인간의 응답이다. 계시는 하나님의 은혜로우심의 초월적 차원 안에 근거한 실재에 대한 경험으로서, 이 경험은 신앙의 전통의 맥락 안에서만 가능하다. 이미 언급한 바와 같이 스킬레벡스에게 있어서 계시는 양극적이며, 그러면서도 통일적 실재이다. 한편으로, 신적인 주도성(initiative)이 있다. 그는 하나님께서 언제나 첫 번째로 말씀하시며, 우리의 경험으로부터 생겨나는 이 말씀에 대한 명료화는 하나님께서 자신에 대하여 실제로 말씀하신 바에 의하여 형성되어진다는 사실을 분명히 한다. 하나님과 인간의 관계에 있어서 우선성은 사랑으로 인간에게 말씀하시는 은혜로운 하나님의 말씀에 있다. 다른 한편으로, 하나님의 주도성에 대한 인간의 신앙의 응답이 있다. 이 두 요소는 불가분리적이며 함께 단일한 계시경험을 형성한다. 스킬레벡스는 계시의 객관적 극을 분명히 확증한다. 그러나 이 객관적 측면은 그것을 계시로서 인식하는 인간의 경험에 의해서 수용될 때에만 계시가 된다. "응답 안에서만 부르심이 들린다."[22] 스킬레벡스는 신앙이 단지 객관적 계시에 대한 주관적 응답일 뿐 아니라, 계시와 실제로 동연적(同延的)인 전체 경험 안의 한 해석적 요소라고 말한다.

Ⅲ. 계시경험과 언어적 표현

1. 언어로 표현된 계시경험

계시는 신자에 의해 경험되어지고 종교적 언어로 해석되어진 하나님의 행동이다. 따라서 그것은 우리 인간의 역사의 차원 안에서 인간의

---

22. Schillebeeckx, *Christ,* p. 48.

언어로 표현되어진다.[23] 계시의 세 번째 단계, 즉 경험에 대한 주제화와 이론적 발전이 이루어지는 단계에서 인간의 관점과, 종교적인 언어 안에서의 해석과, 표현과, 명료화가 이루어진다. 스킬레벡스에 따르면, "계시는 언어에 의해 표현되어진 경험이다. 그것은 인간에 의해 경험되어지고 전달되어진 하나님의 행동이다."[24] 인간의 말은 우리를 향한 하나님의 말씀의 불가피한 매개이다. 물론, 스킬레벡스는 계시에 대한 논의를 광범위한 인간의 경험의 맥락 안에 위치시키기 때문에 계시는 언어나 명제 그 이상의 것이다. 그러나 그는 또한 경험은 언어 안에서만 공적으로 접근 가능하다는 사실을 인식하기 때문에 구조주의적, 현상학적, 논리적인 언어분석과, 하이데거적인 언어 존재론을 수용하여 사용한다. 그의 해석학적 이론은 언어에 대한 표현주의적인 견해를 거부한다. 언어는 단지 표현하는 것만이 아니라 또한 그 자체가 경험의 구성요소이다.

언어를 통한 경험의 표현은 모델의 사용을 포함한다. 하지만, 비록 계시경험이 언어를 통하여 표현되지만, 이 표현과 모델은 계시경험을 다 드러낼 수 없다. 언어적 표현이 있다는 사실 자체가 해석학과 이데올로기 비판을 요구한다.[25]

스킬레벡스가 말하고자 하는 바는 계시에 대한 언어적 표현은 명제적 계시에 귀착한다고 하는 것이 아니라, 계시는 진정으로 언어의 형태 안에 나타난다고 하는 것이다. 더욱이 신앙의 언어는 직접적인 기술과 언설(言說)로서의 용어법이 아니다. 계시에 대한 개념은 특수한 방식의

23. Ibid., p. 78.
24. Ibid., p. 46.
25. Edward Schillebeeckx, "Magisterium and Ideology," trans. Lance Nadeau, *Journal of Ecumenical Studies 19*(Spring 1982), p. 9.

말에 대한 메타-이론적인 표현-로서, 이 언어의 주된 관심은 기술하고 설명하는 것은 아니지만, 그럼에도 불구하고, 실제적인 경험에 기초하여 실제를 간접적으로 표현한다.[26)]

스킬레벡스는 계시에 대한 '명제적' 이해(예를 들면, 신조)와 경험적 이해 사이를 대립시켜야 할 이유가 없다고 믿는다. 하지만 그는 계시에 대한 엄격하게 명제적인 이론은 신학의 원천으로서의 경험을 위하여 적절한 자리를 남겨 놓지 못하는 반면, 진리가 경험으로부터 생겨나는 것으로 보는 자유주의 개신교적인 경향은 신학의 원천으로서의 전통의 역할을 지나치게 극소화시킨다고 본다. 만일 어떤 진술이 의미와 진리를 갖기 위해서는 경험으로서의 인간 실존 안에 뿌리를 가져야 한다.[27)]

그는 성서를 자신의 기준으로 사용한 칼 바르트도, 자신의 자유주의 신학과 더불어 동시대적 상황을 적어도 어느 정도는 자신의 기준으로 사용한 슐라이어마허도 모두 잘못되었다고 생각한다. 그에 따르면, 계시의 한 원천, 즉 기준은 이 두 극을 상호적이고 비판적인 상관성 안에서 함께 결합시키는 데 있다. 기준은 성서 안에서 객관화되어질 수 없다. 거기에 객관적으로 존재하는 것으로서 성서는 아무런 권위가 없다. 성서가 권위를 갖는 것은 오직 우리의 현재적 상황의 빛 안에서 그것을 우리가 해석할 때이다.[28)]

명제적인 계시 이해는 배격될 수 없다. 그러나 그것이 연관되어 있는 경험과 올바른 관계를 유지하여야 한다. 따라서 계시의 요소는 세상의

---

26. Schillebeeckx, *Christ*, p. 46.
27. Ibid., p. 54.
28. Edward Schillebeeckx, ***God is New Each Moment,*** Huub Oosterhuis과 Piet Hoogeveen의 대화, trans. David Smith(New York : The Seabury Press, 1983), pp. 58-59.

실재와의 경험적 만남 안에서, 이 만남의 본유적인 요소로서의 이 경험에 대한 해석 안에서, 그리고 신앙의 언어 안에서 알려질 수 있다. 하지만 이 계시의 알려짐은 그 경험이 해석되고 언어로 표현되어짐에 따라 점점 계시의 실재가 감소되고 희미해진다. 왜냐하면 이 과정 속에서 '지배적인' (controlling) 지식과 인간의 '계획' 이 점점 증대하기 때문이다.[29]

스킬레벡스는 확증되어지는 것과 그것을 확증하기 위하여 사용되는 개념적 도구 사이를 구별한다. 하나님에 대한 교의적, 명제적 지식은 그것들 자체로서 아무 가치가 없지만, 그것들이 스스로 확증하는 실재를 지시하는 한에서만 가치를 지니는 그런 개념들(concepts)을 통한 지식이다. 이것은 또한 교의적 명제의 핵심에 놓여 있는 불변하는 비개념적 실재를 설명하기 위하여 언제나 새로운 개념적 설명이 필요하다는 사실을 의미한다. 왜냐하면 상이한 문화와 시대가 상이한 해석의 요소들을 사용하기 때문이다. 만일 우리가 새로운 개념적 설명을 사용하지 못한다면 우리는 다른 사람들의 옛 경험과, 더 이상 사람들이 이해하지 못하는 용어와, 오늘날의 경험의 세계에 더 이상 타당하지 않는 용어에 기초하여 계시를 설명하게 될 것이다. 계시에 대한 사람들의 경험이 변화함에 따라 그 경험을 정식화하는 교의적, 명제적 표현도 변하여야 한다.

스킬레벡스에 따르면 계시, 즉 하나님의 자기 제공에 대한 경험은 은유적이고 상징적인 방식으로 가장 잘 표현될 수 있다. 왜냐하면 신앙은 개념적이고 합리적인 사고로는 접근할 수 없는 실재의 심층 차원에 관하여 말할 것을 요구하기 때문이다. "오직 유발적인(evocative) 신앙의 언어만이 인간의 경험의 한계에서 발생하는 계시경험의 실체와 의미를

29. Schillebeeckx, *Christ,* p. 54.

다른 사람들에게 열어 보이고 이해시킬 수 있다."[30]

2. 언어로 표현된 계시경험의 변증법적－비판적 과정

여기서 우리는 스킬레벡스가 말하는 계시의 세 차원을 다시 한번 기억할 필요가 있다. 첫째, 원천적 경험이 있다. 둘째, 그 경험을 이해하고 파악하기 위하여 개인이 사용하는 내적인 해석적 틀이 있다. 셋째, 그 경험에 대한 반성에 기초하여 개인이 수립하고 또 다른 사람들에게 그 경험을 표현하기 위하여 사용하는 외적인 해석적 틀이 있다.[31] 이 마지막 표현의 단계는 원천적인 경험으로부터 가장 멀리 떨어져 있으며, 인간 저자에 의해 가장 많이 영향을 받는 단계이다. 이 단계는 문화적으로, 역사적으로 상대적이며 따라서 지속적인 수정을 요한다.[32]

인격적인 만남의 경험 안에서 하나님의 자기계시는 처음에는 암시적으로, 반성 이전(prereflexive)의 상태로, 주제화되기 이전(unthematized)의 상태로 주어지지만, 불가피하게 유한한 개념과 상징을 통하여 주제화된다. 스킬레벡스의 표현을 따르면 계시는 '매개된 직접성' (mediated immediacy)에 의해 창조세계 안의 인간에게 주어진다. 즉, 하나님은 그것들이 하나님과 하나님의 메시지를 표현하기에 부적합한 것들임에도 불구하고 개념과 상징과 이미지와 이야기와 주제화(thematizations)를 통해서 자신을 계시하신다.[33] 계시의 매개로써 기

30. Mary Catherine Hilkert, "Discovery of the Living God : Revelation and Experience" in Schreiter and Hilkert., *Praxis of Christian Experience,* p. 43.
31. Schillebeeckx, *Christ,* p. 33.
32. 스킬레벡스는 이 수정을 은혜의 경험의 네 가지 "구조적 요인들"에 의해 수행할 것을 제안한다. *Interim Report,* pp. 13－16.

능하기 위하여 경험은 언어적으로 표현되어야 한다. 경험이 명료화되어지지 않는다면 계시의 경험도 불가능하다. 따라서 신앙의 경험은 언어로 표현됨에 있어서 인간의 인지적인 활동을 우회할 수 없다.[34)]

하지만 계시를 순전히 인간의 산물로 만들지 않기 위해서는 계시가 언어로 표현되어지는 방식에 대한 적절한 설명이 필요하다. 인간은 결코 계시의 근거가 아니다. 그러나 자신이 계시에 기초해서 말한다고 주장하는 인간은 자기가 '아래로부터'(from below) 말하는 것이 진정으로 '위로부터'(from above) 오는 것이라는 사실을 설명하여야만 한다. 그렇게 하지 않으면 우리는 우리 자신의 말과 견해를 '위로부터' 오는 '하나님의 말씀'으로 만들 위험이 있다.[35)] 따라서 언어로 표현되어진 계시경험은 비판적으로 검증되어질 필요가 있다. 만일 인간의 경험이 비판적으로 반성되어진다면, 그 경험은 인간에 의해 산출되거나 고안되어지지 않은 실재의 계시로서 권위와 정당성을 갖게 된다.[36)]

이성적 주체인 인간은 실재와의 만남에 있어서 반성(reflection)에 의해서 이미 수립된 관점 또는 해석의 틀을 사용하여 실재에 대한 선택적인 해석을 수행한다. 이 선택적 과정은 우리가 이미 알고 있는 것에 기

---

33. Edward Schillebeeckx, *Christ the Sacrament of the Encounter with God*(New York : Sheed and Ward, 1963), p. 4. 이러한 표현들의 부적합성은 그것들이 하나님에 관한 진리를 완전하고 충만하게 반영할 수 없다는 사실을 지시한다. 그러나 하나님의 메시지를 드러낼 그 이상의 적당한 방법이 없다. 스킬레벡스는 "계시가 인간의 언어 안에서 우리에게 온다는 바로 그 사실(구약과 신약에서처럼)이 계시가 본질적으로 인간의 경험과 연관되어 있다는 사실을 보여 준다." *Christ*, p. 46.
34. Schillebeeckx, *Christ*, p. 86.
35. Schillebeeckx, *Interim Report*, p. 13.
36. Schillebeeckx, *Christ*, p. 90.

초하여 일어난다. 따라서 이해와 인식을 위한 모종의 틀이 없는 '천연 그대로의(raw) 인간 경험'이란 없다. 반대로 새로운 인식을 동화하기 위한 능력은 언제나 이전의 개인적이고 공동체적인 경험의 역사와 관련되며, 이 이전의 경험의 역사 또는 전통은 지금의 해석을 위한 틀이 된다. 그에 의하면,

> '예수 안에서 구원을 발견하는 것'은 주관적 경험이냐 '또는' 객관적 사실이냐의 문제가 아니다. 구원을 경험하는 것은 경험이면서 '그리고' 동시에 해석이다. 경험함에 있어서 우리는 경험되어진 것을 동일화(identify)한다. 그리고 우리는 이미 알려진 모델과 개념과 패턴 또는 범주의 관점에서 우리가 경험한 것을 분류함으로써 이 동일화를 수행한다. …… 우리가 객체로 경험한 것(우리에게 오는 바로 그것)은 우리의 지시(reference)의 개념과 용어에 의존하며, 그리고 결과적으로 작용하는 우리의 기획과 관심에 의존한다.[37)]

이전에 발전된 모델과 개념의 틀은 고정되어 있지 않고 새로운 경험의 빛 안에서 지속적으로 변화한다. 새로운 경험은 비판적이면서 동시에 생산적이다. 경험은 이전의 틀과 계승된 통찰을 문제삼는다는 의미에 있어서 비판적이며, 새롭고 예기치 못한 방식의 인식과 더욱 깊은 차원의 사고와 의미와 행동을 불러일으킨다는 점에서 생산적이다. 여기에서도 인지적인 차원은 근본적이다. 왜냐하면 경험에 대한 비판적 반성과 해석의 틀은 경험 자체의 부분이기 때문이다.

따라서 본유적인 경험의 권위를 회복하기 위해서는 비판이 요청된다. 인지적인 비판적 반성활동은 경험 안에 숨겨져 있는 이데올로기적인 요소를 폭로한다. 명료화의 과정에서 경험은 모종의 세계관 또는 어

---

37. Ibid., p. 32.

떤 사회 역사 문화적인 편견에서 오는 이데올로기를 갖게 될 수 있기 때문이다. 따라서 소위 '직접적 경험' 이란 것도 비판되어야 한다. 왜냐하면 그것도 역시 사회 경제적으로 매개되어 있기 때문이다.[38] 화자(話者)의 사회적 위치와 조건이 인식되고 비판되어야 한다. 왜냐하면 그것이 그의 경험의 보고에 영향을 주기 때문이다. 화자가 사용하는 모델도 역시 경험의 실제적인 내용을 착색하기 때문에 도그마화되어져서는 안 된다. 언어의 투사적 요소(즉, 의식과 잠재의식과 반성의식의 상호 작용)나 언어사용에 있어서의 비종교적인 요소도 경험에 대한 기술에 영향을 미친다.[39]

경험의 복합성에 대한 스킬레벡스의 통찰과, 사회와 문화 속에서의 변화가능성과 실제적인 변화에 대한 그의 인식은 전통에 대한 새로운 이해에로 그를 인도한다. 즉, 우리의 과거의 경험의 전통 안에 있는 모든 것은 새로운 경험에 기초한 비판적인 물음에 종속되어야 한다는 것이며, 또한 동시에 경험의 전통은 우리의 새로운 경험을 비판할 수 있도록 허용되어야 한다는 것이다. 이것이 바로 그가 말하는 전통과 경험 사이의 '상호 비판적인 상관관계' 이다. 전통에 대한 경험의 비판적인 물음은 변증법적 – 비판적 양태로 전개된다. 다시 말하면, 교리를 형성시킨 전통 속의 경험과 현재적 경험 사이의 상호 비판적인 상관관계 안에서 전통의 교리가 재해석되고 새로운 전통이 형성된다.[40] 주제화의

---

38. Schillebeeckx, *Mensen*, p. 38.
39. Ibid., p. 40.
40. 전통적인 가톨릭 교회의 성만찬 교리인 화체설에 대한 오늘날의 경험의 맥락 안에서의 재해석은 이에 대한 좋은 예가 된다. 스킬레벡스는 아리스토텔레스적인 사고에 의해서 신학적으로 표현된 성만찬의 교리를 오늘날의 물리적, 형이상학적 사고와 인지적 경험의 빛 안에서 이해하고 재해석함으로써, 전통적 교리를 오늘

방법들은 지속적인 재해석과 새로운 주제화의 방법들에 대하여 열려 있다. 변증법적-비판적 과정을 통하여 새롭게 형성되는 전통은 인지적, 비판적이고 해방적인 힘과 아울러 권위를 획득하며,[41] 비판되어진 경험을 지니고 있는 개인들에 의해서 공유되어짐으로써 그들에게 새로운 삶의 가능성을 열어 준다.[42]

Ⅳ. 계시와 역사와 전통

1. 계시와 역사 : 역사 안에서의 인간 해방의 맥락 안에서의 계시

스킬레벡스는 계시를 단순히 역사 안에서의 하나님의 구원의 행동으로 이해하는 데 만족하지 않는다. 왜냐하면 이 행동은 필연적으로 해석되어야 하기 때문이다. 또한 그는 해석 자체를 계시와 동일시하지도 않는다. 왜냐하면 그렇게 되면 신앙은 역사에 대한 주관적인 견해 이상이 되지 않을 것이기 때문이다.[43] 계시는 역사 안에서의 하나님의 구원의 행동으로서, 삶의 의미에 대한 질문의 답변 안에서 신자들에 의해 경험되고 표현된 것이다. 하나님의 계시에 대한 역사적 매개는 시대와 장소와 사회를 따라 변화한다. 이 역사적 매개는 복음이 선포되어지는 특정

날의 새로운 경험에 기초하여 수정하는 길을 열어 놓는다. Schillebeeckx, *The Eucharist*, pp. 90-94을 참고하시오.

41. Schillebeeckx, *Mensen*, p. 40.
42. Ibid., p. 41.
43. Edward Schillebeeckx, "The Problem of the Infallibility of the Church's Office," in *Concilium*, Vol. 3 No. 9, *Truth and Certainty*, ed. Edward Schillebeeckx and Bas van Iersel(New York : Herder and Herder, 1973), p. 77.

한 문화의 세계관에 기초한다.[44] 이 세계관은 역사적, 문화적 산물이며 따라서 실재를 이해하기 위한 많은 선택 가능성들 중의 하나이다.

스킬레벡스에 따르면 하나님은 오직 인간의 해방의 맥락 안에서만 자신을 계시하신다.[45] 오직 인간 해방의 역사만이 '구원사' (Heilsgeschichte)로 경험될 수 있다. 사실은 오직 의미의 틀 안에서, 해석된 사실의 전통 안에서만 역사가 된다.[46] 이 의미의 첫 번째 차원은 인간의 해방이 일어났고 경험되었다는 것이다. 이 첫 번째 차원의 의미에 기초하여 하나님과의 관계 안에서의 두 번째 차원의 의미가 해석되어지는데, 그것은 곧 하나님에 대한 신앙경험의 종교 전통 안에서 그 해방의 계기를 해석하는 것이다. 이 단계에서 신자들은 하나님께서 사람들을 통하여 구원을 가져오셨다고 고백한다. 세속적인 사건이 '하나님의 말씀' 을 위한 자료가 된다. 예를 들면, 출애굽은 출애굽기에서 세속적인 사건으로 기술된다. 그러나 신명기에서 하나님의 백성이 자신들을 애굽에서 구원해 낸 분이 주님이라는 사실을 인식함에 따라 구원사로 재해석되었다. 예수 안에서의 계시도 마찬가지이다. 예수는 자신의 사역이 사람들을 해방시킨다는 사실을 입증함으로써만 하나님을 계시하였다.[47]

스킬레벡스에 의하면, 모든 인간의 역사는 인간을 자유롭게 하는 한에서 하나님의 구원사이다. 하나님은 모든 해방의 원천이다. 그러나 어느 특정한 해방과 전적으로 동일시될 수도 없다. 또한 스킬레벡스는 포괄적인 의미의 구원사와 기독교적인 의미의 계시사를 구별한다. 우리는 계시사 안에서 의식적으로 언어로 표현된 구원사를 발견한다. 그러

---

44. Schillebeeckx, *Mensen*, p. 57.
45. Ibid., pp. 26-27.
46. Ibid., p. 26.
47. Ibid., p. 29.

나 일반적인 구원사가 없다면, 우리가 출애굽이나 예수 안에서 발견하는 것과 같은 계시사는 불가능하다. 구원사는 신자의 의식 안에서가 아니라 무엇보다도 실제적인 세상의 역사 안에서 일어난다. 인간의 유익을 위하여 선이 증진되고 악이 물리쳐지는 곳이라면 그 곳은 바로 하나님의 존재, 즉 인간을 위한 구원으로서의 하나님이 활동하시는 곳이며 구원사가 발견되는 곳이다. 이것은 구원사가 그것에 대한 인간의 의식으로부터 독립될 수 있다는 것을 의미한다. 또한 이것은 우리의 하나님에 대한 이미지와 구원에 대한 개념이 변화하는 사회, 역사적인 맥락 안에서의 구체적인 해방의 경험에 근거하고 있다는 사실을 함축한다.

2. 계시와 살아 있는 전통

스킬레벡스는 전통을 생동적인 경험의 역사로 구성된 살아 있는 실재로 본다. "어제 다른 사람들에게 경험이었던 것이 오늘 우리에게 전통이다. 그리고 오늘 우리에게 경험인 것이 이번에는 내일 다른 사람들을 위한 전통이 될 것이다."[48] 그는 계시를 단지 과거에 국한된 보고(寶庫)로 보지 않고 현재적인 원리와 실재로 이해한다. 따라서 그는 계시에 대한 해석의 문제 뿐만 아니라 계시 자체의 본성의 현재성에 관심을 기울인다. 그에 따르면 기독교의 구원의 보편성, 즉 예수가 보편적 구원자라는 관념은 모든 시대와 문화 안에서 그분이 현재 접근되어질 수 있음을 의미한다. 그러므로 하나님의 구원의 제공과 계시는 단지 역사적으로 과거의 신앙의 보고에 대한 새로운 해석 안에서가 아니라 새로운 구원의 (계시적) 경험을 통하여 모든 세대에 보편적으로 현존한다.

---

48. Schillebeeckx, *Interim Report,* p. 50.

예수 그리스도에 대한 믿음의 실체 또는 내용은 '언제나 새로운 현재' 와의 관련성에 있다. 기독교의 보편적 의미는 우리로 하여금 역설적 상황에 직면하게 만든다. 한편으로, 기독교는 우리가 기독교 신앙의 본질이라고 부를 수 있는 것에 대한 모든 역사적 정의를 초월한다. 다른 한편, 이 본질은 오직 그것에 대한 구체적인 역사적 체현 안에서만 발견되어질 것이다. 그렇다면 기독교의 본질을 그것에 대한 하나의 역사적 형태나 현현과 배타적으로 동일시하거나, 또는 기독교 신앙에 대한 하나의 특정한 정의와 배타적으로 동일시하는 것은 불가능하게 된다. 이것이 '예수 그리스도의 보편적 의미성' 의 불가피한 귀결이다. 보편성을 받아들이면서 동시에 해석학적 문제를 부인하고 본질적 기독교에 대한 하나의 배타적인 정의를 설정하는 것은 기독교 신앙의 참된 보편성의 모든 실체를 무시하고 공허하게 만드는 것이다.[49]

이처럼 스킬레벡스는 계시의 '닫힘' (closure)을 인정하지 않지만, 그럼에도 불구하고 그는 계시의 내용을 포괄하는 지속적인 핵심을 인정한다(*Christ*, p. 63). 계시경험의 연속성을 유지하는 것은 성령의 사역이다. 그는 이 연속성을 모든 참된 기독교적 경험의 배후에 있는 '네 가지의 구조적 원리들' 안에서 발견한다.[50] 예수의 결정적인 구원의 행위에

---

49. Edward Schillebeeckx, ***Jesus : An Experiment in Christology,*** trans. Hubert Hoskins(New York : The Crossroad Publishing Company, 1987), p. 575.
50. 첫 번째의 구조적 원리는 신학적, 인간학적 원리이다. 이것은 하나님께서 인간을 위하여 구원이 되기를 원하시며, 의미를 향한 추구와 무의미성의 와중에 있는 우리의 역사를 통하여 이 구원을 실현하시기를 원하신다는 것이다. 따라서 하나님 안에서 구원을 발견한다는 것은 인간의 자기 실현과 일치되는 것이다. 하나님 안에서 구원을 발견하는 것은 동시에 자신과 관계하는 것이다. 두 번째 원리는 기독론적 매개로서, 하나님의 출발점을 완전하고 결정적으로 계시해 주고 따라서 진정으로 인간에게 관심을 기울인 분이 나사렛 예수라는 믿음이다. 셋째 원리는 교

의해 성취된 이 '핵심' 밖에 다른 핵심이 없다는 의미에서, 계시는 닫혀 있다. 그러나 비록 이 새로운 경험이 처음의 결정적인 경험을 반영해야 하지만, 이 동일한 구원의 경험에 대한 새로운 계시경험이 지속된다는 의미에서 계시는 닫혀 있지 않다.

스킬레벡스에 따르면 전통은 모든 새로운 계시경험을 위한 경험의 지평을 형성한다. 어느 한 시기의 신앙의 전통의 역사적 맥락과 문화적 표현은(성서를 포함하여) 절대화될 수 없다. 그러나 이것은 역사적, 사회 문화적인 신앙의 매개가 가치가 없거나 의미가 없다는 것을 의미하지는 않는다. 반대로 이러한 매개는 그 상대성에도 불구하고 계시의 제공에 대한 신앙의 답변의 의미를 전달하는 유일하게 가능한 도구로서 매우 긍정적인 기능을 한다. 왜냐하면 바로 거기서만 문화에 예속되지 않는 복음이 어느 특정한 제한된 문화적 개념적 구성 안에서 유일하고도 적확(的確)하게 발견되어질 수 있기 때문이다.[51]

따라서 전통에 의한 계시의 매개는 매우 중요하다. "역사적 매개가 상대적인 특수성을 가지고 있다고 하여 신학적으로 부적절하며 따라서 그것이 오직 과거의 특수한 상황에 대해서만 적절성을 갖는다고 보는 사람은, 바로 오늘날 우리의 역사를 위한 예수의 구체적인 역사의 중요성을 제거하는 것이다." 왜냐하면 "시대를 지나면서 지속적으로 변화하는 다양한 역사적 매개들 안에서만 이 구체적인 역사들로부터 '추상

회의 메시지와 삶의 유형과 연관된 것으로서, 예수 안에서의 이 하나님의 이야기는 우리에게 전승되어 우리에게도 관련이 된다는 믿음이다. 다시 말하면, 우리 자신이 예수를 따를 수 있으며 따라서 예수의 지속되는 살아 있는 이야기 안에서 우리 자신의 장(章)을 써야 한다는 것이다. 네 번째는 종말론적 성취로서, 이 이야기는 우리의 역사의 지상의 질서 안에서는 완성에 이를 수 없으며 따라서 종말론적인 대단원을 바라보아야 한다는 것이다(Interim Report, pp. 51-52).

51. Schillebeeckx, ***Mensen,*** p. 56.

화' (abstracted out)되지 않은 진정한 기독교적 상수(constants)가 드러나기 때문이다."[52]

그러나 스킬레벡스에게 있어서 전통은 오늘날의 문화와 역사적 상황에 대하여 말할 수 있고, 그것을 통합할 수 있는 한에서만 그 목적을 수행할 수 있다. 전통이 더 이상 기독교 신앙을 위한 비판적이고 생산적인 힘으로 기능하지 못할 때, 이러한 괴리나 실패의 '문화적 충격' 을 극복하고 복음을 새롭게 표현하기 위한 '생명의 충격' (life shock)이 필요하다. 복음이 보편적인 의미를 갖는다는 주장은 오직 신앙의 선포가 모든 새로운 문화적 상황 속에서 재해석되고 재현실화되어질 수 있을 때에만 가능하다.

그러므로 기독교의 전통을 모든 시대와 문화에 전승하는 일은 케리그마나 교리적 도식의 반복 이상의 것을 요구한다. 성서와는 생소한, 전적으로 새로운 경험의 빛 안에서 오늘날 복음의 메시지를 작용하도록 하는 실제적인 '경신' (更新, updating)이 요청된다.[53] 기독교 전통의 불가피하고 역사적으로 믿을 만한 출발점을 제공해 주는 성서 본문까지도 부활하신 예수의 영 안에서 계속되어지고, 매 문화적 맥락 안에서 독특하게 재표현되어져야 하는 그러한 운동에 대한 문화적으로 그리고 역사적으로 조건지어진 표현이다. 이것은 그 이후의 기독교 신앙의 교리적 도식에서도 마찬가지이다. 교리적 도식은 역사를 통하여 매개되는 살아 있는 전통의 본질적인 부분이다. 그러나 이 교리적 도식은 그것이 지시하는 더 깊은 신비, 즉 계시의 경험과 혼동되어서는 안 된다. 따라서 이미 언급한 바와 같이 교리를 형성시킨 전통 속의 경험과 현재

---

52. Ibid., p. 56.
53. Schillebeeckx, *Jesus*, p. 753.

적 경험 사이의 '상호 비판적인 상관관계' 안에서 전통의 교리가 현재적 경험의 빛 안에서 재해석되고 새로운 전통이 형성되어야 한다.

나아가서, 스킬레벡스는 전통이 단순히 이론적일 수 없다고 지적한다. 전통은 신자들의 공동체의 제자도, 즉 신앙 실천의 삶 안에서 진리로 증명되어야 한다. 윤리적 행동은 더욱 높은 밀도의 계시를 담지(擔持)한다. 왜냐하면 그것은 비록 파편적이지만 실제적인 방식으로 하나님의 약속을 역사 안에 구체적으로 현존하도록 만들기 때문이다. 물론 전통은 복음의 방향성과 비판적 힘을 유지하기 위한 이론적인 측면을 갖는다. 실천 없는 선포는 이데올로기가 된다. 그러나 선포 없는 실천은 방향을 상실한다.

V. 계시와 성서

스킬레벡스는 성서를 인간의 종교적 경험의 산물이면서 동시에 역사 안에서의 하나님의 계시적 행동에 대한 기록으로서 이해한다. 성서는 그 자체가 복음이라기보다는 복음에 대한 역사적으로 조건지어진 형태이다. 비록 성서가 본래적인 경험에 대한 기록이며 따라서 규범적인 역할을 하더라도, 성서 저자들 자신들이 그들이 물려받은 전통에 대한 해석자이며, 따라서 성서에 대한 우리의 해석은 해석에 대한 해석일 수밖에 없다.

1. 근본적 원천으로서의 신약성서

스킬레벡스에 따르면, 신약성서는 신학을 위한 근본적인 원천이다. 신약성서는 강력한 신앙의 증언을 통하여 예수를 중심으로 한 운동의 최초의 구성적인 맥동(脈動)을 우리에게 제공해 주며, 따라서 신학적 반성을 위한 지침이 되어야 한다.[54] 신약성서는 사도적 신앙경험과의 접촉을 위한 매개의 역할을 함으로써, 기독교 전통에 있어서 독보적이며 독특한 지위를 지닌다. 신약성서는 "원천적 사건, 즉 나사렛 예수로부터 추동력을 얻은 기독교운동에 대한 가장 직접적이고, 독특하게 실행 가능하며, 역사적으로 가장 의지할 만한 접근을 제공해 준다."[55] 성서는 지속적으로 발전되어 가는 전통을 평가하고 판단하기 위한 척도이다.

하지만 성서는 신학적 반성을 위한 원천일 뿐만 아니라 동시에 그 자체가 신학적 반성이다. 성서는 단순히 예수를 그리스도로서 증거하지 않으며, 단지 초기의 기독교공동체의 신앙을 증언하지도 않는다. 성서의 증거는 예수를 신학적으로 해석하기 위한 시도 가운데 생겨났으며, 그 자체가 신앙적 반성 안에서의 증언이다. 따라서 기독교의 성서는 신앙의 상징과 증언으로만 구성되는 것이 아니라, 이러한 상징과 증언 안에서 출현하는 신학적 반성에 의해서 구성된다.[56] 또한 신약성서는 신학적 반성일 뿐만 아니라 신학적 편집이기도 하다. "신약성서의 구조로부터 우리는 신약성서의 저자들이 예수가 역사적으로 말하지 않은 모든 종류의 말들을 예수의 입에 넣었다는 것을 볼 수 있다."[57] 더욱이 성서적 계시는 신학적 해석과 편집일 뿐만 아니라 또한 그 자신의 역사적 상황에 묶여 있기 때문에 우리 자신의 현재의 경험으로부터 멀리 떨어져 있다. 이 역사적 소격화(疏隔化)의 결과, 성서는 우리에게 직접 말할 수 없으며, 매개를 통하여 우리에게 말하여야 한다.[58]

---

54. Ibid., p. 36.
55. Ibid., p. 58.
56. Francis Sch ssler Fiorenza and John Calvin, ed. *Systematic Theology : Roman Catholic Perspectives*(Minneapolis : Fortress Press, 1991), p. 8.
57. Schillebeeckx, *Mensen,* p. 128.

성서의 저자들은 그들이 경험한 구원을 그들이 살고 있는 세계와 그들 자신의 물음과 그들 자신의 주위환경의 관점에서, 다시 말하면 그들 자신의 경험세계의 관점에서 표현하였다.[59] 그들은 서로 상이한 구원의 경험을 하였다. 이것이 구원의 의미에 대한 성서의 증언들이 그처럼 다양한 이유이다.[60] 이 경험적, 역사적 소격화와 다양성의 문제는 다음과 같은 물음을 불러일으킨다. "예수 안에서의 구원에 대한 그들(사도들)의 경험에 관한 개인적, 공동체적으로 착색되어진 이 진술은 어느 정도까지 아직도 지금의 우리에게 영감을 주고 우리를 인도할 수 있는가?" 오늘 우리는 유대와 그리스 시대의 세계로부터 유래하는 경험적 개념과 해석적 요소들에 종속되어야 하는가?

스킬레벡스에 따르면, 예수 안의 구원에 대한 신약성서 저자들의 경험은 그들 자신들의 현재적 현실과의 관련 속에서 결정되었으며, 우리는 다른 현재적 현실 안에 살고 있으므로, 마치 역사적 포장으로부터 무시간적인 핵심을 추출해 낼 수 있는 것처럼 우리가 성서 안에서 발견하는 것을 우리 자신의 세계에 단순히 '적용' 시킬 수 없다. 신약성서 저자들의 경험과 신학적 반성은 역사적으로 조건지어졌기 때문에, 그것은 오늘날의 예수에 대한 기억(memoria)을 위한 직접적인 규범은 아니다.[61] 성서의 역사적 과정을 검증하는 사람은 누구든지 구원과 구속에 관한 신약성서의 신학을 있는 그대로 우리의 상황에 말하여지도록 하게 할 수 없다. 다시 말하면, 성서에 의하여 취하여진 접근방식은 매개 없이 우리에게 직접 말할 수 없다. 따라서 신약성서의 구원 개념에

---

58. Schillebeeckx, *Interim Report*, p. 14.

59. Ibid.

60. Ibid., p. 15.

61. Schillebeeckx, *Christ*, p. 644.

대한 신학적 분석은 신약성서와 우리 자신의 시대의 역사적 상황들에 대한 통찰과 결합되어질 때에만 현대인을 위한 영감과 방향제시를 제공해 줄 수 있다.

2. 성서의 권위와 규범적 가치, 그리고 성서해석의 문제

스킬레벡스는 성서에 대한 이해에 있어서 '표준적' 인 가톨릭의 입장과 근본적으로 차이가 있다고 할 수 있다. 왜냐하면 그는 성서를 전통 안의 첫 번째 요소로만 보지 않고, 지속적인 전통의 발전을 평가하고 판단하는 준거로서 보기 때문이다. 그에게 있어서 성서는 수위성(primacy)을 갖는다. 그러나 이 권위는 성서의 문자에 객관화되어 있는 것은 아니다. "거기에 존재하는 것으로서, 성서는 아무런 권위를 갖지 못한다. 성서가 권위를 갖는 것은 오직 우리의 현재적 상황의 빛 안에서 우리가 그것을 해석할 때이다."[62] 스킬레벡스에 따르면 성서는 무오하게 영감된 규범적인 계시가 아니라, "경험되고 언어로 표현된 하나님의 구원 행동"이다.[63] 신약성서는 지역적인 기독교공동체 안에서 구약성서의 빛에 비추어 예수에 대한 사람들의 경험을 기독교적으로 해석한 것이다.[64] 그러므로 성서의 권위는 그것이 신적으로 영감되었다는 사실에 있다기보다는, 그것이 기독교의 '가장 중요한 원천적 사건' 을 '비추어 주고' (mirros) 있다는 사실에 있다. 신약성서의 증언이 그 시

62. Edward Schillebeeckx, ***God is New Each Moment,*** Huub Oosterhuis와 Piet Hoogeveen과의 대화, trans. by David Smith(New York : The Seabury Press, 1983), pp. 58 - 59.
63. Schillebeeckx, ***Jesus,*** p. 57.
64. Ibid.

기에 있어서의 특수한 공통적 경험을 담지하고 있다는 사실은 성서의 권위를 비절대화시킨다.[65] 성서는 필수적인 텍스트이다. 그러나 교회 공동체는 이 텍스트를 한편으로는 역사적 예수의 삶과 죽음에 대한 신약성서의 이야기와, 다른 한편으로는 오늘날 교회 안에서 부활한 예수의 영으로서 인식되어지는 하나님의 영의 삶과의 지속적인 변증법에 기초하여 지금 여기서 살아 있는 말씀으로 만들어야 한다.[66]

기독교의 처음 세대가 지나간 후에 성서의 권위를 세우기 위한 시도들이 이루어져야만 했다. 본래적인 성서의 권위는 기독교인들이 성서에 쓰여진 것과 실존적으로 동일시함에 있었다. 그러나 교회가 공동체로부터 제도로 변화한 것처럼, 성서가 정경화되어짐에 따라 성서의 권위는 제도적 권위가 되었다. "정경화의 결과 (비록 성서의 영감적인 내용 때문이기도 하지만) 이 텍스트들은 자체의 내용을 넘어서는 새로운 의미를 갖게 되었다. 이 의미는 제도적인 것이었다."[67]

스킬레벡스는 이러한 실존적인 동일화로부터 제도적인 권위로의 변화는 성서의 실제적인 권위를 위협한다고 본다. 그에 따르면, 신약성서가 '독보적이고' (irreplaceable) '유일무이한' (unique) 것은 그것이 "원천적 사건, 즉 나사렛 예수로부터 추동력을 얻은 기독교운동에 대한 역사적으로 가장 의지할 만한 접근"이기 때문이다.[68]

> 예수도 가장 초기의 '교회공동체' 도 기독교의 원천과 근원을 구성하지 않으며, 이 둘이 '제공' 과 '응답' 으로서 연합하여 기독교의 원천과 근원을 구성한다. 예수 없이는 기독교가 없다. 그러나 마찬가지로

---

65. Ibid., p. 58
66. Schillebeeckx, ***Mensen,*** p. 128.
67. Schillebeeckx, ***Christ,*** p. 67.
68. Schillebeeckx, ***Jesus,*** p. 58.

기독교인이 없는 기독교도 없다.[69)]

이러한 의미에서 교회의 '헌장' 또는 기반이 되는 문서로서, 신약성서의 권위를 대체할 수 있는 것은 없다.[70)] 그러나 교회가 점차 제도화되어감에 따라, 교회의 권위는 사법적이고 형식적인 권위가 되어 갔다. 그리하여 인간 중심적인 종교로부터 텍스트 중심적인 종교로 변하였으며, 살아 있는 예수의 이야기에 대한 새로운 적합한 '변형' 의 길은 차단되었다. 스킬레벡스에 따르면, 신약성서는 예수에 대한 고갈되지 않는 다양한 응답들을 한정시켜서는 안 되며, 하나의 근본적인 모델로서 기능하여야 한다. 기독교인의 새로운 경험의 이야기는, 그것이 다른 모든 종류의 역사적으로 조건짓는 요인들의 매개 안에서 예수 그리스도의 인격적인 음성이 들려나오도록 본래적 이야기를 적합하게 변형시키는 것일 때에 비로소 가능하다.[71)]

이러한 성서 이해는 성서에 과장된 권위를 돌리는 성서주의와 상충된다. 하나님의 구원행위의 경험에 대한 문자적 반성으로서, 신약성서는 기독교의 성립에 다른 그 무엇보다 우선적인 관계를 갖는다는 점에서 권위가 있다. 이 권위는 본문의 영감에 기초한 것이라기보다는 실존적인 권위이다. 오늘의 우리를 위하여 신약성서는 제도적이고 형식적인 권위가 아니라 하나의 가능한 신앙응답의 모델로서의 권위이다. 스킬레벡스에 따르면, 예수에 대한 역사적 응답은 신약성서의 정경이 최종적으로 결정되었을 때 결론지어진 것이 아니다. 역사적 응답은 오히려 오늘날의 기독교 회중에 의한 권위비평(성서까지도 포함하는)을 확증

---

69. Ibid.
70. Ibid., pp. 58–59.
71. Schillebeeckx, *Christ,* p. 70.

한다.[72]

물론 스킬레벡스는 성서에 규범적인 가치를 부여한다. 왜냐하면 "기독교인들을 위하여 예수 그리스도에 대한 신약성서의 고백은 예수 그리스도에 대한 기독교 신앙을 해석하기 위한 규범이기 때문이다."[73] 신약성서의 권위의 문제에 있어서와 마찬가지로, 그 규범적 가치도 그것이 영원한 진리를 담고 있는 데서 오는 것이 아니라, 그것이 본래적인 기독론적 응답에 대한 "의지할 만한"(reliable) 접근을 담고 있는 데서 온다.

스킬레벡스에 따르면 신약성서는 순수하고 추상적인 형태로 표현된 기독교 신앙이 아니라(그런 것은 불가능하다), 역사적, 문화적으로 상대적인 형태로 신자의 공동체 안에서 표현된 기독교 신앙이다. 이와 같은 역사적 매개를 통한 신약성서의 형성과정은 규범으로서의 신약성서의 역할에 영향을 미친다. 그 당시 교회가 직면했던 구체적인 쟁점들과 밀접하게 결부되어 이루어진 기독론의 역사적 형성과정과 기독론의 다양성은 오늘날 신학으로 하여금 단순히 신약성서의 사상을 조직화하여 질서정연한 형태로 만드는 작업을 넘어서도록 요청한다. 후대의 기독교인들을 위하여 "신약성서의 기독교는 직접적으로가 아니라 오직 간접적으로 모델이 될 수 있다."[74] 따라서 그리스도에 대한 교회의 경험에 근거한 규범적 가치를 지닌 신약성서는 문자적으로 변경 불가능한 영원한 진리(언어와 표현으로서의 진리)의 저장소가 결코 아니다. 오히려 신약성서는 예수의 제공에 대한 다양한 기독론적인 응답의 분화된 전체성으로서, 이 다양성은 한편으로는 역사적 제공 자체, 즉 예수에 대

---

72. Schillebeeckx, *Jesus*, p. 59.
73. Schillebeeckx, *Mensen,* p. 128.
74. Schillebeeckx, *Christ,* p. 561.

한 기억(memoria Jesu)에 의해서 본질적으로 제한되어지며, 다른 한편으로는 새로운 역사적 상황에 의해서 야기되어진다.[75)]

스킬레벡스에게 있어서 성서의 규범성은 현재적 상황과의 변증법적 관계 안에서 해석학적인 매개를 통하여 기능한다. 기독론의 예를 들자면, 기독교인은 현재의 상황에 대한 기독론적인 응답을 하여야 하며, 동시에 이 응답은 우리가 신약성서로부터 예수에 관하여 배우는 것과 조화되어야 한다. 현재(오늘날의 경험론적 모델들을 지니고 있는)는 우리가 기독론적인 응답을 하는 장소가 되어야 한다. 우리의 시대가 평화와 정의와 샬롬과 해방을 염원한다는 사실은 곧 예수에 관한 우리의 이미지를 근본적으로 형성한다. 그러나 동시에 이것은 '예수에 관하여 기억된 것들' 에 의해서 제한되어진다.[76)]

예수에 의해 구성되어진 근본적으로 중요한 제공(offer)의 실재와 더불어, 나사렛 예수에 대한 살아 있는 기억을 지닌 교회 안에 살아 계신 예수 안에서, 그리고 그분을 통하여 오늘날의 상황 속에서의 해석은 우리가 예수 그리스도 안에서의 하나님의 구원의 계시라고 부르는 것을 위한 또 하나의 구성적 요소이다. 예수에 대하여 새로운 이름을 부여하는 것은 우리를 위한 복음에, 그리고 삶 속에서의 구원의 경험에 전적으로 부합한다. 옛날에서와 마찬가지로, 우리 시기의 기본적인 문화적, 종교적 범주들은 이러한 목적을 위하여 기능한다. 물론 여기에는 그것들이 예수 자신의 역사적 현실의 척도에 순응하여야 한다는 단서가 붙는다.[77)]

스킬레벡스의 요점은, 현재적 상황이 성서의 규범적인 제공을 능가

---

75. Schillebeeckx, *Jesus*, pp. 59-60.
76. Ibid., p. 61.
77. Ibid., p. 62.

하는 규범성을 갖는다는 것이 아니라, 규범적인 성서와 현재 사이에 균형 잡힌 상호 작용이 있어야 한다는 것이다. 규범적인 성서를 기술했던 첫 번 기독교인들도 자신들의 종교적 인간적인 메시야적 기대를 자신들의 예수 이미지에 통합, 흡수시켰다. 그러나 이 때에도 예수에 대한 기억(memoria Jesu)은 그 당시의 상황 속에서 제기된 구원론적인 관점에서의 기독론의 형성과정에서 규범적인 기능을 수행하였다.

VI. 계시경험과 해석

1. 계시경험과 해석적 틀

스킬레벡스에 따르면, 기독교 신앙과 계시의 내용은 언어에 의해서 전달되는데, 이 언어는 이미 신학적으로 형성된 것이다. "계시의 내용은 결코 순수한 상태로 우리에게 주어지지 않고, 신앙의 언어를 통하여 주어진다. 이 신앙의 언어는 이미 어느 정도 신학적 반성을 포함하고 있으며 결코 직접적인 신앙의 경험에 대한 순수한 표현이 아니다."[78] 이처럼 신학의 원천으로서의 신앙의 언어적 표현 자체가 신학적 해석이기 때문에 설명에 대한 비판적인 반성이 필요하다.

> 우리는 오직 동시에 신앙의 내용에 관한 말에 대하여 반성할 때에만 이 신앙의 내용에 관하여 비판적인 신학적 관점에서 책임있게 말할 수 있다. 신앙의 내용에 관한 반성은 동시에 이 내용에 관하여 사람들이 (언제나 특수한 신학적 관점에서) 생각하고 말한 방식에 관한 반성이어야 한다.[79]

---

78. Schillebeeckx, *Interim Report*, i.

계시가 우리에게 결코 '순수한' 상태로가 아니라, 오직 선해석(先解釋)된 상태로 오기 때문에 해석 배후의 의미를 발견해 냄으로써만 계시의 참된 의미를 규명하는 것이 가능하다. 그러기 위해서는 해석의 틀을 형성하는 지배적인 신학적 영향을 이해하는 것이 필요하다.

스킬레벡스에 따르면, 실로 계시는 의미를 담지하고 있는 내용을 가지고 있다. 이것은 계시가 우리의 신앙의 해석이 자의적(恣意的)인 것이 되지 않도록 하기 위한 규범적인 기초로서 그 자신의 해석 방향을 지니고 있다는 사실을 의미한다. 그러므로 계시경험과 해석은 둘 다 상호적인 균형 안에서 중요한 역할을 한다. 계시는 객관적인 '소여' 로서 후에 주관적인 응답으로 나아가는 그런 것이 아니다. 계시는 오직 신앙의 응답적인 지평 안에서만 일어난다. "계시와 계시에 대한 인간의 신앙 안에서의 해석적 이해는 상관적이다."[80] 역사에 의해서 영향을 받지 않는 순수한 신학의 무풍지대는 없다.[81] 해석은 경험과 신학의 방법에 있어서 본유적이다. 다시 말하면, 이미 위에서 언급한 계시경험과 해석의 세 가지 차원들 중 두세 번째의 주관적 차원, 즉 경험의 구조를 형성하는 개념과 모델로써 이루어지고 사회의 형태, 과거의 지식과 경험들, 언어, 그리고 근본적인 사회이론 모델 등을 포함하는 차원과, 이미 얻어진 경험들에 대한 충분히 반성적인(reflexive) 이론적 주제화(thematization)와 발전의 차원 안에서 해석은 본유적이다.

경험에 있어서의 해석의 본유적인 역할은 왜 신자와 불신자가 실재에 대한 서로 상이한 경험을 하는가 하는 것을 설명해 준다. 해석되지 않은 경험이란 없기 때문에, 그리고 계시는 인간의 경험 안에서 일어나

---

79. Ibid.
80. Schillebeeckx, *The Problem of the Infallibility,* p. 77.
81. Ibid., p. 78.

기 때문에, 신자와 불신자는 실제적으로 실재를 다르게 경험한다. "종교적 인간은 은혜를 경험하는 것이지 단지 그것(은혜)을 해석하는 것이 아니다."[82] 왜냐하면 경험 자체가 개인의 해석적 틀에 의해서 영향을 받기 때문이다.

그런데 해석적 틀이란 바로 경험의 전통이 형성해 주는 경험의 지평을 의미한다. 즉, 이전의 경험의 역사는 해석의 틀을 형성한다. 스킬레벡스에게 있어서 인간의 경험은 신적 계시와 대립되는 관계에 있지 않고, 계시가 전달되는 매개가 된다. 그런데 이 계시의 경험은 오직 구체적인 신앙전통의 (해석의 형태를 형성하는) 지평 안에서만 발생한다. 우리의 이전의 (개인적이고 공동체적인) 경험의 역사는 해석의 틀을 형성한다.

> 따라서 경험은 이미 주어진, 반성 이전의(pre-reflective) 지평이다. 그것(경험)은 사람들로 하여금 자신들의 세계에 접근하게 해주며, 이 세계가 그것을 통하여 사람들에게 자신을 드러내도록 하는 길과 수단의 불완전한 전체성이다. 경험의 전통은 사람들로 하여금 세계를 다루며, 그 안에 살며, 그것을 이해하게 해주는 길과 수단에 대한 지속적인 역사적 표현이다. 달리 말하면, 그것은 특정한 인간의 경험을 위한 역사적 지평이다.[83]

모든 사람의 계시경험은 이 경험의 지평에 의해 영향을 받는다. 이 해석의 지평은 우리로 하여금 새로운 경험을 동화할 수 있게 한다. 우리의 경험과 그 경험에 대한 우리의 비판적 반성이 크면 클수록 우리의 해석적 지평이 더욱 커지며, 또한 새로운 경험을 향한 우리의 개방성이 더욱 커진다. 인간의 경험의 인지적 차원은 가설, 추측, 실험을 통하여

82. Schillebeeckx, *Christ*, p. 54.
83. Ibid., p. 49.

하나의 가교를 만드는데, 이 가교에 의해서 비판적이고도 생산적인 경험들이 우리가 애초에 가지고 있던 투사된 해석적 지평 안으로 동화되어 들어온다.

예를 들면, 예수 안에서의 제자들의 구원의 경험은 부분적으로는 그들의 현재적 맥락과의 관계성에 의해서 구성되었다. 즉, 그들의 경험을 형성하는 모종의 해석적 요소가 작용했는데, 이 요소는 예수의 실재로부터 온 것이 아니라 그들의 경험의 전통으로부터 온 것이다. 각 신약성서의 책들은 각기 공통된 기본적인 경험(소여성)에 관심을 갖지만, 각기 그 동일한 경험을 상이한 방식으로 진술한다. 공관복음서, 요한복음서, 바울문서들은 모두 그(역사) 안에서 구원의 경험과 그에 대한 해석이 이미 주어진 그러한 역사(즉, 구약성서와 신약성서 이전 시기의 역사)에 의해 역사적, 문화적으로 영향을 받은 해석의 틀 안에서 쓰여졌다. 이 해석적 틀은 공통된 경험을 명료화하는 데 있어서 구성적인 역할을 하였다.

그런데 오늘날 우리는 제자들과 신약성서의 저자들의 계시 이해를 형성했던 해석적 요소들과 동일한 해석적 요소들에 묶여 있지 않다. 만일 우리가 그들의 시대의 세계로부터 온 유대적이고 그리스적인 경험적 개념들과 해석적 요소들에 전적으로 묶여 있다면, 기독교는 많은 언어들과 말 안에서 해석되어지는 구원의 실재를 붙들기보다는 과거의 어떤 해석적 요소를 붙드는 위험에 빠질 위험이 있다.[84] 그 시대의 맥락 속에서 역사적이고 문화적으로 조건지어진 해석적 요소를 포함하고 있는 지난 시대의 해석적 틀을 사용하기를 고수하는 것은 신학적 이해

84. Edward Schillebeeckx, "Can Christology Be an Experiment?," In *Proceedings of the Catholic Theological Society of America 35* (1980), p. 5.

에 있어서의 위기를 초래한다. 왜냐하면 이 옛 해석적 틀들은 그들 자신의 시대적 맥락에서는 잘못된 것이 아니지만, 더 이상 생산적이고 적합한 것이 되지 못할 때 오늘날 부적절한 것이 될 수 있기 때문이다.[85]

스킬레벡스는 계시경험의 두 번째와 세 번째 차원을 해석적 요소의 두 원천이라고 부른다. 우리의 경험 안에는 그 기초와 원천을 직접 경험 자체 안에서 발견하는 해석적 요소가 있는 반면, 경험 밖의 다른 곳에서 우리에게 오는 해석적 요소가 있다.[86]

전자는 경험 자체 안에서 주어지는 것이고, 후자는 해석의 지평인데, 이 둘은 함께 이미 해석을 포함하고 있는 우리의 경험을 위한 환원 불가능한 요소들이다.

우리는 해석의 행위 안에서 경험하는데, 이 경험 안에서는 경험의 요소와 해석의 요소를 분명하게 구별해 내는 것이 가능하지 않다. 경험과 해석은 서로 상호적인 영향을 주며, 그 결과 '일차적 질서의 언명(言明)'(first-order affirmation)이라고 불리는 지속적인 자기 표현을 낳는다.[87] 예를 들면, 하나님에 의해 예수 안에서 주어진 구원은 일차적 질서의 언명이다. 그러나 이러한 해석적 틀 또한 경험과의 지속적인 상호작용 안에서 그 틀 자체가 조정되어진다. 해석적 틀은 경험되어지는 것과의 상호 의존적인 관계에 있다. 발전된 자기 표현은 본래적인 경험을 심화시킬 수 있다. 그것은 경험을 개방하고 경험을 보다 분명하게 만든다. 스킬레벡스는 이와 같이 심화된 자기 표현을 '이차적 질서의 언명'이라고 부른다.[88] 예를 들면, 칼케돈, 니케아, 에베소 회의의 신조는 이

85. Ibid., p. 49.
86. Schillebeeckx, ***Christ,*** p. 33.
87. Schillebeeckx, ***Jesus,*** pp. 548f.
88. Ibid., p. 548.

차적 질서의 언명이다.

그러면 해석적 틀이 조정되는 과정이 올바르게 이루어지는가 하는 것은 어떻게 결정되어지는가? 이에 대한 스킬레벡스의 답변은 실재가 해석의 최종적 기준이라는 것이다. 실재는 경험과 해석으로부터 독립적으로 존재하며, 사고와 해석을 비판하거나 확증할 수 있다.[89] 경험은 실재의 비소진성(非消盡性)에 대한 영속적인 지시(reference)에 의해서 지지되고 제약된다.[90]

스킬레벡스는 해석이 본래적인 구원의 경험에 충실한지, 또 그것이 어느 정도 실재를 반영하는지를 규명하기 위한 지침으로서 위에서 소개한 바 있는 네 가지의 '구조적 원리들' (structural principles), 즉 신학적, 인간학적 원리, 기독론적 매개의 원리, 교회의 메시지와 삶의 유형의 원리, 종말론적 원리를 제시한다.[91] 스킬레벡스에 따르면, 어느 해석이 참으로 기독교적인 것이 되기 위해서는 이러한 네 가지 원리와 일치하여야 한다.

2. 해석과 이론적 모델

종교적 계시경험은 개념과 이미지 등에 의한 해석만을 포함하는 것이 아니라 또한 다양한 경험들을 종합하고 통합하기 위한 기초가 되는 이론적 모델을 포함한다.[92] 모델은 경험되고 계시되는 것을 위한 특수한 명료화를 제공하지만 그 본성상 이론적이다. 따라서 신앙의 표현 역

---

89. Schillebeeckx, *Christ,* pp. 34－35.
90. Ibid. p. 36.
91. Schillebeeckx, *Interim Report,* pp. 51－52.
92. Ibid., p. 18.

시 단순히 경험의 표현이 아니라 이론적 표현이다. 다른 이론과 마찬가지로 신앙의 이론적 표현은 경험의 현상을 가능한 한 단순하고 분명하게 명료화하고 조명하려고 한다.[93] 하지만 그것은 절대적인 것은 아니고 임시적이고 부분적인 것이다.

스킬레벡스의 정의에 따르면, 모델은 한편으로는 경험적인 관찰을 재현하고 다른 한편으로는 이론을 해석하기 위한 (불완전하고 불충분한) 표상이다. 다시 말하면, 모델은 경험적 자료를 설명하기 위한 것으로서, 이론의 관점에서 이 일을 수행하며, 그리고 나아가 이론 형성의 기능을 수행한다. "신학은 모델 안에서 사고한다."[94] 이 '모델 안에서의 사고' (thinking-in-models)에 대한 인식은 중요하다. 왜냐하면 그것은 우리로 하여금 신앙의 실체와 그(모델) 안에서 신앙이 말로 표현되는 모델 사이의 의식적인 구별을 할 수 있도록 해주기 때문이다.[95]

스킬레벡스는 토마스 쿤과 에어랑겐 학파의 인식론에 동의하여 이론, 모델, 해석의 틀이 경험에 대한 우선성을 가지고 있다고 말한다.[96] 적어도 암묵적인 이론이 없는 경험은 있을 수 없다. 이론은 경험으로부터 귀납적으로 파생되는 것이 아니라, 인간 정신의 창조적인 주도성의 결과이다. 그러므로 성서나 교회의 신앙의 표현들까지도 '직접적인 종교적 경험'에 대한 순수하고 단순하게 명료화된 표현이나 해석이 아니라 이론의 표현이다.[97]

---

93. Ibid.
94. Schillebeeckx, "The Role of History in What is Called the New Paradigm," In *Paradigm Change in Theology,* ed.s Hans Küng and David Tracy(Edinburgh : T & T Clark, Ltd., 1989), p. 308.
95. Ibid., p. 309.
96. Schillebeeckx, *Interim Report,* p. 17.
97. Ibid.

스킬레벡스에 따르면 이론적 모델은 구약과 신약성서 안에 들어 있으며, 우리는 신학함에 있어서 그것들의 영향을 의식적으로 기억하여야 한다. 구약성서에서 서로 대조적인 제사장 모델과 신명기 모델은 이론의 영향을 잘 보여 주는 실례이다. 제사장 전통의 모델은 사회적 안정이 본질적인 역사적 경험의 모델이며, 신명기 모델은 출애굽의 모델을 따라 현재의 안정성을 떠나 끊임없이 변화와 더 나은 미래를 향하여 나아가는 예언자적 모델이다.

이처럼 이론적 모델에 의하여 종교적 경험이 이루어지기 때문에 동일한 하나님에 관한 종교적 경험이 하나님에 관한 다양한 견해로 나타나게 된다. 종교적으로나 철학적으로나 하나님에 관한 견해의 합일이 없다. 따라서 하나님에 관한 우리의 믿음, 그리고 바로 우리 자신의 실존에 관한 믿음까지도 전제이지 결론이 아니다. 모델이 해석을 지배한다. 그러므로 계시란 신앙의 경험 뿐만 아니라 모델 또는 이론 안에서 그 신앙의 경험이 해석되는 방식을 포함한다. 계시되는 것은 해석적 요소에 의해서, 그리고 (모델 안에서의 사고의 결과로서) 이론적 요인에 의해서 순전하게 인간의 사건이 된다.[98]

이와 같은 계시와 해석에 스며들어 있는 인간적인 본성은 성서나 교회의 교의에 대한 근본주의적인 해석이 잘못된 것임을 입증한다. 성서적 계시는 그 자체가 신적 메시지에 대한 근본적으로 정확무오하며 완전한 보고로 간주될 수 없다. 오히려 그것은 해석적 경험과 기존의 이론적 모델들에 기초하여 하나님의 메시지를 명료화하려는 인간적인 '최선의 노력' 으로서의 이론적인 시도이다. 뿐만 아니라 전통적인 계시에 대한 해석자도 역시 마찬가지로 모델에 의해서 사고하기 때문에, 이 해

98. Ibid. p. 19.

석자가 참으로 기독교적인 방식으로 신앙을 해석한다는 것은 더욱 어려운 일이다. 그러나 스킬레벡스에 따르면, 계시와 신앙의 행위의 이러한 구조에 대한 통찰은 계시가 실제적으로 일어나는 과정에 대한 실제 자료에 더욱 가까이 상응하며, 따라서 우리에게 안전한 토대를 제공한다.[99]

스킬레벡스는 세 가지 종류의 역사를 구분한다. 즉, '단기적'(短期的, ephemeral, short-term)인 역사, 중기적인(conjunctural, longer-term) 역사, 그리고 장기적인 '구조적'(structural, age-long) 역사이다. 중기적(conjunctural)인 역사의 시기는 그 자신의 이해의 지평과 모델, 또는 패러다임을 갖고 있다. 이러한 지평, 모델, 패러다임은 이 하나의 중기적 역사의 시기 동안 이루어지는 신학적인 사고에 대하여 거대한 영향력을 발휘한다. 예를 들면, 안셀름은 중세의 시기에 그 시기의 사고의 모델 안에서 '법적 질서'(slegal-order)의 기독론을 발전시켰다.[100] 중기적 역사의 시대 안에서의 변화는 이른바 패러다임 전환(paradigm shift)이라고 불리는 것과 유사하다.

구조적인 역사의 차원은 하나의 중기적 시대 안에서의 사고가 다른 중기적 시대의 사고의 모델 안에서 이해되어질 수 있게 해주는데, 그것은 이 차원의 역사 안에서 이 두 시대 모두 안에 존재하는 모종의 불변의 요소와 연속성이 제공되기 때문이다.[101] 따라서 오늘날 성서나 교부시대(예를 들면 칼케돈)의 모델들과 같은 다른 역사적, 문화적 시대의 모델을 이해하는 것이 가능하다. 그러나 그 안에서 다양한 모델들이 형성되는 중기적 시대가 서로 다르다는 사실은, 그 모델을 본래적으로 발전

---

99. Ibid.
100. Schillebeeckx, *Paradigm change in Theology*, p. 310.
101. Ibid.

시켰던 지평과는 다른 이해의 지평을 사용함으로써 그 모델을 해석하는 것을 허락하지 않는다. 만일 그러한 일이 일어날 때에는 오해가 일어나기 마련이다.[102] 예를 들면, 칼케돈의 사고와 현대의 사고는 인격에 대한 이해에 있어서 피상적으로는 달라도 구조적으로는 다르지 않다. 관계로서의 인격에 대한 '구조적' 개념은 영속적인 것이며, 기독교의 신성의 의미를 교부적 모델과 현대적 모델 모두에 있어서 인식 가능하게 만들어 준다. 그러나 보다 더 문화적으로 영향을 받은 '중기적' 인격의 관념은 의식의 중심으로서의 인격의 관념이다. 이 관념을 칼케돈에 부과하는 것은 그리스도의 신성에 대한 잘못된 믿음을 초래한다. 왜냐하면 그리스도의 신성은 그분의 인격적 의식과 연관되어 있는 것이 아니라, 근본적으로 아버지에 대한 관계성으로서의 '아바'(Abba) 경험과 연관되어 있기 때문이다.

3. 해석과 정통실천과 비판이론

스킬레벡스에게 있어서 해석된 경험은 정통교리의 문제라기보다는 정통실천의 문제이다. 그는 '정통실천'(orthopraxis)이라는 용어를 이 세상에서의 인간의 구체적인 '윤리적으로 선한 행동', 즉 인간의 인간됨을 위협하는 것들을 극복하고, 주어진 상황 속에서 인간의 삶의 가능성을 증진시키기 위하여 방향지어진 행동을 지시하기 위하여 사용한다.[103] 세상에 대한 기독교의 응답은 단지 해석하는 데 있는 것이 아니라, 하나님 나라를 가져옴으로써 세상을 변화시키는 데 있다. 기독교적

---

102. Ibid.
103. Schillebeeckx, *Christ,* p. 659.

삶의 우선성은 과거가 아니라 미래에 있다.

인간 실존에 있어서 이론보다 실천이 더욱 근본적으로 중요하다. 따라서 기독교적 삶의 실천으로 이루어지는 해석학은 고대의 성서 또는 교도적(敎導的, magisterial) 본문에 대한 구체적인 주석을 위한 기초이다.[104] 스킬레벡스에 따르면, "정통실천은 근본적인 해석학적 원리이며 전이해로서, 이 원리와 전이해 안에서 어느 특정한 시기에서의 기독교 메시지에 대한 해석이 처음으로 가능해지고 의미있게 된다."[105] "공동체의 실천이 신학이 탄생하는 자리이다."[106]

그러나 기독교의 실천이 신학의 '규범과 진리'가 되는 것은 아니다. 만일 그렇게 된다면 그것은 실용주의나 경험주의에 빠지게 될 것이다. 목회적 유효성조차도 진리의 문제에 있어서 결정적인 것이 아니다. 이런 의미에서 스킬레벡스는 진리의 원리로서 이른바 정통실천의 원리를 거부한다.[107] 기독교의 실천은 규범으로서 기능하기보다는 신학자들을 위한 의제로서 기능한다. 신학자들에게 있어서 기독교 실천은 결코 규범이 아니라 위대한 기독교 전통의 빛 안에서 명료화해야 할 의제이다.[108] 정통교리는 신학적 이론에 의해서 발견된다. 실천과는 달리, 신학적 이론은 자신의 사상의 진리를 규명하기 위하여 기독교 전통과의 관계성 안에서 사상을 검증한다. 어떤 종류의 실천도 단지 그 자체에 의해 합법화되지 않는다. 오직 신학적 이론만이 그 실천의 방향이 정통

---

104. Schillebeeckx, *God the Future of Man*, p. 184.
105. Schillebeeckx, *Christ*, p. 659.
106. Edward Schillebeeckx, ***The Church with a Human Face***, trans. John Bowden(New York : The Crossroad Publishing Company, 1985), p. 11.
107. Ibid., p. 10.
108. Ibid.

(orthos)적이고 올바른 실천(orthopraxis)인지를 위대한 기독교 전통의 영감과 방향성의 빛 안에서 입증할 수 있다.[109)]

그러나 이것은 계시가 이론 안에 위치한다는 것을 의미하는 것은 아니다. 반대로 계시는 여전히 역사적 실천 안에 있다. 왜냐하면 특수한 역사적 형태 위의 또는 그것에 덧붙여진 계시의 잉여는 없기 때문이다.[110)]

스킬레벡스에게 있어서, 과거의 텍스트에 대한 현재의 해석으로서의 해석학적인 신학에 대한 이해로부터 실천의 해석학으로의 전환은, 그가 1968년 이래 신마르크스주의의 입장을 표방하는 프랑크푸르트 학파의 사회비판 이론을 공부하고 그것을 상당히 폭넓게 비판적으로 수용함으로써 1970년대 초에 일어났다. 그 이후로 실천은 그의 신학의 과제를 위한 방법론에 있어서 본질적으로 중요한 요소가 되었다. "정통실천은 …… 해석학적 과정의 본질적 요소이다."[111)] 그리고 신학은 신앙의 실천에 대한 (특수하게 신학적인 양식 안에서) 비판이론이 되어야 한다. 신학의 출발점은 오늘날의 교회의 실천이다. 신학은 이 실천을 나타내 주는 모델과 이 실천이 기초하고 있는 태도를 분석한다. 사회비판 이론과의 상관성 속에서, 또한 자신의 복음적인 주장의 빛에 비추어 신학은 이 실천을 평가하고, 따라서 새로운 가능성을 위한 길을 연다. 교회공동체는 실천과 신앙 안에서 이 새로운 가능성을 살아 있는 현실이 되도록 만들어야 한다.[112)]

---

109. Ibid., p. 11.

110. Ibid.

111. Edward Schillebeeckx, *The Understanding of Faith*(New York : Seabury Press, 1974), p. 132.

112. Ibid., pp. 143－144.

스킬레벡스는 신학의 과제를 오늘날의 상황에서의 기독교적 실천과 상호 작용하는 신학적 이해나 이론을 형성하는 것으로서 본다. 신학의 출발점은 오늘날의 교회의 실천이다.[113] 그는 신학의 본성은 실천적이며 고통에 대한 하나님의 관심의 표현과 연관되어있다고 보기 때문에 비판이론에 관심을 기울인다. 따라서 이제 더 이상 과거의 경험에 대하여 이론적인 관심을 기울이고, 그 과거의 경험을 오늘의 상황과 해석학적으로 연관시키는 것을 신학의 과제로 여기지 않는다. 그 대신 현재의 경험, 특히 비판적 공동체의 교회적 경험이 신학적 반성의 대상이고 동시에 과거를 이해하는 관점이다.

주지하는 바와 같이 전통에 대한 해석학의 본성에 있어서 20세기 중반 이후에 주목할만한 강조점의 전환이 일어났다. 가다머로 대표되는 휴머니즘적인 기질이 고대의 텍스트에 대한 해석에 주된 관심을 기울이고 현재의 이해 지평에 적합한 언어를 통해 그 텍스트에 옷을 입히는 반면, 하버마스는 오늘날의 도식들 안에서와 마찬가지로 전통의 언어 안에 들어 있는 이데올로기적인 힘의 성분(power-components)을 비판적으로 폭로하는 데 초점을 맞춘다. 이러한 전환의 결과, 비판적 해석학은 혹자가 전통의 권위에 의도적으로 호소함으로써 취하는 잠재적인 힘 지향적인(power-oriented) 이득을 의혹의 눈으로 검증한다. 따라서 해석의 주제는 쓰여진 텍스트라기보다는 무엇보다도 자신들의 지배적인 위치를 유지하기 위하여 힘을 가진 집단이 그 텍스트를 실제적으로 사용하고 오용하는 것에 대한 것이다.[114]

스킬레벡스는 전통의 권위에 대한 가다머와 하버마스의 논쟁에 있어

113. Ibid., p. 144.

114. George De Schrijver, "Hermeneutics and Tradition," in *Journal of Ecumenical Studies* 19(Spring 1982), p. 41.

서 하버마스를 따른다. 그는 비판이론을 통하여 현재의 적절한 관점에서 과거를 해석하는 해석학을 넘어서, 힘있는 자들에 의한 전통의 왜곡을 검증하는 비판적 해석학으로 나아간다. 비판이론에 따르면, 역사 안에서의 모든 인간의 의사전달(복음의 전달을 포함한)은 사회와 교회 모두 안에서 부당한 사회적 구조를 유지하기 위한 관심 속에서 이데올로기적으로 왜곡될 수 있다. 이데올로기 비판은 기존의 사상체계의 진리로부터 누가 이득을 얻는가를 묻는다. 그렇기 때문에 신학은 자신의 전통에 대한 이데올로기 비판을 통하여 왜곡된 것을 발견하고 고쳐야 할 필요가 있다. 스킬레벡스에 따르면, 오늘날의 세계에서 인간(humanum)과 해방을 위하여 헌신하지 않는 기독교를 믿는다는 것은 불가능하다. 오늘날의 세계에서 신학자는 진리 안의 복음의 전달에 있어서의 이데올로기적 왜곡을 극복하기 위하여, 그러한 왜곡을 가져 오는 사회의 불의에 대항하여 정치적으로 헌신하여야 한다.

특히, 스킬레벡스의 신학에 특별히 프랑크푸르트 학파의 두 가지 주요 사상이 영향을 주었는데, 계몽주의의 변증법과 부정적 변증법의 비판적 부정성이 그것이다. 계몽주의의 변증법은 막스 호르크하이머와 데오도르 아도르노에 의해 설명된 것으로서, 비록 이성과 이성에 따르는 과학과 기술이 해방을 약속했지만, 그것들은 그 대신 새로운 형태의 지배를 산출했다는 것이다. 피억압자가 존재하는 현실은 궁극적인 정치적, 사회적 해결을 주장하는 그 어떤 이론의 정당성도 부정한다. 이성과 현실은 동일하지 않다. 이 부정이 비판적 부정성이다. 이 부정적 변증법은 신학에 적절한 공헌을 한다.[115]

115. Schillebeeckx, *God the Future of Man*, p. 205, Portier, "Interpretation and Method," p. 31.

하지만 이 부정적 변증법은 현재에서의 '정치적 사랑' (political love)을 위한 기초로서 기능할 수 있는 긍정적인 비전을 제공해 줄 수 없다.[116] 비판이론은 이데올로기적인 억압과 잘못을 지적해 주는 데는 유용하지만, 사회변혁을 위한 교정적인 대안을 적극적으로 제시해 주지는 못한다. 그러므로 단지 사회비판만으로는 충분치 못하다.

스킬레벡스는 기독교의 예수 그리스도의 이야기 안에서 긍정적 비전을 발견한다. 부정적으로, 비판적 기독교공동체는 이 세상의 고통과 불의의 역사에 대하여 '아니오' 를 말한다.

특히, 억압적인 세계구조에 도전을 주는 것은 그리스도의 고난의 이야기이다. 긍정적으로, 예수 그리스도의 하나님 안에서의 구원에 대한 희망과 기대는 사회변혁을 위한 모델을 제공해 준다. 이 구원은 종말론적인 방향을 가지고 있다. 하지만 하나님 나라의 '이미와 아직 아니' 의 긴장의 형태 속에 지금 현존한다. 스킬레벡스는 현실 속에서의 무고한 고통의 문제의 해결을 위하여, 그리고 가난한 자의 해석학적 특권에 대한 신학적 응답으로서 비판이론을 비판적으로 수용하여 사용한다.

VII. 맺는 말

1. 요약

이상 살펴본 스킬레벡스의 인식론과 해석학은 다음과 같이 요약될 수 있다. 계몽주의 이후의 비판적이고 경험적인 시각을 지니고 있는 현

---

116. Ibid.

대인이 수용 가능한 신학을 수립하기 위해서, 계시론은 신학의 원천으로서의 경험에 대한 현상학적, 해석학적 접근으로부터 출발하여야 한다. 계시가 정당성을 갖기 위해서는 하나님이 실로 이러한 경험을 통하여 말씀하신다는 사실이 보여져야 한다.

인간의 경험은 실재에 접근하기 위한 유일한 수단이기 때문에, 그것은 또한 하나님의 접근하기 위한 유일한 수단이며 따라서 신학을 위한 원천으로서 기능한다. 많은 경험들 중에 특별히 계시적인 경험이 있다. 비록 계시가 경험을 초월하지만 경험이 없이는 계시도 없다. 실재는 경험되고 해석되어진다. 그러나 궁극적으로 경험 안에 '주어진' 것에 의해서 결정되지도 않고 관찰자에 의해 주관적으로 결정되지도 않는다. 실재는 이 둘의 만남 안에서 구성된다. 계시는 양극적 구조를 가진 단일한 실재이다. 즉, 신적인 주도성과 이에 대한 인간의 응답이다. 경험(그리고 해석)은 '주어진' 것과 더불어 실재를 구성하는 본질적 요소이다. 따라서 경험은 계시적 구조를 갖는다. 즉, 경험의 범주는 초월적인 신적 계시의 차원에 열려 있다. 그리고 어떤 종류의 '계시경험' 은 다른 경험들보다 더 높은 종교적, 계시적 성격을 갖는다. 특히, 높은 계시적 가치를 지닌 경험의 범주들 중에서 부정적인 대조의 경험이 주요한 계시의 범주이다.

계시경험 안에는 위로부터의 객관적인 '소여'(所與)가 있다. 그러나 이것은 오직 인간의 주관적인 경험과 해석과 표현을 통해서만 알려진다. 계시경험은 언어를 통하여 전달된다. 계시는 경험에 대한 언어적 표현이다. 이러한 언어에의 결부는 비판적인 접근을 요구한다. 이 비판적인 접근은 모델이나 신앙의 '언어 게임' 이 언어화의 과정에 미치는 과정 등에 관한 인식을 포함한다.

종교적 경험의 영역은 경험 안에 객관적으로 주어진 것과 해석적 지평 양자를 포괄하는 불가분적인 전체성이다. 자신의 해석적 틀 안에 신앙의 지평이 없는 불신자는 신자와 같은 방식으로 실재를 경험하지 않는다. 그에게는 구원의 경험이 없다. 회심, 한계, 의미의 잉여, 대조 경험 등을 통한 계시경험은 계시를 가져온다.

이 계시경험은 신앙의 지평인 전통과 이론적 모델로 이루어지는 개인의 '내적인 해석적 틀' 에 기초해서 이해되어진다. 개인의 사고가 이루어지는 전통과 이론적 모델은 그가 살고 있는 사회적, 문화적, 역사적인 맥락에 의해서 그 개인에게 제공되어진다. 이 이해의 명료화는 스킬레벡스가 '일차적 질서의 언명' 이라고 부르는 것이다. 이 언명은 해석적 틀이 외적이고 인지적인 반성에 의해서 수정되기 이전에 계시경험을 해석하는 진술이다. 이 일차적 질서의 언명의 예는 "예수가 하나님으로부터 오는 구원이다."이다. 이 언명은 최우선적이고 근본적인 기독교 정통교리를 제공한다.

그러나 더 나은 구별과 정의의 전체 영역을 이해하고 향유하기 위한 필요성이 두 번째의 반성의 단계로 인도한다. 계시적 사건에 대하여 외적이고 인지적인 이러한 반성은 '외적인 해석적 틀' 을 구성한다. 이 차원에서의 인지적 반성은 해석적 틀의 수정을 야기시키며, 이차적 질서의 언명을 낳는다. 이러한 이차적 질서의 언명의 예는 니케아, 칼케돈, 에베소 신조 등을 포함한다. 스킬레벡스는 이 차원의 언명에서 두 가지가 필요하다고 강조한다. 하나는 신학의 의제로서의 정통실천이며, 다른 하나는 이데올로기에 대한 자기 교정적인 감수성을 신학에 제공해주는 비판이론이다.

이 두 가지 질서의 언명은 모두 순수한 경험의 표현이 아니라 해석적 모델에 의해 영향을 받는 해석적 명료화 또는 경험에 대한 조명이다. 그것들은 부분적이며 상대적인 것들이다. 해석적 모델이나 이론은 경험에 대하여 이차적인 것이 아니라, 경험이 바로 그것들을 통하여 일어난다. 계시는 신앙의 경험만이 아니라 이 경험이 해석적 틀 안에서 다양한 모델이나 이론의 관점에서 일어나고 해석되는 방식까지를 포함한다. 스킬레벡스에 따르면, 문화적, 역사적, 사회적, 인지적 요인들에 의하여 형성되는 해석의 층은 계시를 순전하게 인간적인 사건으로 만든다. 계시경험은 신앙의 명제나 교리로 표현된다. 그러나 이렇게 됨에 따라 신앙의 확실성은 감소하고 위험성은 증대한다. 신앙에 대한 명제적 표현은 계시 안에서 경험되어진 것을 진정으로 반영할 수 있다. 그러나 그것은 계시를 감소시킨다. 그것은 개념적 도구로서 그 상대적인 가치는 그것이 얼마나 효과적으로 계시적인 원천적 경험 자체의 실재를 가리키느냐에 달려 있다.

따라서 스킬레벡스의 입장은, 한편으로 계시를 인간의 경험의 심층과 동일시하는 현대주의와 구별된다. 경험의 권위는 자의적(恣意的)인 것이 아니라 그 경험에 상응하는 실재와 연관되어 있다. 따라서 자유주의 개신교의 경우처럼 진리와 경험이 동일시되지 않는다. 다른 한편으로, 그의 입장은 계시를 성서와 전통(대체로 교회의 가르침) 안에 담겨 있는 명제적인 '신앙의 보고(寶庫)' 의 관점에서 이해하는 신스콜라주의와도 구별된다. 하나님께서 인간들을 향하여 가져다 주시는 은혜로운 자기제공은 언제나 언어를 통한 인간의 이해와 개념적, 교의적, 명제적 표현을 통하여 전달되면서 동시에 그것을 초월한다.

옛 경험에 근거한 전통의 교리와 오늘날의 경험의 관계는 상호 비판적인 상관관계 안에서 변증법적인 전개과정을 통하여 이루어진다. 전통은 경험과 해석을 위한 지평이다. 해석은 역사적, 문화적으로 산출된 세계관에 기초한 역사적 매개이다. 이러한 역사적 매개로서의 해석 안에서의 계시는 상대적이다. 전통은 살아 있다. 전통은 기독교 신앙을 위한 비판적이고 생산적인 힘을 가지고 오늘날의 문화와 역사적 상황을 통합하고, 그것을 향하여 말할 수 있도록 갱신되어야 하며, 동시에 또한 복음의 방향과 비판적 힘을 유지하기 위하여 이론적인 측면을 가지고 있어야 한다.

하나님으로부터 직접 주어지는 영속적으로 타당한 계시가 있는 것이 아니라, 인간적으로 경험되고 역사적, 문화적으로 발전된 해석된 계시만이 있기 때문에, 그리고 계시는 이미 신학적 도식인 말을 통하여 전달되기 때문에 비판적 해석학이 요청된다. 오늘날의 해석학은 계시를 '인간적인 사건' 으로 환원시키는 모델 안에서의 다양한 차원의 경험과 사고에 있어서 일어나는 왜곡에 대한 비판을 수행하여야 한다. 이를 위하여 비판이론과 정통실천의 개념이 요청된다. 역사 안에서의 모든 인간의 의사전달(복음전달을 포함하여)은 이데올로기적으로 왜곡될 수 있으며, 따라서 신학은 이데올로기 비판에 대한 자기 교정적인 민감성을 가져야 한다. 그리고 실천은 이론과의 변증법적인 상호 작용 안에서 신학을 위한 규범이 된다.

2. 평가 및 결론

스킬레벡스는 계시의 실재가 본질적으로 객관적 소여성, 그리고 주관적 경험과 해석의 상관적 역동성과의 결합 안에서 인식되어진다는 사실을 잘 보여 주었다. 경험의 지평 안에서의 실재에 있어서 객관적인 요소와 주관적인 요소는 불가분의 관계에 있다. 스킬레벡스는 계시에 있어서의 객관적인 역사적 실재를 간과하지 않으면서 동시에 신학을 위한 원천적 자료로서의 경험의 중요성을 현상학적, 해석학적 관점에서 잘 보여 주었다. 즉, 그는 경험을 들여다보고 분석함으로써 계시에 접근할 수 있는 새로운 현상학적 인식론의 정당성을 해석학적인 관점에서 잘 보여 주었다.

그는 또한 성서에 나타난 바와 같은 첫 번째 질서의 언명과 해석학적 과정을 통한 신학적 진술로서의 두 번째 질서의 언명 모두에 해석적 틀이 영향을 미치고 있다는 사실을 설득력 있게 잘 설명하였다. 이러한 통찰력은 오늘날 성서의 본문의 의미를 올바로 이해하고 해석하는 데 있어서 꼭 필수적이다.

그의 계시에 대한 견해는 성서와 전통에 대하여 문화적이고 역사적인 의식을 지닌 이해의 길을 열어 놓았으며, 역사적, 문화적 의식 없이 성서에 문자적으로 접근하는 명제적이고 도그마적인 계시관의 허구를 해석학적 접근을 통하여 분명히 보여 주었다. 그는 또한 성서적 본문과 전통 안에 있는 이데올로기의 문제에 대한 인식의 길을 열어 놓았다. 그리고 사회비판과 실천을 통한 인간 해방과 구원을 위하여 헌신하는 기독교 인식론과 해석학의 전망을 수립하였다.

스킬레벡스의 사상에 대한 비판적, 건설적 논의는 계시경험과 언어적 표현과 명제적 해석의 관계에 모아진다. 그는 성서가 문자적인 의미에 있어서 무오하게 영감된 직접적인 하나님의 말씀으로서 우리에게 규범적인 것이라는 견해를 받아들이지 않는다.[117] 신약성서가 엄격하게 규범적인 권위를 가질 수 없다는 사실은 신약성서 저자들의 은혜의 경험과 표현의 다원성, 모호성, 조건지어짐, 우연성(contingence) 등에 의해서 입증된다.[118] 그에 따르면, 계시는 하나님의 행동인데, 그것은 전적으로 우리 인간의 역사의 차원에서 신자들에 의해서 경험되어지고, 종교적인 언어로 해석되어지고, 따라서 인간적인 관점에서 표현되어진 하나님의 행동이다. 이 복합적인 맥락에 있어서 계시의 압도적이고(all-pervasive) 권위적인 요소는 이 해석적 경험 자체가 아니라 그 안에서 경험되어질 수 있는 것이다.[119] 따라서 그는 계시와 경험, 경험

117. Schillebeeckx, *Jesus,* p. 57.
118. Schillebeeckx, *Jesus,* pp. 50-51.
119. Schillebeeckx, *Christ,* p. 78.

과 메시지를 조심스럽게 구별한다. "계시는 오직 경험 안에서 일어난다. 그러나 경험과 동일한 것은 아니다."[120] "기독교에서 믿어야 하는 것은 메시지가 아니라 메시지가 되는 신앙의 경험이다."[121] 계시에는 객관적인 극, 주어진 실재, 초월적 요소가 있다. 그러나 객관적으로 주어진 것은 말로 표현되어질 때에만 계시로 인식될 수 있기 때문에, 계시에 대한 정의는 인간의 표현과 불가피하게 연결되어 있다. 해석적 요소는 "우리의 전적으로(utterly) 인간적인 역사 안에서 일어나는 인간의 틀"[122] 이며, 따라서 직접적인 신적 권위를 갖지 못한다.

이러한 스킬레벡스의 견해에 대하여 다음과 같은 반문이 가능하다. 계시 안의 인간적 요소는 우리로 하여금 성서를 '전적으로 인간적인' 것으로 보게 만드는가? 예수에 대한 본래적인 경험이 계시를 전달하기 위해서는 그 경험과 동일한 위상을 갖는 일차적인 해석이 뒤따라야만 하지 않은가? 경험과 마찬가지로 해석도 동일하게 계시적 현실을 구성하지 않는가?(이것은 바로 스킬레벡스가 하는 말이기도 하다.)

듀프레(Dupré)는 경험과 해석 그 어느 것도 예수와의 제자들의 첫 만남 속에 완전하게 주어진 것으로 이해되어서는 안 된다고 주장한다. 그에 따르면, 예수에 대한 최초의 단일한 특권적인 경험이 있는 것이 아니라 지속적인 해석된 경험의 과정이 있다. 첫 번째 단계의 해석된 경험은 목격자들이 죽은 지 오랜 후에 성문화되어 정경화된 텍스트가 생겨날 때까지는 완성되지 않았다.[123] 여기서는 계시의 초점이 경험에 있다기보다는 해석 과정의 최종적 반성의 결과에 있다. 그는 가장 기본적

120. Schillebeeckx, *Interim Report,* p. 11.

121. Ibid., p. 50.

122. Schillebeeckx, *Christ,* p. 78.

123. Louis Dupré, "Experience and Interpretation, A Philosophical

인 해석, 즉 문화적 모델을 취사선택하고 표현의 전과정을 인도하는 근본적인 방향성(orientation)으로서의 우선적인(primary) 해석은, 계시의 가능성 자체를 구성하는 것으로서 본래적인 경험 자체와 같은 위상을 갖는다고 주장한다.[124] 계시는 문자로 기록됨으로써 본유적으로 언어적 표현, 즉 메시지가 된다. 반면 스킬레벡스는 계시는 메시지가 아니라 메시지가 된 경험에 있다고 말한다.[125]

개신교의 정통주의 또는 복음주의에서는 문자적(또는 축자적) 완전 영감(verbal plenary inspiration)의 교리를 고수해 왔다. 이 교리는 성서가 하나님의 직접적인 저작물이며, 성서의 모든 단어와 문자가 하나님에 의해서 영감되었다고 믿는다. 따라서 성서는 신적인 권위와 규범을 갖는다.[126] 문자적 완전 영감설에 따르면, 성서의 저자의 해석의 틀이 하나님에 의해 특별히 영감되었다고 한다. "하나님께서 도구적인 과제를 위하여 저자를 주권적이고 지배적으로 준비시키셨기 때문에, 저자는 하나님이 요구하시는 대로 하나님의 계시를 자발적이고 자연적으로 기록하였다."[127] 따라서 성서의 저자가 역사적이고 문화적으로 산출된 해석의 틀을 사용하였다는 사실을 충분히 인정하더라도, 성서를 기록하기 위한 꼭 필요한 틀을 산출하기 위하여 하나님께서 저자의 삶 속에서 이 과정을 주권적으로 인도하셨다는 것이다. 신약성서의 표현이 계시경험과 해석의 불가분리적인 전체성으로 구성되어 있기 때문에, 그

Reflection on Schillebeeckx' Jesus and Christ," *Theological Studies* 43, (1982), p. 45.

124. Ibid., pp. 43 – 44.

125. Schillebeeckx, *Interim Report,* p. 43.

126. I. S. Rennie, "Verbal Inspiration," in *The Evangelical Dictionary of Theology,* Walter A. Elwell, ed. (Grand Rapid : Baker, 1984), p. 1139.

127. Ibid.

리고 그 경험에 대한 다른 접근의 길이 없기 때문에 신약성서는 유일무이한 권위를 갖는다는 것이다.

듀프레는 계시의 초월적 요소 안에 경험의 해석을 위한 안내가 포함되며, 따라서 문자로 표현된 명료화가 경험 자체와 마찬가지로 권위를 갖는다고 주장한다. 그에 따르면, 계시는 메시지가 아니고 '메시지가 되는 경험' 이라고 하는 스킬레벡스의 주장은 해석의 측면을 충분히 고려하지 못하고 있다. "계시가 신약성서의 표현 안에서 자신의 길을 발견했기 때문에 계시는 부차적으로가 아니라 본유적으로 담화의 세계이며, 신적 표현이며, 따라서 메시지이다."[128]

계시의 구조를 형성하는 해석적 요소와 계시를 표현하는 데 사용되는 도식은 계시경험의 일부이다. 계시에 대한 언어적 표현은 계시에 본유적인 것이다. 성경의 권위와 규범적 가치는 그것이 제자들의 경험의 원천적인 문서라는 사실에만 있는 것이 아니라 바로 역사적, 문화적인 형태 안에서 신적으로 영감되었다는 사실에도 있다는 것이다.

스킬레벡스도 성령이 기독교 전통의 올바른 보존을 보증해 줄 것을 믿는다. 그는 인간의 경험 안에서 계시를 인식하는 것은 살아 있는 기독교 전통의 과정 안에서 행동하시는 "성령을 식별하는" 과제라고 말한다.[129] 그러나 그는 계시경험이 그러한 경험 자체를 가능하게 하는 인식과 이해와 해석의 모델 안에서 언어적으로 표현되고 명제화됨에 있어서의 역사적 상대성과 해석적 다원성과 모호성에 주목한다. 이러한 상대성과 다원성과 모호성은 역사적, 해석학적 접근 뿐만 아니라 이데올로기 비판 이론까지도 필요로 한다. 말하자면 그에게 있어서 성령

128. Dupré , "*Experience and Interpretation,*" p. 44.
129. Schillebeeckx, *God the Future of Man,* p. 163.

은 이러한 모든 과정들 안에서 그것들을 통하여 행동한다.

스킬레벡스는 계시경험 뿐만 아니라 그것에 대한 언어적 표현과 메시지까지도 계시의 일부분이라는 (듀프레의) 견해를 거절하지는 않는다. 다만 그는 언어화되고 명제화되는 과정이 진행될수록 계시의 현실이 인간적인 요소에 의해서 점차 착색되고 약화되고 심지어는 왜곡되는 성서와 기독교 전통의 실제적인 역사적 현실을 지적하고 있는 것이다. 이러한 그의 이해에 대한 실제적인 적용과 실례들은 그의 두 권의 책「예수」와「그리스도」에 잘 나타나 있다. 성서와 기독교 전통 속에서 언어로 표현되고 명제화된 메시지의 해석적 다원성과 역사적 상대성과 모호성에 대한 충분한 역사적, 해석학적 인식이 없이 단순히 전근대적인 명제적 교리인 문자적 영감설의 권위에로 회귀하는 것은, 계몽주의 비평 이후의 시대를 사는 현대인들에게 이해 가능하고 설득력 있는 성서해석학을 제공해 주지 못한다.[130)]

스킬레벡스의 약점은 그가 계시경험과 그것에 대한 언어적으로 명제화된 메시지의 상대성과 다원성과 모호성을 지적한 데 있는 것이 아니라, 그가 이러한 한계성들 안에서 여전히 활동하시는 성령에 대하여 좀 더 신중하고 충분하게 진술하지 못했다는 사실에 있다고 할 수 있다. 그는 분명히 계시는 우리 자신 안에 기초를 가지지 않고 위로부터 온다

---

130. 특히, 성서의 권위와 영감설에 대한 바람직한 최근의 초교파적인 논의의 결실은 세계교회협의회에서 나온 *The Bible Its Authority and Interpretation in the Ecumenical Movement,* ed. by Ellen Flesseman-van Leer(Geneva : World Council of Churches, Faith and Order Paper No. 99, 1983), pp. 5-21, 42-57의「신앙과 직제, 루벵 1971년」에 잘 나타나 있다. 여기서는 성경의 권위가 전통적인 교리적인 영감설에 의해 연역적으로가 아니라 현재와의 관계성에서 성경의 내용 자체에 의해서 입증되어져야 하며, 따라서 그 내용이 수행하는 역할, 영향, 기능에서 실존적, 경험적으로 확증되어야 할 것을 천명한다.

는 사실을 계속해서 확증한다.[131] 그러면서도 그는 하나님께서 자신을 계시하시는 과정이 어떻게 인간의 특수한 요소들을 통하여 일어나는지를 설명하려고 하지 않는다. 그 대신 그는 계시를 인간의 해석적이고 이론적인 모델 안에서 이루어지는 '순전하게 인간의 사건'[132] 이라고 표현한다.

이것은 그의 현상학적인 접근방식으로부터 오는 한계일 수 있다. 그러나 인간의 경험을 신학의 원천으로 삼은 현상학적 접근방식이 아무리 정당하고 또 필요하다고 하더라도, 기독교 신학자의 과업이 단순히 역사적이고 현상학적인 언어에만 종속될 수는 없다. 그것은 신학적, 형이상학적 언어와 역사적, 현상학적 언어의 보다 통전적인 결합을 요청한다. 이런 의미에서 성서의 권위를 영감의 권위와 실존적 권위로 이분법적으로 나누고, 전자가 아닌 후자를 주장하는 스킬레벡스의 사고는 재고되어야 할 여지가 있다. 성서의 영감의 권위는 적절히 재해석되어질 경우 그것은 (루벵문서에서와 같이) 바로 실존적, 경험적 권위와 상통하는 것이다. 성서는 전적으로 인간의 사건이기도 하지만 전적으로 하나님의 사건일 수도 있다. 하나님의 영과 말씀은, 역사적 상대성과 해석적 다원성과 모호성 안에서의 인간의 영과 말을 떠난 그 어떤 다른 영과 말을 통해서도 인간의 역사와 인격 속에 현실화되고 전달되지 않기 때문이다.

끝으로, 사람들은 스킬레벡스가 말하는 성서해석을 위한 네 가지 구조적 원리들은 어디서 나오는 것인가를 묻는다. 그것들은 신약성서로부터 나오는가 아니면 신약성서에 부과되는 것인가? 만일 이러한 원리들이 성서에 부과되는 것이라면, 그는 혹시 자신의 경험적인 현상학적

---

131. Schillebeeckx, ***Interim Report***, p. 19.
132. Ibid.

해석학의 접근방식을 넘어서 선험적인 형이상학적 명제를 도입하고 있는 것은 아닌지 의심받을 수도 있다. 그것은 다시금 현대적인 형태의 스콜라주의로 우리를 인도하는 것은 아닌가? 스킬레벡스는 성서의 역사와 메시지를 너무 경직되게 구조화하고 체계화하는 것은 현대적인 형태의 스콜라주의에 떨어질 위험이 있다는 신학자들의 지적을 귀담아 들어볼 필요가 있다.[133)]

---

133. Hans Küng, "Toward a New Consensus in Catholic(and Ecumenical) Theology" in Leonard Swidler, ed. ***Consensus in Theology? A Dialogue with Hans Küng and Edward Schillebeeckx***(Philadelphia : The Westminster Press, 1980), pp. 15–16.

11 페미니스트 성서해석학

I. 들어가는 말

여성신학(feminist theology)에서 '여성'(feminist)이라는 말은 '인간으로서의 여성의 주체적 권리와 존엄성을 회복하기 위해서 투쟁하는' 이란 의미를 함축하고 있다. 여성의 해방과 온전한 인간성 실현을 위한 투쟁은 가부장적이고 남성 중심적인 사회와 문화 속에서의 여성의 억압과 종속과 비인간화의 현실을 전제한다. 기독교 여성신학은 무엇보다도 기독교의 전통과 신학이 남성 중심적이고 가부장적인 관점에서 형성되어 왔음을 인식한다. 교회와 신학은 가부장적인 질서를 유지하고 강화하는 이데올로기 역할을 담당해 왔다. 따라서 여성신학은 기독교 교회의 전통과 신학을 여성해방적 관점에서 비판하고, 기독교의 상징체계와 신학적 개념을 여성의 관점에서 재형성함으로써 여성해방의 운동을 위한 전거와 추동력으로 삼으려고 한다.

여성신학은 기독교 전통과 신학의 규범과 전거로서의 성서 자체가 유대 사회라는 철저한 가부장적 사회의 역사적 현실에서 기록되었으며, 그것을 기록한 저자가 대부분 남자였으며, 따라서 성서에 사용된 언어와 이미지가 남성 중심적이었으며, 뿐만 아니라 기독교 교회의 전통과 신학 속에서 성서에 대한 해석이 남성에 의해 독점되었으며, 그 해석의 방법과 내용이 성차별적이고 남성 중심적이었음을 직시한다. 결과적으로 성서는 본질적이든 비본질적이든, 본의이든 본의가 아니든 성차별적 선포와 교리와 전통과 현실을 만들어내는 데 일익을 담당했으며(물론 그 반대의 일도 한 것이 사실이다.), 따라서 여성을 억압하는 이데올로기적인 도구로 이용되어 왔다는 것이다. 그러므로 여성신학자들은 성서에 나타난 성차별적 본문들에 대한 새로운 해석학적 방법론을 제시함으로써 여성해방을 위한 길잡이와 객관적 전거의 틀을 제시하려고 한다.

성서와 기독교 전통에 대하여 취하는 입장에 따라 여성신학은 대체로 신정통주의적 유형의 페미니스트 해석학,[1] 개혁주의 유형의 페미니스트 해석학, 그리고 급진주의 유형의 페미니스트 해석학의 세 가지 입장으로 분류될 수 있다. 그러나 모든 여성신학자들을 모두 이러한 세 가지 유형의 틀 안에 자리매김하기에는 그들의 입장들이 매우 복합적이며 쉽사리 분리해낼 수 없는 미묘한 차이점들을 가지고 있다. 하지만 개념적 이해와 논의의 편의상 그렇게 분류하였다. 이 글에서는 러셀, 트리블, 류터, 피오렌자, 데일리를 이러한 세 가지 유형 안에서 여성신학의 성서해석학을 설명할 수 있는 대표적인 신학자들로 택하여 그들

1. 필자는 '여성신학의 해석학' 이란 말 대신 '페미니스트(feminist) 해석학' 이란 표현을 사용한다. 이미 위에서 언급한 바와 같이 '페미니스트,' 또는 '페미니즘' 은 다양한 여성운동들의 입장을 반영하는 '여성' 이나 '여성신학,' '여성인권운동,' '여성해방운동' 등의 다양한 의미를 함축하고 있기 때문에 어느 한 가지의 개념으로 번역해서 쓰면 의미가 축소될 우려가 있기 때문이다. 그러나 이 글에서 '페미니스트' 해석학이란 말을 이해할 때 대체로 '기독교 여성신학적 또는 기독교 여성해방적' 해석학이란 의미로 이해하면 무난할 것이다.

의 입장을 고찰하였다. 논술의 유기적 연관성과 논의의 초점을 위해서 피오렌자를 중심으로 하여 다른 네 사람의 견해를 유형적 분류를 따라 상고하였으며(Ⅱ), 피오렌자 자신의 입장을 좀더 집중적으로 고찰한 후에(Ⅲ), 결론 부분(Ⅳ)에서 피오렌자의 입장을 류터의 입장과 비교하면서 비판적 평가를 함과 더불어 본인의 견해를 제시하였다.

Ⅱ. 유형적 범주에서 본 여성신학자들의 성서해석학

1. 신정통주의적 유형의 페미니스트 성서해석학 : 레티 러셀과 필리스 트리블

여성신학의 성서해석학의 첫 번째 유형은 비교적 보수적이고 온건한 신정통주의적 유형으로서, 이 입장의 여성신학자들은 성서와 기독교 전통에 대한 비판 이후의 역사적 비평적 연구를 수행하지만 본질적으로 남녀평등이나 여성해방, 그리고 하나님의 계시를 기독교 전통, 무엇보다도 하나님의 말씀인 성서 안에서 발견할 수 있다고 본다. 물론 이 입장의 신학자들도 성서 안에 가부장적 문화의 영향이 들어와 있으며 남성 중심적인 사회질서와 가치관이 영향을 미쳤다는 사실을 부인하지 않는다. 그러나 이러한 현상은 성서의 본질적인 내용에 관한 것이 아니라 비본질적인 것이며, 오히려 성서의 중심적이고 본질적인 전승은 그러한 왜곡된 문화와 가치와 질서를 비판하는 것이라고 본다. 다시 말하면, 성서가 비록 가부장적 문화의 산물이며 남성 중심적인 이데올로기에 의해 형성되었을지라도 적절한 역사적, 신학적 연구를 통하여 성서의 본래적인 의미와 메시지가 여성해방적이며 인류 구원적인 하나님의 말씀이라는 사실을 확인할 수 있다는 것이다. 따라서 이 입장의 여성신학자들은 성서가 가부장주의를 정당화하는 일면을 내포하고 있다고 할지라도 동시에 가부장주의를 비판하는 전승이나 원칙이 성서 전체를 꿰뚫고 흐르는 맥이며 본질적인 주제라는 사실을 드러내 보이고자 노력한다.

이러한 입장을 대변하는 대표적인 여성신학자들로는 레티 러셀(Letty M. Russell), 필리스 트리블(E. Phyllis Trible), 몰트만 벤델(Moltmann Wendel) 등이 있다. 러셀은 성서를 하나님의 해방의 말씀으로 이해한다. 그녀는 성서적 종교와 기독교 페미니즘 사이의 갈등은 성서적 종교에 대한 잘못된 이해에 의해 유래한 것이라고 본다. 그녀는 성서의 전승 내용을 예수 그리스도를 인간들을 위하여 내어 주는 하나님의 구원행위로서의 'Tradition', 총체적인 전승의 과정으로서의 'tradition', 그리고 교회의 역사를 구성하는 사실들과 패턴들인 'traditions'로 구별한다. 러셀에 의하면 성서의 본질적 내용은 Tradition으로서 paradosis의 근원적 의미에서 볼 때, Tradition은 위계질서적 권위에 의해 조심스럽게 방어되어야 할 내용이 아니라 모든 성과 인종의 사람들에게 전해져야 하는 하나님의 사랑의 역동적인 행동이다.[2] 그녀에 따르면, 성서의 메시지는 가부장적 사회에서 씌어졌으며 이 사회를 향한 것이었기 때문에 불가피하게 그 형식이 가부장적 문화를 반영한다. 따라서 성서 안에는 상황 가변적(situation-variable)이며 상대적인 형식적 요소가 있으며, '유용한 과거'와 '무용한 과거'가 있다. 가부장적 이미지와 남성 중심적 언어는 성서 메시지의 내용(content)이 아니라 형식(form)이며 오늘날 무용한 과거이다.[3]

---

2. Letty Russel, ***Human Liberation in a Feminist Perspective***(Philadelphia : Westminster, 1974), p. 79.
3. 러셀은 성서의 가부장적 언어를 중성적 언어로 바꾸기를 제안한다. 아버지나 왕 대신에 창조자, 구속자, 해방자 등의 용어로 하나님과 예수를 부르기를 원한다.

러셀에게 있어서 성서 전승의 본질적 내용(content), 즉 Tradition은 예수 그리스도이다.

예수 안에서 기독교 여성은 남자와 여자 모두로 하여금 자신의 전체적 인간성을 이해하도록 도와 주신 참된 인간성의 유일무이한 계시를 본다. 예수의 삶은 종종 여성의 문화적 특성이라고 여겨진 사랑, 동정, 그리고 돌봄의 특성을 보여 주신다. 그 자신의 삶에 있어서 예수는 남녀를 동등하게 여겼다는 의미에서 페미니스트였다. 여성과 남성은 도움을 받아야 할 필요에 있어서, 그리고 하나님 나라의 새로운 미래를 향하여 지시함을 받아야 할 필요에 있어서 동등하였다(눅 10 : 38-42, 요 4 : 7-30). 그리스도를 첫 번째로 남성이나 인종적 근원의 관점에서 생각하는 것은 한 인간에게 있어서 가장 중요한 것이 성과 피부색이라고 여기는 생물학적 결정주의에 빠지는 것이다. 우리 자신과 예수에게 있어서 가장 중요한 확증은 우리가 주체와 인격으로서 받아들여지기를 원한다는 사실이다. 생물학적 차이는 부차적인 것이다.[4)]

이러한 러셀의 입장을 신정통주의적 페미니즘으로 이름 붙인 사람은 피오렌자이다.[5)] 피오렌자는 신정통주의적 해석학을 "상대화시키는 관점의 영향을 충분히 받아들이면서도 상대화에 대하여 면역되어 있는

러셀은 남성과 여성이 상호 호혜적인 동반자로서 창조되었음을 강조하면서 하나님 나라에서의 남녀 관계의 모델을 파트너쉽으로서 파악한다. 구원이란 '샬롬'(shalom)의 상태로서 이것은 하나님이 처음 창조한 대로의 참인간성이 회복된 상태이다. Ibid., p. 133.

4. Ibid., pp. 138-139.
5. 피오렌자는 러셀뿐 아니라 트리블과 류터도 신정통주의적 입장의 페미니스트 성서해석학을 전개한다고 비판한다. 필자의 생각에는 러셀과 트리블에 대한 이 평가는 타당하지만 류터에 대한 이 평가에는 상당한 논란의 여지가 있다고 여겨진다.

아르키메데스의 점(Archimedean point)을 설정하려는" 시도로서 이해한다.[6] 피오렌자는 러셀의 이러한 입장이 형식과 내용, 신학적 본질과 역사적 우유성(偶有性), 언어와 신적 행동 사이를 구별함으로써 성서의 내용(content)이 가부장적이라고 인정하지 않으면서도 성서의 가부장적인 언어를 인정할 수 있는 페미니스트 성서해석학을 발전시키고 있다고 본다. 그러나 이러한 해석학은 신학적 진술(예수 그리스도 안에서의 하나님의 구속과 해방의 행위)을 성서적 계시의 본질로 선언하고, 구체적인 성서 본문들은 역사적으로 상대적인 형식으로 처리함으로써만 가능하다. 예를 들면, 러셀은 여성의 예속을 의미하는 바울의 진술들은 상황 가변적인 것이며 따라서 그것들은 문서(script)이기는 해도 성서(Scripture)는 아니라고 주장한다. 여기서 피오렌자는 방법론적인 과정의 문제점을 지적한다. 즉, 만일 설정된 '아르키메데스의 점' 이 역사적으로 우연적이고 가변적인 언어로 표현된 추상적인 신학적 원리이며 초역사적인 상징인 반면에, 형식적 요소가 문화적으로 조건지워진 역사적 본문이라면, 어떻게 우리가 문서와 성서를 구별해 낼 수 있는가? 달리 말하면, 어떻게 역사적으로 우연적인 형식을 단지 초역사적, 신학적 내용이나 본질을 담고 있는 용기로 이해하는 방식으로 내용과 언어, 형식과 본질을 구별해 낼 수 있는가?

피오렌자는 러셀의 '유용한 과거' 와 '무용한 과거' 사이의 구별도 찬성하지 않는다. 피오렌자에 따르면, 러셀은 기독교 전승이 여성의 속박을 정당화하고 영속화시키지 않았는가 하는 문제를 고려하지 않고 역사적 상황에의 속박만을 다루고 있다고 비판한다. 러셀은 여성에 대

6. Elisabeth Schüssler Fiorenza, ***In Memory of Her***(New York : Crossroad, 1983), p. 15.

한 폭력을 영속화시키는 과거와 현재의 정치적 구조들을 고려하지 않는다. 따라서 그것은 서구 여성들의 역사적 억압에 있어서의 성서의 기능을 구명(究明)해 낼 수 없다.

러셀보다는 좀더 비판적이면서도 비교적 온건한 자유주의 입장에서 성서와 기독교 전통 안에서 여성신학의 가능성을 인식하고, 페미니스트 성서해석학을 추구하고 있는 여성신학자 중의 한 사람이 필리스 트리블이다. 트리블은 성서를 가부장적 문화의 산물로 보면서, 동시에 성서가 성차별주의를 극복하고자 하는 의도와 대안을 제시하고 있다고 본다. 그녀는 지금까지 여성 억압의 근거로 사용되어 왔던 성서의 본문들, 예를 들면 창세기의 창조이야기와 타락 이야기 같은 본문들을 여성신학의 관점에서 새롭게 해석함으로써 성서적 전통이 본래는 성차별주의적이지 않음을 보여 주려고 시도한다.

피오렌자처럼 성서와 세계관 사이의 현대의 상호 작용을 통한 여성해방적인 관점에서의 성서해석을 시도하는 트리블은 페미니스트 성서해석학을 위한 세 가지 방법을 제시한다.[7] 첫째 방법은 여성을 비하시키는 사례들을 제시하는 것이다. 고대 이스라엘과 초대 교회와 성서 안에 있는 여성의 열등성, 종속성 그리고 학대에 관한 풍부한 그러나 오랫 동안 소홀히 취급되어 왔던 자료들을 언급하고 재평가하는 것이다. 이것은 온갖 가부장적 구조의 본문들을 고발하고 가부장적 성차별주의가 가져온 여성에 대한 소외와 비인간화를 비판하고 재해석하는 작업이다. 둘째 방법은 첫 번째와는 대조적으로 성서에 나타나는 가부장제도의 비판에 관심을 기울인다. 이 경우에는 잊혀지고 무시되었던 본문

7. Phyllis, Trible, "Feminist Hermeneutics and Biblical Studies," ***The Christian Century***(Feb. 1982), pp. 116-118.

들을 재해석함으로써, 성서의 성차별주의와 가부장적 문화에 도전하는 남은 자의 신학과 전승들을 발굴하고 회복하는 일에 관심을 기울인다.[8] 그녀는 가부장적 문화에 도전한 여성들이 전통적인 해석에서 무시되었음을 고발하면서 이러한 인물들과 이러한 인물들에 관한 본문들을 재해석하고 재발굴하려고 노력한다. 세 번째 방법은 앞의 두 접근법을 결합시킨다. 여성에 대한 폭력의 이야기들을 '기억하도록' 수치를 당한 여인들의 이야기를 생생하게 다시 이야기하는 것이다. 첫째 방법이 여성차별주의를 역사적, 사회학적으로 입증하는 것이라면, 셋째 방법은 이러한 자료들을 시적이고 신학적으로 그려낸다. 억울하게 희생된 여성들을 대신해서 폭력의 이야기들을 해석하는 것은 무시되어 왔던 역사를 회복하고, 현재가 구현하고 있는 과거를 기억하고, 이런 폭력이 다시 일어나지 않도록 기도하기 위한 것이다.[9] 이러한 작업을 함

---

8. 특히 트리블은 하나님의 여성 이미지를 찾는 일에 힘을 쏟는다. 예를 들면, 그녀는 구약성서 안에 있는 여성적인 하나님의 상징을 제시함으로써 성을 초월하는 하나님의 모습을 보여 주려고 한다. 그녀는 하나님의 자비라는 말의 어원인 'rahamim'이 여성의 자궁을 의미하는 'rehem'에서 왔음을 밝히고 여성의 모태로부터 하나님의 자비에로의 의미가 전이되었음을 보여 준다. 이 의미의 전이는 남성이면서 동시에 여성인 새로운 하나님의 이미지를 열어 준다. 구약에는 출산하는 하나님, 아기에게 젖을 먹이고 업고 기르시는 하나님, 음식이나 옷을 준비하시는 여성적인 하나님 이미지들이 나타나는데, 이러한 이미지들은 궁극적으로 성을 초월하는 하나님의 상을 지시한다. 트리블은 가부장적인 고대 이스라엘 문화에서 여성적인 하나님의 이미지가 발견되는 것은 성서에 나타나는 하나님이 본질적으로 성을 초월하시는 존재라는 사실을 의미하는 것으로 이해한다.
   Phyllis Trible, God and the Rhetoric of Sexuality(Philadelphia : Fortress Press, 1978), pp. 31－59.
9. 트리블의 저서 「폭력의 본문들」은 억울하게 희생된 여성들과 무시되어 온 그들의 역사를 회복하고, 기억하고, 다시는 이런 폭력이 일어나지 않도록 함으로써 역사

에 있어서 트리블이 사용하고 있는 방법론을 '수사학적 비평'(rhetorical criticism) 방법론이라고 부른다.

이것은 새로운 문학비평의 한 방법으로서 성서를 하나의 문학작품으로 대하면서 해석을 위한 주요한 실마리를 성서 자체로부터 이끌어 내는 방법이다. 이 방법은 현재 우리가 대하고 있는 최종형태로서의 성서 본문 자체의 '총체성, 드라마적 구조, 문체, 의제, 수사적 특징' 등을 문제삼는다. 이것은 본문의 역사적 배경, 사회학적 상황, 역사 구성, 저자의 의도, 그리고 언어학적, 고고학적 자료들에 대하여는 부차적인 관심만을 기울일 뿐, 본문 자체에 일차적으로 집중하여 본문을 문학작품 자체로서 해석하는 데 중점을 둔다.[10] 트리블 자신은 이러한 본문 자체에 대한 수사학적인 읽기를 '내면적 읽기'(intrinsic reading)라고 부르는데, 이것은 전적으로 본문 '안에서'(within) 읽는 것이라기보다는 전적으로 본문에 '대하여'(upon) 읽는 것을 의미한다.[11] 이해를 이끌어내기 위해서 관례들을 문헌에 이끌어 들여 분석한다. 이렇게 학습된 절차들, 도구들, 통제들은 비평가에 따라 그리고 시대에 따라 변한다. 이 탐구에서 강조점은 형식, 내용, 그리고 의미의 불가분리성에 주어진다. 구조의 전체적 구성과 도안과 마찬가지로, 문장들과 에피소드와 장면들의 수사학적인 형성도식, 특히 폭행 당한 여성의 성격 묘사, 이런 것들은 서로 분리될 수가 없다. 트리블은 「폭력의 본문들」에서 이러한 수사

를 구원하기 위한 목적으로 씌어진 대표적인 책이다. Phyllis Trible, Texts of *Terror : Literary-Feminist Readings of Biblical Narratives*(Philadelphia : Fortress Press, 1984).

10. Trible, *Texts of Terror*, p. 6. 각주 11번 참조.

11. Ibid., pp. 3, 11, 각주 12번. 요점은 '내면적 해석'일지라도 본문에 대하여 외부적인 문제들에 의존한다는 것이다. 예를 들면, (축자적 본문이 아닌) 어휘와 마찬가지로 언어, 문학 이론들과 같은 외적인 문제들.

비평적 방법을 잘 활용하여 가부장 문화권에서 희생당한 여성의 경험을 이야기 형식으로 생생하게 그려내고 있다.

피오렌자는 트리블이 성서 본문에 초점을 맞추고 방법론적으로 본문과 전승, 형식과 내용을 분리하려는 모든 시도를 거부하지만, 그럼에도 불구하고 러셀처럼 신정통주의적인 신학의 해석학적 입장을 고수하고 있다고 본다. 러셀이 하나님이 그리스도를 통하여 행동하시며, 이 구원의 사명은 문화적으로 가변적인 전승의 형태 안에서 이루어진다고 하는 반면에, 트리블에게 있어서 하나님의 목소리는 궁극적으로 성서 본문과 동일하다.

하나님의 의도를 찾아내기 위해서 성서 주석가는 '들어야' 하며 본문을 가능한 한 정확하게 해석해야 한다. 따라서 트리블은 외적인 역사적 요인들보다 본문의 움직임에 집중하는 수사학적 비평을 자신의 해석학적 방법으로 채택한다. '본문의 움직임에의 참여'와 같은 해석의 이해는 그녀로 하여금 본문의 신학적 의미를 파악하도록 도와 준다. 왜냐하면 '형식에 대한 적절한 분석은 의미에 대한 적절한 명료화를 산출하기' 때문이다.[12] 그녀는 신정통주의적인 입장을 따라 성서적 신앙과 성서적 종교 사이의 구별을 하면서, 성서에서 작용하는 비가부장화(depatriarchalizing)의 원리를 제시한다. 비가부장화는 주석자가 본문에 대하여(on) 수행하는 작용이 아니다. 그것은 성서 자체 안(within)에서의 해석학적 작용이다. 우리는 그것을 이끌어 내는(expose) 것이지, 부과하는(impose) 것이 아니다.[13]

---

12. Phyllis Trible, ***God and the Rhetoric of Sexuality,*** pp. 4, 8 ; Fiorenza, ***In Memory of Her***, p. 19.
13. Phyllis Trible, "Depatriarchalization in Biblical Interpretation," JAAR 41(1973) 30－49 : 49 ; Fiorenza, ***In Memory of Her***, p. 20.

트리블은 페미니즘을 '여성 혐오(misogyny)의 빛에서의 문화 비평'으로서 규정한다.[14] 그러나 피오렌자에 따르면, 트리블은 방법론적으로 본문의 문화-역사적 맥락으로부터 본문을 추상화시키기 때문에 가부장적 문화의 문서로서의 성서의 여성 혐오적 인증(認證, stamp)과 성격에 대한 페미니스트 비평에 종사하지 않는다고 한다. 그녀는 본문과 그것의 해석에만 집중하기 때문에 성서해석의 정치적 함축성을 제기하지 않는다는 것이다.

피오렌자는 성서의 사회적, 문화적, 가부장적 조건들로부터 성서의 언어와 본문을 분리하는 방법이 성서적 종교의 구성원들로서의 여성의 역사 재건을 위한 모델을 제공할 수 없다고 단언한다. 그녀에 따르면, 성서의 '가부장적 인증'과 이 인증이 여성의 가부장적 억압을 종교적, 정치적으로 합법화시킨다는 사실을 심각하게 대면하지 않는 성서신학은 여성들의 성서적 역사와 신학적 유산을 회복하기보다는 오히려 성서의 권위를 회복하는 데에 페미니스트 관점을 사용하는 위험이 있다고 경고한다.[15]

2. 비판적 개혁주의 유형의 페미니스트 성서해석학 : 로즈매리 류터

비판적 개혁주의 입장을 대변하는 류터는 러셀이나 트리블과 같은 성서주의자들(피오렌자의 표현을 빌면 신정통주의자들)처럼 성서와 기독교 전통 안에 성차별적 요소와 해방적 요소가 같이 존재한다고 본다. 그러나 성서주의자들이 성서와 전통의 성차별주의적 요소를 가변적인

14. Trible, *God and the Rhetoric of Sexuality*, p. 7.
15. Fiorenza, *In Memory of Her*, p. 21.

역사적 우유성의 형식으로서 이해하고, 본래적이고 초역사적 계시의 현실로서의 케리그마 내용을 분리하여 후자 안에 담겨 있는 여성해방적 의미에 더 집중적인 관심을 쏟는 데 반하여, 개혁주의 입장에 선 여성신학자들은 이러한 형식과 내용, 초역사적 계시와 역사적 경험의 이분법을 거부하고, 성서 안의 여성해방적 요소와 성차별적 요소에 동등한 관심을 기울이며, 전자는 여성해방을 위한 전거 내지는 자료로 삼으며 후자는 페미니스트 해석학적 비판을 통해 개혁되어야 전승으로 본다. 물론 이러한 입장의 여성신학자들도 서로 조금씩 다른 해석학적 입장을 가지고 있다. 하지만 대체로 이들은 성서와 전통, 교회 자체를 전적으로 거부하지는 아니한다. 이들은 기독교 신학의 범주 안에서 구원의 참된 비전으로서의 성차별주의로부터의 해방을 추구하며, 기독교의 모든 상징체계를 페미니스트적으로 재해석하고 재구성하려는 목표를 갖고 있다. 이러한 비판적 개혁주의 입장의 대표적인 여성신학자들로는 로즈매리 류터(Rosemary R. Ruether), 엘리자베스 피오렌자(Elisabeth Schüssler Fiorenza), 도로테 죌레(Dorothee Sölle), 샐리 맥패그(Sally McFague), 그리고 초기의 매리 데일리(Mary Daly) 등이 있다. 류터는 여성에 대한 억압이 인류 역사상 가장 오래된 억압형태라고 말한다. 양성간의 깨어진 상호 관계, 남성에 대한 여성의 예속은 인류 발전의 초기 단계에 등장하여 역사적 문명화의 과정에서 점점 강화되고 이데올로기적으로 고착된다. 종교는 성차별주의를 강화하며 가부장적인 사회적 유형들을 신성화하는 사회 이데올로기의 기능을 한다. 종교와 성차별주의의 유착은 단지 신학과 예배와 같은 공식적인 종교문화의 형성으로부터 여성과 여성의 경험이 제외되었다는 것만을 의미하는 것이 아니라, 종교적 법전들, 제의, 그리고 상징적인 형식들이, 여성들을 거부하는 이데올로기적 편견에 의해 형성되었다는 것을 의미한다.[16)]

따라서 가부장적이고 성차별적인 문화에 대한 페미니스트 비평은 종교, 그리고 무엇보다도 종교의 성문화된 경전에 대한 비평을 함축한다. 류터는 신학을 인간과 하나님의 관계에 비추어서 인간의 경험을 반성하는 작업이라고 정의하면서, 무엇보다도 여성의 경험을 페미니스트 성서해석학을 위한 기본 전거로 삼는다. 성서라는 전거는 현재의 모습 그대로 아무런 비판도 없이 여성신학의 전거가 될 수 없다. 왜냐하면 성서에는 여성의 경험이 제외되어 있기 때문이다. 성서에는 여성의 그림자와 여성을 억압하는 가부장제의 잔재가 내포되어 있다.

류터의 성서해석학은 경험의 원리에 의한 경험과 전통의 변증법적 해석학적 순환이라고 부를 수 있다. 그녀는 "신학의 객관적 전거들이라고 불려져 온 것들, 즉 경전과 전통은 그 자체가 성문화된 집합적 인간 경험"[17] 이라고 본다. 류터는 과거의 경험이 현재의 전통이 되고, 이 전통은 다시 현재의 경험의 영향을 받아 새로운 전통으로 변화되는 "과거와 현재의 경험의 해석학적 순환"[18] 을 말한다. 그녀에 따르면, 인간의 경험이 종교적 전통이 되고 이 전통이 다시 새로운 경험의 빛에서 변화되는 해석학적 순환이 다섯 단계의 과정을 통하여 일어난다고 하는데, 이 다섯 단계는 ① 계시적 경험의 단계, ② 계시적 경험이 공동체적 의식으로 번역되는 단계, ③ 역사적 공동체의 형성단계, ④ 반성과 수정의 단계, ⑤ 의식화의 단계이다. 계시적 경험이 공동체 안에서 규범화된 전통과 경전은 새로운 상황 속에서 창조적이고 해방적인 기능

---

16. 류터, "여성해방의 신학과 영성," 이우정 편, 「여성들을 위한 신학」(서울 : 한국신학연구소, 1985), pp. 366-367.
17. Rosemary Radford Ruether, *Sexism and God-Talk*(Boston : Beacon Press, 1983), p. 12.
18. Ibid., p. 13.

을 하지 못할 때 위기에 봉착하게 되고, 새로운 경험의 빛 안에서 비판되어지고 새롭게 재형성되어진다. 이러한 순환은 '전통의 도구들을 통해 매개되는 경험으로부터 경험으로의 순환'이며, 이것은 경험의 원리에 의해 경험과 전통의 변증법적인 해석학적 순환이 이루어지는 것을 보여 준다.[19] 류터는 이러한 해석학적 순환이 올바로 일어날 때 남성과 여성으로 분열되어 있던 상황이 극복되고, 순환적인 상호 해석작용을 통하여 새로운 인간성을 향하여 나아가게 된다고 본다.

류터는 무엇보다도 기독교의 교권적 계급주의와 이원론을 비판한다. 그녀에 의하면 기독교 전통은 초월-내재, 영혼-육체, 남자-여자, 인간-자연을 분리해서 대립시켜 놓고, 초월, 영혼, 남자, 인간은 우월한 것으로, 내재, 육체, 여자, 자연은 열등한 것으로 위계서열을 만드는 대립적인 이원론을 문제삼는다. 그녀는 이 대립적 이원론에 의하여 성차별이 야기되었으며 자연의 착취와 생태계의 파괴가 조장되었다고 본다. 그러므로 그녀가 추구하는 페미니즘은 대립적인 이원론에 의한 교권적 계급주의가 아니라, 남성과 여성이 함께 참여하고 통합되는 유기적인 공동체적 사회, 그리고 인간과 자연이 생태학적인 조화를 이루고 상부상조하는 통합적인 생태학적 사회를 지향한다. 이러한 비전을 가지고 그녀는 '여성의 온전한 인간성의 촉진'이라는 해석학적 원리 안에서 성서와 기독교 전통을 비판적으로 재해석하고 개혁하고자 한다.

류터는 이러한 비판적 해석학의 원리를 지지해 주는 성서적 전거를 '예언자적-메시야적 전통'에서 발견한다. 그러나 이것은 단순히 그녀가 성서적 전통의 유산을 한편의 입장(가부장적, 역사적, 정통적)에 반대되는 다른 한편의 입장(모권적, 자연적, 비정통적)을 채택하는 관점에서

19. Ibid., pp. 12-18.

취사선택하는 것을 의미하지 않는다. 그녀는 성서 안의 대안적 전통들과 성서 밖에서의 다른 대안적 전통들을[20] 해방신학의 관점에서 받아들인다. 즉, 그녀는 착취적인 사회적 '패턴'들로 표현되는 이들 이원론의 배후에 숨어 있는 근원적인 소외를 추적해냄으로써, 이러한 분리를 넘어서는 새로운 인간과 새로운 사회적 관계들을 창조하고자 한다. 류터가 예수 그리스도를 예언자적 해방적 전통의 패러다임으로서 보는 것은 예수가 단순히 가부장적, 역사적, 정통적 사회 패턴에 대립되는 모권적, 자연적, 비정통적인 패턴을 실현했기 때문이 아니라, 그가 근본적으로 이러한 이원론의 근원에 있는 억압적이고 불의한 인간의 의식과 사회구조를 타파하고 변혁시킴으로써 온전한 남녀의 인간성을 실현하려고 했기 때문이다. 문화에 관한 류터의 페미니스트 비평은 두 가지 양면적인 남성적 문화의 현실을 인식한다. 한편으로, 모든 문화는 남성 중심적이며 성차별적이라는 것이며, 다른 한편으로 그러나 남성적인 문화의 주요한 업적들은 또한 "죽음, 소외, 억압에 대한 공포, 그리고 삶, 인간성의 화해와 해방에 대한 희망들에 응답해 왔다."[21]는 것

20. 류터가 찾아낸 대안적 전통들은 다음의 다섯 가지이다. 첫째, 히브리 및 기독교 경전, 둘째, 영지주의, 몬타니즘, 퀘이커주의 등과 같이 주변화되었거나 혹은 이단시된 기독교 전통들, 셋째, 전통적인 기독교 신학의 주류(정교, 가톨릭, 개신교)가 가지는 중요한 신학적 주제들, 넷째, 비기독교적인 근동 및 그리스 로마의 종교와 철학, 다섯째, 자유주의, 낭만주의, 그리고 마르크스주의와 같은 기독교 이후의 비판적 세계관이다. 그녀는 이런 전통들이 기본적으로 성차별적이지만 이들 안에는 왜곡된 형태이기는 하나 대안의 단초들이 있다고 본다. 이러한 단초들은 페미니스트 비판을 거쳐서 비로소 발굴되고 재구성됨으로써 새로운 페미니스트 전통을 형성하는 데 기여할 수 있다고 한다. Ibid., pp. 21-22.

21. Rosemary Ruether, "A Religion for Women : Source and Strategies," ***Christianity and Crisis*** 39(1979) 307-311 : 309 ; Fiorenza, In Memory of Her, p. 17.

이다. 비록 이러한 응답들이 남성적 용어로 표현되어 왔으나 여성들은 남성적 문화 안에서 이러한 비판적 요소를 발견할 수 있으며, 이 남성적 문화의 비판적 요소를 비판적으로 발전시킬 수 있다는 것이다. 그녀는 성서의 예언자적-메시야적 전승을 이러한 대표적인 비평적 해방적 전승으로 간주한다.

그녀는 이 전승들이 세상적인 권력의 합법화가 아니라 억압받는 대중들의 관점에서 씌어졌다고 주장한다. 성서의 하나님은 억눌린 자들을 변호하며 성서의 하나님-언어는 현존하는 사회 질서를 '뒤흔들어 놓는다'(destabilize). 불행하게도 이 비판적 예언자적 전승이 이스라엘 역사와 기독교에서 여성들의 현실을 위해 제대로 적용되지 못했다. 그럼에도 불구하고, 류터는 오늘의 여성들이 페미니스트 해석학을 위하여 이 전승을 사용할 수 있다고 본다.

피오렌자는 이 점에서 류터가 '유용한 과거'를 말하는 러셀의 신정통주의적 입장과 합류했다고 본다. 피오렌자는 류터가 성서적이고 예언자적 전승들의 이상화된 상을 이끌어 낼 뿐만 아니라, 이 전승들의 억압적인 남성 중심적 요인들을 간과하고 있다고 비판한다. 류터는 하나의 역사적 현상으로서의 고전적 예언자적 전승을 분석하지 않고, 그것을 추상적인 비판적 해석적 패턴으로 사용하기 때문에, 그녀는 가부장적 옹호와 여신의 제의(祭儀)에 대한 억압을 고려하지 않는다는 것이다. 오히려 류터는 사회-비판적 전승으로서 예언자적 전승들이 페미니즘의 관심 안에서 사용되어질 수 있다는 것을 단순히 가정한다는 것이다.

이러한 비판과 더불어 피오렌자는 예언자적 전승들의 역사적-가부장적 요소들을 진지하게 취급함으로써만 그것들의 해방적인 사회-비판적 추진력들을 자유케 할 수 있다고 강조한다. "내 견해로는, 우리는 - 대문자 T로 씌어진 전승이든, 상대적 억압적 전승들과 본문들의 기록에 대한 계시적 혹은 해석학적 열쇠로서의 '예언자적 - 메시야적 전승들' 이든 간에 - 한 '아르키메데스의 점' 에 의거할 수 없다."[22] 류터가 시도하는 성서의 예언자적 - 메시야적 전승으로의 환원과, 이 환원에 수반하는 추상적인 비역사화된 비판적 열쇠에로의 이 전승의 환원은 여전히 신정통주의적인 것이며, 이것은 여성의 해방을 위한 페미니스트 - 역사적 해석학을 발전시키는 데에 봉사하기보다는, 성서적 종교를 페미니스트 비평가들로부터 구출하는 데 더 봉사한다고 피오렌자는 비판한다.

그러나 이러한 피오렌자의 비판 속에 바로 그녀가 비판하는 환원적인 단순화의 요소가 있는 듯하다. 류터는 성서를 예언자적 - 메시야적 전승으로 환원하려고 하지도 않았으며, 이 전승을 페미니스트 해석학을 위한 비역사화된 열쇠로 환원하려고 하지도 않았다. 류터의 경험의 원리에 의한 변증법적인 해석학적 순환의 과정에는 피오렌자가 비판하는 초역사적인 아르키메데스의 점이란 없다. 이미 언급한 바와 같이, 류터는 예언자적 - 메시야적 전승을 단순히 성차별의 현실에 대한 대립적인 대안으로서 수용하는 것이 아니라, 해방신학적인 관점에서, 다시 말하면 이원론적인 사회 구조의 근원으로서의 불의와 억압과 소외의 현실을 전복시키는 현실 변혁을 위한 패러다임으로 받아들이는 것이다.

3. 급진주의 유형의 페미니스트 해석학 : 매리 데일리

이 유형의 여성신학자들은 남녀평등과 여성해방의 현실을 성취하기 위해서는 기독교 전통 자체를 부정해야 한다는 입장을 취한다. 참으로

22. Fiorenza, ***In Memory of Her***, p. 19.

여성의 정체성과 온전성을 회복하기 위해서는 절망적일 정도로 가부장적인 기독교라는 종교를 거부하지 않을 수 없다는 것이다. 이들은 새로운 전통의 대안으로 여성의 경험과 어머니 하나님 또는 여신종교에서 그 가능성을 찾으려고 한다. 이들은 여성의 경험을 남성의 경험보다 우월하다고 보며 여성인식 방식의 특수성을 강조한다. 이들은 여성의 본성에 대한 심미적인 접근태도와 이해를 가지고 있다. 이러한 입장을 취하는 여성학자로는 탈기독교를 추구하는 (후기의) 메리 데일리(Mary Daly)와 나오미 골든버그(Naomi Goldenburg), 그리고 여신성을 추구하는 캐롤 크라이스트(Carol Christ)와 멀린 스톤(Merlin Stone) 등이 대표적인 사람들이다. 이 글에서는 데일리에 집중하여 그녀의 급진주의적 페미니스트 해석학을 살펴보기로 한다.

러셀이 남성 중심적이고 가부장적인 성서 본문 안에서 본래적인 내용으로서의 해방적인 전승(Tradition)을 구별해 내려 하고, 트리블이 가부장적 문화의 한계 안에 있는 남성 중심적 본문들의 외적인 요인들보다 본문 자체에 귀 기울여 집중하는 문헌비평적 접근에서의 수사학적 재표현과 재해석을 통하여 성서 내재적 비가부장화의 원리를 제시하려 하며, 류터가 성서 안에서 가부장적인 억압적 전승들로부터 사회 비판적인 예언 전승들을 분리하여 비판적으로 수용함으로써 여성해방을 위한 전거로 삼으려고 한다. 그리고 피오렌자가 이러한 모든 접근 방식들, 즉 그녀가 신정통주의 신학의 잔재라고 비판하고 있는 바 '성서 안의 성서'(canon in canon)를 분리하여 성서의 권위를 회복하여 그 권위에 근거하여 페미니스트 해석학을 위한 전거로 삼으려고 하는 모든 시도를 비판하면서, 성서와 기독교 전통의 전체에 예외 없이 은폐되거나 드러나 있는 모든 남성 중심적이고 가부장적인 요소들을 여성의 경험의 권위로부터 철저히 비판하고, 나아가 성서와 전통 속에서 억눌리고 비가시화된 여성의 경험들을 재건함으로써 미래지향적 여성해방의 원동력으로 현실화시켜야 한다고 주장한다면, 데일리의 여성 중심적 페미니스트 모델은 지식사회학의 도움을 받아 남성 중심적 본문의 주석으로부터 새로운 문화적 본문들, 전승들, 신화들을 산출하는 삶-중심(life-center)의 구성으로 나아가고자 시도한다. 남성 중심적 이론적 모델에 따르면 성서 본문과 전승들의 삶-중심(Lebenszentrum)은 남성이다. 만일 현실의 모든 문화적 본문들과 구성물들이 남성 중심적이라면, 페미니스트 본문의 전통이나 문화의 전통을 분리해 내는 것은 불가능하다. 그러므로 현실을 새롭게 구성하고 새로운 삶의 비전을 산출해 낼 새로운 페미니스트 삶-중심을 창조해 내야 한다.

데일리는 가부장적 해석의 매체로서의 남성 중심적 언어 자체가 메시지라고 보기 때문에, 성서 본문뿐 아니라 모든 문화 속의 모든 남성 중심적인 본문을 거부한다. 그녀는 「교회와 제2의 성」의 신판에 부가한 글 "Feminist Postchristian Introduction"에서 매체가 곧 메시지라고 단언한다. 데일리는 이 책에서 그녀가 보여 주었던 성서 옹호적 입장,[23] 즉 성서 메시지와 역사적 부가물로서의 문화-사회적 표현들, 기독교 진리의 핵심과 사회적 조건에서 생겨나는 관념들을 구별하는 이러한 해석학적 입장을 더 이상 지지하지 않는다. 그녀는 지식사회학적 입장을 받아들여서 종교의 기능을 세계 유지, 즉 가부장적 질서의 합법화로서 보게 된다. 종교적 합법화 안에서의 이러한 기존 질서는 유

---

23. 예를 들면, 교회와 제2의 성에서 데일리는 여성의 예속에 관한 바울의 훈계를 역사적 상황에 의해서 부과된 한계성으로 이해하면서, 그것은 본질적인 기독교의 인격적 메시지와 구별되는 사회적인 요소라고 말하였다. Mary Daly, ***The Church and the Second Sex : With the Feminist Postchristian Introduction***(New York : Harper & Row, Colophon Books, 1975), p. 84. 그녀는 "인격으로서의 모든 인간 존재의 평등한 존엄성과 권리들은 기독교 메시지의 본질이다."라고 하였다. p. 83.

지되고, 이러한 남성 중심적 사회의 지식사회학은 "모든 사회적으로 구성된 법칙들(nomoi)에 대한 반명제를 성(聖, the sacred)에 대한 가장 오래된 대적자인 입을 벌린 혼돈의 심연과 연관시킨다."[24] 이러한 방법론적 접근에 있어서 합법화와 해석으로서의 언어는 사회 현실의 구성에 있어서의 열쇠 개념이다. 종교에 의한 기존의 가부장적 질서 유지와 마찬가지로 페미니즘에 의한 새로운 세계의 건설도 언어와 해석 안에서, 그리고 그것을 통하여 이루어진다.

기독교 전승의 남성 중심적 또는 남근 중심적 언어 체계는 성서적 종교에 있어서 우연적인 요소가 아니라 거룩한 가부장적 질서를 유지하는데 봉사하는 것이다. 따라서 데일리는 이제 기독교 본문과 전승과 페미니스트 해석은 '상관' 의 방법을 사용할 수 없고 '해방의 방법' 을 요구한다고 주장한다. 이러한 해방의 방법은 가부장적 언어와 상징들의 '거세' 를 필요로 할 뿐만 아니라, '새로운 어의적 영역들에로의 돌파' 를 필요로 한다.[25] 그녀는 어떻게 남성 중심적 언어와 학문이 여성들을 의식에서 삭제해 왔는가 하는 사실을 보여 주기 위해서 '여성들의 조직적인 삭제' 로서의 여신살해와 여성살해(gynocide)를 폭로했고, 페미니스트 시간과 공간을 위한 새로운 언어를 창안하려고 시도한다. 가부장적 세계에서 억압된 소외자들로서 페미니스트 여성들은 '우리 자신의 세계를 명명하도록, 즉 창조하도록' 부름을 받는다. 데일리의 페미니

---

24. Peter L. Berger, ***The Sacred Canopy : Elements of a Sociological Theory of Religion***(Garden City, N. Y. : Doubleday, 1967), p. 39. 지식사회학에 관한 버거의 다른 책으로는 Peter L. Berger and Thomas Luckmann, ***The Social Construction of Reality : A Treatise in the Sociology of Knowledge***(New York : Doubleday, Anchor Books, 1966)이 있다.

25. Mary Daly, ***Beyond God the Father : Toward a Philosophy of Women's Liberation***(Boston : Beacon Press, 1973), pp. 8f.

스트 접근에 있어서는 언어와 명명이 가장 중심적이기 때문에, 세계의 재창조는 무엇보다도 개인의 의식과 언어, 자아 안에서 일어난다. 데일리의 해석학적 방법론적 접근은 언어 안에서, 또 개인들의 의식 안에서의 페미니스트 세계 구성을 탐구하는 데 있다.

그러나 피오렌자에 따르면, 이 접근은 억압의 구체적인 사회, 정치적 구조들에 집중하지 않는다. 가학적 제의와 폭력에 관한 그녀의 '구조주의자적' (structuralist) 분석은 가부장적 억압의 보편적 구조들을 부각시키지만 억압 그 자체를 비역사화 한다는 것이다. 더구나 피오렌자에 의하면, 이러한 해석학적 방법은 가부장적 문화와 종교의 한계 안에서 살아가는 여성들의 종종 뒤섞이고 혼동되고 명료화되지 못한, 그리고 단지 부분적인 페미니스트 역사의식과 행위를 위한 아무런 여지도 마련하지 못하고 있다. 남성 중심적인 지식사회학은 여성은 타자로 규정하고 여성 해방을 위한 아무런 연대성도 허용하지 않기 때문에, 데일리는 '다른 세상' (Otherworld, 또는 Other Side)을 향한 여정과 그것의 구성을 꿈꾸는데, 우리는 그 다른 세상이 어떤 것인지 전혀 예측할 수 없다.

데일리는 세계의 남성 중심적인 이론적 구성을 받아들이지만, 주변부를 페미니스트 세계 구성을 위한 삶-중심으로 만듦으로써 그것을 전복시킨다. 이러한 전환은 언어, 의식, 이론에서 만들어질 수 있으나 사회적으로 '남성 중심적 대학들의 한계들' 에 또는 모든 다른 사회, 정치, 문화적 제도들의 한계들에 설정될 수도 있다. 그녀는 「아버지 하나님을 넘어서」에서 페미니스트 현실의 구성을 위한 하나의 사회적 삶-중심 집단으로서 '반교회적인 자매단' (sisterhood as anti-church)을 제안했는데 이 자매단은 '신성한 공간', '도피한', '자아들' 의 결속체, 가부장제에 반대하는 '자아 중심적' 여성들의 친교이다.

그러나 문제는 이러한 여성 중심적 지식사회학적 접근이 신성한 공간으로 규정된 자매단으로부터 배제되어 있는 여성들, 다시 말하면 '비존재의 영역' 으로 규정된 '세속적 공간' 에 속하여 '질적 도약' 을 하지 못하고 있는 여성들과의 이분화를 초래한다는 사실이다. 피오렌자는 이러한 자매단이 억압된 자들의 결속으로가 아니라, 이데올로기적으로 '순수한 자들' 의 집합으로서 독신녀와 아마존(Amazon, 그리스 전설의 여장부), 또는 '선택된 자들' 과 '거룩한 자들' 의 모임체로서 여겨질 수 있다고 지적한다. 데일리는 가부장적 역사를 여성들의 투쟁의 무대로서가 아니라 '영역' 으로 이해하기 때문에 역사를 여성에게 회복시키지는 못하고 단지 가부장적 문화의 변두리에 페미니스트 삶-세계를 구성할 수 있을 뿐이다. 따라서 데일리는 방법론적으로 초대 기독교 안에서의 여성들의 역사를 배제할 수밖에 없고, 마찬가지로 페미니스트 관점에서의 초기 기독교 기원들의 재건을 거부할 수밖에 없다는 것이다.[26)]

Ⅲ. "페미니스트 비판적 해방의 성서해석학" : 엘리자베스 피오렌자

피오렌자는 그녀의 대표적인 두 저서 「그녀를 기념하여」와 「돌이 아니라 빵을」[27)] 에서 교회와 신학계의 성서와 성서해석의 문제를 비판하며, "페미니스트 비판적 해방의 해석학"(Feminist Critical Hermeneutics of Liberation)을 전개하고 있다.[28)] 그녀는 성서해석과 신

---

26. Fiorenza, *In Memory of Her*, p. 26.
27. Elisabeth Schüssler Fiorenza, *In Memory of Her : A Feminist Theological Reconstruction of Christian Origins*(New York : Crossroad, 1983) ; *Bread Not Stone : The Challenge of Feminist Biblical Interpretation*(Boston : Beacon Press, 1984).
28. Fiorenza, *In Memory of Her*, pp. 26-36와 *Bread Not Stone,* 서론 ix-xxv, 제1장, pp. 1-22를 특히 참조.

학의 새로운 학문적 패러다임을 페미니스트 관점에서 명료화하기를 원한다. 그녀의 성서해석학은 교회 안에서의 여성으로서의 경험, 일반적인 여성의 경험이 아니라 가부장적 남성 문화에 대한 투쟁에 참여하는 여성의 경험으로부터 출발한다.

그녀가 여성으로서 발견한 성서의 모습은 이중적이다. 즉, 성서는 여성을 공격하는 무기로 사용되어 왔으나, 동시에 또한 정체성, 생존, 해방을 향한 투쟁을 위한 용기와 희망과 참여의 전거(resource)가 되어 왔다는 사실이다. 그러므로 페미니스트 해석의 과제는 페미니스트 관점에 거스려 성서를 변호하는 일이 될 수 없으며, 반대로 성서의 억압적인 힘과 해방적인 힘의 양면성이 분명하게 인식되는 방식으로 성서를 이해하고 해석하는 일이 된다.[29] 페미니스트 해석학은 성서와 전통을 단순히 신적 계시로서 신뢰하거나 받아들일 수 없다. 역사비판적 학문적 성과에 의해 드러났듯이 성서는 가부장적 문화 속의 남성 저자들에 의해 기록되었으며, 성서의 본문은 '하나님의 말씀이 아닌 남성의 말'[30]이기 때문에 가부장적 표현으로서 비판적으로 평가되어야 한다. 페미니스트 해석학은 역사적 학문성에 뿐만 아니라 오늘날의 정치적 상황에 대하여서도 중요한 영향력을 갖는다. 왜냐하면 오늘날에도 여전히 성서는 가부장제에 대한 종교적 정당화와 이데올로기적 합법화의 기능을 수행하기 때문이다. 페미니스트 성서해석은 성서적 종교 안에 있는 여성뿐 아니라 (서구)사회의 모든 여성들을 위하여 중대한 정치적 의미를 갖는다. 그러므로 페미니스트 해석학을 전개하는 것은 신학적 과제일 뿐만 아니라 깊은 의미에서 정치적 과제이기도 하다.

---

29. Fiorenza, *Bread Not Stone*, x.
30. 이 말은 19세기에 이미 게이지(Matilda Joslyn Gage), 스탠튼(Elizabeth Cady Stanton) 등이 한 말이다.

피오렌자는 정치적 우익주의자들이 성서를 인용하여 여성의 종속을 정당화하고 해방을 위한 여성의 투쟁을 대적하는 것은, 기독교 페미니스트 변증론자들이 주장하듯이 단지 성서를 잘못 인용하거나 오용하기 때문이 아니라, 성서의 어떤 본문들이 본래적인 기능과 의도에 있어서 가부장적이고 여성 종속적이기 때문이라고 믿는다. 그러므로 페미니스트 해석은 성서에 대한 오늘날의 남성 중심적 해석과 성서의 본문 자체 모두에 대한 의혹의 해석학과 더불어 시작하여야 한다.

그러나 피오렌자는 성서와 성서적 종교를 포기하지 않는다. 왜냐하면 '우리의 유산은 우리의 힘'이기 때문에 여성들은 성서적 종교를 여성 자신의 유산으로 재주장하여야 한다. 동시에 이러한 유산에 대한 재주장은 오직 페미니스트 평가의 비판적 과정을 통하여서만 가능하다. 성서를 페미니스트 유산과 자원으로서 재주장할 수 있는 것은 성서가 모든 여성의 억압을 합법화하는 기능만을 하는 것이 아니라, 성서가 또한 노예주의, 인종차별주의, 반셈주의, 식민지 착취, 그리고 여성혐오주의 등을 배격함에 있어서 여성에게 권위와 합법화를 제공하기 때문이다. 성서는 수많은 여성들로 하여금 입을 열어서 말하고 불의, 착취, 그리고 틀에 박힌 관념에 대항하여 투쟁하도록 영감을 주었으며 계속하여 영감을 주고 있다. 자유와 온전함에 대한 성서의 비전은 아직도 모든 계층의 여성들로 하여금 가난, 부자유, 그리고 더럽힘에 대항하여 투쟁하도록 힘을 주고 있다.

그러므로 피오렌자는 "전적으로 가부장적이고 남성 중심적인 언어로 쓰여진 성서에 대한 여성의 경험뿐 아니라, 해방을 위한 투쟁에 필요한 힘 부여함의 원천과 희망의 비전으로서의 성서에 대한 여성의 경험을 정당하게 다룰 수 있는 비판적 변증법적 성서해석의 유형"으로서의 비판적 페미니스트 해방의 해석학[31]을 발전시키고자 시도한다. 이러한 해석학은 성서적 본문을 비판적 읽기와 페미니스트 평가의 변증법적인 과정에 종속시켜야 한다. 이렇게 하기 위하여 이 해석학은 성서를 하나님의 말씀으로 받아들일 수 있기 위한 시금석이 성서의 본문과 전승이 지배와 착취의 관계를 끝장내려고 하는가 그렇지 않은가가 되어야 한다고 주장한다.

만일 우리가 억압적인 가부장적 본문을 하나님의 말씀이라고 주장한다면, 우리는 하나님을 억압과 비인간화의 하나님이라고 선포하는 것이다. 참으로 문제는 가장 엄격한 의미에서 '신학적'이다. 하나님을 새롭게 명명하는 것 뿐만 아니라 교회와 교회의 성서 사용도 새롭게 명명해야 할 것이 요청되어진다. 이러한 명명의 과정은 그 위에 모든 시대를 위한 변하지 않는 하나님의 말씀이 새겨진 '돌판'(tablets of stone)으로서의 성서의 은유를, 하나님의 백성으로서 불의와 억압에 대항하여 싸우는 여성들을 양육하고, 지탱시키고, 힘을 주는 빵의 이미지로 변혁시킨다.

피오렌자는 이러한 페미니스트 성서해석의 해석학적 중심을 여성교회(women-church, ekklesia gynaikon)에 둔다. 그녀는 여성교회를 '성서적 종교 안에서 자기 정체성이 확립된(self-identified) 여성과, 여성과 동일화된(women-identified) 남성의 운동'으로 정의한다. 여성교회의 영적인 권위는 모든 사람의 정의, 자유, 온전함을 위한 여성들의 투쟁 한가운데에서의 하나님의 지탱하시는 은총과 해방의 현존에 대한 경험에 의존하고 있다. 이것은 단순히 여성의 경험에 의존하는 것이 아니라 가부장적 억압으로부터의 해방을 위해서 투쟁하는 여성들의 경험에 의존하는 것이다.[32] 페미니스트 비판적 해방신학은 모든 성서

31. Fiorenza, op. cit., xiii.
32. Ibid., xv.

의 본문들, 성서의 해석들, 그리고 오늘날에서의 성서의 사용들을 평가하되, 그것들이 가부장제의 종교적 합리화에 기여하는지 또는 가부장적 억압에 대항하기 위해 사용되는지를 평가하여야 한다. 그러므로 이 해석학은 상관관계의 해석학이라기보다는 비판적 평가의 해석학을 전개한다.

피오렌자에게 있어서 우리로 하여금 성서 본문을 억압적인 것으로 느끼게 하거나, 가부장적 억압으로부터의 해방을 위한 투쟁에 전거(resources)가 되는 것으로 느끼게 하거나, 또는 가부장적 교회를 여성교회로 변화시켜 가기 위한 모델로 인식하도록 이끄는 것은 신적 권위를 주장할 수 있는 계시된 원라나 특별한 경전 본문 같은 것이 아니다. 오히려 그것은 해방과 온전성을 위해서 투쟁하는 여성들의 경험이다. 성서 본문은 가부장적 억압에 대항했던 우리 남녀 선조들의 투쟁과 하나님의 지탱시키시는 현존에 대한 그들의 경험을 기억하는 한에서, 여성교회를 위한 패러다임이 될 수 있고 또한 우리 자신의 삶의 투쟁과 비전에 영감을 불어넣는 것이 될 수 있는 것이다.

따라서 피오렌자는 성서를 무시간적인 원형(archetype)이 아니라 여성교회를 구성하는 모형(prototype), 즉 경험을 동력화시키며 변화를 구성하는, 미래를 향하여 열려 있는 패러다임으로 이해할 것을 제안한다. 성서의 다양한 형태와 경험의 풍부함을 새로운 상황에서 적용되어져야 하는 추상적인 원리와 추동력으로 환원하는 대신에, 그녀는 성서를 자신의 비판적인 변혁을 위하여 열려 있는 역사적인 모형으로서 이해할 것을 제안한다. 이러한 이해는 우리로 하여금 성서 전체를 규범적이고 불변하는 원형으로서가 아니라, '남성의 언어' 로 기록되어 있음에도 불구하고 '하나님이 되어' 질 수 있는 경험적 권위로서 재주장하게 한다. 역사적 모형으로서의 성서 이해는 우리로 하여금 성서를 우리에게 가능성을 주는 전거로서, 돌이 아니라 빵으로서, 가부장적 종교로서 뿐만 아니라 동등한 사도성으로서의 여성교회의 유산으로서 파악하게 할 수 있다. 이러한 성서 이해의 모델은 계시를 남성 중심적인 본문 안에 위치시키지 아니하고, 가부장적 억압과 비인간화로부터의 해방을 위한 여성의 투쟁 안에서의 하나님의 은총과 임재의 경험 안에 위치시키기 때문에, 성서에 대한 여성교회의 맥락에서의 페미니스트 비판적 해석학을 요구한다.[33]

피오렌자는 페미니즘은 하나님의 말씀의 곡해이며 무신론적인 인본주의라고 주장하는 극우의 기독교 성서주의도 배격하며, 반대로 성서는 완전히 가부장적이며 억압적이기 때문에 성서를 거부해야 한다고 하는 극좌의 탈성서파(postbiblical) 페미니즘도 배격한다. 또한 그녀는 페미니스트의 무지와 오해가 성서에 대한 거부에로 이끈다고 주장하는 기독교 변증가들이나, 성서가 올바로 해석되기만 하면 여성의 해방을 선포하고 있음을 보여 주려는 기독교 변증가적 페미니스트들도 동일하게 비판한다. 왜냐하면 이러한 변증적 논쟁의 중심에는 자신의 입장을 성서적 권위에 의거해서 합법화시키려는 관심이 있기 때문이다. 여성의 해방을 변호하는 자나 비난하는 자나 모두 성서의 교회적 권위와 사회적 영향력 때문에 성서에 호소한다. 이러한 정치적 변증론의 핵심에는 여성의 경험이 아니라 성서가 있다. 왜냐하면 양측 다 어떤 성서 본문의 가부장적 성격을 입증하거나 반증하려고 추구하기 때문이다. 기독교 변증가만이 아니라 성서가 페미니스트에게는 구원의 책이 아니기 때문에 성서를 전적으로 거부하는 탈성서파도 성서적 종교에서의 여성의 경험을 간과하고 있을 뿐만 아니라, 성서가 그것이 속해 있는 공동체로부터 독립된 권위를 가지고 있다고 전제한다.

33. Ibid., xvii.

피오렌자에 따르면 만일에 이러한 변증적 논쟁이 오늘날 여성을 위한 성서의 종교적 권위를 구제하거나 아니면 거부하려고 한다면, 그것은 성서를 페미니스트 신학적 변혁에 대하여 열려 있는 역사적 모형으로서가 아니라 신화적 원형으로서 이해하고 있는 것이다. 신화적 원형으로서의 성서는 수용되어지거나 거부되어질 수 있을 뿐이지 비판적으로 평가될 수 없다. 신화적 원형은 역사적으로 제한된 경험과 본문을 취하여 보편적인 것으로 자리매김한다. 그러면 그것은 모든 시간과 문화에 있어서 권위적이고 규범적인 것이 된다. 예를 들면, 많은 성서 본문들은 하나님을 남성적, 가부장적, 전능한 지배자로서 말한다. 그러므로 페미니스트는 성서의 가부장적 남성언어와 하나님을 받아들이든지, 아니면 성서를 거부하고 성서적 종교를 떠나든지 하게 되는 것이다.[34)]

피오렌자는 기존의 성서해석의 입장들을 성서를 원형으로서 이해하고 문자적으로 해석하는 교리적 성서해석 모델, 성서의 진리와 권위를 본문의 역사적 사실성과 동일시하는 역사적-사실적 성서해석 모델, 그리고 성서의 모든 경전적 본문과 전승을 재발견하려고 하며 그것들을 역사적, 공동체적 상황에 대한 신학적 응답으로서 이해하려고 하는 양식, 편집비판의 대화적-다원적 모델로 분류한다. 이 세 번째 모델에서는 성서를 역사적, 문화적 환경에서의 성서적 공동체의 신앙과 삶의 다원성과 다면성을 반영하는 만화경으로 이해된다. 이 모델에 따르면, 성서는 다양한 본문들 뿐만 아니라 많은 상충되고 억압적이기까지 한 본문들과 상징들을 가지고 있기 때문에, 그것들은 모두 오늘의 공동체를 위한 동등한 신학적 권위를 가지고 있다고 할 수 없다.

그러나 피오렌자는 이 모델이 성서의 다음성(polyphony) 속에서 하

34. Ibid., pp. 9-10.

나님의 음성을 확증하려는 노력에 있어서, 그리고 규범적인 주장과 신학적 평가에 있어서 원형적 패러다임에 호소한다고 비판한다. 이 모델은 다양한 성서 본문과 전승의 진리와 권위를 검증하기 위한 신학적 기준과 척도로서 신정통주의[35] 처럼 '정경 중의 정경' 을 수립하려고 한다는 것이다. 그녀는 이처럼 계시의 결정적인 원리나 규범적인 성서 전통을 찾으려고 하는 페미니스트 신학자들의 예로서 레티 러셀과 로즈매리 류터를 들고 있다. 류터는 상관관계의 방법을 전개하여 성서적 종교의 해방적 – 예언적 비판과 그것의 문화적 변질을 구별하기를 제안했으며, 러셀은 하나님의 해방의 종말론적 미래의 관련성 속에서 불변적 전승과 가변적 전승 사이의 구별을 주장했다. 그러나 피오렌자에 의하면, 특정한 역사적 본문과 특수한 문화적 상황으로부터 결정적인 보편적 원리나 규범적 전승을 이끌어내려는 시도는, 그러한 페미니스트 신학적 해석학이 아직도 보편적인 원리와 규범적인 패턴을 구축하는 원형적 성서의 패러다임에 집착하고 있음을 지시한다는 것이다.[36] 그녀는 이러한 해석학은 언어와 내용, 가부장적 표현과 해방적 전승, 남성 중심적 본문과 페미니스트 '증언' 을 구별함으로써 형식과 내용, 언어적 표현과 계시적 진리 사이를 나누는 유지 불가능한 언어적 – 철학적 입장에 의지하고 있는 것 같다고 말한다.

피오렌자에게 있어서 페미니스트 비판적 성서해석은 성서적 원형으

---

35. 피오렌자는 신정통주의 성서해석 모델을 사실적 – 역사적 모델에 대한 응답으로서, '경전 안의 경전'의 원리를 가지고 다원적인 경전적 저술의 모음집 안에서 진리 주장들을 평가하기 위한 척도로서 사용되어질 수 있는 성서의 본문들과 전승들을 신학적으로 확증하려는 시도로서 규정한다. 이 신정통주의 모델은 더 이상 성서 전체를 원형적 신화로 이해하지 않지만, 경전적인 본문과 전통이라고 판단되어진 것들은 하나님의 말씀을 나타내는 것으로 이해한다. Ibid., p. 12.

36. Ibid., pp. 12 – 13.

로서의 규범적 권위를 그 출발점으로 택할 수 없으며, 해방을 위한 투쟁 안에 있는 여성의 경험으로부터 출발하여야 한다. 이 해석 모델은 성서를 비판적 페미니스트 성찰과 교회여성이라는 신학적 권위에 종속시킨다. 이 권위는 모든 성서 본문의 억압적 또는 해방적 힘을 평가한다. 마치 예수가 인간의 행복과 온전함을 위하여 성서와 전통에 대한 자유를 실현했던 것처럼(막 2 : 27), 페미니스트 비판적 해석학은 여성의 해방과 온전함의 관점에서 성서의 기능을 평가하려고 한다. 성서를 신화적 원형이 아니라 역사적 모형으로 이해하는 피오렌자의 페미니스트 비판적 해방의 해석학에 대한 그녀의 말을 직접 들어 보자.

> 그러나 그것(페미니스트 비판적 해방의 해석학)은 이 경전을 성서의 글들로부터가 아니라 가부장적인 억압적 체제로서의 인종차별주의, 성차별주의, 그리고 가난에 대항하는 오늘날의 여성의 투쟁으로부터, 이 투쟁에 대한 페미니스트 이론적인 체계적 논구(論究)로부터 이끌어 낸다. 이것은 그것(이 해석학)이 성서를 원형으로서가 아니라 역사적 모형 또는 성서적 신앙과 삶을 형성하기 위한 뿌리 모델로서 이해하기 때문에 가능하다. 해방과 구원의 비전은 성서적 모형에 의해 알려지지만(informed) 그것으로부터 유래하는(derived) 것은 아니다. 그것은 성서 본문을 페미니스트 경험의 권위 아래에 두는데, 이것은 페미니스트 경험이 계시는 지금도 계속되며 '우리의 해방을 위하여' 발생한다는 사실을 주장하는 한 그렇다. 그것은 어떤 성서 본문과 전통과의 동일시를 추구하지 아니하고 성서적 종교 안에서의 여성과의 연대성을 추구한다. 교회의 여성으로서, 우리는 성서적 구조와 전통을 재생산하도록 부름받은 것이 아니라 우리의 성서적 유산을 회상하고 변혁시키도록 부름을 받았다.[37)]

피오렌자는 성서를 신화적 원형으로서가 아니라 역사적 모형으로서

---

37. Ibid., p. 14.

이해함으로써, 교회의 여성들은 미래를 향한 창조적 비전을 창조하기 위해서 여성 자신의 경험과 역사적 투쟁과 페미니스트 선택을 연결시킬 수 있게 된다고 믿는다. 페미니스트 비판적 평가와 검증의 과정을 통하여 성서는 더 이상 권위적인 원천(source)으로서가 아니라, 해방을 향한 여성의 투쟁을 위한 전거(또는 자원, resource)로서 기능한다는 것이다.

그러면 성서를 신화적 원형으로서가 아니라 역사적 모형으로서 이해하는 페미니스트 비판적 해방의 해석학은 구체적으로 어떠한 과정과 단계를 통하여 이루어지는가? 피오렌자에 의하면 페미니스트 열쇠 안에서 여성의 관점으로부터 성서를 비판적으로 다시 읽는 일은, 잃어버린 전승들을 재발견하고, 잘못된 번역을 수정하고, 남성 중심적인 학문성의 층들을 벗겨 버리고, 성서적 상징과 신학적 의미의 새로운 차원을 재발견해 내는 과정 속에 있다. 여성들은 자신들의 성서적 유산을 재발견해 내며 이 유산이 오늘날의 그들의 힘의 일부인 것을 깨닫는다. 대중적인 그리고 학문적인 차원에서 이 재발견은 두 기본적인 전환에 의해 가능하다. 그것은 현실과 세계에 대한 우리의 인식의 전환과, 성서의 본문과 그 해석의 기능에 대한 우리의 인식의 전환이다. 이러한 패러다임의 전환은 한편으로는 세계에 대한 남성 중심적 이해로부터 페미니스트 인식에로의 전환이며, 다른 한편으로는 성서의 권위에 대한 변증적 집중으로부터 성서적 종교 안에서 가부장적 억압에 대항하는 오늘날의 여성의 경험과 투쟁에 대한 페미니스트 명료화로의 전환이다.

피오렌자에게 있어서 성서를 신화적 원형으로서가 아니라 역사적 모형으로서 이해하는 새로운 패러다임으로서의 페미니스트 비판적 해방의 해석학은, 구체적으로 네 개의 구조 또는 단계를 통하여 이루어진다. 이 네 개의 구조적 요소들은 의심의 해석학, 선포의 해석학, 회상의 해석학, 창조적 현실화의 해석학이다.[38] 첫째로, 모든 성서 본문은 남성 중심적 언어로 쓰였으며 가부장적 사회구조를 반영하고 있기 때문에, 비판적 페미니스트 해석은 긍정과 동의의 해석학이 아니라 의심의 해석학으로 시작한다. 의심의 해석학은 페미니즘을 위한 성서의 권위와 진리를 전제하지 않고, 성서 저자들 자신, 성서 본문, 본문의 번역과 해석이 남성 중심적이며 가부장적 기능에 봉사한다는 전제를 그 출발점으로 삼는다.

둘째로, 비판적 페미니스트 해석학은 성서가 기독교공동체에서 여전히 성서(Holy Scripture)의 기능을 하기 때문에, 역사적 사실성의 해석학이 아니라 선포의 해석학을 요청된다. 역사적으로 적절한 성서의 번역이 성차별적, 가부장적 또는 페미니스트 포괄적 성서 본문의 성격을 전면에 드러낸다면, 선포의 해석학은 오늘날의 신앙공동체를 위한 성서의 신학적 의미와 힘을 평가한다. 역사적, 비판적 평가는 가부장적 성서 본문과 오늘날의 문화와의 상호 작용에 대한 정치적, 비판적 페미니스트 평가에 의해 보완되어져야 한다. 가부장적 본문은 문화적 고정관념과 가부장적 종속을 강화한다. 그러므로 선포의 해석학은 성서의 본문이 오늘날의 가부장적 문화에서 담당하고 있는 역할을 분석한다. 선포의 해석학은 성차별이나 가부장적 본문을 '예배낭독용 성구집'에서 배제하며, 그것이 기독교의 예배나 교리문답에서 선포되어지지 말아야 할 것을 주장한다. 반면, 가부장적 상황을 극복했거나 인간의 자유와 온전성의 해방에 대한 비전을 명백히 표현하는 본문은 예배, 기도회, 교회의 가르침에서 적절한 위치를 가지도록 한다.

셋째로, 페미니스트 비판적 해석학은 성서의 해방적 추진력을 하나

38. Ibid., pp. 15-22. 이 네 가지 단계와의 관련 속에서의 피오렌자의 성서해석학에 관해서는 필자의 글 "피오렌자의 성서해석학에 대한 고찰" 「교회와 신학」(장로회신학대학교, 1995) 제27집, pp. 372-400을 참조하시오.

의 페미니스트 원리나 하나의 페미니스트 성서 전통으로 환원하지 않고, 역사적, 비판적 연구를 통하여 여성에 관한 성서 본문으로부터 여성의 역사의 재건으로 나아가는 회상의 해석학을 발전시킨다. 남성 중심적 성서 본문과 가부장적 전통을 포기하지 않고, 회상의 해석학은 남성 중심적인 본문을 넘어 성서적 종교의 여성의 역사에로 나아가기 위해서 역사적, 비판적 분석을 사용한다. 이 해석학은 여성을 성서적 공동체와 신학의 중심에 놓는 역사적 재건의 이론적 모델을 제안한다. 비록 경전이 단지 비가부장적인 기독교의 통념의 잔여만을 보존하고 있다고 해도, 이러한 잔여는 그러한 '가부장화'의 과정이 기독교공동체 안에서 본래적인 것이 아니라 어렵사리 그리고 천천히 진행되어 온 것이라는 사실을 지시한다.

가부장적 기독교의 과거에서의 여성의 선조들의 고통과 희망에 대한 기억을 포기하지 않고, 회상의 해석학은 '기억된 과거'의 전복시키는 힘을 통하여 그들의 고통과 투쟁을 재주장한다. 이 '전복시키는 기억'은 성서적 과거의 여성들의 투쟁과 희망을 살아 있게 만들 뿐만 아니라, 과거, 현재, 미래의 여성들의 보편적 연대성을 가능하게 한다. 기억의 해석학은 여성의 성서적 유산을 재주장할 뿐만 아니라 성서 시대의 여성들의 고난의 기억(memoria passionis)을 되살려 살아 있게 하는 것을 주된 과제로 삼는다. 이 유산은 종교적 행위와 해방의 역사로서 재구성되어져야 한다.

넷째로 이 해석학은 무관심하게 거리를 유지하는 해석학(hermeneutics of disinterested distance)으로부터 창조적 현실화의 해석학으로 나아가는데, 이것은 성서의 여성의 이야기와 아직도 계속되고 있는 성서의 역사와 공동체를 상상력 있게 표현하는 일에 여성교회를 참여시킨다. 기억의 해석학이 여성의 역사의 역사비판적 재건에 기여한다면, 창조적 현실화의 해석학은 역사적 상상력, 예술적 재창조, 예전적 의식화의 도움으로 여성들로 하여금 성서의 역사 안으로 들어가도록 허용한다. 이 해석학은 여성이 오늘도 계속되는 해방의 성서적 이야기에 적극적으로 참여하고 있음을 표현한다. 창조적 현실화의 해석학은 페미니스트 관점에서 성서의 이야기를 다시 이야기하며, 동등의 사도성의 관점에서 성서적 비전과 권면을 재형성하며, 가부장적 본문 안에 잔존해 있는 페미니스트 잔여를 창조적으로 증폭하여 이야기를 만들려고 시도한다. 이 해석학은 교회의 여성을 위하여 상상력이 풍부한 자유, 대중적 창조성, 그리고 의식(儀式)의 힘을 재주장한다. 오늘의 여성은 여성에 관한 성서의 이야기를 다시 쓸 뿐만 아니라, 가부장적 기도를 재형성하고 여성의 조상을 축하하는 페미니스트 의식(儀式)을 창조한다. 피오렌자에 따르면, 오직 여성의 종교적 상상력과 명명(naming)의 거룩한 힘을 다시 주장함으로써만 여성교회는 "새로운 꿈을 꾸며 새로운 비전을 볼 수 있다."

이 마지막 단계의 해석학과의 연관성 속에서, 이제 끝으로 피오렌자가 「돌이 아니라 빵을」 제5장과 제6장에서 왜 성서학의 객관주의적-사실적 자기 이해가 현대의 역사학의 해석학적 통찰을 충분히 인식하지 못하며, 따라서 자신의 비판적-역사적 과제를 다하지 못하는가 하는 점을 보여 주려고 한다는 사실을 소개할 필요가 있다. 여기서 그녀는 소위 객관주의적, 가치 중립적, 과학적, 역사적 성서학과 헌신적인 페미니스트 성서학 사이의 긴장은 페미니스트 학문성의 이론적인 결핍의 결과가 아니라고 말한다. 해방신학과 여성신학은 역사적-문학적 성서학에 도전하여 과학적 사실성, 가치중립성, 그리고 옛 것에 매어달리는(antiquarian) 사고방식을 버리고 현재와 미래를 위한 회상으로서의 역사의식을 회복할 것을 요청한다.

피오렌자는 번스타인의 말을 인용하면서,[39] 오늘날의 가다머(Gadamer), 하버마스(Habermas), 쿤(Kuhn), 로티(Rorty), 아렌트

(Arendt) 같은 사상가들이 그 위에서 우리의 생각, 믿음, 그리고 행동을 안정시킬 '고정된 아르키메데스의 점'과 궁극적인 기반을 추구하기보다는, 우리가 '재각성된 연대성의 의식'을 함양할 수 있는 길을 찾는 실천적-도덕적인 관심 안에서 객관주의냐 상대주의냐 하는 것을 극복하려고 시도하고 있음을 언급한다. 이와 같은 맥락에서 피오렌자는 성서적-역사적 상대성의 변천하는 모래 안에서 '계시된' 아르키메데스의 점(그것이 성서 안의 원리든지 또는 해방하는 전통과 본문이든지)을 찾으려고 하지 말고, 페미니스트 비판적 해석학은 성서가 정의, 해방, 그리고 연대성을 위한 여성의 투쟁에 있어서 가능성을 주며 동기를 주는 자원이며 힘을 주는 권위가 될 수 있는지, 될 수 있다면 어떻게 될 수 있는지를 평가하고 탐구해야 한다고 주장한다.[40] 그녀는 이러한 물음에 대한 진정한 대답이 해석학적 이론에 의해서가 아니라, 오직 여성교회의 해방적 실천에 의해서 확증되어야 한다고 믿는다. 여성신학은 2차적인 성찰이다. 비록 비판적 페미니스트 해석학이 성서학과 신학 분야를 변혁시키려고 노력해야 하지만, 그 헌신은 무엇보다도 학문성에가 아니라 여성교회와 문화적, 사회적 가부장제 안에서 존엄성, 자기긍정, 생존, 그리고 자유를 위해 투쟁하는 여성들에게 주어져야 한다.

이러한 해석학의 정당성과 영향은 이 해석학이 얼마만큼이나 성서를 여성교회를 위한 전거로서 재주장할 수 있는가에 달려있다는 것이다.

---

39. Richard J. Bernstein, ***Beyond Objectivism and Relativism : Science, Hermeneutics, and Praxis***(Philadelphia : University of Pennsylvania Press, 1983).
40. Fiorenza, op. cit., xxiii.

Ⅳ. 맺는 말

피오렌자는 러셀, 트리블, 류터보다는 좀더 비판적, 진보적이며 데일리보다는 기독교적인 해석학적 유형을 제시하고 있다고 보여진다. 이것은 어느 신학자의 성서해석학적 입장은 그의 신학적 입장의 시금석이기 때문에 당연히 이러한 그녀의 해석학적 유형은[41] 그녀의 신학적 입장을 반영한다. 그녀는 시종일관 성서 안에서의 내용과 형식, 본질적 케리그마와 역사적 부가물〔예를 들면 러셀의 전통(Tradition)과 전통 또는 전승(tradition, traditions) 사이의 구분〕의 이분법적 구별을 반대하였다. 이러한 부적절하고 불가능한 이분법적 구별에 대한 피오렌자의 반대는 정당하며, 역사적 맥락을 무시하고 본문에만 집중하여 듣고자 하는 트리블의 수사학적 접근에 대한 그녀의 비판도 정당하다.

그러나 그녀의 말대로 러셀이 성서를 본질적 내용으로서의 전통(Tradition)과 역사적 형식으로서의 전통(tradition)으로 소박하게 나누는 오류를 범했다면, 피오렌자는 여남평등의 사도성으로서의 본래적인 기독교공동체의 현실과 그 이후의 역사적 과정에서의 비본래적인 가부장적 변형과 왜곡이라는 이분법적 도식을 구상하고 있는 과오를 범하고 있는 것은 아닌가 하는 의혹을 떨쳐 버릴 수 없다. 과연 그 '상실된 낙원' 은 역사적으로 실재했는가? 그리고 만일 그렇다고 해도 그것을 역사적, 비판적 접근을 통해 재구성해내는 것이 가능한가? 만일 피오렌자가 그렇다고 믿는다면 그녀는 아직도 순진하고 낙관주의적인 19세기의 역사적 예수의 탐구의 정신에 머물러 있다고 하지 않을 수 없다

---

41. 피오렌자의 성서해석학에 대한 평가에 대하여는 필자의 글 "피오렌자의 성서해석학에 대한 고찰" op. cit., pp. 396-400을 참조하시오.

(물론, 역사적 객관주의 입장에서의 가치중립적인 접근을 극복하려는 그녀의 창조적 현실화의 해석학은 훌륭하지만 말이다).

피오렌자는 전통(Tradition)과 전통(tradition)을 구분하려는 시도 뿐만 아니라, '성서 안의 성서' 를 찾으려는 노력이나 성서 안에서 여성해방적 투쟁을 위한 전거를 발견하려는 시도(예를 들면 류터의 예언자-메시아 전승)도 그것이 여전히 신화적 원형으로서의 성서관에 입각하여 초역사적 아르키메데스의 점을 찾으려는 시도로 간주하고 비판하였다. 따라서 그녀의 역사적 모형으로서의 성서관에 입각한 페미니스트 비판적 해방의 해석학은 철두철미 오늘날의 여성, 특히 여성교회로서 여성해방을 위해 투쟁하는 여성의 경험에 의거하고 있다. 이러한 그녀의 해석학적 입장은 반대로 여성의 경험을 성서해석과 여성교회를 위한 유일한 규범으로서의 아르키메데스의 점으로 간주하고 있는 것은 아닌가 하는 의문을 자아낸다. 류터가 지적한 대로, 변화 가능한 오늘의 경험으로부터 출발하는 그녀의 역사적 모형으로서의 성서관은, 하나의 역사를 가지고 있는 사고의 유형을 궁극적 규범으로 사용한다는 한계점을 안고 있다.

일반적으로 러셀 이후의 오늘날의 페미니스트 여성신학자들의 해석학적 입장은 가다머보다는 하버마스의 해석학적 입장에 가깝다. 이들은 가다머의 영향사 의식이나 지평 융합의 해석학적 입장에 대하여 비판적이다. 가다머는 전통의 영향 안에 위치해 있는 해석자의 역사적, 해석학적 한계성과 가능성, 그리고 본문으로부터 듣고자 하는 해석자의 열려 있는 자세를 강조하였으며, 본문에 대한 해석자의 긍정과 동의의 자세를 전제한 상태에서의 해석자와 본문 간의 변증법적 대화를 통하여 진리의 탈은폐와 이해의 과정, 즉 지평융합의 과정이 일어나는 것을 주장하였다. 그러나 페미니스트 해석학은 성서의 어떤 본문들이 남성 중심적으로 여성에 대하여 편견적이고 성차별적이기 때문에, 신앙의 동의로부터가 아니라 의혹에 의한 비판적 질문으로부터 출발해야 한다고 주장한다. 페미니스트 해석학은 체계적으로 왜곡되어 있는 성차별적 성서적 지평과 융합할 수 없기 때문에 가다머의 이론은 수용될 수 없다는 것이다. 이러한 점에서 페미니스트 해석학은 성서가 해방을 위한 전거라고 이해하는 해방신학과 민중신학의 해석학적 입장과도 차이가 있다. 특히, 이 점은 피오렌자가 강조하고 있는 바이다. 그녀에 따르면 성서 안에 가부장적인 요소는 부분적인 것이 아니라 전체적인 것이며, 이 가부장적인 표현 형식과 내용을 대항하는 전거로 사용되어질 수 있는 비가부장적, 여성 중심적 내용은 없다는 것이다.

이러한 점에서 페미니스트 해석학, 그리고 특히 피오렌자의 해석학은 전통과 본문 안의 단순한 형식적 오류가 아닌 사회적 이데올로기를 반영하는 체계적 왜곡에 대한 비판적 인식을 가지고, 프로이트의 정신분석학에 근거한 메타 심리학과 마르크스의 이데올로기 비판적 사회이론 등을 포괄하는 사회적 의사소통 이론을 주장하는 하버마스의 비판적 해방의 해석학과 밀접한 유사성을 가지고 있다. 하지만 피오렌자의 해석학은 지나치게 해석자의 비판적 이성과 경험의 권위에만 의존하는 것이 아닌가 여겨진다. 과연 오늘날의 여성의 경험이 전통적인 문화와 가치와의 절대적인 단절 속에서 가능한 것인가? 본문과 전통 안에는 여성과 남성이 한 인간으로서 갖는 공통적인 인간 경험, 특히 신적 계시의 현실에 대한 체험 안에서 갖는 영속적인 가치와 규범이 있음을 (그 모든 가부장적, 남성 중심적 왜곡을 충분히 고려하고서라도) 정말 인정할 수 없는 것일까? 만일 페미니스트 해석학을 위한 권위와 규범이 오늘의 여성의 경험뿐이라면 데일리처럼 가부장적인 기독교의 경전과 전통 자체를 떠나는 것이 훨씬 자유롭고 희망적일 것이다. 무엇 때문에 과거의 가부장적 본문에 아직도 매어 달리고, 있을 법하지도 않은 여남평등의 사도적 원공동체를 찾아 재건하려고 엄청난 수고를 하는가? 이러한 일들이 과연 오늘의 여성해방의 투쟁을 위한 동력을 제공해 주기 위해서 필요한 절차들인가?

류터는 피오렌자처럼 오늘의 여성의 경험과 성서와 전통을 이분법적으로 파악하지 아니하고, 변증법적인 순환 관계에 있음을 인식하고 설명함으로써 과거의 전통과 오늘의 경험 사이의 대립적인 국면을 극복하려고 한다. 인간의 경험은 과거의 전통화되어진 경험과 오늘의 경험 사이의 불연속성으로 인한 위기를 가져오게 하는 요인임과 동시에, 연속성을 유지시켜 주는 매개이다. 류터는 이미 언급한 바와 같이 페미니스트 해석학의 원리를 지지해 주는 성서적 전거를 '예언자적–메시아적 전통'에서 발견하였다. 물론 이것은 단순히 그녀가 성서적 전통의 유산을 한편의 입장(가부장적, 역사적, 정통적)에 반대되는 다른 한편의 입장(모권적, 자연적, 비정통적)을 채택하는 관점에서 취사선택하는 것을 의미하는 것이 아니라, 즉 예언자적–메시야적 전승을 단순히 성차별의 현실에 대한 대립적인 대안으로서 수용하는 것이 아니라, 해방신학적인 관점에서, 다시 말하면 이원론적인 사회 구조의 근원으로서의 불의와 억압과 소외의 현실을 전복시키는 현실 변혁을 위한 패러다임으로 받아들이는 것이다.

그러나 분명한 것은, 류터가 가부장적으로 왜곡되고 변형된 본문과 전통 안에서도 신적 계시의 경험의 영속적인 요소가 비판적인 검증과 수정을 통하여 발견되어질 수 있음을 인정하고 있다는 사실이다. 물론 류터는 이러한 전승들 자체가 남성 중심적인 관점을 가지고 있으며 성차별의 요소를 내포하고 있다는 것을 간과하지 않기 때문에, 그것들을 페미니스트 관점에서 비판적으로 변혁시켜 사용하여야 한다고 말한다. 이러한 의미에서 '성서 안의 성서'로서의 예언자적–메시야적 전승을 (다른 비기독교적 대안적 전승들과 함께) 여성해방을 위한 전거로서 비판적으로 수용하려는 류터의 해석학적 입장은 정당하다고 보여진다. 왜냐하면 이것은 여성의 관점에 진리가 있듯이 남성의 관점에도, 그것이 가부장적 편견에 의하여 왜곡되고 변질되었음에도 불구하고, 직접적으로 성차별적인 주제와 내용이 아닌 한 진리와 계시적 요소가 있다는 사실에 대한 정당한 인식을 가지고 있기 때문이다. 조금도 왜곡되거나 변질되지 아니한 순수한 형태로 하나님의 계시의 현실이 발생하고 경험되어지는 가능성과 현실성은 인간의 역사 안에는 없는 것이다.

따라서 오늘날의 성서해석학의 과제는 신앙에 의한 동의와 긍정의 해석학을 비판적 의혹의 해석학과 어떻게 조화하여, 해석자와 본문 간의 상호 비판적인 대화의 과정을 통하여 변증법적으로 지평의 융합을 이루어감으로써, 미래의 창조적 현실을 향하여 오늘의 개인적, 공동체적, 역사적 현실을 변혁시키는 데 공헌할 수 있는가 하는 데 있다. 창조적 비판의 능력으로서의 성령의 인도하심을 따라 수행하는 상호 비판적 변혁을 위한 열려진 대화의 과정만이, 오늘과 내일의 인간의 역사에 종말론적인 하나님 나라의 현실을 선취적으로 앞당기는 비전을 동력화할 수 있다. 이런 의미에서 과거와 현재의 상호 비판적인 대화적 접근을 시도하는 류터의 통전적인 해석학의 입장은, 좀더 비판적으로 발전시키고 적용한다면, 여남평등의 이상적인 미래의 현실을 향한 헌신을 위한 자원과 추진력으로 현실화시키는 데 있어서 공헌할 수 있는 가능성을 더 풍부하게 함축하고 있다고 할 수 있다.

12-1 피오렌자(Elisabeth Schüssler Fiorenza)의 성서해석학에 대한 고찰

I. 들어가는 말

현대신학에 있어서 가장 주목할 만한 진전의 하나는 의심할 바 없이 여성신학의 출현과 더불어 이루어졌다. 피오렌자는 페미니즘(feminism)[1]의 관점에서 신학의 재형성의 과제를 수행하기 위하여 노력하고 있는 대표적인 여성신학자 중의 한사람이다.[2] 많은 저술들을 통하여

1. 페미니즘의 유형에는 자유주의, 마르크스주의, 급진주의, 사회주의 등의 다양한 유형이 있다. 이에 대하여는 강남순, 「현대여성신학」(서울 : 대한기독교서회, 1994), pp. 38-80을 참조하라. 페미니즘을 여권주의라든지 여성신학이라든가 하는 특정한 개념으로 번역하면 이러한 다양한 페미니즘의 의미를 축소 환원시킬 우려가 있으므로 한국말로 번역하지 않고 그냥 영어의 발음대로 페미니즘이라고 기술한다. 이 글에서 페미니즘은 단순히 남성배척주의가 아니라 남성 중심적이고 가부장적인 사회 속에서 여성 억압의 현실을 변혁시켜서 남녀 모두의 온전한 인간성의 실현을 지향하는 여성운동 일반을 의미한다.
2. 피오렌자는 캐롤 크리스트(Carol Christ)나 후기의 메리 댈리(Mary Daly)처럼 과격하지는 않지만 진보적인 입장을 대변하는 여성신학자 중의 한 사람이다. 피

그녀는 여성의 현실을 심각하게 고려하는 성서 읽기와 해석의 방법론의 필요성을 강조하고 있다. 기독교 역사 전반에 걸쳐서 대부분의 성서해석은 남성의 경험에 규범적 성격을 부여하는 남성의 관점으로부터 수행되어 왔다. 이에 대하여 피오렌자는 여성의 경험으로부터 출발하는 페미니즘적 성서해석학을 전개하여 기독교 기원의 형성에 있어서의 여성의 활동을 재발견하고 기억해 냄으로써 남성 중심주의를 돌파해 나갈 길을 찾는다.

피오렌자가 자신에게 부여한 이러한 과제는 전통적이거나 현대적인 신학 뿐만 아니라 성서 자체가 남성 중심적인 문화 속에서 형성되어졌다는 사실을 고려할 때 결코 쉬운 과제가 아니다. 그녀의 표현을 따르면, 본문들은 여성의 입장과 관심이 아닌 '역사적 승리자들'의 입장과 관심에 의해 형성되었다. 따라서 이러한 방법론적인 주제는 성서탐구를 수행함에 있어서 혁신적인 길을 요청한다. 하지만 성서를 여성신학적, 비판적인 관점에서 다시 읽는 길을 추구한 것은 피오렌자가 처음 시작한 일은 아니다. 이미 17세기에 '여성의 정당한 언설'(Women's Speaking Justified)을 쓴 마가렛 펠(Margareth Fell) 같은 사람이 있었으며, 19세기에는 '여성의 성서'(The Woman's Bible)를 편집한 스탠톤(Elizabeth Cady Stanton) 같은 사람들이 있었다.[3] 그러나 이들의 영향력은 피오렌자처럼 폭넓고 광범위하지 못했다. 왜냐하면 그 당시에는

오렌자의 입장과 성서해석학에 대하여는 본인의 글 "여성신학의 의의에 대한 평가와 전망" 「교회와 신학」(서울 : 장로회신학대학교, 1994)에 간략히 언급된 바가 있다.

3. Margareth Fell, ***Women's Speaking Justified***(Los Angeles : Augustan Reprint Society, 1979) and Elizabeth Cady Stanton, ***The Woman's Bible*** (Seattle : Coalition Task Force on Women and Religion, 1974).

오늘날처럼 여성신학이 지속적이고 광범위한 페미니즘운동의 지지를 받지 못했기 때문이다.

다른 많은 여성신학자들과 함께 피오렌자는 비남성 중심적인 형태로 여성의 종교적 경험과 영적인 탐구를 기술함으로써 대안적인 방식으로 문화와 사회를 표현할 수 있는 새로운 공동의 언어와 새로운 목소리를 찾으려고 시도한다. 그녀에 따르면, 가부장적인 침묵을 깨뜨리고 여성의 영적인 권위를 선포하기 위한 길은, 성서를 샅샅이 탐구함으로써 여성 조상들(foresisters)의 이야기들을 찾아 되살려 내는 데 있다.

> 페미니스트 성서해석은 그러한 신적 임재와 계시가 여성들인 하나님의 백성들 안에서도 역시 발견되어진다는 사실을 명시화하려고 추구한다. 그것은 언어적으로 물 속에 잠겨 있고 신학적으로 침묵되어진 하나님의 백성들의 지체들인 오늘과 과거의 여성에 의해서 경험되고 선포되어지며 또한 경험되었고 선포되었다. 여성신학은 성서 시대와 우리의 시대에 있어서 신적 계시와 은혜의 중개자는 단지 남성일 뿐만 아니라 여성이기도 하다는 사실을 명시화한다. 따라서 그것은 여성의 신학적 침묵과 교회의 비가시성을 단절함으로써 하나님의 은혜와 능력이 우리 가운데 충만하게 계시되게 하려고 노력한다.[4)]

II. 피오렌자의 해석학의 전제들

피오렌자는 남성 규정적인 문화와 가부장제적 사회 안에서의 여성의 억압의 경험과 해방을 위한 노력과 함께 시작하는 페미니스트 성서해석학을 전개한다. 그녀는 이러한 해석학이 세계에 대한 남성 중심적인

---

4. Elisabeth Schüssler Fiorenza, "A Feminist Critical Interpretation for Liberation - Martha and Mary : LK.10 : 38 - 42," *Religion and Intellectual Life* 3, no 2 (1986), p. 22.

관점으로부터 페미니즘적 관점으로 전환될 때에만, 그리고 성서에 대한 변증적인 입장으로부터 가부장적인 구조에 대항하는 페미니즘적 입장으로의 전환을 통하여서만 가능하다는 것을 인식한다. 여기서 목표되어지는 결과는 세계와 인간의 삶과 역사에 대한 포괄적인 페미니즘적 이해이다. 따라서 피오렌자는 여성을 비가시화시키고 주변화시키는 남성적 언어, 계급적 본문, 학문적 틀, 과학적 재구성 안에 명료화되어 있는 지배적인 문화적 사고방식에 대한 질문을 던짐으로써 시작한다.

그녀는 무엇보다도 "사회적 구성물과 정치적 합법화로서 언어와 사회, 고정화된 성적 유형과 문화, 성(gender)과 인종 사이의 상호 작용"을 지적한다.[5] 이러한 분석의 열쇠는 현대의 사회를 위해서와 마찬가지로 성서의 상황을 위해서도 정당하다. 보수주의자들은 여성을 '신적으로 규정된 위치'(divinely ordained place)에 묶어 두기 위해서 성서의 본문을 문자적으로(ipsislitteris) 적용하였다. 성서가 성차별적으로 해석되어지는 경향 때문에 어떤 페미니스트들은 성서를 다루기를 전적으로 거부하기도 한다. 피오렌자에게 있어서 페미니스트 해석의 과제는 성서를 페미니스트 비판으로부터 보호하는데 있는 것이 아니라, 그것의 억압적이고 해방적인 힘들이 분명히 규명되어지는 방식으로 성서를 해석하는데 있다.

페미니스트 해석이 정치적 함의를 갖고 있다는 사실은 성서와 전통이 먼저 철저하게 평가되어짐이 없이는 하나님의 계시로서 받아들여질 수 없다는 점에서 명백히 드러난다. 중요한 페미니즘의 주제의 하나는, 한편으로는 여성의 잃어버린 역사를 재건하기 위한 자료로서의 성서의

5. Elisabeth Schüssler Fiorenza, ***Bread Not Stone***(Boston : Beacon Press, 1984), pp. 2-3.

잠재성에 대한 인식을 잃지 않으면서, 다른 한편으로 성서 자체의 잘못된 왜곡을 인정하는 것이다. 사라 그림케(Sarah Grimke), 마틸다 게이지(Matilda Joslyn Gage), 그리고 엘리자벳 스탠톤(Elizabeth Cady Stanton)이 한 세기 전에 이미 성서의 본문은 무엇보다도 (하나님의 말씀이기 이전에) 남성의 말이라고 인식하였다.

> 이 통찰은 역사적, 비평적 탐구의 결과를 성서는 인간적 또는 남성적 저자에 의해서 씌어졌다는 결과로 특수화시킨다. 이러한 페미니스트 해석학의 비판적 통찰은 역사적 탐구를 위하여 뿐만 아니라, 우리의 오늘날의 정치적 상황을 위한 파생적 결과를 초래한다. 왜냐하면 오늘날 성서는 아직도 가부장제의 이데올로기적 합법화와 종교적 정당화로서 기능하고 있기 때문이다.[6]

여성신학은 남성 중심적 신학이 하듯이 남성을 규범적 인간으로 택함에 의해서가 아니라, 모든 인간의 경험을 포괄함에 의해서 지적인 틀의 재개념화를 추구해야 한다고 주장한다. 남성으로서의 하나님 상과 남성적 관점에서 규정되어진 실재는 여성을 완전히 비가시적으로 만들거나 주변화시킨다. 그러나 피오렌자는 여성만이 배제되고 소외되었다고 보지 않는다. 흑인, 인디안, 노동자 계층, 그리고 식민화된 사람들도 역시 배제되었다. 따라서 페미니즘은 교회적, 사회적 변화를 추구하는 운동으로서, 종속관계에 기초한 사회 정치적 체계와 구조를 극복하려고 노력한다. 성차별주의, 인종차별주의, 제국주의, 그리고 군사주의는 모두 동일한 문제의 다른 측면들을 구성하며, 이 모두가 페미니즘적 과업의 대상들이다.

이러한 사회와 교회의 피라미드적인 체계 안에서 여성은 인종과 계

---

6. Ibid., p. xi.

급의 관점에서 뿐만 아니라 배우자 유무의 관점에서도 규정되어진다. 「콘칠리움」(*Concilium*)지(誌)에 기고된 글에서 피오렌자는 여성신학(feminist theology)이 본질적으로 '여성의 신학'(a theology of woman)으로 이해되어져 왔다고 말하는데, 이 여성의 신학에서는 성서, 전통, 또는 교회적 선언과의 충돌로 야기되는 신학 내부적인 문제들이 신학적 규명을 위한 출발점이 된다. 그러나 피오렌자는 착취를 내면화시키고 유지시키는 문화적, 성적 역할분리와 '여성적인' 행위의 사회화와 더불어 지금 존재하고 있는 가부장제적 착취의 경제적 구조를 부당한 것으로 고발한다.[7] 여성에 대한 가사화(家事化, domesticity)에의 사회화는 단지 여성이 자신의 가능성에 대하여 의심하도록 만들기 때문만이 아니라, 성서의 본문에 연관되어졌을 때 여성을 하나님의 백성의 역사에 있어서의 주체가 아니라고 믿도록 만들기 때문에 해악된 것이다. 통용되는 가부장적 태도가 본문 안으로 투사되어 읽혀지기 때문에, 여성의 활동은 최상의 경우에 평가절하되고 최악의 경우에 본문으로부터 지워진다.

피오렌자가 본문을 향하여 던지는 질문은 이것이다. "의심할 바 없이 성서의 언어는 남성 중심적이다. 그러나 이것은 의도적으로 여성을 제외시키는가?"[8] 피오렌자는 사람을 나타내는 총칭적 용어인 남자(man)를 오직 남성만을 지칭하는 것으로서 해석하는 성서 해석자들을 비판한다. 이러한 해석은 여성의 활동을 정당히 다루지 않는다. 전통적인 신학은 예수의 공동체 안에서 중요한 자리는 오직 남성만을 위해서만

---

7. Elisabeth Sch ssler Fiorenza, "the Endless Day : Introduction," ***Concilium*** 194(December 1987) : xix.

8. Elisabeth Sch ssler Fiorenza, ***In Memory of Her***(New York : Crossroad, 1984), p. 43.

마련되었다는 생각을 받아들이는 경향이 있다. 예수가 마가복음에서 "진실로 내가 너희에게 이르노니 어디든지 복음이 이 세상에 전파되는 곳마다 그녀가 한 일이 그녀를 기념하여(in memory of her) 말해질 것이다."(14 : 9)라고 선언했음에도 불구하고, 그 여인의 행동은 복음의 지식의 한 부분이 되지 못했다. 본문의 증거들은 여성들이 남성과 동등한 책임성을 가지고 예수를 헌신적으로 따랐던 사람들임을 보여 준다. 피오렌자는 이야기들이 편집적으로 재서술되는 과정에서 가부장적인 그리스-로마의 독자와 청자들의 기호에 맞도록 변형되었다고 본다. 따라서 성서에 대한 번역자와 해석자는 역사적 적합성과 철학적 정확성의 문제와 직면해야 한다.

피오렌자는 성서를 불변하는 무시간적인 패턴을 구축하는 이상적 형태로서의 '신화적 원형'(mythical archetype)으로 보지 않는다. 그녀는 이미 이 원형적 이해를 문제삼은 역사적 비평적 방법을 받아들인다. 이 방법은 또한 성서가 한편으로는 교회 교리와 실천을 위한 사상적 정당화와, 다른 한편으로는 개인적 교화와 합법화가 될 수 있음을 지적한다. 그러나 그녀는 역사적 비평적 방법에 의해 추구되는 객관주의적, 가치 중립적, 그리고 합리주의적 역사 이해를 넘어가려고 한다. 그녀는 성서를 '역사적 모형'(historical prototype)으로서 본다. 이 모형은 원형과는 달리 무시간적으로 구속력 있는 패턴이나 원리가 아니다. 모형으로서의 성서는 자체의 변혁의 가능성에 비판적으로 열려 있다.[9)]

---

9. Ibid., p. 33. Elisabeth S. Fiorenza, "Emerging Issues in Feminist Biblical Interpretation," ed. Judith L. Weidman, ***Christian Feminism : Vision of a New Humanity***(San Francisco : Harper & Row, 1984), pp. 33-54. 이 글은 이우정 편, 「여성들을 위한 신학」(서울 : 한국신학연구소, 1985), pp. 91-118에 번역되어 있다.

피오렌자에게 있어서 성서를 분석하는 기준이나 경전은 성서 안으로부터 오지 않는다. 페미니즘적인 비판적 해석은 그 출발점으로서 성서적 원형의 규범적 권위를 택할 수 없으며, 인종차별주의, 성차별주의, 그리고 가난에 대항하는 여성의 투쟁의 경험으로부터 출발하여야 한다. 여성의 경험은 해석의 새로운 열쇠이다. 경전은 역사적 승리자에 의하여 형성될 수 없다. 왜냐하면 그것은 고통당하는 자에 대한 전복력(顚覆力) 있는(subversive) 기억과 억압당하는 자에 대한 우리의 연대성을 포기하는 것을 의미할 것이기 때문이다.[10)]

따라서 피오렌자는 전통적인 신학에서와 일군의 여성신학자들에 의해서 유지되어온 '경전 안의 경전'의 개념을 받아들이지 않는다.[11)] 다른 성서의 본문들을 판단하기 위해서 특정한 역사적 본문과 특수한 문화적 상황으로부터 보편적 원리나 규범적 전통을 이끌어 내려고 시도하는 것은 원형으로서의 성서관에 집착하는 것이다. 그녀는 보편적 원리와 규범적 패턴을 형성하는 원형으로서의 성서관에 대하여 다음과 같이 비판한다.

---

10. Fiorenza, *Bread Not Stone*, pp. 66-67.
11. 피오렌자는 성서에 나타나는 해방적-예언자적 비판과, 이러한 비판과 대립되는 사회적 상황과 성차별적으로 합법화된 문화적 변형을 구분지어 상관시키는 류터(Rosemary Radford Ruether)의 방법론을 비판한다. 류터에게 있어서는 성서의 예언자적, 메시야적 전승들은 페미니즘을 위하여 유용한 성서 안에 있는 비판적이고 해방적인 전승들이다. 피오렌자는 또한 전승(Tradition : 예수 그리스도를 남녀 인간들에게 넘겨 주는 하나님의 구원행위, 즉 Paradosis로서 그리스도에 관계되는 전승되는 내용), 전승(tradition : 총체적인 전승의 과정), 그리고 전통들(traditions : 교회의 역사를 구성하는 사실들과 패턴들)을 구분하고, 페미니즘과 성서종교 사이의 충돌은 후자에 대한 오해에서 비롯된다고 보는 러셀(Letty Russel)도 비판한다. 더 자세한 것은 *In Memory of Her*, pp. 3-40을 참조하라.

> 여성신학자에게는 모든 경전의 본문과 전통을 받아들이는 것이 불가능하므로, 성서종교 안의 페미니스트들을 위하여 성서가 규범적이고 권위적이라는 것을 다시 주장하기 위해서는, 우리는 어떤 본문과 전통은 남성 중심주의에 의해서 왜곡되지 않거나 가부장제에 대하여 비판적이었다고 주장해야만 한다.[12)]

물론 이것은 잘못된 주장이다. 피오렌자는 문화적-역사적 다원주의의 변화하는 물결 가운데에서 계시나 규범적 전승의 불변하는 기준을 찾고자 하는 시도는, 일방적인 전승, 텍스트, 또는 성서적 궤도를 채택함으로써 성서에 있는 풍부한 역사적 경험을 포기해 버리는 환원적인 신학비평 방법론을 지지하게 된다고 비판한다.

Ⅲ. 피오렌자의 해석학의 네 가지 요소들

자신의 성서해석의 모델 안에서, 피오렌자는 여성의 교회에 대한 명료화된 경험을 신학적 숙고의 중심으로 삼는다. 신화적 원형으로서의 성서이해로부터 역사적 모형으로서의 성서이해로의 전환을 전개함에 있어서, 피오렌자는 네 가지 구조적 요소들에 의해 구성되는 비판적 페미니스트 해석의 모델을 제안한다. 그녀는 이 해석의 과정을 다음과 같이 요약한다.

> 모든 성서의 본문이 남성 중심적 언어 안에 형성되었으며 가부장적인 사회구조를 반영하기 때문에, 비판적 페미니스트 해석은 동의와 긍정의 해석학이 아니라 '의혹의 해석학'으로부터 시작한다. 그리고 그것은 역사적 사실성의 해석학이 아니라 '선포의 해석학'을 발전시

---

12. Fiorenza, ***Bread Not Stone***, p. 13.

킨다. 왜냐하면 성서는 아직도 오늘날 기독교공동체 안에서 거룩한 책으로서 기능하고 있기 때문이다. 성서의 해방적인 추진력을 페미니스트 원리나 하나의 페미니스트 성서 전통으로 환원시키지 않고, 그것은(비판적 페미니스트 해석) 여성에 관한 성서의 본문으로부터 여성의 역사를 재구성으로 나아가는 '회상의 해석학'을 발전시킨다. 끝으로 이 모델은 무관심하게 거리를 유지하는(disinterested distance) 해석학으로부터 '창조적인 현실화의 해석학'으로 나아가는데, 이것은 여성의 교회로 하여금 여성의 성서적 이야기에 대한 상상력 넘치는 서술과 그것(여성의 성서적 이야기)의 지속적인 역사와 공동체 안에의 참여를 포함한다.[13]

1. 의혹의 해석학

의혹의 해석학은 성서의 본문이 남성 중심적이고 가부장제적 기능을 한다는 사실을 인식함과 더불어 시작된다. 이 의혹은 정당하다. 왜냐하면 대부분의 성서의 저자들과 성서의 해석자들이 남성이기 때문이다. 따라서 이 해석학은 두 가지 특징을 갖는데 그 하나는 성서 본문의 남성 중심주의에 초점을 맞추는 것이며, 다른 하나는 현대의 성서신학을 비판하는 것이다.

성서 본문의 페미니스트 성격과 해방적 진리를 전제하지 않고, 그것(의혹의 해석학)은 모든 성서의 본문이 문법적으로 남성적인 언어로 기술되었으며, 가부장제적 문화, 종교, 사회 안에 깃들여 있으며, 그리고 오랫동안 남성들에 의해 정경화되고, 해석되고, 선포되었다는 사실에 대한 통찰에 의존한다. 의심할 바 없이 성서는 남성의 책이다![14]

---

13. Ibid., p. 15.
14. Fiorenza, "A Feminist Critical Interpretation," p. 23.

그러나 의혹의 해석학은 남성중심주의에 대한 비판에 한정되지 않는다. 그것은 또한 아직 전통적인 신학에 의해 발굴되지 않은 상실된 해방의 전승과 비전이 있다는 사실을 인식한다. 잃어버린 동전을 찾기 위해 온 집안을 쓰는 비유에 나오는 여인처럼, 여성신학은 여성의 경험을 명명하는 것을 도와 줄 '힘을 부여하는 동전'(empowering Coin)을 찾기 위해 온 성서를 쓸어 찾는다. 그런데 이러한 전승을 발굴해내기 위해서는 오늘날의 신학적이고 일반적인 해석들, 성서 저자 자신들의 경향, 그리고 교부 시대에 있어서의 경전화 과정을 비판적으로 평가하는 것이 필요하다.[15)]

이 점에 있어서 의혹의 해석학은 남성을 규범으로서 여성을 '타자'로서 이해하는 성서해석의 남성 중심적 모델과 암묵적인 이해관계를 또한 비판적 시각에서 본다. 참으로 성서 연구는 여성을 총칭적인 용어인 남성 아래 포함시키는 성서의 남성 중심적 언어를 반향(反響, echoes)한다. 남성 중심적인 성서신학은 "남성을 패러다임적 인간으로서 이해하는 이론적-문화적 패러다임"이 된다.[16)] 따라서 성서의 여성은 일반적으로 규범적 존재라기보다는 예외적인 존재로서 인식된다. 피오렌자에 의하면 이것은 중요한 잘못이다. 그녀에 따르면 남성 중심적 언어는, 특히 명시적으로 남성만을 지칭하는 경우를 제외하고는, 총칭적 언어로서 받아들여져야 한다. 즉, 일반적인 남성적 언어는 여성이

---

15. 이것은 피오렌자의 입장의 본질적인 특징이다. 그녀가 성서 본문을 다룰 때에는 언제나, 페미니스트 관점으로부터든지 아니든지, 지금까지 특정한 본문과 더불어 성서학자들이 성취한 것을 평가함으로써 시작한다. 이러한 접근 방법의 좋은 예는 계시록에 대한 그녀의 글에 잘 나타나 있다. Elisabeth Sch essler Fiorenza, ***The Book of Revelation : Justice and Judgment***(Philadelphia : Fortress Press, 1985)를 참조하라.
16. Fiorenza, ***Bread Not Stone***, p. 16.

명시적으로 제외되지 않는 한 남녀를 함께 지칭하는 것으로 이해되어야 한다. 오직 성서의 여성들이 예외적이고 문제성 있는 인물들로 보여지지 않을 때에만 여성들의 역사적인 침묵과 비가시성이 돌파되어질 수 있다.

> 우리 자신의 문화적 - 역사적 전제들을 신약성서 본문 안에 투사시키지 말고, 우리는 그것들을 초기교회의 운동을 여성과 남성의 운동으로서 볼 수 있도록 해주는 역사적 모델로 대치하여야 한다. 그러한 모델은 여성의 역할을 그리스 - 로마의 가부장제적 문화의 관점에서 규정하려고 하는 본문들과 마찬가지로, 초기교회의 선교운동에 있어서 여성의 지도력과 공헌이 중심적이었다는 것을 지시해 주는 신약성서의 본문들을 우리로 하여금 정당하게 다룰 수 있게 해준다.[17)]

2. 선포의 해석학

피오렌자의 이 인용문은 우리를 그녀의 방법론의 두 번째 구조적 요소인 선포의 해석학으로 인도한다. 여기서 피오렌자는 성서의 신학적 의미와 오늘날의 신앙공동체를 위하여 성서가 갖고 있는 능력제공의 근원으로서의 가능성을 평가한다. 그러나 그녀는 다시 한번 성차별적 전통은 신적 계시라고 스스로 주장할 수 없으며, 그것의 남성 중심적 성격은 배격되어야 한다는 점을 분명히 한다. 역사적으로 적합한 성서번역이 여성포괄적인 측면 뿐만 아니라 성차별적 - 가부장적 측면을 지적해 내는 반면, 선포의 해석학은 여성으로 하여금 억압받는 역할로부터의 해방을 추구할 수 있게 해주는 성서의 능력을 가치평가한다. 평가

---

17 . Elizabeth Schüssler Fiorenza, "Missionaries, Apostles and Coworkers : Romans 16 and the Reconstruction of Women's Early Christian History," *Word and World* 7, No 4(1986), p. 422.

의 열쇠는 "남성 중심적 언어로 씌어진 철저히 가부장적 책으로서의 성서에 대한 여성의 경험과 아울러, 해방을 향한 우리의 투쟁을 위한 능력제공과 비전의 근원으로서의 성서에 대한 여성의 경험을 정당하게 다루는 성서해석의 비판적 변증법적 양식"이다.[18]

따라서 선포의 해석학은 이중의 신학적 가치판단을 갖는다. 한편으로 그것은 본문 안의 남성 중심적 기술을 비판하고, 다른 한편으로 여성을 온전한 인간으로서 그리고 하나님의 공동체의 능동적인 구성원으로서 긍정하는 대안적 전통과 본문을 찾는다. 선포의 해석학의 첫 번째 과제는 억압적인 가부장적 본문과 성차별적 전통은 신적 계시의 권위를 주장할 수 없다는 사실을 강조한다는 점에서 의혹의 해석학에 가깝다. 이러한 본문은 성차별주의의 관점에서 뿐만 아니라 인종차별주의, 군사주의, 그리고 식민주의의 관점에서도 검증되어야 한다. 피오렌자는 역사적 비판적 방법이 이러한 과제를 수행함에 있어서 필수적인 단계임을 인식한다. 그러나 가부장적 성서의 본문과 오늘날의 문화 사이의 상호 작용을 평가하기 위해서는 이 방법은 정치적, 비판적인 페미니즘적 가치평가에 의해 보완되어질 필요가 있다.[19]

그러므로 선포의 해석학은, 성차별적이거나 남성 중심적인 것으로 판명된 모든 본문들은 하나님의 말씀으로 받아들여지거나 교회에서 사용되는 성구집에 포함될 수 없다는 것을 주장한다. 반면에, 가부장제적 상황을 초월하고 인간의 자유와 통전성에 대한 해방적 비전을 기술하고 있는 본문들은, 예배와 가르침에 있어서 그들의 적절한 자리를 부여받아야 한다. 비판적인 페미니스트 해석은 특수한 문화적 상황 속에서

---

18. Fiorenza, *Bread Not Stone*, p. xiii.
19. Ibid., p. 18.

의 성서 본문의 억압적이거나 해방적인 영향력을 보기 위한 (성서 본문에 대한) 조심스러운 신학적 평가에 의해 보완되어져야 한다.

피오렌자에 따르면, 남성 중심적 본문들과 문서들은 역사적 현실을 반영하지도, 역사적 사실들을 제대로 보도하지도 못하며, 역사적 현실이 실제로 어떠한 것이었는지 우리에게 말해 줄 수도 없다. 남성 중심적인 본문들로서 우리의 초기의 기독교 자료들은 가부장제적 문화 안에 뿌리박고 있는 신학적 해석, 논쟁, 투사, 그리고 정선물(精選物)들이다. 이러한 본문들은 그것들 자체의 시대와 문화의 관점에서 역사적으로 평가되어져야 하고, 페미니즘적 가치의 척도에 의해서 신학적으로 사정(査定)되어져야 한다. 그럼에도 불구하고 이러한 본문들의 남성 중심적 경향성과 가부장제적 기능을 자세히 분석해 보면, 우리는 기독교의 초기시대에서의 동등한 사도성을 보여 주는 역사성에 대한 실마리를 발견할 수 있다. 이러한 실마리는 초기교회 안에서의 가부장주의화의 경향과 발전 뿐만 아니라, 인간평등적인 이상과 현실을 올바로 해석해 낼 수 있는 역사적 모델을 우리로 하여금 구성할 수 있도록 도와 준다.[20] 여기에 회상의 해석학의 가능성이 있다.

3. 회상의 해석학

페미니즘적 선포의 해석학은 비판적인 회상의 해석학과 균형을 유지해야 한다. 회상의 해석학은 여성에 대한 성서 본문으로부터 여성의 관점에서 여성의 역사와 성서의 역사를 재구성하는 데로 나아간다. 이 해석학은 페미니즘적 관점에서의 역사적 비판적 재구성을 통하여 모든

---

20. Fiorenza, ***In Memory of Her***, p. 60.

성서적 전통을 재건한다. 이 해석학은 남성 중심적인 성서 본문과 전통을 다루는 일을 포기하는 것이 아니라, 오히려 역사적 비평적 방법을 사용하여 남성 중심적 본문을 넘어서서 성서종교 그 자체 안의 여성의 역사에로 나아가려고 시도한다. 이러한 접근에 있어서 전제되어야 할 것은 가부장적 문화와 성서의 역사 안에의 참여자로서의 여성의 공통된 역사적 경험의 존재이다. 이러한 상황 속에서 여성은 가부장제적 문화의 협력자일 수도 있고 그것에 대항하는 자일 수도 있다. 그러나 어떤 식으로든 여성들은 거기에 있다. 페미니스트 해석학의 과제는 성서 본문을 (남성 중심적이든지 아니든지) 이 여성들에게 도달하기 위한 도구로 사용하는 데 있다. "페미니스트 의미는 단지 남성 중심적인 본문의 인간 평등주의적 잔여(殘餘)로부터만 이끌어 내어질 수는 없으며, 남성 중심적인 본문과 가부장적 역사 안에서 그리고 그것들을 통하여서도 발견되어져야 한다."[21)]

여성 조상들(foresisters)의 고통과 희망의 기억은 잊혀지지 않았으며 회상된 과거의 전복시키는 힘을 통하여 되찾아진다. 그것은 참으로 위험한 기억이다. 왜냐하면 그것은 과거의 여성들의 비전과 고통을 다시 찾는 것이기 때문이며 또한 과거와 현재와 미래의 여성들의 연대성을 추구하기 때문이다. 따라서 회상의 해석학은 여성을 성서적 공동체와 신학의 중심에 위치시키는 성서의 상황의 역사적 재구성을 위한 이론적 모델을 제안한다. 피오렌자에 따르면, 이러한 성서 읽기와 역사적 재구성이 가능하다는 사실은, 초기 기독교 운동 안에서의 여성의 헌신과 지도력의 현실이나 동등한 사도성에 대한 획기적인 발견에 의해 명백해진다. 남성 중심적인 성서 본문들은 가부장제적, 문화적 상황만을

---

21. Fiorenza, *Bread Not Stone*, p. 19.

반영하는 것이 아니라 다소간의 인간평등주의 운동의 희미한 빛도 보여 준다는 것이다.

피오렌자는 이와 같은 페미니스트 해석학이 여성을 침묵시키는 가부장제적 구조로부터 여성을 효과적으로 구출해 낼 수 있다고 믿는다. 특별히 그녀는 예수운동에 있어서의 여성의 지극히 중요한 역할에 대한 기억을 재건할 수 있다는 것과, 이것이 다시 오늘날의 기독교 여성에게 힘을 제공해 줄 수 있다는 것을 믿는다.[22] 비록 경전이 비가부장적 기독교 정신의 잔여만을 보존하고 있다고 해도, 가부장적 사고와 행동의 양식이 기독교공동체 안에 본래적으로 있었던 것이 아니라 후기에 발전된 것임을 믿을 수 있는 충분한 근거가 있다는 것이다. 회상의 페미니스트 해석학의 주된 과제는 성서의 여성의 고난의 기억(memoria passionis)을 생생하게 되살려서 그들의 경험을 오늘의 여성 자신의 유산으로 되찾는데 있다.

페미니즘적 성서의 유산을 단지 가부장적 억압의 역사로서 해석만 하는 것은 위험하다. 피오렌자는 이 역사가 또한 해방과 종교적 행동의 역사로서 재구성되어져야 함을 강조한다. 그녀는 성서 본문들이 "있는 그대로의 여성들을 위하여(for what they are) 이해되어야 함"[23]을 주장한다. 성서의 여성의 투쟁, 지도력, 그리고 삶에 대한 기억은 배제될 수 없다. 왜냐하면 그들의 고통과 더불어 그것은 오늘의 여성 자신의 역사적 과거를 나타내기 때문이다.

4. 창조적 현실화의 해석학

---

22. Susan M. Setta, "In Memory of Her : A Symposium on an Important Book," *Anima* 10 (1984), p. 97.
23. Fiorenza, *Bread Not Stone*, p. 20.

마지막으로, 회상의 해석학은 창조적 현실화의 해석학에 의해서 보완되어야 한다. 이것은 여성의 성서적 역사를 서술하는 것을 포함하며, 지속적인 성서적 해방의 역사에 여성이 종사하는 것을 표현한다. 여기서 피오렌자는 "역사적 상상, 예술적 재창조, 그리고 예전적 의식화(儀式化, ritualization)"[24] 의 필요성을 강조한다. 이러한 개념들로서 그녀가 말하려고 하는 바는 페미니스트 성서해석은 비판적이면서도 또한 건설적이어야 하며, 과거지향적이면서도 또한 미래지향적이어야 한다는 것이다.

이 단계에서 중요한 부분은 동등한 사도성과 가부장주의 속에서 살아남은 다른 페미니즘적 잔여에 기초하여 페미니스트 관점으로부터 성서의 이야기를 다시 서술하는 것이다. 본문을 창조적으로 전유(專有, appropriating)하는 것이 중요하므로 이 다시 이야기함에는 배타적인 유일한 길이란 없다. 예전, 페미니스트 의식(ritual), 조상 여성을 위한 축제, 노래, 미드라쉬 같은 것들은 단지 약간의 실례들이다. 피오렌자는 어떻게 성서 읽기를 할까 하는 것보다는, 성서 본문을 창조적으로 현실화시키고 여성의 권리를 되찾는 일에 더욱 관심을 기울인다. 이 권리는 여성에 관한 성서의 이야기를 다시 쓰는 것 뿐만 아니라 기도와 다른 가부장적 전통들을 재형성하는 것을 포함한다. "우리는 이야기와 시, 드라마와 예전, 노래와 춤 안에서 우리의 성서의 여성 조상들의 고통과 승리를 발견한다."[25]

성서 본문에 대한 이러한 페미니즘적인 창조적 현실화는 이야기들을 항상 새로운 형상과 상징 속에서 다시 이야기하려고 시도한다. 이렇게

24. Ibid.
25. Ibid., p. 21.

함으로써 창조적 현실화의 해석학은 옛날에서와 마찬가지로 오늘날에서의 신앙공동체 안의 여성을 위한 예수의 중요성과 성서의 하나님을 다시 명명하려고 한다. 여성신학자들은 이러한 일이 오직 성서 본문의 억압적인 또는 능력을 부여하는 부분들을 분명히 규명하는 비판적인 해석의 과정을 통해서만 이루어질 수 있다고 믿는다.

Ⅳ. 피오렌자의 해석학의 적용

방법론에 있어서 피오렌자는 여성의 초기 기독교 역사의 문제를 언급한다. 그녀는 어떻게 본문이 씌어졌고, 형성되었고, 전승되어졌는지를 알아내려고 한다. 그러나 그녀는 이 일을 본문 자체나 신학 자체를 위하여가 아니라 초기 공동체에 관하여, 그리고 그 공동체에서의 여성의 참여에 관하여 더 많은 것을 발견해내기 위하여 수행한다. 따라서 그녀는 더러 유명한 여성들이나 별로 유명하지 못한 다른 여성들에 관한 불충분한 정보를 찾아내려고 노력한다.

> 그렇게 함으로써 우리가 여성의 삶과 역사로부터 적어도 하나의 교훈을 배울 수 있다는 사실이 명백하다. 즉, 우리의 억압의 한 중요한 요인은 우리의 역사가 도둑맞았다는 사실, 우리의 지도자들과 우리의 어머니들이 잊혀졌다는 사실, 우리의 언어와 교육이 우리를 우리 자신으로부터 그리고 서로로부터 소외시켰다는 사실이다.[26]

---

26. Elisabeth Schüssler Fiorenza, "The Quilting of Women's History : Phebe of Cenchreae," in ***Embodied Love***, ed. Paula M. Cooey, Sharon A. Farmer, and Mary Ellen Rose(San Francisco : Harper & Row, 1987), p. 35.

이 잃어버린 역사를 되찾기 위한 시도로서, 피오렌자는 거짓된 과학적 객관성으로부터가 아니라 여성의 경험과 사역으로부터 말미암는 역사편찬을 제안한다. 그녀가 사용하는 이미지는 누비이불을 만드는 사람의 모습인데, 즉 역사편찬은 남아 있는 역사적 정보의 조각들을 짜맞추어 각각의 부분들에 예술적인 전체적 구상의 의미를 부여하는 것이다. 이러한 이미지 뒤에 있는 사상은, 성서적 역사의 기술은 과거의 사건을 반영하는 거울이 아니라는 것이다. 오히려 그것은 정보들을 '짜모아' (stitching together) 하나의 일관성 있는 모델을 만드는 것이다. 증거를 발췌하고, 역사적 의미를 부여하고 추론적으로 재구성하는 일은 성서신학 전반에 걸쳐서 언제나 있어 왔다. 피오렌자는 기존의 탐구유형을 비판하는데, 왜냐하면 그것은 지배적인 집단을 위하여 씌어졌기 때문이다. 그녀의 관심의 초점은 여성의 역사를 재건하는데 있다.

여성의 역사를 재구성함에 있어서, 피오렌자는 본문의 남성중심주의와 본문이 생겨난 문화적 환경을 지적하는 것으로부터 시작한다. 그리스-로마의 환경에서 사회적으로 약자의 집단(아내, 어린이, 종)을 집안의 머리인 아버지(pater familias)에게 종속시키고 복종케 하는 가정 법전을 채택하는 것은 가장 일반적인 상황이었다. 그러나 피오렌자는 이런 가정 법전의 채택은 초기 기독교공동체에서는 일어나지 않았다고 본다. 초기의 기독교공동체에는 남녀의 동등한 사도성의 정신이 있었으며, 이 정신이 많은 추종자들, 특히 여성들을 끌어당겼다. 초기 기독교운동이 개개인을 그들의 사회 정치적 위치 또는 성별과는 관계 없이 온전한 구성원으로 받아들였기 때문에, 그것은 지배적인 가부장제적 사회와 충돌하였다. 이 운동은 특히 여성들에게 많은 공감을 불러일으켰는데, 왜냐하면 여성들의 삶을 종교적 독립성과 자아 성취로 고취시킴으로써 가족의 한계를 넘어서 나아가도록 했기 때문이었다. 기독교운동을 통하여 여성들은 매우 존중받게 되었으며, 큰 기동력과 영향력

을 획득하였다.[27)]

성서 본문의 상황과 관련된 또 다른 측면은 초기 공동체가 가정교회에서 소집단으로 모였으며, 따라서 공적인 영역과 사적인 영역 사이의 전통적인 이분법이 무너졌다는 사실이다. 이 새로 일어난 기독교운동은 자유자나 노예나, 여성이나 남성에게 동등하게 공적인 지도력을 발휘할 수 있게 해 주었다. 예를 들면, 초기 기독교의 지도적 여성 중에는 여행하면서 복음을 전했던 기독교 선교사인 뵈뵈(Phoebe)가 있다. 우리는 그녀에 관해 로마서 16장에서 알 수 있는데, 이 글은 그녀를 위해서 로마의 공동체에게 보내진 추천의 편지이다. 그녀는 성적 역할과 가정적 위치에 의해서가 아니라, 그녀의 교회적 기능에 의해서 정의되어진다. 뵈뵈는 '우리의 자매' 이며, 고린도의 항구도시인 겐그레아(Cenchreae)에 있는 교회의 지도자 또는 목회자이며, 많은 사람(바울 자신을 포함하여)의 후원자이다.

초기 기독교운동의 역사가 인간 평등주의적이고 비남성 중심적인 모델에 따라 재구성될 때에만 여성의 지도력과 역할에 대한 입수가능한 정보들을 통합시키는 것이 가능하다. 회심자들 중에는 높은 신분을 지닌 여성들도 있었는데(행 17 : 4, 12) 이들은 기독교의 기초를 세우고, 유지시키고, 발전시키는데 중요한 역할을 담당하였다. 뵈뵈는 아마 이러한 여성들 중의 한 사람이었을 것이다. 그러나 주목할만한 사실은 헬라어인 '디아코노스' (diakonos)와 '프로스타티스' (prostatis)가 종종 남성 주석가들에 의해 섬김, 보조, 도움 등으로 번역된다는 사실이다. 피오렌자에 의하면 주석가들은 이러한 명칭들이 여성들에게 사용되어졌기 때문에 이 칭호들의 의미를 평가절하하려고 애쓴다는 것이다. 바울

27. Ibid., p. 44.

이 “디아코노스”라는 용어를 자신이나 다른 남성 지도자에게 사용할 때에는, 학자들은 그것을 목회자, 선교사, 또는 종으로 번역한다. 뵈뵈의 경우에는 그들은 보통 이 명칭을 집사직(deaconess)으로 번역하는데, 이 직책은 남성의 집사직에 비해 매우 적은 기능만을 담당하였다. 이와 유사하게 보통 지도적 직책, 의장, 또는 후원자로서 번역되어지는 ‘프로스타티스’라는 명칭은 이러한 학자들에 의해서 보조자, 또는 조력자로 번역되어진다. 왜냐하면 이들에게는 바울이 여성에 의하여 지지되어지거나 여성보다 아랫자리에 있는 듯한 느낌을 갖는 것이 있을 수 없는 일로 여겨졌기 때문이다.[28)]

다른 뛰어난 여성들 몇 명만 예를 들면, 기독교 선교를 위해서 자기의 집을 제공했던 두아디라(Thyatita)에서 온 실업가 루디아(Lydia), 분명히 사도라고 불리었던 유니아(Junia, 남성 중심적 신학자들에 의해 통상 남성 이름으로 번역되었다), 그리고 아폴로의 교사요 교리문답 교수자였던 기독교 동역자 브리스가(Prisca) 등이 있다. 바울서신들은 초기 기독교공동체에 있어서 가장 출중한 선교사와 지도자 중에는 여성들도 있었다는 것을 보여 준다. 여성들은 교사요, 설교자요, 사도였다. 가정교회의 지도자로서 여성들은 아마도 예배의식을 집례했을 것이다. 그 후에 여성들이 담당했던 역할인 집사직과 비교해 볼 때, 그들의 권위가 여성만의 특수한 기능이나 여성 사역에만 국한되지 않았다는 사실은 매우 놀랄만한 일이다.[29)]

피오렌자의 페미니스트 해석학에 있어서 바울 이전의 공동체에서의 동등한 사도성은 가장 획기적인 진전이다. 갈라디아서 3 : 28에 근거하

---

28. Elisabeth Schüssler Fiorenza, “Women in the Pre-Pauline and Pauline Churches,” *Union Quarterly Review* 33(Spring and Summer, 1978), p. 157.
29. Ibid., pp. 155-158.

여 인종, 계급, 종교, 그리고 성에 의한 모든 차별은 철폐된다. 왜냐하면 그리스도 안에서 모든 지체는 동등하고 하나이기 때문이다. 이제는 더 이상 유대인과 이방인의 구별이 없다는 자신의 견해를 지지하기 위해서 갈라디아인들에게 보내는 편지에서 바울이 인용한 이 전통적인 세례공식은, 그 당시의 그리스-로마 문화 안에서 받아들여진 사회적, 종교적 차별에 대항하는 (새로이 세례받은)기독교인들의 자의식을 표현한다.[30] 헬라인들은 흔히 자기들이 짐승이 아니라 인간으로, 이방인이 아니라 그리스인으로, 그리고 여성이 아니라 남성으로 태어난 것을 수사학적으로 감사하였던 것이다.

피오렌자는 예수의 삶과 그의 추종자들에 대한 복음서의 진술들을 비판적으로 비교한 후에, 저자들이 현실에 대한 온전한 상을 제시하지 못했으며, 특히 여성의 참여와 지도적 역할을 충분히 나타내지 못했다는 결론에 도달한다. 바울의 서신들을 서로 비교해 보아도 사정은 마찬가지인데, 한편으로 바울은 여성들의 기독교 신앙을 위한 선교사역과 선포를 찬양하면서, 다른 한편으로 또한 인간 평등적이고 해방적이지 못한 여성에 대한 견해를 진술하기도 한다. 피오렌자는 복음서의 진술들(주로 요한복음)을 통하여 동등한 사도성을 재발견한다. 특히 자신의 책 「그녀를 기념하여」(*In Memory of Her*)에서 피오렌자는 성서에 대한 매우 공들인 연구를 통하여 이러한 관점을 발전시킨다.

피오렌자는 예수와 그를 따르는 자들의 세계 안으로 들어가려고 시도한다. 이 세계를 재건함에 있어서, 그녀는 역사적 비평적 주석의 방법과 결과를 전제한다. 그러나 그녀의 성서 읽기의 결과는 매우 다르다.

> 양식비평과 전승사가 이야기나 전승의 말씀(word)요소를 강조하

---

30. Fiorenza, ***In Memory of Her***, p. 207.

여 종종 그것을 설화(narrative)보다 더욱 원천적인 것으로 보는데, 나는 설화 본문과 이와 관련된 역사적 행위자에 초점을 맞추었다. 왜냐하면 여성들은 예수의 이야기와 그의 운동 안에 나타나기 때문이다. 설화측면을 강조한다고 해서 내가 예수와 그의 제자들의 언설과 말씀을 제거하려는 것은 아니다. 오히려 나의 목적은 기적 이야기나 논쟁적 대화를 단지 예수의 선포나 계시적 말씀의 예증이나 실례로서 널리 받아들이는 양식비평의 견해를 수정하고자 하는 것이다.[31]

이러한 제안의 요점은 오직 우리가 여성에 관한 예수의 이야기들을 예수에 관한 전반적인 이야기들과 기독교운동 안으로 위치시킬 때에만 그 이야기들의 전복적인 성격이 인식될 수 있다는 것이다. 기본적인 전제는 동등한 사도성에 있어서는 우월하거나 열등한 역할의 구별이 없다는 것이다. 여성은 주변적이거나 사소한 존재가 아니라 중심적인 존재였다. 이와 같은 사실은 예수님과 여인들과의 이야기들 속에 잘 나타난다. 예를 들면, 예수에게 기름을 부은 익명의 여인에 관한 이야기에서(막 14 : 3-9), 예수는 더 이상 거기에 계시지 않으나 그 여인에 관한 이야기와 그녀가 한 일은 아직도 거기에 있다는 것을 우리는 기억해야 한다. 왕의 이마에 기름 붓는 예언자처럼 그 여인은 예수에게 기름을 부었다. 다른 제자들이 이 행위를 책망했을 때 예수는 그녀의 편을 들었다. 그녀의 기름부음은 가난한 자와의 연대성에 대립되는 것이 아니었다. 그 반대이다.

이 이야기를 말하는 공동체는 예수가 더 이상 그들 중에 있지 않다는 사실을 안다. 더 이상 그들 곁에는 예수가 없다. 그러나 가난한 자들(단지 가난한 기독교인뿐 아니라)은 아직 그들 가운데 많이 있다. 이제는 선행을 위해 결단할 때이다. 따라서 익명의 여성 예언자가 예

31. Ibid., p. 152.

> 수를 바실레이아(basileia)의 메시야적 개시자로서 기름 부었음을 회상함에 있어서, 그 공동체는 또한 예수의 하나님이 가난한 자의 편에 있다는 것과 하나님의 미래, 바실레이아가 가난한 자들에게 속해 있다는 것을 회상하는 것이다. 그 여성의 이야기에 대한 공동체적 회상은 언제나 가난하고 굶주린 자에게 약속되어진 바실레이아에 대한 회상을 불러일으킨다. 역으로, 어디든지 바실레이아의 좋은 소식, 복음이 이 온 넓은 세상에 전해지는 곳마다 그 여성 예언자가 행한 일이 회상되어질 것이다.[32)]

인간 평등주의적 공동체의 가장 좋은 예는 요한복음에 나타난다. 여기서는 사도들 가운데에서의 상호적인 섬김과 사랑을 통한 지도력과 힘의 사용이 강조된다. 비록 저자는 그들에 대하여 알고 있지만 사도성은 열두 명에 의해서만 독점되지 않는다. 제4복음서에서 언급되는 여성들은 사도성의 명백한 실례일 뿐만 아니다. 그들은 또한 설화 속에서 놀라울 만큼 탁월한 지위를 부여받고 있다. 요한복음의 저자는 예수의 공적 사역을 예수의 어머니 마리아에 관한 이야기와 더불어 시작하며, 그 사역을 또 다른 여성인 베다니의 마리아에 관한 이야기로 끝맺는다. 사마리아 여성이 니고데모와 나란히 자리한다. 왜냐하면 그녀는 그녀의 백성들에게 예수에 관하여 증거하기 때문이다. 마르다의 고백은 베드로의 그것과 균형을 이룬다. 열두 명의 제자단이 흩어졌으나 네 여성과 사랑받는 제자는 예수의 십자가 밑에 서 있다. 막달라 마리아는 빈 무덤을 증언한 첫사람일 뿐만 아니라 또한 부활하신 주의 현현을 목격한 첫사람이다. 무엇보다도 중요한 것은 그녀가 사도로서 이 좋은 소식을 공동체에게 말하도록 사명을 받았다는 사실이다. 설화의 결정적으로 중요한 시점들에서 모범적인 제자와 사도적 증언자로서 여성들이

---

32. Ibid., p. 153.

등장한다. 피오렌자에게 있어서 이것은 초기의 기독교 안에 역할의 동등성을 인정하고 남녀가 함께 활동한 공동체가 존재했다는 표적이다.

그러나 변증적 이유들을 내세워 바울과 베드로 이후의 저자들은 기독교공동체 안에서의 여성의 활동과 지도적 역할을 제한하고 극소화하려고 하였다. 피오렌자는 인간평등의 운동이 역사적 승리자가 되지 못하였다고 말한다.

> 역사적으로 회고하여 보면, 신약성서 안에서 가부장제적 종속과 복종에 대한 사회학적 신학적 강조가, 이타적 사랑과 목회적 섬김에 대한 사회학적 신학적 강조에 대하여 승리를 거두었다. 그러나 이 "승리"는 신학적으로 정당화되어질 수 없다. 왜냐하면 그것은 그것의(가부장제적 종속과 복종) 기독교 실천을 위한 예수의 권위를 주장할 수 없기 때문이다.[33]

그러나 비록 성서 본문들 안에는 매우 강한 남성 중심적 경향이 흐르고 있지만 또한 여성-교회가 의존할 수 있는 인간 평등주의적인 사도성의 모델도 있다. 피오렌자에 따르면 이것이 규범적인 본문이다. 이러한 비판적인 가장자리 부분을 재발견하고, 성서의 본문이 남성 중심적이며 기독교의 메시지를 필연적으로 반영하는 것이 아닌 사상들을 제시할 수도 있다는 사실을 드러내어 보이는 것이 페미니스트 해석학의 과제의 하나이다.[34] 다른 한편, 여성으로 하여금 자신의 종교적 경험과 신적 경험을 명명하고 규명할 수 있도록 도와 주는, 그러나 아직 성서신학에 의해서 충분히 발견되지 않은 대안적 전통들을 찾는 것이 페미

33. Ibid., p. 334.
34. Elisabeth Sch ssler Fiorenza, "Luke 2 : 41-52," *Interpretation* 36(1986) : 402.

니스트 해석학에 있어서는 가능하다.

V. 피오렌자의 해석학에 대한 평가

피오렌자의 성서에의 접근에 대하여 다른 페미니스트 신학자들이 제기하는 가장 중요한 질문은, 과연 거의 '상실된 낙원'이 되어버린 초기 기독교 역사의 동등한 사도성의 공동체를 발견하는 것이 가능하며, 그것을 오늘날의 여성-교회를 위하여 재건해 내는 것이 가능한가 하는 것이다. 「그녀를 기념하여」(*In Memory of Her*)에 관한 심포지엄에서 플라스코(Judith Plaskow)는 피오렌자가 역사의 중심에서 여성을 발견하기 위한 선험적인(a priori) 전제를 가지고 성서에 접근한다고 비판한다. 몇 개의 구약성서의 구절들을 언급하면서, 플라스코는 결론적으로 "그러나 아마도 그녀가 틀렸으며, 아마도 우리는 거기에 없는지도 모른다"[35] 고 말한다. 물론 피오렌자는 특별히 신약성서를 다루고 있으며 동일한 유형의 탐구가 구약성서에도 필연적으로 적용되지는 않을 것이다. 그러나 플라스코의 지적은 탐구영역의 분명한 상이성을 고려하더라도 중요한 점을 시사해 준다. 그녀는 피오렌자가 여성들에게 그들이 실제로 소유했던 것보다 더 많은 힘을 부여하고 있는 것이 아닌가를 질문하고 있다. 그녀는 기독교 기원에 대한 피오렌자의 페미니즘적 재건이 그 특수한 시간과 장소에서의 여성의 실제적 상황을 반영하는 것이 아니라 환상이 될 수 있지 않은가를 묻는다. 초기 기독교운동 안에서 과연 여성의 헌신과 지도력의 현실이나 동등한 사도성의 현실이 지배적인 것이었는가? 뿐만 아니라 과연 여성을 성서적 공동체와 신학의

35. Susan M. Setta 편, "Symposium," p. 101.

중심에 위치시키는 성서의 상황을 역사적으로 재구성하는 일은 가능한가? 과연 오늘의 역사적 비평학의 접근을 통하여 예수운동에 있어서의 여성의 지극히 중요한 역할에 대한 기억을 재건하는 것이 가능한가? 이러한 질문들은 정당하다. 이에 대하여 피오렌자는 그녀의 방법론의 형성과 적용부분에서 대답한다.

피오렌자는 그녀의 해석학을 전개하기 위하여 성서 본문 자체에 의존한다. 어느 공동체에서의 여성의 상황이 어느 정도 인간 평등적인 것이었다고 하는 그녀의 결론은 그녀의 환상의 산물은 아니다. 그녀는 자신이 분석하고 있는 공동체의 사회, 문화, 역사적 상황에 대한 상세한 탐구에 기초하여 설득력 있는 논증을 제시한다. 더욱이 그녀는 상이한 본문들을 연관지으며, 그것들을 교정하며, 그리고 그녀의 결론을 위한 견고한 논증을 세운다. 누비이불의 비유에서처럼 남아 있는 역사적 정보의 조각들을 짜맞추어 통합된 전체적인 상을 구성하려는 그녀의 시도는 탁월하다. 피오렌자는 성서의 긍정적인 요소들(특히 공동체 삶의 인간 평등주의적 모델에 관한)을 전유하는데 관심을 가지지만, 다른 한편으로 여성에 대한 폭력, 즉 어떻게 여성이 의도적으로 지도적 역할로부터 제외되었으며, 얼마나 많은 성서 저자들이 오직 그들의 독자들을 유화시키기 위해서 (현실을 왜곡하면서까지) 그렇게 했는가를 지적한다. 그러나 여전히 대답되어져야 할 질문은 동등성의 공동체가 참으로 존재했음을 과연 확증하고 재건해낼 수 있으며, 그것이 신약성서의 문을 여는 최상의 열쇠인가 아니면 다른 정당한 그 무엇이 있느냐 하는 것이다.

고려되어져야 할 또 다른 문제점이 있다. 피오렌자는 성서 본문을 분석하고 평가하는 기준이 해방을 위한 투쟁 가운데 있는 여성의 경험이라고 주장한다. 그녀는 '경전 안의 경전'이라는 접근법을 받아들이지 않는다. 왜냐하면 이것은 아직도 원형적인 성서의 패러다임에 집착하는 것이기 때문이다.[36] 성서가 단순히 무조건적으로 문자적으로 받아들여질 수 없다는 그녀의 견해는 정당하다. 따라서 성서의 본문이 정말 하나님의 말씀이며 복된 소식의 선포인가 아닌가 하는 것을 판단하기 위한 다른 그 무엇이 성서 본문과 나란히 놓여질 필요가 있다. 그러나 여성의 경험을 경전으로 갖는다는 것은 다음과 같은 세 가지 중요한 문제점들을 내포한다. 첫째, 새로운 경전이 오직 여성의 경험에만 근거해야 한다는 주장은 다른 주변화된 집단들이 발견적 교육(heuristic) 모델 안으로 참여하는 것을 허용치 않는다.[37]

경전은 여성의 투쟁에 적용되어져야 한다고 해도 이것이 오직 여성만이 진리를 갖고 있다는 것을 의미하지는 않는다. 새로운 규범(해방을 위한 투쟁이라는)이 현실화되려면 넓은 의미의 해방을 위한 일반적인 규범과 (여성해방을 위한) 특수한 규범 사이의 구분의 설정이 정당하며 필요하다. 둘째, 새 경전은 여성의 경험에 기초한다. 그러나 사실상 독특한 여성의 경험이라는 일반화된 경험은 없다. 흑인 여성, 가난한 여성, 인디안 여성, 아시아 여성, 한국 여성이라는 구체적인 여성의 경험이 성서해석을 위하여 존재할 뿐이다. 따라서 다양한 여성의 해방과 투쟁을 위한 (하나가 아닌) 여러 개의 경전들이 존재하게 될 것이며, 그렇게 될 경우에 우리는 어디서부터 이러한 해방과 투쟁을 위한 실천적 윤리가 나오는지를 물어야 한다.

셋째, 경전을 경전 밖에 위치시킴으로써 피오렌자는 자신의 신학적 입장을 정당화시킬 계시된 진리의 권위적인 근거를 갖지 못한다. 물론 그녀가 말하는 "동등한 사도성에 기초한 대안적인 역사적 공동체"가

36. Elisabeth Schüssler Fiorenza, "The Will to Choose or to Reject : Continuing Our Critical Work," in ***Feminist Interpretation of the Bible***, ed. Letty M. Russel(Philadelphia : Westminster Press, 1985), p. 135.

37. Fiorenza, ***Bread Not Stone***, p. 109.

여성신학을 위한 새로운 경전이 될 수 있다. 그러나 이것은 경전이 필연적으로 경전 밖에서 찾아져야 한다는 것을 의미하지는 않는다. 실제로 피오렌자는 성서를 역사적 모형으로 보는 자신의 방법론적 형식적 원리와는 달리, 비록 가장자리 부분이긴 하지만 인간 평등적인 사도성의 규범적인 본문의 존재를 인정한다. 이것은 사실상 어느 정도의 성서의 원형으로서의 위상과 기능을 인정하는 것이라고 할 수 있다.

그러나 단순히 성서의 원형으로서의 위상과 기능이 인간 평등적인 동등한 사도성의 초기 기독교운동의 역사적 현실에만 근거하는 것은, 진정한 의미의 하나님의 결정적이고 궁극적인 계시로서의 권위에 근거하는 것이라고 볼 수 없다. 보다 더 본질적인 기독교 진리는 그러한 초기 기독교의 현실을 창조해 낸 예수 그리스도의 삶과 죽음과 가르침에 근거해야 한다. 피오렌자는 이 점에 충분한 관심을 기울이거나 정당하게 인식하고 있지 못한 듯하다. 이런 의미에서 '경전 안의 경전'의 원리를 비판적으로 수용하여 성서 자체를 단지 여성의 경험으로부터 만이 아니라 보다 근원적으로 예수 그리스도의 패러다임적 현실로부터 비판적으로 해석하고 있는 로즈매리 류터의 견해가 더욱 설득력 있고 정당하다고 여겨진다.

피오렌자의 성서해석학을 고찰함에 있어서, 우리는 한편으로 그녀의 명석한 통찰력과 예리한 분석의 상당한 부분에 대하여 공감하면서, 다른 한편으로 그녀의 결핍된 부분에 대하여 조심스러운 염려를 하게 된다. 이 염려는 이미 진부한 표현이 되어버렸지만 "목욕 물을 버리다가 아기도 버려서는 안 된다."고 하는 서양의 격언으로 기술될 수 있다. 성서에 대한 의혹과 비판의 해석학은 동의와 긍정의 해석학과 균형을 이루어야 한다. 해석학은 비판적인 작업일 뿐만 아니라 순종적인 들음의 작업이기도 하다. 예수 그리스도 안에 나타난 하나님의 구속적인 은혜의 행위에 대한 경험과 지식은 무엇보다도 주관적인 초월적 자아의 비판적 능력에 의해서가 아니라, 존재의 자기 탈은폐(self-disclosure)의 음성을 겸손히 듣고자 하는 순종적인 신앙의 태도로부터 오는 것임을, 피오렌자의 비판적 페미니스트 성서해석학의 타당성을 충분히 인정하고 받아들인다고 하더라도, 우리는 기억해야 할 것이다.

12-2 상호 신뢰적-비판적 대화를 통한 변증법적 지평융합을 지향하는 성서해석학

-「그녀를 기념하여」 제2장에 나타난 피오렌자의 페미니스트 패러다임의 성서해석 방법과, 제6장의 "교회공동체의 예배에 있어서의 여성"(고전 11 : 14)에서의 이 방법의 적용에 나타난 성서해석의 문제를 중심으로-

I. 초기 기독교의 인간 평등의 공동체에서의 여성 지도력의 현실을 재건하기 위한 페미니스트 성서해석 패러다임에 있어서의 주요 문제 : 남성 중심적 언어에 대한 해석의 문제

「그녀를 기념하여」(*In Memory of Her*)의 서문에서 피오렌자는 자신의 목적이 "여성의 이야기를 초기 교회의 역사 안으로 회복시키고, 그렇게 함으로써 이 역사를 여성과 남성의 역사로서 되찾기 위하여……초기 기독교 역사를 여성의 역사로서 재구성하는 데"[1] 있음을 분명히 밝힌다.

초기 기독교 문서들은 가부장제적 문화의 틀 속에서 남성 중심적인 언어로 쓰여졌으며, 번역되었고, 해석되어 왔다. 가부장제는 여성을 오직 남성과의 관계에서의 역할을 통하여 얻게 된 가치를 지닌 대상으로서 본다(예를 들면, 딸, 아내, 어머니, 보필자). 뿐만 아니라 피오렌자에 따

1. Elisabeth Schüssler Fiorenza, ***In Memory of Her***(New York : Crossroad, 1984), p. xiv.

르면 가부장제는 여성을 단지 예외적이거나 문제적인 존재로 생각한다.

그러나 피오렌자는 그럼에도 불구하고 초기 기독교 역사에 있어서 여성들이 활동적으로 참여했다고 주장한다. 그들의 존재가 역사적 승리자들, 즉 가부장적 주체들에 의해 지워져 버렸기 때문에 단지 우리는 그들에 관하여 많이 알지 못할 따름이다. 피오렌자는 「그녀를 기념하여」의 제1부에서 여성의 초기 기독교 역사를 재구성하기 위한 방법들을 전개한 후에 제2부에서는 이 방법을 실제로 적용한다.

제1부 제2장에서 피오렌자는 "성서는 단지 과거 역사의 문서가 아니라 오늘날 종교공동체 안에서 성문서로서 기능한다."[2] 고 말한다. 성서는 예전에 노예제도를 정당화하는 데 사용되었듯이, 오늘날 여성에 대한 억압을 정당화하는 데 사용되어진다. 그러나 그녀에 따르면 이러한 상황은 극복되어질 수 있다. 초기 기독교 자료들에 대한 번역과 해석에 있어서 남성 중심적 패러다임에서 여성 페미니스트 패러다임으로 전환함으로써, 우리는 여성을 제외시키지 않고 포함하는 초기 기독교 역사를 재건할 수 있다.

신약성서 언어를 번역하고 해석하기 위한 피오렌자의 페미니스트 패러다임은 신약성서의 남성 중심주의적 언어의 현실과 더불어 시작한다. 남성 중심적 언어(예를 들면, 인간을 표현할 때 man으로 표현하는 것)는 두 가지의 방식, 즉 "총칭적인 방식과 성적으로 특수한(gender specific) 방식"[3] 으로 이해된다. 남성 중심주의적 언어에 대한 성적으로 특수한 이해는, 이 언어를 오직 가부장제 안에서 규범으로 여겨지는 남성의 범주에만 적용시킨다. 반면, 총칭적 이해는 이 언어를 남성과 여성의 범주 모두에 적용시킨다.

---

2. Ibid., p. xxii.
3. Ibid., p. 45.

불행하게도 많은 신약성서 주석가들은 상이한 본문들을 다룰 때에 일관성이 없는 이해 방식을 드러내었다. 피오렌자는 학자들이 '형제들' 이라는 바울의 용어를 바울이 편지를 썼던 대상인 기독교공동체의 여성을 포함하는 총칭적인 의미로 받아들이면서, 또 다른 한편으로 '사도' 같은 남성적 지도자 칭호는 오직 남성에게만 적용되는 성적으로 특수한 의미로 받아들이고 있음을 지적한다. 이것은 남성 중심적 패러다임의 모순이다. 피오렌자는 이러한 남성 중심적 패러다임을 다음과 같은 방식의 페미니스트 패러다임으로 교정하려고 한다.

> 따라서 만일 주석가가 총칭적 언어로서의 남성 중심적 언어를 진지하게 받아들인다면, 우리는 원자료의 언어의 성격에 역사적으로 적합하다고 주장하는 해석과 번역은 신약성서의 남성 중심적 언어가 (반대의 사실이 증명되기 전까지는) 전체적으로 여성을 포함하는 것이라고 주장한다.[4)]

만일 "남성 중심적 언어가 여성을 명시적으로 언급하지는 않으면서도 여성을 포함한다면", 이 언어는 총칭적인 것으로 규정될 수 있고 피오렌자의 방식으로 번역, 해석되어질 수 있을 것이다. 그러나 만일 남성 중심적 언어가 의도적으로 여성을 제외시키고 주변화시킨다면, 이 언어는 성적으로 특수한 언어로 규정될 수 있고 다른 방법에 의해 번역, 해석되어져야 할 것이다.

남성 중심적 언어를 번역하고 해석하기 위한 피오렌자의 방법은 여성을 언급하는 성서의 구절들로부터만이 아니라, 모든 가능한 자료와 구절들로부터 초기 기독교의 여성의 역사를 재건해 내려는 그녀의 목표를 위하여 근본적으로 중요하다. 그러나 우리는 남성 중심적 언어가

---

4. Ibid.

실제로 여성을 포함하는지, 아니면 의도적으로 여성을 배제하는지를 물어야 할 것이다. 피오렌자는 이 점에 대해서는 충분한 관심을 기울이지 못하였다.

신약성서의 역사적 전승은 가부장적 문화 속에서 초기 교회에서의 여성의 지도적 역할이 문제로 여겨졌을 때에 기록되어졌으므로, 성서 해석을 위한 피오렌자의 페미니스트 패러다임은 방법론적으로 "초기 기독교의 저자들은 초기 기독교운동에서의 여성의 공헌에 관한 풍부했을 것으로 추정되는 전승들 중에 극히 소량의 단편들만을 전해 주었다."는 사실에 대한 인식을 전제한다.[5] 여성의 공헌은 초기의 인간 평등적 기독교공동체에서는 높이 평가되었으나, 교회가 발전하면서 가부장제적으로 제도화됨에 따라 주변화되었다. 본문 안에서의 여성의 역사의 주변화는 여성에 관한 이야기들이 변형되고 제외되는 방식으로 이루어졌다. 변형에 관한 한 예는 "사도행전의 서방 본문에서 발견된다. 코덱스(Codex D) 사본은 사도행전 1 : 14에 '그리고 어린이들'을 첨가함으로써 결과적으로 예수의 형제들과 사도들과 함께 모인 여성들은 사도들의 '아내와 가족들'이 된다."[6] 따라서 여성은 남성과의 관계를 통하여 가부장적으로 규정된다. 그리고 여성에 관한 이야기가 제외된 경우의 예는 여성의 이름이 누락되고(막 14 : 9) 침묵되어지는 본문들 속에서 발견되어질 수 있다.

피오렌자는 "가부장적 사고방식으로 인한 남성 중심적 본문"[7]을 극복하고 여성의 침묵을 깨뜨리기 위해서는 역사적 상상(historical imagination)의 방법을 사용할 것을 제안한다. 역사적 상상은 본문의

---

5. Ibid., p. 52.
6. Ibid.
7. Ibid., p. 61.

단서들을 사용하여 초기 기독교의 '남성의 역사'(his-story)의 상황 안에서 '여성의 역사'(her-story)를 위한 가능성을 제공하는 위경적(僞經的)인 자료를 재건하려고 한다.

신약성서를 해석하기 위한 피오렌자의 페미니스트적 패러다임에 있어서의 중요한 특징은 정경을 "가부장적인 발췌의 과정"(a patriarchal selection process)[8]으로 보는 것이다. 따라서 그녀는 "우리가 초기 기독교의 시작의 재건을 위한 역사적 신학적 근거로서 사용하는 자료와 정보를 넓혀서"[9] 정통주의가 이단으로 규정한 저술들까지 포함할 것을 제안한다. 페미니스트는 또한 신약성서의 가부장제적 본문을 갈라디아서 3 : 28과 같은 인간 평등주의적 본문으로부터 비판할 수도 있다.

그녀는 교부시대 교회의 저술들이 인간평등주의 집단과 가부장적 집단 사이의 '격심한 논쟁의 산물로서' 이해되어야 한다고 주장한다. 인간평등주의 집단은 그들의 사도적 권위를 막달라 마리아에게 소급시키고, 남성과 마찬가지로 여성도 부활의 그리스도의 계시를 받았다고 강조하는 한편, 교부적 저자들은 막달라 마리아에 대하여 베드로의 권위를 대응시켰다. 여성의 지도력을 인정하는 집단에서는 여성을 언급하는 구절들을 찾기 위하여 구약성서와 기독교의 저술들을 탐구한 반면, 교부적 저자들은 여성이 언급될 때마다 여성의 역할을 평가절하하거나 교묘하게 왜곡하려고 하였다는 것이다.[10]

로즈매리 류터에 따르면 "기독교 전승 안에서, 예수의 핵심적인 여성 사도인 막달라 마리아는 예수의 발에서 우는 창녀로 변조되었다."고 한다.[11] 그녀는 계속하여, "죄인으로서의 막달라 마리아의 전승은 그녀

---

8. Ibid., p. 54.
9. Ibid., p. 56.
10. Ibid., p. 54.

의 이름을 통하여 주장되어 온 여성의 사도적 권위를 박탈하기 위해서 정통주의 기독교에서 발전되었음직하다."고 주장한다.[12] 만일 이것이 사실이라면, 이것은 '여성의 지도력의 주장을 인정한 초기 기독교신학'에 대한 가부장제의 승리의 실례가 될 것이다.

그러므로 피오렌자는 "남성 중심적 가부장주의적 본문들을 문자 그대로 받아들이는 것은 방법론적인 오류가 될 것"[13]이라고 말한다. 그것들은 역사적 사실에 대한 몰가치적(value-free)이거나 객관적인 보고(寶庫)가 아니다. 오히려 그것들은 가부장제 사회의 가치를 반영하며 그 가치를 영속화하기 위한 기반을 제공하기 위하여 역사를 해석한다.

그리고 가부장적 통념은 그 사회의 남성들에게만 내면화되는 것만이 아니라 여성들에게도 내면화된다. 따라서 여성 저자가 보다 더 인간 평등주의적인 본문을 썼다고 가정을 해도, 그것이 "그 자체로 저자의 페미니스트적 관점을 제시해 주는 것은 아니다."라고 피오렌자는 지적한다.[14] 하지만, 그럼에도 불구하고, 이러한 가정은 배타적으로 남성적인 지도력을 신봉하는 가부장적 입장에 대한 도전이 되는 것은 사실이다.

Ⅱ. 남성 중심적 언어를 해석함에 있어서의 실제적인 페미니스트 성서 주석

피오렌자는 남성 중심적인 본문의 언어를 번역, 해석하기 위한 페미

---

11. Rosemary Radford Ruether, ***Women-Church : Theology & Practice*** (Harper & Row : San Francisco, 1985), p. 43.
12. Ibid., p. 286.
13. Fiorenza, ***In Memory of Her***, p. 60.
14. Ibid., p. 61.

니스트 패러다임의 방법을 구체적으로 고린도전서 11~14장에 대한 해석에 적용한다. 그녀는 이 장들을 가부장주의의 맥락 안에, 그리고 "……그 공동체의 예배에 있어서의 주신제(酒神祭) 행위에 대항하는 바울의 논쟁의 맥락 안에 있는"[15] 한 단위로서 이해한다. 그녀는 또한 이 부분이 "……여성의 행위에 관한 권고"[16]로 시작하고 끝맺고 있다는 사실을 인식한다. 바울은 여성의 문제를 주변적인 주제로 여기지 않았다.

하지만 많은 현대의 해석자들은 14 : 33 하반절~36을 삽입된 것으로 처리해 버리는 경향이 있다. 그들이 이 구절들을 삽입된 것으로 처리하는 이유는, 그들이 바울에게 있어서 여성의 문제는 주변적인 것이라고 여기기 때문이 아닌가 하는 의구심이 있다.

피오렌자가 이해한 바와 같이, 고린도전서 14 : 33 하반절~36의 구절들은 아내들에게 대한 것이다. 그녀의 '남성 중심적 번역과 해석에 대한 의혹의 방법' (androcentric translative/ interpretive suspicion)에 따라 우리는 다음과 같은 사실들을 발견하고 그에 따른 결론에 도달할 수 있다.

이 구절들에서 guná(γυναῖκες - 34절, γυναικὶ - 35절)는 주어로 사용되는데, 삼인칭 여성 복수 인칭대명사가 이 명사를 지시한다. 따라서 이 guná를 번역하는 것이 본문을 정확하게 해석하는 데 매우 중요하다. 아른트와 깅그리치에 따르면, 이 guná는 '성인 여성' 또는 '아내'로 번역되어질 수 있다고 한다.[17] 흥미롭게도, 이들은 고린도전서 7 : 2

---

15. Ibid., p. 233.
16. Ibid., p. 226.
17. William F. Arndt and Wilbur Gingrich, F. *A Greek-English Lexicon of the New Testament and Other Early Christian Literature*(University of Chicago Press, 1979), p. 168.

이하와 9 : 5에서 바울이 사용하는 guná가 문맥상 '아내'를 의미하는 것으로 이해되어야 한다고 본다. 반면, 그들은 고린도전서 14 : 34 이하에서 바울이 사용하는 guná는 '성인 여성'을 의미하는 것으로 본다. 그러나 7 : 2 이하와 9 : 5의 남편과 아내의 맥락이 14 : 35 이하에도 역시 나타난다. "그들로 하여금 집에서 그들의 남편에게 묻게 하라." 분명히, 모든 성인 여성이 집에 남편을 갖고 있지는 않다. 따라서 이러한 점을 고려할 때 문맥상 그리고 상식적으로 우리는 guná를 '아내들'로 번역하는 것이 옳다고 할 수 있다.

만일 우리가 guná를 '여성'을 의미하는 것으로 번역한다면, 우리는 andros(ἄνδρας)를 '남성'을 의미하는 것으로 번역해야 한다. 이 경우에는 35절 하반절을 '그들로 하여금 집에서 그들의 남자들에게 묻게 하라.'로 고쳐 번역해야 한다. 그러나 모든 여성이 자신들의 집에 자신들의 남성을 갖고 있는 것은 아니다. 따라서 우리는 다시 남편과 아내의 맥락으로 돌아가게 된다(35절의 실제 번역에서 andros는 남편으로 번역되고 있다).

이 본문에서의 명사들이 상식적으로 '여성과 남성' 또는 '아내와 남편'의 맥락에서 이해되어져야 함에도 불구하고 '여성과 남편'의 맥락에서 번역되어져 온 것은 부적절하다. 이것은 '신학적으로' 모든 여성의 목소리를 교회로부터 제거하기 위한 시도로서 가부장적 번역자에 의해 의도적으로 행하여진 것이며, 가부장적 해석자들에 의해 영속화된 것이라고 보여진다.

마가렛 호웨(E. Margaret Howe)에 따르면 성서 구절을 부적절하게 해석하도록 이끌 수 있는 비일관성이 발생할 수 있는 두 가지의 장소가 있는데, 하나는 성서원리의 부정확한 적용이며, 다른 하나는 1세기의 중동 사회에 대한 오해이다. "……교회는 성서가 보증하는 것보다 더욱 결정적인 입장을 취할 수 있다. 특히 기독교공동체 안에서의 지도력 역할의 영역에서 그러하며, 그리고 무엇보다도 특별히 여성에 관련된 지도력 역할의 영역에서 그러하다." 예를 들면, 그녀는 우리가 고린도전서 14 : 34이 여성이 교회의 강단으로부터 배제되어야 한다는 사실을 말하고 있다고 이해할 수도 있다고 말한다. 그러나 그녀는 고린도전서 11 : 2~15에서는 바울이 교회 모임에서 여성이 말하는 것을 사실상 허락한 것을 보여 주고 있다고 이해하면서, 따라서 고린도전서 14 : 34은 "고린도 교회는 예민하게 의식하고 있었지만 1900년 후의 우리들은 알지 못하고 있는 모종의 특수한 상황에 대한 것임이 틀림없다. 이 구절은 교회 지도력과 연관된 은사를 여성이 실제로 사용하는 것을 금지하기 위하여 사용되어질 수 없다."는 사실을 보여 준다고 말한다.[18]

우리가 알지 못하고 있는 특수한 상황이란, 사회적인 관습에 의한 남편과 아내의 역할이 그 교회공동체 안에서 손상되고 있는 상황이라고 추측할 수 있다. 34절 하반부에서 바울이 사용하고 있는 nomos는 이러한 가정을 더욱 지지한다고 할 수 있다. 여기서 바울은 남편에 대한 아내의 종속을 정당화하기 위해서 nomos란 단어를 사용하고 있다. 가부장제는 이 nomos를 하나님의 율법으로 해석한다. 그러나 아른트와 깅그리치는 nomos가 어떠한 법이든지 의미할 수 있다고 말한다. Nomos는 또한 로마서 7 : 21에서와 같이 행위를 다스리는 원리나 규범을 의미할 수 있다. 따라서 이 단어를 '사회적 규범'이라고 해석하는 것은 바울이 이 단어를 사용할 때 의미한 바를 따르는 것이라고 할 수 있다. 아른트와 깅그리치는 말하기를, "일반적으로, 바울은 nomos라는 표현을 …… 그가 다른 단어를 더 선호했을 그러한 경우에 (차선책으

---

18. Margaret Howe E., *Women and Church Leadership*(Zondervan, Grand Rapids, 1982), pp. 16-17.

로) 사용하고 있다"고 믿는다.[19)]

이상과 같은 논증을 통해 분명히 드러난 바에 따라 고린도전서 14 : 34~36은 다음과 같이 번역될 수 있다. "모든 교회들에서의 성도들과 같이 교회 안에서 아내들은 잠잠하게 하라. 그들은 말하는 것이 허락되지 않았으니, 사회의 규범대로 (그들의 남편들에게) 복종하게 하라. 그러나 만일 그들이 무엇을 배우고자 하면, 집에서 그들의 남편들에게 묻게 하라. 아내가 교회에서 말하는 것은 수치이다. 하나님의 말씀이 너희에게로부터 난 것이냐 아니면 너희에게만 임한 것이냐?"

피오렌자의 방법은 성서 번역과 그 번역에 기초한 해석 전통에 있는 남성 중심적인 편견에 대한 검증을 포함한다. 이 성서의 구절들에 대한 그녀의 해석의 방법은 정당하다. 초기 기독교 자료들에 대한 번역과 해석을 위한 페미니스트 방법을 위한 그녀의 노력은 유효하다.

Ⅲ. 상호 신뢰적 - 비판적 대화를 통한 변증법적 지평융합을 지향하는 성서해석

피오렌자는 초기 교회의 인간평등공동체에서의 여성의 지도적 역할을 재발견하기 위해서, 여성이 주변화되고 변형되고 제외되고 있는 성서의 남성 중심적 언어에 대하여 비판적인 페미니스트 패러다임의 성서해석을 수행한다. 성서 저자들은 가부장제적 사회의 영향권 안에 있었던 사람들이며, 성서는 여성의 지도력이 문제시되던 발전된 교회의 제도화 시기에 씌어진 '가부장제적 발췌의 과정', 즉 여성의 역할이 점점 왜곡되고 지워지고 희미해져 가는 과정을 보여 준다. 그녀는 남성

19. Arndt and Gingrich, *A Greek - English Lexicon of the New Testament and Other Early Christian Literature*, p. 542.

중심적 언어를 해석하기 위한 하나의 페미니스트 방법으로서 그것을 여성을 포함하는 총칭적 언어로 이해하는 길을 제안한다.

고린도전서 11~14장, 특히 14 : 34~36에 대한 실제적인 성서 주석의 결과로 드러난 바는 두 가지이다. 하나는 guná를 여성이 아니라 아내-남편과의 관계의 맥락에 따라 아내로 해석하는 것이 적절한데, 가부장적 번역자와 해석자에 의해서 여성으로 일반화되어 번역, 해석되었다는 것이다. 이것은 여성 전체의 위상을 (부적절한 여성-남편의 관계의 맥락에서) 종속적으로 만들기 위한 것이었다는 것이다. 다른 하나는 사도 바울이 사용한 nomos라는 개념이 신학적인 율법의 의미라기보다는 그 당시의 사회적인 규범의 의미라는 것이다. 바울이 아내가 교회에서 잠잠하고 남편에게 복종하라고 말한 까닭은, 하나님의 계시의 말씀이라기보다는 그 당시의 가부장적인 사회의 규범이 교회 안에서 손상되기를 원치 않는 의도에서 나온 말이라고 할 수 있다는 것이다.

이러한 성서 주석의 결과는 남성에 대한 여성 전체의 종속과 남편에 대한 아내의 종속이 하나님의 계시의 말씀이라고 해석해 온 전통적인 문자적인 성서해석의 경직성과 완고함으로부터 어느 정도 벗어날 수 있는 여지를 우리에게 제공해 준다. 그러나 여전히 남아 있는 문제는 심각하고 중요하다. 그것은 (여성이 아닌) 아내의 남편에 대한 종속을 요구하는 가부장제적 사회 규범을 반영하고 있는 바울의 권면을 우리는 어떻게 해석하고 받아들여야 하는가, 또는 거부해야 하는가 하는 문제이다.

마가렛 호웨는 고린도전서 11 : 2~15에서는 바울이 교회 모임에서 여성이 말하는 것을 사실상 허락한 것을 보여 주고 있다고 이해하고, 고린도전서 14 : 34은 교회 지도력과 연관된 은사를 여성이 실제로 사용하는 것을 금지하기 위하여 사용되어질 수 없다는 사실을 보여 준다고 말하지만, 이러한 주장에는 무리가 있다. 고린도전서 11 : 2~15에서도 바울은 여전히 "각 남자의 머리는 그리스도요 여자의 머리는 남자요 그리스도의 머리는 하나님이시라"(11 : 3), "남자가 여자에게서 난 것이 아니요 여자가 남자에게서 났으며, 또 남자가 여자를 위하여 지음을 받지 아니하고 여자가 남자를 위하여 지음을 받은 것이니."(11 : 8-9) 라고 말하면서, 남자는 하나님의 형상과 영광이기 때문에 무엇을 그 머리에 마땅히 쓰지 말아야 하지만, 여자는 남자의 영광이기 때문에 머리에 수건을 써야 한다고 주장하고 있다. 고린도전서 11 : 2~15에서의 이러한 구절들에서도 남성에 대한 여성의 종속은 명백하며, 이러한 맥락에서 14 : 34~36은 여성의 교회의 지도력을 지지해 주는 구절이라기보다는 오히려 그 반대의 기능을 하는 구절이라고 이해하는 것이 정당하다. 디모데전서 2 : 11~14에서는 그 당시의 남성에 대한 여성의 종속을 강조하는 종교적, 문화적 가치관을 따르는 바울의 가부장적인 가치관이 더욱 분명히 나타나고 있다. "여자는 일절 순종함으로 종용히 배우라. 여자의 가르치는 것과 남자를 주관하는 것을 허락지 아니하노니 오직 종용할지니라. 이는 아담이 먼저 지음을 받고 이와가 그 후며 아담이 꾀임을 보지 아니하고 여자가 꾀임을 보아 죄에 빠졌음이니라."

우리는 이러한 바울의 구절들을 영원불변하며 일점 일획도 틀림이 없는 하나님의 말씀으로 받아들여야 하는가, 아니면 오늘날에는 더 이상 통용될 수 없는 고대의 가부장적 사회 규범과 가치관을 반영하는 인간의 말로서 여기고 버려야 하는가? 아니면 어떻게 해야 하는가?

결론부터 말하자면, 우리는 남성 또는 남편에 대한 여성 또는 아내의 종속을 가르치는 바울의 구절들을 영원불변하며 일점 일획도 틀림이 없는 하나님의 말씀으로 받아들여서도 안 되며, 단순히 오늘날에는 더 이상 통용될 수 없는 고대의 가부장적 사회 규범과 가치관을 반영하는 인간의 말로서 여기고 버려야 할 필요도 없다. 그렇다면 어떻게 성서를 해석해야 하는가?

모든 성서의 구절들을 문자적으로 오류가 없는 무시간적이며 비역사적인 하나님의 말씀으로 전제하고, 따라서 남편에 대한 여성의 종속을 말하는 구절들을 하나님의 계시의 말씀으로 받아들이는 전근대적인 근본주의적 해석은 오늘날의 성서해석학에서 더 이상 논의의 대상이 되지 못한다. 계몽주의 이후, 그리고 성서의 저자들과 성서의 본문들의 역사적 현실성에 대한 이해와 역사적, 비평적 접근 이후, 성서에 대한 무시간적이고 비역사적인 도그마는 붕괴되었기 때문이다.

여성의 성직 안수가 일찍이 실현되지 못했던 또는 아직도 실현되지 못하고 있는 주된 이유는 바로 이러한 전근대적인 문자적이고 도그마적인 직역주의 성서해석에 기인한다. 1935년 본 교단 제24회 총회의 연구보고를 보면, 성경은 여자의 교권을 불허하고 있으며 이것을 옹호하는 것은 현대적 사조에 영합하기 위해 성경을 자유롭게 해석하는 파괴적 성서 비판의 정신상태라고 비난하고 있다. 1971년 제56회 총회에서의 연구보고에 따르면, 성경에서 여성의 교도권을 인정하지 않고 있으며(고전 14 : 34, 딤전 2 : 12, 3 : 2), 실제 목회의 문제에서 여자는 감정이 예민하여 치우치기 쉽고, 말이 많아서 말썽을 일으키기 쉬우며, 생리적, 기능적인 면에서 불가하고, 인권의 문제가 아니라 성경의 문제라고 보고 있다.[20] 또한 본 교단에서 1995년 여성 안수를 위한 법적 절차가 통과되고 난 후에 총신대에서 발행하는 신학지남에서 여성 안수의 문제를 특집으로 다루었는데, 여기에 기고한 교수들은 한결같이 성경의 권위, 즉 성서에 대한 문자적 직역주의에 근거하여 여성 안수를 비판하였다. 예를 들면, 박아론은 교회 안에서의 "여성들의 종속의 원리"는 하나님의 구원의 역사를 관철하고 있다고 주장한다.[21] 그리고 그는

20. 정석기, 「주님의 여성이 되려면」(서울 : 나눔사, 1993), pp. 119-126.

21. 박아론, "여성의 목사안수에 관한 여권주의자들의 주장과 우리의 견해" 「신학지

수잔 포(Susan T. Foh)의 말을 인용하면서, 여성의 목사 안수를 반대할 수 있는 유일하고 충족한 변론은 성경이 이를 금지하기 때문이라는 것 외에는 존재하지 않는다고 주장하고 있다.[22)]

그러나 이러한 성서해석은 성경이 특수한 역사적 상황과 구체적인 삶의 자리에서 특정한 대상들을 향하여, 그리고 역사적 인간 실존으로서의 저자의 한계성 안에서 기록되었다는 사실을 간과하고 무시간적이고 문자주의적으로 성서를 해석하는 오류를 범하고 있는 것이다. 이러한 입장은 성서를 우상화하는 것이며, 성서의 신언성을 맹목적으로 지나치게 강조한 나머지 그 하나님의 말씀이 성육신을 통하여 들려지는 매개인 인간성과 역사성의 구체적 특수성과 한계성을 도외시하는 것이다.

그러나 다른 한편, 성서의 본문들을 단순히 구시대의 세계관과 사회관습과 가치관을 반영하는, 따라서 오늘날에는 더 이상 통용될 수 없는 인간의 말로서 쉽사리 폐기할 수도 없다. 모든 문헌들과 마찬가지로 성서가 그 시대의 역사적 한계성 안에서 씌어졌다는 사실은 성서가 단순히 폐기되어져야 할 대상이라는 사실을 의미하는 것이 아니라, 오히려 그렇기 때문에 상호적인 대화와 변증법적인 지평융합의 과정을 통한 해석학적 접근이 요청된다는 사실을 의미한다.

상호적인 대화란 어떤 것인가? 그것은 우선 성서해석학이 성서 변증학은 아니라는 사실을 의미한다. 성서는 하나님의 말씀이기 때문에 아무런 문자적 오류가 없으며, 여성의 현실에 대한 가부장적인 왜곡 같은 것은 있을 수 없다는 사실을 전제하고 어떻게 해서든지 변증하려는 태도는, 도그마적인 전제에 의하여 역사적 진실을 외면하거나 왜곡하는

남」 제63권(1996, 가을), p. 44.

22. Ibid., pp. 40-47.

거짓된 경건이나 맹목적인 열광주의일 수 있다. 위에 예로 인용한 구절들(고전 11 : 2-15, 14 : 34-36, 딤전 2 : 11-14 등)에서 나타나는 바울의 사고에 반영되는 그 당시의 사회와 문화의 가부장적 가치관을 애써 외면하고 어떻게 해서든지 합리화하거나 변증하려는 태도는 정직하지 못하다. 이러한 태도보다는 차라리 이러한 본문들이 문자 그대로 남성에 대한 여성의 종속을 의미하는 구절들이라고 이해하고, 그것을 하나님의 계시의 말씀으로 받아들이는 근본주의자들의 태도가 훨씬 더 정직할 것이다. 물론 이들은 이 구절들에 대한 올바른 문자적인 이해로부터 출발했지만, 그 구절들이 그 당시의 가부장적 사회 구조와 가치관의 한계 안에 살았던 저자인 역사적 한계성에서 나오는 말로서 이해하지 못하고, 초역사적인 하나님의 계시말씀으로서 받아들이는 무조건적이고 맹목적인 도그마 안에 갇혀 있다.

피오렌자는 교부시대 교회의 저술들이 인간평등주의 집단과 가부장적 집단 사이의 '격심한 논쟁의 산물'이라고 주장했는데, 이것은 집단 사이에서 뿐만 아니라 교회 안의 한 개인 안에서도 발견되는 양면성이다. 여성과 남성의 관계에 대한 바울의 이해는 양면적이다(이 양면성이 그의 생의 과정 속에서의 사고의 변천에 의한 것이라고 확증할 근거는 충분치 않다). 그는 "남자가 여자에게서 난 것이 아니요 여자가 남자에게서 났으며"(고전 11 : 8)라고 말하는가 하면, "여자가 남자에게서 난 것같이 남자도 여자로 말미암아 났으나……"(고전 11 : 12) 라고 말하기도 한다. 그는 교회 안에서 남편 또는 남성에 대한 아내 또는 여성의 종속을 전제하면서도, "너희는 유대인이나 헬라인이나 종이나 자주자나 남자나 여자 없이 다 그리스도 예수 안에서 하나이니라."(갈 3 : 28) 라고 말한다(하나의 관계에서는 누구도 누구에게 종속되지 않는다). 이러한 양면성은 한 역사적 존재로서의 바울의 시대적 한계성을 의미한다. 모순적인 양면성을 갖고 있다는 것은 모든 인간의 공통된 숙명적인 실존이기도 하다. 바울의 이러한 양면성을 인정한다는 것은 성서해석에 거리낌이나 거침돌이 되는 것이 아니라 반대로 디딤돌이요 초석이 된다. 바울의 시대적 한계성은 극복되어야 할 것이지만 부끄러워해야 할 것은 아니다. 왜냐하면 어떤 인간도 자신의 역사적 한계성 안에 조건지어진 삶의 세계와, 그러한 역사적 실존에서 오는 이해와 사고의 지평, 또는 선입견(전이해)을 벗어날 수 없기 때문이다. 그리고 하나님의 (절대적이고 영원불변한) 말씀은 언제나 유한한 이해와 사고의 지평 안에 실존하는 인간의 (상대적이고 가변적인) 경험과 말을 통하여 온다. 이것이 성령이 역사하는 방식이다. 계시가 이성을 폐하지 아니하고 완성한다면, 성령은 인간의 역사를 폐하지 아니하고 그것을 통하여 하나님의 역사를 완성한다. 무한한 하나님의 말씀이 성령의 감동으로 유한한 인간의 말이 되는 것처럼, 유한한 인간의 말이 성령의 감동으로 하나님의 말씀이 된다. 이것이 성령을 통한 예수 그리스도의 성육신의 비밀이다.

따라서 성령을 통한 하나님의 말씀을 듣는 성서해석학은 역사적이고 비판적인 대화를 통하여 수행된다. 왜냐하면 (성령의 영감을 받은) 성서 저자의 유한하고 상대적인 역사성을 인정한다고 하는 말은 성서에 대한 역사적, 비판적 접근의 필요성을 인정한다는 말과 동의어이기 때문이다. 그러나 이 접근이 진정으로 역사적인 접근이 되기 위해서는 주체-객체 도식의 이분법적인 구도에서 이루어지는 일방적인 비판이 되어서는 안 된다. 이러한 비판은 충분히 역사적이지 못하다. 왜냐하면 이것은 성서 본문과 해석자의 관계가 그러한 이분법적인 도식으로 나누어질 수 없다는 사실을 아직도 제대로 인식하지 못하고 있기 때문이다.

왜 이러한 이분법이 불가능한가? 그것은 두 가지 이유에서이다. 첫째로, 그것은 해석의 대상인 본문만 역사적 한계성 안에 있는 것이 아니라 본문을 해석하는 해석자도 자기의 역사적 한계성 안에 있기 때문이다. 역사를 넘어서는 초역사적이고 절대적인 입각점으로서의 초월적 자아란 존재하지 않는다. 사유 대상으로서의 연장된 실재(res extensa)에 대립되는 사유하는 정신(res cogitans)으로서의 절대 주체를 전제하는 계몽주의적, 데카르트적인 주체-객체의 이원론은 역사적으로 현실 불가능한 사변적 관념에 불과하다.

두 번째 이유는 첫 번째 이유와 연속된 것으로서, 가다머가 말한 바와 같이 해석자는 역사적 한계성 안에 있을 뿐만 아니라, 구체적으로 자신이 해석하고자 하는 본문과 전통의 영향사 구조 안에 있기 때문이다. 본문을 해석하는 해석자는 이미 본문과 전통으로부터 오는 역사의 영향력 안에 속해 있다. 그의 전이해와 선입견은 이러한 영향력 안에 있는 이해와 사고의 지평 안에서 형성된 것이다. 리쾨르의 말을 빌면, 본문과 해석자의 관계에 있어서 가장 근본적인 계기는 소격화(distanciation)라기보다는 귀속성(belonging-ness)이며, 비판과 의혹이라기보다는 동의와 신뢰와 들음이다.

그러므로 성서 본문과 해석자의 관계는 주체-객체의 관계라기보다는 주체-주체의 관계여야 한다. 이 주체와 주체의 관계는 일방적인 들음(전근대적인 직역주의)이나 일방적인 비판(계몽주의)의 관계가 아니라 쌍방적인 들음과 비판의 관계이다. 물론 성서해석학에 있어서는 들음의 계기가 보다 우선적이며 또한 궁극적인 목적이다. 우리는 듣기 위해 비판하는 것이지, 비판하기 위해 듣는 것이 아니다. 그러나 이 들음은 객관적인 비판의 계기를 필요로 하며 그것을 통하여 온전해진다. 객관적인 비판의 계기는 역사비평 방법 이외에도 여러 가지의 비판이론들(마르크스의 이데올로기 비판 이론, 프로이트의 정신분석 이론, 하버마스의 의사소통 이론 등)과 문장론적, 기호론적 설명방법(문학비평, 구조주의 등)들의 적절한 전유를 통하여 수행된다. 객관적인 비판의 계기를 우회한 들음은 주관주의적인 투사나 도그마적인 신조에 빠질 위험이 있다.

올바르게 수행되는 들음과 비판의 변증법은 본문이 절대 주체가 되고 해석자가 객체가 되는 무시간적인 직역주의적 접근을 통하여 이루어지는 것(전근대주의)도 아니며, 해석자가 절대 주체가 되고 본문이 객체가 되는 이성적, 역사실증주의적 접근을 통하여 이루어지는 것(근대주의)도 아니다. 그것은 본문과 해석자 자신의 역사성에 대한 보다 온전한 인식 위에 수행되는 상호 신뢰적이면서 동시에 상호 비판적인 열린 대화에 의해 이루어진다. 가다머의 표현을 빌면, 해석은 이러한 대화를 통한 본문과 해석자 사이의 변증법적인 지평융합에 의하여 이루어진다. 지평융합은 성서의 본문을 무시간적으로 그리고 문자적으로 직역함에 의해서 이루어지는 것이 아니라, 본문의 역사적 지평과 우리의 역사적 지평 사이의 삶의 세계(세계관과 가치관을 포함하는)의 거리를 끊임없는 상호 신뢰적-비판적 대화의 과정을 통하여 좁히고 마침내 융합시킴으로써 이루어진다. 그리고 "유비적 상상력"(analogical imagination)을 통하여 본문의 삶의 세계와 해석자의 삶의 세계 사이에 "상이성 안의 유사성"(similarity in difference)을 발견해 내야 한다.[23)]

우리는 이러한 대화와 지평융합의 해석학적 과정을 통하여 바울의 그 시대 안에서의 한계성과 더불어 가능성을 정당하게 평가하고 이해할 수 있다. 우리는 그의 역사적 한계성을 정당하게 비판할 수 있다. (정당하게 비판한다는 것은 이 평가가 흑백논리에 의한 판단이 아니라는 것을 의미한다.) 그러나 동시에 우리는 그러한 한계성이 바로 하나님의 말씀이 들려 오는 유일한 가능성이라는 사실을 또한 정당하게 인식하여야 한다.(이 인식은 무시간적이고 무조건적인 들음이 아니다.) 따라서 우리는, 당시의 가부장적인 사회적 규범과 관습과 가치관의 영향 안에서 남성(남편)에 대

---

23. 이에 관하여는 David Tracy, ***The Analogical Imagination : Christian Theology and the Culture of Pluralism***(New York : Crossroad, 1987), pp. 405 이하를 참조하시오.

한 여성(아내)의 종속을 말했음에도 불구하고, 예수 그리스도 안에 나타난 하나님의 은혜의 체험에 근거하여 "여자가 남자에게서 난 것같이 남자도 여자로 말미암아 났으나 모든 것이 하나님에게서 났느니라."(고전 11 : 12) 라고 말할 수 있다. 그리스도 안에서 모두가 하나라는 사실을 강조하려고 했던 (AD 1세기의 가부장적인 고대 노예제 사회 구조와 가치관 안에 살았던) 바울의 소중한 의도를 읽어 냄으로써, 성령 안에서 오늘 우리에게 들려주시는 하나님의 말씀을 들을 수 있는 것이다.

13 탈근대적 성서해석학의 패러다임과 비평적 회복의 해석학

I. 들어가는 말

이 글에서는 최초의 기독교의 시원적(始原的) 정체성과 전통의 형성 과정이 본질적으로 해석학적 과정이었다는 사실과, 예수 그리스도 안에 나타난 하나님의 구원사건에 대한 경험과 증언이 이미 해석학적 과정이었으며, 또한 이미 그 안에 복음적인 초점과 더불어 갈등과 충돌, 그리고 다원성과 모호성을 내포하고 있다는 사실을 재확인하게 될 것이다. 그리고 고대교회 이후 중세교회와 근대에 이르기까지의 기독교의 전통의 심장부에 복음적이고 계시적인 요소와 더불어 그것에 대한 이데올로기적 왜곡이 깊이 자리잡고 있다는 사실도 기독교의 역사에 대한 간략한 개관을 통하여 다시 한번 확인하게 될 것이다. 물론 이것은 기독교 전통(성서를 포함하는) 안에 계시적인 경험과 복음적인 신앙적, 신학적 해석이나 교리가 결여되어 있다는 것을 의미하는 것은 결코 아니다. 실상은 오히려 그 반대일지도 모른다. 다시 말하면, 해석학적, 실천적 과정으로서의 기독교의 정체성의 형성과 그 이후의 역사의 결정적으로 중요한 분기점들이 하나님의 신비한 섭리와 성령의 감동과 인도하심에 의한 것이었다고 말할 수도 있다. 특히, 예수 그리스도 사건에 대한 증언을 통하여 성서의 본문이 지시하는 '세계'를 통하여 들려오는 하나님의 말씀과 음성을 신앙 안에서 듣기 위한 신학적 해석학의 과제의 중요성은 아무리 강조해도 지나침이 없다.

하지만 하나님의 섭리와 성령의 감동은 언제나 인간의 역사적 한계성과 가능성 안에서 현실화되며, 하나님의 말씀은 언제나 인간의 말을 통하여 전달된다. 그리고 인간의 역사적 한계성과 가능성과 그 안에서의 인간의 언어는 언제나 다원성과 모호성을 내포한다. 따라서 성서를 포함한 전통 안에는 언제나 복음적인 것과 비복음적인 것, 본래적인 것과 비본래적인 것, 계시적인 것과 이데올로기적인 것이 함께 존재한다. 또한 다원성과 모호성과 이데올로기적인 왜곡의 가능성은 전통을 해석하는 해석자의 경험과 현실 속에서도 동일하게, 때로는 더욱 악화된 형태로 존재한다. 따라서 해석학은 전통과 해석자 양쪽의 이중적인 다원성과 모호성의 문제에 직면한다. 필자는 이러한 이중적인 다원성과 모호성의 문제를 극복하고 진정한 이해에 도달할 수 있는 길이 이 둘 사이의 상호 비판적이고 창조적인 상관관계 안에서의 "비평적 회복의 해석학"(hermeneutics of critical retrieval)에 있다는 사실을 말하고자 한다. 이 비평적 회복의 해석학의 전망을 위하여 또한 필자는 오늘날의 두 가지 탈근대적 해석학의 패러다임인 트레이시의 상호 비판적 상관관계의 해석학과 해방적, 수사학적 해석학의 패러다임을 소개할 것이다. 그리고 마지막으로, 탈근대적이고 미래지향적인 기독교 해석학의 패러다임으로서 비평적 회복의 해석학의 필요성과 전망을 다시 한번 제시하고자 한다.

Ⅱ. 전통의 다원성과 모호성

우리는 오늘날 성서의 증언과 그 이후의 기독교 교회의 역사를 통하여 형성되고 계승되어 온 다양하고 모호한 전통들을 통하여서만, 기독교 전통의 시원적 출발점이요 정체성의 형성 근거인 예수 그리스도의 인격과 사역에 접근할 수 있다. 그런데 오랜 교회의 역사 속에서의 전통들뿐만 아니라 짧은 역사 속에서의 신약성서의 증언 자체도 다양하며 때로는 모호하다. 모호성이란 전통 안에는 언제나 본래적인 것과 비본래적인 것, 계시적인 것과 이데올로기적인 왜곡, 자기 비판과 자기 합리화가 함께 존재한다는 사실을 표현한다. 신약성서와 전통은 이러한 다원성과 모호성 안에서 예수 그리스도를 향한 하나의 초점을 지시하며, 복음을 증거하고, 기독교 신앙과 신학을 전승한다.

신약성서의 증언의 다원성과 모호성 가운데서도 분명히 드러나는 예수의 사역의 초점은 두 가지의 차원에서 파악될 수 있다. 하나는 도래하는 종말론적 하나님 나라에 대한 선포와 실천이며, 다른 하나는 유대교 전통에 대한 종교비판이었다. 전자가 사회 정치적인 차원을 포괄하는 것이라면, 후자는 종교적인 차원의 것이었다. 그는 정치적인 왕(메시야)과 종교적인 메시야로 정죄받고 십자가에 처형당했다. 하지만 이 두 가지 차원은 분리되어 생각될 수 없다. 율법주의적인 유대교 전통에 대한 종교비판이 하나님 나라를 위한 예수의 사역의 중요한 한 축을 이루고 있었다는 사실은 매우 중요하다. 예수는 무엇보다도 종교 지도자들의 미움을 받았으며, 바로 성전 숙정 사건이 그의 십자가 죽음의 직접적인 계기가 되었으며, 종교 지도자들이 예수를 붙잡아 죽일 계획을 세웠다. 예수는 율법주의적인 이데올로기로 왜곡된 유대 종교전통을 비판하고, 진정한 복음적인 하나님 나라의 구원의 길을 선포하였기 때문에 죽임을 당하였다. 말하자면, 예수는 이데올로기로 왜곡된 유대교 전통에 대한 의혹의 해석학과 본래적인 복음적 유대교 전통에 대한 회복의 해석학을 통하여 유대교 전통을 새롭게 개혁하고, 하나님 나라의 구원의 길을 선포하고 실천했던 메시야였다.

그러나 신약성서 기자들은 예수의 제자들이 대부분 예수에 대한, 적어도 부분적으로는, 잘못된 이해와 기대를 가지고 예수를 따랐음을 고발한다. 적어도 그들 중에 일부는 끝까지 예수가 예루살렘에 입성하여 왕의 자리에 오를 것을 믿었다. 따라서 그들은 예수에 대한 자신들의 잘못된 메시야적 이해와 구원론적 기대가 좌절되었을 때, 예수를 배반하거나 버리고 도망갔다(막 14 : 50). 공관복음서 기자들은 예수의 제자공동체가 그렇게 이상적인 공동체가 아니었음을 비판적인 기술을 통하여 보여 주고 있다. "마가와 다른 신약성서의 이러한 자기 비판적 차원은 바로 그것들의 '고전적' 인 성격을 구성하는 요소이다."[1]

예수의 제자들은 부활현현 체험 사건과 오순절 성령체험 사건 이후, 다시금 예수 그리스도에 대한 새로운 구원론적 관점을 가지고 기독론적 이해와 신앙고백적 해석을 형성, 발전시키면서 복음을 전파하였다. 그러나 그들의 기독론적 사고는 초자연적인 계시나 영감의 형태로 단번에 일사불란하게 이루어진 것이 아니라, 그 당시의 다원적인 삶의 세계로부터 오는 다양한 역사적 이해와 사고의 지평 안에서 형성된 다원적인 모델들 안에서 여러 복합적인 해석의 단계들을 거쳐서 형성되고 발전되었다.[2]

기독론의 형성과정이 이처럼 복합적인 해석의 단계들을 거쳐서 이루어졌다는 사실은, 바로 기독교의 정체성의 형성과정 자체가 하나의 해

---

1. Werner G. Jeanrond, *Theological Hermeneutics*(New York : Crossroad, 1991), p. 177. '고전적' 텍스트에 관한 논의는 David Tracy, ***Plurality and Ambiguity : Hermeneutics, Religion, Hope***(San Francisco : Harper & Row, 1987), pp. 12f 참조.
2. 초기 기독교공동체 안에서의 다양한 기독론적 모델들의 형성과 발전과정에 대해서는 Edward Schillebeeckx, ***Jesus : An Experiment in Christology***(New York : Crossroad, 1979)의 제3부를 참조하라.

석학적 과정이었다는 사실을 의미한다. 이 해석학적 과정 안에는 여러 가지 갈등의 요소가 들어 있었다. 무엇보다도 새로 출현하는 기독교공동체와 유대교와의 갈등이 있었다. 초기 기독교인들은 한편으로는 구약성서의 지평과 전이해를 가지고 예수를 기독론적으로 해석했으며, 다른 한편으로는 예수 그리스도에 대한 경험의 빛 안에서 구약성서를 근본적으로 재해석했다. 그들은 이른바 유형론적인 해석(예를 들면, 약속과 성취, 율법과 복음의 도식)을 통하여 구약성서(구약과 신약이라는 개념부터가 유형론적인 것이다.)를 기독론적인 관점에서 재해석하였으며, 그리고 예수를 재해석된 구약성서의 관점에서 이해하였다. 이러한 초기 기독교의 해석학은 유대교의 전통적 해석에는 낯설거나 위배되는 것이었으며, 따라서 필연적으로 유대교와의 충돌과 박해가 초래되었다. 박해와 고난은 결과적으로 유대교 전통으로부터 분리된 새로운 기독교 전통의 출현을 가져왔다. 형식화되어진 예배의식과 '율법주의적' 인 교리를 가진 유대교 전통과, 새로이 형성되는 예수 그리스도 중심적인 '복음적' 인 기독교의 전통과의 갈등은 양자 사이의 지속적인 경쟁과 적대적 태도와 분쟁을 가져왔다.

최초의 시기에 이루어진 유대교와 기독교의 분리에는, 물론 신학적인 요인이 있었음이 분명하지만, 그들 사이의 상호 공격적인 논쟁과 투쟁 뒤에 어느 정도는 유대교 밖에 새로운 종교전통을 수립하려는 사회적 역동성의 요인이 있었음도 사실이었다. 최초의 기독교인들의 해석의 과정은 이 모든 요인들을 반영한다. 뿐만 아니라 이들의 해석의 모델은 각자의 삶의 자리에서의 고유한 영향사(影響史) 의식을 반영하기 때문에 다원적이었고 때로는 모호하기도 하였다. 기독교공동체 자체 안에서 그것들은 언제나 쉽게 조화될 수 있는 것들은 아니었으며, 때로는 서로 긴장관계에 있거나 충돌하기도 하면서 차츰 강력하고 지배적인 모델 안으로 통합되는 양상으로 발전되었다. 기독교의 정체성 형성을 위한 근거와 중심적 원리를 구성하며, 기독교 전통과 교회의 신앙과 삶을 위한 규범적 권위로서 기능하는 기독론 자체도 초역사적인 방식으로 단번에 완결된(once and for all) 것이 아니었다. 역사적으로 복합적인 해석학적 과정을 통하여 형성되었으며 후기 단계에서 어느 지배적인 모델에 의해서 규범화된 것이라는 사실은, 그것이 무시간적으로 절대적인 권위를 갖는 것이 아니라 새로운 역사적 상황과 세계관과 이해와 사고의 지평 안에서 언제나 비판적으로 재해석되고 새롭게 전유될 해석학적 가능성에 열려 있다는 사실을 함축한다.

신약성서의 정경화가 기독교 복음의 파라도시스(paradosis)를 문서화시킴으로써 기독교 신앙과 삶을 위한 규범적인 권위를 갖게 되었던 것은 사실이지만, 그럼에도 불구하고 이 규범적인 텍스트는 여전히 자체 안의 다양성과 모호성으로 인하여, 그리고 해석자의 다양한 관심과 관점으로 인하여 매우 다양한 방식으로 해석될 수 있었다. 심지어는 대부분의 이단들도 신구약성서의 해석에 참여하여 자신들의 해석이 옳다고 주장하였다. 따라서 이 새로운 정경은 교회 안에서의 기독교인의 신앙과 삶의 문제의 해결을 위한 규범의 기능을 함과 동시에, 갈등과 분열의 원인이 되기도 하였다.

기독교가 로마제국의 공식적인 종교로 공인되어지게 되면서, 왜곡된 유대교 전통을 비판하고 종말론적인 하나님 나라의 구원을 선포하고 실천했던 예수 그리스도의 복음과는 정반대로, 기독교는 다시금 의식적이고 율법적인 전통을 구축하게 되었다. 지배적인 기독론적 모델은 곧 정통교리가 되었으며, 정통교리는 그것에 동의하고 따르지 않는 견해나 사람은 가차없이 이단으로 정죄하고 심판하고 처단하는, 따라서 유대의 율법주의보다 더욱 무서운 율법주의적인 절대 규범이 되었다. 이와 아울러, 현재의 질서에 대한 철저한 역전과 변혁을 요구하는 종말론적인 하나님 나라의 메시지 대신, 로마제국의 현질서를 재가해 주고 안정을 보증해 주는 제도적이고 계층구조적인 교회의 천년왕국 시대가 시작되었다.

성서와 기독교 전통에 대한 서로 상충되는 해석들로 인한 기독교의 정체성의 혼란을 해결하기 위하여, 고대교회는 성서의 올바른 해석과 그릇된 해석을 구별해 내기 위한 기준을 교회의 사도적 계승 안에 자리매김하였다. 이레네우스에 따르면, 교회의 감독은 성서 안에 전승된 사도적 권위를 계승하는 후계자이며, 따라서 교회는 살아 있는 '진리의 법칙' (regula veritatis)이다.[3] 성서해석은 오직 교회의 진리 안에서만 성공적으로 이루어질 수 있으며, 교회만이 복음의 진리에 대한 올바른 이해를 보증한다. 중세교회는 더욱 형식주의화된 전통을 발전시켰다. '전통' 은 교회에 의해 전승되고 생활화되고 보호되는 신앙의 전체 보고(寶庫, depositium fidei)가 되었다. 물론 이 '진리의 경전' 은 성서를 본래적인 기독교의 정체성에 대한 최상의 증언으로 간주했지만, 동시에 교회 안에서의 신학적, 실천적, 예전적 전통을 포함하였다.

16세기의 종교개혁자들은 로마교회의 권위주의적인 전통이해 안에서 발전되어 온 교회의 잘못된 구조적, 신학적, 실천적, 예전적 전통과 관습들을 거부하였다. 그들은 로마교회의 계층질서적인 교회구조와 승리주의적인 신학과 율법주의적인 실천과 비성서적인 예전을 비판하고, 본래적인 진정한 기독교 신앙을 위한 기준을 다시금 성서 텍스트 자체에서 찾고자 하였다. 이에 대한 응답으로, 트렌트 공의회는 성서와 사도적 구전 전승을 모두 교회 안의 구원의 진리와 참된 질서를 위한 매개로 천명하면서, 성서에 대한 올바른 해석의 권위와 기준은 교회에 있음을 재확인하였다.[4] 이와 아울러, 교회에 대한 배타적이고 계층질서

---

3. Irenaeus, Adversus Haereses, I 22. 1.

적인 이해는 이전보다 더욱 발전하였는데, 교회의 계층적 권위는 교황 무오설을 채택한 제1차 바티칸 공의회(1869-1870)에서 절정에 이르렀다. 이제 교황과 교도권(敎道權, Magisterium)은 성서와 전통의 해석을 위한 유일한 권위일 뿐만 아니라, 그 자체가 자신의 해석의 정당성을 위한 합법적인 기준이 되었다.

루터의 종교개혁은 면죄부 판매에서 절정에 이른 교회의 잘못된 관행에 대한 반박으로부터 시작되었지만, 1520년 이후의 그의 저술들은 보다 근본적이고 체계적인 방식으로 로마 교회의 권위 자체에 대한 도전을 담고 있다. 루터는 모든 기독교인들이 교회의 동등한 구성원이며, 동등한 영적인 권위와 동등한 성서해석의 권위를 가지고 있으며, 공의회를 소집할 동등한 권리를 지니고 있다고 주장하였다.[5] 그에 따르면 성서만이 올바른 기독교적 삶을 위한 적법한 기준을 제공해 준다. 루터의 해석학의 그리스도 십자가 중심적인 내용적 원리는, 지나친 환원주의적인 문제점에도 불구하고, 성서원리가 경직된 형식적 원리가 되는 것을 막아 주었다.

그러나 가톨릭 교회의 계층질서적인 권위주의의 기준으로부터 해방되어 성서를 자유롭게 해석하고자 했던 루터교와 개혁교의 성서해석은 새로운 형태의 개신교적 교도권이라고 할 수 있는 영감설과 무오설의 교리로 인하여 매우 경직화되었다. 루터에게 있어서 성서의 권위가 그리스도 중심적인 신학적 해석학의 내용적 원리에 있었던 반면, 개신교 정통주의는 그것을 축자영감설이라는 형식적인 원리로 변질시켰다. 따

4. Yves Congar, ***Tradition and Traditions : An historical and a theological essay***, trans. Michael Naseby and Thomas Rainborough(London : Burns & Oates, 1966), pp. 156-176 참조.

5. Kurt Aland, ***Die Reformatoren***(Gütersloh : Gerd Mohn, 1976), pp. 26f.

라서 가톨릭 교회의 교황무오설에 상응하는 개신교의 성서무오설이 확립되었다.

이러한 개신교 정통주의의 형식적인 성서원리의 권위의 집은 근대의 역사비평적 접근이 성서 자체 내의 다원성과 모호성과 갈등을 재발견하고 드러냄으로써 붕괴되었다. 성서를 명제적 진리에 대한 본문증명(text proofing)을 위한 권위적인 전거로 여기고, 무시간적이고 문자적인 방식으로 성서에 호소함으로써 성서로부터 직접적인 답변을 기대하는 것은 이제 불가능하게 되었다. 성서 자체의 역사성과 그로 인한 성서 본문의 다원성과 모호성에 대한 인식은 역사비평의 주된 과제이며 업적이다.

하지만 역사비평적 접근에는 아직 해석자 자신의 역사성과 그에 따른 관점의 다원성과 모호성에 대한 충분한 인식이 결여되어 있었다는 사실이 오늘날 비판되어진다. 역사비평적 접근은 아직도 철저히 역사적이지 못하였다. 따라서 오늘날의 탈근대적 해석학은 텍스트와 해석자의 이중적인 다원성과 모호성의 문제와 씨름한다. 가다머의 지평융합 개념은 결국 텍스트와 해석자 사이의 시간적 거리와 이중의 역사성의 문제를 극복하고 이해에 도달하는 해석의 과정을 현상학적으로 설명하기 위한 것이다. 하지만 그의 해석학은 이해와 방법(설명) 사이의 이분법을 극복하지 못했고, 따라서 올바른 해석을 위한 기준도 제시하지 못하고 철학적(현상학적)인 존재론적 해석학에 머물렀으며, 또한 그의 영향사 의식은 충분히 비판적이지 못하다. 따라서 텍스트와 해석자 사이의 바람직한 지평융합으로서의 참다운 이해를 위해서는 설명의 방법과 비판이론을 포함하는 해석학 이론이 요청되며, 텍스트와 해석자 사이의 상호 비판적이고 창조적인 상관관계를 지향하는 해석학적 전망이 요구된다.

Ⅲ. 트레이시의 상호 비판적 상관관계 해석학

신학적 성서해석학의 관점에서 볼 때 오늘날에는 크게 세 가지 입장과 신학자들이 존재하고 있다고 할 수 있다. 첫 번째는 이른바 정통주의적인 교의학적 성서해석의 입장을 고수하고 있는 사람들이다. 이 입장의 사람들은 성서 영감교리를 굳게 붙든 나머지 역사비평적 접근을 허용하지 않을 뿐만 아니라, 자신들의 해석학적 과업을 위하여 철학적 해석학의 통찰이 제공하는 유익도, 그리고 그것들과의 대화의 필요성도 인정하지 않는다. 16~17세기의 개신교 정통주의 시대의 전근대적인 성서해석은 전형적으로 이와 같은 경직된 교의학적 접근방식을 취하였으며, 오늘날에도 정통 보수주의적인 입장을 표방하는 교파와 교단의 신학자들과 목사들이 이 입장을 고수하고 있다. 현대의 대표적인 신학자들 중에 바르트가 다시금 교의학적 성서해석으로의 '신정통주의적'인 회귀를 시도하였다. 우리가 바르트의 성서해석학에서 살펴본 바와 같이, 그는 역사비평의 필요성을 부인하지는 않았지만 그 자신의 실제적인 주석 방식은 역사적이 아니라 교의학적이었으며, 또한 그는 성서를 통하여 들려지는 하나님의 말씀을 들음에 있어서 인간의 철학적 전이해라든가 방법론을 필요로 하지 않는다고 보았다. 그는 하나님의 말씀이 인간의 말을 통하여 들려 온다는 것을 인정하면서도, 신적 계시의 범주가 인간의 언어와 사고의 범주와 대립되는 것으로 이해했으며, 터툴리안의 말을 빌면 계시의 도성인 예루살렘과 철학의 도시인 아테네는 전혀 관계가 없다고 보았다.

두 번째의 입장은 린드벡, 스툴마허 등의 신학자들의 입장으로서, 이들은 교회와 성서신학의 내적 범주 안에서 기독교적인 독특한 비전을 구체화하려고 시도한다. 이들은 탈근대적인 철학적 해석학의 담론에 참여하지만, 그러한 해석 이론들을 텍스트 내재성(intratextuality)의 관점에서만 수용한다. 탈자유주의(post-liberalism)를 표방하는 린드벡은 종교적 사고와 교리에 대한 문화적-언어적(cultural-linguistic) 기술을 선호하는데, 그에 따르면 성서 텍스트의 기본적인 의미를 기술하는 것은 텍스트 내적인 과제이다. 즉, 그것은 성서 본문이 산출해내는 본문외적인 실재에 대한 성서 본문의 내용과 관점을 구명(究明)해 내는 것을 의미한다.[6] 텍스트 해석을 텍스트 내재성의 차원으로 제한함으로써, 린드벡은 텍스트 해석이 텍스트 내적인 차원을 넘어서 이차적 질서로서의 지시체 또는 세계와 새로운 존재 양태를 개방하며, 따라서 새로운 세계관과 실천으로의 전환을 가져다 준다는 사실을 충분히 인식하지 못했다. 그는 일반적 해석학을 신학적 진술을 해석하기 위한 자신의 문화적-언어적 모델을 전개하기 위해서만 사용했으며, 따라서 이 일반적 해석학적 사고를 자신의 특수한 텍스트 내적 해석학의 모델을 위해서만 전용하였다.

대체로 스툴마허의 동의(Einverst ndnis)의 해석학도 린드벡과 텍스트 내재적 해석학과 유사한 입장을 보여 준다. 그는 역사비평적 방법을 수용하고 또한 가다머의 해석학 이론도 받아들인다. 그러나 그는 이러한 해석의 방법과 이론들을 오직 성서 본문에 대한 동의의 해석학을 수립하기 위해서만 사용한다. 그에게 있어서 가다머의 영향사 의식은 진리를 담지하고 있는 성서 본문에 순종하는 종으로서의 성서해석자의 주석적 태도를 표현하는 것으로 이해된다.[7] 성서의 메시지를 듣기 위

---

6. George A. Lindbeck, ***The Nature of Doctrine : Religion and Theology in a Postliberal Age***(Philadelphia : Westminster Press, 1984), p. 117.
7. Peter Stuhlmacher, ***Vom Verstehen des Neuen Testaments : Eine Hermeneutik. Grundrisse zum Neuen Testament***. NTD Ergänzungsreihe, vol. 6(Göttingen : Vandenhoeck & Ruprecht, 1986), pp. 222f. 한글 번역본으로 전경연, 강한표

한 동의의 해석학의 정당성은 아무리 강조해도 지나침이 없다. 그러나 그것은 참된 해석학적 과제이지만 해석학적 과제의 전부는 아니다. 동의의 해석학은 동시에 본문에 대한 언어적 분석과 비판적 의혹의 해석학에 의해 보완되어야 한다. 그렇지 않으면 그것은 텍스트와 해석자의 이중적 다원성과 모호성, 그리고 이데올로기적인 왜곡을 방지하거나 해결할 수 없다.

우리는 세 번째의 입장의 신학자들로서 트레이시, 스킬레벡스 등을 들 수 있는데, 이들은 텍스트와 해석자의 다원성과 모호성, 그리고 이데올로기적 왜곡의 문제를 해결하기 위해서 일반 철학적 해석학의 통찰과 이론, 언어학적 분석과 설명방법, 그리고 비판이론들 등과의 열려진 대화의 관계 속에서 기독교 해석학을 수행한다. 특히, 의혹의 해석학과 회복의 해석학을 함께 추구하는 기독교 철학자인 리쾨르와, 비판이론을 통한 해방적인 사회적 의사소통의 담론을 추구하는 하버마스는 이들의 주요한 대화의 파트너이다. 세 가지의 입장들 중에서 이 세 번째 입장이 오늘과 내일의 기독교 해석학이 지향해야 할 가장 통전적이고 미래지향적인 탈근대적 해석학적 입장이라고 할 수 있다. 따라서 우리는 이에 관하여 좀더 자세히 고찰해 볼 필요가 있다.

데이비드 트레이시는 오늘날 리쾨르처럼 가다머와 하버마스 양자를 통합하고자 하는 해석학적 신학 방법론을 보여 주고 있는 대표적인 미국의 신학자 중 한 사람이다. 그는 신학의 형태를 다섯 가지로 구분하면서, 자신의 새로운 신학적 방법론을 수정주의(the revisionist model)라고 부른다.[8] 트레이시의 수정주의 모델은 다음과 같은 그의 진술 안

역, 「신약성서 해석학」(대한기독교출판사, 1986)이 있다.

8. 그가 제시하는 다섯 가지 모델은 정통주의 신학, 자유주의 신학, 신정통주의 신학, 급진주의 신학, 그리고 수정주의 모델이다. David Tracy, ***Blessed Rage for***

에 잘 표현되어 있다. "오늘날의 그리스도교 신학은 공통적인 인간 경험 안에 현존하는 의미들과 그리스도교 전통 안에 현존하는 의미들에 대한 철학적인 성찰로서 가장 잘 이해된다."[9] 수정주의 모델은 나머지 네 가지 모델들과 '내용'에 의해서가 아니라 '방법론적인' 면에서 다른 것이다. 이것은 이전의 신학 모델과는 다른 새로운 '해석 방법'이라고 보아야 할 것이다.

트레이시는 신학함에 있어서의 두 상수를 상황 또는 경험과 전통으로 파악한다. 다시 말해, 상반된 감정이 양립하고 우연적이며 변화무쌍한 현대적 경험 세계와, 그리스도교적 사신, 즉 예수 그리스도의 복음에 기초한 유대 그리스도교적 전통이다. 한편에는 상황, 해석자, 오늘날의 경험이 있고 다른 한 편에는 기독교 전통, 본문, 메시지가 있다. 신학의 과제는 이 둘을 일정한 상관성 안에서 해석하는 것이다. 따라서 트레이시는 기독교 전통과 그 전통을 해석하는 맥락으로서의 오늘날의 경험 또는 상황 둘 다를 해석학의 대상으로 보고, 이 둘 사이의 상호 비판적인 상관관계를 지향하는 해석학적 방법론을 제시하였다.[10] 그에 따르면, "신학이란 기독교 전통에 대한 해석과 오늘날의 상황에 대한 해석 사이에 상호 비판적인 상관관계를 세우려는 시도"이다.[11]

Order : The New Pluralism in Theology(NewYork : Seabury, 1975), pp. 22-34.

9. Ibid., p. 34.
10. Ibid., pp. 32ff.
11. David Tracy, "Theological Method," P. C. Hodgson & R. H. King, ed., *Christian Theology*(Philadelphia : Fortress Press, 1985), p. 36. 트레이시의 상호 비판적 상관관계 방법론은 그의 스승인 틸리히의 상관관계 방법론을 전통(계시)과 해석자(경험) 사이의 상호 비판적 대화의 관계성 안에서 이루어지는 현대 해석학의 관점에서 더욱 발전시킨 것이다.

트레이시의 해석학의 상호 비판적 상관관계 방법론은 기독교적 경험(전통)을 일반적인 인간 경험으로 희석시키는 것을 의미하지도 않으며, 모든 인간의 경험을 기독교화시키는 것을 의미하지도 않는다. 트레이시는 구별되면서도 연관되어 있는 이 두 경험이 모두 모호하며 따라서 비판적 해석을 요청한다고 주장한다.[12] 그에 따르면, 기독교 전통에 대한 해석이 이 세상 안에서의 우리의 존재에 대한 이해를 위하여 지속적으로 의미있는 도전이 될 때에만, 그리고 이 해석이 회복과 의혹의 해석학에 의해 인도되는 비판적인 과업이 될 때에만 기독교의 계시가 성공적으로 오늘날의 인간들을 향하여 진리를 드러낼 것이다. 이 비판적 해석학은 모든 우리의 전통과 고전적 텍스트의 모호성을 탈은폐시키며, 우리가 전통주의적인 거짓된 권위의 집으로 도피하는 것을 막는다.

또한 트레이시는 전통의 다원성과 해석의 다원성의 이중적인 다원적 현상도 자신의 상호 비판적 상관관계 방법론 안에 포함시킨다. 그에 따르면, 기독교 전통의 다원성은 기독교운동 자체의 근원에서부터 발견된다. 서로 다른 사람들이 서로 다른 공동체와 시간과 언어적 문화적 상황에서 그리스도 사건을 다양하게 증언하였다. 이 다원성을 받아들이는 것은 단지 몇몇 비판적인 신학자들에게만이 아니라 모든 기독교인들에게 요청된다. 또한 트레이시에게 있어서 비평적 해석학의 다양성은 위기일 뿐만 아니라 기회이다. 그것은 텍스트 해석의 과정에 대한 보다 비평적이고 올바른 이해를 제공해 준다. 이 세상을 변혁시키기 위한 기독교의 메시지의 능력은 과거와 현재의 인간의 가장 근본적인 물음들에 대한 보다 폭넓은 대화 안에 기독교인이 참여할 때에만 드러나

---

12. David Tracy, ***The Analogical Imagination : Christian Theology and the Culture of Pluralism***(New York : Crossroad, 1981), pp. 99 - 153 ; 그리고 그의 ***Plurality and Ambiguity***, pp. 28 - 46.

게 될 것이다. 트레이시는 텍스트와 해석의 이중적 다원성과 모호성의 현실 속에서 양자 사이의 상호 비판적 상관관계의 방법론을 통한 상대적 적절성을 지닌 해석의 길을 추구한다.

트레이시의 상호 비판적 상관관계 해석학의 두 요소는 순환적인 관계 안에 있지만 그 출발점은 경험이라고 할 수 있다. 그에 따르면 '경험' 이란 "한 자아로서의 자아의 원초적이고 광범위한 경험"이다. 그것은 "활동적이고, 과정 중에 있고, 느끼고, 구체적이고, 본질적으로 사회적인 모든 실재들에 관계된" 경험이다.[13] 기독교의 '계시' 는 이러한 인간의 '경험' 과 분리된 것이 아니라, 바로 이러한 '경험' 을 포함하고 있는 것이다. 텍스트의 본문은 '경험' 을 포함한 '계시' 가 기록되어 있는 책이다. 텍스트는 그 당시의 상황 속에서의 '경험' 을 포함하고 있다는 것은 텍스트가 역사성을 지니고 있다는 사실을 말해 준다. 기독교의 텍스트 또는 계시가 역사적 특수성을 가지고 있다는 사실은, 그것이 또한 보편성을 가지고 있다는 사실과 대립되지 않는다.

트레이시는 가다머를 비롯한 현대 해석학자들의 해석학이 세 가지 기본적인 단계를 밝혀 주고 있다고 보면서, 이러한 단계들의 정식화를 보완하기 위한 두 가지의 사항을 제안한다.[14] 첫째 단계는 모든 해석자는 본문에 대하여 일정한 전이해를 가지고 해석의 과제를 시작한다는 것이다. 모든 사상가는 개인적으로 문화의 지배적인 전통으로부터 아무리 벗어나 있다고 하더라도, 자신의 전이해 속에 전통의 영향사가 실제로 남아 있음을 인정해야 한다.[15] 이러한 전이해의 불가피성, 또는

---

13. David Tracy, ***On Naming the Present***(New York : SCM Press, 1994), p. 113.
14. David Tracy, "Hermeneutical Reflections in the New Paradigm," Hans Küng, David Tracy, ed., ***Paradigm Change in Theology***(New York : Crossroad, 1991), pp. 38 – 47.

역사성의 필연성은 특히 모든 언어사용과 이해가 그 언어 속에 현존하는 전통(영향사)에서 벗어나지 못한다는 사실에서 분명하게 나타난다. 둘째 단계에서는 어떤 고전적인 본문, 형상, 상징, 사건, 의식(儀式) 또는 한 인물과 함께 우리의 현실적 경험의 실재를 관찰한다. 예를 들면, 어떤 고전적 본문을 서구적 전통 속에서 해석할 때 우리는 이 본문이 하나의 확정적 해석에 저항하는 어느 정도 지속적이고 다양한 의미를 지니고 있음을 알게 될 것이다.

셋째 단계에서는 해석의 과정이 일어나는데 이것은 가다머의 '대화 놀이'(Gesprachspiel)의 모델에 의해서 잘 설명된다. 대화 놀이의 과정에서처럼, 우리의 전이해와 관심을 불러일으키는 본문의 요구 사이의 상호 작용에 의해서 본문에 대한 이해와 해석이 이루어진다. 가다머와 같이 트레이시도 해석자의 주체적 이성을 절대시하는 주관주의, 또는 관념론적 해석학과 저자와 본문의 본래적인 객관적 의미를 추구하는 객관주의, 또는 실재론적 해석학 양자를 모두 거부한다. 본문의 의미는 해석자의 머리에 있지도 않으며, 본문의 '배후'에(저자의 머릿속에, 본래적인 사회 배경 속에, 본래적인 청중 속에) 있지 않으며, 본문 자체 '속에' 있지도 않다. 오히려 본문의 의미는 본문 '앞에', 즉 본문과 해석자의 공동적인 질문과 주제 속에 있다.[16] 따라서 해석은 창조적일 수밖에 없다. 다시 말하면, "본문의 의미(본문의 앞에 있는 의미)를 우리 자신의 지평 속에 전달하고 옮겨 놓고 해석하려고 할 때 창조성이 포함되어야 한다."는 것이다.[17] 트레이시는 이처럼 해석자와 본문의 상호 작용에 대한 현실적 경험을 대화 경험으로 이해하면서, 해석 작업에 있어서의 유한성과 역

---

15. Ibid., pp. 39 – 40.
16. Ibid., p. 42.
17. Ibid., pp. 42 – 43.

사성과 창조성을 강조하고 있다. 그는 가다머와 마찬가지로 "사람들은 이해할 경우에 원래의 저자와는 달리 이해한다."는 것을 인정한다.[18]

그러나 트레이시는 가다머의 해석학에 있어서의 두 가지 결정적인 난점을 지적하면서 비판적 이론들과 설명 방법의 필요성을 강조한다. 그에 따르면, 가다머의 첫째 난점은 그의 '지나치게 낙관적인 전통 개념' 이다. 하버마스와 같이 트레이시는 전통에 대한 무비판적인 종속의 위험을 극복하는 길은 "계몽주의의 해방적 진리, 다시 말해서 비판적이고 실천적인 이성의 해방적 추진력에 대한 계몽주의적 신념을 확인하는 것"[19] 이라고 말한다. 그는 또한 "우리의 개인적인, 그리고 문화적이고 사회적인 삶 속에서 체계적으로 왜곡된 것들을 인식하고 극복하는데 의혹이 필요하고 비판적 이론이 필요하다는 것은, 모든 현대적 해석자의 전이해의 지평에서 그리고 창조적 해석의 가능성의 지평에서 불가피한 사실이 되었다."[20] 고 말한다. 따라서 그는 '의혹의 해석학' (hermeneutics of suspicion)이 필요하고, 이러한 '의혹의 해석학' 은 단순히 가다머식의 대화의 모델에 의존할 수는 없고, 그 작용을 정당화할 '비판적 이론들' 을 필요로 한다고 말한다.[21]

둘째 난점은 대화의 모델에 관련되기보다는 가다머가 정식화한 '본문과 그 주제' 에 대한 개념과 관계되는데, 모든 방법에 반대하는 가다머의 이론은 잘못된 결과를 낳을 수 있다는 것이다. 트레이시는 "해석 과정에서 해석자와 본문의 공동적인 주제는 관심에 대한 요구를 본문의 형태로 표현하는 것이다. 해석 과정을 보다 포괄적으로 이해하기 위

---

18. Ibid., p. 43.
19. Ibid.
20. Ibid., p. 45.
21. David Tracy, *Christian Theology*, p. 44.

해서는 이 점을 강조해야 한다."고 말한다.[22] 그에 따르면, 가다머의 보완적 진리(방법론주의에 반대하는)는 지나친 논리 전개(모든 방법에 반대하는)로 인하여 위태로워졌다. 본문이 주제를 한 작품, 질서 있는 전체, 한 본문 속에 구조화하고 형식화함으로써 관심을 유발한다는 것을 인정한다면, 그리고 그 사실을 인정하는 한 우리는 해석 과정에서 몇 가지의 설명 방법들(explanatory methods)을 적용하는 것이 정당하고 필요하다는 사실도 인정해야 한다. 이 점에 있어서 트레이시는 리쾨르의 견해에 동의하고 있다. 설명 방법들은 본문의 형식과 구조를 통해 어떻게 의미가 제시되는가에 대한 우리의 이해를 '발전' 시킬 수 있다. 이러한 설명의 요소들에 의해서 독자는 형식화된 주제를 보다 더욱 잘 이해할 수 있다. 본문의 구성 내용을 분석하는 문학 비판의 방법들이나 기호학적(semiotisch), 구조주의적 방법들과 같은 설명 방법들을 사용하지 않으면, 가다머 자신의 의도와는 달리 해석자가 본문이 나타내는 복합적이고 구조화되고 형식화된 주제에서 직접 '사신'(使信)들을 이끌어 내는 위험을 벗어나기 어렵다. 개성 있는 문장력에 이르는 본문의 표현이 어디서 유래했는지를 밝혀 줄 수 있는 설명 방법들을 거부하는 것은 결국 이해와 창조성을 거부하는 것이다. 트레이시는 가다머가 설명이 공동적 주제에 대한 본문과 해석자 사이의 대화를 파괴하는, 따라서 해석학적 이해를 파괴하는 수단으로 될 수 있다는 염려 때문에 해석하는 데 있어서 설명 방법의 필요성을 충분히 주목하지 못했다고 비판한다.[23] 설명 방법은 종교해석학, 즉 성서해석학을 포함한 모든 해석학에 있어서도 적합하며, 해석에 있어서의 창조성은 설명과 방법을 배제하지 않는다.

---

22. D. Tracy, ***Paradigm Change in Theology***, p. 46.
23. Ibid., pp. 46-47.

하버마스와 리쾨르처럼 트레이시도 영향사의 지배력을 무비판적으로 수용하는 듯한 태도를 갖고 있는 가다머의 낙관적인 전통 개념과, 진리는 방법에 의해서가 아니라 본문과 해석자 사이의 변증법적인 대화의 과정 속에 드러나는 것이라는 가다머의 '방법 회의주의'를 비판하면서, 본문과 해석자 사이의 변증법적 대화의 과정 속에서 드러나는 본문의 앞에 있는 의미가 올바르고 적절한 것인지 부적절하고 그른 것인지 구별할 수 있는 장치로서 비판적 의혹의 해석학과 보완적 설명과 방법의 필요성을 강조한다. 그는 또한 이러한 설명과 방법 안에는 다양한 역사비평적인 접근과 프로이트의 정신분석 이론과 마르크스의 이데올로기 비판 이론, 하버마스의 의사소통 이론 등이 다 포함되어야 한다고 본다. 트레이시는 이처럼 오늘날의 탈근대적인 철학적 해석학의 담론들이 신학의 해석학을 위하여 갖는 중요한 의미들을 누구보다 잘 인식하고, 그것들을 성서와 전통에 대한 해석을 위하여 포괄적으로 전유(轉有)하는 비평적이고 탈근대적인 해석학의 패러다임을 제시하고 있다.

IV. 해방적, 수사학적 패러다임

오늘날 해방신학자들과 여성신학자들은 대체로 가다머보다는 하버마스처럼 전통에 대한 비판적 접근을 더욱 강조한다. 왜냐하면 해석자가 본문과 전통 안에서 발견하는 진리가 확증되어져야 할지 부정되어져야 할지가 언제나 분명한 것만은 아니기 때문이다. 전통의 권위(교회의 권위이든 성서 영감설의 권위이든)에 의존하는 해석은 전근대적인 비판 이전 시기의 교의학적 해석이다. 비판 이후 시기인 오늘날에는 이러한 해석은 더 이상 불가능하다. 여성신학자들은 하버마스와 같이 본문과 전통에 대한 해석자의 비판적 이성의 능력을 더욱 중요시하는 의혹 또는 비판의 해석학에 더욱 집중한다.[24] 반면에 남미의 해방신학자들은 여성신학자들보다는 상대적으로 가다머의 사상의 많은 부분을 그들의 신학적 정식화를 위해, 특별히 해석학적 아치를 위해 도입한다. 보프(Clodovis Boff)의 글에 이러한 사실이 잘 나타난다. "그러므로 엄격히 말해서 하나님의 말씀은 성서의 문자 안에서 발견되어지는 것도 아니고, 그것을 듣거나 읽는 공동체의 영 안에 있는 것도 아니다. 그것은 바로 이 둘 사이에 그들의 상호적, 역동적 관계성 안에, 결코 완전히 객관화되어질 수 없는 앞뒤로의(back-and-forth) 운동 속에 있다."[25]

그러나 보프는 한걸음 더 나아가서, 본문은 독자로부터의 응답을 요구한다고 강조한다. 본문에 의해 제기되어진 물음은 단지 미사적(美辭的)인 의미의 수사학적인 것이 아니다. 그것은 설득하고, 호소하고, 질문한다. 해방신학자들에게는 본문과 해석자 사이에서 이해가 성취되어야만 본문이 의미를 갖는 것이 아니다. 본문의 의미는 응답의 가능성 안에 놓여 있다. 즉, 그것은 독자가 본문이 말하는 바를 따라 해방적인 실천에 종사하느냐의 여부에 달려 있다. 해방신학은 해석의 과정에 있어서의 공동체의 역할을 매우 강조한다. 왜냐하면 공동체는 실천을 위한 장이 되기 때문이다. 보프에 따르면, "본문은 결코 세상과 역사를 향하여 열려 있기를 멈추지 않는다. 그것은 모든 실제적 또는 잠재적인 독자들을 연속적으로 사명을 주어 파견한다. 참으로 이것이 왜 본문이 존재하는가 하는 이유이다. 본문은 읽혀지고 다시 읽혀지기(reread) 위하여 지속적으로 존재한다."[26]

---

24. Georgia Warnke, ***Gadamer : Hermeneutics, Tradition and Reason*** (Standford : Standford University Press, 1987), p. 89.
25. Clodovis Boff, ***Theology and Praxis***(Maryknoll : Orbis Books, 1987), p. 136
26. Ibid., p. 139.

이러한 의미에서 오늘날 남미의 해방신학자들과 미국과 유럽의 여성신학자들은 성서를 다시 읽으며, 비록 초기 기독교의 본문들이 정경화되었지만 그것들은 결코 닫혀져 있지 않다는 것을 인식한다. 하나님의 말씀은 하나님의 말씀이 되기 위하여 지속적으로 존재한다. 이 하나님의 말씀의 실재는 역사를 통하여 발전한다. 특히 이들 신학자들은 신학적 정식화의 과정 속에서 소외되고 축출되어졌던 자들의 경험을 심각히 재숙고해야 할 필요성을 인식한다. 왜냐하면 이들의 종교적 경험들과 영적인 질문들이 이 지속적인 과정의 한 부분이기 때문이다.

해방신학의 성서해석은 '예수의 눈으로' 현실을 보고자 하는 것인데, 그것은 가난하고, 여자이며, 백인이 아니라는 이유 때문에 인간성을 박탈당하고 인간 취급을 받지 못하는 피해자들의 시각에서 현실을 보는 것이다. 억눌린 피해자의 시각 없이는 해방의 시각이란 없는 것이다. 1968년 메델린에서 열린 라틴 아메리카 주교회에서 해방신학의 원칙이 형성되었는데, 하나님은 특별한 관심을 가지고 가난한 자들을 사랑하고 선호하신다는 것이다. 이것이 가난한 자들의 해석학적 특권으로서의 '가난한 자들을 위한 당파성'(preferential option for the poor)이다.

이 점에 있어서 여성신학자들은 기본적으로 남미의 해방신학자들과 입장을 같이 한다. 피오렌자에 따르면, "해석자는 항상 특정 물음이나 특정한 물음의 제기방식을 가지고 본문에 접근하기 마련이며, 그것은 말하자면 그 본문이 관여하고 있는 바에 대하여 어떤 이해를 가지고 본문에 접근함을 의미한다."[27] 그러나 여성신학자들은 남미의 해방신학자들보다 한걸음 더 나아간다. 왜냐하면 여성신학자들은 성서를 다시

27. Elisabeth Schüssler Fiorenza, "Bread of Wisdom : Interpretation for Liberation," ***Asian Feminist Theology and the Biblical Hermeneutics***(이화여성신학연구소, 1996 강연자료집), p. 90.

읽는 데 몰두할 뿐만 아니라, 성서의 남성 중심적 성격을 근본적으로 문제삼으며 비판하기 때문이다. 피오렌자는 다음과 같이 비판적 여성 해방신학적인 성서해석의 입장을 천명한다. "거의 모든 성서학자가 고등교육을 받아서 성직에 속하는 중산계급 남성이라는 것은 얼마나 큰 손실인가? 만일 성서가 다시금 진정한 신앙공동체의 성서가 되어야 한다면 이 계급에 의한 독점을 깨는 것은 필요 불가결한 일이다. 갖가지 생활양식, 사회적 배경, 개인적 경험을 가진 사람들이 성서해석에 참여하는 것은 절대적으로 필요한 과제이다."[28]

성서의 본문을 다룸에 있어서 해석자의 역사적 조건을 인식하고 정당화해야 할 필요성에 기초하여, 여성신학자들과 해방신학자들은 성서의 해석에 대한 새로운 관점을 형성하였다. 어떤 신학도 중립적이거나 가치 자유적인(value-free) 신학은 없으므로 해석자는 자신을 역사적으로 규정함에 있어서 정직해야 한다. 신학자는 경제적, 인종적, 종교적, 그리고 민족적인 역사적 실존의 한계성과 유한성의 기층 아래로 숨거나 그 한계점을 벗어나 아르키메데스의 점, 즉 절대적인 입각점에 올라설 수가 없다. 이 모든 것들은 신학적 도식의 한계점을 지시하고 또한 관점과 기대가 무엇인지를 분명히 드러낸다.

이런 의미에서 해석의 방법과 신학적 정식화는 그것들이 '단번에 영원한' (once and for all) 절대적인 입장을 취하기 때문에 정당하고 합법적인 것이 아니다. 오히려 그것들은 무엇이 이전에 왔으며 무엇이 자신들을 둘러싸고 있는지를 인식하기 때문에 합법성을 얻는다. 이것이 또한 신학으로 하여금 대화와 비판에 대하여 더욱 열려 있도록 만드는 것이다. 왜냐하면 의미와 진리에 대한 절대적인 해석과 이해는 없기 때문

28. Ibid., p. 91.

이다.

근대의 '과학적' 연구는 역사적 확실성과 가치 중립적 객관성을 주장하기 위하여, 자신의 수사적 성격을 부인하고 자신의 역사성을 은폐하는 그러한 탐구의 유형을 '순수이성'의 이름으로 촉진시켜 왔다.[29] 과학적, 실증주의적 패러다임은 교리적, 교권적 통제에서 벗어나려는 종교적 학문의 투쟁에 의해 형성된 성서학의 '과학적' 정신이기 때문에, 가치 중립적 탐구와 과거와 현재 사이의 깊은 틈을 강조한다. 또한 이것은 본문 해석의 보편성을 주장하기 위해 단 하나의 본문의 참된 의미를 확립하려고 한다.

그러나 이 과학적 성서 연구는 자신의 해석학적, 수사학적인 성격을 부인하고, 또한 자신의 사회 정치적 또는 교권적 이해관계와 그 사회 역사적 위치를 은폐한다. 객관성, 가치 중립성, 이해관계 없음을 주장하는 이 과학적 패러다임은 유럽 계몽주의에 빚지고 있는 유럽 중심적인 관점과 주인 지배적인 수사학적(kyriarchal rhetorical) 목표들을 지니고 있는 것이다. 이 성서학은 비판적인 자세에도 불구하고, 스스로 단 한 가지의 과학적이고 참되고 비이데올로기적인 성서 읽기를 산출해 낼 수 있다고 주장하는 점에서 근본주의와 유사하다. 자신들의 이해관계에 대하여 침묵하고 자신들의 사회 정치적 상황으로부터 유리되어 있는 한에서만 그러한 학문적 확실성에 대한 주장이 가능한 것이다.

순수이성을 내세운 근대의 가치 중립적 탐구 입장과 보편성에 대한 주장은 철학적 해석학, 지식사회학, 이데올로기 비판, 비판이론과 같은 다양한 탈근대적 담론들에 의해서 철저하게 도전을 받았다.[30] 특히 오

---

29. D. Tracy, ***Plurality and Ambiguity,*** p. 31.

30. Jürgen Habermas, ***Moral Consciousness and Communicative Action*** (Cambridge : MIT Press, 1995), p. 4.

늘날의 사회 정치적 비판이론이나 비판적 여성해방론에 따르면, 소위 순수이성의 제도들, 곧 과학, 학문, 대학은 그들 스스로가 이미 사회적 권력의 그물 안에 연루되어 있으면서 그것을 감추고 있다는 것이다. 태초에 순수이성이 아니라 권력이 있었다. 탈근대적 여성해방가들은 자아와 이성, 보편성에 관한 계몽주의적 주장을 위한 표준이 서구 엘리트 남성이었다고 비판하며, 근대적 엘리트 남성 주체들의 권리와 지식은 그들이 무가치화시킨 타자들, 즉 아내, 아이, 원주민, 이방인, 참정권이 박탈된 남녀들의 권리와 이성을 억압함으로써 확보되었다고 비판한다.[31]

따라서 20세기 중반 이후 오늘날에는 과학적, 실증주의적 패러다임을 비판하는 탈근대적인 인식론과 해석학적 논의가 유행하고 있다. 프랑크푸르트 학파의 비판이론과 이데올로기 비판, 기호학(semiotics), 탈구조주의적 문학 분석 등이 모든 해석과 역사 기술(historiography)의 언어성(linguisticality)을 인식할 수 있게 해주었으며, 의미의 다원성과 읽기 방식의 다양성에 대한 탈근대적 진술을 낳았다.

탈근대적 해석학에서는 역사적 자료들을 데이터나 증거가 아니라 일련의 상징적 우주들을 구축하는 특정한 관점을 가진 담론이라고 본다.[32] 서로 대안적인 상징적 우주들은 세계에 대한 경쟁적인 정의들을 산출하기 때문에, 하나의 단일하고 결정적인 의미로 환원될 수 없다. 따라서 경쟁적인 해석들은 단순히 맞거나 틀린 것이 아니라, 역사적, 종교적 의미에 대한 상이한 읽기와 구성의 방식들을 형성한다. 본문은 결코 완전히 다 캐낼 수 없는 의미의 잉여를 갖는다.

---

31. Fiorenza, "The Ethos of Interpretation," p. 3.
32. Linda Alcoff, "Justifying Feminist Social Science," ***Hypatia*** 2(1987), pp. 107-127.

이 해석학적 패러다임은 역사적 지식의 수사학적 성격(rhetoricity)과 상징적 힘과 본문의 다차원적 성격을 강조한다. 이것은 성서 본문의 진정한 의미는 사실에 대한 정확한 기록에 있는 것이 아니라 인간 경험과 의미의 상징체계를 변화시키는 상징적인 힘에 있다고 본다. 그러나 오늘날 피오렌자와 같은 비판적 여성해방적 해석학자들은 이 패러다임이 본문의 의미들을 양산해 내는 놀이를 하고 있으며, 주인 중심적인(kyriocentric) 본문으로부터 본문을 탄생시킨 사회, 역사적인 투쟁의 장으로 옮겨가려고 하지 않는다고 비판하면서 수사학적, 윤리적 전환을 가능케 하는 수사학적, 정치적 패러다임이 요청된다고 주장한다.[33]

이 패러다임은 몸 없는 이성의 소리로서의 초월적이고 보편적인 주체에 대한 계몽주의적인 관념의 문제성 뿐만 아니라, 사회 정치적으로 소외되고 가치를 박탈당한 타자들을 만들어 내는 담론들도 시공간 밖의 합리적, 추상적 주체로서의 '이성적 남성'(Man of Reason)을 창조하기는 마찬가지라고 비판한다. 이 점에서 페미니스트 해석학은 탈근대적이다. 그러나 페미니스트 해석학은 탈근대적 견해와는 달리 억압당하는 타자들은 결코 주체 개념과 세계 인식의 가능성을 포기할 수 없다고 주장한다. 오히려 종속된 타자들은 인식과 역사의 주체로 자신들을 세우는 정치적이고 이론적인 과정에 참여할 필요가 있다는 것이다.

따라서 이 패러다임은 이데올로기 비판과 수사학적 탐구의 분석적, 실천적 전통을 이용한다. 언어는 의미의 다양성을 창조해 낼뿐 아니라 가치를 전달하고 사회 체제와 행동의 의미론적 유형들을 재진술하기(reionscribe) 때문에 성서에 대한 사회 정치적인 해석이 요구된다. 이 패러다임은 성서 본문을 구체적인 역사적 상황 속에서 어떠한 설득력을

---

33. Fiorenza, "The Ethos of Interpretation," p. 13.

지니며 논쟁적인 기능을 하는지 검토되어야 하는 수사학적 담론으로 이해한다. 여기서 수사학은 수사학을 문체상의 장식이나 기술적인 숙련 또는 언어적 기교로 보는 계몽주의적인 판에 박힌 정의를 거부하고, "수사학이 인식론적일 뿐만 아니라 인식론과 존재론 자체가 수사학적"이라고 주장한다.[34] 오늘날의 문학, 정치, 역사 연구에서 발전된 수사학 또는 담론 실행(discursive practices)에 대한 비판적 이론은 성서학의 객관주의적이고 비정치화된 통념 대신에, 비판적인 역사적, 종교적 의식을 형성해 낼 수 있는 수사학적 탐구의 통념을 조성하려고 한다.

수사학의 사회 역사적 자리는 정치(police)라는 장이기 때문에, 성서학의 공적인 성격과 정치적 책임성은 오늘날의 읽기와 역사적 재구성을 위한 본질적 요소이다. 수사학적 패러다임은 모든 형태의 주인 지배로 인한 불평등과 억압으로부터 자유로운 사회와 교회를 가져오는 데 성서학이 기여해야 한다는 철저한 윤리적, 민주적, 해방적 과제를 강조한다. 성서학을 과학적이고 탈가치적인 언어가 아니라 해방적, 수사학적 언어로 개념화함으로써, 이 패러다임은 윤리 정치적, 종교 신학적 질문들을 해석 과정의 구성적 요소로 제기한다. 동떨어진 가치 중립성이 아니라 비판적이고 공적인 토론을 위해 수사학적 전략과 관심, 윤리적 기준, 이론적 틀, 종교적 전제, 사회 정치적 자리를 명료화하는 것이 해방적, 수사학적 패러다임의 특징이다. 따라서 이 패러다임을 주장하는 여성신학자들은 남성 중심적인 성서 본문들을 이해하고 평가하는 조건들과 가능성들을 탐구할 뿐만 아니라, 여성의 해방을 위해 어떻게 성서 본문의 설득력을 비판적으로 평가하고 탈은폐할 수 있는가 하는 문제에 깊은 관심을 기울인다.

---

34. Richard Harvey Brown, *Society as Text : Essays on Rhetoric, Reason, and Reality*(Chicago : University of Chicago Press, 1987), p. 85.

해방적, 수사학적 페미니스트 성서해석학의 패러다임은 성서 본문들을 역사적 상황 속에서 해석할 뿐만 아니라, 그것들의 사회적, 역사적 세계들과 정치적, 상징적 우주들의 구성을 해방적인 가치기준에 비추어 비판적으로 평가하고 창조적으로 재구성하여야 한다고 강조한다. 이 해석학은 현대의 다의적(多義的) 본문주의 접근들(polysemic textualist approaches)에 대항하여, 성서의 본문들이 역사의 특정한 시점과 조건에서 표현된 것이기 때문에, 역사적, 정치적, 상황적으로 제한된 의미의 범위와 해석을 갖는다고 본다. 그리고 이 해석학은 역사적으로 침묵을 강요당했던 사람들의 억눌리고 주변화된 소리들을 사회 역사적으로 재구성하려고 할 뿐만 아니라, 그것을 여성해방투쟁을 위한 기억과 유산으로 현실화하려고 한다.[35] 이 해석학은 성서 본문의 윤리 정치적 차원들과 사회 역사적 맥락을 비판적으로 규명함으로써, 눌리고 주변화된 자들의 해방과 복지를 위한 역사적 해방 투쟁에 기여하는 성서 읽기를 추구한다. 즉, 성서학은 오늘날의 사회 정치적 상황들 안에서 그리고 역사적 상황 안에서 성서 본문이 지닌 의미의 윤리적 함축과 정치적 기능을 해명하고 그에 대하여 책임을 져야 한다는 것이다. 따라서 이 성서학은 성서의 이데올로기적 왜곡을 인식하는 책임 윤리적, 정치적 비평을 촉진한다. 이 해방적 성서비평의 과제는 단지 한 작품의 관념들이나 명제들을 평가할 뿐만 아니라, 그 작품의 언어와 구성이 잘못된 고정관념과 언어적 폭력을 조장하는지를 규명하여야 한다. 이 해석

---

35. 이에 대하여는 Elisabeth Schüssler Fiorenza, ***In Memory of Her***(New York : Crossroad, 1994)의 제10판 기념 서론과 그녀의 논문 "Text and Reality－Reality as Text : The Problem of a Feminist Historical and Social Reconstruction Based on Texts," ***Studia Theologica*** 40(1989), pp. 19－34 참조.

학은 성서 본문의 세계관 안에 있는 독자에게 그 본문의 언어가 어떤 일을 '행하는지'를 규명하기 위해서, 성서 본문에 대한 깊이 있는 수사학적 읽기와 그 본문들의 역사적 세계들과 상징적 우주들을 적절하게 재구성함과 아울러, 성서 본문이 오늘날 갖는 종교적 힘에 대한 신학적, 윤리적 논의를 수행할 것을 요청한다.[36)]

해방적, 수사학적 페미니스트 성서해석학은 사회 정치적인 성서해석의 맥락에서 억눌린 자와 주변화된 자들의 해석학적 특권을 주장하면서, 궁극적으로 비인간화된 자들, 사람 대접 못 받는 자들(non-persons), 무명인들(nobodies)의 생존과 해방, 삶의 존엄성과 가치의 회복을 목표한다. 따라서 이 해석학은 성서 안에 나타나는 불평등과 종속의 주종관계적 수사학과 정치학을 해체함으로써 그리스도인의 정체성과 해방적 실천을 늘 새롭게 표현할 수 있는 새로운 가능성을 창출하고자 한다. 이러한 오늘날의 여성신학의 해석학은 전근대적인 교리적, 문자주의적 해석학과 근대적인 과학적, 실증주의적, 역사비평적 해석학, 그리고 탈근대적인 상대주의적, 탈정치적 해석학들을 수사학적, 해방실천적 윤리적 관점에서 극복하고자 하는 제4의 패러다임이라고 할 수 있다.

V. 맺는 말 : '비평적 회복'(critical retrieval)의 해석학의 전망

기독교 전통은 박물관의 화석과 같은 것이 아니라 살아 있는 유기체 같은 것이다. 이 살아 있는 전통 안에서 신학은 상호 연관된 이중적인 해석학적 과제를 갖는데, 그것은 현재의 경험과 현실의 빛 안에서 전통을 해석하고 전통의 빛 안에서 현재의 경험과 현실을 해석하는 것이다.

---

36. Fiorenza, "The Ethos of Interpretation," pp. 18-19.

이 이중적인 해석학적 과제는 전통과 현재의 경험과 현실과의 상호 비판적인 대화를 통해서 수행되어져야 한다. 다시 말하면, 기독교 신학은 현재의 경험과 현실에 비추어서 전통 안의 계시적인 것과 그것의 이데올로기적인 왜곡, 구원적인 것과 억압적인 것을 비판적으로 해석하고, 본래적인 계시적이고 구원적인 전통을 회복하고 새롭게 창조해 가야 하는 한편, 또한 전통의 빛에 비추어서 자신의 경험과 현실 안에 있는 이데올로기적인 왜곡과 억압적인 것을 변혁시켜서 새로운 자기 이해와 세계를 창조해 가야 한다.

전통과 해석자의 이중적 다원성과 모호성은, 기독교 신학에 있어서 전통과 해석자 사이의 상호 비판적이고 창조적인 상관관계 안에서의 '비평적 회복의 해석학'(hermeneutics of critical retrieval)을 요청한다. 성서해석에 있어서 신앙과 이성, 동의와 신뢰와 일치의 해석학과, 역사비평과 설명방법과 비평이론을 포함하는 비판적 의혹의 해석학은 상호 배타적이 아니라 상호 보완적인 관계에 있다. 올바르고 통전적인 성서해석을 위해서는 성령의 내적 조명과 신앙이 무엇보다도 중요하지만, 또한 동시에 비판적 이성 안에서의 역사적 탐구, 언어분석, 이데올로기 비판이 요청되어진다. 통전적인 해석학을 위해서, 신학적 해석학과 철학적 해석학, 신앙의 해석과 이성의 해석 이 둘은 이것이냐 저것이냐(either or)의 관계가 아니라 둘 다 모두(both)의 관계에 있다. 영과 문자, 계시와 역사의 관계처럼 전자가 없는 후자나 후자가 없는 전자는 현실적으로 불가능하다. 하나님의 영과 계시는 오직 문자와 역사에 대한 해석학적 우회로를 통하여 우리에게 들려진다. 역사적 비평 없는 신학적 동의가 맹목적인 신앙주의(fideism)를 의미한다면, 신학적 비전과 성령의 조명이 없는 역사비평적 탐구는 생명이 없는 메마른 형식에 불과하다. 정당한 방법론적 설명의 도구가 없이 수행되는 성령과 신앙의 해석학은, 어제와 오늘의 신보수주의자들이나 근본주의자들의 교리적 성서해석에서 볼 수 있는 것처럼 주관적 신비주의나 형이상학적 독단론에 빠지기 쉬운 반면, 성령의 인도하심을 위한 기도가 없는 방법론적 설명과 해석은, 계몽주의적 합리주의 성서해석에서 볼 수 있는 것처럼 객관주의적 실증주의나 인본주의적인 이데올로기에 빠지기 쉽다.

우리 그리스도인들은 성서가 성령의 감동과 영감을 받은 인간에 의해 쓰여진 책이라고 믿는다. 그런데 성령의 감동과 영감은 저자인 인간의 인격적 유한성과 역사적 한계성 밖에서가 아니라, 그것들 안에서 그것들을 통하여 경험, 해석, 표현된다. 그것들은 성령의 활동의 제한성이면서 동시에 유일한 가능성이다. 예수 그리스도를 증거하는 성서의 기록과 선포는 성육신의 비밀의 연속선상에 있다. 예수 그리스도의 신성이 그분의 인간적 현실성 안에서 역사적으로 구체화되는 것처럼, 성령의 현실성도 초기 기독교공동체 안에서의 예수 그리스도에 대한 인간적 경험과 신앙고백적 해석을 통하여 문자적으로 구체화되어지는 것이다. 이미 누차 언급한 바와 같이 이 인간의 경험과 해석은 다원적이고 모호하다. 여기에 해석학적 과업의 중요성과 아울러 어려움이 있다.[37]

성서 본문에 대한 해석과 이해에 있어서 그리스도인들은 전통적으로 '성령의 내적 증거' (Testimonium Spiritus Sancti Internum)에 의존해 왔는데 이것은 본질적으로 정당한 것이다. 성서해석은 기도와 신앙 안에서 이루어져야 한다. 왜냐하면 그리스도인들은 하나님이 성서를 통하여, 좀더 정확히 말하면 성서가 증언하는 예수 그리스도의 인격과 가르침과 실천 안에 나타난 사랑과 은총과 명령을 통하여, 인간을 구원하

---

37. 성서와 전통의 다양성과 모호성의 문제와 해석학적 과제에 대해서는 ***The Bible Its Authority and Interpetation in the Ecumenical Movement***, ed. by Ellen Flesseman-van Leer, Faith and Order Paper, No. 99(Geneva : World Council of Churches, 1983), 특히 2장과 3장을 참고하라.

심을 믿기 때문이다. 그러나 성령의 내적 증거 역시 해석자인 인간의 인격적 유한성과 역사적 한계성을 초월하거나 배제하고서가 아니라, 그것들 안에서 그것들을 통하여 경험된다. 여기에서 우리는 성육신의 지속적인 현존의 신비를 다시 한번 새롭게, 그리고 언제나 다시금 새롭게 경험한다. 성서의 본문이 그 본문의 저자가 속해 있는 전통으로부터 오는 영향사 안에서의 해석자의 개인적, 역사적 지평으로부터 말미암는 선입견 또는 전이해 밖에서가 아니라, 그 안에서 그리고 그것들을 통하여 쓰여진 것처럼, 성서해석은 불가피하게 해석자의 전통으로부터 오는 영향사와 전이해의 지평 안에서, 그리고 그것들을 통하여 이루어질 수밖에 없다. 문제는 해석자가 이러한 성서의 역사성과 자신의 존재와 이해의 역사성에 대한 충분히 비판적인 인식을 갖고 있는가 하는 것이며, 이러한 인간 실존과 언어와 이해의 역사성에 대한 비판적 인식을 성육신적인 비밀 안에서 체화(體化)되어지는 하나님의 말씀과 행동에 대한 신앙 안으로 통합시킬 수 있는가 하는 것이다. 성령의 역사는 본문과 해석자의 역사적 지평을 폐하고 초역사적으로 임하는 것이 아니라, 이 두 역사적 지평 안에서, 이 두 지평 사이에 올바른 대화와 이해, 즉 바람직한 지평융합이 일어나도록 인도하심에 있다. 전통과 해석자 모두의 역사성과 그로 인한 이중적 다원성과 모호성은 상호 비판적이고 창조적인 상관관계 안에서의 '비평적 회복의 해석학'을 요청한다. 이 비평적 회복의 해석학은 의혹의 해석학과 동의의 해석학의 변증법적 통합으로 이루어진다.

성서 본문에 대한 참다운 이해와 해석으로서의 지평융합은, 인간 실존과 이해의 역사성과 지평의 유한성을 교의학적인 원리에 의해서 무시간적으로 뛰어 넘어 다시금 아르키메데스적인 초역사적 입각점을 주장하는 형이상학적 독단이나 교의학적 전통의 권위에 호소하는 전근대적 패러다임에로 회귀함으로써, 그리하여 본문을 절대 주체로 그리고 해석자를 단순한 객체로 정위(定位)하고 일방적으로 본문에의 복종을 요구하는 동의의 해석학에 의해 보장되어지는 것도 아니며, 또한 절대주체로서의 순수이성의 객관성과 보편성과 가치중립성을 표방하면서 현상학적 역사비평을 수행하는 근대주의적 과학적 실증주의와 비판적 이성의 이데올로기 비판을 수행하는 의혹의 해석학만을 통하여 보증되어질 수도 없다. 절대 주체로서의 성서를 포함한 전통의 권위의 집이 근대 계몽주의에 의하여 무너진 것과 마찬가지로, 그것을 대체한 절대 주체로서의 보편적 순수이성의 허구성과 추상성, 그리고 이에 근거한 19세기의 역사비평적 접근의 한계성도 오늘날의 탈근대적 해석학적 담론들에 의해 분명해졌다. 특히, 페미니스트 해석학은 사실상 근대주의의 인식론과 해석학이 실재를 사유하는 정신과 물질적 대상으로 이분화시키는 데카르트의 주체-객체 도식에 근거하여 수행되었을 뿐만 아니라, 그 순수이성의 주체는 지배적인 서구 부르주아 백인 남성이었다는 사실을 고발하고 있다. 인간의 역사적 실존의 한계성과 종교, 사회, 문화적 전통 안에서의 선입견은 이 은폐되었던 주체의 사회 정치적 이데올로기가 탈은폐되어지고 비판되어짐으로써 더욱 분명하게 밝혀졌다.

전근대적인 주체(본문)와 객체(해석자) 도식 안에서 들음만을 강조하는 동의의 해석학만도 아니고, 근대적인 객체-주체 도식 안에서 비판만을 추구하는 의혹의 해석학만도 아닌, 주체와 주체로서의 상호 비판적이고 창조적인 상관관계 안에서 이루어지는 본문의 역사적 지평과 해석자의 역사적 지평의 대화와 미래를 향하여 열려 있는 변증법적인 지평융합의 과정을 통해서만 참다운 이해와 해석이 가능하다. 성령의 영감과 감동은 바로 이러한 미래를 향하여 개방된 변증법적인 지평융합의 과정이 올바로 일어나도록 해석자의 비평적 사고와 탐구를 인도하심에 있는 것이며, 또한 여기에 해석자가 항상 자신의 비평적 과업 가운데서 믿음을 가지고 성령의 인도하심을 기도하여야만 하는 이유가 있다.

그러므로 오늘날 인간의 존재와 이해의 역사성에 대한 충분한 인식과 함께 '상대적인 절대성'과 '구체적인 보편성'을 추구하는 성서해석학은, 성서의 저자와 본문 안에 들어 있는 인간적 유한성과 역사적 한계성, 그리고 해석자에게 있는 인간적 유한성과 역사적 한계성으로부터 초래될 수 있는 다원성과 모호성과 왜곡된 의사소통을 극복하기 위해서, 성령의 인도하심을 기다리는 기도와 신앙과 더불어 다양한 비판적 반성과 설명과 방법들과 탈근대적 담론들의 도움을 필요로 한다. 다시 말하면, 상호 비판적, 창조적 상관관계의 해석학은 동의와 신뢰의 해석학 또는 성령과 신앙의 해석학의 정당성과 더불어, 인간의 역사적 실존으로부터 오는 전이해의 불가피성과 그 해석학적 의미를 인정해야 하며, 또한 오류 가능성 있는 인간의 역사적 한계성으로부터 오는 다원성과 모호성과 의사소통의 왜곡을 극복하기 위해서, 역사비평적 탐구의 방법들과 본문의 문학적, 구조적 표현 형식들을 설명하기 위한 언어학적 이론과 문학분석 방법들, 이데올로기 비판 및 사회변혁 이론과 심층심리 비판이론 등의 보완장치들을 필요로 한다. 이러한 의미에서, 트레이시의 상호 비판적 상관관계의 해석학적 패러다임과 해방적, 수사학적 해석학의 패러다임은 바람직한 탈근대적인 비평적 회복의 해석학의 전망을 위한 통찰을 제공해 주고 있다.

우리는 성령의 도우심을 의지한다. 신학적 해석학은 성령의 감동과 감화를 간구하는 기도로부터 시작하여야 한다. 예수 그리스도 안에 나타난 하나님의 구원의 능력과 지혜는 궁극적으로 세상의 지혜만으로는 알 수 없는 것이다. "기록된 바 하나님이 자기를 사랑하는 자들을 위하여 예비하신 모든 것은 눈으로 보지 못하고 귀로도 듣지 못하고 사람의 마음으로도 생각지 못하였다 함과 같으니라. 오직 하나님의 성령으로 이것을 우리에게 보이셨으니 성령은 모든 것 곧 하나님의 깊은 것이라도 통달하시느니라 …… 우리가 이것을 말하거니와 사람의 지혜의 가르친 말로 아니하고 오직 성령의 가르치신 것으로 하니 신령한 일은 신령한 것으로 분별하느니라"(고전 2 : 9-10, 13). 성령은 인간의 모든 능력과 지혜를 넘어서는 방식으로 하나님의 구원의 능력과 신령한 지혜에 대한 실존적 지식을 가져다 준다. 따라서 기독교 인식론과 해석학은 궁극적으로 인간의 모든 이성적 과업과 방법론적 과제의 한계를 넘어선다. 그러므로 역사비평과 문학분석, 그리고 비판이론을 수용하는 신학적 해석학의 과제의 중요성은 과장되거나 과대평가 되어서는 안 된다.

그러나 다른 한편, 오늘날의 비평적 회복의 해석학적 전망에서 볼 때, 성령 안에서의 성서해석은 해석학적 방법론들과 탈근대적 담론들을 거부함에 의해서가 아니라 이것들을 포함함에 의해서 이루어진다는 사실 또한 분명해졌다. 성령의 활동은 해석학적 우회로를 무효화시키거나 폐기하는 것이 아니라, 반대로 인간의 이성적 통찰과 방법론과 이론들을 비판적으로 수용하고 적절히 사용함으로써, 주체와 주체로서의 본문 또는 전통과 해석자 사이의 상호 비판적이고 창조적인 대화가 성서해석의 과정 안에서 올바로 이루어지도록 해석자에게 영감과 감동을 주고, 해석의 전 과정을 주도적으로 인도하는 데 있다. 따라서 우리의 기도와 신앙은 이성적, 비판적, 그리고 실천적이고 윤리적인 인간의 과제들과 양립 불가능한 것이 아니라, 오히려 그것들을 필요로 한다. 탈근대적 성서해석학은 성령의 도우심을 간구하는 기도와 더불어, 인간의 해석학적 과업의 필요성을 인식하고 그것을 적절하게 수용하고 사용함으로써, 성서와 전통을 통하여 우리에게 들려오는 하나님의 말씀을 다시금 비평적으로 회복할 수 있을 것이다. 따라서 비평적 회복의 해석학은 바람직한 탈근대적 성서해석학의 패러다임으로서의 정당성을 갖는다.

제 4 부

14. 한국 토착화 신학에 대한 해석학적 고찰
15. 간(間)문화적 세계관을 향한 조망

14 한국 토착화 신학에 대한 해석학적 고찰

I. 들어가는 말

기독교는 한국적일 수 있으며 그 당위성은 어떤 것인가? 한국적인 기독교는 '기독교적' 정체성의 범주를 벗어나지 않는 범위 내에서 어느 정도까지 '한국적'으로 토착화되어질 수 있는가? 이것들이 한국 토착화 신학의 근본적인 물음들이다. 안병무는 토착화 신학의 당위성을 "선교사의 등에 업혀 온 병신 하나님은 믿지 않겠다."는 비유로 표현하고 있다.[1] 다시 말하면, 하나님의 주권적 역사는 이 땅에 선교사가 오기 전에 이미 시작되어 있었다는 말이다. 아마도(또는 확실히) 그의 말은 사실일 것이다. 그러나 우리가 선교사로부터 전해 받은 기독교의 신앙과 신학의 틀거리 안에서 우리는 이러한 사실을 어떻게 인정하고 해석하고 설명할 수 있을 것인가? 우리가 전해 받은 기독교의 신앙과 신학

1. 좌담, "한국 토착화 신학의 논쟁의 평가와 전망," 「기독교사상」, 1991, 6.

이 이러한 사실을 올바로 해석하고 설명할 수 있는 틀거리를 제공해 주지 못하거나, 오히려 일방적으로 한반도에서의 우리 민족의 반만년의 역사 전통과 현실 안에서의 하나님의 주권적 구원의 역사를 무시하거나 왜곡한다면 우리는 어떻게 할 것인가? 우리는 그 신앙과 신학을 비판적으로 변혁시킬 수 있을 것인가? 그럴 수 있다면 어떤 방식으로 할 것인가?

그러나 다른 한편, 이 땅에 기독교의 복음이 들어오기 전에 우리 민족은 기독교적인 복음의 관점에서 볼 때 비복음적이고 죄로 타락한 문화 종교적, 사회 정치적 전통과 현실 가운데 있었던 것도 또한 분명한 사실이다. 기독교의 복음은 이 땅에 전래된 이래 이 민족의 어둠의 역사 속에 구원의 빛이 되었으며, 죄악되고 불의한 이 민족의 문화 종교적, 사회 정치적 전통과 현실을 비판하고 변혁시키는 원동력이 되어 왔다. 그렇다면 과연 기독교의 지평과 한국 민족의 역사적 지평은 어떻게 만나야 하고 어떤 방식으로 두 지평이 융합되어야 할 것인가? 필자는 해석학적 관점에서 그것은 상호 비판적이고 변혁적인 지평융합이어야 한다고 말하고자 한다. 상호 비판적이고 변혁적인 지평융합이란 어떤 것인가?

이러한 논의들을 위하여 이 글에서는 먼저 지금까지 한국에서 이루어진 선교신학 또는 토착화 신학의 유형에 대한 김경재의 네 가지 해석학적인 모델들을 소개할 것이다. 그리고 필자의 해석학적 관점에서 그러한 유형화를 수정, 보완하여 재해석할 것이다. 그 후에 필자는 이러한 토착화 흐름의 맥락 속에서의 한국 토착화 신학의 최근의 동향 가운데 특별히 박종천과 양권석 두 신학자의 토착화 해석학에 주목하여 그들의 담론을 소개하면서, 이들을 비판적이고 건설적인 방식으로 비교, 고찰할 것이다. 그리고 난 후에 성서 텍스트 해석의 세 가지 패러다임, 즉 '텍스트 내재성', '텍스트 외재성', 그리고 '상호 텍스트성'에 관하여 논할 것이다. 그리고 마지막으로 이러한 논의들을 마무리 지으면서 복음과 문화, 계시와 경험, 텍스트와 컨텍스트 사이의 이분법을 지양(止揚)하는 탈근대적(postmodern)인 해석학적 관점에 기초하여, 성서와 기독교 전통의 지평과 한국의 문화 종교적, 사회 정치적 지평 사이의 상호 비판적이고 변혁적인 지평융합을 위한 기본적인 방법론적 틀거리를 제시하고자 한다.

Ⅱ. 한국 토착화 신학에 관한 김경재의 유형별 분류

김경재는 한국교회의 선교 100년 동안에 형성된 선교신학적 모델을 해석학적인 관점에서 네 가지 유형으로 분류한다.[2] 이 모델들은 한국의 토착화 신학에 관한 입장을 나타내는 모델들이기도 하다. 그 네 가지는 파종모델(정복모델), 발효모델, 접목모델, 합류모델이다.

1. 파종모델

파종모델은 씨앗과 토양의 관계를 아날로지로 한다. 복음서의 '씨뿌리는 비유'(막 4 : 1-32)가 이 모델의 성서적 전거로서 흔히 '남용'된다. 파종모델에서는 씨앗의 절대적 생명력이 강조되는 한편, 상대적으로 토양의 중립성, 피동성, 무생명성, 황량성이 대조적으로 강조된다. 여기서는 땅 또는 흙의 기능은 최소한도로 축소되거나 부정될 뿐만 아니라, 도리어 씨앗의 발아, 성장, 결실을 방해하는 것으로서 경계와 멸

2. 김경재, 「해석학과 종교신학 : 복음과 한국종교와의 만남」(천안 : 한국신학연구소, 1994), pp. 187-223.

절과 억압의 대상이 된다.

이 모델에서 생명을 지닌 씨앗에 해당하는 실재는 원리적으로는 복음이지만, 실질적으로는 특정한 시대에 형성된 특정한 신학체계이다. 그들은 특정한 시기에 형성된 역사적 신학이론 체계를 진리 그 자체, 복음 그 자체와 동일시한다. 김경재에 따르면 한국의 선교신학사에 있어서 파종모델의 씨앗은 20세기 미국에서 형성된 근본주의 신학사조의 맥을 잇는 "청교도적 개혁파 보수주의 정통 신학체계"[3] 이다.

김경재는 파종모델(정복모델)을 대변하는 대표적인 한국 신학자로 박형룡을 꼽는다. 박형룡은 자신의 의도가 칼빈주의 개혁파 정통신학을 그대로 받아서 전달하는 데 있고 감히 무엇을 창작하려는 것이 아니며(述而不作), 팔십 년 전 이 땅에 서양 선교사들이 와서 전하여 준 그대로의 바른 신학을 새 세대에 전달하는 것이 자신의 본의이자 개혁파 신학의 핵심 과제이며, 그것이 곧 선교라고 한다.[4] 박형룡에 따르면 기독교는 절대적이요, 최종적 종교이기 때문에 '정복' 이란 말이야말로 기독교의 이교에 대한 관계를 가장 바르고 정확하게 표현하는 것이다. "기독교의 이교에 대한 적당한 관계는 타협이 아니라 정복이다. 예수 그리스도의 이름을 가진 종교의 태도는 타협이 아니라 충돌이며 정복이다."[5]

김경재는 박형룡에 의해 대표되는 바와 같이, "칼빈주의 개혁파 정통

---

3. Aaron Pyungchoon Park, ***Where is Conservative Theology Going?***(1985), pp. 190, 218.「해석학과 종교신학」, p. 189에서 재인용.
4. Hyung Nong Park, ***Dogmatic Theology***, vol. 1, Introduction(Seoul : Lily Publishing Company, 1964).「해석학과 종교신학」, pp. 190, 194에서 재인용.
5. 박형룡,「박형룡박사 저작전집」, 제VIII권 ;「현대신학비평」(서울, 1983), pp. 358－359 ;「해석학과 종교신학」, p. 197.

신학"이라는 신학적 포장지에 담긴 근본주의적 신학체계를 '복음 그 자체' 또는 '기독교의 영원한 메시지'라고 확신하며, 한국의 전통문화와 종교는 정복되어야 할 땅 위의 잡초나 엉겅퀴 정도로 보는 이러한 모델은, 씨앗인 복음의 생명력만을 인정하고 씨앗이 뿌려지는 대지의 어떤 공헌과 유기적 관계성도 부정하기 때문에 파종모델이라기보다는 정복모델이라고 표현하는 것이 더 적절하다고 본다. 그는 이러한 입장을 '초자연주의적 계시실증주의의 신학'이라고 규정한다. 이러한 신학적 인식론은 '인간의 전적 타락', '신의 절대주권의 은총', '성령의 불가항력적 갱신능력', '자연과 초자연의 이중적 진리체계', '성서의 축자영감적 권위'에 대한 확신 위에 기초하고 있다. 특히 파종모델의 신학적 제1원리는 하나님의 말씀의 무오성, 즉 성서무오설에 기초한다. 이 모델에서는 성서가 하나님으로부터 오는 초자연적 구원계시의 배타적 구원정보가 되며, 인간의 인식행위나 해석학적 이해행위가 거기에 관여할 여지가 허락되지 않는다. 신구약성서 그 자체가 구원을 일으키는 전능자의 자기 계시와 그 계시에 응답하는 인간 상황과의 만남의 결과물이라는 점이 인정되지 않는다. 따라서 성서비평학적 연구 방법도 거부된다. 성서의 구원 메시지는 하늘의 계시에 입각한 진리의 말씀이요, 전통종교는 땅 위에서 인간이 찾아 구성한 도덕체계이거나 아니면 우상숭배이거나 비진리를 가르치는 이교사상일 뿐이다. 따라서 성서의 복음과 한국 종교와 문화 사이의 해석학적 지평융합은 불가능하다.

2. 발효모델

발효모델은 효모와 밀가루 반죽의 관계를 아날로지로 하며 복음서의 '밀가루 반죽 비유'(마 13 : 33, 눅 13 : 20-21)가 이 모델의 성서적 전거가 된다. 이 모델에서 복음은 효모이며 밀가루 반죽은 문화 사회적 삶의 현실이다. 효모는 밀가루 반죽에 강력한 변화와 변혁을 일으킨다. 그러나 이 모델이 파종모델과 다른 점이 두 가지가 있다. 하나는 이 모델에서 효모는 서양 기독교 역사에서 형성된 어떤 신학체계나 교리체계가 아니라, 예수 그리스도의 생명 안에 계시된 '새로운 존재의 능력'이라는 점이다. 역사 내에서 형성된 모든 신학체계는 복음을 조명하는 상대적 인간 학문이며, 어떠한 신학교리와 신학체계가 진리 그 자체 또는 복음 그 자체와 동일시될 수 없다. 다른 하나는, 반죽된 밀가루로서 은유되는 피선교국의 문화적, 사회적 현실과 전통문화는 단순한 흙이 아니라 변혁과 변화의 주체가 된다는 점이다. 물론 변화시키는 능력은 효모에게 있지만 효모는 그것 자체가 목적이 아니라 밀가루 반죽을 위해 있다. 현실세계는 비록 죄에 물들어 있어서 그리스도 안에서 속량되고 새로워져야 하지만 그 근본 자체는 선하다고 긍정된다. 현실세계는 '하나님의 선교' 안에 있었으며, 하나님의 능력과 섭리와 사랑의 관심 밖에 내팽개쳐져 잊혀진 채로 있어 본 적이 없다. 따라서 기독교가 전래되기 이전의 세계 현실과 전통문화가 비진리와 악마의 어둠세계 아래 있었다는 부정적 판단을 받아들이지 않는다.

발효모델의 특성은 성육신적 오리엔테이션에 있다. 여기서 복음의 핵심은 말씀이 육신을 이루는 사건, 즉 하늘과 땅이 하나로 융합하여 끊임없이 창조적인 하나의 현실로 새로워져 가는 성육신적 현실과 하나님 나라에 있다. 김경재는 대표적인 발효모델의 신학자로 김재준을 든다. 김재준의 종교문화신학은 리차드 니버의 '문화를 변혁하는 그리스도' 모델에 나타나는 문화변혁설의 입장을 따른다. 그에 따르면, 기독교는 "역사라는 소재(가루 서말)에 하나님 나라라는 속량역사(누룩)를 심어 결국은 그 소재인 인간 역사 전체를 하나님과 그리스도의 나라로 변화 또는 그 감화 아래 있게 하는 '하나님–사람'의 운동"이며, "우리는 한국 역사 안에 그리스도의 속량역사를 조성하며 한국 역사를 그리

스도의 천국 역사로 변질시키는 업무"를 수행해야 한다.[6]

김경재는 김재준의 '발효모델'을 예수 그리스도 안에 나타난 복음과 한국의 전통종교 및 전통문화의 관계에 대한 '포용적 성취설'의 입장으로 이해한다. "우리는 타종교가 악마의 소산이라는 것보다는 자유하시는 성령의 역사에 의한 하나님의 단편적인 말씀이라고 보는 것이 더 타당하다고 생각한다. 받는 인간의 정황이 어스름 달빛처럼 희미한데서 그 나타남이 흐리고 또 단편적으로 된 것이라 하겠다. 이것이 그리스도에게서 완전함을 이루었다."[7] 김경재에 따르면, 김재준의 종교문화신학의 '성취론적 포용설'은 네 가지 요점으로 축약된다. 첫째, 김재준은 가다머가 말하는 인간 존재의 해석학적 '영향사'를 인정한다는 것이다. 둘째, 기독교가 전래되기 전 한국 사회와 역사는 문화공백기가 아니고 일정한 문화적 가치체계와 삶의 의미와 구원의 패러다임이 존재하였으므로, 종교문화 정복론적 태도는 잘못이라는 것이다. 셋째, 한국에 존재하였던 기독교 이외의 다양한 고등종교들은 '악마의 소산'도 아니고 '인간의 창작물'도 아니고, '자유하시는 성령의 역사에 의한 단편적인 말씀'이라는 것이다. 넷째, 기독교 복음 전래 이전의 한국 종교들은 그리스도 안에서 복음의 빛에 의해서 완전해진다는 것이다.

김경재는 발효모델은 이해에 있어서 인간의 '전이해' 구조를 인식한다고 본다. 그리고 자유하신 성령의 역사 안에서 새로운 이해의 지평을 넓혀 갈 수 있는 열려진 모델이며, 한국과 같은 다원종교 사회에서 타종교와 접촉시에 관용성과 개방성과 선교적 열정을 동시에 지닐 수 있

---

6. 김재준, "대한기독교 장로회의 역사적 의의,"「김재준전집」, 제4권, pp. 303-304 ;「해석학과 종교신학」, p. 204.
7. 김재준, "비기독교적 종교에 대한 이해,"「김재준전집」, 제7권, pp. 341-342 ;「해석학과 종교신학」, p. 206.

는 장점을 갖는다고 평가한다. 그러나 김경재는 이 모델의 문제점이 전통문화 유산을 정복이나 폐기처분의 대상이 아닐지라도 오직 변혁의 대상이며, 불완전한 상태에서 완전한 상태로 완성되고 성취되어야 할 대상으로 여기는 데 있다고 본다. 여기서는 메시지와 상황이 상호 해석학적 순환관계 속에 있지 아니하고, 변화의 주체는 기독교 복음이고 변화의 객체는 전통문화, 곧 비기독교적 문화종교 실재라고 보는 주체-객체의 도식이 지속된다. 한국의 전통문화와 종교에서의 유형이 다른 구원체험의 의미지평이 기독교의 그것과 만나면서 '지평융합'을 이루어가는 개방된 여백은 거의 없다는 것이다.

3. 접목모델

접목모델은 바울의 서신에서의 돌감람나무와 참감람나무의 접목비유가 성서적 전거가 된다(롬 11 : 17-18). 그러나 (바울의 비유의 의도와는 달리) 기독교 신학에 있어서 접순은 기독교의 복음이며, 대목은 피선교국의 전통문화 및 문화공동체의 역사적 현실이다. 이 모델의 특성은 살아 있는 두 생명체 간의 유기체적 결합과 접촉을 통하여, 두 생명체가 지닌 일정한 특성과 공헌을 통전하여 새로운 생명현상을 산출한다는 데 있다. 주체와 주체의 만남이지 주체와 객체의 만남이 아니다. 살아 있는 것과 살아 있는 것의 만남이지, 파종모델이나 발효모델의 경우처럼 한쪽은 살아 있으나 한쪽은 생명이 없는 피동적 무생명체가 아니다. 이 모델에서는 대목의 능동적인 생명활동이 없고서는 접순의 새로운 유전적 특성의 발휘가 불가능하다는 점이 강조된다. 따라서 적극적으로 복음을 수용하는 대목으로서의 토착문화와 종교전통의 주체적 기능이 중요시되며, 아울러 대목이 상징하는 전통문화의 원형적 모습을 탐구하려는 노력이 강화된다. 김경재는 접목모델을 대표하는 신학자로서 유동식을 든다. 유동식은 "토착화란 민족의 영성과 외래종교의 이념과 역사적 현실의 통합에서 이루어지는 종교 문화현상이다"[8] 라고 주장했다. 유동식에 따르면, "복음은 영원의 빛에 비추어서 보편적인 진리로 해석되어야 하지만, 그것이 실존적인 산 진리로 포착되기 위해서는 각자의 주체적인 눈이 필요하다. 주체적인 눈이란 구체적인 문화와 역사 속에서 형성된 것이다. 여기에 복음을 받아들이는 민족마다의 독자적인 신학형성의 과제가 있다. …… 눈이란 곧 그 민족의 영성을 뜻한다. …… 신학은 마땅히 얼을 지닌 주체자의 입장에서 이루어지는 복음과의 대화적인 작업이어야 한다."[9] 유동식은 구원은 오직 그리스도의 복음에만 있다는 입장을 유지하면서, '그리스도 중심적인 보편주의'를 지향한다. 그러나 그가 생각하는 복음의 중심은 기독교의 한 형태나 특정 교파신학의 교의학 체계가 아니라, 그리스도의 성육신, 십자가, 부활 사건에 있으며, 한국의 종교가 의미를 갖는 것은 결코 역사적인 기독교와의 관계여하에 달려 있는 것이 아니라, 그리스도의 복음의 내용(성육신, 십자가, 부활)을 어떻게 그들의 형식을 통해서 반영하고 있는가에 있다.[10] 이런 의미에서 유동식의 '그리스도 중심적인 보편주의'는 칼라너의 존재론적이고 정태론적인 로고스 기독론의 그것보다 기능주의적이고 역동적인 성령론적 기독론에 기초하고 있다고 할 수 있다.

김경재는 접목모델이 파종모델이나 발효모델에 비하여 보편적 해석

---

8. 유동식, 「풍류도와 한국 신학」(1992), p. 254 ; 「해석학과 종교신학」, p. 211.
9. 「풍류도와 한국 신학」, pp. 39 - 40 ; 「해석학과 종교신학」, pp. 212 - 213.
10. 유동식에 따르면 성육신 사건의 의미는 하나님께서 자기부정을 매개로 하여 인간과 하나가 되신 사건이고, 십자가 사건은 이러한 자기부정이 역사화한 사건이고, 부활은 새로운 존재와 세계의 탄생을 의미한다. 이 세 사건의 총체적 생명 실재는 곧 하나님의 나라이다 ; 「풍류도와 한국 신학」, p. 13 ; 「해석학과 종교신학」, p. 214.

학의 원리에 상응하는 구조를 가지고 있다고 평가한다. 이 모델은 서구의 신학적, 종교 문화적 우월주의를 재고하도록 하며, 제3세계의 종교문화신학의 이론적 토대가 된다고 한다. 그는 이 모델이 복음과 한국 전통문화의 동시적 주체성을 가능케 하고, 해석학적 순환논리에 따른 동시적 상호 조명과 상호 성장을 가능케 하는 선교신학의 모델로서 뛰어난 장점을 가지고 있다고 높이 평가하면서, 이 모델을 자신의 토착화적 선교신학의 모델로 삼는다. 동시에 김경재는 이 모델의 어려운 과제가 사과, 배와 같은 동일 과수가 아닌 사과와 밤과 같은 이질적인 과수 사이의 접목이 불가능하듯이, 종교체험의 유형이 다른 종교 간의 '지평융합' 또는 '접목'이 과연 가능할 것인가에 있다고 인식한다. 이러한 이유로 그는 유동식이 실재관이나 교리신학의 접목이 아니라, 복음이 내포하고 있는 정의, 자유, 사랑, 평화, 생명 등과 같은 생명현실적인 역동적, 기능적 접근을 강조하고 있다고 본다.

4. 합류모델

네 번째의 토착화 또는 선교신학의 모델은 합류모델이다. 이 모델의 성서신학적 전거는 최후심판의 비유(마 25 : 32－46)이다. 심판자인 임금은 영원한 천국잔치에 참여할 수 있는 자격조건으로서 그가 어느 종교에 귀의하고 있는지를 묻지 않고, 오직 그가 '지극히 작은 소자'들의 자유, 해방, 인간다운 삶을 위해 얼마나 진실한 마음으로 참여했는지를 묻는다. 이 모델에서는 앞의 세 모델에서와는 달리 성서의 복음이 지닌 인식론적 혹은 구원론적 우월성 및 규범성이 부정된다. 성서에서 들려오는 인간구원의 음성, 민중구원의 전통과 세계 민중들의 삶의 이야기에서 들리는 인간해방 및 민중구원의 전통은 모두가 대등한 '하나님의 선교' 역사 과정에서 발생한 구원의 사건들이며, 그 구원의 사건들은 오늘 여기에서 살아가는 민중들의 해석학적 삶을 통하여 재연되면서 거듭 부활하고 창조적으로 계승, 확대, 심화되어 간다는 것이다. 이 모델에서는 성서적 구원전통과 타민족의 구원체험의 전통 사이에 질적 차이를 폐기하고, 하나님의 인류 구원사를 강물들의 합류과정으로서 파악한다. 앞의 다른 세 모델들과는 달리 성서의 구원사건에 대한 원초적 증언과 복음이 지닌 생명력의 유일회적인 특유성은 인정되지 않는다. 합류모델은 사물을 관조하는 능력과 시야가 더 넓어지고 멀리까지 본다는 의미를 내포하는 가다머의 '지평융합'의 개념과는 달리, '세계를 보고 해석하는 것'이 아니라 '세계를 변혁하는 과정적 실천' 의지가 함축되어 있으므로, 헬라적이라기보다는 히브리적인 사유 패턴에 더 가깝다.

김경재에 따르면 합류모델의 대변자는 서남동이다. 서남동에 의하면, "한국의 민중신학의 과제는 기독교의 민중전통과 한국의 민중전통이 현재 한국 교회의 '신의 선교' 활동에서 합류되고 있는 것을 증언하는 것"이다.[11] 서남동은 살아 계신 하나님, 부활의 그리스도가 과거의 전통이나 경전 속에 있지 아니하고 민중현실, 특히 고난받는 민중의 생명 속에, 민중과 함께, 민중의 몸으로서, 민중의 소리와 한으로서 현존한다고 주장한다. 따라서 민중신학의 과제는 "현재 눈앞에 전개되는 사실과 사건을 '하느님의 역사 개입', 성령의 역사, 출애굽의 사건으로 알고, 거기에 동참하고, 그것을 신학적으로 해석하는 일이다."[12] 이러한 해석을 서남동은 전통적인 '기독론적-통시적' 해석과 대조하여

11. 서남동, "두 이야기의 합류," 「민중과 한국 신학」(1982), p. 255 ; "두 이야기의 합류", 「민중신학의 탐구」(1983), p. 78 ; 「해석학과 종교신학」, pp. 216-217.
12. "두 이야기의 합류", 「민중신학의 탐구」, pp. 78-79 ; 「해석학과 종교신학」, p. 221.

'성령론적 – 공시적' 해석이라고 부른다. 기독론적 해석에서는 나사렛 예수가 '나를 위해서', '나를 대신해서' 속죄한 것이지만, 성령론적 해석에서는 내가 예수를 재현하는 것이고, 지금 예수사건이 다시 발생하는 것으로 생각한다. 서남동의 성령론적 – 공시적 해석학은 오늘 여기에서 성서와 한국의 민중전통을, 참여를 통하여 재현하고 창조적으로 계승하는 실천적 해석학이다. 여기서 성서를 포함한 과거의 전통은 해석을 위한 역사적인 전거로 기능한다.

김경재는 서남동의 민중신학의 합류모델은 일반 해석학의 입장에서 볼 때는 별 무리가 없으며, 인간의 삶이 역사적이고 해석학적이라는 것을 그 어느 모델보다 명확하게 인식하고 있다고 여긴다. 그러나 그는 기독교 신앙공동체의 구원체험과 고백을 언어로 정리하는 신학이라면 출애굽 사건이나 십자가 사건을 단순히 전거로 여길 수는 없다고 본다. 특히, 예수의 이야기는 다른 많은 민중들의 이야기의 특출한 범례로서만 기능하는 것이 아니라, 그 이상의 "구원하는 힘"을 담지하고 있는 이야기 사건이어야 한다. 김경재는 합류모델이 예수 그리스도의 십자가와 부활 사건이 지니고 있는 '궁극성'(ultimacy/finality)과 옛 것을 새롭게 변혁하는 힘이 지닌 독특성(uniqueness)을 충분히 담보할 수 없다고 본다.[13]

Ⅲ. 한국 토착화 신학의 유형에 대한 재해석

한국 토착화 신학 또는 선교신학에 대한 김경재의 네 가지의 유형별 분류와 각 유형별 분석은 대체로 적절하며, 한국의 토착화 신학 및 선

---

13. 「해석학과 종교신학」, p. 222.

교신학에 대한 해석학적인 접근을 위하여 적지 않은 도움을 제공한다. 하지만 한국의 신학을 대표하는 모든 학자들의 입장이 각기 어느 한 모델에 정확하게 부합되는 것은 아니다. 유형들과 유형들 사이에는 쉽사리 끊어 나눌 수 없는 다양한 복합적인 견해들의 스펙트럼이 존재하는 것이 사실이다. 그렇기 때문에 보다 세심한 분류가 필요하다. 또한 김경재가 제시한 위의 네 가지 모델들 안에 미처 포괄되지 못했거나 수정, 보완되어야 할 부분, 그리고 보다 발전된 오늘날의 해석학적인 개념과 사고의 틀에서 더욱 충분히 논의되고 새롭게 구성되어야 할 부분들도 적지 않다. 이제 그의 유형별 분류를 디딤돌로 삼아서, 그리고 그것을 보완하여 한국의 토착화 신학에 대하여 최근의 해석학적 이론과 동향을 포함하는 좀더 충분한 해석학적 논의를 전개하여 보자.

1. 파종모델 I

먼저 우리는 파종모델을 다시 두 가지 유형으로 구분해 볼 필요가 있다. 하나는 김경재가 정복모델로 표현했던 유형으로서의 파종모델이다. 여기서는 이미 언급한 바와 같이 기독교의 복음의 씨앗이 뿌려지는 전통문화종교의 땅은 매우 부정적인 이미지로 이해된다. 토착적인 전통문화종교의 땅 또는 흙은 전적으로 죄로 인하여 타락하고 부패한 것으로서 오직 변혁되고 구원받아야 할 대상이다. 따라서 기독교 복음이 토착화되어야 할 필요성 자체가 부정된다. 실제로 이러한 견해를 대변하는 신학자들은 토착화 작업을 수행하는 다른 신학자들의 과제 자체에 대하여 매우 비판적이다. 복음의 씨와 한국의 전통문화종교의 관계는 빛과 어둠, 생명과 죽음, 선과 악의 관계로 대립적(contrast)으로 파악된다.

그러나 이러한 의미에서의 파종모델은 진정한 파종모델이라고 볼 수 없다. 왜냐하면 본래 씨앗과 땅의 관계는 그렇게 일방적이거나 적대적인 것이 아니기 때문이다. 비록 생명은 씨앗에 있지만 그 생명력을 움트게 하고 자라게 하는 것은 (태양과 물의 은혜를 통한) 땅의 역할이다. 땅은 단순히 죽어 있는 물질로서의 대상이 아니며, 씨앗과의 대립적인 관계 속에서 일방적으로 변화되어지고 구원받아야 할 대상은 더욱 아니다. 물론 돌밭과 가시밭과 엉겅퀴 같은 나쁜 땅도 있을 것이다. 이 경우에 땅은 일구어지고 변화되어야 좋은 열매를 맺을 수 있다. 그러나 이 경우에도 씨앗은 땅과 대립적인 관계에 있는 것이 아니라, 불가분리의 유기체적인 관계 안에 있는 것이다. 좋지 못한 땅에 뿌려진 씨앗은 열매를 맺지 못하고 좋은 옥토에 뿌려진 씨앗이 많은 열매를 맺을 수 있다고 하는 예수님의 비유는, 바로 씨앗과 땅과의 밀접한 유기적 관계를 표현한다. 물론 복음의 생명력이 타락한 문화를 변혁시키고 구원하는 반면, 씨앗은 땅을 근본적으로 변화시키지 못한다. 여기에 은유로서의 파종모델의 한계가 있다. 하지만 애초부터 씨앗과 땅 사이의 유기체적 관계를 대립적인 관계로 대체하고, 이러한 대립적 관계에 근거하여 정복주의적인 관점에서 기독교의 복음과 한국의 전통문화종교의 관계를 이해하려고 하는 선교신학의 모델은 진정한 의미에서의 파종모델이라고 볼 수 없다. 우리는 이러한 정복모델적 유형의 파종모델을 '문화초월적 변혁주' 또는 '계시실증주의적 변혁주의' 유형이라고도 이름붙일 수 있다.

이러한 정복주의적이고 문화초월적 변혁주의는 근본주의적 개혁교정통주의 또는 바르트적인 계시실증주의의 입장이라고 할 수 있으며, 우리 나라에서는 오늘날 박형룡과 그의 신학을 추종하는 일꾼의 신학자들의 입장이라고 할 수 있다. "아무리 무너진 전통적 가치 체계의 폐허 속에서 전통적 문화가치의 파편에 대한 상아탑적인 변증을 시도한다고 해서 이 민족사가 변하는 것은 아니다. 기독교는 역사를 만드는 종교이다. 문제는 과거보다 미래에 있다."[14] 고 주장하는 한철하는 이러한 사상적 맥의 전승을 잘 드러낸다.

2. 파종모델 Ⅱ(발효모델)

두 번째의, 보다 적절한 의미의 파종모델 유형은 발효모델 또는 누룩모델에 가까운 유형이다. 이 두 번째 유형의 파종모델은 씨앗과 흙의 유기체적 관계에 대한 인식에 근거한 모델이다. 문화라는 땅 또는 흙은 복음의 씨앗을 받아들이고 변혁되어야 할 대상이지만, 그렇다고 단지 온통 죽어 있거나 온갖 부정적인 것으로만 가득 차 있는 악마적인 어둠의 실재만은 결코 아니다. 씨앗과 흙, 그리고 누룩과 밀가루 사이에는 변화시킴과 변화됨의 관계에도 불구하고 보다 밀접하고 유기적인 관계가 있다. 이러한 파종모델의 유형은 '문화초월적 변혁주의' 또는 '계시실증적 변혁주의'와 대조적으로 '문화포용적, 성취적 변혁주의'의 입장이라고 표현할 수 있다.

문화포용적, 성취적 변혁주의 모델에서는 문화초월적 변혁주의 모델과는 달리 기독교의 복음 또는 텍스트(text)와 한국의 전통종교문화 또는 컨텍스트(context)를 철저한 대립(contrast)의 관점에서만 보지는 않는다. 물론 전자가 후자를 변혁시키고 구원하여야 하는 것은 의심의 여지가 없다. 그러나 전자는 후자의 가치와 의미를 전적으로 정죄하거나 거부하지는 않고 모종의 접촉점, 문화적 선험성으로서의 전이해, 수용을 위한 주체성의 자리가 있을 수 있다고 본다. 문화초월적 변혁주의가 근본주의적 개혁교 정통주의 또는 바르트적인 계시실증주의의 입장이

14. 한철하, "토착화 문제를 둘러싼 사상적 제 혼란," 「신학지남」, 1963. 9, p. 29.

라면, 문화포용적, 성취적 변혁주의는 리차드 니버와 브루너 등의 입장이라고 할 수 있다. 그리고 우리 나라에서는 김재준 외에 박봉배, 이종성 등이 이러한 견해를 보여 준다.

박봉배는 자연적이거나 재래적인 가치를 전적으로 파괴하려는 것이 아님과 동시에, 복음과 토착문화나 종교 사이에 아무런 대립도 존재하지 않는다고 할 수도 없다고 말하면서 리차드 니버의 변혁주의를 자신의 입장으로 택한다. 그에 따르면, 한국의 기독교는 혼합주의가 저지르기 쉬운 무조건적인 타협과 그 속에서 상실되기 쉬운 기독교의 독특성(uniqueness)을 보존하기 위해서 변혁주의가 요청된다. 혼합주의는 같은 점만 골라내어 혼합하려고 노력하기 때문에 의식적으로 양편의 차이점을 간과하는 경향이 있다. 그러므로 유교는 유교의 맥락 속에서 읽고 기독교는 기독교의 맥락 속에서 읽은 후에 두 개의 건설적인 종합을 시도해야 한다는 것이다.[15] 박봉배는 토착화 작업의 혼합주의 경향을 경고하면서도 기독교의 복음과 한국의 전통종교문화 사이의 '건설적인 종합'의 가능성을 인정하고 있다.

이 두 번째 의미의 파종모델, 발효모델, 또는 문화포용적, 성취적 변혁주의 유형은 토착화의 필요성 자체를 부인하지는 않으며, 조심스럽게 인정한다. 여기서 우려하는 것은 토착화 과제 자체라기보다는 혼합주의와 기독교 본질의 변질 또는 상실의 위험성이다. 따라서 이 모델에 속한 신학자들은 복음과 기독교적 세계관 또는 문화 사이를 구분한다. 전자는 영원불변적이고 보편적인 요소라면, 후자는 가변적이고 개별적인 요소이다. 토착화는 기독교적 세계관과 문화의 토착화이지 복음 자체의 토착화는 아니다. 이종성은 다음과 같이 말한다. "예수의 복음은

15. 박봉배, "한국 기독교의 토착화," 「기독교사상」, 1971. 1, pp. 72-81.

완전한 복음으로서 그 자체의 본질의 변질이나 의의의 감량이 없이 우리에게 전달된다. …… 여기에는 통일적이고 보편적인 본질적 요소가 있다."[16] 이종성에 따르면 복음의 토착화는 안 되지만 기독교 문화의 토착화, 즉 한국인이 주체적으로 복음에 대한 자발적인 표현을 하고 한국적 기독교 문화를 형성하는 것은 당연하고 필연적인 일이다.

오늘날의 해석학적 논의의 장에 있어서, 기독교의 복음과 기독교의 문화를 이분법적으로 나누어 생각하는 것이 정당한가 하는 질문은 매우 당연하다. 복음이라는 핵심적 내용을 둘러싸고 있는 기독교 문화라는 (히브리적이고 헬레니즘적인) 특수한 역사적 형식이, 한국적인 문화라는 특수한 역사적 형식 안에서 토착화될 수 있으며 토착화되어야 한다고 보는 것은, 일단 인간 실존과 이해의 역사성에 대한 계몽주의 이후의 올바른 근대적 인식에 의한 것이다. 그리고 문화적 선험성으로부터 오는 전이해, 이해의 선구조, 이해를 위한 주체적 수용성을 어느 정도 어렴풋이 인식하고 있다는 점에서 해석학적인 실마리가 엿보이기도 한다.

그러나 기독교 문화와 날카롭게 구분되는 기독교 복음이란 과연 어떤 것이며, 초역사적이고 영원불변적인 복음이란 개념은 실제로 가능한 것인가? 하나님의 계시와 복음이란 언제나 역사 문화적인 상황과 사회 정치적인 현실 안에서 체화(體化)되고 경험되고 해석되어지는 것이 아닌가? 문화의 형식 안에 표현되어지지 않은 순수한 복음의 내용이란 것은, 실제로 존재하고 경험되는 실재라기보다는 관념적이고 형이상학적인 도그마가 아닌가? 인간 실존과 이해의 철저한 역사성과 해석학적 성격을 인식하는 오늘날의 신학의 장에서는 역사적, 문화적 형식과 분리되어 가정되어지는 초역사적 복음의 내용이란 개념 자체가

16. 이종성, "기독교 토착화론에 대한 신학적 고찰", 「기독교사상」, 1963. 11, p. 27.

의심스러운 형이상학적인 억견(臆見, doxa) 또는 여전히 비역사적이고 비해석학적인 관념으로 받아들여진다.

3. 접목모델

이른바 접목모델 또는 '그리스도 중심적 보편주의 유형'은, 두 번째 의미의 파종모델 또는 발효모델보다 진일보한 해석학적 인식을 표현하고 있다. 여기서는 가다머적인 지평융합의 해석 과제가 추구된다. 이 모델의 전거가 되는 로마서 11 : 17~18에서 바울은 참감람나무를 원줄기(이스라엘), 즉 대목으로, 그리고 돌감람나무를 접순(이방인 기독교인)으로 비유하는 오류를 범하고 있다. 이것은 바울의 원예농학적인 무지를 드러낸다. 기독교 신학에 있어서 접순은 기독교의 복음을, 대목은 피선교국의 전통문화 및 문화공동체의 역사적 현실을 은유로 나타낸다. 그러나 그럼에도 불구하고, 토착화 신학의 접목모델은 바울과 마찬가지로 대목의 중요성을 강조하고 있다. 바울이 선택받은 이스라엘 민족(원줄기)의 중요성을 강조한다면, 토착화 신학은 한국의 전통문화종교(대목)의 중요성을 강조한다. 김경재가 지적했듯이 이 모델의 특성은 살아 있는 두 생명체 간의 유기체적 결합을 통하여, 두 생명체가 지닌 긍정적이고 바람직한 생명현상을 산출한다는 데 있다. 주체와 객체의 만남이 아니라 주체와 주체의 만남이다. 살아 있는 것과 살아 있는 것의 만남이지, 파종모델이나 발효모델의 경우처럼 한쪽은 살아 있으나 한쪽은 생명이 없는 피동적 무생명체가 아니다. 이 모델에서는 대목의 능동적인 생명활동이 없고서는 접순의 새로운 유전적 특성의 발휘가 불가능하다는 점이 강조된다. 따라서 적극적으로 복음을 수용하는 대목으로서의 토착문화와 종교전통의 주체적 기능이 중요시되며, 아울러 유동식의 경우처럼 대목이 상징하는 전통문화의 원형적 모습을 탐구하려는 노력이 강화된다. 그러므로 이 모델에서는 가다머적인 지평융합으로서의 해석과 이해의 과제가 비교적 잘 수행될 수 있을 것으로 평가된다.

유동식과 김경재 외에 윤성범의 토착화 신학도 대체로 이 모델의 유형에 속한다고 할 수 있다. 그런데 사실상 윤성범의 토착화 신학은 두 번째 의미의 파종모델과 접목모델을 걸쳐서 있으면서, 후기로 가면서 접목모델로 더욱 발전되어 나아가고 있다고 할 수 있다. 그에 따르면, 토착화는 "소극적, 피동적인 것으로 볼 때는 하나님의 말씀을 받아들일 수 있는 그릇 또는 '새 가죽부대'이며, 복음의 씨를 받아 자라나게 할 수 있는 옥토에 비길만한 토양이며, 동시에 적극적, 능동적으로는 하나님의 말씀을 우리의 고유한 사고양식으로써 터 닦을 수 있는 학적인 공작"이다.[17] 전자는 그의 감론(論)에서, 후자는 그의 솜씨론을 통하여 전개된다. 감론은 두 번째 의미의 파종모델 또는 발효모델에 속하는 것이고, 솜씨론은 접목모델에 가까운 것이다. 그의 감론은 복음의 씨가 한국문화의 토양에 뿌려져서 열매를 맺음에 있어서 씨에 선행하는 한국문화의 선험성(a priori), 즉 감에 대한 논의이다. 이 감론에 기초하여 보다 적극적인 한국적 신학을 수립하기 위해서 그는 솜씨론을 전개한다. 윤성범은 단군신화에 나타난 환인, 환웅, 환검이 기독교의 성부, 성자, 성령의 삼위일체성의 잔해(Vestigium Trinitatis)라고 주장하면서, 기독교와 단군신화의 유사성에 관한 유비적 상상력(analogical imagination)을 전개한다.[18] 그리고 한걸음 더 나아가 그는 「한국적 신학 : 성(誠)의 해석학」[19]에서 한국 민족의 종교적 선험성인 유교의 성(誠)에

17. 윤성범, "복음 토착화에 대한 전이해," 「기독교사상」 제7권 제6호(1963. 3), p. 32.

18. 윤성범, "환인, 환웅, 환검은 곧 하나님이다." 「사상계」, 1963. 5, p. 259.

대한 담론을 전개하여 기독교적 유교 또는 유교적 기독교를 창출해 내고자 시도한다.

윤성범은 한국인들의 복음이해를 위한 전이해를 율곡의 성(誠)의 개념에서 발견하였다. 그는 성(誠)의 현상으로서의 예수 그리스도의 복음의 계시와 성(誠)의 전이해로서의 종교(또는 원계시)를 구분하면서, 이 둘을 결합하려고 한다.[20] 이는 그가 영향을 받은 바르트 사상과 알트하우스 사상의 결합이면서, 동시에 기독교의 고전(바르트)과 유교의 고전(율곡) 사이의 유비적 상상력을 통한 상관관계를 보여 준다. 윤성범은 예수 그리스도의 계시를 성(誠)의 현상으로서, 요한복음 19 : 30의 "다 이루었다."는 말씀에서 나타난 바와 같은 '이루어진 말씀'(言+成=誠)으로 생각하였다. 「中庸」에 나타나는 오직 지극한 성(誠)은 성육한 말씀(요 1 : 14)인 예수 그리스도, 곧 '참하나님 참인간' 속에서 구체적인 인격이 되었다. 따라서 성(誠)은 단순히 인간의 윤리적 책임성이 아니라 인간의 성실을 위한 존재론적, 신학적 근거이다. 예수 그리스도 안에 최종적으로 계시된 하나님의 말씀을 확고하게 믿는 점에 있어서 윤성범은 바르트의 입장을 유지한다.[21] 그러면서도 유교의 성(誠)의 개념의 창의적인 재해석을 통하여 그는 유교적 세계 속에서 기독교적 존재의 새로운 가능성을 찾아보고자 하였다. 다시 말하면, 유교적인 성(誠)의 대목과 기독교의 복음의 접순과의 지평융합을 시도하였다.

윤성범, 유동식, 그리고 김경재 등에서 나타나는 이러한 접목모델은 복음과 문화, 텍스트와 컨텍스트의 관계를 주체와 객체의 관계로서가 아니라 주체와 주체의 관계로서 유비적 상상력을 통하여 상관시킴으로

19. 윤성범, 「한국적 신학 : 誠의 해석학」(서울 : 선명문화사, 1972).
20. 「한국적 신학」, pp. 19 – 35.
21. 「한국적 신학」, p. 31.

써 보다 통전적인 이해와 진리를 추구한다는 점에서 가다머 이후의 오늘날의 해석학적 통찰을 잘 반영하고 있다고 할 수 있다. 그리고 또한 이 유형은 기독교인의 정체성을 잃지 않으면서도 생산적이고 창의적인 한국적 토착화 신학을 창출해 낼 수 있는 가능성이 있는 토착화 유형이라고 할 수 있다. 하지만 여전히 여기에서도 기독교 전통 안에서의 영원불변하고 절대적인 복음적 요소와 가변적이고 상대적인 문화적 요소를 구별할 수 있는 기준이나, 그러한 구별의 정당성에 대한 합리적인 논증이 분명히 마련되지 않은 채 단순히 그 둘의 구분을 명제적으로 전제하고 있는 한계가 있으며, 그리고 이러한 유형의 지평융합이 실제로 일어날 수 있는 신학적 주제와 내용의 가능성의 범위와 한계점에 대한 의문의 여지는 여전히 남겨져 있다.

4. 합류모델

서남동 외에 네 번째의 토착화 또는 선교신학의 모델인 합류모델의 유형을 보여 주는 신학자는 안병무이다. 위에서 본 바와 같이 서남동에게 있어서 성서의 복음이 지닌 인식론적 혹은 구원론적 우월성 및 규범성은 부정되고, 성서에서 들려오는 인간, 특히 민중구원의 전통과 세계 민중들의 삶의 이야기에서 들리는 인간해방 및 민중구원의 전통은 모두가 대등한 '하나님의 선교' 역사 가정에서 발생한 구원의 사건들이며, 그 구원의 사건들은 오늘 여기에서 살아가는 민중들의 해석학적 삶을 통하여 재연되면서 거듭 부활하고 창조적으로 계승, 확대, 심화되어 간다고 한다. 안병무의 민중신학의 해석학은 이러한 서남동의 '성령론적-공시적 해석'과 유사한 점이 많다. 그의 민중 예수론은 윤성범의 유교적 기독교나 유동식의 풍류도적 기독교에서 여전히 고수되는 그리스도 신앙의 보편성과 궁극성을 받아들이지 않는다. 그리고 지금 여기에서의 사회 정치적 현실 속에서의 민중사건을 통하여 이루어지는 인간해방과 구원의 현실을 참여를 통한 실천적 해석학으로 규명해 내고자 한다.

안병무는 불트만의 그리스도 사건 중심의 케리그마 신학에 반대하여 민중사건 중심의 역사적 예수론을 수립하려고 한다. 그에 의하면, 민중신학은 역사의 예수를 한국 민중의 고난의 현장에서 새롭게 만나는 과정에서 형성되었다. 다시 말하면, 민중신학은 "민중 발견과 예수 발견의 일치에 의해서 형성된 신학"이다.[22] 그는 한국 민중운동 속에서 예수민중의 맥을 인식하면서, 공관복음서의 전승사를 역사적 예수가 그의 민중 안에서 살아 움직인 산 증언이라고 주장한다. 그는 예수는 주체이고 민중은 객체라는 도식을 거부한다. 민중은 예수가 누구냐를 부각시키기 위한 배경이 아니고, 오히려 예수는 '민중의 거울'로서 단독자가 아니라 '더불어'의 존재인 것이다.[23] 예수는 단지 하나의 개인적 인격이 아니라 집단적 사건으로서 민중사건이다. 더욱이 수난의 예수는 수난 당하는 집단적인 민중의 표상이다. 민중사건으로서의 예수 사건은 이천 년 전에 일회적으로 완결된 사건이 아니라, 지금의 교회와 역사 속에서도 계속적으로 일어나고 있다.[24] 안병무는 믿음의 대상으로서의 구원자 메시야(예수)와 구원받는 인간(민중) 사이의 이분법적 구분을 거부한다. 민중은 민중사건 속에서 스스로를 구원한다. 고난받는 민중은 세계를 위하여 고난을 당함으로써 복수의 악순환을 끊으며, 이

---

22. 안병무, 「갈릴래아의 예수」(한국신학연구소, 1990), p. 152.
23. Ibid., p. 138.
24. 안병무, "마가에서의 역사의 주체," NCC 신학위원회 편, 「민중과 한국 신학」(한국신학연구소, 1980), p. 83 ; 안병무, 「민중신학 이야기」(한국신학연구소, 1987), pp. 25-26.

렇게 함으로써 궁극적인 하나님의 나라, 메시야의 통치가 이루어진다. 따라서 고난받는 민중이 메시야이다.[25] 그러므로 전통적인 구원론에서는 민중이 수동적인 구원의 대상이지만, 민중구원론에서는 민중이 예수와 더불어 구원의 능동적인 주체가 된다.

안병무가 주로 공관복음서를 중심으로 역사적 예수 안에 나타난 민중사건을 추적하면서 이를 사도 바울의 그리스도론이 대변하는 초대교회의 케리그마의 그리스도 신앙과 대결시킨 것은, 그 한계와 문제점이 드러난 19세기적인 역사실증주의적인 역사적 예수의 탐구와 유사한 것으로서, 성서에 대한 오늘날의 역사적, 해석학적 관점에서 볼 때 역사적으로 불가능한 것이며 신학적으로 부적합한 것이라는 비판을 받을 수 있다. 그리고 그의 민중과 예수의 동일시는 그 수사학적 의도를 이해할 수는 있지만, 그럼에도 불구하고 그가 민중에 대한 낭만주의적인 환상을 지니고 있다는 사실을 드러내 준다.

성서해석학의 관점에서 서남동과 안병무의 차이점은, 서남동이 명시적으로 성서를 포함한 과거의 전통을 민중 해석학을 위한 역사적인 전거로 사용하는데 반해서, 안병무는 성서 안의 예수를 민중을 이해하기 위한 전거로 사용하면서도 여전히 성서 자체를 단순히 역사적 전거가 아니라 민중신학을 위한 유일한 규범적인 텍스트로 사용하고 있다는 사실이다. 안병무는 자신의 해석이 민중의 삶과 투쟁으로부터 출발한다는 점을 명백히 하면서도, 서남동과는 달리 반드시 민중의 이야기나 다른 민중 종교적 텍스트들과 성서를 직접적으로 연결시킬 필요를 느끼지 않는다고 말한다. 이미 민중의 이야기, 민중의 역사적 경험이 해석자 자신 안에 들어와 질문이 되어 있고, 그 질문으로부터 성서를 읽고 해석하기

---

25. 「민중신학 이야기」, p. 96.

때문에 굳이 그 질문을 구성하는 이야기나 텍스트를 언급해야 할 필요성을 느끼지 않는다는 것이다.[26] 이는 조직신학자인 서남동과는 달리 전이해에 기초한 불트만의 실존론적 성서해석학의 영향을 받은 신약성서학자로서의 그의 신학함의 특성과 한계성을 잘 보여 준다.

서남동과 안병무로 대표되는 합류모델은 오늘날의 해석학적 논의의 맥락에서 볼 때 유동식, 윤성범, 김경재 등에 의해 지지되는 접목모델보다 더욱 진보적인 경향을 보여 준다. 이 모델은 인간의 존재와 이해가 역사적이고 해석학적이라는 사실을 그 어느 모델보다 더욱 분명하게 표현하고 있다. 여기서는 기존의 신학에서 고수해 온 텍스트성(안병무의 경우는 예수, 서남동의 경우는 성서)이 민중사건을 이해하기 위한 전거로서 상대화되고 있다. 말하자면 텍스트의 컨텍스트화와 컨텍스트의 텍스트화가 일어나거나, 적어도 기존의 텍스트(예수, 성서)와 더불어 한반도 민중과 민중사건이라는 또 하나의 텍스트 또는 전거가 설정되고 있다고 할 수 있다. 물론 안병무는 민중사건과 이야기를 또 하나의 텍스트로 명시적으로 언급할 필요를 느끼지 않는다. 반면 서남동의 경우에서는 분명하게 성서 민중이라는 텍스트와 더불어 한반도 민중이라는 두 개의 텍스트가 성령론적-공시적 해석을 통한 지평융합 또는 이야기의 합류를 위하여 설정되고 있다. 두 개의 텍스트 또는 전거, 즉 예수와 민중(안병무), 또는 성서 민중과 한반도 민중(서남동) 사이를 상호 연관시키기 위한 이들의 유비적 상상력은, 그 두 텍스트 사건 속에서 보편적이면서도 구체적인 의미와 진리의 지평을 향하여 서로의 의미를 해석해 주며 조명하는 역동적인 동등성(dynamic equivalence)을 발견하려고 시도하고 있다. 그러나 이들의 사상은 초역사적이고 절대적인

26. Ibid., p. 72.

복음과 역사적이고 상대적인 기독교 문화 사이의 이분법을 전제하는 파종모델이나 접목모델과는 반대로, 성서와 기독교의 전통과 문화를 포함하는 텍스트 내재성(intratextuality)에서의 복음의 핵심적 내용을 (전통적인 도그마에 의해서가 아니라) 해석학적으로 그리고 신앙의 위탁을 통하여 분명히 붙잡고 거기에서 기독교인으로서의 자신의 신학적 해석학의 과제의 정체성을 분명히 하려는 진지한 노력을 충분히 기울이지 아니하고, 너무 손쉽게 다경전적인 상호 텍스트성(intertextuality)의 차원으로 넘어간 느낌이 있다.

하지만 이들의 해석학적 담론은 오늘날의 해석학적 담론들과의 대화 속에서 이루어졌다기보다는 안병무의 경우 이미 고전이 되어 버린 불트만의 실존론적 해석학의 틀거리 안에서, 그리고 서남동의 경우 특정한 해석학 이론들과의 대화와 전용(轉用) 없이 자신의 소박하고 단편적인 사고와 개념의 틀 안에서 이루어졌다고 보는 것이 적절하다. 그러므로 이들의 논의는 19세기의 슐라이어마허, 딜타이 이후, 20세기의 하이데거, 가다머, 하버마스, 리쾨르, 트레이시, 후기구조주의, 그리고 페미니즘 등으로 이어지는 오늘날의 탈근대적(postmodern) 해석학적인 담론의 장에서, 한국적 토착화 신학을 위한 대화의 파트너로 자부하거나 인정받기에는 해석학적인 방법론에 있어서 미흡한 점이 많이 있다.

Ⅳ. 박종천과 양권석의 토착화 해석학

최근의 이른바 제2세대 토착화 신학자들의 한국적인 토착화 신학을 위한 담론은 주로 접목모델과 합류모델 사이에서 보다 진보된 해석학적 틀거리 안에서 이루어지고 있다고 할 수 있다. 이들이 대화의 파트너로서 삼으면서 원용(援用)하거나 전유(轉有)하여 사용하고 있는 해석학적인 틀은, 오늘날의 서구의 철학적, 신학적 해석학적 이론들로서 그 대표적인 것들이 가다머, 하버마스, 리쾨르, 트레이시, 후기구조주의 등으로 이어지는 제반 사상들이다. 이러한 오늘날의 해석학적 담론들과의 상호 비판적인 대화 속에서, 그리고 부분적으로는 그것들에 의지하여 한국 토착화 해석학을 전개하는 제2세대 신학자들 중에 박종천과 양권석 두 사람이 발표한 최근의 저서와 글들이 특히 주목할 만하다.

1. 박종천

박종천은 문화 종교적 차원의 토착화 신학과, 사회 정치적 차원의 민중신학을 자신의 '상생의 신학' 또는 '포월의 해석학' 의 관점에서 통전적으로 결합하면서 한국 토착화 해석학의 새로운 지평을 열고자 한다. 그에게 있어서 한국 신학의 단초는 동학에 있다. 그에 따르면, "기독교 신앙의 역사, 사회적 실천성을 강조하는 한국 신학자라면, 그리고 그가 기독교의 고전인 예수 그리스도의 십자가와 부활의 진리를 한국 민족과 민중에게 해명하려면 할수록, 그는 동학사상에 대한 이해와 동학혁명에 대한 연대감을 그의 신학의 출발점으로 삼지 않을 수 없다."[27)]

> 우리는 서구 기독교신학의 빛에서 동학사상과 동학혁명을 조명하려고 하지 않는다. 오히려 동학의 빛에서 서구 기독교신학을 비판하고 기독교 고전을 재조명하려 한다. 진정한 한국 신학의 단초는 동학사상을 기독교신앙의 전이해로서, 동학혁명의 집단적 한(限)과 신명(神明)과의 연대성을 한국 신학의 알파와 오메가로 삼는 데서 나타난다. 이를 위해서는 동학이라는 민중 전통에 대한 인지적 참여와 동학혁명으로 대변되는 생명해방과의 실천적 연대가 요청된다.[28)]

---

27. 박종천, 「기어가시는 하나님」 (도서출판 감신, 1995), p. 127.
28. Ibid., p. 128.

한편으로, 박종천은 민중의 체험과 언어를 신학의 소재로 대상화하고, 그것을 서구적 해석학의 틀로써 분석하려는 '소재주의'를 극복하고, 민중의 체험과 언어를 한국 신학의 해석학의 '발견적 원리'(heuristic principle)로, 즉 신학행위의 주체로 삼아야 한다고 주장한다. 그리고 다른 한편으로, 그는 자신이 성서와 교회전통의 '영향사' 안에 있으며 그것을 벗어날 수 없다고 인식한다. 그는 민중의 체험과 언어라는 발견적, 규제적 원리와 구별하여, 이러한 민중의 체험과 언어에 의해 제기된 새로운 사유방식에 의해 기독교의 '고전'으로서의 예수 그리스도에 대한 신앙을 재사유하는 것이 한국 신학 형성의 구성적 원리가 되어야 한다고 주장한다.[29] 그는 트레이시의 명제들[30]을 따라, 그리고 그것들을 부분적으로 수정하여 다음의 다섯 명제를 제시한다.[31] 테제 1 : 한국 신학의 주요 자료는 신앙공동체의 본문과 전통, 그리고 민족, 민중의 공동경험과 공동언어이다. 테제 2 : 한국 신학의 학문적 과제는 두 자료에 대한 연구 결과를 비판적으로 상호 관계시키는 일이다. 테제 3 : 한국 신학은 민족, 민중의 공동경험과 공동언어에 현존하는 궁극적 물음을 현상학적으로 탐구한다. 테제 4 : 한국 신학은 신앙공동체의 본문과 전통에 대한 서구 신학적 왜곡과 굴절을 이데올로기 비판함으로써 해방실천을 뒷받침하는 본문과 전통의 권위를 복원한다. 테제 5 : 한국 신학은 한(恨)의 현상학적 계기와 이데올로기 비판적 단(斷)의 계기를 창조적으로 상호 관련짓는 해석학적 접(接) 또는 상

---

29. Ibid., pp. 130-134.
30. David Tracy, *Blessed Rage for Order : The New Pluralism in Theology*(The Winston : Seabury Press, 1975), pp. 43-56를 참조하시오.
31. 박종천, "토착화 신학의 모형변화 : 다섯 '테제'를 중심으로," 「상생의 신학」(한국신학연구소, 1991), pp. 88-102.

생(相生)의 신학을 지향한다.

박종천은 리쾨르의 소격화와 참여의 변증법이나 트레이시의 선포와 현현의 변증법과 차별화되는 제3세계의 해방신학적인 규제적 원리, 즉 역사의 희생자들과의 '기억적 연대성'(anamnetic solidarity)을 통한 민중의 체험과 언어에의 인식적 투신 또는 실천(noetic praxis)을 자신의 한국 신학의 규제적 원리로 삼으며, 구체적으로 동학사상과 동학운동에의 인식적 연대성과 투신을 통해 그것을 명시하고자 한다. 다시 말하면, 그는 동학에의 인식적 실천을 한국 신학의 규제적 원리 형성으로 삼으며, 동학에의 인식적 실천을 통하여 기독교 신앙을 추구한다. 왜냐하면 민중의 수난사에의 참여와 자기 동일시를 통해서만 한반도에서의 기독교인됨의 참의미가 드러날 수 있기 때문이다.[32)]

이러한 자신의 한국 토착화 신학을 위하여 박종천은 동학 경전 속에서 한국 신학의 새로운 형식을 발견한다. 그에게 있어서 동학 경전은 단순히 한국 신학의 자료가 아니라 한국 신학의 새로운 형식이다. 다시 말해서, 그는 동학 경전에 나타난 한국 신학의 고유한 원초적 형식을 재창조함으로써 기독교 성서와 교회의 전통을 재사유하는 신학을 수립하고자 한다. 그는 민중종교인 동학의 교주 수운 최제우의 깨달음인 '믿음 후에 성실해짐'(先信後誠)과 "성실은 미흡한 기독교인을 만들지만 믿음은 온전한 기독교인을 만든다."는 존 웨슬리의 사상을 연관시키면서 웨슬리를 따라 "사랑으로써 역사하는 믿음"(갈 5 : 6)을 기독교의 참된 표지로 받아들인다. 그는 수운을 한국 민중의 최근의 역사 속에 나타난 익명의 온전한 기독교인의 역사적 원형으로서 '증거'하고자 한다. 이 '증거'함으로써 그가 의도하는 것은, 한국 민중의 체험과 언

---

32. 「기어가시는 하나님」, pp. 163-165.

어가 한국 신학의 맥락만이 아니라 기독교적 자료와 함께 또 하나의 살아 있는 자료라는 것을 말하려는 것이다. 그는 토착화 신학의 1세대는 (온전한 기독교인의) 기독교 본문과 (익명의 미흡한 기독교인의) 한국적 상황을 상관관계 지으려고 하는 반면, 자신을 포함한 2세대는 온전한 기독교인의 명시적 본문과 익명의 (온전한) 기독교인의 암묵적 본문을 비판적으로 상관관계 지으려고 한다고 진술하고 있다.[33] 따라서 기독교인들은 예수 그리스도의 영에 힘입어 복음을 증거하는 책임을 가지는 것처럼, 익명의 온전한 기독교인의 체험과 언어가 한국 기독교인의 신앙 실천의 현재 상태 속에서 예수 그리스도의 영과 어떻게 만나는가를 증언할 수 있어야 하며, 한국 민중과의 회상적 연대와 예수 그리스도의 영 사이에 비판적 상관관계를 통해 신학하여야 한다는 것이다. 이것이 그의 상생(相生)의 신학의 요점이다.[34] 상생의 신학은 '원한을 풀고 더불어 사는 삶'에 대한 민중종교인 동학의 담론(解冤相生)과 '사랑으로 역사하는 믿음'에 대한 비판적 상관관계, 그리고 고난받는 민중과의 회상적 연대와 예수 그리스도의 영의 생산적 능력의 양 축을 오가는 인식적 실천을 추구한다.[35]

박종천은 동학 경전 속에서 발견하는 한국 신학의 새로운 '형식'을 '렌즈', 또는 '발견원리'(heuristic principle)라는 말로도 표현한다. 한국 신학은 한국종교경전의 해석을 통해 한국적 성서 읽기의 렌즈를 준비하고 성서해석학적 발견원리를 찾아내야 한다는 것이다. 이러한 민중종교경전을 통한 성서 읽기를 그는 또한 성서 읽기의 '간텍스트성'(inter-textuality)이란 용어로 표현한다. 그에 따르면, '간텍스트성'이

33. 「기어가시는 하나님」, p. 236 각주.
34. 「기어가시는 하나님」, pp. 232-237.
35. 「기어가시는 하나님」, p. 246.

란 하나의 텍스트 안에 하나 이상의 텍스트가 공존하는 것을 말한다. 예를 들면, 동학경전 안에 서학경전, 곧 성서의 내적 의미가 긍정적으로나 부정적으로 수용되어진 것을 암시한다고 한다. 또한 그는 '간텍스트성'이란 토착화 신학의 성서 읽기에 있어서 렌즈의 유효적절한 사용법과 직결되는 것이라고 본다. 예를 들면, 그것은 춘향이 겪었던 한과 신명의 체험과 언어의 기초적, 암묵적 구조와 성서적 하나님에 대한 체험과 언어가 갖고 있는 규범적, 명시적 구조 사이의 상호 조명을 말한다.[36)]

박종천은 한국의 한과 신명의 텍스트들이 제시하는 종교적, 윤리적 이상은 '해원상생'(解寃相生)이며, 한국종교경전의 의미는 한국 신학을 위한 암묵적 메시야론의 영역에서 취급되어야 한다고 한다. 그는 한국 민중의 상생적 영성은 한국의 기독교 신학에 의해 성숙한 차원에서 수용되어, 탁월한 신학적 상상력을 계발하는 계기로 삼아짐으로써 명시적 기독론의 형성에 의하여 그것의 새로운 종교적 의미를 달성할 수 있을 것이라고 본다.[37)]

박종천은 본문의 자율성, 본문의 지시체 개념, 그리고 성서 안의 계시의 유비적 형식들의 다원성 등에 관한 리쾨르의 텍스트 해석학과, 이와 밀접하게 연관된 트레이시의 고전 해석학에 나타나는 상호 비판적 상관관계의 원리를 '인식적 실천'이라는 해방신학적 관점에서 변용(變容)하여 자신의 한국 민중 토착화 신학을 위한 해석학적 틀거리로 삼고

---

36. Ibid., p. 252.
37. Ibid., pp. 252, 256-257. 그의 황색 예수의 이야기는 한국의 민중종교인 동학에 나타나는 암묵적 메시야론을 한국 신학을 위한 렌즈 또는 발견원리로 삼아서 명시적인 메시야론을 발전시킨 실제적인 구성이다. 황색 예수의 이야기는 다음 네 부분을 구성된다. 1. 예수는 효자다. 2. 예수는 광대다. 3. 예수는 밥이다. 4. 암행하는 그리스도. 「기어가시는 하나님」, pp. 358-399.

있다. 동학의 경전에 나타나는 사상을 한국 신학과 성서해석을 위한 형식, 렌즈, 발견적 원리로 삼고, 동학의 후천개벽사상을 황색 예수의 메타 케리그마로 삼고자 하는 그의 입장은 대체로 윤성범, 유동식, 김경재의 접목모델과 맥을 같이 한다고 보여진다. 다시 말하면, 그는 위에서 살펴본 이들의 접목모델 유형에서처럼 복음과 문화, 텍스트와 컨텍스트, 즉 성서와 동학의 경전, 예수와 수운을 주체와 객체의 관계로서가 아니라 주체와 주체의 관계로서 유비적 상상력을 통하여 상관시키고 있다. 그러나 이전의 다른 접목모델의 신학자들과는 달리 그는 가다머의 지평융합 개념, 리쾨르의 2차적 지시체 또는 본문의 세계 개념, 그리고 새롭고 참신한 해석을 위해 본문에 대한 생산적 '위반'(violation)을 허용하는 트레이시의 '상대적 적합성' 개념과 상호 비판적 상관관계 등의 해석학 이론들을 비판적으로 수용하여 자기 나름대로의 새롭고 참신한 기독교 진리의 이해를 추구함으로써 진일보한 해석학적 접근을 보여 주고 있다고 할 수 있다. 아울러 그는 윤성범, 유동식, 김경재와는 달리 서남동, 안병무 등의 민중신학적 모티브인 인식적 실천과 참여를 강조함으로써 해방적, 실천적 민중 토착화 해석학을 분명히 지향하고 있다. 한마디로 말하자면, 박종천의 토착화 해석학의 핵심은 트레이시의 상호 비판적 상관관계의 원리와 해방신학의 인식적 실천의 원리에 입각한 기독교와 동학의 지평융합에 있다고 규정할 수 있다.

하지만 그에게 있어서 동학과 기독교와의 온전한 의미의 상호 비판적인 상관관계가 추구되고 있는 것 같지는 않으며, 상호 비판적 상관관계와 해석의 상대적 적절성을 위하여 트레이시와 리쾨르가 필요하다고 주장하는(그리고 오늘날 많은 사람들이 공감하는) 설명방법들(구조주의, 기호학, 의미론 등)과 비판이론들(마르크스, 니체, 프로이트 등)의 교정장치들의 적절한 사용도 보이지 않는다. 따라서, 예를 들면 동학의 렌즈로 성서의 예수를 새롭게 읽고자 하는 그의 황색 예수의 이야기는 이 두 지평 사이의 '유사성 안의 차별성'(difference in similarity)을 충분히 설명하고 조명하는 상호적인 비판의 과정을 통한 지평융합이라기보다는, '차별성 안의 유사성'(similarity in difference)에만 집중적인 관심을 기울이고 그것들을 서로 접목시키려고 하는 일면적이고 소박한 형태의 지평융합을 보여 주고 있다고 할 수 있다. 그리고 성서와 성서해석을 위한 형식, 렌즈, 발견적 원리로서의 동학의 경전의 관계를 표현하기 위하여 그가 '간텍스트성'(intertextuality)이란 개념을 사용하는 것은 후기구조주의적인 관점에서 볼 때 부적절한 것이라고 비판받을 수 있다. 이 사실은 곧 이어 살펴볼 양권석의 글을 통하여 분명해질 것이다.

2. 양권석

양권석은 최근에 "한국적 성서 읽기의 한 방법으로서 상호 텍스트적 성서해석의 가능성"[38] 이라는 글을 통하여 민중신학의 관점에서 후기구조주의적인 해석학적 방법론을 도입하여 토착화 신학 2세대 또는 3세대의 가장 진보적인 형태의 토착화 신학의 담론을 전개하고 있다. 그의 글의 주제는 한국적 성서해석(또는 읽기)의 방법론 또는 한국적 성서해석학인데, 그는 이 주제를 후기구조주의 이후의 문학비평 안에서 사용되는 '상호 텍스트성'(intertextuality)의 개념적 틀 안에서, 그리고 한국과 유사한 다양한 경전들과 해석학적 전통을 가진 아시아의 상황의 맥락 안에서 논의하고 있다.

양권석에 따르면 문학비평에 있어서 '상호 텍스트성'이라는 말은 후

38. 양권석, "한국적 성서 읽기의 한 방법으로서의 상호 텍스트적 성서해석의 가능성," 「시대와 민중신학」 제5호, 제3시대그리스도연구소(다산글방, 1998) - 이하 한국적 성서 읽기로 칭함.

기구조주의 이래 발전된 텍스트에 대한 근본적으로 새로운 하나의 이해를 나타낸다. 실존주의적 휴머니즘의 기초를 제공했던 자율적 자아나 자주적 주체와 같은 개념들이 후기구조주의적 또는 해체주의적 비평에 의해서 근본적으로 비판되었던 것처럼, 텍스트의 개념 역시 안정적이고 자기 정체적(self-identical)이며, 항구적인 대상으로서 파악되던 과거의 이해로부터 벗어나, 이제 텍스트는 의미의 그물망 안에 있는 한 교차지(intersection)로 이해된다.[39] 그러므로 한 텍스트는 자율적이고 독립적으로 존재하는 것이 아니고, 다른 텍스트들과 매우 복잡하고 유동적인 관계성 속에 존재한다. 여기서 다른 텍스트들은 저자를 통해서 들어오는 것들은 물론이고, 독자를 통해서 들어오는 것들도 포함한다. 그러므로 한 텍스트는 다양한 텍스트들로 구성되는 한 관계의 그물망 안에 있는 한 특정한 교차지인 것이다(롤랑 바르트). 항상적으로 변화하는 그물망 안에서 그 텍스트 역시 항상적으로 변화한다. 저자와 독자들을 통해서 들어오는 텍스트들의 관계, 그래서 무한대로 가능한 그 관계로 구성되는 그물망 안에 텍스트가 위치됨으로써 텍스트 그 자체가 항상 변화하며, 그래서 텍스트는 언제나 새로운 모습으로 그 자신을 드러낸다. 즉, 한 텍스트는 더 이상 하나의 의미만을 소유하고 있는 한 대상이 될 수 없다. 텍스트는 독자들의 참여와 응답을 요청하는 언어적 그물망이다.

따라서 상호 텍스트성은 의미 생산에 있어서 독자의 중요성을 강조한다. 텍스트와 독자는 분리된 것이 아니라 하나이며, 읽기와 쓰기는 단일한 의미 실천 속으로 결합한다. 독자는 그 자신의 문화적, 종교적, 이념적 텍스트들을 가지고 한 텍스트와 대화적 과정에 참여함으로써

---

39. "한국적 성서 읽기," p. 224.

능동적으로 의미를 생산한다. 즉, 독자가 텍스트를 구성한다. 상호 텍스트성이란 이 상호 텍스트적 대화의 과정을 의미한다. 상호 텍스트적 읽기는 이미 정해진 한 의미를 발견하는 과정이 아니라, 독자와 텍스트 사이에서 이루어진 대화적 과정을 통한 의미의 생산과정이다. 이것은 무한한 가능성 앞에 열려 있다. 여기서 독자의 삶과 경험이 상호 텍스트적 대화를 시작하는 곳이며, 하나의 해석학적 순환이 텍스트와 삶을 관련시키는 곳이다.[40] 전통적으로 서구 성서신학이 상호 텍스트성에 관심을 가질 때는 주로 저자들을 통해서 들어오는 텍스트들이 일차적 관심이었다. 그러나 한국을 포함한 아시아에 있어서 상호 텍스트성에 대한 관심은 독자를 통해서 관련되어지는 텍스트들에 보다 관심을 갖는다. 이것은 아시아와 한국의 독자가 해석과 의미 생산의 창조적 주체가 되어야 한다는 것을 의미한다.

아시아에서 등장하는 성서의 상호 텍스트적 해석은 저자에 대한 신화, 텍스트의 구조적, 문학적 완결성에 대한 신화, 그 객관적이고 보편적인 의미에 대한 모던적 신화로부터 텍스트를 해방시키고자 하는 관심으로부터 출발하였던 서구 포스트모더니즘의 상호 텍스트적 해석과는 달리, 아시아의 독특한 종교 문화적 맥락, 즉 다인종적, 다언어적, 다문화적, 다종교적, 다경전적인 사회에서 성서를 자신들의 성서로 전유하려는 해석학적, 선교적 노력으로부터 출발한다. 양권석은 사마르타를 따라 성서가 아시아인들과 한국인들을 위한 경전들 중의 하나로 자리매김되기 위해서는 단일 경전적 맥락으로부터 다경전적 맥락(multi-scriptural context)으로 나아가야 한다고 본다.[41] 그는 아시아

40. Ibid., pp. 226-227.

41. S. J. Samartha, "Religion, Language and Reality : Toward a Relational

기독교인들을 성서적 이야기와 아시아인들로서 우리 자신들의 이야기라는 두 이야기의 상속자로 보면서, 우리 자신의 전통과 성서의 전통 사이의 대화적 상상력에 의한 상호 교역(two-way traffic)을 주장하는 곽필란[42]의 해석학을 이러한 다경전적 맥락 안에서의 대표적인 아시아의 상호 텍스트적 성서해석학의 실례로 든다.

양권석에 따르면 이와 같은 상호 텍스트적 해석학은 텍스트와 컨텍스트의 이원적 구분의 도식에 기초한 지금까지의 토착화나 상황화 신학들과 몇 가지 점에서 구별된다.[43]

첫째, 해석의 주체와 중심에 있어서 아시아인들의 고유한 삶의 경험으로의 전환이며, 둘째는 정치적 함의를 갖는 실천행동으로서 해석이 갖는 정치적 성격에 대한 첨예한 인식이며, 셋째는 다경전적 사회 속에 있는 한 경전으로서 성서를 보려고 하는 상대적인 성서관이다. 이러한 성서해석학의 중요한 의미는 성서의 텍스트들을 다른 경전들이나 텍스트들과 단순히 관련시킨다는 사실에만 있는 것이 아니라, 성서의 텍스트들을 다른 텍스트들과 관련시키는 그 관계의 질, 또는 대화적 시각에 있어서 과거의 토착화론자나 상황화론자들과는 전혀 다른 내용을 보여 준다는 사실에 있다.[44] 그는 광암 이벽 등의 18세기 조선 실학자들의 성서 읽기 속에서 분명한 상호 텍스트적 읽기의 예를 발견할 수 있다고 본다. 또한 그는 증인들의 두 이야기 또는 두 전통, 즉 성서의 민중전통

Hermeneutics," In ***Biblical interpretation***, 2/3(1994), pp. 340, 343 ; "한국적 성서 읽기", p. 231에서 재인용.

42. Kwok Pui-lan, Discovering the Bible in the Non-Biblical Context, p. 12 ; "한국적 성서 읽기," p. 232에서 재인용.

43. "한국적 성서 읽기," pp. 232-237.

44. Ibid., pp. 240-241.

과 한국 역사의 민중전통의 합류를 제창하였던 서남동과, 후천개벽적 또는 상생적 성서해석을 수행했던 김지하에게서 대표적인 한국의 상호 텍스트적 성서해석의 사례를 발견한다. 그러나 이러한 민중신학적 성서해석에는 합류의 해석학적 과정에 대한 구체적인 설명이 없으며, 유사한 내용의 두 종류의 텍스트를 병렬시키는 수준에 그치거나, 상호 텍스트적 관계를 이론적으로 충분히 구체화시키지 못한 채 뒤로 남겨 놓았다고 그는 한계점을 지적한다.

양권석은 아시아, 특별히 동북아시아에서 진리를 향한 순례의 과정을 단지 하나의 또는 한 종교의 경전을 통해서만 가야 한다고 생각하는 것은 매우 낯선 생각이며, 자신들의 경계를 가로질러서 다른 경전들과 텍스트를 읽는 경계 넘어 읽기가 오히려 오래 전부터 널리 알려진 읽기의 패턴이었다고 주장한다. 서구의 제국주의적인 기독교 선교 이후, 읽기와 해석과 실천의 우리 자신의 주체성을 말살하는 인식론적 폭력에 대항하여, 한국과 아시아 민중은 읽기와 해석과 실천의 진정한 주체성을 되찾기 위한 해방투쟁에 참여하여야 한다고 한다.

> (나는) 해석학적 인식론적 탈식민화, 곧 우리 민중들의 해석학적 인식론적 능력에 대한 신뢰, 그리고 그들의 해방투쟁 속으로의 해석학적 중심의 이동, 그리고 그들의 해방투쟁 속에서 일어나는 다경전적, 상호 텍스트적 해석학적 과정 속에 성서와 성서해석자들의 참여, 이것이야말로 진정한 한국 신학과 아시아 신학, 그리고 그들의 교회를 위해 필수적으로 수반되어야 할 해석학적 전제라고 생각한다.[45]

서남동의 성령론적 방법에서와 마찬가지로, 양권석은 경계 넘어 읽기의 기본 동력이 문자를 넘어서는 성령의 자유에 있다고 보면서, 이

---

45. Ibid., p. 250.

성령은 주변적, 경계적 삶의 자리에 있는 민중의 삶과 투쟁의 한복판에 현존한다고 주장한다. 따라서 민중은 경계 넘어서기의 해석학적 동력을 갖는다. 민중해방운동의 자리는 한국 민중들이 그들의 경계를 넘어서 성서를 향하여 나아가게 하는 자리이며, 동시에 한국 기독교인들이 자신들의 교권적, 경전적 경계를 넘어서 한국 민중의 전통들과 경전들과 텍스트들 속으로 나아가게 하는 자리라고 한다.[46] 이것이 민중 안에서 일어나는 상호 텍스트적 해석의 과정이다.

양권석의 토착화 신학의 유형은 두말할 나위 없이 합류모델이며, 합류모델 안에서도 안병무와는 분명히 구별되는 서남동의 민중신학적 해석학의 유형을 따르면서, 그것을 후기구조주의적인 해석학적 담론을 통하여 보다 논리적으로 전개하고 있다. 그가 안병무와 분명히 구별되는 것은, 스스로 밝히고 있듯이, 그가 전이해의 개념이 아시아와 한국과 같은 다경전 사회에서는 통용될 수 없는 서구적인 개념이라고 보기 때문이다. 그에게 있어서 전이해란 독자를 통해서 상호 텍스트적 과정에 관련되는 텍스트를 말한다. 즉, 그는 성서를 읽는 독자를 통하여 해석에 들어오는 그 무엇을 더 이상 전이해나 컨텍스트로 보기를 거부하고 그것을 성서와 동등한 명시적인 텍스트로 보아야 한다고 주장한다. 그리고 이른바 단일 경전의 한계를 넘어서 다경전의 차원, 즉 상호 텍스트성으로 나아가야 하며, 이것이 제국으로부터의 인식론적인 폭력을 극복하고 아시아와 한국의 민중의 인식론적 주체성을 회복하기 위한 길이라고 한다.

이와 동일한 이유로 양권석의 '상호 텍스트성'(intertextuality) 개념은 박종천의 '간텍스트성'(intertextuality)과도 차이점을 보여 준다.

---

46. Ibid., pp. 252-253.

박종천이 '간텍스트성'이란 개념을 기독교의 복음을 이해하기 위한 형식, 렌즈, 발견적 원리라는 의미로 사용하고 있는 한, 그는 이 용어를 안병무처럼 전이해의 개념으로 사용하고 있는 것이기 때문이다. 양권석의 입장에서는 박종천이 애매모호한 양면적 태도를 가지고 있다고 여겨질 것이다. 왜냐하면 박종천은 다른 한편으로 토착화 신학의 1세대는 (온전한 기독교인의) 기독교 본문과 (익명의 미흡한 기독교인의) 한국적 상황을 상관관계 지으려 하는 반면, 자신을 포함한 2세대는 온전한 기독교인의 명시적 본문과 익명의 (온전한) 기독교인의 암묵적 본문을 비판적으로 상관관계 지으려 한다고 말하고 있기 때문이다. 여기서 박종천은 '명시적 본문'(성서)과 '암묵적 본문'(동학경전)이란 용어를 사용하면서 이 둘을 비판적으로 상관시키는 것을 자신의 상생의 신학의 과제로 여기고 있다. 그러나 양권석은 한국의 민중의 이야기가 명시적인 본문(텍스트)이 되어야 한다고 주장하면서 상호 텍스트성을 주장하고 있는 것이다.

V. 성서 텍스트 해석의 세 가지 패러다임 : 텍스트 내재성, 텍스트 외재성, 상호 텍스트성

오늘날 한국의 현실 속에서 탈근대적인 해석학적 논의를 진행함에 있어서는 성서, 한국의 독자들, 그리고 한국의 상황(종교 문화적, 사회 정치적 전통과 현실, 양권석에 따르면 텍스트)의 관계성 안에서의 '독자의 자리', 하이데거의 표현을 빌면 '세계내 존재'로서의 현존재의 세계가 우선적인 관심의 대상이며 해석학적 입장을 결정짓는 관건이라고 할 수 있다. 양권석은 텍스트(성서)를 읽는 두 종류의 독자(기독교인)의 자리를 구별한다. 하나는 명백한 자기 정체성을 갖는 경전적, 공동체적 경계 안에 있는 독자이다. 이 경우 독자는 한 경전적 종교의 구성원이며, 그 종교에 의해서 공동체의 정체와 통일성이 유지되는 한 공동체의 구성원이다. 이러한 독자는 자기가 속한 종교적 공동체의 정체성을 공고히 하는 데 초점을 맞추거나, 아니면 자기가 속한 공동체의 정체성을 상하게 하지 않는 범위 내에서 다른 종교들이나 공동체들이나 경전들과 대화를 수행할 수 있다. 그러나 이 경우, 제도화된 경전적, 종교적 경계를 넘어서 있는 영역, 또는 그러한 경계들 사이에 감추어진 영역에서의 불의와 억압 등의 문제들을 보지 못하거나, 현재 아시아의 교회와 종교들을 무조건 합리화할 위험성이 있으며, 또한 아시아에 있는 그리스도 교회의 서구 교회의 지교회로서의 식민지적 성격에 대한 비판이 결여되어 있다는 것이다. 다른 한 종류의 독자는, 종교공동체들 사이의 간극으로부터 기존의 공동체들의 경계를 활력적으로 공격하는 주체들이다. 예를 들면 민중은 기존의 제도적 종교공동체들에 의해 소외된 사람들이며, 따라서 자신들이 속한 종교공동체를 초월하는 존재들로서, 이들은 제도적 종교 공동체의 경계에 묶여 있는 예수와 진리를 해방하는 역할을 수행하며, 이러한 일은 상호 텍스트적 경전 읽기를 통해서 일어난다는 것이다.[47] 독자의 자리와 기능에 대한 이와 같은 이분법적인 구분은 지나치게 단순화된 논리를 보여 준다.

탈근대적인 담론의 맥락 안에서, 우리는 독자의 자리와의 연관성 속에서 성서 텍스트 해석에 있어서의 세 가지의 패러다임[48]을 구별해 볼

47. "한국적 성서 읽기", pp. 254-255.

48. 여기서 필자가 성서해석의 패러다임이라는 표현을 사용하는 까닭은 이 세 가지 성서해석의 입장들이 각기 고유한 독자의 자리, 즉 삶의 세계와 세계관 안에서 하나의 규범적이고 정상과학적인 범례와 유형으로서 형성되고 작용하기 때문이다. 이 점에서 토마스 쿤의 용례와 같다고 할 수 있다. 그러나 그와 다른 점은, 이 세 가지 성서해석의 패러다임들은 어느 하나에 의해서 다른 것이 대체되거나 서로 혼합되지도 않으면서 상호적으로 영향을 주고받는다는 점이다. 한편 트레이시는

수 있다. 그 세 가지는 '텍스트 내재성'(intratextuality), '텍스트 외재성'(extratextuality), 그리고 '상호 텍스트성'(intertextuality)이다. 이 세 가지의 패러다임은 고정적이고 서로 무관하게 동떨어져 있는 것이 아니라, 역동적이고 변화 가능하며 서로 영향을 주고받는 관계성 안에 있다.

1. 텍스트 내재성

본문 내재성의 패러다임은 단일 경전 내에서 독자가 성서 텍스트를 해석하는 패러다임이다. 그러나 독자가 텍스트를 해석하기 이전에 이미 독자의 기독교인으로서의 정체성이 성서 텍스트에 의해서 형성되어진다. 그리고 독자는 기독교인으로서의 정체성을 공유하는 신앙공동체, 즉 교회의 맥락 안에서 성서를 대한다. 성서 텍스트의 세계 안에서 기독교인은 끊임없이 삶의 가치관과 의미와 비전과 진리를 공급받으며 현재적 구원의 은혜를 감사하며 종말론적인 구원의 완성을 소망한다. 가다머의 표현을 빌면, 독자는 철저히 성서와 교회의 전통으로부터 오는 '영향사'의 구조 안에 존재한다. 더욱이 기독교인은 그 '영향사'를 하나님의 말씀과 구원사역과 능력으로 경험하기 때문에, 성서 텍스트

신학하는 주체의 세 가지 공공의 영역(publicness)에 따른 신학의 세 가지 패러다임을 말했는데, 그 세 가지 공공의 영역은 교회, 학교, 사회이며, 이에 상응하는 세 가지 신학의 유형은 조직신학(systematic theology), 근본신학(fundamental theology), 실천신학(practical theology)이다. 필자가 제시하는 세 가지 패러다임의 성서해석들은 각각 이러한 세 종류의 독자의 자리와 신학의 유형들과 밀접한 연관을 갖고 있다고 볼 수 있지만 동일한 것은 아니다. David Tracy, ***The Analogical Imagination : Christian Theology and the Culture of Pluralism***(New York : Crossroad, 1987), part I, pp. 3-98을 참조하시오.

를 해석함에 있어서 언제나 먼저 텍스트 앞에서 자신의 주체성을 내려놓고 텍스트를 통하여 들려오는 하나님의 음성에 귀를 기울이고자 한다. 슈톨마허의 '동의의 해석학'(hermeneutics of consent)이나 리쾨르의 '회복의 해석학'(hermeneutics of retrieval)은 바로 성서 안에서 들려오는 하나님의 말씀을 듣고자 하는 성서해석자의 근본적인 자세를 말하고 있는 것이다.

이러한 의미의 텍스트 내재성의 패러다임은 린드벡에 의해서도 사용되어지고 있다. 그는 교리의 본성에 관한 세 가지 이론을 말하였는데, 그 가운데에서 세 번째[49]인 '문화적-언어적' 접근에 있어서 종교는 '삶의 실제 생활과 실재를 구성하는 관용어'(慣用語, idioms) 같은 것이라고 하였다.[50] 이 관용어는 내적 경험을 외적으로 표현하는 것이라기보다는 개별적인 경험을 구성하고 구조화하는 것이다. 종교적이 된다고 하는 것은 "주어진 종교의 …… 언어 안에서 숙달되어지는 것"을 포함한다. 예를 들면, 기독교인이 된다는 것은 "예수와 이스라엘의 이야기를 충분히 잘 배워서 그 관점에서 자신과 자신의 세계를 경험하고 해석할 수 있게 되는 것을 포함한다. 이러한 구도에 있어서 교리는 담론

---

49. 첫 번째 유형은 "명제적 또는 인지주의적"(propositionalist or cognitivist) 이론으로서 교리를 고전적으로 인식되어온 철학적이고 과학적인 명제들과 매우 흡사하게 "객관적 실재에 관한 정보적인(informative) 명제나 진리주장"으로 여기는 것이다. 두 번째 유형은 "경험적-표현주의적"(experiential-expressivist) 또는 "상징주의적" 이론으로서, 이에 따르면 교리는 "내적 감정, 태도, 또는 실존적 정향성(定向成)에 관한 비정보적이고 비논쟁적인(nondiscursive) 상징"이라고 한다. George A. Lindbeck, The Nature of Doctrine : Religion and Theology in a Postliberal Age(Philadelphia : Westminster Press, 1984), p. 16.

50. *The Nature of Doctrine*, p. 18.

의 법칙과 같은 것으로서 자리매김 되어진다. 따라서 교리가 스스로 진리의 주장을 하지 않음에도 불구하고, 어떤 것은 배제하고 다른 것은 허용함으로써 진리주장을 규제한다.[51)]

이 문화적-언어적 접근은 신학의 과제를 위한 함의를 갖는다. 린드벡은 변증적 신학이 아닌 탈자유주의적(postliberal) 또는 탈근대적(postmodern)인 설화적 교의학을 제안한다. 이것은 바로 텍스트 내재성을 의미하는데, 이 텍스트 내재성은 성서 외적인 범주에 의해서 성서 자체를 해석하기보다는 성서가 그것을 통하여 세계를 보는 렌즈로서 기능하도록 허용하는 것이다. 텍스트 내재성은 새로운 개념 안에서 신앙을 재기술하는 대신 종교의 언어를 가르치고자 한다.[52)]

이러한 텍스트 내재성의 패러다임은 근대 이전적인 담론이 아니다. 다시 말하면, 이것은 전통적인 문자적 영감설에 근거한 근본주의적 보수신학의 권위주의적 정통교리와는 아무 상관이 없다. 이러한 서구의 정통교리와 신학은 성서와 교리의 본성에 대한 교조주의적인 왜곡으로서 정복모델의 선교신학의 근거가 된다. 텍스트 내재성은 근대의 역사적 비평적 성서 접근의 한계를 변증법적인 지양(止揚)을 통하여 넘어서기 위한 탈근대적인(postmodern) 담론이기 때문에, 근대 이전(pre-modern)으로의 회귀를 의미하는 것은 결코 아니다. 이러한 탈근대적인 담론의 맥락에서 리쾨르는 "역사비평의 사막을 넘어, 우리는 다시금 부름받기를 원한다"[53)]라고 말하였다. 그에 의하면, 독자는 성서 텍스트가 은유와 상징과 시적 언어를 통하여 열어 주는 2차적 질서인 지시체,

---

51. *The Nature of Doctrine*, pp. 34, 18-19.
52. *The Nature of Doctrine*, p. 132.
53. Paul Ricoeur, *The Symbolism of Evil*, Emerson Buchanan, trans. (Boston : Beacon Press, 1969), p. 349.

즉 본문의 세계 안에 나타난 '가능적인 세계내 존재의 양태'에로 부름을 받는다. 이것이 계시이다. 예를 들면, 독자는 성서 본문에 나타난 예수님의 비유를 통하여 하나님 나라에의 비전을 공유하게 된다. 그리고 이 비전 안에서 구원을 경험하며 이 비전을 통하여 자신의 1차적 질서의 현실적 세계를 변혁시키는 실천적 삶의 동력을 얻는다.

단일 경전 내에서의 이 텍스트 내재성의 패러다임은 기독교 신앙을 위한 정체성과 당위성과 아울러 충분성을 제공해 준다. 즉, 텍스트 내재성은 기독교 신앙을 위한 충분한 기초이다. 이것은 양권석이 말하는 아시아와 한국 민중의 인식론적 폭력이나 존재론적 속박이나 정치적 소외와 억압과는 본래적으로 관계가 없으며, 오히려 민중은 텍스트 내재성 안에서 인식론적 해방과 존재론적 구원을 경험하며, 정치적 소외와 억압을 변혁시켜야 할 사명과 힘을 얻는다. 민중은, 적어도 대다수의 민중은, 텍스트 내재성 안에 존재하며 존재하기를 원한다. 이것이 민중의 기본적인 종교성이다. 경계들 사이에 존재하며 경계 넘어 읽기를 추구하는 것은 다수의 민중이라기보다는 소수의 민중신학자들이다.

물론 텍스트 내재성의 패러다임은 성서 안에 하나님의 말씀과 복음적인 요소와 더불어 존재하며, 바로 하나님의 말씀과 복음의 매개가 되는, 그리고 때로는 그것들을 오도하기도 하는 인간적이고 문화적인 요소를 인정하지 않을 때, 항상 교권적, 도그마적으로, 그리고 체계적으로 왜곡될 가능성에 열려 있으며, 특히 근대 이전의 서구 정통주의 신학의 경우(그리고 더러는 오늘날에도) 종종 그것이 현실성이 되어온 것이 사실이다. 그렇게 될 때 그것은 양권석이 말한 것처럼 제도화된 경전적, 종교적 경계들 사이에 감추어진 영역에서의 불의와 억압 등의 문제들을 보지 못하거나, 현재 아시아의 교회와 종교들을 무조건 합리화할 수 있으며, 또한 아시아에 있는 그리스도 교회의 서구 교회의 지교회로서의 식민지적 성격을 무비판적으로 정당화할 위험성도 있다. 그러므로 텍스트 내재성의 패러다임에는 교정적, 비판적 보완장치가 필요한데, 이것이 곧 텍스트 외재성이다.

2. 텍스트 외재성

텍스트 외재성의 패러다임은 탈근대의 성서해석학에 있어서 텍스트 내재성 안에서 수행되는 해석의 '상대적 적절성' (relative adequacy)을 확보하기 위한 교정적, 비판적 보완장치들을 명시적으로 그리고 방법론적으로 도입하는 패러다임이다. '상대적 적절성' 이란, 한편으로는 과거의 객관주의 해석학을, 그리고 다른 한편으로는 탈근대의 상대주의 해석학을 극복하면서 '적절성의 기준' (criteria of adequacy)[54] 을 가지고 다원적이고도 창조적인 해석학을 추구하는 개념이다. 다시 말하면, 이것은 해석의 다원성(plurality)을 비판적으로 인정하면서 서로 상이한 대안적 해석들의 정당성을 상호 승인할 뿐 아니라, 새롭고 참신한 해석을 위하여 본문에 일종의 생산적 '위반' (productive violation)을 허용하는 동시에, 명료화된 비판적(critical) 이해를 추구하는 표준이다. 이러한 해석의 상대적 적절성은 (본문의 뒤나 안에서가 아니라) 본문 앞에 (in front of) 개시되는 지시체(reference) 또는 본문의 세계가 일의적(一意的)인 것이 아니라 독자의 이해 지평과의 끊임없는 새로운 상호 비판적인 변증법적 지평융합의 관계 속에서, 본문의 의미에 대한 '이해' (understanding)가 다원적으로 열려있음을 인정하면서, 동시에 이 다원성이 자의적(恣意的)인 무질서한 혼란이 되지 않도록 하기 위해 '적절

54. 상대적 적절성의 기준에 대하여서는 David Tracy, ***Blessed Rage for Order : The New Pluralism in Theology***(The Winston : Seabury Press, 1975), pp. 64-87을 참조하시오.

성의 기준'을 위하여 명시적으로 교정적, 비판적 보완장치들, 즉 '설명'(explanation)방법과 비판이론들을 도입함으로 가능해진다.

이러한 방법론들의 사용은 탈근대적인 해석학에 있어서도 여전히 어느 정도 계몽주의적인 비판적 이성과 오늘날의 경험이 여전히 유효한, 그리고 경우에 따라서는(예를 들면 페미니즘) 적극적인 기능을 수행할 수 있음을 인정하는 것이다. 리쾨르는 '회복의 해석학'과 더불어 '의혹의 해석학'(hermeneutics of suspicion)을 도입함으로써 텍스트 외재성의 패러다임을 수용한다. 다시 말하면, 그는 텍스트를 이해함에 있어서 설명의 계기를 적극적으로 인정하면서 텍스트에 대한 전유(轉有, appropriation) 또는 온전한 이해(comprehension)는 이해(understanding)와 설명(explanation)의 변증법적 관계 속에서 이루어진다고 본다. 그는 설명방법으로 본문의 '의미'(sense)를 규명하기 위한 기호학과 문장에 대한 의미론을 포함하는 구조주의 문학비평 등을, 그리고 비판이론으로서 프로이트, 마르크스, 니체 등의 비판이론들을 사용한다.[55] 이것은 트레이시의 경우도 마찬가지이다.

하지만 리쾨르는 근대의 역사비평적 접근과 이른바 낭만주의 해석학을 지나치게 간과하거나 일방적으로 비판하고 있는 경향을 보여 준다. 그러나 두 번째 질서의 지시체와 가능적 세계내 존재를 지향하는 탈근대적 해석학이 이른바 첫 번째 질서에 속하는 역사적, 현실적 기초와

---

55. 리쾨르의 텍스트 해석학 이론과 성서해석학에 관해서는 Paul Ricoeur의 Interpretation Theory : Discourse and the Surplus of Meaning(Fort Worth : Texas Christian University Press, 1976)와 Essays on Biblical Interpretation(Philadelphia : Fortress Press, 1980), 윤철호, 「예수 그리스도」(상) "폴 리쾨르의 해석학 이론에 기초한 고전적 구속교리의 해석"(한국장로교출판사, 1998), pp. 480-484, 그리고 윤철호, "폴 리꾀르의 성서해석학," 「장신논단」(장로회신학대학교출판부, 1998)을 참조하시오.

그에 대한 관심을 잃어버리면, 아무리 다른 어떤 설명방법과 비판이론을 도입하더라도 그것은 '혼란한 다원주의'(chaotic pluralism)에 빠지고 말 것이다. 뿐만 아니라, 그의 의혹의 해석학은 기본적으로 독자의 이해의 과정에서 일어나는 왜곡을 비판적으로 드러내고 교정하고자 하는데 그 목적이 있기 때문에, 텍스트와 전통 자체 내에 존재하는 인간적, 문화적 요소로부터 기인하는 체계적인 왜곡을 비판하는 데까지는 이르지 못하고 있다. 그러므로 주체와 주체로서의 대화적 관계 속에서의 텍스트와 해석자의 진정한 상호 비판적 상관관계가 이루어지기 위해서는, 오늘날 페미니즘 해석학이 잘 보여 주는 바와 같이 비판적 이론은 해석자에게 뿐만 아니라 텍스트에도 적용되어야 하며, 해석자는 텍스트에 대하여 수용적인 응답과 아울러 동시대적인 현실세계에서의 경험의 빛 안에서 비판적인 질문을 던질 수 있어야 한다. 이와 같은 온전한 의미의 상호 비판적 상관관계만이 해석에 있어서의 진정한 '상대적 적절성' 을 보증할 수 있을 것이며, 따라서 기독교의 공동체의 한계를 넘어서 세상을 향하여 기독교의 진리를 설득력 있고 이해 가능한 방식으로 변증할 수 있는 신학을 가능하게 할 것이다.

이러한 텍스트 외재성의 패러다임은 단일경전 내에서의 담론이기는 하지만 그 경전의 경계선의 안팎을 오가는 해석자의 자리에서 이루어진다. 이것은 교회 신앙공동체 안에서의 일반적인 대다수의 기독교인들의 패러다임이라기보다는 신학교를 중심으로 한 학문적 공공의 영역에서의 지도자와 신학자들의 패러다임이다. 텍스트 내재성만의 패러다임이 신정통주의적인 말씀의 신학에 머문다면, 텍스트 외재성의 패러다임을 교정적, 비판적 보완장치로 수용하는 텍스트 내재성의 패러다임은 진정한 의미의 '탈자유주의' '탈근대적' 인 '동의의 해석학', '증언(testimony)의 해석학', '회복의 해석학' 을 가능하게 하며, 나아가서 '변증적 해석학' 을 가능하게 한다고 할 수 있다. 텍스트 내재성만의 패러다임은 잘못하면 다시금 바르트적인 계시실증주의로 돌아가서 텍스트 밖의 타문화와 종교에 대하여 배타적이고 제국주의적인 정복모델의 문화초월적 변혁주의로 나아갈 위험성도 없지 않다. 이에 비하여 텍스트 외재성의 패러다임은 텍스트에 대한 역사적 접근으로 말미암아 제1세계에서는 트뢸치의 경우에서처럼 종교사학파적인 관심으로 발전할 수도 있고, 제3세계와 한국의 경우에는 두 번째 의미의 파종모델이나 발효모델의 문화포용적, 성취적 변혁주의를 위한 해석학적 원리가 될 수 있으며, 또한 경우에 따라서는 접목모델로까지 발전할 수 있는 가능성의 이론적 기초가 될 수도 있다.

3. 상호 텍스트성

상호 텍스트성의 패러다임은 양권석의 글 가운데 잘 나타나 있다. 그에 따르면, 상호 텍스트성의 필요성과 정당성은 두 가지 인식에 기초한다. 하나는 다경전적, 다종교문화적 현실인식이며, 다른 하나는 인식론적 폭력과 지배에 대한 정치적 인식이다. 한국에서 전자의 인식에서 상호 텍스트성(종교다원주의)을 주장하던 신학자는 변선환이고, 후자의 인식에서 상호 텍스트성(두 이야기의 합류)을 주장하던 신학자는 서남동이다. 전자가 종교문화적 토착화의 귀결로서의 종교다원주의적 상호 텍스트성이라면, 후자는 사회 정치적 토착화의 귀결로서의 민중신학의 상호 텍스트성이다. 박종천은 이 두 가지를 민중종교인 동학의 경전과 성서와 지평융합시킴으로써 통합하려고 했지만, 그의 입장은 위에서 살펴본 바와 같이 명시적으로 종교다원주의적이거나 후기구조주의적인 의미에 있어서의 상호 텍스트성까지는 나아가지 않고 있는 것으로 보인다. 반면, 양권석은 이 두 가지 토착화의 흐름을 민중신학의 관점에서 통합함에 있어서 명백하게 종교다원주의적이고 후기구조주의적인 상호 텍스트성을 주장하고 있다.

이러한 후기구조주의적인 상호 텍스트성의 패러다임은 철학이나 문학비평의 해석학에 있어서는 상이한 지평을 가지고 있는 두 텍스트 사이의 이상적인 지평융합을 위한 좋은 해석학적 틀거리가 될 수 있을 것이다. 그러나 유감스럽게(또는 다행히) 종교의 영역에 있어서는 그렇지 못하다. 세계관과 실존구조와 진리와 구원체계의 패러다임이 전혀 다르고 대조적인 두 종교 사이에서 이러한 상호 텍스트성의 원리를 무리하게 적용하려고 하는 것은, 적어도 기독교 신학에 있어서는, 종(種)이 다른 두 식물이나 동물을 교배하는 것처럼 불가능한 일이다. 종교인, 적어도 기독교 신앙인의 정체성은 텍스트 내재성의 패러다임 안에서 형성되는 것이며 텍스트 외재성을 통하여 교정되고 변혁되는 것이다. 우리는 서로 다른 종교들의 두 개 이상의 경전을 오가며 종교인, 적어도 기독교 신앙인이 될 수는 없다. 더욱이, 예를 들면 기독교와 불교와 같이 세계관과 구원의 패러다임이 전혀 대조적인 경우에는 더 그렇다.

상호 텍스트성은 기독교 신앙인이나 신학자로서의 해석자의 자리에서가 아니라 다른 자리를 필요로 하는데, 그것은 종교역사학자나 종교철학자나 종교현상학자로서의 자리일 것이다. 이들의 역할과 기능은 다른 학문의 분야와 마찬가지로 기독교 신학과 신앙을 위하여 긍정적이며 생산적인 것일 수 있다고 평가될 수 있으며, 실제로 기독교인의 신앙과 신학함의 지평을 넓혀주는 데 적지 않은 도움을 주어온 것이 사실이다. 그러나 그것은 기독교 신학의 본질적 과제는 아니며, 더욱이 다수의 민중들이 추구하고 실행할 수 있는 일도 아니다. 만일 그렇게 될 때에는 불가피하게 종교혼합주의로 빠질 수밖에 없을 것이다. 그러나 실제로 대다수의 민중은 자발적으로 텍스트 내재성의 패러다임 안에 있기를 원하며, 그들에게 있어서 텍스트 내재성은 인식론적 폭력이나 압제가 아니라 오히려 인식론적인 해방과 실존적인 구원으로 경험된다.

신학의 과제는 일차적으로 텍스트 내재성의 패러다임 안에서 하나님의 계시와 구원의 진리를 올바로 해석하고 증언하는 일에 있으며, 둘째로 텍스트 외재성의 패러다임 안에서 민중의 신앙을 비판, 교정, 변혁하고 나아가 텍스트의 바깥 세상의 사람들에게 하나님의 계시와 구원의 진리를 설득력 있게 변증하는 데 있다. 텍스트와 텍스트로서의 기독교 경전과 다른 종교의 경전, 또는 민중운동 자체의 상호적 만남과 지평융합을 추구하는 종교다원주의적이고 후기구조주의적인 상호 텍스트성의 패러다임은, 잘하면 이러한 신학의 두 번째 과제에 도움을 줄 수도 있지만(잘못하면 그렇지 못할 수도 있다), 그것은 신학자의 과제가 아니라 종교철학자나 종교현상학자의 과제이다.

VI. 맺는 말 : 상호 비판적, 창조적 상관관계

하나님의 말씀은 인간의 말을 통하여 들려진다. 인간의 말이 하나님의 말씀이 되는 것은 하나님의 말씀이 인간의 말이 됨으로써 일어난다. 그러나 인간의 말은 언제나 유한하고 오류가능하다. 하나님의 말씀은 이러한 인간의 유한성과 오류가능성을 폐하지 아니하고 오히려 그 안으로 성육신 하신다. 하나님은 인간의 말을 '통하여' 말씀하시기도 하지만 때로는 인간의 말에도 '불구하고' 말씀하시기도 한다. 성서와 기독교의 전통의 현실이 이 사실을 입증한다. 마찬가지로 복음은 언제나 문화 속에서 체화(體化)된다. 역사적, 구체적인 문화 속에서 체화되지 않은 초역사적, 추상적 복음이란 영원의 하늘의 영역에는 있을지 모르나 시간의 영역인 땅 위에는 없다. 복음은 문화 가운데 체화된 계시의 요소이다. 그러므로 복음과 문화는 구별되어야 하지만 분리될 수 없다. 텍스트와 컨텍스트도 마찬가지이다. 왜냐하면 성서 텍스트 안에는 복음과 문화(컨텍스트)가 함께 있으며 문화(컨텍스트) 가운데 체화된 복음이 있기 때문이다. 복음의 증언의 다원성과 모호성은 이 컨텍스트의 다원성과 모호성으로부터 연유한다.

이와 마찬가지로, 하나님의 계시는 언제나 다양한 상황 안에 있는 인간에 의해 다양한 형태로 경험되어진 계시이다. 기독교인이나 비기독교인이나 예외없이, 경험에는 개인적, 사회적, 그리고 종교 문화적, 사회 정치적인 삶의 세계 안에 있는 인간 실존과 이해의 역사성으로 인하여 필연적으로 이해의 선구조가 작용하며, 그러한 이해의 선구조 또는 전이해 안에는 이미 해석의 과정이 함축되어 있다. 해석학은 인간의 경험 안에 함축되어 있는 이 해석의 현상을 명시적으로 이론화시키고 체계화시킴으로써 올바른 경험과 이해와 해석의 과정이 일어나도록 도움을 주고자 하는 목적을 갖는다. 이것은 또한 해석학적 본성을 가진 신학 일반의 과제이며, 아울러 종교 문화적, 사회 정치적인 삶의 맥락과 그로 인한 이해의 선구조가 서구 세계의 기독교 전통의 그것과 판이하게 다른 아시아와 한국의 토착화 신학의 해석학의 목적이기도 하다. 매우 진보적인 제3세계 토착화 신학자들은 이 이해의 선구조 또는 전이해를 성서적 텍스트와 동등한 또 하나의 텍스트로 상정하고 다경전적인 상호 텍스트성의 해석학을 추구하는데, 이것은 이미 지적한 바와 같이 기독교 신앙인과 신학자로서의 실존적 정체성을 유지하기는 어려운 해석학의 패러다임이다. 적어도 기독교 신앙과 신학 안에서는 이쪽이든 저쪽이든 한쪽에의 전적인 실존적 위탁과 헌신이 있을 뿐이지, 이쪽과 저쪽 사이의 가치중립적인 '간(間)텍스트성' (inbetween-textuality)의 자리나 이쪽과 저쪽을 오가는 '상호성' (inter)의 영역은 현실적으로 존재하기 어렵다.

그러므로 한국 토착화 신학의 해석학에 있어서의 중심 주제는, 기독교 신앙인과 신학자로서의 실존적 정체성을 잃지 않으면서[56] 성서와 기독교 전통과 한국의 종교 문화적, 사회 정치적 전통과 현실과 그 안에서의 이해의 지평을 어떻게 상호 비판적인 대화와 상관관계 속에서 연관시켜서 창조적인 지평융합을 이루어낼 수 있을까 하는 것이다. 이를 위하여 우리는 이 둘 사이의 관계맺음의 방식에 있어서의 네 가지의 가능한 패턴을 구별할 필요가 있다. 이 네 가지 패턴은 성서와 기독교 전통에 있는 복음(a)과 문화적, 비복음적 요소(b), 그리고 한국의 전통과 현실 안에 있는 인간 구원적, 해방적 요소(c)와 우상적, 인간 억압적 요소(d) 사이의 만남의 방식에 의해 구성된다.

첫 번째는 (a)와 (d)가 만나는 경우이다. 이 경우는 사실상 우리가 일반적으로 받아들이고 있는 상관관계의 유형이다. 여기서는 기독교 복음적 전통과 한국의 종교 문화적, 사회 정치적 전통과 현실 사이에 대조(contrast)가 강조되며, 이 때의 선교신학 또는 토착화 신학은 두 번째 유형의 파종모델, 즉 발효모델에 나타나는 문화포용적 성취적 변혁주의가 적절하다. 기독교인으로서 이러한 신학의 입장은 무엇보다도 텍스트 내재성의 패러다임에 호소하며, 신정통주의적인 하나님의 말씀과 계시의 원리가 강력한 선교와 변혁과 구원의 힘을 발휘한다. 그러나 이 때에도 이러한 변혁주의 모델이 문화초월적 또는 계시실증주의적인 정복주의 모델로 빠지지 않도록 하기 위하여 텍스트 외재성의 패러다임을 통한 교정적, 비판적 보완기능이 요청된다.

두 번째는 (a)와 (c)가 만나는 경우이다. 이 경우에는 기독교의 복음적 전통과 한국의 종교 문화적, 사회 정치적 전통과 현실 사이에 유사

---

56. 물론 이 정체성은 자기 완결적이고, 절대 고정적이고, 역사의 어느 시점이나 입장에 고착되어 있는 것이 아니라, '이미'와 '아직 아니'의 변증법적인 관계성 안에 있으며, 미래의 종말론적 완성을 향하여 개방되어 있는 것이다. 따라서 이 정체성은 상호 비판적이고 변혁적인 대화의 관계를 통한 변화의 가능성에 열려있는 정체성이다.

성(similarity)이 추구되어질 수 있다. 이 만남의 패턴은 제1세계의 기독교교회에서는 전통적인 변증신학이나 문화신학의 자리가 되지만, 제3세계의 교회에서는 그것과 아울러 토착화 신학의 자리이기도 하다. 이 패턴은 토착화 신학자들이 주로 가정하는 지평융합의 패턴이기도 하다. 접목모델의 토착화 신학과 상생의 신학 유형의 지평융합은 이러한 경우에서 추구되어질 수 있는 것들이다. 여기서는 기독교의 텍스트 내재성 안에서의 자기 정체성에 기초하여 유비적 상상력에 의하여 한국의 종교 문화적, 사회 정치적 전통과 현실 속의 인간 구원적, 해방적 요소라는, 말하자면 '상황적 유사 텍스트'(contextual quasi-text)라고 불릴 수 있는 '계시적(복음적) 경험의 원리'와의 지평융합이 추구되어질 수 있다. 이러한 지평융합이 상호 비판적이고 변혁적인 것이 되기 위하여 텍스트 외재성의 비판적, 교정적 보완이 요청되며, 아울러 종교철학자들이나 종교현상학자들의 상호 텍스트적인 패러다임도 적절히 사용될 때 잘못된 선입견으로 인한 상호 오해를 막고 상호 이해적인 대화를 증진시키는 데 도움이 될 수도 있다. 또한 이를 통하여, '상이성 안에서의 유사성'을 발견하는 유비적 상상력과 아울러, '유사성 안에서의 상이성'을 식별하는 변증법적인 비판이 수행되어야 한다.

세 번째는 (b)와 (c)가 만나는 경우이다. 둘 사이의 대조(contrast)가 주목된다. 이 경우는 먼저 (a)와 (b)의 만남을 전제로 한다. 왜냐하면 성서와 기독교 전통 안에 있는 문화적, 비복음적 요소는 무엇보다 먼저 그 안에 있는 복음의 빛에 의해서 비판되고 변혁되어야 하기 때문이다. 이를 위해서는 텍스트 내재성과 텍스트 외재성의 패러다임이 선행적으로 함께 요구된다. 그리고 이와 함께 (c) 안에 들어 있는 '계시적 경험의 원리'에 의한 (b)의 비판과 변혁의 해석학이 요청되어진다. 오늘날 이러한 만남의 국면에 집중하여 성서와 기독교 전통에 대한 의혹의 해석학을 수행하고 있는 대표적인 신학이 여성신학이다. 여성신학은 성서와 기독교 전통 속에 은폐되거나 명시적으로 전승되어 온 가부장적, 여성억압적 본문과 전통들을 여성의 계시적 경험의 원리 안에서 비판하고 변혁시키고자 한다. 이 외에 오늘날 서구 중심적, 지배적 주체성을 비판하고 자신들의 인식론적 주체성을 회복하기 위한 아시아 신학을 비롯한 제3세계의 해석학이 이 경우에 가능한 유형이다.

네 번째는 (b)와 (d)가 만나는 경우이다. 둘 사이에 유사성(similarity)이 있다. 이 경우는 상호 비판적인 상관관계 안에서의 두 지평의 만남 가운데 가장 해석학적인 의미가 없는 만남이다. 그러나 또한 의혹과 비판의 해석학이 가장 요청되는 경우이기도 한다. 이러한 패턴의 지평융합이 일어나지 않도록 하거나, 또한 이러한 지평융합이 일어났을 때에 그것을 비판하고 변혁시키기 위해서는 텍스트 내재성, 텍스트 외재성, 계시적 경험의 원리(또는 상호 텍스트성) 모두가 필요하다.

성서와 기독교의 전통과 한국의 종교 문화적, 사회 정치적 전통과 현실 사이의 지평융합이 이상과 같은 네 가지의 관계의 패턴들 안에서의 상호 비판적이고 창조적인 상관관계를 통하여 올바르게 추구되어질 때, 비로소 해석학으로서의 한국 토착화 신학은 기독교 복음에 대한 실존적 헌신과 정체성을 약화시키거나 선교적 열정을 감소시키지 않고, '상대적 적절성' 과 '인식적, 해석적 실천력' 있는 한국적인 기독교 신학에 대한 전망을 수립할 수 있을 것이다.

15 간(間)문화적 세계관을 향한 조망

I. 들어가는 말

하버드대의 새뮤얼 헌팅톤은 저서 「문명의 충돌」에서 20세기는 이념 대립의 시대였으나 21세기는 문명과 문명이 충돌하는 시대, 특히 기독교 문명과 이슬람 문명이 대결하는 시대가 될 것이라고 전망하였다. 헌팅톤에 따르면, 냉전이 종식된 이후 이제 충돌의 계기는 국가냐 이데올로기가 아닌 문명이다. 그는 세계의 문명을 7, 8개 권역으로 나누고 탈냉전 시대의 국제 분쟁이 문명 대립에 따른 것임을 강조한다. 그 중에서도 가장 중요한 것은 종교적 갈등이다.[1] 그러나 이와는 달리 하랄트 뮐러 독일 헤센 평화 및 갈등 연구소(HSFK)소장은 문명의 충돌은 없으며 문명의 공존만이 있다고 주장한다. 그는 헌팅톤의 문명론이 문화 생성의 역동성을 간과하고 있으며, 하나의 문명이 다른 문명과 교류하면서

1. 대표적인 사례가 보스니아 내전이다. 서구국가들이 가톨릭 국가인 크로아티아와 동맹을 맺었고, 정교 국가인 그리스는 세르비아를 도왔으며, 이슬람 국가들은 보스니아의 이슬람교도를 지지했다는 것이다. Samuel P. Huntington, 이희재 옮김, 「문명의 충돌」 (서울 : 김영사, 1977).

변화할 수 있는 가능성이나, 한 문명권 안에서도 주류문화와 그에 반기를 들고 변화를 추구하는 비주류문화가 공존한다는 사실을 외면하고 있다고 비판한다. 또한 미국 성공회신학대학 스티븐 찰스턴 총장은 최근 CNN방송의 밀레니엄 특집 대담에서 "다음 세기에는 다양성과 개방성을 축으로 하는 종교개혁의 바람이 불가피할 것"이라고 예상했다.[2)]

새로운 천년기의 미래의 세계가 문명과 문명의 충돌과 갈등의 세계가 되지 않고 조화와 공존의 세계가 되기 위해서는, 다양성과 개방성을 축으로 하는 종교개혁과 더불어 간문화적인 대화와 상호 이해가 이루어져야 한다. 이 글은 우리 기독교인들이 믿는 하나님과, 하나님과 세계와의 관계성에 대한 우리의 신앙과 사고를 오늘날 지구촌 시대의 보편적 세계의 지평에서 더욱 새롭게 확장, 심화시키기 위하여, 간문화적인 대화에 의한 지평융합을 시도하고자 하는 목적을 가지고 씌어졌다. 그리고 이러한 간문화적 의사소통과 지평융합을 위하여 화이트헤드의 과정사상과 한국의 '한' 사상이 통전적인 세계관을 위한 탁월한 간문화적 매개의 개념과 통찰력을 제공하고 있다는 사실을 제시하고, 이를 통하여 우리의 보편적인 하나님-관계성(God-relationality)의 의미를 새롭게 소통할 수 있는 길을 조망하고자 한다.

적어도 서구의 사상 속에서 주체-객체의 구조는 실재의 조망을 위한 기본적인 인식론적 틀이다. 현대의 서구 문화에서는 자아의 주관적인 측면이 실재의 경험을 위하여 더욱 결정적인 것으로 중요시되었다. 그러나 주체와 객체, 주체와 주체 사이에 서양과 같이 분명한 자아의 경계를 설정하지 않는 전통적인 아시아의 공동체적 문화에서는 이러한 자아 중심적인 태도 자체가 문제시된다. 특별히 불교에서는 그러한 견

2. 「동아일보」, 1999. 11. 18, A9면.

고한 자아 경계선이 바로 세계, 실재, 또는 하나님과 우리의 관계에 대한 올바른 인식과 직관을 한정하고 방해하는 요인으로 여겨진다.

동양과 서양은 서로 다른 삶의 세계와 실존의 구조 속에서 상이한 존재론적 전망과 인식론적 패러다임을 발전시켜 왔다. 이것은 인간의 실존과 이해의 역사적 유한성과 상대성에 기인하며 또한 그것을 잘 보여준다. 만일에 우리가 종교인으로서 우리의 역사적 한계성을 인정함과 동시에 우리의 종교적 신앙을 인간의 공통적 삶의 경험의 전체성을 위하여 명료화하기를 바란다면, 우리는 지속적인 변증법적인 대화의 과정에 참여하여야 한다. 이러한 바람은 한 사회가 자신의 문화와 종교를 향하여 갖는 '우상'에 의해 또는 생소한 문화와 종교를 갖는 다른 사회에 대한 두려움과 적개심에 의해 종종 좌절된다. 예를 들면, 민족적 유신론을 믿는 일본의 신도(神道)는 침략적이고 제국주의적인 국가주의를 정당화해 왔으며, 유럽과 북미의 유대-기독교적 문화종교 역시 이와 유사한 방식으로 기능해 왔다고 할 수 있다.

이러한 민족적, 국가적 우상을 치료하기 위한 자원은 시내산 전통에서 뿐만 아니라 '불교와 유교의 탁월하게 심미적이고 공동체적인 삶' 안에서 발견되는 "모든 존재들을 향한 공감적인 동료 감정(compassionate fellow-feeling)"에서도 발견되어진다.[3] 소위 지구화 시대라고 불리는 오늘에 있어서 분리되고 충돌하는 우리의 세계를 화해시키고 조화시키기 위한 변증법적인 종합의 필요성에 대한 공감대가 점증하고 있다. 동양의학과 서양의학의 상호 보완적인 통합의 필요성에 대한 인식이 그 좋은 예이다. 종교인들은 일반적으로 자신들의 정체성을 형성하고 양육한 자신의 문화적, 종교적 전통에 지나치게 집착하는 경향이

---

3. F. S. C. Northrop, *The Meeting of East and West*(New York : Macmillan Co., 1946), p. 421.

있다. 우리 종교인들은 자신을 형성한 전통 안에 설 뿐만 아니라 그 전통 밖에 동시에 섬으로써, 오늘날의 간문화적, 간종교적인 상황 속에서 자신의 종교적 신앙과 세계관을 서로 의미 있게 의사소통할 수는 없을까? 이것이 이 글에서 탐구하려고 하는 중심 주제이다.

Ⅱ. 가다머의 해석학

가다머의 해석학적 통찰력은 이러한 주제를 다룸에 있어서 중요한 도움을 제공해 준다. 그에 따르면, 만일 해방적인 숙고(emancipatory reflection)가 궁극적이고 자유롭고 합리적인 자기 소유를 성취하기 위하여 지속적인 해방의 과정으로부터 자신을 분리시키는 완결적인 숙고(completed reflection)의 관념을 생각한다면, 그것은 공허하고 비변증법적이 될 것이라고 한다. 여기서 지속적인 해방의 과정이라는 것은 전통적인 끈으로부터 풀려나서 새롭게 형성되는 정당성에 자신을 결속시키는 과정을 말한다.[4] 그가 말한 대로 우리의 유한하고 역사적으로 조건되어진 정신에 있어서 완결적 숙고라는 것은 불가능하다면, 우리는 우리의 전통의 안과 그 너머에서의 변증법적인 대화의 과정 안에 참여하지 않을 수 없다. 이것은 우리로 하여금 우리 자신의 전통을 절대화하려는 시도를 포기할 수 있게 해주는, 우리 자신의 전통에 대한 창조적이고 비판적인 참여를 요구한다. "전통은 과거로부터 전해 내려온 것에 대한 변호가 아니라 도덕적 영적 삶의 지속적 창조이다."[5] 오늘날의 지구촌의 시대에 이러한 지속적인 창조는 다양한 전통들 사이의 대

---

4. Hans-Georg Gadamer, "후기(Afterword)," *Truth and Method*, 2d rev. ed. (New York : Crossroad, 1989), p. 579.
5. Ibid., p. 571.

화의 변증법적인 과정을 통하여 이루어진다.

서구 전통의 형성적(formative) 힘을 일관되게 강조하였던 가다머가 이러한 사고를 표명하였다는 것은 주목할 만하다. 그는 이해란 무엇보다도 전통의 사건 안에의 참여라고 강조하였다.[6] 해석이란 전통의 운동과 해석자의 운동 사이의 상호 작용이다. 그러나 해석자는 이미 자신이 해석하는 전통에 의해 조건지워진다. 아무도 자신의 형성적인 전통과 상호 작용을 함에 있어서 완결적인 자기 지식을 주장할 수 없다. 왜냐하면 아무도 완전하게 자기 의식적인 초월적 자아가 아니기 때문이다.

> 역사적이 된다는 것은 자신에 대한 지식이 결코 완결적이지 않다는 것을 의미한다. 모든 자기 지식은 역사적으로 미리 주어진 것으로부터 생겨난다. …… 왜냐하면 그것은 모든 주관적인 의도와 행동의 밑에 놓여 있으며, 따라서 전통을 이해하기 위한 모든 가능성을 선 규정하고 한정하기 때문이다.[7]

잘 알려진 가다머의 '지평융합' 으로서의 이해에 대한 정의는 전통의 형성적 힘과 해석자의 유한한 자유로운 창조성 둘 다에 대한 인식으로부터 나왔다. '지평' 이란 사고가 그 속에 묶여 있는 유한한 결정성의 방식을 나타내며, 동시에 전망의 시계(視界)가 점차적으로 확장되어지는 방식을 성격짓는다. 해석학의 역사적 과제는 그것(과거의 지평)으로부터 전통 안의 텍스트가 말하는 과거의 지평을 탐구하되, 완결적인 자기 지식의 닫혀 있는(닫혀 있다고 여겨지는) 동시대적인 지평을 향하여 텍스트가 무엇인가 참된 것을 말한다는 주장을 부인하지 않고 탐구하는 것이다. 우리는 궁극적으로 전통을 객관화시킬 수 없기 때문에 그것

---

6. Ibid., p. 290.
7. Ibid., p. 302.

을 객관화하려고 해서는 안 된다. 닫혀져 있는 지평 안에서, 로빈슨 크루소와 같은 역사적 계몽주의의 꿈은 불가능하다.

과거의 지평은 언제나 움직이며 역사적 의식 안에서 자신을 인식하게 된다. "우리의 역사적 의식이 향하는 우리 자신의 과거와 다른 사람의 과거는 이 움직이는 지평 – 언제나 그 지평으로부터 인간의 삶이 존재하며 유산과 전통으로서 인간의 삶을 규정하는 지평 – 을 형성하는 것을 돕는다."[8] 우리의 현재의 지평은 우리가 우리의 '편견'을 검증함에 따라 지속적으로 형성되는 과정 안에 있다. 가다머는 편견에 대한 계몽주의의 태도 자체가 편견이라고 본다.[9] 우리는 우리의 어느 현재에 있어서 과거로부터 부여받은 선 판단들인 태도, 가치 그리고 위임 없이 단순히 우리의 현재적 지평을 형성할 수 없다. 그러나 또한 현대의 역사적 의식은 우리가 우리의 편견을 검증함으로써 우리 자신을 우리의 과거로부터 구별하게 해주며, 우리로 하여금 부분적으로 우리의 과거를 초월하도록 허용한다. 따라서 어느 현재의 역사적으로 영향을 받은 의식(영향사 의식) 안에서 우리가 도달하는 이해는 '과거와 현재의 지평융합'이라고 표현되어질 수 있다.[10]

하이데거는 오늘날의 서구인들에게 존재의 시간과의 현상학적 관계성을 자세하게 설명함으로써 그들의 유한성과 역사성을 인식하게 해주었으며, 따라서 주체에로의 전환의 문제점을 인식하도록 해주었다.[11]

---

8. Ibid., p. 304.
9. 그에 따르면 계몽주의의 가장 근본적인 편견은 편견 자체에 대한 편견으로서, 이 편견은 전통의 힘을 부인하는 편견이다. Ibid., p. 270.
10. Ibid., pp. 306 – 307.
11. Martin Heidegger, ***Being and Time***(New York and Evanston : Harper & Row, Publishers, 1962).

하이데거의 현상학에 의해 조명되어 그들은 더 이상 자신들을 데카르트적인 '인식 자아'(cogito)나 칸트적인 '선험적 자아'(transcendental ego)의 관점에서가 아니라, '현존재'(dasein, 거기에 있음, 실존)의 사실성 안에서 이해하게 되었다. 우리는 존재와 존재들 사이를 구별짓는 '거기'(da)가 있기 때문에 이해의 가능성을 갖는다. 가다머에 따르면, 하이데거는 후설의 현상학의 '실증주의'에서 '미해결된 형이상학의 문제', 즉 사변적인 관념론에 의해 인식되어진 정신 또는 영의 개념을 보았다. '사실성의 해석학'(hermeneutics of facticity)을 정초함에 있어서 그는 고전적인 관념론에 의해 발전된 정신의 개념과 현상학적 환원에 의해 순수하게 되어진 선험적 의식의 명제를 넘어섰다.[12)]

역사적으로 조건지워진 자신의 유한성을 이해하고 받아들이는 종교인에게 있어서 미해결된 형이상학의 문제는, 어떻게 우리와 하나님의 관련성에 관한 형이상학적 의미를 이해할 것인가 하는 문제이다. 우리의 상대적이고 역사적인 경험 속에서 보편적인 하나님의 관계성의 의미를 이해하고 의사소통할 수 있는 길이 있는가? 18세기 이래로 서구에서의 주체로의 전환은 간문화적인, 특히 아시아 문화와의 의미의 소통을 더욱 어렵게 만들었다. 이미 언급된 바와 같이, 가다머는 우리의 유한하고 역사적으로 조건지워진 정신에게는 완결적 숙고가 불가능하다고 지적하였다. 만일 유한한 주체로서의 우리에게 완결적 숙고가 가능하지 않다면, 우리는 어떻게 우리의 주체성을 재인식하여 우리와 보편적 하나님과의 관계성의 형이상학적 의미를 명료화하는 변증법적, 대화적 과정 안으로 들어갈 수 있을까? 우리는 하나님을 우리의 숙고의 합리적 근거로 남아 계시면서 동시에 우리의 숙고의 능력을 제한하

---

12. Gadamer, op. cit., p. 258.

고 초월하는 실재로서 인식할 수 있을까? 만일 그럴 수 있다면 우리는 우리의 합리성을 지지할 수 있는 종교적 희망을 유지할 수 있다. 그리고 보편적인 관계성을 전망하는 간문화적 실재의 조망에 있어서는 인간과 문화의 개별성은 극복되어져야 할 뿐만 아니라 또한 포함되어져야 한다.

Ⅲ. 아시아의 종교와 문화의 지평 : 미분화된 심미적 연속체 경험

노스롭(F. S. C. Northrop)은 아시아 문화의 간문화적이고 간종교적인 성격을 이해하고 해석하기 위한 인상 깊은 시도를 한 서구의 학자이다. 그에 따르면, 서구에서 문법적인 구문(構文)에 의해 조직되어지고 문자적으로 지시된 함축적인 관계는 직접적인 경험에 최소한도로 의존하면서 이론적인 의미를 전달한다. 반대로, "동양의 천재성은 오직 경험되어짐에 의해서만 알려질 수 있는 사물의 본성의 부분에 지속적으로 관심을 집중시키는 인식 유형의 발견에 있다."[13] 그에 따르면, 중국과 일본 언어의 표의(表意)문자는 대체로 직접적으로 경험되어지는 것을 표시하며, 그 구문은 표의적 상징들을 그것들이 직접적인 경험 안에서 연상되어지는 방식으로 구조화한다. 이러한 까닭에 동양에서는 단지 어떤 사람에 의해 말해진 언술이나 출판된 작품을 듣거나 연구함을 통해서는 그가 말하고 있거나 기록하는 바를 결코 이해할 수 없으며, 우리는 이와 더불어 직접적으로 이해하고 경험하여야 하며, 그리고 그것들이 말하는 바를 묵상하기 위하여 시간을 가져야 한다는 사실을 지속적으로 말한다는 것이다.[14]

---

13. Northrop, op. cit., p. 315.

유교에서 인격적으로 경험되는 심미적 관계성은 세 가지 덕목으로 이루어지는데, 지(智, 지혜), 인(仁, 자비, 인정), 그리고 용(勇, 용기)이 그것이다. 인, 자비, 인정은 다른 덕들에 앞서 요청되는 중심적인 덕이다. 인은 우선적으로 가족의 관계 안에서 실현되어지는 것이지만 근본적으로는 인간 본성 자체 안에 있는 요소이다.

도교에서는 인이 보편적, 존재론적으로 인식된다. 인으로 표현되는 관계적 존재의 실재는 인간에게서 뿐만 아니라 우주 전체 안에서 발견된다. 인간에게서 발견되는 인은 또한 도(道)이다. 도는 인간과 자연 모두를 포함하는 전체를 포괄하는 존재의 모습이다.[15] 그러나 도는 서구의 경험주의자들의 경우처럼 어느 특정한 감각 경험에 집중함으로써 인식론적으로 파악되는 것이 아니다. 도는 서구의 지배적인 경험과 사고의 형태와는 대조적으로, 노스롭이 표현한 바와 같이 '미분화된 심미적 연속체'(undifferentiated aesthetic continuum)의 형태로 직접적으로 인식되어야 한다. 우리는 직접적으로 인식된 심미적 연속체를 서구의 과학과 철학에 의해 가정된 외적인 공간과 혼동해서는 안 된다. 심미적으로 주어진 자아와 심미적으로 주어진 자연 대상 사이에는 상이성과 더불어 동일성 또는 하나 됨이 있다. 그것들은 단지 서로 다른 것일 뿐 아니라, 하나의 전체 포괄적인, 직접적으로 인식된 심미적 연속체의 분화(分化)이기도 하다.[16]

---

14. Ibid., p. 320.
15. 도교와 도의 개념에 대한 좋은 소개서로는 John Clark Archer, revised by Carl E. Puriton, ***Faiths Men Live By***, 2d ed.(New York : Ronald Press, 1958), pp. 86-97, 125-129 ; Herrlee G. Greel, What is Taoism? : and Other Studies in Chinese Cultural History(Chicago : The University of Chicago Press, 1970)이 있다.
16. Northrop, op. cit., p. 331.

아시아의 경험에 있어서 전체 포괄적인 연속체 또는 복합체는 직접적인 경험 안에 있는 분화일 뿐 아니라 그 경험의 본성의 내용이기도 하다. 모든 관계성 안에서의 자비 또는 인의 기초가 되고, 또 모든 인간관계 안에서의 인정의 기초가 되는 것은 이러한 경험 안에 주어진 하나됨의 경험이다. 이것은 단어와 언어의 이론적인 구성을 통하여서가 아니라 오직 그 직접성에 대한 명상을 통하여서만 올바로 인식된다. 따라서 주어-술어의 구문 형태를 통해서는 주체와 객체 사이의 관계가 적절히 표현되어질 수 없다. 그것은 전체를 포괄하는 연속성 안에서 경험되어야 한다. 여기에 왜 심미적 경험이 유교와 도교의 종교적, 도덕적 삶의 기초여야 하는가 하는 이유가 있다.

하지만 인간은 일반적으로 심미적 연속체를 미분화적인 것으로 경험하지 못하고, 적어도 부분적으로 분화된 것으로 경험한다. 그런데 인간과 자연에 대한 우리의 경험의 형태 속에서의 분화는 언제나 시간적인 것이다. 그것은 일시적인 것이며 사멸하는 것이다. 오직 연속체만이 상존한다. 우리가 시간적인 관계성 안에서 심미적, 감정적으로 사랑스러운 것, 예를 들면 사랑하는 사람의 상실을 경험하게 될 때, 비분화적인 심미적 연속체의 인식을 계발하는 일 그 자체가 매우 중요하게 된다. 불교에서는 이러한 비결정적인 직접성을 열반(涅槃)으로 파악한다. 이것은 서구인들이 이해하는 것처럼 단순한 무(無)가 아니라 인간이 가질 수 있는 감정적, 심미적으로 가장 풍요한 경험을 의미한다. 그것은 생멸(生滅)하는 사건과 관계의 일시성 안에서 경험되는 시간이 단지 무라는 것이 아니다. 불교의 존재론과 인식론은 평온하고 잔잔한 호수 위의 물결의 비유에 의해 잘 표현된다. 사랑하는 사람이나 심미적으로 아름다운 전경의 분화 안에서 경험되는 것과 같은, 물결과 같이 생멸하는 현상 세계의 사건과 관계성은 단지 무가치한 것은 아니다. 단지 그것들은 일시적일 뿐이다. 이 일시성의 비극은 이러한 불가피하게 일시적이고 시간적인 현상들을 붙잡거나 지배하려는 우리의 소유욕에 있다. 불교에 따르면, 모든 인간의 고통의 근원은 욕(慾)에 있으며, 이 욕의 인식론적 존재론적 근원은 영속적이고 고정적 실체로서의 자아 관념과 그 자아 중심적인 관점에서의 대상에 대한 집착 또는 배척에 있다.[17)]

아시아의 현자들은 객관적인 감각 지각 안에 떠오르는 분화를 제거하고 욕을 감소시키는 노력을 통하여 고통과 비극으로부터 벗어나는 지복을 경험할 수 있다고 가르친다. 이러한 유형의 경험은 외적인 대상과의 관계에서 욕의 근원인 자아 중심적인 관심의 초점을 감소, 제거함으로써 우리로 하여금 무제한적이고 미분화된 연속체의 직접성을 경험할 수 있게 해준다. 이것이 무아의 실현을 통한 열반이다.

Ⅳ. 아시아와 서구의 지평의 융합

이와 같은 아시아의 전통과 유사한 종교적 경험의 형태가 서구 전통에서 전혀 없지는 않다. 샤르뎅(Pierre Teilhard de Chardin)이 이와 유사한 인식론적 경험과 존재론적 숙고를 하였던 대표적인 사람이다. 그는 만일 우리가 우리 자신을 이해하는 피상적인 방식의 밑을 들여다보

---

17. 불교의 존재론과 인식론에 대하여서는 이기영, 「원효 사상 : 1 세계관」(서울 : 홍법원, 1967), 특히 불각(不覺)과 생멸(生滅)의 인식론에 대하여는 pp. 175 이하를 참조. 원효에 따르면 무명(無明)은 망념(亡念)을 일으키는 잠재적인 충동력으로서 작용한다(無明業相). 진여(眞如)한 마음에 이 충동력이 나타나면 맨 먼저 주관이 형성된다(能見相). 주관이란 외계의 사물을 비로소 존재하는 것으로서 인식하게 하는 인간 의식의 가장 심층에 있는 '내가' 또는 '나는' 하는 생각이다. 주관은 객관을 낳는다. 보여진 대상이 나타난다(境界相). 보여진 대상이란 아무리 우리가 대상 그 자체로서 우리의 주관과는 무관한 그 독자적인 것으로 보려고 해도 주관을 떠나서는 있을 수 없는 것이다. p. 177.

면, 의식 안에 좀처럼 출현하지 않고 제대로 의식되지 않는 익명의 존재(Unknown One)를 감지하기 시작할 것이라고 주장한다. 우리 자신의 그늘진 밑바닥을 들여다보면, 이 익명의 존재의 형체가 세계의 얼굴과 융해되는 것처럼 보인다. 샤르뎅은 자신의 개별적 자아와 우주와의 "접촉의 격렬함과 사로잡는 힘"에 충격을 받았다. 그는 "종교적인 두려움"에 사로잡혀서 "우리 안에 나타나는 것이 위대한 우주라는 사실"을 깨달았다.[18]

하지만 샤르뎅의 경험의 서구적인 특징은 활동에 대한 그의 관심과 강조에 있다. 이것은 활동적으로 표현을 향하여 움직여 가는 보편적인 실재에 대한 감지이다. 이것은 노스롭이 말하는 '미분화적인 심미적 연속체' 같은 것이 아니다. 왜냐하면 이것은 분화를 향하여 움직여 가는 우주, 다시 말하면 더욱 큰 복합성을 향하여 나아가는 과정 가운데 있는 우주에 대한 인식이기 때문이다. 이런 방식으로 실재를 경험하는 깊은 의식의 차원에는 우리가 우주와 인간성 안에 참여한다는 느낌이 있다. 그리고 우리 인격을 사로잡으며 인격을 통하여 활동하는 내면의 창조성이 있다.

이러한 샤르뎅의 종교적 경험에는 창조된 질서 또는 우주의 질서화에 대한 전통적인 서구의 선입견과, 우주 안에서의 진화적인 과정에 대한 최근의 과학적 선입견이 분명히 드러난다. 이러한 우주에 대한 감각과 경험과 아시아의 문화와 종교의 그것 사이에는 유사성과 상이성이 함께 있다. 샤르뎅도 아시아인들처럼 우주에의 참여의 무기력함과 흥분, 고뇌와 황홀을 모두 경험하였다. 그러나 그들과 달리 그는 자신이

---

18. Thomas M. King, *Teilhard's Mysticism of Knowing*(New York : Seabury Press, 1981), pp. 92-93.

인격적으로 더욱 연약하고 상처받기 쉽다고 느낄수록 우주는 더욱 활동적이 되는 것을 확인할 수 있었다.

> 우리가 우리 자신의 무력함을 더욱 의식할수록 하나님은 더욱더 우리를 통하여 활동하신다. …… 이제 나의 인격의 베일이 얇아지기 시작할 때(왜냐하면 내가 그처럼 연약하다고 느껴지므로), 나는 하나님께서 나를 사로잡으리라는 확신을 갖고 있다.[19)]

하지만 노스롭은 활동성에 대한 평가에 있어서 동양과 서양 사이에 어떤 본질적인 차이가 있다고 생각하지 않는다. 그는 아시아인들이 경험하는 바와 같은 '미분화적인 심미적 연속체'는 인간의 자유를 위한 진정한 기초를 제공한다고 주장한다. 동양의 사고에 있어서 자유는 사물과 인간의 미결정적인 본성의 부분에 근거하고 있으며, 따라서 아직 실현되지 않은 결정성을 위한 잠재성에 근거하고 있다. 일찍이 동양의 현자가 본 바와 같이, 그리고 자유를 결정화된 실체로부터 이끌어 내려는 시도가 실패한 후에 서구인들이 입증한 바와 같이, 만일 모든 실제가 결정화되어 있다면 우리는 인간의 자유의 의미를 발견할 수 없다. 아시아의 현자의 주장에 따르면, 만일 우리가 오직 분화되고 특수하게 감지되고 결정화된 우리 자신과 사물의 부분만을 표현한다면, 우리는 무자비한 운명의 수레 안에 갇히게 될 것이다.

> 이것은 또한 그가 다음과 같은 사실을 확증할 때 마음에 품고 있는 것이다. 즉, 오직 자신의 본성의 비결정적이고 전체 포괄적인 영역으로서의 요소를 인식함에 의해서만, 그리고 그것이 허용하는 창조성을 표현함에 의해서만 인간이 자유를 획득한다는 것이며, 동시에 다른

---

19. Pierre Teilhard de Chardin, ***Letters to Leontine Zanta***, tr. Bernard Wall (New York : Harper & Row, 1969), pp. 104－105.

> 한편으로는 자아와 다른 사물들의 일시적이고 분화적인 부분의 오고 감(생멸)에 관련하여서도 마음의 평정을 얻을 수 있다는 것이다.[20]

여기서 불교인이나 도교인은 '하나님'의 창조적인 활동에 관하여 언급하고 있지 않다. 그러나 그들은 모두 자신들의 창조적인 자유의 역동성이 비결정적인 우주 안에의 참여에 의존한다는 사실을 인식한다.

우주 안에의 직접적인 참여를 경험하고 표현하는 이와 같은 서구와 아시아의 유형들을 비교하고 대조해 보면, 유사성과 상이성이 함께 드러난다. 전체 포괄적인 연속체, 우주에의 참여의 직관적 직접성과 이에 따르는 분화적이고 경험적이고 합리적인 자아의 경계의 축소 또는 상실을 표현한다는 점에서 그들은 유사하다. 주체성이 전적으로 상실되는 것이 아니라 모종의 방식으로 명백하게 고양되는 반면, 주체와 분화된 객체 사이의 분리는 극복된다. 자연 또는 우주와의 하나 됨이 경험된다. 이것을 서구의 종교인들은 하나님과의 화해(atonement, at-one-ment)라고 표현한다.

유사성 안의 상이성도 동일하게 중요하다. 서구인들은 이러한 경험을 기술하고 이론적으로 해석하는 것을 좋아한다. 만일 그렇지 못하다면 그것은 무력해지는 것을 뜻하기 때문이다. 서구의 전통은 사람들이 우주에의 자신들의 참여를 직관할 때조차도 분화적인 경험에 대한 논증적이고 체계적인 명료화를 가치 있게 여기도록 학습시킨다. 더욱 근본적인 차이점은 활동성에 대한 서구인들의 가치 평가와 활동에의 욕망에 있다. 노스롭은 도교의 무위(無爲), 즉 행동 없는 활동을 비결정적이고 전체 포괄적인 우주 안에 근거하는 존재로 해석하였다. 이것만이 창조적이고 자유로운 활동을 가능하게 한다. 그러나 그는 많은 아시아

20. Northrop, op. cit., pp. 343-344.

인들에게 있어서 문제가 되는 점은 바로, '아직 비결정적인 것의 결정화를 위한 잠재성' 을 활성화시키고자 하는 욕망이라는 사실을 미처 인식하지 못하였다.

샤르뎅은 자신의 창조자 하나님의 활동에의 참여를 직관함으로써 활동을 향한 자신의 서구적 욕망의 유한한 한계성을 해결하기 위한 해법을 발견하였는데, 여기서 창조자 하나님의 활동은 시공 안에서의 과정을 위하여 출현하는 결정화된 질서를 창조하는 것이다. 자신의 유한함의 일시성에도 불구하고 활동적인 창조 동역자가 되고자 하는 샤르뎅의 욕망은 우주에 대한 그의 경험 안에서 긍정되어진다. "하나님은 우리가 우리 자신의 힘없음을 더욱 의식할수록 더욱 우리를 통하여 일하시는 듯하다." 이것은 명백히 욕망에 대한 불교적인 경험과 가치판단과 대조된다.

노스롭은 미분화적인 심미적 연속체에 초점을 맞춤으로써 욕망이라는 핵심적인 문제, 특히 불교에 있어서의 욕망과 무욕 사이의 변증법의 문제를 간과하였다. 아시아인에게 있어서 열반은 단지 긍정적인 심미적 경험이 아니라, 욕망이 제거될 때 결과적으로 경험되는 것이기 때문에 의미가 있는 것이다.[21] 석가는 카스트 제도의 굴레와 윤회의 바퀴에 속박된 것으로 자신들을 인식했던 사람들을 위한 구원을 제공하고자 하였다. 석가의 사제(四諦)와 팔정도(八正道)[22] 는 적극적인 측면에서 황

---

21. E. A. Burtt's review, "The Meeting of East and West," The Philosophical Review 56 (1947) : 75 참조.
22. 사제는 고제(苦諦), 집제(集諦), 멸제(滅諦), 도제(道諦) 등으로서 고제와 집제는 인간의 현실계와 또 이 현실계가 고통의 현실계로 되는 원인을 밝히는 것이며, 멸제와 도제는 인간의 이상계와 그 이상계에 이르는 방법과의 관계를 밝히는 것이다. 8정도는 4제 중의 도제의 구체적인 방법을 밝힌 것으로서 정견(定見), 정사(正思), 정어(正語), 정업(正業), 정명(正命), 정정진(正精進), 정념(正念), 정정(正

홀경으로서의 구원의 방편이다. 그러나 소극적인 측면에서 그것은 고통의 길인 탐욕과 욕망으로부터의 탈출이다. 따라서 동양의 신비주의는 동양과 서양 사이의 더욱 심오한 차이, 즉 욕망을 배격하는 사람들과 욕망의 주장을 받아들이는 사람들 사이의 차이를 드러내는 증후이다.[23] 사제는 생의 고통이 오직 그 원인인 욕망의 과정을 단절함으로써만 끝날 수 있다는 명제를 표현한다. 불교의 궁극적인 목표인 열반은 본래 산스크리트 어로, 본질적으로 '욕망이 없음' 을 의미한다. 따라서 이러한 부정적인 의미가 그것에 대한 긍정적인 심미적인 의미와의 변증법적인 관계 속에서 반드시 인식되어야 한다. 그리고 아마도 석가 당시의 일반적인 절망스러운 가난과 고통의 경험이 열반의 의미의 부정적인 차원을 더욱 강조하도록 하였을 것이다.

동서양의 간문화적이고 간종교적인 대화에 있어서 핵심적인 주제는 어떻게 욕망의 의미와 욕망의 충돌을 해석하고 해결할 것인가에 있다. 노스롭은 자신의 서구 문화가 어디서 잘못되었는지를 판단하기 위해서 그 역사를 고찰하고, 서구의 파괴적인 욕망의 점증하는 횡포를 치유할 수 있는 원리를 동양의 미분화적 경험의 기층에 대한 직관에서 발견했다.[24] 노스롭과 다른 많은 서구인들은 서구인의 개인주의적이고 소유적인 욕망에 대한 답변으로서 석가가 제시한 것, 즉 우리는 자기의 욕망의 대상에 의해 만족되어지기를 요구하는 자아를 우리 자신에게서 몰아내야 한다는 것에 공감한다.

定)의 여덟 가지의 바른 길, 즉 방법이다. 「세계철학대사전」(대구 : 고려출판사, 1992), pp. 446 - 447, 1148.

23. Stuart M. Brown, Jr., "The Meeting of East and West," Ibid., p. 81.
24. J. P. Mckinney, "Comment and Discussion : Can East Meet West?" 3 - 4 (October 1953) : 257 - 267.

하지만 대안적인 답변은 아브라함의 종교에서도 역시 마찬가지로 발견된다. 샤르뎅의 사상에서 보여진 바와 같이 이 신앙에서 핵심적인 것은 창조자로서의 하나님을 믿는 서구의 전통 안에 기초한 창조성에 대한 이해이다. 문즈(Peter Munz)는 오늘날의 서구 문화를 뒤덮고 있는 탐욕과 충돌에 대한 '다른 대안' 을 제시한다.

> 그것은 예언자적인 신앙과 하나님과의 동역자로서의 인간에 대한 인식에 담겨 있다. 그것은 말한다. 세상은 매우 끔찍한 곳이다. 그러나 우리는 세상을 개선하기 위해서 하나님과 협동하여야 한다. …… 그리고 창조자 하나님에 대한 신앙은 세상을 창조한 선함은 본유적인 가치를 가지고 있으며, 그 선함의 지극히 작은 부분이라도 모든 악과 공포를 능가한다는 사실을 믿는 신앙이다.[25)]

문즈는 아시아적 관점에 대한 대안으로서 어떤 기독교인들이 하나님의 창조성이라고 표현하는 바를 제시하고 있다. 그리고 그는 하나님의 창조성을 중심적인 기독교 경험으로 적절하게 재진술한다. 하나님의 창조성 안에서 예수의 십자가의 비극에 나타난 우리 인간의 역사적인 업보(業報)의 비극이 하나님의 창조적인 사랑에 의해 변혁되어진다. 요한1서 4 : 18의 "온전한 사랑은 두려움을 내어쫓는다."는 말씀은 기독교의 '심미적' 경험의 중심을 표현한다.

동양과 서양의 만남은 과연 유익이 되는가? 이에 대한 대답은 그 결과가 좋을 수도 있고 나쁠 수도 있으며 둘 다일 수도 있다는 것이다. 이 두 전통을 적대적으로 단절시킴으로써, 아시아로부터 기독교의 하나님 관계성의 의미에 관한 그 무엇을 배운다는 것이, 창조자에 대한 기독교

---

25. Peter Munz, "Basic Intuitions of East and West," *Philosophy East and West* (April 1955), p. 53.

인의 관계 안에 들어 있는 의미의 상실을 의미한다고 생각할 이유가 없다. 오히려 참으로 이 두 지평의 융합은 매우 좋은 결과를 가져올 수 있으며, 하나님과 인간의 창조성의 의미에 대한 기독교적인 경험과 이해를 향상시킬 수도 있다. 기독교인들은 하나님의 창조성과 동역하거나 봉사하고자 하는 유대 기독교적인 욕구를, 심지어는 세속화된 형태를 취하는 욕구도 부정할 필요가 없다. 그러나 기독교인들은 자연과 다시 화해하고 그리고 깊이 분열된 인간성과 다시 화해하려면 자신들의 과도한 욕망을 제한하여야 한다. 특히 기독교인들의 분열의 많은 경우는 서구의 정치적, 경제적 식민주의의 악마적인 소유욕으로 말미암아 초래되었다.

V. 두 가지의 간문화적 매개 개념

1. 화이트헤드의 범재신론적 형이상학

간문화적인 세계관의 의사소통을 용이하게 하기 위해서는 매개적인 개념들이 필요하다. 예를 들면, 금세기의 초에 상대성 이론은 서구의 과학 이해를 절대적인 물리학적 실체로서의 세계로부터 감각 경험의 구조로서의 세계관으로 전환시켰다. 플랑크의 양자 물리학과 하이젠베르그의 비결정성의 원리는 서구 과학으로 하여금 모든 우리의 현상적 경험의 밑에 있는 표현할 수 없는 에너지 사건 또는 파동의 기층을 인식하도록 해주었다. 따라서, 주체–객체 관계성에 대한 예전의 서구의 관점에서와는 달리, 오늘날 서구의 과학과 철학은 자체의 발전을 통하여 동양의 관점과 훨씬 더 가까워졌다. 비록 아직도 서구인은 아시아인들이 생각하기에는 직관보다는 지나치게 개념에 의존하고 있기는 하지만 말이다.

간문화적인 의미의 의사소통을 위한 좋은 개념적인 매개를 제공하고 있는 서구의 대표적인 철학자는 화이트헤드(Alfred North Whitehead)이다. 화이트헤드는 서구의 인식론이 매우 추상적이고 파생적이고 제한된 2차적 순서의 경험 – 그는 이것을 "현재적 직접성(presentational immediacy)의 형태의 경험"이라고 부른다. – 에 기초하고 있다는 사실을 보여 주고 비판하였다. 보다 더 원본적인 경험의 형태는 모호하지만 더욱 기본적인 의식 이전의 또는 의식 하부의 느낌(파악, prehension)이다. 그는 이것을 "인과적 유효성(causal efficacy)의 형태의 경험"이라고 부른다.[26] 현재적 직접성의 형태로서의 데카르트적인 선명하고 명백한 관념은 한 주체의 합생(concrescence)에 있어서의 인과적으로 유효한 자료들에 대한 총칭적인 느낌(prehension)으로부터 추상화된 것이다. 인과적 유효성으로서의 경험을 되살리려고 하는 화이트헤드의 노력은 '직접적인 경험' 에 접근하지 못하는 서구의 어려움을 해결하려는 의도에서 비롯되었다.

> 모든 현대의 (서구의) 철학은 주어와 술어, 본체와 속성, 특수와 보편의 관점에서 세계를 기술하는 난제에 매달려 있다. 결과는 언제나 우리가 우리의 행동, 희망, 공감, 목적 안에 표현하는 직접적 경험, 그리고 그것을 말로 분석하기 위한 관용구가 우리에게 결여되어 있음에도 불구하고 우리가 향유하는 직접적 경험에 대한 폭행이다. 정통적 (서구의) 철학은 이 모양 저 모양으로 우리에게 오직 각기 환영적인 경험을 향유하는 고독한 실체만을 소개해 줄 수 있지만, 우리는 동료 피조물들의 민주주의의 한가운데에, 왁자지껄한 세계 안에서 우리 자신을 발견한다.[27]

26. A. N. Whitehead, ***Process and Reality***, corrected ed.(New York : Free Press, 1978), part II, chap. 8.

화이트헤드가 우리의 기본적인 경험을 '왁자지껄한'(buzzing) 세계의 파악으로서 성격을 규명할 때, 그는 경험의 '분화된'(differentiated) 성격을 표현하고 있는 것이다. 우리는 어느 주어진 순간에서의 우리 자신인 에너지 사건의 합생을 향하여 무수한 에너지 사건들(양자)이 제공하는 다양한 형태의 결정성의 효력들을 경험한다. 그러나 이 경험은 분화된 '연속체'(continuum)이다. 왜냐하면 실재는 정신적인 것이든지 물질적인 것이든지 고독한 실체가 아니라 유기체이며, 이 유기체 안에서 각각의 현실적 사실체(actual entity)는 다른 현실적 사실체들의 종합에 의해 구성된다. "한 실체는 다른 주체 안에 현존하지 않는다."라는 아리스토텔레스의 경구(이 사상이 서구 철학과 과학의 주체-객체 이원론의 저류이다.)와는 대조적으로, 그리고 정신적 실체로서의 인식 자아(cogito)와 연장된 실체로서의 세계 사이를 가르는 데카르트의 이원론과는 대조적으로, 화이트헤드는 자신의 형이상학을 유기체 철학으로 규정한다. 이 유기체적인 실재의 조망에 있어서, 한 존재는 다른 사실체 안에 현존한다. 그리고 "한 현실적 사실체가 구체적인 것은 그것이 우주의 특수한(particular) 합생이기 때문이다."[28] 따라서 인과적 유효성으로서의 주된 형태 안에서의 주체의 경험은 언제나 '특수한 우주의 합생'으로서의 '분화된 보편자'에 대한 것이다.

화이트헤드의 범재신론적 철학에서, 신은 완전하고 구체적인 '분화된 보편자'이다. 우리의 우주를 질서화하고 해석하는 형이상학적 원리의 지고의 범례(exemplification)로서, 신은 전체 우주의 유일한 완전한 합생이다. 다른 모든 유한한 현실적 사실체들은 우리에게 영향을 주는

---

27. Ibid., pp. 49-50.
28. Ibid., pp. 50-51.

무수한 에너지들로부터 주관적으로 집중된 결정성의 형태들을 추상화하고 제거(부정적으로 파악)하기를 요구함으로써 하나의 새로운 한정된 통일체를 종합한다. 따라서 유한한 주체로서 우리는 다른 현실적 사실체들의 주체적 통일성으로부터 추상화함으로써 대상화한다. 오직 신만이 '귀결적 본성' (consequent nature) 안에서 모든 현실적 사실체들의 완전한 합생을 파악한다. 따라서 물리적 극 안에서 신만이 완전하고 구체적인 '분화된 보편자' 이다.

그러면 도교와 불교에서 경험하는 '미분화적 보편자' 는 어떻게 되는가? 화이트헤드의 용어에 있어서, 이것은 신의 정신적 극 또는 '원초적 본성' (primordial nature)으로서 '절대적인 잠재성의 부요함에 대한 무제한적인 개념적 실현' 이다. 여기서 신은 창조성과 신기성의 비결정적인 근거와 원천으로서 '구체화의 원리' 이다. 이것은 노스롭이 동양의 관점을 표현하여 "아직 결정화되지 아니한 것의 결정화를 위한 잠재성으로서의 비결정성"이라고 말한 것과 매우 유사하다.

그러나 근본적인 차이점이 있다. 그것은 욕망에 대한 확증의 문제이다. 화이트헤드는 신의 개념적 느낌의 주체적 형식이, 비결정된 잠재성을 결정화시키는 현실화를 향유하는 일을 포함하는 것으로 조망한다. 따라서 신은

> 느낌을 위한 유인이며, 욕망의 영원한 동인(動因)이다. 세상 안에서의 조건지워진 자신의 관점으로부터 각기의 창조적 행위가 출현할 때, 이것에 대한 신의 특수한 관계성은 각기의 주체적 목적의 시초적 단계를 수립하는 원초적인 '욕망의 목적' 을 신 안에 구성한다.[29]

---

29. Ibid., p. 344.

그렇지만 욕망에 대한 서구 종교의 긍정은 꼭 '불가피하게 도덕적인 추동력'의 형태를 취할 필요는 없다. 화이트헤드는 '도덕적 에너지의 인격화로서의 신의 이미지'를 거부하고 사랑의 이미지로서의 신을 긍정한다. 신은 비록 도덕적인 추동력으로서라고 하더라도 '생산적인 힘을 생산적인 힘으로 대적하지' 않는다. 반대로 신은 세계의 시인처럼 진리와 미와 선에 대한 비전에 의해 부드러운 인내로서 세계를 인도한다. 이것은 도교의 '행위 없는 행위(無爲)'를 가능케 하는 '미분화된 그러나 완전한, 하늘과 땅이 있기 이전에 존재하는 것'[30]으로서의 도의 개념과 훨씬 더 밀접하게 통한다. 다시 말하면, 우리는 전체, 즉 구체적으로 감수성이 강하고 대화적이고 상호적인 교호작용의 형태를 구체적으로 취하는 전체 안에의 감정이입적인 참여의 기초 위에서 활동한다. 그러나 이러한 미분화된 전체는 그러한 활동을 통하여 분화를 향하여 움직여 나아가는 것으로 우리는 보아야 한다.

이와 같은 화이트헤드의 분화적이고, 관계적이고, 생성적인 보편자의 모델 개념은 기독교의 하나님 관계성의 간문화적 의미를 위한 인지적인 매개로서 유용하다. 화이트헤드의 범재신론적이고 유기체적인 형이상학은 우리가 창조적으로 참여하는 시공의 과정을 이해하는 데 필요한 유기적이고 진화적인 모델을 표현한다. 우주적 통일성이 존재한다. 그러나 이 통일성은 분화한다. 보편자는 '관계적 보편자'이다. 관계적이기 때문에 보편자는, 가다머의 용어를 빌면, '완결된 숙고' 안에서 완전히 다 알려질 수 없다. 그것은 하나님의 존재의 온전한 현실화

---

30. 이 구절들은 Kuang-Sae Lee의 Tao-Te Ching, "A Critique of the Scope and Method of the Northropian Philosophical Anthropology and the Projection of a Hope for a Meeting of East and West," *Journal of Chinese Philosophy* 2 (1984) : 259의 7장에서 인용.

에로 들어가고(하나님의 귀결적 본성과의 관계 속에서) 그리고 그 현실화를 가져오는(하나님의 원초적 본성과의 관계에서) 대화적인 과정 안에서만 점차적으로 알려질 수 있다. 우리의 일상적인 우주 경험의 표적 사건 안에서 의미를 식별하거나 또는 우리의 다양한 상징 체계의 구문적 관계 안에서 의미를 소통하기 위한 우리의 능력은 이러한 관계적인 보편자에의 참여에 근거한다. 이 관계적인 보편자로서의 하나님은 우리의 시간 공간적 과정의 창조적(creative)인 원초적 근거이며 동시에 창조된(created) 귀결적 종말로서, 우리 세계와의 관계성 속에서 범재신론적으로 인식되어지는 하나님이다.

2. 한국의 '한' 사상

간문화적인 의미의 관계성을 표현하는 적절한 매개 개념은 서구의 과정사상에서만 발견되는 것은 아니고, 한국의 사상에도 있다. 한국에서 발견되는 매개는 서구의 과정사상과는 달리, 개념적 매개라기보다는 직관적인 성격이 강하다. 한국의 철학적 신학자인 김상일은 화엄불교를 화이트헤드의 철학과 비교하면서 어떻게 다자(多者)가 일자(一者)와 관계하는지를 분석하였다. 그에 따르면, 우리 나라 단어인 '한'(韓)은 '하나님' 또는 '하느님'이라는 단어의 뿌리라고 한다. 이 우리 나라말 '한'은 어원적, 의미론적으로 우랄 알타이 세계에서의 '간'(gan), '칸'(kan) '찬'(chan)과 같은 단어들과 같은 뿌리를 공유한다. 그리고 이 '한'이란 용어는 아시아의 거의 모든 원시종교들 안에서 발견되어진다.[31] 수메르 어에서 '안'(an) 또는 '칸'(kan)은 세 가지 의미를 뜻한

---

31. 예를 들면, 미얀마의 북쪽 산악지대에 살고 있는 친족은 신을 'Pat-Han'(팥-

다. 첫째는 전체 또는 많음, 둘째는 들, 셋째는 생산이다. 김상일에 따르면, 우리 나라 '한'은 다섯 가지의 주요한 의미를 갖는다. '하나'(一), '많음'(多), '가운데'(中), '같음'(同), 그리고 '비결정성' 또는 '대략'(不定), 이 다섯 가지이다.[32)]

김상일에 의하면 합리적 사고, 이성, 정의, 사랑 같은 개념들과 더불어 '일'과 '다'와 같은 개념들이 분화되고 대조적인 관계성 속에서 인간의 의식의 수면 위에 떠오른 것은, 칼 야스퍼스가 말하는 이른바 차축시대(BC 2C-8C)에 이르러서이다. 이 시대 이후 일과 다 사이의 관계는 동서양 모두에게 핵심적인 주제가 되어 왔다. 헤브라이즘 종교와 문화 속에서는 예레미야, 아모스, 그리고 특히 제2이사야 같은 차축시대의 예언자들에 의해 유일신론적 신앙이 수립되었다. 이러한 예언자들에 의해 본래는 '엘'(El)의 복수형인 '엘로힘'(Elohim)으로 불렸던 하나님이 유일신론적인 '야웨'(Yahweh) 하나님으로 변화되었다.

고대의 서구의 헬레니즘 문화에서 누구보다도 미분화된 일자(관념)와 분화된 다자(현상 세계)를 이원론적으로 대비시킨 철학자는 플라톤이었다. 서구의 주된 관심은(동양의 관심도 마찬가지로) 어떻게 일자 또는 누스(nous)와 다자, 보편자와 특수자, 초월과 내재, 또는 하나님과 세상이 서로 관계를 맺는가 하는 것이었다. 일반적으로 전통적인 서구의 종

한)이라고 하는데, Pat은 아버지란 뜻이고 Han은 하나님이어서 두 낱말은 모여 '아버지 하나님'을 의미한다고 하며, 미얀마의 카친족은 신을 'Hpan'이라고 유사하게 부른다. 인도네시아에서는 신을 'ke-tu-Han'(커-투-한)이라고 부르는데 이는 '큰 주 하나님'이란 뜻이다. 필리핀 토착어의 'Ama-han' 그리고 타이의 'Khwan' 같은 것은 모두 HAN의 의미로 표현되는 신의 명칭과 유사하다. HAN은 몽고어 속에서 보편적인 신개념이다. 이에 관하여는 김상일, 「한 사상」(서울 : 온누리, 1986), p. 218을 참조.

32. Ibid., pp. 91 이하.

교와 철학은 이 둘 사이의 양극화를 강화시켜 왔다. 어떤 때는 일자의 측면이 지배적이 되었으며, 따라서 일자의 초월성과 차별성이 강조되었다. 또 다른 때에는 다자의 측면이 지배적이 되었으며, 따라서 일자는 자기 변혁적인 우주와 동일시되었다. 결과적으로 서구 사상의 전체 역사를 통해서 나타난 결론은 '이것이냐 저것이냐'(either/or), 또는 변증법적인 '둘 다'(both/and)의 형태를 취하였다. 일자 또는 하나님의 초월성이 강조될 때에는 차별성의 원리에 의해 양자 택일이 요구되었으며, 다자 또는 세상의 내재성이 지배적이 될 때에는 동일성의 원리에 의해 양자 종합이 강조되었다. 전자를 초월적 유신론적 입장이라고 한다면, 후자는 내재적 범신론적 입장이라고 할 수 있다. 전자는 키에르케고르에 의해 대표되며, 후자는 스피노자에 의해 대표된다. 물론 미분화된 일자, 하나님과 분화된 다자 또는 세상과의 관계성에 관하여 이 두 입장 사이의 중간적인 입장을 취하려고 한 사람들도 많이 있어 왔다. 그러나 김상일은 전통적인 서구의 종교와 철학이 일자와 다자, 하나님과 세상의 관계를 적절하게 종합하고 해결하는 데 실패하였다고 비판한다.

동양에서는 일자와 다자와의 관계가 '이'(理)와 '사'(事)(화엄불교), 또는 이(理)와 기(氣)(신유교주의)의 관점에서 인식되었다. 석가(BC 566-486)는 '중도'(中道, the middle path)로의 깨달음(覺)을 통해서 일자와 다자를 동일성(同) 안으로 통합하였다. 용수(龍樹, Nagarjuna)는 석가의 사상을 발전시켰다. 그는 일자를 '더 높은 진리'(眞諦)로, 그리고 다자를 '세속적 진리'(俗諦)로 이해하였으며, 그 '중도'로서 '무'(無)를 발견하였다. 이러한 사상은 '무'를 '존재'에 대한 대칭 개념으로 이해했던 남방의 소승불교(Theravada Buddhism)와는 다른 견해이다. 김상일에 따르면, 도교와 불교는 '일자'와 '다자'를 '중도' 안에 통합시킴으로써 동일화하고자 하였는데, 이것은 성공적인 것은 못 되었다고 한다.

김상일에 의하면, 실재에 대한 불교의 인식론은 불교가 AD 4~5세기경 고구려에 전래된 이후 중도의 차원을 넘어서 더욱 궁극적인 차원, 즉 비결정성과 부정성의 차원으로 발전하였다고 한다. 고구려의 승랑(僧郎, BC 5세기)은 그의 제자 지장을 통해서 자신의 사상을 남겼다. 그는 '이제합명설'(二諦合明說)을 발전시켰다.[33] 이 이론에 따르면, 첫 번째 명제에서는 세속적 진리(俗諦, 다자)와 궁극적 진리(眞諦, 일자)가 각각 전자는 '존재'(有)에 후자는 '무'(無)에 연결되는 방식으로 대비된다.[34]

두 번째 명제에서는, 첫 번째 명제에서의 대비되는 이 두 진리가 종합되어 또 하나의 세속적 진리인 '유무'(有無)를 만들고, 이에 대한 부정으로서 더 높은 진리인 '비유비무'(非有非無)가 세워진다. 세 번째 명제에서는, 두 번째 명제에서의 이 대비되는 두 진리가 다시 종합되어 또 다른 세속적 진리인 '유무 비유비무'(有無 非有非無)를 만들고, 다시 이에 대한 부정으로서 더 높은 진리인 '비유무 비비유비비무'(非有無 非非有非非無)가 세워진다. '무'가 '일자'에 상응하고 '유'가 '다자'에 연결된다고 할 때, 두 번째 명제의 '비유비무'(非有非無)는 중도(中道)를 나타낸다.

그러나 승랑은 중도조차도 부정함으로써 넘어선다.[35] 따라서 그는

---

33. 이에 관한 자세한 설명은 Ibid., pp. 94-95.
34. 물론 서양의 一者-多者의 패러다임이 동양의 理-事, 理-氣, 또는 無-有, 眞諦-世諦의 패러다임과 일치하는 것은 아니다. 동양과 서양의 사고의 패러다임에는 간과할 수 없는 차이점들이 존재한다. 그렇지만 우리는 각기의 패러다임 안에서의 상대적인 개념의 의미와 기능에 있어서 一者와 理, 無, 眞諦, 그리고 多者와 事, 氣, 有, 世諦 사이에는 유비적 동일성이 있다고 볼 수 있다.
35. 달리 승랑의 사상을 일반적으로 중도사상이라고 말할 때, 그의 중도개념은 '비유비무'(非有非無)로서의 중도개념을 넘어서는 끝없는 부정의 개념이라고 말할 수도 있다.

다시 이에 대한 종합으로서의 '유무 비유비무'(有無 非有非無)와 이에 대한 부정으로서의 궁극적 진리인 '비유무 비비유비비무'(非有無 非非有非非無)에로 나아간다. '중도'를 부정한 후에 오는 것은 '한'(韓)의 다섯 가지 의미 가운데 마지막의 의미로서, 비결정성 또는 부정성이다. 따라서 한국(韓國)의 '한'(韓) 철학은 일자와 다자의 정체성과 그들의 관계성을 비결정적인 것으로 이해하며, 따라서 그것들이 자유로운 형태로 나타날 수 있다는 사실을 인식한다. 우리는 김상일의 말을 빌리면, 이러한 비결정성의 사상은 일과 다가 언제나 새롭고 창조적인 형태 안에서 합생하는 화이트헤드의 창조성의 원리에 대한 이해와 유사하다.[36]

이러한 실재에 대한 인식을 이해하기 위해서는 오늘날의 양자 물리학, 카오스 이론, 복잡성의 이론, 불확정성의 원리 등이 도움이 된다. 이러한 이론과 관점들에 의하면, 실재의 진리는 '일'에 의해서도 '다'에 의해서도, 주체에 의해서도 객체에 의해서도 결정되지(determine) 않는다고 할 수 있다. 뿐만 아니라, 실재의 진리는 일과 다의 종합(中)과 그 종합의 부정(非中, 中道)까지도 관통하여, 궁극적으로 비결정성에 도달하는 것이다. 이 실재의 진리에 있어서 일과 다는 상호 의존적, 상호 침투적이다. 진리는 이 상호 의존성과 상호 침투성이 온전하게 실현되고 다시 부정됨으로써 드러난다. 화엄불교의 개념을 빌면, 이러한 실재의 전망은 절대(理)와 상대(事)의 동일성(理事無碍), 그리고 모든 상대적 현상세계 안의 모든 요소들 사이의 동일성(事事無碍)이라고 표현될 수 있다.[37] 그러나 여기서 일반적으로 동일성이라고 번역되는 '애'(碍)

---

36. 김상일, 「한과 세계철학」(서울 : 전망사, 1989) 참조.
37. 이에 관해서는 Francis H. Cook, ***Hua-yen Buddhism : The Jewel Net of Indra*** (University park, Philadelphia : The Pennsylvania State University Press, 1977), pp. 55-72 참조.

는 단순히 동일성(同一性)이라기보다는, 비결정성 또는 자유성을 의미하는 것으로 해석되어지는 것이 '한'(韓)사상에 더욱 적절하다. 이것은 자유롭게 부는 성령의 바람(그러나 결코 혼란하거나 무질서하지 않은)과 같은 것이다.[38)]

아마도 승랑은 자신의 이체합명설의 구조 안에 들어 있는 비결정성의 정신을 당시의 고구려인의 내면적인 에토스에서 발견했을 것이다. 다시 말하면, 그의 사상은 '일'(眞)과 '다'(俗)와 '가운데'(中, 非中)를 통합하는 비결정성으로서의 한국인의 한의 에토스를 반영한다고 할 수 있다. 비결정성 또는 불확정성으로서의 한의 최종적 의미는 승랑 이후 원측의 일심론(一心論), 의상의 일문론(一門論), 그리고 원효의 십문화쟁론(十門和諍論) 등에 의해서 계승되고 발전되었다.

한국의 기독교인들이 이러한 '한'의 개념을 유산으로 물려받아 기독교의 신 이름을 '하나님' 또는 '하느님'이라고 부르게 된 것은 놀라운

---

38. 한 사상의 관점에서의 이제합명론을 도식화하면 다음과 같다. 김상일, 「한 사상」, pp. 95, 98.

제 1 명 / 제 2 명 / 제 3 명

世諦 - 有
眞諦 - 無
→ 世諦 - 非有
眞諦 - 非有非無
→ 世諦 - 有無 非有非無
眞諦 - 非有無 非非有非非無

제 1 명	眞諦 - 無 One 俗諦 - 有 Many	서양사상	중국, 인도사상	'한' 사상
제 2 명	非有非無 Middle			
제 3 명	非(非有非無) About(Indeterminacy)			

복이 아닐 수 없다. 이러한 개념을 가지고, 그리고 하나님에 대한 신앙 안에서 한국의 기독교인들은 별 어려움 없이 미분화된 '일자'와 분화된 '다자', 성(聖)과 속(俗), 무(無)와 유(有) 사이의 관계에 관한 양자택일(either/or), 양자종합(both/and) 또는 그 중도(中道, middle) 사이의 트릴렘마(trilemma)를 극복할 수 있다. 따라서 초월적 유신론(미분화된 일자, 聖, 無의 강조)과 내재적 범신론(분화된 다자, 俗, 有의 강조), 그리고 이 둘 사이의 종합으로서의 중도적 유신론 또는 양자의 부정으로서의 무신론(中道, 非中, 非有非無) 사이의 대립적인 선택은 한 사상에 있어서는 무의미하며 거짓된 것이다.

이러한 의미에서 한 사상 안에서 조망되어진 실재는 창조성의 원리에 근거한 일자와 다자 사이의 관계를 표현하는 화이트헤드의 유기체적인 실재관과 범재신론적 형이상학과 유사하다고 할 수 있다. 그렇지만 한 사상과 과정사상 사이에 차이점도 없지 않다. 무엇보다도 한국의 한 사상은 개념적이라기보다는 직관적이며, 따라서 과정사상과 같은 형이상학적 인식론적인 개념적 체계가 부족하다.[39] 그리고 한 사상은 부정(非)의 원리에 의해서 논리가 전개되듯이 부정적이며 비시간적이라면, 과정사상은 보다 적극적이며 철저히 시간적인 사고의 틀 안에서 전개된다. 또한 무엇보다도 한 사상은(아시아의 일반적인 사고의 유형적 특징처럼) 화이트헤드의 철학이 보여 주는 미분화적 연속체로부터의 분

39. 김상일의 한 사상 자체의 문제점과 아울러 그의 승랑사상에 대한 해석의 문제점들도 지적되어지고 있다. 그의 한 사상이 지나치게 국수주의적이고 민족주의적인 성격을 가지고 있는 것도 사실이다. 그의 「한 철학」(서울 : 전망사, 1983), p. 202의 내용 참조. 따라서 한 사상은 이미 체계적으로 완성된 사상이라기보다는 보다 체계적으로 발전시켜 나아가야 할 사상이다. 또한 승랑의 사상을 꼭 반복적으로 재생할 필요도 없다. 그것은 창조적으로 재해석되어지고 발전적으로 체계화되어져야 한다.

화를 향하여 나아가려는 선호와, 이를 위한 추동력을 제공하는 철저한 시간성 속에서의 행동을 위한 욕망을 별로 가치있게 생각하지 않을 것이다. 하지만 이러한 차이점들과 또 이 이외에도 있을 수 있는 차이점들에도 불구하고, 한국의 한 사상은 화이트헤드의 형이상학 못지 않게 동양과 서양의 간문화적인 세계관의 의사소통을 위한 매개로서 탁월한 통찰력을 제공해 줌에 틀림이 없다. 이러한 한 사상을 기독교 신학적 관점에서의 존재론과 인식론을 논구함에 있어서 더욱 발전시켜 나아갈 수 있다면, 그것은 우리가 믿는 보편적 하나님과 세상과 인간의 보편적 관계성의 의미에 대한 간문화적 대화를 위한 커다란 공헌이 될 것이다.

이러한 매개적 사상과 개념들의 도움으로, 열려진 태도를 가지고 상호 비판적이고 변증법적인 과정 속에서 의미의 소통을 적절히 수행함으로써, 그리고 간문화적인 세계관의 지평융합의 과정을 통하여 우리는 서양과 동양의 의미 경험과 표현 사이의 소외를 감소시키고 극복해 나아갈 수 있다는 희망을 갖게 된다. 이러한 간문화적 의사소통이 올바로 이루어질 때에만 새로운 천년기의 문명적 충돌을 성공적으로 극복하고, 우리가 믿는 보편적인 관계성 안에 계신 하나님을 향한 올바른 신앙과 예배와 섬김이 요구하는 문화적 화해와 종교적 평화를 기대할 수 있을 것이다.